Weltner
Scripting Host

Professional Series

Tobias Weltner

Scripting Host Praxisbuch

VBScript – Dateisystem beherrschen – Programme fernsteuern –
Internet scriptsteuern – Befehlsreferenz

Mit 197 Abbildungen und zahlreichen Tabellen

Franzis'

Die Deutsche Bibliothek – CIP-Einheitsaufnahme

Ein Titeldatensatz für diese Publikation
ist bei der Deutschen Bibliothek erhältlich

© 2000 Franzis´ Verlag GmbH, 85586 Poing

Alle Rechte vorbehalten, auch die der fotomechanischen Wiedergabe und der Speicherung in elektronischen Medien.
Die meisten Produktbezeichnungen von Hard- und Software sowie Firmennamen und Firmenlogos, die in diesem Werk genannt werden, sind in der Regel gleichzeitig auch eingetragene Warenzeichen und sollten als solche betrachtet werden. Der Verlag folgt bei den Produktbezeichnungen im wesentlichen den Schreibweisen der Hersteller.

Satz: DTP-Satz A. Kugge, München
Druck: Freiburger Graphische Betriebe, 79108 Freiburg
Printed in Germany - Imprimé en Allemagne.

ISBN 3-7723-6484-5

Einen kurzen Moment bitte noch ...

Dieses Buch betritt absolutes Neuland und deckt konzentriert all die vielen bisher gut versteckten Möglichkeiten auf, Windows selbst zu steuern. Bauen Sie sich einen Fotokopierapparat, schießen Sie Bildschirmfotos oder legen Sie skriptgesteuert vollautomatisch jeden Dienstag um fünf Uhr ein Backup an – die Möglichkeiten sind grenzenlos, und vor allem bestimmen Sie ab sofort selbst, was wie wann geschieht. Pfeifen Sie auf Shareware und teure Programme – viele Dinge bekommen Sie viel billiger und selbst besser hin!

Bevor Sie jetzt loslegen oder dieses Buch zur Kasse tragen – lesen Sie diesen Abschnitt bitte noch bis zu Ende! Er ist sehr wichtig, damit anschließend alles problemlos bei Ihnen klappt.

Windows Scripting – eine Abenteuerreise!

Windows Scripting gibt Ihnen ungeahnte Macht über Ihren Computer! Dieses Buch zeigt Ihnen klar und gegliedert, wie Sie eigene Skripte entwickeln. Über 300 Beispielskripte dienen als Anregung für eigene Projekte und Ideen. Und ein ausführlicher Anhang liefert glasklare Fakten über alle Scriptbefehle, die Ihnen zur Verfügung stehen.

Dabei bleibt dieses Buch keineswegs nur bei der reinen Skriptsprache. Es ist prall gefüllt mit undokumentierten und geheimen Details, die Ihnen zum Beispiel dabei helfen, in unbekannte ActiveX-Objekte hineinzusehen und alle darin versteckten Funktionen und Prozeduren sichtbar zu machen. Diese Informationen genügen, damit Ihre Skripte auch unbekannte Objekte ansprechen.

Wenn Sie also mögen, gewinnen Sie mit diesem Wissen volle Kontrolle nicht nur über den Scripting Host, sondern auch über alle übrigen Komponenten, die auf Ihrem Computer installiert sind! Borgen Sie sich skriptgesteuert die Rechtschreibkontrolle von WinWord aus, oder steuern Sie das Kodak Imaging Tool per Skript fern und basteln Sie daraus Ihren persönlichen Fotokopierapparat! Funktionen, die normalerweise also viel Geld kosten, basteln Sie künftig einfach selbst.

Das Buch-Toolkit auf der CD fügt noch einmal zig neue praktische Skriptfunktionen hinzu, mit denen Sie Screenshots anlegen, Systemicons ändern oder zum Beispiel Dateien per FTP ins Internet schicken. Dieses Toolkit dürfen Sie sogar kostenlos weitergeben, wenn Sie eigene Skripte entwickeln, die die Funktionen daraus benutzen.

Wie bei allen Abenteuerreisen bleibt stets ein kleines Risiko. Verstehen Sie die Skripte und das Buchtoolkit als Anregung für eigene Projekte, nicht aber als Software-Sorglos-Paket. Alle Skripte wurden sorgfältig auf verschiedenen Rechnern und auf Windows 95, 98, NT und 2000 getestet. Eine Funktionsgarantie kann Ihnen aber niemand geben, denn oft hängt es von den auf Ihrem System installierten Zusatzkomponenten ab, wie weit die Skripting-Möglichkeiten reichen.

Insbesondere möchte ich Sie gleich zu Beginn darauf hinweisen, daß ich trotz aller Sorgfalt keine Haftung für Folgen übernehmen kann, die durch die Verwendung der Skripte oder des Buch-Toolkits entstehen.

Welche Windows-Version muß ich benutzen

Grundsätzlich ist das egal. Windows Scripting läuft auf allen 32-Bit-Windows-Systemen. Ob Sie also Windows 95, 98, NT oder 2000 verwenden, spielt keine wesentliche Rolle.

Die weitreichendsten Möglichkeiten haben Sie mit Windows 98. Windows NT fehlen einige Funktionen, und Windows 2000 verfügt zumindest in der Betaversion nur über den Scripting Host 1.0 – auch hier also muß mit leichten Einschränkungen gerechnet werden.

Kann ich jetzt loslegen

Das können Sie! Bevor es Sie in die vielen interessanten Kapitel verschlägt, starten Sie bitte mit Kapitel 1. Dort steht, wie Sie den brandneuen Windows Scripting Host 2.0 startklar machen. Auch mein Gratis-Toolkit wird dort installiert. Beides ist Voraussetzung der Skript-Beispiele in diesem Buch.

Haben Sie Kapitel 1 erfolgreich gemeistert, dann sind Sie frei. Schmökern Sie kreuz und quer, so wie es Ihnen gefällt.

Wo geht es anschließend weiter

Haben Sie Spaß an Scripting gefunden, dann gibt's auf Wunsch auch Nachschlag. Bereits bei diesem Buch schenke ich Ihnen ein riesiges Scripting-Toolkit mit Funktionen, die von Internet-FTP bis hin zu Backup-Funktionen und Scannen reichen. Wenn Sie wissen wollen, wie dieses Toolkit von innen aussieht und wie man selbst eigene Scripting-Erweiterungen schreibt, dann freuen Sie sich auf den Nachfolgeband: Scripting Host Befehlserweiterungen. Der erscheint ebenfalls bei Franzis'.

Bei Fragen, Anregungen und Problemen wenden Sie sich doch einfach direkt an mich: *tob@compuserve.com*! Bitte verstehen Sie, daß ich Fragen nicht immer sofort beantworten kann, aber ich verspreche, mich zu bemühen. Die neuesten Neuigkeiten und Verbesserungsvorschläge finden Sie auch bei *http://www.franzis.de/ service/loesungen/buecher/ weltner.htm*.

Mal sehen, wenn Sie Lust dazu haben, entsteht vielleicht demnächst ein Internet Scripting-Stammtisch – sparen Sie also nicht mit Kommentaren, Anregungen und neuen Ideen!

Ihr

Tobias Weltner

Appetithäppchen

2.6.3	Zinseszinsrechner
2.8.1	Lottozahlengenerator
4.2.1	Neuen Windows-Eigentümer registrieren
4.6.4	Schriftprobengenerator
5.3.2	Fortschrittsanzeige
6.3.7	Uralt-Dateien finden
6.5.1	Backup-Programm
6.6.7	Anmelde-Logbuch
7.2.3	Defekte Verknüpfungen finden
8.2.2	Dateien kopieren, verschieben, löschen
9.1.6	Systemicons ändern
9.1.8	Individuelle Ordnericons benutzen
9.2	Screenshots anlegen
9.3.7	Fotokopierer selbstgemacht
10.3.8	Alle Fenster schließen
11.1	Internetverbindungen auf- und abbauen
11.3.1	FTP-Editor selbstgemacht
12.5	Funktionen unbekannter Objekte sichtbar machen

Inhaltsverzeichnis

1 Endlich gehorcht Ihnen Windows aufs Wort 19
    1.1   Endlich gehorcht Ihnen Windows aufs Wort 19
    1.2   Scripting Host (WSH) – was ist das? 19
    1.2.1 Sechs Schritte für ein sicheres Vergnügen 20
    1.2.2 Windows kostenlos aktualisieren 20
    1.2.3 Die neueste Version der Skriptsprache installieren 21
    1.2.4 Der neue Scripting Host 2.0 22
    1.2.5 Windows 2000 brät eine Extrawurst 22
    1.2.6 Der Script Debugger macht die Fehlersuche zum Kinderspiel 22
    1.2.7 Wertvolle Scripting-Toolkits installieren 22
    1.3   Ihr erstes Skript ausführen lassen 23
    1.4   Scripting Host einbruchsicher machen 24

2 VBScript Blitzeinführung 27
    2.1   VBScript kennenlernen 27
    2.1.1 Skripte zum Leben erwecken 27
    2.1.2 Skripte nachträglich ändern 27
    2.2   Fragen stellen und Antworten geben 28
    2.3   Mit Daten und Zeiten rechnen 29
    2.4   Entscheidungen fällen 31
    2.5   Dinge mehrmals wiederholen 33
    2.5.1 Schleifen abbrechen 35
    2.6   Eigene Funktionen basteln 36
    2.6.1 Prozeduren liefern keine Werte zurück 37
    2.6.2 Private und globale Variablen richtig einordnen 38
    2.6.3 Mit Variablen rechnen 39
    2.6.4 Grundrechenarten benutzen 41
    2.6.5 Weitere eigene Funktionen und Prozeduren 41
    2.7   Mit Texten rechnen 41
    2.7.1 Textteile herauslösen 42
    2.7.2 Die Schneidewerkzeuge genau begutachten 44
    2.7.3 Groß- und Kleinschreibung beachten 45
    2.7.4 Textstellen bequem ersetzen 46

2.8	Zufallszahlen verwenden	47
2.8.1	Lottozahlengenerator	48
2.8.2	Variablenfelder anlegen	51
2.8.3	Variablenfelder auslesen	52
2.8.4	Variablenfelder nachträglich verändern	54
2.8.5	Verwandtschaft zwischen Texten und Feldern	56
2.8.6	Mehrdimensionale Variablenfelder	57
2.9	Skriptfehlern auf die Spur kommen	57
2.9.1	Wie sich Fehler bemerkbar machen	58
2.9.2	Mein Skript produziert eine Fehlermeldung	58
2.9.3	Mein Skript tut einfach nicht, was es soll	59
2.9.4	Außer Kontrolle geratene Skripte bändigen	60
2.10	Der Script Debugger: Skripten bei der Arbeit zusehen	61
2.10.1	Fehler mit dem Script Debugger bekämpfen	62
2.10.2	In den Innereien des Skripts forschen	63
2.10.3	Echte Fehler und Haltepunkte	64
2.11	Fehler programmgesteuert abfangen	65
2.11.1	Sinnvolle Einsätze für on error resume next	66
2.11.2	Praxisbeispiel: Werte aus der Registry auslesen	66

3 Endlich gehorcht Ihnen Windows aufs Wort 69

3.1	Skripte per Rechtsklick anlegen	69
3.1.1	Skripte noch einfacher per Rechtsklick anlegen	69
3.1.2	Neue Skripte vollkommen automatisch anlegen	71
3.2	Zeilennummern blitzschnell finden	73

4 Mit dem Skriptbenutzer kommunizieren 77

4.1	Einfache Ja-Nein-Antworten erhalten	77
4.1.1	Welche Auswahlmöglichkeiten gibt es sonst noch	78
4.1.2	Antwortschaltflächen vorwählen	79
4.1.3	Icons im Dialogfenster anzeigen	79
4.1.4	Dialogfenster immer im Vordergrund	80
4.1.5	Überschrift für das Dialogfenster festlegen	80
4.1.6	*Popup()* – großer Bruder von *MsgBox()*	81
4.2	Freie Texteingaben	82
4.2.1	Vorgaben im Dialogfenster	82
4.2.2	Auf die *Abbrechen*-Schaltfläche reagieren	84
4.2.3	Mit den Texteingaben rechnen	84
4.2.4	Ein ganz neues Eingabefenster	85
4.3	Ordnernamen erfragen	89
4.3.1	Ordner per Dialogfenster aussuchen	90
4.3.2	Systemordner anzeigen	96

4.3.3	Auch Dateien anzeigen lassen	97
4.3.4	Geheimoptionen der BrowseForFolder-Funktion	98
4.3.5	Maßgeschneiderte Browse-Funktion	98
4.4	Dateien auswählen	99
4.4.1	Dateien per Auswahldialog	100
4.4.2	*Datei öffnen*-Dialogfenster	101
4.4.3	Mehrere Dateien auf einmal auswählen	103
4.4.4	Kurze Dateinamen erfragen	105
4.4.5	Noch mehr Komfort: Dialogfenster nachfragen lassen	105
4.4.6	Tütensuppe: *Öffnen*-Dialogfenster ganz bequem	108
4.4.7	*Datei speichern*-Dialogfenster	109
4.4.8	Tütensuppe mit dem *Speichern unter*-Fenster	113
4.5	Farben auswählen	115
4.5.1	Geheimoptionen für den Farbenpicker	117
4.5.2	Farben aussuchen mit der Fertiglösung	118
4.6	Schriften aussuchen	118
4.6.1	Schriften-Detailinfos lesen	119
4.6.2	Geheime Flags für das Schriftenfenster	121
4.6.3	Internet-Formatgenerator	121
4.6.4	Schriftprobengenerator selbstgemacht	124
4.6.5	Automatischer Schriftprobengenerator	128
4.7	Dialogfenster mit eingebauter Wartezeit	131
4.7.1	*Popup*-Dialogfenster verschwinden von allein	131
4.7.2	Besseres Countdown-Fenster mit eingebauter Uhr	131
4.7.3	Skript verzögern	133
4.7.4	Festplatte in regelmäßigen Intervallen prüfen	134
4.7.5	Lebenszeichen ausgeben	135
4.8	Listen zur Auswahl anbieten	136
4.8.1	Ein ListView-Fenster mit Inhalten füllen	137
4.8.2	Die Liste der Einträge galant sortieren	137
4.8.3	Ein ListView-Auswahlfenster anzeigen	138
4.8.4	Mit dem Ergebnis des Dialogfensters zurechtkommen	138
4.8.5	Das ListView-Dialogfenster zum Sortieren mißbrauchen	139

5 Scripting Host mit Ausgabefenster 141

5.1	Informationen ausgeben, während das Skript läuft	141
5.1.1	Den Internet Explorer kidnappen	141
5.1.2	Text im Internet Explorer anzeigen	142
5.1.3	Ihr Ausgabefenster von Ballast befreien	144
5.1.4	Ausgabefenster skriptingsicher machen	146
5.1.5	Vorgefertigte Ausgabefenster für Ihre Skripte	147

5.2	Eigene Dialogfenster mit HTML-Vorlagen	150
5.2.1	Ein Dialogfenster dynamisch basteln	151
5.2.2	Jetzt bestimmen Sie, was Dialogfensterbuttons machen	152
5.2.3	Inhalte der Dialogfenster lesen	153
5.2.4	Eigene Dialogfenster konzipieren	156
5.2.5	Dialogfenster mit HTML-Editor gestalten	156
5.3	Schicke Steuerelemente für eigene Zwecke entfremden	159
5.3.1	Eine Fortschrittsanzeige basteln	160
5.3.2	Vorgefertigte Fortschrittsanzeige verwenden	162
5.4	Ausgabefenster ganz ohne Internet Explorer	165
5.4.1	Einfaches Ausgabefenster für Textnachrichten	165
5.4.2	Ausgabefenster mit Abbruchfunktion	166
5.4.3	Den Abbruchknopf kontrollieren	167
5.4.4	Mehrere Textzeilen ausgeben	168
5.4.5	Listenfenster mit Abbruchfunktion	169
5.4.6	Listenfeld als modales Auswahlfenster	171
5.4.7	Zusatzinformationen in die Liste eintragen	174
5.5	Die besonderen Launen unabhängiger Dialogfenster	176
5.5.1	Gestrandete Programme entfernen	177
5.5.2	Wie der Scripting Host Ihren Skripten hinterherräumt	177

6 Das Dateisystem beherrschen ... 179

6.1	Die Geheimtür zu Ihrem Dateisystem öffnen	179
6.1.1	An Dateibefehle herankommen	179
6.2	Informationen über Laufwerke herausbekommen	180
6.2.1	Ein Laufwerk herauspicken	180
6.2.2	Das Innenleben eines *Drive*-Objekts ausspionieren	181
6.2.3	Liegt eine Diskette im Laufwerk	182
6.2.4	Seriennummern Ihrer Laufwerke prüfen	185
6.2.5	Kopierschutz für Disketten	186
6.2.6	Speicherverhältnisse auf Laufwerken ausloten	187
6.2.7	Den 2-Gigabyte-Bug elegant entschärfen	189
6.2.8	Den Typ Ihrer Laufwerke bestimmen	190
6.2.9	Automatisch auf FAT32 umstellen	191
6.3	Ordner unter die Lupe nehmen	193
6.3.1	Das *Folder*-Objekt erforschen	193
6.3.2	Die Unterordner eines Ordners auflisten	194
6.3.3	Rekursiv alle Unterordner auflisten	196
6.3.4	Veraltete Ordner entdecken	197
6.3.5	Herausfinden, wann Ordner zum letzten Mal benutzt wurden	199
6.3.6	Veraltete Dateien finden, deren Entsorgung sich lohnt	203
6.3.7	Suchergebnis im ListView präsentieren	206
6.3.8	Leere Ordner löschen	209

Inhaltsverzeichnis

6.3.9	Anzahl der Unterordner und Dateien herausfinden	213
6.3.10	Neue Ordner anlegen	214
6.3.11	Logbuchdatei wieder in Ordner zurückverwandeln	216
6.3.12	Ordner umbenennen	218
6.4	Dateien genauer unter die Lupe nehmen	219
6.4.1	Das *File*-Objekt genau erforschen	219
6.4.2	Informationen aus dem *File*-Objekt lesen	221
6.4.3	Die Attribute der Dateien und Ordner verstehen	221
6.4.4	Attribute der Dateien und Ordner lesen	222
6.4.5	Alle Windows-Spezialordner finden	227
6.4.6	Attribute der Dateien und Ordner setzen	230
6.4.7	Dateiattribute setzen – geheime Tricks	231
6.4.8	Das *Archiv*-Attribut optimal einsetzen	232
6.5	Ein maßgeschneidertes Backup-Programm entwerfen	233
6.5.1	Backup mit Fortschrittsanzeige	234
6.6	Dateien lesen, verändern und neu anlegen	240
6.6.1	In Dateien hineinschauen	240
6.6.2	Dateien zeilen- und zeichenweise lesen	241
6.6.3	DOS-Zeichensatz in Windows-Zeichensatz verwandeln	242
6.6.4	Ganz eigene Dateien anlegen	245
6.6.5	Ordnerlistings komfortabel anzeigen und drucken	247
6.6.6	Zeichencodes herausfinden	251
6.6.7	Text in eine Datei einfügen	251
6.6.8	Zufällige Dateinamen anlegen	252
6.6.9	Unicode-Textdateien meistern	252
6.6.10	Vor dem Überschreiben von Dateien warnen	254
7	**Verknüpfungen managen**	**257**
7.1	Neue Verknüpfungen anlegen	257
7.1.1	Das Shortcut-Objekt unter die Lupe nehmen	258
7.1.2	Fremde Verknüpfungen öffnen und auslesen	259
7.2	Das Icon einer Verknüpfung ändern	259
7.2.1	Verknüpfungs-Icon als Zustandsanzeige nutzen	260
7.2.3	Defekte Verknüpfungen finden	261
7.2.4	Doppelt vergebene Tastenkombinationen finden	265
8	**Geheimnisse rund um das Dateisystem**	**271**
8.1	Dateiversionen bestimmen	271
8.1.1	Die geheimen Versionsinformationen lesen	271
8.1.2	Wirklich alle Geheiminformationen lesen	272
8.2	Dateien kopieren, verschieben, löschen	273
8.2.1	Windows die Transportarbeit erledigen lassen	274

8.2.2	Dateien kopieren	274
8.2.3	Dateien verschieben	275
8.2.4	Neue Ordner nur nach Rückfrage	275
8.2.5	Gleichnamige Dateien umbenennen	276
8.2.6	Dateiaktion rückgängig machen	276
8.2.7	Dateien in den Papierkorb löschen	277
8.2.8	Dem *FileOP()*-Befehl in die Karten schauen	278
8.2.9	Daten-Backup komfortabel	279
8.3	Alphabetisch sortierte Ordnerlistings	283
8.3.1	Sortierte Ordnerlistings blitzschnell	283
8.3.2	Spezialinformationen anfragen	286
8.3.3	Ergebnis sortieren	287
8.3.4	Nur ganz bestimmte Dateien auswählen	287
8.3.5	Ordner der Liste hinzufügen	289
8.3.6	Beispiel: alphabetische Ordnerlistings	289
8.4	Geheimtür in das Windows-Dateisystem	293
8.4.1	Die neue Geheimtür aufstoßen	293
8.4.2	Den Ordnerinhalt eines Shell-Folders auflisten	294
8.4.3	Die erstaunlichen Geheimnisse des *FolderItem*-Objekts	295
8.4.4	Kontextmenübefehle skriptgesteuert aufrufen	296
8.4.5	Den Papierkorb leeren	297
8.4.6	Spezialordner öffnen	298
8.4.7	Geheiminfos zu Dateien lesen	300
8.4.8	Versteckte Geheiminfos: Autorennamen herausfinden	301
8.4.9	Dateien eines bestimmten Autors kopieren	302
8.5	Explorer-Fenster fernsteuern	305
8.5.1	Ordner und virtuelle Ordner sichtbar machen	305
8.5.2	Dateien im Explorer markieren	305
8.5.3	Das *ShellFolderView*-Objekt aus der Nähe betrachtet	308
8.5.4	Informationen im Explorer hervorheben	308
8.5.5	Die geheimen Markierungsoptionen	310
8.5.6	Eigenschaften-Dialog einer Datei öffnen – Teil II	310
8.5.7	Explorer-Fenster zur Dateiauswahl einsetzen	311
8.6	Auf die Windows-Spezialordner zugreifen	313
8.6.1	Die Namen der Spezialordner herausfinden	314

9 Icons, Grafik, Verschönerungen 317

9.1	Skriptgesteuert mit Icons umgehen	317
9.1.1	Icons finden und auslesen	317
9.1.2	Herausfinden, in welchen Dateien Icons lagern	318
9.1.3	Icons in Dateien sichtbar machen	319
9.1.4	Eine Icon-Liste anlegen und wiederverwenden	323
9.1.5	Icon-Auswahl mit konservierter Liste	327

9.1.6	System-Icons durch bessere Icons ersetzen	330
9.1.7	Bessere Icons für Ihre Verknüpfungen	337
9.1.8	Icons für individuelle Ordner – unglaublich, aber wahr	340
9.1.9	Icon-Dateien extrahieren und verändern	350
9.1.10	Selbstgemalte Icons in die Icon-Liste einbauen	355
9.2	Screenshots anlegen	355
9.2.1	Screenshots vom Desktop und Fenstern	356
9.2.2	Bildschirmfotos mit Selbstauslöser	357
9.2.3	Fensterinhalte auseinandernehmen	357
9.3	Scannen, Faxen, Kopieren	361
9.3.1	Imaging-Software startklar machen	361
9.3.2	Prüfen, ob ein TWAIN-Scanner zur Verfügung steht	362
9.3.3	Suchen Sie sich eine Bildquelle aus	362
9.3.4	Eine Grafik einscannen	363
9.3.5	Scandialogfenster unter Kontrolle	364
9.3.6	Scanergebnisse ausdrucken	364
9.3.7	Ihr persönlicher Fotokopierapparat	365

10 Programme fernsteuern 367

10.1	Programme starten und beenden	367
10.2	Ganz normale Programme starten	367
10.2.1	Die Art des Programmfensters auswählen	368
10.2.2	Gleichzeitig oder der Reihe nach	369
10.2.3	Nachschauen, was das Programm getan hat	370
10.2.4	Dokumente und Dateien öffnen	371
10.2.5	Selbst bestimmen, welche Programme Dateien öffnen	372
10.3	Programme fernsteuern	373
10.3.1	Die SendKeys-Tastendrücke	379
10.3.2	Tastendrücke ans richtige Programm leiten	380
10.3.3	SendKeys() mit Maulkorb versehen	381
10.3.4	Selbst bestimmen, welches Fenster im Vordergrund liegt	384
10.3.5	Alle Fenster schließen	386
10.3.6	Nur ganz bestimmte Fenster schließen	389
10.3.7	Das Startmenü fernsteuern	392
10.3.8	Nach Dateinamen suchen	393
10.3.9	Dateien in Ordnern markieren	394
10.3.10	Kontextmenüs fernsteuern	395
10.4	Programme synchron und asynchron ausführen	396
10.4.1	Alle Programme einer Programmgruppe starten	397
10.4.2	Programme mit freundlichen Namen starten	399
10.4.3	Ein besserer *Öffnen mit*-Befehl	402
10.4.4	Programme synchron ausführen	404

10.5	Programme mit ProcessIDs steuern	407
10.5.1	Programme skriptgesteuert beenden	407
10.5.2	Fenstergröße bestimmen, in der ein Programm abläuft	410
10.5.3	Warten, bis ein Programm beendet ist	410
10.5.4	Skript anhalten, bis Aufgaben erledigt sind	411
10.5.5	Fremde Programme anhalten und abbrechen	412
10.5.6	Ultimativ: Wer arbeitet alles im Programm	412
10.6	DOS-Befehle fernsteuern	416
10.6.1	Einfache DOS-Befehle ausführen	416
10.6.2	DOS-Funktionen mit Rückfragen meistern	419
10.6.3	Sich mit DOS-Befehlen unterhalten	421
10.7	Programme per Skriptschnittstelle steuern	426
10.7.1	WinWord liefert Rechtschreibkontrolle	426
10.8	Windows automatisch herunterfahren	427
10.8.1	Windows neu starten, herunterfahren, abmelden	428

11 Das Internet fernsteuern ... 429

11.1	Internetverbindungen auf- und abbauen	429
11.1.1	Internetverbindungen aufbauen	429
11.1.2	Internetverbindung skriptgesteuert auf- und abbauen	430
11.2	Informationen über das Internet bekommen	430
11.2.1	Art der Internetverbindung ermitteln	430
11.2.2	IP-Adresse und Hostname ermitteln	431
11.3	Mit FTP Daten transportieren	432
11.3.1	FTP im Sandkasten kennenlernen	433
11.3.2	Selbst Dateien von FTP-Servern herunterladen	439
11.3.3	Dateien auf Ihren Webserver hochladen	441
11.3.4	FTP-Verzeichnis mit Festplatte synchronisieren	443
11.4	Die Internet-Befehlsreferenz	451
11.4.1	FTP-Verbindungen herstellen	452
11.4.2	Die Liste der FTP-Befehle	452
11.4.3	FTP-Verbindungen wieder beenden	454

12 Fortgeschrittene Scripting-Funktionen ... 455

12.1	Skripte automatisch starten	455
12.1.1	Skripte beim Windows-Start mitstarten	455
12.1.2	Per Zufallsgenerator das Startbild ändern	455
12.1.3	Mehrere Skripte gleichzeitig starten	457
12.1.4	Skripte mit eingebauter Notbremse	458
12.2	Skripte per Tastenkombination starten	458
12.2.1	Tastenkombinationen vergeben	459

12.3	Skripte ins Kontextmenü einbauen		459
12.3.1	Skripte im *Senden an*-Menü		460
12.3.2	Skripte direkt ins Kontextmenü einbauen		461
12.3.3	Kontextmenüs durchleuchten		461
12.3.4	Eigene Skripte ins Kontextmenü aufnehmen		465
12.3.5	Wichtige Dinge, die Sie beachten sollten		469
12.3.6	Praxisbeispiel: echte Eigenschaften für Verknüpfungen		469
12.3.7	Auf spezielle Kontextmenüs zugreifen		470
12.4	Die Windows Registry steuern		471
12.4.1	So ist die Registry aufgebaut		471
12.4.2	Registry-Schlüssel lesen		472
12.4.3	Unterschlüssel auflisten		472
12.4.4	Wichtige Registry-Fallen entschärfen		473
12.5	Versteckte Informationen über Objekte		474
12.5.1	Automatisch unbekannte Objekte dokumentieren		474
12.5.2	TypeLibrary-Namen herausfinden		477
12.5.3	Nähere Infos zu den entdeckten Geheimbefehlen finden		479

A VBScript Befehlsreferenz 481

B Error-Objekt 543

C WScript-Objekt 547

D WScript.Shell 557

E IWshShortcut 567

F IWshURShortcut 573

G WScript.Network 575

H Scripting.FileSystemObject 583

I ITextStream-Objekt 601

J Drive-Objekt 607

K IFolder-Objekt 613

L IFile-Object 623

M Scripting.Dictionary 631

N	Scripting.Encode	637
O	IWshCollection	639
P	systemdialog.tobtools	643
Q	icons.tobtools	651
R	utils.tobtools	661
S	filesystem.tobtools	669
T	twain.tobtools	675
U	window.tobtools	677
	Stichwortverzeichnis	681

1 Endlich gehorcht Ihnen Windows aufs Wort

1.1 Endlich gehorcht Ihnen Windows aufs Wort

Darauf haben wir alle lange gewartet. Endlich gibt es eine Sprache, mit der Sie Windows ganz genau sagen können, was es für Sie tun soll. Anstatt mühsam mit der Hand hunderte von Bilddateien in einem Ordner umzubenennen, beauftragen Sie einfach Windows, diese Arbeit für Sie zu erledigen. Lästige Routineaufgaben fassen Sie zu kleinen Makros zusammen, die Sie jederzeit auf Tastendruck abrufen können, so oft Sie wollen, und ohne einen weiteren Finger zu krümmen!

Selbst viele teure Utility-Programme gehören nun zum alten Eisen. Ab sofort können Sie deren Aufgaben elegant selbst formulieren und zum Beispiel die Festplatte von Uralt-Dateien entrümpeln oder Scanner und Drucker zu einem komfortablen Fotokopierapparat zusammenschweißen.

Und das beste daran: Sie brauchen für all diese neuen Möglichkeiten weder zusätzliches Geld auszugeben noch Ihr Gehirnschmalz zu verbiegen. Scripting Host ist kinderleicht anzuwenden, und Sie selbst bestimmen, wie tief Sie einsteigen wollen. Die vielen hundert Beispielskripte in diesem Buch funktionieren in jedem Fall – auch dann, wenn Sie sich um die Hintergründe erst nächste Woche oder in zwanzig Jahren kümmern wollen.

1.2 Scripting Host (WSH) – was ist das?

Der Windows Scripting Host ist Ihr Freund. Als kleines Programm verarbeitet es Ihre Aufgabenlisten, die Skripte.

Skripte funktionieren wie Einkaufszettel, in denen Sie notieren, was zu erledigen ist. Der Windows Scripting Host liest die Einkaufszettel und erledigt dann die Aufgaben – das ist alles!

Wollen Sie mal sehen, wie solch ein Skript aussieht? Bitte sehr:

```
MsgBox "Hallo Welt!"
```

Diese einfache Zeile beauftragt den Scripting Host, die Funktion *MsgBox* aufzurufen und mit ihrer Hilfe ein Dialogfenster mit einer Nachricht zu präsentieren. Ziemlich einfach, oder? Sie können dieses Skript in ein paar Sekunden sogar live beobachten. Zuerst allerdings machen Sie Ihr System startklar für Skripte.

1.2.1 Sechs Schritte für ein sicheres Vergnügen

Bevor Sie losblättern und sich die verschiedenen Kapitel dieses Buches anschauen, bereiten Sie Ihr System zuerst auf das Scripting vor. Das geht ganz schnell, und wenn Sie den folgenden Schritten folgen, dann funktionieren nicht nur die Beispiele in diesem Buch reibungslos, sondern Sie schließen außerdem gleich einige wichtige Internet-Sicherheitslücken.

So sieht Ihr Fahrplan aus:

- Bringen Sie Ihr Windows auf den neuesten Stand.
- Laden Sie die neueste Version der Scriptsprache herunter und installieren Sie sie.
- Laden Sie die neueste Version des Scripting Hosts herunter und installieren Sie ihn.
- Laden Sie den Script Debugger herunter und installieren Sie ihn.
- Laden Sie die Befehlserweiterungen herunter, die ich für Sie entwickelt habe, und installieren Sie sie.
- Verbieten Sie dem Internet Explorer, Skripte aus dem Internet auszuführen.

1.2.2 Windows kostenlos aktualisieren

Der Scripting Host ist eine moderne Technik – der Scripting Host 2.0 erst Recht. Er baut darauf, daß Ihre Windows-Version die neuesten Funktionen unterstützt. Ist das aber tatsächlich auch der Fall?

Wenn Sie Windows 98, Windows NT 4.0 mit Service Pack 4 oder Windows 2000 verwenden, dann lautet die Antwort: Ja! Sie können dann sofort zum nächsten Abschnitt springen.

Und was ist mit Windows 95? Die gute Nachricht lautet, auch auf Windows 95 läuft der Scripting Host 2.0, sogar auf der Ur-Windows-95-Version. Damit allerdings alles klappt, muß Ihr Windows 95 zuerst gründlich modernisiert werden.

Das kostet Sie zum Glück keinen Pfennig, denn das Update gibt es kostenlos bei Microsoft. Nur das Download dürfte mit einiger Zeit zu Buche schlagen. Haben Sie darauf keine Lust, dann besorgen Sie sich die Scripting-CD. Sie enthält neben allen Skripten dieses Buches und meinen Toolkits außerdem das Internet Explorer 4 Update, um Windows 95 komplett zu modernisieren.

Um Windows 95 zu aktualisieren, genügt es nämlich, den Internet Explorer 4 zu installieren. Erinnern Sie sich? Vor einigen Monaten beschäftigten spektakuläre Gerichtsverfahren in den USA durch die Presse. Microsoft sträubte sich mit Händen und Füßen dagegen, den Internet Explorer aus Windows 98 herauszunehmen und behauptete, das der für Windows lebenswichtig sei. Hacker bewiesen damals zwar, daß man den IE4 doch aus Windows herauslösen kann, aber das ist nur die halbe Wahrheit. Ohne den IE4 laufen viele neue Technologien nicht. Auch der Scripting Host ist auf die zahlreichen Mitbringsel des IE4 angewiesen.

Wenn Sie den IE4 installieren, dann bietet das Setup-Programm zwei Varianten an: die normale Installation, und die Installation mit der Desktop-Erweiterung. Die normale Installation genügt für den Scripting Host. Allerdings bringt Ihnen die Desktop-Erweiterung kostenlos den modernen Desktop von Windows 98, dessen neue Desktop-Funktionen auch für Ihre Skripte gut zu gebrauchen sind.

Das Desktop-Update greift allerdings tief in Windows ein. Die Wahrscheinlichkeit, daß Ihr System dadurch unstabil wird, ist viel größer, als wenn Sie nur die Standardfassung des Internet Explorer 4 installieren.

> **Tip:** Nur mit Netz und doppeltem Boden!
> Leider ist die Installation des IE4 auf einem »alten« Windows-95-System nicht immer problemlos. Setzen Sie Ihren Rechner für wichtige Arbeiten ein, dann legen Sie vor dem Upgrade sicherheitshalber ein Backup an. Ein Beispiel soll die Problematik verdeutlichen: Auf einem meiner Testrechner streikte das IE4 Update bei 96%. Die Installation des *VDO Live Players* wollte einfach nicht gelingen. Hier half nur, mit `Strg`+`Alt`+`Entf` die Taskliste auf den Bildschirm zu holen und darin den VDO-Eintrag mit *Task beenden* aus dem Speicher zu kicken. Anschließend ging alles reibungslos, aber genau diese Haken und Ösen können den Spaß verderben.

Übrigens, selbst wenn Sie den Internet Explorer 4 zähneknirschend installieren, obwohl Sie viel lieber mit einem anderen Browser durch das Internet surfen: das können Sie weiterhin tun! Der IE4 steht nach der Installation bloß bereit, kann aber von Ihnen genauso gut links liegen gelassen werden. Er frißt keine anderen Browser.

Sollten Sie trotz IE4 bei der Urfassung von Windows 95 Probleme mit der Scripting-Host-Installation haben, dann brauchen Sie noch das DCOM-Update. Das gibt es hier: *http://www.microsoft.com/com/dcom/dcom95/download.asp* bzw. hier: *http://download.microsoft.com/msdownload/dcom/ 95/x86/en/dcom95.exe*.

Dieses Update modernisiert die Art, wie Programme sich untereinander unterhalten – ganz wichtig für den Scripting Host, denn der will Ihre Programme ja künftig fernsteuern! Das DCOM-Update ist ab Windows 95 OSR2 serienmäßig dabei.

> **Tip:** Hier irrt Microsoft!
> Microsoft empfiehlt Windows-95-Benutzern, entweder den IE4 zu installieren oder das DCOM-Update. Stimmt aber leider nicht: das DCOM-Update reicht nicht, Sie brauchen in jedem Fall den IE4.

1.2.3 Die neueste Version der Skriptsprache installieren

Sie haben Ihr Windows 95 modernisiert – oder verwenden sowieso Windows 98 oder Windows NT4 mit SP4? Prima! Dann machen Sie als nächstes den Scripting Host startklar. Das sollten Sie auf jeden Fall tun, auch wenn Sie wissen, daß der Scripting Host bei Ihnen schon installiert ist. Den Scripting Host gibt es nämlich inzwischen in einer viel stabileren, schnelleren und mächtigeren Fassung, auf die Sie auf keinen Fall verzichten sollten.

Nur Windows 2000 Benutzer braten eine Extrawurst und sollten sich Kapitel 1.2.6 anschauen.

Tip: Scripting Host 2.0 und VBScript 5.0 lautet die Devise!
Windows 98 und das Option Pack 4 für Windows NT bringen nur die veraltete WSH-Version 1.0 mit. Vergessen Sie das! Installieren Sie auf jeden Fall die frischen Versionen, so wie ich es Ihnen gleich beschreibe. Und weil Download-Adressen im Internet die dumme Angewohnheit haben, sich ständig zu verändern, finden Sie im Zweifel alle aktuellen Links zu den benötigten Dateien hier: *http://www.wininfo.de/scripting*.

Genießen Sie auf den folgenden Seiten einen kleinen Einkaufsbummel durch die kostenlosen Downloadseiten der Firma Microsoft. Hier bekommen Sie alles, was ein erfolgreicher Windows-Skripter zum Leben braucht.

1.2.4 VBScript 5.0 kostenlos installieren

Ihre erste Modernisierungsaktion ist die Installation von VBScript 5.0. Die Installationsdatei gibt es kostenlos unter: *http://www.microsoft.com/scripting/downloads/ws/x86/ste50de.exe*.

Laden Sie die Datei herunter, und führen Sie sie aus. Das Installationsprogramm verlangt anschließend einen Neustart. Starten Sie Ihr System unbedingt neu, auch wenn nicht explizit ein Neustart gefordert wird. Installieren Sie auf keinen Fall gleich die nächsten Updates hinterher, denn das geht schief.

Schritt 1 ist geschafft, und Ihr Windows verwendet ab sofort die modernste Version von VBScript. Gleichzeitig wurde schon mal die Version 1.0 des Scripting Hosts installiert.

1.2.5 Scripting Host 2.0 ist in wenigen Minuten auf Ihrem System

Als nächstes installieren Sie den aktuellsten Scripting Host. Der hat eine ganze Fülle von neuen Funktionen zu bieten, die ich Ihnen in den nächsten Kapiteln präsentiere. Sie finden den WSH 2.0 unter: *http://msdn.microsoft.com/scripting/windowshost/beta/x86/wsh20en.exe*.

Laden Sie die Datei herunter, und führen Sie sie aus. Obwohl das Installationsprogramm nicht ausdrücklich darum bittet, sollten Sie auch diesmal den Rechner neu starten. Nur so werden alle neuen Funktionen aktiviert.

1.2.6 Windows 2000 brät eine Extrawurst

Windows 2000 nimmt zur Zeit eine Art Zwitterstellung ein: dieses Betriebssystem, das es offiziell noch gar nicht gibt, bringt bereits einige der modernen Scripting-Host-Funktionen mit. Aber leider längst nicht alle. Drag&Drop funktioniert noch ebenso wenig wie das ferngesteuerte Versenden von Tastendrücken via *SendKeys*().

Dummerweise kann Windows 2000 nicht mit dem Microsoft Update auf WSH 2.0 umgestellt werden. Hier bleibt nur, auf die endgültige Version von Windows 2000 zu warten und bis dahin kleinere Einschränkungen bei der Skriptprogrammierung hinzunehmen.

1.2.7 Der Script Debugger macht die Fehlersuche zum Kinderspiel

Auch den kostenlosen Script Debugger sollten Sie sich gönnen. Er hilft Ihnen später dabei, Fehler in Ihren Skripten schnell zu finden. Den Script Debugger gibt es unter: *http://msdn.microsoft.com/scripting/debugger/dbdown.htm*.

Installieren Sie ihn anschließend. Wie Sie den Script Debugger sinnvoll einsetzen, zeige ich Ihnen in Kapitel 2.

1.2.8 Wertvolle Scripting-Toolkits installieren

Allein für sich genommen sind Skripte bereits enorm praktisch, aber die folgenden Toolkits sprengen jedes Limit! Mit ihrer Hilfe lernt der Scripting Host eine Unzahl nützlicher neuer Befehle, und Sie können plötzlich mit wenigen Skriptzeilen richtig professionelle Resultate erzielen. Die Toolkits sind also ein »Muß« und werden in den Beispielen in diesem Buch eifrig eingesetzt. Für Sie, als Besitzer dieses Buches, sind die Toolkits natürlich kostenlos. Laden Sie sie hier herunter: *http://www.franzis.de/service/ loesungen/buecher/weltner.htm*.

Anschließend entpacken Sie die Datei. Sie besteht aus zahlreichen Einzelteilen und der Datei SETUP.EXE. Die starten Sie.

Bild 1.1: Starten Sie die Installation per Klick auf die Schaltfläche links oben

Das Installationsprogramm aktiviert jetzt die Befehlserweiterungen. Der Installationsprozeß beginnt allerdings erst, wenn Sie links oben auf das große Symbol mit der Diskette klicken.

Voilá! Jetzt sind Sie fertig, und Ihre Scripting-Abenteuer können beginnen.

1.3 Ihr erstes Skript ausführen lassen

Skripte dürfen mit jedem beliebigen Texteditor verfaßt werden. Der eingebaute Windows-Editor genügt vollkommen.

Den rufen Sie so auf den Bildschirm: Wählen Sie im Startmenü *Ausführen*, und geben Sie ein: NOTEPAD [Eingabe]. Schon ist er da und wartet auf Ihre Eingaben.

Geben Sie nun unsere Beispielzeile ein:

```
MsgBox "Hallo Welt!"
```

Fertig? Gut, dann braucht Ihr Skript nur noch gespeichert zu werden. Wählen Sie im Dateimenü *Speichern unter*.

Damit Ihr Skript später tatsächlich vom Scripting Host ausgeführt wird, darf es natürlich nicht als einfache Textdatei gespeichert werden. Einfache Textdateien werden vom Texteditor geöffnet und angezeigt, aber nicht ausgeführt. Deshalb erklären Sie Ihre Textdatei mit einem kleinen Kniff zum Skript. In der Ausklappliste *Dateityp* wählen Sie *Alle Dateien* und speichern

Ihr Skript dann mit der Dateiextension `.vbs`. Tippen Sie also beispielsweise ins *Dateiname*-Feld ein: `skript.vbs`. Damit Ihr Skript nicht irgendwo landet, sondern schön übersichtlich auf Ihrem Desktop, stellen Sie kurz noch oben in der Ausklappliste *Speichern in* ein: *Desktop*. Dann klicken Sie auf *Speichern*.

Auf Ihrem Desktop liegt nun Ihr neues Skript. Wenn Ihr Computer bereits einsatzbereit für Skripte ist, sieht das Icon des Skripts jetzt so aus:

Bild 1.2: So sehen VBS-Dateien im Explorer aus

Freuen Sie sich! Sie brauchen Ihr Skript nun nämlich nur noch zu öffnen, und schon wird sein Inhalt vom Scripting Host ausgeführt. Das war wirklich nicht schwierig.

Bild 1.3: Ihr erstes Skript gibt ein Lebenszeichen von sich

1.4 Scripting Host einbruchsicher machen

Ihr erstes Skript läuft inzwischen? Wunderbar! Dann sorgen Sie jetzt nur noch dafür, daß Sie auch wirklich der Einzige sind, der dem Scripting Host Befehle erteilt. Der Scripting Host ist einfach zu mächtig und vielseitig und darf deshalb auf keinen Fall in falsche Hände gelangen und zum Beispiel über das Internet ferngesteuert werden.

Gleich vorweg: Die folgenden Tips sind auch dann für Sie wichtig, wenn Sie keinen Scripting Host einsetzen. Der Scripting Host macht Ihren Computer also auf keinen Fall verwundbarer. Es gibt eine ganze Reihe von ActiveX-Komponenten auf Ihrem Computer, die allesamt vor fremdem Zugriff geschützt werden müssen.

Das Sicherheitsloch ist in Wirklichkeit der Internet Explorer, mit dem Sie im Internet surfen, jedenfalls dann, wenn er allzu liberal mit fremden Programmen umgeht. So schließen Sie seine Sicherheitslücken und machen Ihr System wasserdicht:

1. Wählen Sie im Startmenü *Einstellungen* und dann *Systemsteuerung*. Öffnen Sie dann das *Internet*-Modul.

2. Klicken Sie auf das Register *Sicherheit*. Stellen Sie nun in der Ausklappliste *Zone* ein: *Internetzone*. Dann wählen Sie *Angepaßt* und klicken auf *Einstellungen*.

3. Lassen Sie Ihre Sicherheitseinstellungen auf der mittleren Sicherheit basieren, und suchen Sie in der Liste den Eintrag *Initialisieren und ausführen von ActiveX-Steuerelementen*, die nicht als »sicher« markiert sind. Wählen Sie die Option *Deaktivieren*, und klicken Sie auf *OK*.

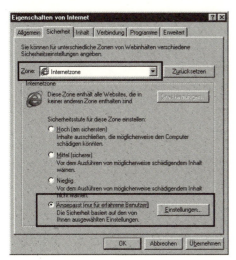

Bild 1.4: Dieses Dialogfenster regelt die Sicherheit und kann je nach IE-Version anders aussehen

Erledigt! Ab sofort ist Ihr Computer vor böswilligen Skripten auf fremden Internetseiten geschützt. Skripte laufen nur noch, wenn Sie sie starten.

Bild 1.5: Schalten Sie »unsichere« ActiveX-Komponenten im Internet ab!

2 VBScript Blitzeinführung

2.1 VBScript kennenlernen

In Skripten wird die Sprache VBScript gesprochen. Und das ist gut so, denn anders als seine meisten Programmiersprachen-Kollegen ist VBScript freundlich, fehlertolerant und ganz einfach zu erlernen. VBScript macht Ihnen das Leben so leicht wie möglich und erledigt eine Menge Dinge ganz von allein im Hintergrund. Sie brauchen sich deshalb nur darauf zu konzentrieren, Ihre eigentlichen Aufgaben zu formulieren. VBScript kümmert sich um den lästigen Rest. Großes Kopfzerbrechen um Variablentypen, unübersichtliche Befehle und sonderbare Zeilenbegrenzer gibt es bei VBScript nicht. Los geht es: auf den nächsten Seiten zeige ich Ihnen, wie Sie mit VBScript Ihre Ideen formulieren.

2.1.1 Skripte zum Leben erwecken

Und so erwecken Sie die folgenden Skriptbeispiele zum Leben: geben Sie den Skripttext einfach wie im vorherigen Kapitel gezeigt in einen Texteditor ein – zum Beispiel *NOTEPAD*. Speichern Sie das Skript dann unter einem Namen, am besten auf dem Desktop oder in einem speziellen Ordner, den Sie sich für Ihre Skriptexperimente angelegt haben. Vergessen Sie nicht, an den Namen Ihrer Skriptdatei die Dateiextension *.vbs* anzuhängen, damit aus der einfachen Textdatei auch wirklich eine Skriptdatei wird.

> **Tip:** Alle Skripte auf der Buch-CD!
> Alle Skripte finden Sie auch auf der Buch-CD! Der Name des Skripts steht in den Listings jeweils am Anfang, so daß Sie das passende Skript schnell finden. Zwar können Sie die Skripte direkt von der CD ausführen. Einige Skripte speichern allerdings Zwischenergebnisse in denselben Ordner, in dem sie aufbewahrt werden, und weil das auf CD-ROM nicht klappt, fahren Sie besser, wenn Sie die Skripte zuerst von der CD-ROM auf Ihre Festplatte kopieren.

Anschließend brauchen Sie die Skriptdateien nur noch zu öffnen – schon können Sie das Resultat bewundern.

2.1.2 Skripte nachträglich ändern

Sollten sich Tippfehler eingeschlichen haben, oder wollen Sie das Skript ein wenig verändern, dann klicken Sie die Skriptdatei einfach mit der rechten Maustaste an und wählen *Bearbeiten*. Schon legt Ihnen der Editor den ursprünglichen Skripttext wieder zur Bearbeitung vor. Ändern Sie ihn nach Herzenslust, speichern Sie das Skript dann mit *Speichern* aus *Datei* (oder Strg+S), und schauen Sie dann, wie sich Ihr Skript nun verhält, wenn Sie es öffnen.

> **Tip:** Skripte von CD müssen erst »entsichert« werden!
> Haben Sie Skripte von der Buch-CD geöffnet? Auf CDs kann natürlich nichts verändert werden – aber selbst wenn Sie Skripte von der CD auf die Festplatte kopiert haben, lassen sich Änderungen nicht speichern. Sabotage? Nein: Dateien auf CD bekommen automatisch das *Schreibgeschützt*-Dateiattribut und können erst verändert werden, wenn Sie die Datei mit der rechten Maustaste anklicken, *Eigenschaften* wählen und dann das *Schreibgeschützt*-Attribut entfernen. Das funktioniert auch für mehrere markierte Dateien gleichzeitig.

Skripte, die Sie nicht mehr brauchen, löschen Sie einfach wieder, in dem Sie sie auf das Papierkorbsymbol auf dem Desktop ziehen, oder noch einfacher, Sie klicken die Skriptdatei mit der rechten Maustaste an, und wählen *Löschen*.

2.2 Fragen stellen und Antworten geben

Skripte werden natürlich erst dann richtig sinnvoll, wenn sie damit Fragen stellen und Ausgaben machen können. Die beiden zuständigen Funktionen heißen *InputBox* und *MsgBox*. Schauen Sie mal, wie einfach das funktioniert:

```
' 2-1.VBS

name = InputBox("Wie heißen Sie?")
MsgBox "Guten Tag, " & name & "!"
'(C) 1999,2000 T.Weltner
```

Dieses Skript fragt nach einem Namen und gibt ihn gleich darauf mit einer netten Begrüßung wieder aus. Sie haben soeben etwas sehr Wichtiges getan: über die Variablen wurden zwei eigenständige Funktionen miteinander gekoppelt.

Bild 2.1: Nach Informationen fragen und gleich wieder ausgeben

Die Variable heißt im Beispiel *name* und funktioniert wie ein Container, in dem Funktionen ihre Ergebnisse aufbewahren. Das Ergebnis der *InputBox*-Funktion wurde über die *name*-Variable an die *MsgBox*-Funktion weiterverfüttert. Und damit *MsgBox* eine angenehme Meldung ausgibt, wurden noch einige weitere Zeichen hinzugefügt. Dafür ist der &-Operator da.

Wollen Sie die Variablen noch mehr schuften lassen, dann könnten Sie das Skript ein wenig ändern:

```
' 2-2.VBS

frage = "Wie heißen Sie?"
begruessung = "Guten Tag, "
ende = "!"
name = InputBox(frage)
MsgBox begruessung & name & ende
'(C) 1999,2000 T.Weltner
```

Hier sind alle Texte in Variablen gespeichert und können wie Bausteine von & zusammengesetzt werden. Auch wenn das Beispiel die Verwendung von Variablen etwas übertreibt, sehen Sie sofort, wie nützlich Variablen für Sie sind, um Zwischenergebnisse von hier nach dort weiterzugeben.

Tip: Nicht alle Variablennamen sind erlaubt!
Im Grunde dürfen Sie Ihre Variablen nennen, wie Sie wollen. Nur auf zwei Dinge müssen Sie aufpassen: Verwenden Sie im Variablennamen keine deutschen Umlaute wie ä, ö und ü, weil der Scripting Host Amerikaner ist und sich sonst wundert. Und verwenden Sie als Namen keine reservierten VBScript-Befehlsworte, weil die vor Variablennamen Vorrang haben. Wollen Sie ganz sicher gehen, dann setzen Sie einfach allen Variablennamen *my* voran, zum Beispiel *mytest*. Kein VBScript-Befehlswort beginnt mit *my*.

2.3 Mit Daten und Zeiten rechnen

Ihr Skriptbeispiel von oben ist zwar recht freundlich, aber nicht besonders nützlich. Das ändert sich nun, denn als nächstes spannen Sie ein paar interessante VBScript-Funktionen für Ihre Zwecke ein. VBScript bietet Ihnen zum Beispiel einen reich gedeckten Tisch an Datums- und Zeitfunktionen.

Falls Sie schon immer mal wissen wollten, an welchem Wochentag Sie eigentlich geboren wurden (oder die nächste Geburtstagsfeier planen wollen), dann beantwortet das nächste Skript Ihre Frage ganz zuvorkommend:

```
' 2-3.VBS

datum = InputBox("Geben Sie ein Datum ein," _
   & " und ich verrate den Wochentag!")
if isDate(datum) then
   wochentag = Weekday(datum)
   wochentagname = WeekdayName(wochentag)
   MsgBox "Der " & datum & " fällt auf einen " & wochentagname
else
   MsgBox "Huch! """ & datum _
      & """ ist kein gültiges Datum!"
end if
'(C) 1999,2000 T.Weltner
```

Tatsächlich, das Skript funktioniert! Nur wenn Sie kein Datum angeben, dann nörgelt das Skript, aber ansonsten akzeptiert es klaglos sowohl Eingaben wie »1.1.80« als auch »18. März 1968« und liefert pflichtbewußt den Wochentag zurück, auf den dieses Datum fällt. Wie geht das?

Bild 2.2: Das Skript rechnet aus, wann Ihre nächste Geburtstagsfeier steigt

Im Grunde wissen Sie schon, was hier passiert! Wieder werden bloß VBScript-Funktionen aufgerufen und das Ergebnis über Variablen an andere Funktionen weitergereicht. Und auch wenn das Skript ein wenig klingonisch aussieht, verstehen Sie es gleich ganz genau:

- Zuerst will das Skript das Datum wissen, an dem Sie interessiert sind. Dazu setzt es wie oben seine *InputBox*-Funktion ein und speichert das Ergebnis in der Variablen *datum*.

- Nun soll der Wochentag herausgefunden werden. Bevor es losgeht, muß das Skript aber zuerst prüfen, ob Sie auch wirklich ein Datum eingegeben haben. Sie könnten das Eingabefeld ja auch leer gelassen oder gemogelt und bloß irgendwelche Zeichen eingegeben haben. Deshalb fragt das Skript mit *isDate()* nach, ob in der Variablen *datum* ein Datum enthalten ist.

- Jetzt ist eine Entscheidung fällig: Haben Sie ein Datum angegeben oder nicht? Diese Entscheidung wird mit den Befehlen *if...then...else* getroffen. Stimmt die Frage, die Sie hinter *if* gestellt haben, dann führt das Skript die Anweisungen nach *then* aus. Im Beispiel berechnet es den Wochentag. Stimmt die Frage nicht, dann führt es stattdessen die Anweisungen nach *else* aus. Mit *end if* wird die Entscheidung abgeschlossen, und alle Zeilen danach werden wieder unabhängig von der Entscheidung ausgeführt.

- Bleibt noch das eigentliche Anliegen: Wie bekommt das Skript den Wochentag heraus? Ganz einfach: *Weekday()* leistet die eigentliche Arbeit und ermittelt den Wochentag eines beliebigen Datums als Zahl zwischen 1 und 7. *WeekdayName()* liefert den wirklichen Wochentag zurück und verlangt als Eingabe (als Argument) eine Zahl zwischen 1 und 7.

> **Tip:** Und wofür sind die vielen Anführungszeichen gut?
> VBScript begrenzt Texte mit Anführungszeichen, und deshalb ist es gar nicht so leicht, in einer Textvariablen Anführungszeichen zu speichern, die als Text angezeigt werden sollen. Schließlich würde VBScript das Anführungszeichen als Textende mißverstehen. Deshalb werden Anführungszeichen, die nicht den Text begrenzen sondern sichtbar sein sollen, einfach doppelt geschrieben. Probieren Sie folgendes aus: `MsgBox """Hallo!"""` Das erste und das letzte Anführungszeichen begrenzen den Text, die übrigen beiden doppelten Anführungszeichen werden angezeigt.

2.4 Entscheidungen fällen

Sie haben nun schon beinahe alles gelernt, was Sie über die Grundstruktur Ihrer Skripte wissen müssen. Viel mehr Details kommen nicht auf Sie zu, und deshalb lohnt es sich, dieses Beispiel ganz genau zu verstehen und ein wenig herumzuexperimentieren!

Schauen Sie sich noch einmal den Entscheidungsmechanismus mit *if...then...else* an. Basteln Sie Ihre eigenen Entscheidungen:

```
' 2-4.VBS

name = InputBox("Wie heißen Sie?")
if name = "Tobias" then
   MsgBox "Hey, Tobi, altes Haus!"
else
   MsgBox name & "? Kenn ich nicht!"
end if
'(C) 1999,2000 T.Weltner
```

Tip: Noch leichter sind die Befehle zu verstehen, wenn Sie sie ins Deutsche übersetzen: *if...then...else* heißt dann nämlich *wenn...dann...ansonsten*. *InputBox* heißt *EingabeKasten*, und *WeekdayName* heißt *WochentagName*. Das klingt schon einleuchtender, oder?

Oder nehmen Sie die Datumsfunktionen näher unter die Lupe:

```
' 2-5.VBS

datum = InputBox("Ich prüfe, ob Sie ein" _
   & " Datum eingeben!")
MsgBox "Das Ergebnis der Prüfung lautet: " & isDate(datum)
'(C) 1999,2000 T.Weltner
```

Wenn Sie ein Datum eingeben, liefert *isDate()* wahr zurück, ansonsten falsch.

Bild 2.3: Finden Sie heraus, was der Anwender eigentlich eintippt.

Probieren Sie doch mal aus, was passiert, wenn Sie der *if*-Funktion direkt ein *wahr* oder *falsch* vorsetzen. VBScript verwendet als *wahr* die Konstante *true* und als *falsch* die Konstante *false*.

```
' 2-6.VBS

if true then
   MsgBox "Variante 1"
```

```
else
   MsgBox "Variante 2"
end if
'(C) 1999,2000 T.Weltner
```

Hier wird immer die Variante 1 gewählt. Der *if*-Funktion ist es also ziemlich egal, auf welcher Grundlage Sie eine Entscheidung treffen. Die Hauptsache ist, daß die Entscheidungsfunktion *wahr* oder *falsch* zurückliefert, und genau das tut *isDate()* im Beispiel auch. Bei wahr wird der Skriptteil hinter *then* ausgeführt, bei falsch der hinter *else*.

Sie könnten also auch solch ein Skript verwenden:

```
' 2-7.VBS

datum = InputBox("Geben Sie ein Datum an!")
ok = isDate(datum)
if ok then
   MsgBox datum & " ist tatsächlich ein Datum!"
else
   MsgBox datum & " ist kein Datum!"
end if
'(C) 1999,2000 T.Weltner
```

Hier wird das Ergebnis von *isDate()* in der Variablen *ok* zwischengespeichert und dann die Entscheidung auf der Basis vom Inhalt von *ok* getroffen.

Und was passiert, wenn Sie der *WeekdayName()*-Funktion direkt Zahlenwerte zuschustern? Ausprobieren!

```
' 2-8.VBS

zahl = InputBox("Geben Sie eine Zahl " _
   & "zwischen 1 und 7 ein!")
if isNumeric(zahl) then
   if zahl<1 then
      MsgBox "Hey! Ihre Zahl ist kleiner als 1!"
   elseif zahl>7 then
      MsgBox "Hey! Ihre Zahl ist größer als 7!"
   else
      MsgBox "WeekdayName(" & zahl _
            & ") ergibt: " & WeekdayName(zahl)
   end if
else
   MsgBox "Hey! Sie haben gar keine Zahl eingegeben!"
end if
'(C) 1999,2000 T.Weltner
```

Interessant, oder? Dieses Skript geht noch einen Schritt weiter. Diesmal prüft es, ob Sie tatsächlich eine Zahl eingegeben haben und verwendet dazu *isNumeric()*. Sie sehen also, die Befehle des Variablen-TÜV beginnen alle mit *is*.

2.5 Dinge mehrmals wiederholen   33

Bild 2.4: Ihr Skript kann Kennzahlen in Wochentage umwandeln

Anschließend reagiert es auf alle denkbaren Varianten und verwendet dazu *elseif*. Mit *if...elseif* können Sie mehrere Vergleiche anstellen, so viele wie Sie wollen. Der erste Vergleich, der Wahr zurückliefert, wird ausgeführt. Trifft gar kein Vergleich zu, dann wird der Skriptteil hinter *else* ausgeführt. Geben Sie eine Zahl zwischen 1 und 7 an, dann liefert *WeekdayName()* den betreffenden Wochentag zurück.

Eigentlich ganz logisch, oder? Trinken Sie erst mal einen Capucchino, Sie haben bereits einen echten Scripting-Meilenstein hinter sich.

> **Tip:** Ausprobieren lautet die Devise!
> Sie haben noch leise Zweifel an diesem oder jenem? Mehr als eine Fehlermeldung haben Sie nicht zu riskieren! Stricken Sie die Skriptbeispiele um, und probieren Sie selbst aus, was Ihnen unklar ist. *MsgBox()* hilft Ihnen dabei, Zwischenergebnisse sichtbar zu machen, zum Beispiel: `MsgBox Weekday("1. März 1990")`. Und etwas weiter unten lesen Sie, wie Sie auf scheinbar unlösbare Fehlermeldungen reagieren und Skripte sogar wie mit der Lupe Schritt für Schritt verfolgen können.

2.5 Dinge mehrmals wiederholen

Ihre Skripte sollen künftig lästige Routineaufgaben von allein lösen, und deshalb brauchen Sie einen Weg, um Aufgaben mehrmals ausführen zu lassen. Schließlich wollen Sie die Aufgabe nicht hundert Mal in Ihr Skript schreiben.

Das brauchen Sie auch gar nicht. Auf Wunsch führt Ihr Skript Aufgaben genau so oft aus, wie Sie sich das wünschen:

```
' 2-9.VBS

for x=1 to 7
  MsgBox "Ich zähle bis 7 und bin bei " & x
next
'(C) 1999,2000 T.Weltner
```

Hier sehen Sie gleich zwei interessante Dinge: *for...next* führt erstens die Anweisungen dazwischen genau so oft aus, wie Sie angegeben haben. Und zweitens benutzt es eine Zählvariable, die in diesem Beispiel *x* heißt. Sie können die Zählvariable auch für sinnvollere Dinge einsetzen (und natürlich auch anders nennen).

```
' 2-10.VBS

for x=1 to 7
   MsgBox "Ich liste die Wochentage auf: " & WeekdayName(x)
next
'(C) 1999,2000 T.Weltner
```

Das, was Ihre Schleife leistet, muß nicht sofort auf dem Bildschirm landen. Sie können in Schleifen auch Texte zusammenbasteln:

```
' 2-11.VBS

text = "Die Wochentage lauten:" & vbCr
for x=1 to 7
   text = text & WeekdayName(x) & vbCr
next
MsgBox text
'(C) 1999,2000 T.Weltner
```

Wieder sehen Sie eine ganze Reihe interessanter Details: Die Schleife bastelt einen Text zusammen, der in der Variablen *text* gespeichert ist.

Bild 2.5: Eine Schleife sucht alle Wochentage heraus

Damit bei jedem Schleifendurchlauf neuer Text hinzugefügt, alter Text aber nicht ersetzt wird, benutzt das Skript diese Variante:

```
text = text & ...
```

Das Gleichheitszeichen ist hier mathematisch natürlich unsinnig. Es funktioniert als Zuweisung: Die Variable links vom Gleichheitszeichen erhält als neuen Inhalt alles, was rechts vom Gleichheitszeichen steht. Der Trick ist, daß sowohl links als auch rechts dieselbe Variable verwendet wird und rechts neuer Text hinzukommt. Probieren Sie doch mal aus, was passiert, wenn Sie innerhalb der Schleife die Anweisung *MsgBox text* hinzufügen. Jetzt sehen Sie Schritt für Schritt, wie der Text zusammengebaut wird.

Und wofür ist *vbCr* gut? *vbCr* ist eine Konstante, also ein fest vordefinierter Variablenwert, den VBScript von Hause aus mitbringt. *vbCr* entspricht einem Zeilenumbruch und sorgt dafür, daß *MsgBox* die einzelnen Wochentage nicht hintereinander weg ausgibt, sondern in eigenen Zeilen. Probieren Sie doch mal aus, was passiert, wenn Sie *& vbCr* weglassen.

2.5.1 Schleifen abbrechen

Natürlich gibt es Situationen, in denen Sie zwar einen bestimmten Skriptteil wiederholen wollen, aber vorher nicht genau wissen, wie oft. In solchen Fällen ist *for...next* keine gute Wahl, denn hier müssen Sie ja von vornherein wissen, wie oft wiederholt werden soll. Besser ist dann *do...loop*. Das nächste Beispiel fragt zum Beispiel so lange nach einem Datum, bis Sie auch wirklich eines eingegeben haben:

```
' 2-12.VBS

do
    datum = InputBox("Bitte geben Sie ein Datum ein!")
loop until isDate(datum)
MsgBox "Vielen Dank!"
'(C) 1999,2000 T.Weltner
```

do...loop wiederholt den Skriptteil so lange, bis die Bedingung hinter *until* erfüllt ist. Sie werden also so lange nach einem Datum gefragt, bis Sie auch wirklich eines eingegeben haben.

Die elegante Variante dieses Beispiels sieht allerdings so aus:

```
' 2-13.VBS

do
    datum = InputBox("Bitte geben Sie ein Datum ein!")
    if not isDate(datum) _
        and not isEmpty(datum) then
        MsgBox datum & " ist kein gültiges Datum."
    end if
loop until isDate(datum) or isEmpty(datum)

if isEmpty(datum) then
    MsgBox "Sie haben auf Abbrechen geklickt!"
    WScript.Quit
else
    wochentag = WeekdayName(Weekday(datum))
    MsgBox datum & " fällt auf einen " & wochentag
end if
'(C) 1999,2000 T.Weltner
```

Dieses Skript reagiert nun auch galant auf den *Abbrechen*-Knopf des *InputBox*-Dialogfensters. Wird der angeklickt, dann liefert *InputBox* einen leeren Wert zurück, den *isEmpty()* erkennt.

Das Skript prüft also zuerst, ob *InputBox* kein Datum zurückgeliefert hat. *isDate()* prüft, ob es sich um ein Datum handelt; *not isDate()* macht genau das Gegenteil und prüft also, ob es sich um kein Datum handelt. Mit *not* drehen Sie Ergebnisse um und machen aus wahr falsch und umgekehrt.

Handelt es sich um kein Datum, und ist der Rückgabewert auch nicht leer (*isEmpty()*), dann hat der Anwender eine falsche Eingabe gemacht, und das Skript nörgelt mit Hilfe von *MsgBox* ein wenig herum.

Die Schleife fragt so lange nach dem Datum, bis entweder ein Datum eingegeben wurde (*isDate()*), oder bis ein Leerwert zurückgeliefert wird, weil der Anwender auf *Abbrechen* geklickt hat (*isEmpty()*).

Wurde ein Leerwert zurückgeliefert, dann bricht das Skript mit *WScript.Quit* einfach ab – aus die Maus. Andernfalls zeigt das Skript den Wochentag an, auf den das Datum fällt.

Wieder interessant: Funktionen lassen sich auch schachteln! Anstatt also wie im Beispiel oben einzeln *Weekday()* und *WeekdayName()* aufzurufen und die Ergebnisse über Variablen weiterzureichen, kann *WeekdayName()* auch direkt mit dem Ergebnis von *Weekday()* gefüttert werden: *WeekdayName(Weekday(datum))*.

Solche Schachtelkonstellationen stacheln zwar den Ehrgeiz an, sind aber eigentlich völlig unpraktisch, weil niemand mehr durch solche Zeilen durchsteigt und bei Fehlermeldungen gar nicht mehr erkennbar ist, wo was schieflief. Seien Sie lieber großzügig und schreiben Sie Ihre Skripte in kleinen klar durchdachten Schritten.

2.6 Eigene Funktionen basteln

VBScript ist erweiterbar, und wenn Ihnen die eingebauten Funktionen nicht reichen, dann basteln Sie sich aus dem VBScript-Sprachvorrat einfach eigene Funktionen zusammen. Solche Funktionen lassen sich nicht nur elegant wiederverwenden, sie machen Ihre Skripte auch übersichtlicher und schneller.

Hier ein einfacher Mehrwertsteuerrechner:

```
' 2-14.VBS

netto = InputBox("Geben Sie einen Betrag ein!")
if isNumeric(netto) then
   mwst = Maerchensteuer(netto)
   text = "Nettobetrag: " _
      & FormatCurrency(netto) & vbCr
   text = text & "MwSt.: " & FormatCurrency(mwst) & vbCr
   text = text & "Gesamtbetrag: " & FormatCurrency(netto+mwst)
   MsgBox text
else
   MsgBox "Sie haben keinen Betrag angegeben!"
end if

function Maerchensteuer(betrag)
   Maerchensteuer = betrag * 0.16
end function
'(C) 1999,2000 T.Weltner
```

Die neue Funktion namens *Maerchensteuer()* wird mit *function...end function* definiert. Alles, was dazwischen steht, gehört zur Funktion und wird nur ausgeführt, wenn Sie die Funktion aufrufen, also beim Namen nennen.

2.6 Eigene Funktionen basteln

Bild 2.6: Skript berechnet automatisch die Mehrwertsteuer

Damit Ihre neue Funktion etwas Sinnvolles tun kann, übergeben Sie ihr ein Argument. Das Argument steht in Klammern hinter dem Funktionsnamen und funktioniert genauso wie Argumente der eingebauten VBScript-Funktionen. *InputBox()* verlangt zum Beispiel auch ein Argument, nämlich die Frage, die es in seinem Dialogfenster stellen soll. Die *Maerchensteuer()*-Funktion verlangt als Argument einen Betrag und speichert das Argument intern in der Variablen *betrag*.

Mit diesem Argument kann die Funktion nun wirbeln und berechnet im Beispiel den Mehrwertsteuersatz. Bleibt nur noch die Frage, wie Sie die Funktion dazu bewegen, ihr Ergebnis zurückzuliefern. Das ist ganz einfach, weisen Sie das Ergebnis bloß einer Variablen zu, die genauso heißt wie Ihre Funktion. Im Beispiel oben heißt die Funktion *Maerchensteuer()*, und deshalb wird das Endergebnis an die Variable *Maerchensteuer* gegeben. Klar und simpel.

Neu ist außerdem die Funktion *FormatCurrency()*. Sie formatiert eine Zahl als Währung und richtet sich dabei nach den Ländereinstellungen in der Systemsteuerung Ihres Computers. Automatisch fügt sie die richtige Anzahl Nachkommastellen sowie das Währungssymbol hinzu.

2.6.1 Prozeduren liefern keine Werte zurück

Prozeduren funktionieren fast genauso wie Funktionen, nur liefern sie keinen Wert zurück. Prozeduren werden mit *sub...end sub* angelegt. Schauen Sie mal, wie Sie sich das zunutze machen können:

```
' 2-15.VBS

text = ""
Sag "Dies ist eine Zeile Text"
Sag "Hier folgt eine zweite Zeile."
Sag "Noch mehr Text."
Sag "Heute ist der " & date() & "."
MsgBox text

sub Sag(was)
   text = text & was & vbCr
end sub
'(C) 1999,2000 T.Weltner
```

Die Prozedur *Sag()* fügt der Variablen *text* neuen Text hinzu und fügt außerdem einen Wagenrücklauf an – ideal, um ohne große Schreibarbeit auch längere Dialogfenstertexte zusammenzustellen, die natürlich sinnvoller sein können als in diesem Beispiel.

Bild 2.7: Bequem mehrzeilige Dialogfenster basteln

Machen Sie gleich ein interessantes Experiment, und löschen Sie die erste Zeile Ihres Skripts. Wenn Sie das tun, funktioniert es nicht mehr, es wird kein Text ausgegeben!

Und warum? Weil Prozeduren und Funktionen private Variablen verwenden. Privat heißt, daß alle Variablen, die innerhalb von Prozeduren und Funktionen neu angelegt werden, nur dort gelten und nirgends sonst.

Ihre *Sag()*-Prozedur funktioniert also nach wie vor einwandfrei. Weil Sie aber die Variable *text* in der Prozedur zum ersten Mal verwenden, wird sie als private Variable angelegt und gilt außerhalb der Prozedur nicht. Deshalb kann die *MsgBox*-Funktion nur eine leere *text*-Variable ausgeben.

2.6.2 Private und globale Variablen richtig einordnen

Globale und private Variablen sind enorm wichtig. Wer die Sache einfach ignoriert und sich nicht weiter darum kümmert, kann ernste Probleme bekommen. Dabei sind die Regeln ganz einfach:

- Verwenden Sie innerhalb von Funktionen und Prozeduren auf keinen Fall Variablennamen, die auch außerhalb der Funktionen und Prozeduren verwendet werden, es sei denn, Sie wollen wie im Beispiel oben absichtlich den Wert einer globalen Variable ändern. Stellen Sie Variablennamen in Funktionen und Prozeduren am besten *priv* vor, zum Beispiel *privtest*. So ist ausgeschlossen, daß Ihre Funktionen und Prozeduren aus Versehen globale Skriptvariablen ändern und Sie sich anschließend wundern, warum Ihr Skript sich sonderbar benimmt.

- Ändern Sie innerhalb von Funktionen und Prozeduren niemals den Wert, den Sie der Funktion oder Prozedur als Argument übergeben haben. Auch dieser Wert ist eine globale Variable und würde sonst auch außerhalb der Funktion oder Prozedur einen anderen Wert bekommen.

- Wie heikel es wird, wenn Sie globale und private Variablen nicht sorgfältig voneinander abschotten, zeigt das nächste Beispiel:

```
' 2-16.VBS

name = "Herbert"
MsgBox name
```

```
MsgBox ShowName(name)
MsgBox name

function ShowName(eingabe)
   eingabe = "Guten Tag, " & eingabe & "!"
   ShowName = eingabe
end function
'(C) 1999,2000 T.Weltner
```

- Die Prozedur *ShowName()* akzeptiert einen Namen und liefert eine Begrüßung zurück. Weil sie aber das übergebene Argument in Form von *eingabe* verändert, ändert sich auch unbemerkt die entsprechende globale Variable *name*, mit der *ShowName()* aufgerufen wurde. Nicht so gut. Deshalb: ändern Sie niemals das Argument, das Sie einer Prozedur oder Funktion übergeben. Weisen Sie es lieber zuerst einer privaten internen Variable zu, die Sie danach so stark verändern können, wie Sie wollen.

2.6.3 Mit Variablen rechnen

Natürlich können Ihre Skripte hervorragend rechnen, und Sie werden gleich sehen, daß in guten Skripten ständig irgendetwas ausgerechnet wird. Teilweise haben Sie das oben ja schon erlebt.

Deshalb ist es auch ganz leicht, mit Skripten langweilige Mathematikhausaufgaben zu rationalisieren oder mal kurz einen Zinseszinsrechner für den neuen Fernseherkauf zu basteln:

```
' 2-17.VBS
preis = IB("Wieviel soll das neue Gerät bar" _
   & " kosten?")
rate = IB("Wie hoch ist die monatliche Rate?")
dauer = IB("Wieviel Monate läuft die Sache?")

echterpreis = rate * dauer
zinsen = echterpreis - preis
zinsenpromonat = zinsen / dauer
zinsenprojahr = zinsenpromonat * 12
zinssatz = zinsenprojahr/preis

text = ""
Sag "Ihr Gerät kostet " & FC(preis)
Sag "Sie zahlen " & dauer & " Monate eine Rate von " & FC(rate)
Sag "Damit zahlen Sie insgesamt " & FC(echterpreis)
Sag "Sie haben also " & FC(zinsen) & " an Zinsen gezahlt"
Sag "Das sind " & FC(zinsenpromonat) & " Zinsen pro Monat"
Sag "Pro Jahr werden " & FC(zinsenprojahr) & " fällig"
Sag "Der Zinssatz beträgt also " & FormatPercent(zinssatz)
if zinssatz>.05 then
   Sag "Gehen Sie lieber zur Hausbank und zahlen Sie bar.."
else
```

```
   Sag "Gar kein schlechtes Angebot.."
end if

MsgBox text

sub Sag(was)
   text = text & was & "." & vbCr
end sub

function FC(was)
   FC = FormatCurrency(was)
end function

function IB(frage)
   IB = InputBox(frage)
   if isEmpty(IB) then
      MsgBox "Sie haben auf Abbrechen geklickt!"
      WScript.Quit
   end if

   if not isNumeric(IB) then
      MsgBox "Sie haben keine Zahl eingegeben!"
      IB = IB(frage)
   end if
end function
'(C) 1999,2000 T.Weltner
```

Dieses kleine Skript hilft dabei, scheinheilige Ratenkaufangebote sofort zu durchleuchten. Es berechnet die echte Zinsbelastung und den resultierenden Jahreszins. So werden vermeindliche Schnäppchen blitzschnell entlarvt.

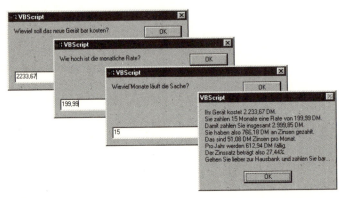

Bild 2.8: Praktisch: Ratenzahlungen genau durchleuchtet

Zuerst möchte das Skript den Barpreis, den monatlichen Ratenpreis und die Laufzeit der Ratenzahlungen wissen. Dazu setzt es diesmal aber nicht *InputBox()* ein – jedenfalls nicht direkt. Stattdessen kommt die selbstdefinierte Funktion *IB()* zum Zuge. Die kann mehr als *InputBox()*: sie prüft, ob der Benutzer auch wirklich eine Zahl eingegeben hat, und wenn nicht, fragt sie noch mal nach. Klickt der Benutzer auf *Abbrechen*, dann wird das ganze Skript sofort beendet.

Eigentlich nichts Neues, denken Sie vielleicht. Schauen Sie aber mal, was hier wirklich passiert: weil Sie die ganze Zahlenüberprüfung in die neue Funktion integriert haben, sparen Sie sich eine Menge Schreibarbeit. Sie brauchen nicht nach jedem *InputBox()*-Aufruf von Neuem prüfen. Das erledigt alles Ihre neue Funktion, ganz von allein. Und: wenn der Benutzer keine Zahl eingibt, dann ruft sich die Funktion einfach selbst noch einmal auf! Solange, bis endlich eine Zahl eingegeben wurde oder der Benutzer abgebrochen hat. Elegant, oder?

Noch besser: Sie können die IB-Funktion ab sofort Ihrer persönlichen Skriptbibliothek zuordnen, und wenn Sie in eigenen Skripten eine Eingabefunktion für Zahlen brauchen, dann fügen Sie einfach die *IB()*-Funktion aus diesem Beispiel ein – schon ist das Problem abgehakt. Funktionen (und Prozeduren) lassen sich also besonders leicht für neue Skriptprojekte recyclen, und Sie brauchen nicht ständig das Rad von Neuem zu erfinden.

2.6.4 Grundrechenarten benutzen

Anschließend berechnet das Skript die Zinsen und setzt dazu die Grundrechenarten ein. Multipliziert wird mit *, und wenn Sie Zahlen dividieren (teilen) wollen, dann verwenden Sie /, einen angedeuteten Bruchstrich.

Brauchen Sie mehr Rechenpower, dann hält VBScript auch etwas anspruchsvollere Rechenfunktionen bereit. *Sin()* und *Cos()* beispielsweise berechnen den Sinus und Cosinus und sind besonders wichtig für die Mathematikhausaufgaben-Automatisierung.

2.6.5 Weitere eigene Funktionen und Prozeduren

Die Prozedur *Sag()* kennen Sie schon von oben: Damit bastelt das Skript ohne großen Schreibaufwand den Ausgabetext zusammen. Neu ist *FC()*. Diese selbstdefinierte Funktion ist auf den ersten Blick ein blindes Ei, weil sie nichts weiter tut, als intern *FormatCurrency()* aufzurufen. Und wirklich: Sie könnten *FC()* im Skript auch durch *FormatCurrency()* ersetzen und dann die selbstdefinierte *FC()*-Funktion ersatzlos streichen. Sie ist nämlich bloß ein Beispiel für eine Schreiberleichterung. Funktionen können also nicht nur neue Aufgaben meistern, sondern auch dazu benutzt werden, eingebaute Funktionen mit unbequemen Namen umzubenennen – so, wie Sie es wollen.

FormatPercent() ist ein weiterer Vertreter aus dem *Format...()*-Club. Während *FormatCurrency()* aus einer Zahl eine Währungsangabe macht, bastelt *FormatPercent()* aus einer Bruchzahl eine Prozentangabe.

2.7 Mit Texten rechnen

Sogar mit Texten läßt sich rechnen! Natürlich nicht im streng mathematischen Sinne, aber VBScript kann Texte untersuchen und interessante Teile herausschneiden oder neu zusammensetzen. Das ist enorm wichtig, denn häufig liegen wichtige Informationen nicht in »Reinform« vor, sondern müssen erst aus einem ganzen Wust von Informationen herausgelöst werden.

Zum Glück ist das nicht weiter schwierig, denn VBScript enthält ein ganzes Arsenal an chirurgischen Textschneide-Werkzeugen. Schauen Sie mal:

2.7.1 Textteile herauslösen

Ein ganz nützliches Beispiel sind Pfadnamen von Dateien, denn ein wichtiges Einsatzfeld Ihrer künftigen Skripte ist das Dateisystem Ihres Computers. Hier können Ihre Skripte auf die Jagd nach veralteten Dateien gehen oder ganze Ordnerinhalte in einem Aufwasch umbenennen. Bevor das geht, muß VBScript aber wissen, auf welchen Ordner oder welchen Dateinamen es angesetzt werden soll.

Das nächste Skript fragt Sie nach einem beliebigen Pfadnamen. Geben Sie entweder einen Pfadnamen von Hand ein, oder tricksen Sie ein wenig:

1. Schließen Sie alle Fenster. Dann öffnen Sie das *Arbeitsplatz*-Symbol auf Ihrem Desktop und navigieren zu irgendeiner Datei.
2. Drücken Sie nun `Win`+`R`, um das *Ausführen*-Fenster aufzurufen, oder wählen Sie im Startmenü *Ausführen*. Löschen Sie den Inhalt der Befehlszeile mit `Entf`.
3. Ziehen Sie jetzt die Datei aus dem Explorerfenster in die Befehlszeile des *Ausführen*-Fensters. Schwupp, schon schreibt Windows den kompletten Pfadnamen dieser Datei in die Befehlszeile.
4. Klicken Sie auf die Titelleiste des *Ausführen*-Dialogfensters, und drücken Sie `Strg`+`C`. Der Pfadname wird jetzt in die Zwischenablage gehievt.
5. Nun starten Sie Ihr Skript. Wenn es Sie nach dem Dateinamen fragt, dann klicken Sie mit der rechten Maustaste in die Eingabezeile des *InputBox*-Dialogfensters und wählen *Einfügen* – schon wird der Dateiname eingefügt.

Das Skript ermittelt aus dem Pfadnamen das Laufwerk, den Ordner und den Dateinamen:

```
' 2-18.VBS

pfad = InputBox("Geben Sie einen Pfadnamen ein!")

text = ""
Sag "Pfadname: " & pfad
Sag "Laufwerk: " & GetLaufwerk(pfad)
Sag "Ordner: " & GetOrdner(pfad)
Sag "Dateiname: " & GetDatei(pfad)

MsgBox text

function GetLaufwerk(pfad)
   position = Instr(pfad, ":\")
   if position>0 then GetLaufwerk = left(pfad, position+1)
```

2.7 Mit Texten rechnen

```
end function

function GetOrdner(pfad)
   position = InstrRev(pfad, "\")
   if position>1 then GetOrdner = left(pfad, position-1)
end function

function GetDatei(pfad)
   position = InstrRev(pfad, "\")
   if position>0 then GetDatei = mid(pfad, position+1)
end function

sub Sag(was)
   text = text & was & vbCr
end sub
'(C) 1999,2000 T.Weltner
```

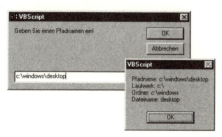

Bild 2.9: Texte lassen sich in interessante Happen auseinandernehmen

Schauen Sie sich zuerst an, wie der Laufwerksbuchstabe aus dem Pfad herausgesaugt wird. Diese Aufgabe erledigt die selbstdefinierte Funktion *GetLaufwerk()*.

Sie sucht sich zuerst das Erkennungszeichen für den Laufwerksbuchstaben: »:\«. *Instr()* findet die erste Position im Text, in der diese Zeichen vorkommen. Konnte es die Zeichen nicht finden, dann liefert *Instr()* die Position 0 zurück.

Deshalb prüft die Funktion anschließend, ob eine Position größer als 0 zurückgeliefert wurde. Danach schneidet sie den Anfang des Textes bis zur gefundenen Position aus und liefert ihn zurück. Und warum verwendet es *position+1*? Weil *Instr()* die Position des Anfangs von »:\« gemeldet hat. Da dieser Suchbegriff aus zwei Zeichen besteht, muß die Position noch um eins erhöht werden. Probieren Sie einfach aus, wie sich das Skript verhält, wenn Sie +1 entfernen.

Das chirurgische Schneidewerkzeug, um den Anfang eines Textes auszuschneiden, heißt *left()*. Es liefert vom Anfang des Textes genau so viele Zeichen zurück, wie Sie angegeben haben. Wenn Sie mehr Zeichen anfordern als der Originaltext lang ist, dann bekommen Sie eben nur so viele Zeichen zurück wie möglich.

GetOrdner() hat eine andere Aufgabe. Diese Funktion soll den Dateinamen am Ende des Pfades ignorieren und nur den Rest zurückliefern. Deshalb sucht es mit *InstrRev()* nach dem letzten »\«-Zeichen. *InstrRev()* funktioniert also genau wie *Instr()*, nur startet die Suche diesmal von hinten.

Und wie löst *GetDatei()* den Dateinamen heraus? Der Anfang sieht aus wie bei *GetOrdner()*. Wieder bestimmt die Funktion die Position des letzten »\«-Zeichens. Um die Zeichen ab dieser Position bis zum Ende zu bekommen, setzt es *Mid()* ein. Und weil es am »\«-Zeichen selbst nicht interessiert ist, erhöht es noch schnell die gefundene Position um eins.

> **Tip:** Schneidewerkzeuge verdauen keine Null!
> Alle Textschneidefunktionen sind ausgesprochen gutmütig. Sie reagieren nur dann allergisch, wenn Sie als Positions- oder Längenangaben Werte kleiner als 1 angeben. Mit Texten negativer Länge können sie eben nichts anfangen. Deshalb ist es ganz wichtig, daß Sie die Funktionen nur aufrufen, wenn Sie vorher mit *if* geprüft haben, ob die gesuchte Position auch wirklich existiert. Geben Sie im Skript oben keinen Pfadnamen ein, so kommt es aufgrund dieser Prüfung nicht zu einem Fehler. Die Funktionen liefern einfach nur keinen Wert zurück. So soll es sein.

2.7.2 Die Schneidewerkzeuge genau begutachten

Jetzt, wo Sie wissen, wie nützlich die Textschneidewerkzeuge sein können, schauen Sie sich die einzelnen Funktionen noch einmal in Ruhe an.

```
' 2-19.VBS

name = InputBox("Geben Sie Ihren Namen ein!")

for x=1 to len(name)
    buchstabe = mid(name, x, 1)
    ausgabe = ausgabe & buchstabe & "-"
next

MsgBox ausgabe
'(C) 1999,2000 T.Weltner
```

Dieses Skript zerlegt einen Text buchstabenweise. Dazu untersucht die *for...next*-Schleife den Text Zeichen für Zeichen. *Len()* verrät, wieviel Zeichen der Text enthält.

Komisch, diesmal wird *Mid()* mit drei anstelle von zwei Argumenten aufgerufen! Und warum? Weil *Mid()* zwei Funktionen bietet. Entweder geben Sie nur eine Textposition an. Dann liefert *Mid()* den Rest des Textes ab dieser Position zurück. Oder Sie geben zusätzlich an, wieviel Zeichen Sie eigentlich lesen wollen. So funktioniert *Mid()* im Beispiel oben: *x* enthält die augenblickliche Zeichenposition, und 1 sorgt dafür, daß nur ein Buchstabe gelesen wird. Probieren Sie aus, was passiert, wenn Sie die 1 (samt Komma) streichen.

Nächstes Experiment: probieren Sie aus, wie sich *Left()* und *Right()* verhalten. *Right()*? Genau, diese Funktion fehlte noch. Sie liest Zeichen vom rechten Ende eines Textes:

```
' 2-20.VBS

name = InputBox("Geben Sie Ihren Namen ein!")

for x=1 to len(name)
    buchstabe = right(name, x)
```

2.7 Mit Texten rechnen

```
    ausgabe = ausgabe & buchstabe & vbCr
next

MsgBox ausgabe
'(C) 1999,2000 T.Weltner
```

Bild 2.10: Zeichen mit Right() und Left() herauslösen

2.7.3 Groß- und Kleinschreibung beachten

Zeichen sind nicht gleich Zeichen. Bei Texten werden große und kleine Buchstaben unterschieden. Das kann sehr störend sein. Stellen Sie sich vor, Sie wollen am Anfang Ihres Skriptes eine kleine Kennwortabfrage einbauen. Die würde nur funktionieren, wenn das Kennwort genau so wie hinterlegt eingegeben würde. Möchten Sie Texte dagegen lieber unabhängig von der Klein- und Großschreibung vergleichen, dann wandeln Sie sie eben um.

```
' 2-21.VBS

kennwort = InputBox("Geben Sie Ihr " _
     & "Kennwort ein!")
kennwort = Ucase(kennwort)
if kennwort = "GEHEIM" then
   MsgBox "Jau, Sie dürfen rein!"
else
   MsgBox "Kennwort war falsch. Gehen Sie weg!"
end if
'(C) 1999,2000 T.Weltner
```

Tip: Geschützte Kennwörter und sinnvolle Anwendungen.
Vielleicht werden Sie sich gerade am Kopf kratzen und einwenden wollen, daß der Kennwortschutz durch einen Blick ins Skript ziemlich leicht zu durchschauen ist. Richtig! Er ist nur eine Demonstration, denn im Alltag brauchen Sie den Groß-/Kleinschreibungs-unabhängigen Vergleich vor allem, wenn Sie im Dateisystem Dateinamen vergleichen. Trotzdem kann auch der Kennwortschutz perfektioniert werden. Microsoft bietet auf seiner Scripting-Seite den kostenlosen Script Encoder, mit dem Sie Skripte unleserlich machen. Er wird allerdings in diesem Buch aus Platzgründen nicht weiter behandelt.

Kapitel 2: VBScript Blitzeinführung

Bild 2.11: Groß- und Kleinschreibung unterscheiden – oder nicht, ganz wie gewünscht

Dieses Skript wandelt das eingegebene Kennwort mit *UCase()* in Großbuchstaben um. Deshalb spielt es keine Rolle mehr, ob Sie es in Klein- oder Großbuchstaben eingeben, solange das Referenzkennwort ebenfalls in Großbuchstaben geschrieben ist. *LCase()* ist für Kleinbuchstaben zuständig:

```
' 2-22.VBS

name = InputBox("Geben Sie Ihren Namen ein!")

for x=1 to len(name)
   buchstabe = mid(name, x, 1)
   if x mod 2 = 0 then
      ausgabe = ausgabe & lcase(buchstabe)
   else
      ausgabe = ausgabe & ucase(buchstabe)
   end if
next

MsgBox ausgabe
'(C) 1999,2000 T.Weltner
```

Dieses Skript verwandelt einen Text in wechselnde Klein- und Großbuchstaben. Interessant ist dabei vor allem die Entscheidung *x mod 2*. *Mod()* liefert 0 zurück, wenn sich die angegebene Zahl vor *Mod* ohne Rest durch die Zahl nach *Mod* teilen läßt. Klingt kompliziert, ist es aber gar nicht. Mit *Mod* bilden Sie prima Intervalle: *x Mod 2* liefert bei jedem zweiten Wert 0 zurück, und so wird jeder zweite Buchstabe kleingeschrieben. Probieren Sie aus, was passiert, wenn Sie hinter *Mod* anstelle der 2 eine andere Zahl einsetzen.

2.7.4 Textstellen bequem ersetzen

Textersetzungen sind ganz besonders vielseitig. Damit lassen sich nicht nur elegante Serienbriefe gestalten, sondern Texte auch schnell und bequem umformatieren. Ersetzungen erledigt die *Replace()*-Funktion.

```
' 2-23.VBS

vorlage = "Lieber Herr Meier, wir würden uns freuen, Sie bei uns begrüßen zu" _
    & " dürfen. Herr Meier, was hielten Sie von..."
```

```
MsgBox vorlage
MsgBox Replace(vorlage, "Herr Meier", "Frau Wolters")
'(C) 1999,2000 T.Weltner
```

Kommt Ihnen diese allzu persönliche Meldung aus der täglichen Reklamepost bekannt vor?

Bild 2.12: Serienbrieffunktion

2.8 Zufallszahlen verwenden

VBScript ist mit einem kompletten Zufallszahlen-Generator ausgerüstet. Wenn Sie wollen, können Ihre Skripte also auch würfeln oder Ihnen die Lottozahlen für die nächste Woche vorschlagen:

```
' 2-24.VBS

do
   zahl = Zufallszahl(1,6)
   antwort = "Ich habe eine " & zahl _
           & " gewürfelt! Nochmal?"
   resultat = MsgBox(antwort, vbYesNo)
loop until resultat=vbNo

function Zufallszahl(von, bis)
   anzahl = bis-von+1
   randomize
   Zufallszahl = Fix(rnd*(anzahl))+von
end function
'(C) 1999,2000 T.Weltner
```

Die Funktion *Zufallszahl()* produziert am laufenden Band Zufallszahlen in dem von Ihnen angebenenen Zahlenintervall. *Randomize* mischt die Zufallszahlen neu und ist wichtig, damit Ihr Skript tatsächlich bei jedem neuen Aufruf auch neue Zahlen liefert. Lassen Sie *Randomize* weg, dann würfelt das Skript immer dieselbe Serie von Zufallszahlen – höchstens gut zum High-Tech-Mogeln.

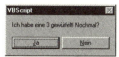

Bild 2.13: Ihr elektronischer Würfel

Rnd liefert einen zufälligen Wert zwischen 0 und 1. Damit daraus eine Zufallszahl in dem von Ihnen gewünschten Zahlenbereich wird, multipliziert das Skript *Rnd* mit der Anzahl der gewünschten Zufallszahlen, schneidet dann mit *Fix()* die Nachkommastellen ab und fügt den Anfangswert in der Variablen hinzu. Fertig!

Richtig interessant ist die neue Funktion von *MsgBox*! *MsgBox* liefert in diesem Skript nicht nur Meldungen, es blendet plötzlich auch Schaltflächen ein, auf die das Skript reagiert! Bewerkstelligt wird dies durch die Konstante *vbYesNo*. *MsgBox* fungiert nun als Funktion und liefert je nach angeklickter Schaltfläche entweder *vbYes* oder *vbNo* zurück. Bei *vbNo* wird die Schleife abgebrochen, und das Skript macht wieder Feierabend. Sie lesen mehr zu den spannenden Zusatzmöglichkeiten von *MsgBox* etwas später. Mehr zu dieser Metamorphose lesen Sie im Kapitel 4, denn *MsgBox* hat noch eine ganze Reihe weiterer Tricks auf Lager.

2.8.1 Lottozahlengenerator

Unser nächstes Projekt ist ein Lottozahlengenerator. Er soll sieben Zahlen zwischen 1 und 49 sowie eine Zusatzzahl ausspucken. Natürlich dürfen keine der sieben Zahlen doppelt vorkommen, und sortiert sollten die Zahlen außerdem sein.

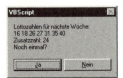

Bild 2.14: Automatische Ziehung der Lottozahlen

Wie geht sowas? Zum Beispiel so:

```
' 2-25.VBS

do
   ' hole eine Zufallsserie bestehend aus
   ' 8 Zufallszahlen im Wertebereich 1 bis 49:
   zufallszahlen = LiefereZufallsserie(1, 49, 8)
   ' Die letzte Zufallszahl wird zur Zusatzzahl:
   zusatzzahl = zufallszahlen(7)
   ' Das Ergebnisfeld wird um das letzte Feld vermindert:
   Redim preserve zufallszahlen(6)
   ' Die Lottozahlen im übriggebliebenen Ergebnisfeld
   ' werden sortiert:
   zufallszahlen = Sortiere(zufallszahlen)
   ' Der Inhalt des Feldes wird als Text ausgegeben:
   zufallsliste = Join(zufallszahlen, " ")

   ' Die Dialogfenster-Meldung wird gebastelt:
   text = "Lottozahlen für nächste Woche: " & vbCr
   text = text & zufallsliste & vbCr
```

```
      text = text & "Zusatzzahl: " & zusatzzahl & vbCr
      text = text & "Noch einmal?"

      resultat = MsgBox(text, vbYesNo)
loop until resultat = vbNo

function LiefereZufallsserie(von, bis, anzahl)
   ' Liefert ein Variablenfeld mit anzahl Zufallszahlen
   ' zwischen von und bis
   ' Keine Zufallszahl kommt doppelt vor

   ' Prüfen, ob der Aufruf überhaupt erlaubt ist:
   if anzahl>(bis-von+1) then
      MsgBox "Sie haben mehr Zufallszahlen angefordert als möglich ist!"
      WScript.Quit
   end if

   ' Ergebnisfeld anlegen
   ' weil Felder bei 0 beginnen, anzahl-1 Felder
   Redim resultat(anzahl-1)

   ' So viele Zufallszahlen holen wie gewünscht:
   for privx = 0 to anzahl-1
      ' neue Zufallszahl im Feld speichern:
      resultat(privx) = NeueZahl(resultat, privx, von, bis)
   next

   ' Ergebnisfeld zurückliefern
   LiefereZufallsserie = resultat
end function

function NeueZahl(ergebnis, zaehler, von, bis)
   ' generiert eine neue Zufallszahl zwischen von und bis
   ' Überprüft dabei, ob die Zahl im Ergebnisfeld ergebnis
   ' bereits vorhanden ist.
   ' zaehler sagt, wieviel Zufallszahlen schon im Ergebnisfeld
   ' eingetragen sind

   ' neue Zufallszahl zwischen von und bis holen:
   zahl = Zufallszahl(von,bis)

   ' ist die Zufallszahl schon gewürfelt worden?
   if ZahlVorhanden(zahl, ergebnis, zaehler) then
      ' ja, die gibt es schon
      ' also ruft sich die Funktion noch einmal selbst auf,
      ' um eine neue Zahl zu holen:
      zahl = NeueZahl(ergebnis, zaehler, von, bis)
```

```
    end if

    ' die neue Zufallszahl wird zurückgeliefert:
    NeueZahl = zahl
end function

function ZahlVorhanden(zahl, ergebnis, zaehler)
    ' prüft, ob eine Zahl schon im Ergebnisfeld ergebnis
    ' eingetragen ist

    ' gehen wir davon aus, daß die Zahl noch nicht
    ' gewürfelt wurde:
    ZahlVorhanden = false

    ' Alle bisher ausgefüllten Felder des Ergebnisfelds
    ' nacheinander überprüfen:
    for privx = 0 to zaehler
        ' ist die Zahl gleich der neuen Zahl?
        if ergebnis(privx)=zahl then
            ' jau, Zahl gibt es schon!
            ' Also liefert die Funktion jetzt true
            ' zurück und bricht die Schleife ab:
            ZahlVorhanden = true
            exit for
        end if
    next
end function

function Sortiere(feld)
    ' Sortiert ein Variablenfeld feld

    ' Alle Einträge im Feld untersuchen
    ' Erstes Feldelement ist immer 0
    ' Letztes Feldelement verrät UBound()
    for privx = 0 to Ubound(feld)
        ' Mit allen übrigen Feldern vergleichen:
        for privy = privx+1 to Ubound(feld)
            ' ist Feld1 größer als Feld2?
            if feld(privx)>feld(privy) then
                ' ja, also Werte der beiden Felder
                ' vertauschen!
                temp = feld(privx)
                feld(privx) = feld(privy)
                feld(privy) = temp
            end if
        next
    next
```

```
    ' sortiertes Feld zurückliefern:
    Sortiere = feld
end function

function Zufallszahl(von, bis)
    ' generiert eine Zufallszahl zwischen
    ' von und bis

    ' Wertebereich festlegen:
    anzahl = bis-von+1
    ' Zufallsgenerator mischen:
    randomize
    ' Zahl ausrechnen und zurückliefern:
    Zufallszahl = Fix(rnd*(anzahl))+von
end function
'(C) 1999,2000 T.Weltner
```

Huch, das Skript funktioniert zwar bestens, ist aber reichlich lang geworden. Der Grund: es ist gar nicht so leicht, eine Serie von Zufallszahlen zu produzieren, in der sich keine Zufallszahlen wiederholen. Der Zufallsgenerator selbst liefert munter immer neue Zufallszahlen, aber er kann sich nicht darum kümmern, ob er dieselbe Zufallszahl vielleicht schon mal ausgegeben hat. Diese Aufgabe muß Ihr Skript übernehmen.

Damit Sie nicht allzu viel Gehirnschmalz investieren brauchen, können Sie es sich leicht machen: kopieren Sie einfach all die Funktionen in eigene Skripte, und verwenden Sie dann die Funktion *LiefereZufallsserie(von, bis, anzahl)*. Die liefert Ihnen ohne großes Nachdenken beliebig viele Zufallszahlen, die sich garantiert nicht wiederholen. Jedenfalls, solange das möglich ist. *LiefereZufallsserie(1, 4, 100)* führt zu einer Fehlermeldung, weil auch Ihr Skript nicht zaubern kann und 100 verschiedene Zufallszahlen zwischen 1 und 4 einfach nicht möglich sind.

Und wie liefert *LiefereZufallsserie()* so viele Zahlen zurück? Können Funktionen nicht normalerweise nur eine einzige Zahl zurückliefern?

Klare Antwort: Jein! Funktionen können eine »Sache« zurückliefern. Das muß keine Zahl sein. Auch Variablenfelder sind erlaubt, und genau das macht sich Ihr Skript zunutze. Variablenfelder sind Objekte, die eine beliebige Anzahl an Zahlen enthalten. So kann die Funktion ganze Zahlenserien zurückliefern.

Und wie funktionieren Variablenfelder? Schauen Sie sich die Sache an.

2.8.2 Variablenfelder anlegen

Variablenfelder sind Container für eine ganze Reihe von Variablen. Bevor Sie Variablenfelder benutzen können, müssen Sie sie zuerst anlegen. Das erledigen die Befehle *Dim()* und *Redim()*.

Mit *Dim()* wird ein festes Variablenfeld erzeugt: seine Größe steht von Anfang an fest und kann nachträglich nicht verändert werden. Meist keine gute Idee:

```
Dim MeinFeld(12)
```

Flexibler ist *Redim()*. Damit bekommen Sie ein Variablenfeld, das nachträglich verkleinert oder vergrößert werden kann. So macht es das Skript von oben.

```
Redim MeinFeld(12)
```

Äußerlich unterscheiden sich beide Befehle kaum voneinander. Beide legen ein Variablenfeld namens *MeinFeld* an, das Platz für 13 Variablen hat. 13? Genau! Variablenfelder zählen immer von 0 an. Ihr neues Variablenfeld reserviert also die Plätze *MeinFeld(0)* bis *MeinFeld(12)* – Platz für 13 Einträge.

Der erste gravierende Unterschied begegnet Ihnen aber bereits, wenn Sie versuchen, die Größe des Variablenfeldes über eine Variable anzulegen. Das ist mit *Dim()* nicht erlaubt:

```
groesse=12
Dim MeinFeld(groesse)
```

Redim() sieht das nicht so eng, denn *Redim()* ist gewohnt, mit variablen Größen umzugehen – schon besser:

```
groesse=12
Redim MeinFeld(groesse)
```

Füllen Sie Ihr Variablenfeld doch mal von Hand mit Einträgen:

```
groesse=12
redim MeinFeld(groesse)

MeinFeld(0) = "August"
MeinFeld(3) = "September"
MeinFeld(5) = Date()
MeinFeld(10) = 12.6543
```

Die reservierten Plätze im Feld sind universelle Platzhalter für Variablen. Dem Feld ist es völlig egal, was für Variablen Sie darin unterbringen. Erlaubt sind Texte, Zahlen, Daten und jeder andere Variablentyp.

2.8.3 Variablenfelder auslesen

Und wie kommen Sie an den Inhalt Ihres Variablenfeldes heran? Entweder sprechen Sie die Feldelemente direkt an, zum Beispiel so:

```
MsgBox MeinFeld(10)
```

Oder Sie lassen sich den ganzen Inhalt des Feldes ausgeben. Dazu gibt es gleich mehrere Varianten. Die erste liest mit *for...next* alle Elemente aus:

```
' 2-26.VBS

groesse=12
redim MeinFeld(groesse)

MeinFeld(0) = "August"
```

```
MeinFeld(3) = "September"
MeinFeld(5) = Date()
MeinFeld(10) = 12.6543

text = "Inhalt des Feldes:" & vbCr
for x = 0 to UBound(MeinFeld)
   text = text & "Feld " & x & " enthält: """ & MeinFeld(x) & """"
   text = text & " Variable ist vom Typ: " & TypeName(MeinFeld(x))
   text = text & vbCr
next

MsgBox text
'(C) 1999,2000 T.Weltner
```

TypeName() verrät Ihnen den Variablentyp in den einzelnen Feldern. Tatsächlich hausen ganz gemischte Variablentypen im Feld, und Felder, die Sie nicht mit Variablen gefüllt haben, bleiben leer.

Bild 2.15: Variablenfelder dürfen unterschiedliche Variablentypen beherbergen

Die Schleife liest das ganze Feld von Anfang bis Ende aus. Möglich wird dies, weil alle Felder immer bei 0 beginnen. Die Indexzahl des letzten Feldes liefert *UBound()* frei Haus.

Ganz ohne diese Verrenkungen geht es mit *for each...next*. Diese Schleife liest alle Elemente eines Feldes aus, ohne daß Sie die Indexzahlen kennen oder verwenden müssen:

```
' 2-27.VBS

groesse=12
redim MeinFeld(groesse)

MeinFeld(0) = "August"
MeinFeld(3) = "September"
MeinFeld(5) = Date()
MeinFeld(10) = 12.6543

text = "Inhalt des Feldes:" & vbCr
x = 0
for each Eintrag in MeinFeld
```

```
    text = text & "Feld " & x & " enthält: """ _
        & Eintrag & """"
    text = text & " Variable ist vom Typ: " _
        & TypeName(Eintrag)
    text = text & vbCr
    x = x + 1
next

MsgBox text
'(C) 1999,2000 T.Weltner
```

Schauen Sie sich das mal ganz genau an, denn *for each...next* wird Ihnen später noch wertvolle Dienste erweisen, wenn Sie die Dateisystemfunktionen dazu einsetzen, um alle Dateinamen in einem Ordner aufzulisten.

for each...next verlangt zwei Angaben: erstens den Namen einer beliebigen Variable, den Sie sich selbst ausdenken, und zweitens den Namen des Variablenfeldes. Danach läuft die Schleife durch alle Elemente des Feldes. Bei jedem Durchlauf finden Sie den Inhalt des gerade gelesenen Elements in der Variable, die Sie *for each...next* angegeben haben.

Allerdings gibt es bei *for each...next* keinen praktischen Zähler mehr. Wollen Sie trotzdem die Felder durchnummerieren, dann bauen Sie eben selbst einen Zähler ein. Setzen Sie vor *for each...next* eine Zählvariable auf null, und erhöhen Sie ihren Wert nach jedem Durchlauf. Das ist einfach!

2.8.4 Variablenfelder nachträglich verändern

Felder, die Sie mit *Redim()* angelegt haben, dürfen nachträglich wachsen oder schrumpfen. Das ist enorm praktisch. Im Lottoskript von oben haben Sie sich zum Beispiel acht Zufallszahlen geben lassen: 7 Lottozahlen und die Zusatzzahl. Um die Zusatzzahl nicht mitzusortieren, wurde das Ergebnisfeld einfach um ein Feld verkleinert: die Zusatzzahl flog so aus dem Ergebnisfeld heraus, und übrig blieben nur noch die sieben Lottozahlen.

Nachträgliche Größenänderungen sind kinderleicht: wenden Sie einfach *Redim()* noch einmal auf das schon existierende Feld an, und schon bekommt es eine neue Größe. Damit die alten Werte im Feld dabei nicht gelöscht werden, geben Sie zusätzlich *Preserve* an, also zum Beispiel:

```
Redim Preserve MeinFeld(6)
```

Schauen Sie mal, wie nützlich das ist! Die nächste Funktion namens *Kompress()* schrumpft ein Feld ein, indem alle leeren Felder gelöscht werden:

```
' 2-28.VBS

groesse=12
redim MeinFeld(groesse)

MeinFeld(0) = "August"
MeinFeld(3) = "September"
```

```
MeinFeld(5) = Date()
MeinFeld(12) = 12.6543

MsgBox ListFeld(meinFeld)
meinFeld2 = Kompress(meinFeld)
MsgBox ListFeld(meinFeld2)


function ListFeld(feld)
   for each Eintrag in feld
      if isEmpty(eintrag) then
            ListFeld = ListFeld & "(leer)" & vbCr
      else
            ListFeld = ListFeld & eintrag & vbCr
      end if
   next
end function

function Kompress(feld)
   ' Anzahl leerer Felder:
   freizaehler = 0
   ' alle Felder untersuchen:
   for privx = 0 to Ubound(feld)
      ' Feld ist leer?
      if isEmpty(feld(privx)) then
            ' ein leeres Feld melden:
            freizaehler = freizaehler + 1
      else
            ' Feld ist nicht leer,
            ' an nächster freier Position im Feld
            ' unterbringen:
            feld(privx-freizaehler) = feld(privx)
      end if
   next
   ' überflüssige Felder abschneiden:
   Redim Preserve feld(Ubound(feld)-freizaehler)
   ' neues Feld zurückliefern:
   Kompress = feld
end function
'(C) 1999,2000 T.Weltner
```

Bild 2.16: Kompress() entfernt leere Einträge aus einem Feld

Kompress() trickst dabei ganz simpel. Es untersucht alle Feldelemente, und wenn es ein leeres Feld entdeckt, erhöht es den Zähler *freizaehler*. Alle nicht leeren Felder werden ins nächste freie Feld verschoben: *privx-freizaehler*. Anschließend schreitet *Redim()* zur Tat und verringert die Feldgröße um die Anzahl der entdeckten freien Felder.

Wollen Sie künftig Variablenfelder komprimieren, dann benutzen Sie einfach die *Kompress()*-Funktion in eigenen Skripten. Aber denken Sie daran: Ihre Felder müssen dazu mit *Redim()* angelegt worden sein, sonst hagelt es Fehler.

2.8.5 Verwandtschaft zwischen Texten und Feldern

Vielleicht finden Sie den Umgang mit Variablenfeldern ein wenig unhandlich. Dann machen Sie sich das Leben leichter – das Lottoskript von oben tut es auch. Mit den VBScript-Funktionen *Join()* und *Split()* verwandeln Sie Felder in Texte und umgekehrt.

Join() bastelt aus einem Feld einen Text – ideal, wenn Sie den Feldinhalt schnell und unkompliziert sichtbar machen wollen. Auf diese Weise präsentierte das Lottoskript die Lottozahlen der Woche.

```
' 2-29.VBS

groesse=12
redim MeinFeld(groesse)

MeinFeld(0) = "August"
MeinFeld(3) = "September"
MeinFeld(5) = Date()
MeinFeld(12) = 12.6543

MsgBox Join(MeinFeld, "; ")
'(C) 1999,2000 T.Weltner
```

Sie dürfen sogar das Begrenzungszeichen der einzelnen Feldinhalte selbst aussuchen, wenn Sie wollen. Das Beispiel verwendet ein Semikolon. Geben Sie nichts an, dann kommt ein Leerzeichen zum Zuge.

Umgekehrt geht es auch: wollen Sie ein Variablenfeld mit Texten füllen, dann setzen Sie *Split()* ein:

```
' 2-30.VBS

liste = "Martin;Frank;Sebastian;Hugo;Ted;Wilhelm"
feld = Split(liste, ";")
for each name in feld
   MsgBox name
next
'(C) 1999,2000 T.Weltner
```

2.8.6 Mehrdimensionale Variablenfelder

Auch dieser Aspekt der Variablenfelder verdient ein wenig Bewunderung: wer es braucht, kann sogar mehrdimensionale Variablenfelder anlegen. Die Feldelemente lassen sich dann durch mehrere Indexvariablen ansprechen – das ist alles:

```
' 2-31.VBS

Dim MeinFeld(10,30)
MeinFeld(3,15)="Hallo"
'(C) 1999,2000 T.Weltner
```

Mehrdimensionale Variablenfelder und *Join()* vertragen sich nicht miteinander.

2.9   Skriptfehlern auf die Spur kommen

Skriptfehler bleiben natürlich nicht aus, erst Recht nicht, wenn Sie nach Herzenslust herumexperimentieren, was ich Ihnen ausdrücklich empfehle.

Auch wenn bei hartnäckigen Fehlern hin und wieder ernsthafter Sabotageverdacht oder der Gedanke aufkeimt, der Computer entwickle eine eigene Persönlichkeit und wolle sich für das unsanfte Abschalten von letzter Woche rächen, ist dem nicht so: Skriptentwicklung ist ein Logikspiel. Der Computer tut ausdrücklich nur das, was Sie von ihm verlangen, und Fehler treten nur auf, wenn Ihre Anweisungen Unstimmigkeiten enthalten. Schuld sind also immer nur Sie. Ziemlich gemein, aber wahr.

Macht aber nichts! Auf den nächsten Seiten zeige ich Ihnen, wie Sie auch heimtückischen Fehlern auf die Spur kommen und herausfinden, was eigentlich schiefgelaufen ist. So wird doch noch ein Schuh daraus, Ihr Skriptfehler wird besiegt, und Sie lernen bei den meisten Fehlern enorm dazu. 2:0 für Sie!

2.9.1 Wie sich Fehler bemerkbar machen

Die einfachsten Fehler meldet VBScript höchstpersönlich: es kracht, und eine nicht besonders ansehnliche Fehlermeldung springt hervor. Die verrät Ihnen in dürren Worten, was dem Scripting Host an Ihrem Skript nicht gefallen hat und liefert vor allem die Skriptzeile zurück, in der der Fehler entdeckt wurde.

Solche Fehler betreffen in den meisten Fällen die Syntax (Sie haben einen Befehl falsch geschrieben, und der WSH weiß nicht, was Sie meinen) oder ungültige Aufrufe (Sie haben einer Funktion ungültige Argumente übergeben, Argumente vergessen oder zu viele Argumente angegeben).

Tückischer sind dagegen die Logikfehler. Die stecken in Ihrem generellen Skriptaufbau. Für den WSH ist alles in bester Ordnung, und keine Fehlermeldung schlägt Alarm. Trotzdem macht das Skript einfach nicht, was es soll. Wichtige Gründe hier: Variablennamen wurden falsch geschrieben und enthalten deshalb nicht die richtigen Werte, oder Ihr Skript ist einfach falsch konzipiert.

2.9.2 Mein Skript produziert eine Fehlermeldung

Der WSH zückt eine Fehlermeldung? Sehr gut! So wissen Sie schon einmal die Zeilennummer, in der der Fehler zum ersten Mal zugeschlagen hat. Wie kommen Sie an die Einsatzstelle?

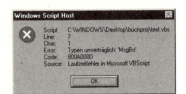

Bild 2.17: Ein Fehler hat zugeschlagen – dieses Fenster sagt wo

Klicken Sie mit der rechten Maustaste auf Ihre Skriptdatei und wählen Sie *Bearbeiten*. Der Editor öffnet sich und präsentiert Ihr Skript. Öffnen Sie nun das *Bearbeiten*-Menü, und schauen Sie nach, ob darin die Option *Zeilenumbruch* markiert ist. Wenn ja, dann schalten Sie sie ab! Umgebrochene Zeilen sind Zeilen, die wegen ihrer großen Länge auf mehrere Zeilen verteilt werden. Die bringen Sie beim Zählen der Zeilennummern völlig durcheinander.

Zählen? Richtig! Leider kann der Editor nicht von allein zu bestimmten Zeilennummern springen. Setzen Sie also die Eingabemarke in die erste Zeile Ihres Skriptes, und zählen Sie sich bis zur gemeldeten Fehlerzeile durch.

Bei kleineren Skripten ist das noch akzeptabel. Bei umfangreichen Projekten dagegen wird die Sache lästig, und deshalb verwenden Sie lieber die kleine Befehlserweiterung aus Kapitel 3. Mit der beamt Sie der Editor sofort zur Einsatzstelle.

Die Fehlerzeile ist nun gefunden. Jetzt beginnt das Rätselraten: was hat der WSH an dieser Zeile auszusetzen? Hier hilft Ihnen der Inhalt der Fehlermeldung etwas weiter:

Fehlermeldung	Hintergrund
Syntaxfehler	Sie haben einen VBScript-Befehl falsch geschrieben, oder die Zeile enthält Zeichen, die der WSH nicht verstehen kann.
Name erneut definiert	Sie haben einem Variablenfeld, einer Prozedur oder einer Funktion einen Namen gegeben, den Sie vorher schon einem anderen Objekt gegeben haben.
Nicht abgeschlossene Zeichenfolgenkonstante	In der Zeile gibt es einen Text, der zwar mit Anführungszeichen begonnen wurde, aber die abschließenden Anführungszeichen fehlen noch.
Typen unverträglich	Die Argumente, die Sie einer Funktion übergeben haben, sind vom falschen Typ. Vielleicht haben Sie *Join()* auf ein mehrdimensionales Feld angesetzt, oder die Zahl, die Sie *Left()* übergeben haben, ist kleiner als eins. Schauen Sie sich den Funktionsaufruf noch mal genau an. Geben Sie im Zweifel die Variablen, mit denen Sie die Funktion aufrufen, vorher über *MsgBox()* aus, um zu schauen, ob sie überhaupt die Werte enthalten, die Sie erwarten. *MsgBox TypeName(variable)* liefert Ihnen den Typ einer Variable. Häufiger Fehler bei Objekten: Sie haben eine Objektreferenz nicht mit Set gespeichert.
Index außerhalb des gültigen Bereichs	Sie haben versucht, ein Variablenfeld mit einer Indexzahl anzusprechen, die außerhalb des Bereichs liegt, den Sie vorher mit *Dim()* oder *Redim()* festgelegt haben.

2.9.3 Mein Skript tut einfach nicht, was es soll

Sie haben zwar keine Fehlermeldung bekommen, aber Ihr Skript bringt trotzdem nicht, was Sie erwarten? Dann machen Sie es durchsichtig! Lassen Sie an allen strategisch wichtigen Stellen Variablenwerte über *MsgBox* ausgeben, damit Sie erkennen können, ob die Variablen auch genau so verwendet werden, wie Sie es sich gedacht haben.

```
' 2-32.VBS

for x=1 to 10
   MsgBox ShowHallo
next

function ShowHallo
   gruss = "Guten Tag!"
   for x = 1 to len(gruss)
      buchstabe = mid(gruss, x, 1)
      ShowHallo = ShowHallo & buchstabe & " "
   next
end function
'(C) 1999,2000 T.Weltner
```

Hier eine kleine Kopfnuß: das Skript soll eigentlich den Gruß von *ShowHallo()* zehn Mal ausgeben. Tut es aber nicht! Der Gruß erscheint nur einmal, danach streckt das Skript die Flügel. Und warum?

Bauen Sie an allen wichtigen Stellen Diagnose-*MsgBox*-Funktionen ein. Zum Beispiel so:

```
' 2-33.VBS

for x=1 to 10
   MsgBox ShowHallo
   MsgBox "Schleifenzähler: " & x
next

function ShowHallo
   gruss = "Guten Tag!"
   for x = 1 to len(gruss)
      MsgBox "ShowHallo=" & ShowHallo
      buchstabe = mid(gruss, x, 1)
      ShowHallo = ShowHallo & buchstabe & " "
   next
end function
'(C) 1999,2000 T.Weltner
```

Aha: die *ShowHallo()*-Funktion läuft also wie geplant und baut den Gruß in gesperrter Schrift auf. Aber was ist das? Nach dem ersten Schleifendurchlauf ist der Zähler *x* bereits auf 11 angewachsen. Kein Wunder, daß die Schleife jetzt abbricht, denn sie soll ja nur bis 10 zählen.

Und wieso ist der Zähler eigenmächtig auf 11 angewachsen, obwohl die Schleife noch gar nicht losgelegt hat? Weil die *ShowHallo()*-Funktion aus Versehen ebenfalls die Variable *x* für einen Zähler benutzt hat. Variablen, die schon im Hauptskript verwendet wurden, sind globale Variablen – erinnern Sie sich?

Das Problem ist also erkannt und läßt sich ganz leicht lösen: in der Funktion *ShowHallo()* wird die Variable *x* einfach gegen eine noch unbenutzte Variable ausgetauscht, zum Beispiel *y* – oder noch besser *prvx*. Stellen Sie in Funktionen oder Prozeduren dem Variablennamen stets *prv* voran, dann gibt es solche Mißgeschicke künftig nicht mehr.

2.9.4 Außer Kontrolle geratene Skripte bändigen

Skripte erledigt unermüdlich genau das, was Sie Ihnen aufgetragen haben – wenn es sein muß, hundert Jahre lang. Dieses Pflichtbewußtsein ist natürlich schön, kann aber andererseits auch Probleme machen. Dann nämlich, wenn das Skript nicht mehr weiß, wann es aufhören soll.

Dieser Hyperaktionismus wird »Endlosschleife« genannt und muß unbedingt vermieden werden. Skripte in Endlosschleifen führen unentwegt Aufgaben aus, weil es entweder keine Abbruchbedingung gibt oder die Abbruchbedingung nie eintritt. Endlosschleifen werden häufig durch den *loop*-Befehl verursacht:

```
do
   test = test + 1
loop until tezt>10
```

Ein kleiner Tippfehler sorgt dafür, daß die Abbruchbedingung nie erreicht wird. Die Variable *tezt* wird niemals einen Wert größer als 10 erreichen.

Endlosschleifen können aber auch tückischer sein:

```
for x=1 to 10
   MsgBox ShowHallo
next

function ShowHallo
   gruss = "Moin!"
   for x = 1 to len(gruss)
      buchstabe = mid(gruss, x, 1)
      ShowHallo = ShowHallo & buchstabe & " "
   next
end function
```

Dieses Skript soll eigentlich die Meldung von *ShowHallo()* zehnmal ausgeben. Den Fehler im Skript haben Sie schon oben erkannt: *ShowHallo()* verwendet dieselbe Schleifenvariable wie das Hauptskript, und deshalb kommen sich beide ins Gehege. Weil das Skript diesmal nur einen sehr kurzen Text ausgibt, ist *x* kleiner als 10 und wird bei jedem Schleifendurchlauf neu auf diesen Wert festgesetzt. So sehr sich *for...next* auch anstrengt und weiterzählt – die Abbruchbedingung wird niemals erreicht, und das Skript nervt Sie die nächsten 47 Tage mit Dialogmeldungen – anschließend stürzt Windows sowieso aufgrund eines internen Windows-Bugs ab.

Und wie gehen Sie mit solchen Skripten um? Gleich zwei Rettungswege stehen zur Verfügung:

- Gibt das Skript nicht ständig Dialogmeldungen aus, sondern arbeitet still im Hintergrund an niemals enden wollenden Aufgaben, dann drücken Sie Strg+Alt+Entf. Die Taskliste erscheint, und darin finden Sie den Eintrag *WScript*. Klicken Sie ihn an, und klicken Sie dann auf *Task beenden*. Nach einer Sicherheitsabfrage ist das Skript beendet.

- Nervt das Skript mit ständigen Dialogfenstern? Dann speichern Sie alle Ihre Dokumente, schließen in Ruhe alle Programme und starten Windows neu. Einen einfacheren Weg gibt es leider nicht.

2.10 Der Script Debugger: Skripten bei der Arbeit zusehen

Mit der Zeit werden Ihre Skripte immer umfangreicher. Fehler darin aufzuspüren ist keine schöne Arbeit, und besonders bei Skripten, die komplizierte Aufgaben zu erledigen haben, wäre es schön, das Skript Zeile für Zeile im Zeitlupentempo überwachen zu können.

Ausgeträumt! Ihr Wunsch kann nämlich ganz leicht Realität werden. Was Sie brauchen, ist der kostenlose Script Debugger. Der wurde zwar ursprünglich als Erweiterung des Internet Explorers konzipiert, um Fehler in HTML-Seiten aufzuspüren, aber auch mit Ihren WSH-Skripten funktioniert er wunderbar.

Allerdings ist es gar nicht so leicht, den Debugger davon zu überzeugen, Ihre Skripte auf die Hebebühne zu hieven. Man kann Skripte leider nicht direkt in den Debugger laden. Was aber nicht besonders viel macht. Sie brauchen nämlich bloß eine künstliche Hebebühne in Form des folgenden Skripts:

```
' 2-34.VBS

set wshshell = CreateObject("WScript.Shell")

set args = WScript.Arguments
if args.Count>0 then
   wshshell.Run "wscript.exe /x """ & args(0) _
       & """"
end if
'(C) 1999,2000 T.Weltner
```

Speichern Sie dieses Skript zum Beispiel als *error.vbs* auf Ihrem Desktop ab. Künftig brauchen Sie störrische Skripte nur auf dem Skript-Icon fallenzulassen, und schon wird der Script Debugger gestartet und zeigt in quietschend gelb die erste Zeile des Skripts an! Das Skript liegt jetzt auf der elektronischen Hebebühne und kann ganz genau untersucht werden. Mehr dazu gleich.

Diese praktische Reparaturwerkstatt funktioniert allerdings nur, wenn Sie den Script Debugger auch wie in Kapitel 1 installiert haben. Fehlt er noch, dann holen Sie die Installation am besten jetzt sofort nach.

> **Tip:** Script Debugger nur für eigene Skripte aktivieren!
> Ist der Script Debugger erst installiert, dann reagiert er auf alle möglichen Skriptfehler, zum Beispiel auch auf Skriptfehler in Webseiten. Dafür wurde er schließlich ursprünglich erfunden. Wollen Sie das nicht, dann öffnen Sie in der Systemsteuerung das *Internet*-Modul und klicken auf das Register *Erweitert*. Dort können Sie die Option *Skript Debugging deaktivieren* einschalten, und schon werden Fehler im Internet Explorer nicht mehr an den Debugger weitergeleitet, Fehler in Ihren Skripten dagegen schon.

2.10.1 Fehler mit dem Script Debugger bekämpfen

Anders als bei früheren Versionen des Scripting Hosts wird der Script Debugger nicht mehr automatisch bei Fehlern hinzugezogen. Kommt es also in einem Ihrer Skripte zu Fehlern, die sich nicht sofort klären lassen, dann lassen Sie das Skript auf dem Icon Ihres Wartungsskripts von oben fallen. Die erste Zeile des Skripts wird dann im Debugger markiert, mehr passiert nicht.

Jetzt haben Sie die Wahl: Drücken Sie entweder auf F5. Damit starten Sie das Skript, und es läuft so lange wie gewohnt, bis ein Fehler passiert. Der Fehler wird sofort im Debugger gelb markiert.

Oder Sie drücken auf F8. Damit führen Sie Ihr Skript zeilenweise aus, Schritt für Schritt. So können Sie ganz genau beobachten, was Ihr Skript eigentlich macht. Im *Debuggen*-Menü finden Sie weitere Startvarianten.

2.10 Der Script Debugger: Skripten bei der Arbeit zusehen

Bild 2.18: Der Script Debugger kann Skripte zeilenweise ausführen und Variablen zeigen

Hier zwei wichtige Aspekte:

- Ist Ihr Skript zuende, dann kratzt das den Debugger herzlich wenig. Er schließt sich nicht. Daß ein Skript zuende ist, erkennen Sie an den Befehlen im *Debuggen*-Menü: sie sind jetzt alle abgeblendet, weil es kein Skript mehr zum Ausführen und Testen gibt.
- Der Debugger öffnet Ihr Skript schreibgeschützt. Das bedeutet: Sie können im Debugger Ihr Skript nicht korrigieren. Der Debugger zeigt Ihnen bloß, was Ihr Skript gerade tut. Reparieren müssen Sie es im Editor, also dort, wo Sie das Skript auch ursprünglich verfaßt haben.

2.10.2 In den Innereien des Skripts forschen

Natürlich ist es recht zuvorkommend vom Debugger, daß er bei Fehlern die problematische Zeile markiert, und auch der Einzelschrittmodus hat Charme. Beide nützen allerdings nicht so viel, wenn Sie nicht außerdem eine Möglichkeit haben, den inneren Zustand Ihres Skripts zu begutachten.

Und diese Möglichkeit haben Sie. Hat der Debugger das Skript angehalten, dann öffnen Sie einfach im *Ansicht*-Menü das *Befehlsfenster*. Mit dem können Sie sich jetzt den Inhalt von Variablen anschauen. Geben Sie bloß ein Fragezeichen und dann den Variablennamen ein, und schon wissen Sie Bescheid. Sie können Variablen auch im Befehlsfenster verändern und danach das Skript fortsetzen lassen. Sogar Prozeduren und Funktionen dürfen aus dem Befehlsfenster heraus aufgerufen werden. Na also!

2.10.3 Echte Fehler und Haltepunkte

Eine kleine Einschränkung gibt es allerdings: hat der Debugger das Skript aufgrund eines echten Fehlers gestoppt, dann ist das Skript klinisch tot. Es kann nicht weiter ausgeführt werden. Sie haben bloß noch die Möglichkeit, im Befehlsfenster den Zustand der Variablen zum Todeszeitpunkt zu prüfen.

Anders ist das, wenn Sie absichtlich den Debugger hinzuziehen, zum Beispiel ein paar Zeilen vor der Zeile, die ständig Fehler verursacht. Der Debugger wird eingeschaltet, wenn Sie ins Skript den geheimen Befehl *stop* schreiben. Aufpassen: Der Debugger erscheint nur dann, wenn Sie Ihr Skript auf dem Reparatur-Icon von oben haben fallen lassen.

Wurde das Skript über *stop* angehalten, dann können Sie es anschließend mit den Befehlen des *Debuggen*-Menüs schrittweise fortsetzen. Schreiben Sie also einfach vor Skriptstellen, die Sie genauer begutachten wollen, einen *stop*-Befehl.

Schauen Sie sich dazu noch einmal das fehlerhafte Skript von oben an, das in einer Endlosschleife mündete. Mit dem Script Debugger kommen Sie dem Fehler blitzschnell auf die Schliche:

```
' 2-35.VBS

for x=1 to 10
   stop
   MsgBox ShowHallo
next

function ShowHallo
   gruss = "Moin!"
   for x = 1 to len(gruss)
      buchstabe = mid(gruss, x, 1)
      ShowHallo = ShowHallo & buchstabe & " "
   next
end function
'(C) 1999,2000 T.Weltner
```

Bevor das Skript loslegt, schaltet der *stop*-Befehl in den Debugger. Der zeigt Ihr Skript an und markiert die momentane Stelle in gelb. Mit F8 führen Sie jetzt das Skript Schritt für Schritt aus. Die gelbe Markierung springt dabei immer zu dem Befehl, der als nächstes ausgeführt wird. Im Befehlsfenster ist es nun leicht, die Variablen des Skriptes zu überwachen.

> **Tip:** Befehlsfenster ist eigenständig!
> Das Befehlsfenster ist ein eigenständiges Fenster. Wenn Sie es verwendet haben, müssen Sie zuerst wieder die Titelleiste des Script Debuggers anklicken, bevor Sie mit F8 die nächste Zeile ausführen lassen können.

Ziemlich bald werden Sie bei der Überwachung der Variablen *x* bemerken, warum die Anweisung endlos lange läuft. Markiert der Script Debugger die Skriptzeile *next*, dann fragen Sie im Befehlsfenster die Variable *x* ab: ? x `Enter`. Aha, falscher Wert!

Sie können jetzt sogar in den Skriptablauf eingreifen und Variablen von Hand ändern oder Funktionen von Hand aufrufen. Möchten Sie das Endlosskript zum Beispiel beenden, dann setzen Sie *x* auf einen Wert größer als 10. Das machen Sie wieder im Befehlsfenster: x=100 `Enter`.

Klicken Sie dann auf die Titelleiste des Script Debuggers, und setzen Sie die Ausführung mit `F8` fort. Jetzt verwendet das Skript Ihren neuen Wert für *x*, und die Schleife kann endlich abbrechen.

> **Tip:** Dialogfenster können stören!
> Ruft Ihr Skript per *MsgBox* ein Dialogfenster auf den Bildschirm, dann muß dies erst per Mausklick beantwortet und geschlossen werden, bevor der Script Debugger weitermachen kann. Manchmal verstecken sich die Dialogfenster unter anderen Fenstern. Achten Sie in der Taskleiste deshalb einfach auf hektisch blinkende Schaltflächen, und wenn Sie eine sehen, klicken Sie darauf!

Andere Möglichkeit: beenden Sie das Skript direkt! Dazu geben Sie ins Befehlsfenster ein: `WScript.Quit` `Enter`.

Ein beendetes Skript ist im Script Debugger leicht zu erkennen, keine Zeile des Skripts ist mehr gelb markiert. Die Markierung verschwindet spätestens, wenn Sie das nächste Mal mit `F8` versuchen, es weiter auszuführen.

> **Tip:** Die Standardfehlermeldungen erscheinen trotzdem!
> Wurde der Script Debugger wegen eines echten Fehlers hinzugezogen, dann erscheint zunächst keine Fehlermeldung. Der Debugger zeigt die fehlerhafte Zeile bloß an. Den Grund für den Fehler kriegen Sie aber im Befehlsfenster heraus. Dort geben Sie ein: `? err.Description` `Enter`. Schon wissen Sie, was los ist. Und wollen Sie verhindern, daß der Scripting Host nach dem Beenden des Debuggers seine normale Fehlermeldung hinterherruft, dann schalten Sie die Fehlervariable wieder in Ruhe: im Befehlsfenster genügt `err.Clear` `Enter`.

Denken Sie daran, wenn Ihr Skript im Debugger noch lauffähig ist und Sie den Debugger schließen, dann macht das Skript anschließend ungehemmt weiter. Beenden Sie das Skript also zuerst mit *WScript.Quit*, wenn Sie den Fehler nicht finden konnten.

2.11 Fehler programmgesteuert abfangen

Wenn Sie wollen, können Sie das Fehlerhandling Ihrer Skripte sogar in eigene Hände nehmen. Dann erscheint nie wieder ein VBScript-Fehlerfenster und hält Ihr Skript an. Eine einzige Zeile genügt:

```
on error resume next
```

Alle Fehler, die nach dieser Zeile passieren, sind VBScript egal. Weitermachen, heißt die Devise.

Trotzdem ist dieser Befehl natürlich nicht die Patentlösung gegen Skriptfehler. Im Gegenteil, er kann ungeahnte Nebenwirkungen haben, sogar brandgefährliche. Während meiner Skripteinsteigerzeit bastelte ich mir zum Beispiel ein kleines Skript, um temporäre Dateien zu entsorgen, und krönte es mit *on error resume next* – »damit nichts schiefgeht!«

Das grauenhafte Gegenteil war der Fall: ich hatte eine Variable falsch geschrieben, und zwar die mit dem Namen der zu löschenden Datei. Das Skript hatte dank *on error resume next* Narrenfreiheit und löschte daraufhin munter 35679 Dateien von meiner Festplatte. Die war anschließend so aufgeräumt wie schon lange nicht mehr.

Deshalb: setzen Sie *on error resume* niemals ein, wenn es nicht unbedingt nötig ist, schon gar nicht in der Entwicklungsphase eines Skripts!

2.11.1 Sinnvolle Einsätze für on error resume next

Manchmal ist *on error resume next* allerdings ein Segen, denn einige Fehler lassen sich einfach nicht vorhersagen oder abfangen. Damit Ihr Skript solche Stolperfallen meistert, brauchen Sie nur verantwortungsbewußt mit *on error resume next* umzugehen:

- In Ihrem Hauptskript hat *on error resume next* niemals etwas zu suchen. Ansonsten wären die Fehlermeldungen für Ihr gesamtes Skript abgeschaltet – schlecht!
- Wollen Sie eine kritische Funktion selbst überwachen, dann verpacken Sie sie in eine selbstdefinierte Funktion. Innerhalb dieser Funktion schalten Sie die offizielle Fehlerüberwachung mit *on error resume next* ab. Jetzt hat nur die Funktion Narrenfreiheit, nicht aber Ihr ganzes Skript.
- Sofort nach der kritischen Operation tun Sie, was sonst VBScript getan hätte: Sie prüfen, ob ein Fehler passiert ist. Dazu schauen Sie nach, ob *err.Number* gleich null ist. Wenn nicht, dann ist etwas schiefgelaufen.
- Den Grund für den Fehler verrät Ihnen *err.Description*. Weil das offizielle Fehlerhandling abgeschaltet ist, bleibt es Ihnen überlassen, ob das Skript weiterlaufen oder mit *WScript.Quit* beendet werden soll. Wollen Sie das Skript fortsetzen, dann setzen Sie zuerst das Fehlerobjekt wieder in Ruhe: *err.Clear*.

2.11.2 Praxisbeispiel: Werte aus der Registry auslesen

Hier ein Beispiel, das ohne *on error resume next* niemals funktionieren würde. Das nächste Skript liest Werte aus der internen Windows-Datenbank, der Registry. Dazu steuert das *WScript.Shell*-Objekt zuvorkommenderweise den *RegRead*-Befehl bei. Der hat nur leider einen kleinen Haken: existiert der Registry-Schlüssel nicht, den Sie damit lesen wollen, dann knallt es.

Deshalb bastelt das folgende Skript eine eigene Funktion, mit der dieser ansonsten unschädliche Fehler elegant aufgefangen wird. Zur Belohnung verrät Ihnen das Skript allerhand Wissenswertes über Dateiendungen:

```vbs
' 2-36.VBS

set wshshell = CreateObject("WScript.Shell")

extension = InputBox("Geben Sie eine Dateiextension an!",,".vbs")
if keyExists("HKCR\" & extension & "\") then
   liste = extension _
      & " ist ein registrierter Dateityp!" _
      & vbCrLf
   eintrag = ReadKey("HKCR\" & extension & "\")
   liste = liste & "Der zuständige " _
      & "Registry-Eintrag lautet: " _
      & eintrag & vbCrLf
   dateityp = ReadKey("HKCR\" & eintrag & "\")
   liste = liste & "Der Dateityp lautet: " _
      & dateityp & vbCrLf
   shell = ReadKey("HKCR\" & eintrag _
      & "\shell\")
   if shell="" then shell="open"
   prg = ReadKey("HKCR\" & eintrag & "\shell\" _
      & shell & "\command\")
   liste = liste & "Datei wird geöffnet von:" _
      & vbCr & prg
else
   liste = extension & " ist unbekannt!" _
      & vbCrLf
end if

MsgBox liste

function ReadKey(key)
   on error resume next
   ReadKey = wshshell.RegRead(key)
end function

function keyExists(key)
   ' Fehlerhandling abschalten:
   on error resume next
   ' Wert auslesen
   wert = wshshell.RegRead(key)
   ' ging das glatt?
   if err.Number=0 then
      ' jau, Schlüssel vorhanden!
```

```
            keyExists = true
        else
            ' nein, Fehler!
            keyExists = false
            err.Clear
        end if
end function
'(C) 1999,2000 T.Weltner
```

Zerbrechen Sie sich nicht den Kopf über den ersten Teil des Skriptes: der wühlt tief in der Windows-Registry herum und ist hier gar nicht interessant. Entscheidend sind die beiden Funktionen *ReadKey* und *keyExists*, mit denen Registry-Inhalte gelesen oder geprüft werden.

Bild 2.19: Interessante Hintergrundinfos zu jeder Dateiextension

Das Skript erfüllt nebenbei eine nützliche Aufgabe: geben Sie irgendeine Dateiendung an (einschließlich Punkt), dann meldet es, ob dieser Dateityp mit einem Programm verknüpft ist oder nicht. Falls ja, verrät das Skript eine Reihe versteckter Informationen, unter anderem erfahren Sie, welchen Befehl Windows eigentlich ausführt, wenn Sie Dateien dieses Typs öffnen.

3 Endlich gehorcht Ihnen Windows aufs Wort

Der Scripting Host ist installiert, und die Skriptsprache VBScript kennen Sie inzwischen auch schon – jetzt kann es losgehen! Lassen Sie sich überraschen, was mit Scripting plötzlich alles möglich wird.

Das einzige, was noch fehlt, ist ein wenig mehr Gemütlichkeit. Mit ein paar Handgriffen machen Sie die Skriptentwicklung sehr viel bequemer. Wenn Sie dafür keine Geduld mehr haben, dann überspringen Sie dieses Kapitel einfach – Pflicht ist es nicht, interessant dagegen schon.

3.1 Skripte per Rechtsklick anlegen

Neue Skriptdateien können Sie mit einem einfachen Rechtsklick beginnen. Klicken Sie einfach mit der rechten Maustaste auf eine freie Stelle des Desktops oder in einen Ordner hinein – schon öffnet sich ein Kontextmenü. Wählen Sie darin *Neu* und dann *Textdatei*, und eine neue Textdatei liegt bereit.

Damit daraus eine ausführbare Skriptdatei wird, ist allerdings noch etwas Handarbeit nötig. Geben Sie der Datei zuerst einen passenden Namen, und hängen Sie dann die Dateiextension *.VBS* an. Jetzt ist die Datei zur Skriptdatei mutiert, und ein Rechtsklick auf die Datei und *Bearbeiten* genügt, um Ihr Skript zu schreiben.

Ganz so einfach ist die Sache allerdings nicht. Erstens muß Windows auch tatsächlich die Dateiextensionen anzeigen, damit Sie sie ändern können. Werden die Dateiextensionen Ihrer Dateien noch nicht angezeigt, dann blenden Sie sie ein:

Wählen Sie im Startmenü *Einstellungen* und dann *Ordneroptionen*. Klicken Sie danach auf das Register *Ansicht*, und schalten Sie die Option *Dateinamenerweiterung bei bekannten Dateitypen ausblenden* ab.

Und zweitens meldet sich Windows mißtrauisch mit einer Sicherheitsabfrage, wenn Sie die Dateiextension auf *.VBS* ändern. Ganz schön viel Klickerei. Geht es nicht auch einfacher? Klar doch, dafür sind Skripte schließlich da.

3.1.1 Skripte noch einfacher per Rechtsklick anlegen

Das nächste VBS-Skript macht alles viel einfacher. Es baut direkt einen neuen Eintrag in Ihr *Neu*-Menü ein, mit dem Sie sofort eine VBS-Datei bekommen.

Kapitel 3: Endlich gehorcht Ihnen Windows aufs Wort

```
' 3-1.VBS

extension = ".vbs"
set WSHShell = CreateObject("WScript.Shell")

prg = ReadReg("HKCR\" & extension & "\")
prgname = ReadReg("HKCR\" & prg & "\")
frage = "Wie möchten Sie VBS-Scripte nennen?"
titel = "Eintrag festlegen"
prgname = InputBox(frage, titel, prgname)
WSHShell.RegWrite "HKCR\" & prg & "\", prgname
WSHShell.RegWrite "HKCR\" & extension _
    & "\ShellNew\NullFile", ""

function ReadReg(key)
    on error resume next
    ReadReg = WSHShell.RegRead(key)
    if err.Number>0 then
        fehler = "FEHLER: Der Schlüssel """ & key & """ existiert nicht!"
        MsgBox fehler, vbCritical
        err.Clear
        WScript.Quit
    end if
end function
'(C) 1999,2000 Tobias Weltner
```

Wenn Sie dieses Skript starten, werden Sie zuerst gefragt, wie die Bezeichnung für VBS-Skriptdateien lauten soll. Die offizielle Bezeichnung ist bereits ins Eingabefeld eingetragen. Wenn Sie damit zufrieden sind, dann drücken Sie einfach Eingabe. Andernfalls ändern Sie die Bezeichnung. Sie dient nur Ihrer Bequemlichkeit und spielt allenfalls hier eine Rolle:

- In der Detailansicht des Explorers (*Details* aus *Ansicht*) steht in der *Typ*-Spalte bei VBS-Dateien diese Bezeichnung.
- Neue VBS-Skriptdateien, die Sie mit dem *Neu*-Befehl des Kontextmenüs anlegen, bekommen als provisorischen Dateinamen diese Bezeichnung.
- Im *Neu*-Menü erscheint dieser Begriff, mit dem Sie neue VBS-Dateien anlegen.

Sie können die Bezeichnung auch nachträglich jederzeit ändern. Rufen Sie das Skript einfach noch einmal auf.

Sobald das Skript seine Arbeit erledigt hat, legen Sie VBS-Skriptdateien kinderleicht an. Ein Rechtsklick auf eine freie Stelle des Desktops oder in einen Ordner genügt, und nun brauchen Sie nur noch *Neu* zu wählen: das Menü bietet Ihnen unter dem von Ihnen gerade festgelegten Namen jetzt frische neue VBS-Skriptdateien am laufenden Band an.

Tip: Skriptnamen nach Herzenslust ändern!
Damit Sie Ihren frischgebackenen neuen Skriptdateien sofort einen passenden Namen geben können, blenden Sie am besten die Dateiextension wieder aus, wenn sie sichtbar ist. Dazu wählen Sie im Startmenü *Einstellungen* und dann *Ordneroptionen*. Klicken Sie danach auf das Register *Ansicht*, und schalten Sie die Option *Dateinamenerweiterung bei bekannten Dateitypen ausblenden* ein.

Und wie funktioniert das Skript? Es demonstriert eindrucksvoll, welche Möglichkeiten Skripte Ihnen bieten, denn skriptgesteuert lassen sich nicht nur lästige Routineaufgaben automatisieren, sondern auch wie in diesem Beispiel tief in die Windows-Funktionen eingreifen. Wie dieses Skript sein Zauberkunststück vollbringt, wird in den folgenden Kapiteln gelüftet. Hier erfüllt es einstweilen nur seinen Zweck.

3.1.2 Neue Skripte vollkommen automatisch anlegen

Sie können den Komfort sogar noch weiter steigern. Dazu dient das nächste Skript. Es legt einen neuen Befehl namens *Neue VBS-Skriptdatei* im *Neu*-Menü an. Speichern Sie das Skript, und führen Sie es dann aus.

```
' 3-2.VBS

befehlsname = "Neue VBS-Skriptdatei"
set WSHShell = CreateObject("WScript.Shell")
windir = WSHShell.ExpandEnvironmentStrings("%WINDIR%")
skript = "\vbsneu.vbs"
aufruf = "WSCRIPT.EXE " + windir + skript + " ""%2"""

prgextension = "vbscustom"

extension = "HKCR\.vbsneu\"
extension2 = "HKCR\" & prgextension & "\"

WSHShell.RegWrite extension, prgextension
WSHShell.RegWrite extension _
    + "ShellNew\command", aufruf

' Geben Sie hier den gewünschten Editor an!
WSHShell.RegWrite extension2 _
    + "Shell\open\command\", "NOTEPAD.EXE"

WSHShell.RegWrite extension2, befehlsname
WSHShell.RegWrite extension2 _
    + "DefaultIcon\", "SHELL32.DLL,44"

MsgBox "Befehl erfolgreich installiert!", vbInformation + vbSystemModal
' (C) 1999,2000 Tobias Weltner
```

Kapitel 3: Endlich gehorcht Ihnen Windows aufs Wort

Dieser Eintrag im *Neu*-Menü ist diesmal vollsynthetisch und ruft das Skript *VBSNEU.VBS* auf, das sich in Ihrem Windows-Ordner befinden muß. Dieses Skript muß also unter dem Namen *VBSNEU.VBS* in Ihren Windows-Ordner gelegt werden:

```
' 3-3.VBS

set args = WScript.Arguments
set fs = CreateObject(_
   "Scripting.FileSystemObject")

if args.Count=0 then
   MsgBox "Keine Argumente geliefert!"
else
   pfad = args(0)
   pfad = left(pfad, InstrRev(pfad, "\"))
   do
      frage = "Es wird eine neue Datei im " _
            & "Ordner """ & pfad   & """ angelegt." + vbCr + vbCr
      frage = frage + "Wie möchten Sie Ihre Skriptdatei nennen?"
      name = InputBox(frage)
      if name = "" then
            status = 3
      else
            dateiname = pfad + name + ".VBS"
            if fs.FileExists(dateiname) then
                  frage = "Die Datei """ + name _
                        + """ existiert schon! Ersetzen?"
                  antwort = MsgBox(frage, vbQuestion + vbYesNo)
                  if antwort = vbYes then
                        status = 2
                  else
                        status = 0
                  end if
            else
                  status=1
            end if
      end if
   loop while status=0

   if status = 3 then
      MsgBox "Abbruch bestätigt.", vbInformation
   else
      set handle = fs.CreateTextFile(dateiname, true)
      handle.close
      set WSHShell = CreateObject(_
            "WScript.Shell")
      WSHShell.Run "NOTEPAD.EXE " + dateiname
```

```
    end if
end if
' (C) 1999,2000 Tobias Weltner
```

Öffnen Sie das Skript im Editor, oder tippen Sie es ein. Wählen Sie dann *Speichern unter* aus *Datei*. Jetzt geben Sie ins *Dateiname*-Feld des Dialogfensters ein: `%WINDIR%` `Eingabe`. Automatisch wird in den Windows-Ordner umgeschaltet. Speichern Sie das Skript dann als `VBSNEU.VBS` `Enter`.

Bei Windows 95 funktioniert dieser Servive leider noch nicht. Wenn Sie hier `%WINDIR%` eingeben, speichert der Editor die Datei unter diesem Namen. Nicht so gut. Suchen Sie sich also bei Windows 95 den Windows-Ordner von Hand aus dem *Speichern unter*-Fenster heraus, und speichern Sie die Datei als *VBSNEU.VBS*!

Dieses Skript wird nun jedesmal aufgerufen, wenn Sie im *Neu*-Menü *Neues VBS-Skript* wählen. Es fragt komfortabel nach dem Namen des Skripts, prüft, ob es solch ein Skript schon gibt und legt es dann an. Anschließend wird es sofort im Editor geöffnet, so daß Sie Ihr Skript sofort beginnen können. Schneller geht es nicht!

Weil bei dieser luxuriösen Variante der reguläre *VBS-Datei*-Eintrag im *Neu*-Menü überflüssig wird, entfernen Sie ihn am besten wieder. Das erledigt das folgende Skript:

```
' 3-4.VBS

set WSHShell = CreateObject("WScript.Shell")

on error resume next
WSHShell.RegDelete "HKCR\.vbs\ShellNew\"
'(C) 1999,2000 Tobias Weltner
```

Allerdings kann es bis zum nächsten Systemneustart dauern, bis der *Neu*-Menüeintrag auch wirklich aus dem Menü verschwindet.

3.2 Zeilennummern blitzschnell finden

Leider zeigen die wenigsten Editoren Zeilennummern an, und so kann es bei Fehlermeldungen lästig werden, die fehlerhafte Zeile zu finden. Aber nicht mehr lange, denn die nächste Befehlserweiterung markiert Zeilen für Sie vollautomatisch. Geben Sie dazu das folgende Skript in den Editor ein:

```
' 3-5.VBS
' funktioniert nicht bei Win2000 Beta

set wshshell = CreateObject("WScript.Shell")

zeile = inputBox("In welche Zeile wollen Sie springen?")
if not isNumeric(zeile) then
  MsgBox "Sie haben keine Zahl angegeben!"
  WScript.Quit
```

```
else
   zeile = Fix(zeile)
   if zeile<1 then
      MsgBox "Sie haben keine gültige Zeilennummer angegeben!"
      WScript.Quit
   end if
end if

WScript.Sleep(200)
'An den Anfang springen
wshshell.SendKeys "^{HOME}"

' Zeilen zählen
for x=1 to zeile-1
   wshshell.SendKeys "{DOWN}"
   WScript.Sleep 10
next

' Zeile markieren
wshshell.SendKeys "{HOME}"
wshshell.SendKeys "+{END}"
'(C) 1999,2000 Tobias Weltner
```

Wählen Sie dann *Speichern unter* aus *Datei*, und geben Sie ins *Dateiname*-Feld ein: `%WINDIR%` Enter. Der Windows-Ordner wird eingestellt. Jetzt speichern Sie Ihr Skript: geben Sie ins *Dateiname*-Feld ein: `FEHLER.VBS` Enter.

Tip: So geht es bei Windows 95.
Bei Windows 95 klappt die bequeme Umschaltung in den Windows-Ordner leider nicht. Hier stellen Sie den Windows-Ordner im *Speichern unter*-Fenster von Hand ein. Meist liegt er auf dem Laufwerk *C:* und heißt *WINDOWS*.

Nun brauchen Sie nur noch einen bequemen Weg, das Skript zu aktivieren. Dazu öffnen Sie zuerst den Windows-Ordner. Im Startmenü wählen Sie *Ausführen* und geben ein: `%WINDIR%` Enter. Suchen Sie nun im Ordner nach der Datei *FEHLER.VBS* – geben Sie zum Beispiel F ein.

Haben Sie die Datei gefunden? Gut! Dann ziehen Sie sie aus dem Ordner auf den Startknopf, links unten in der Taskleiste. Sobald das Maussymbol über dem Startknopf ist und ein kleines Verknüpfungszeichen einblendet, lassen Sie die Maustaste los. Ihr Skript ist nun oben ins Startmenü eingebaut worden.

Als nächstes statten Sie das Skript mit einer Tastenkombination aus. Über die können Sie dann die praktische Zeilenmarkierfunktion jederzeit zuschalten. Dazu klicken Sie mit der rechten Maustaste auf den Startknopf und wählen *Öffnen*.

Ein Fenster öffnet sich, und darin liegt unter anderem Ihre neue Verknüpfung auf das Skript. Klicken Sie die Verknüpfung mit der rechten Maustaste an, und wählen Sie *Eigenschaften*. Klicken Sie auf das Register *Verknüpfung*.

Jetzt brauchen Sie nur noch ins Feld *Tastenkombination* zu klicken. Dort legen Sie die Tastenkombination fest, die Sie drücken müssen, wenn Sie künftig Zeilen im Skript markieren wollen. Wählen Sie zum Beispiel F12 aus. Klicken Sie danach auf *OK*, und schließen Sie das Fenster wieder.

Und so leicht markieren Sie künftig fehlerhafte Zeilen:

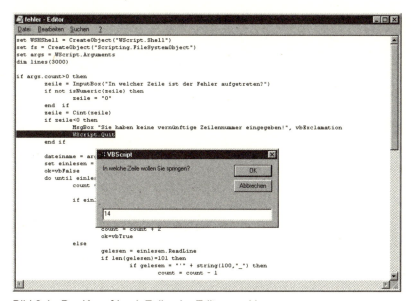

Bild 3.1: Per Knopfdruck Zeilen im Editor markieren

Wenn der Editor mit dem Skript geöffnet ist, dann drücken Sie die Tastenkombination, die Sie gerade vereinbart haben. Nach einer Schrecksekunde wacht Ihr Zeilenmarkierskript auf und fragt, welche Zeile Sie gern markieren wollen. Anschließend rückt das Skript den Eingabecursor in die gewünschte Zeile und markiert sie. Elegant!

4 Mit dem Skriptbenutzer kommunizieren

Damit Ihre neuen Skripte wissen, was sie tun sollen, brauchen sie natürlich Informationen. *InputBox* kennen Sie inzwischen: damit stellt Ihr Skript neugierige Fragen. Lernen Sie in diesem Kapitel das komplette Repertoire an Frage-Funktionen kennen, und picken Sie sich dann ganz bequem für Ihre Projekte genau die richtigen Fragefunktionen heraus!

4.1 Einfache Ja-Nein-Antworten erhalten

Die *MsgBox*-Funktion ist ein Wolf im Schafspelz. Sie kann nicht nur einfache Meldungen zum Besten geben, sondern genauso leicht Fragen stellen. Dabei produziert *MsgBox* dieselben professionellen Dialogfenster wie Windows, und Ihr Skript macht einen guten Eindruck.

Damit *MsgBox* sinnvolle Fragen stellen kann, benötigt es mehr als nur die *OK*-Schaltfläche. Schließlich soll Ihr Skriptbenutzer eine vernünftige Auswahlmöglichkeit bekommen. Welche Schaltflächen *MsgBox* anzeigen soll, bestimmen Sie mit dem zweiten Argument der Funktion. Schauen Sie mal:

```
' 4-1.VBS

ergebnis = MsgBox("Wollen Sie wirklich abbrechen?", vbYesNo)
MsgBox ergebnis
'(C) 1999,2000 T.Weltner
```

Tatsächlich: das Dialogfenster enthält jetzt zwei Schaltflächen: *Ja* und *Nein*. Je nachdem, auf welche Schaltfläche Sie klicken, liefert Ihr Skript 6 oder 7 zurück. Was sind das für sonderbare Zahlen?

Bild 4.1: Schaltflächen ins Dialogfenster einbauen

Dahinter stecken fest vorgefertigte Zahlenkonstanten. Selbst Ihre Angabe von oben, *vbYesNo*, ist in Wirklichkeit nur eine Zahl. Arbeiten Sie am besten immer mit den Konstantennamen, und kümmern Sie sich nicht um den wahren Zahlenwert. So einfach trifft Ihr Skript dann Entscheidungen:

Kapitel 4: Mit dem Skriptbenutzer kommunizieren

```
' 4-2.VBS

do
   ergebnis = MsgBox("Wollen Sie wirklich abbrechen?", vbYesNo)
   if ergebnis = vbYes then
      MsgBox "Tschüss!"
   else
      MsgBox "Aha, Sie wollen also weitermachen!"
   end if
loop while ergebnis=vbNo
'(C) 1999,2000 T.Weltner
```

Zuerst fragt das Skript, ob Sie weitermachen wollen oder nicht. Sie fordern zwei Schaltflächen an: *vbYesNo*. Das Ergebnis ist entweder *vbYes*, wenn auf *Ja* geklickt wurde, oder *vbNo*, wenn auf *Nein* geklickt wurde. Ihr Skript benutzt das Ergebnis und gibt zwei unterschiedliche Meldungen aus.

Und wofür ist die *do...loop*-Schleife gut? Sie wiederholt die Abfrage so lange, wie das Ergebnis den Wert *vbNo* enthält. Erst wenn auf *Ja* geklickt und damit abgebrochen wird, endet die Schleife. Interessant, oder? Ihre Schleife könnte verschiedene Dinge erledigen und zwischendurch immer wieder fragen, ob der Benutzer noch Lust hat, weiterzumachen.

4.1.1 Welche Auswahlmöglichkeiten gibt es sonst noch

Neben *vbYesNo* gibt es noch eine ganze Reihe weiterer Konstanten, mit denen sich alle wichtigen Entscheidungsschaltflächen ins Dialogfenster von *MsgBox* einblenden lassen. So ist es leicht, für Ihre Skripte genau das passende Fragefenster zu bekommen. Hier die Liste:

Konstante	diese Schaltflächen werden gezeigt		
vbOKOnly	OK		
vbOKCancel	OK	Abbrechen	
vbAbortRetryIgnore	Beenden	Wiederholen	Ignorieren
vbYesNoCancel	Ja	Nein	Abbrechen
vbYesNo	Ja	Nein	
vbRetryCancel	Wiederholen	Abbrechen	

Tab. 4.1: Bestimmen Sie selbst, welche Schaltflächen MsgBox anzeigt

Und welche Antworten liefert *MsgBox*? Dazu brauchen Sie kein Merk-Genie zu sein, denn die Namen der Antwortkonstanten leiten sich direkt aus den Konstanten oben ab. Zeigen Sie mit *vbYesNoCancel* ein Dialogfenster mit den Schaltflächen *Ja*, *Nein* und *Abbrechen* an, dann liefert *MsgBox* je nach Klick entweder *vbYes*, *vbNo* oder *vbCancel* zurück. Ein *vbAbortRetryIgnore*-Dialogfenster liefert *vbAbort*, *vbRetry* oder *vbIgnore* zurück. Das ist einfach.

4.1.2 Antwortschaltflächen vorwählen

Es ist gute Windows-Praxis, das Dialogfenster diejenige Schaltfläche bereits vorwählen, die der Benutzer am Wahrscheinlichsten auswählt, oder die die ungefährlichsten Resultate liefert. Vorgewählte Schaltflächen können nämlich ganz bequem ohne Klick direkt über ⌈Enter⌉ ausgesucht werden.

Wollen Sie Schaltflächen vorwählen? Dann addieren Sie einfach eine der folgenden Konstanten zu Ihrer Schaltflächenkonstante hinzu.

Konstante	wählt diese Schaltfläche vor
vbDefaultButton1	erste Schaltfläche
vbDefaultButton2	zweite Schaltfläche
vbDefaultButton3	dritte Schaltfläche
vbDefaultButton4	vierte Schaltfläche

Tab. 4.2: Schaltflächen im Dialogfenster vorwählen

So einfach sieht das im Alltag aus:

```
' 4-3.VBS
frage = "Was wollen Sie tun?"
antwort = MsgBox(frage, vbYesNoCancel + vbDefaultButton1)
antwort = MsgBox(frage, vbYesNoCancel + vbDefaultButton2)
antwort = MsgBox(frage, vbYesNoCancel + vbDefaultButton3)
'(C) 1999,2000 T.Weltner
```

Dreimal erscheint das Dialogfenster, und jedesmal ist eine andere Schaltfläche vorgewählt.

4.1.3 Icons im Dialogfenster anzeigen

Sogar Icons können in Ihrem neuen Dialogfenster eingeblendet werden und so auf einen Blick unterstreichen, wie ernst die Lage der Nation ist oder was für eine Entscheidung getroffen werden soll. Addieren Sie einfach eine der folgenden Icon-Konstanten hinzu:

Konstante	eingeblendetes Icon
vbQuestion	❓
vbInformation	ℹ️
vbExclamation	⚠️
vbCritical	❌

Tab. 4.3: Die vier verschiedenen System-Icons für Dialogfenster

Jetzt sehen Ihre Frage-Dialogfenster tatsächlich genauso aus wie die offiziellen Windows-Dialogfenster:

```
' 4-4.VBS

frage = "Wollen Sie fortfahren?"
antwort = MsgBox(frage, vbYesNo _
     + vbDefaultButton1 + vbQuestion)
if antwort = vbYes then
  MsgBox "Prima, es geht weiter!", _
     vbInformation
else
  MsgBox "Das Programm bricht nun ab!",_
     vbExclamation
end if
'(C) 1999,2000 T.Weltner
```

Die verschiedenen Icons dürfen auch dann eingesetzt werden, wenn *MsgBox* nur Texte ausgibt. Das ist eigentlich auch gar nicht verwunderlich, denn ob Sie mit *MsgBox* Fragen stellen oder Text ausgeben – in beiden Fällen passiert dasselbe. *MsgBox* wird lediglich unterschiedlich aufgerufen, mit Rückgabewert als Funktion, und ohne Rückgabewert als Prozedur.

4.1.4 Dialogfenster immer im Vordergrund

Nichts ist ärgerlicher, als wenn Ihr Skript per Dialogfenster Fragen stellt, aber das Dialogfenster nirgends zu sehen ist. Dialogfenster sind nichts weiter als Fenster und können in unglücklichen Situationen unter anderen Fenstern begraben werden. Nicht so gut also.

Mit einem kleinen Trick allerdings umgehen Sie das Problem, denn dann landen Ihre Dialogfenster immer ganz oben im Fensterstapel und bleiben auch dort. Dazu addieren Sie das geheime Schlüsselwort *vbSystemModal* zu Ihren Konstanten:

```
' 4-5.VBS

MsgBox "Diese Meldung ist immer sichtbar!",_
      vbSystemModal + vbInformation
'(C) 1999,2000 T.Weltner
```

Probieren Sie mal aus, was passiert, wenn Sie auf ein anderes Fenster klicken, solange das Dialogfenster zu sehen ist. Tatsächlich, zwar verliert das Dialogfenster den Focus (die Titelleiste des neuen Fensters wird markiert), aber Ihr Dialogfenster bleibt stur und beharrlich in Bildmitte sichtbar. Niemand kann es verdecken, und es verschwindet erst, wenn Sie seine Frage beantworten bzw. auf *OK* klicken.

4.1.5 Überschrift für das Dialogfenster festlegen

Ihr Dialogfenster kann sogar eine selbstdefinierte Überschrift bekommen. Dazu ist das dritte Argument von *MsgBox* zuständig. Schauen Sie mal:

4.1 Einfache Ja-Nein-Antworten erhalten

```
' 4-6.VBS

frage = "Finden Sie Hannover 96 gut?"
ueberschrift = "Fangfrage"
antwort = MsgBox(frage, _
     vbQuestion + vbYesNo, ueberschrift)
'(C) 1999,2000 T.Weltner
```

Eins allerdings stört Sie vielleicht: *MsgBox* kann es sich nicht verkneifen, in der Titelleiste seinen Zusatz *VBScript:* stehen zu lassen. Bekommt man diesen Zusatz nicht weg?

Bild 4.2: Sogar die Titelleiste des Dialogfensters gehorcht Ihnen aufs Wort

4.1.6 *Popup()* – großer Bruder von *MsgBox()*

Leider nein. Jedenfalls nicht mit *MsgBox*. Es gibt aber eine ganz ähnliche Funktion, die im sogenannten *WSHShell*-Objekt lagert und nur aktiviert zu werden braucht: *Popup()*:

```
' 4-7.VBS

set WSHShell = CreateObject("WScript.Shell")

frage = "Finden Sie Hannover 96 gut?"
ueberschrift = "Fangfrage"
antwort = WSHShell.Popup(frage,, ueberschrift, vbQuestion + vbYesNo)
'(C) 1999,2000 T.Weltner
```

Das Dialogfenster sieht fast genauso aus, nur der egozentrische VBScript-Zusatz ist endlich verschwunden. Dafür ist das Skript ein bißchen komplizierter geworden, aber nicht viel.

Bild 4.3: Popup() verzichtet auf Zusätze in der Titelleiste und hat weitere Vorteile

Es lohnt sich, *Popup* näher anzuschauen, auch wenn die Titelleistenkosmetik für Sie uninteressant ist. *Popup* kann nämlich noch eine ganze Menge anderer Dinge besser als *MsgBox*. Schauen Sie sich das Skript deshalb aus der Nähe an:

- Weil *Popup* kein echter VBScript-Befehl ist, sondern extern im *WScript.Shell*-Objekt haust, brauchen Sie zuerst einen Verweis auf dieses Objekt. Das erledigt *CreateObject()* in Zusammenhang mit *Set*.

- Anschließend können Sie alle Funktionen des *WScript.Shell*-Objekts in Ihrem Skript nutzen – so einfach ist das! Geben Sie dazu bloß den Verweis auf das Objekt an, also die Variable, die Sie mit Set angelegt haben, dann einen Punkt und anschließend den Namen der gewünschten externen Funktion: *WSHShell.Popup()*.

- *Popup()* ist im Grunde genauso leicht zu bedienen wie *MsgBox* und akzeptiert auch genau dieselben Konstanten für Schaltflächen, Icons und Sonderoptionen. Dummerweise nur verlangt es die Angaben in unterschiedlicher Reihenfolge. Das Beispiel zeigt, wie *Popup()* die Argumente serviert bekommen möchte.

- *Popup()* verlangt einen zusätzlichen Parameter an zweiter Stelle. Was es mit diesem auf sich hat, lernen Sie gleich kennen. Einstweilen überspringen Sie ihn einfach. Deshalb stehen oben im Skript zwei Komma direkt hintereinander.

4.2 Freie Texteingaben

Ihr Universalbefehl für Eingaben aller Art ist *InputBox()*. Mit diesem Befehl erhalten Sie ein Dialogfenster, das nach allem fragen kann, was sich über die Tastatur eingeben läßt. So ziehen Sie alle Register von *InputBox()*:

```
' 4-8.VBS

frage = "Wieviel wollen Sie verdienen?"
ueberschrift = "Traumstunde"
vorgabe = "1600000"
antwort = InputBox(frage, ueberschrift, vorgabe)
'(C) 1999,2000 T.Weltner
```

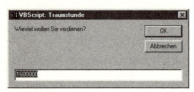

Bild 4.4: Über InputBox() kann das Skript Fragen stellen

4.2.1 Vorgaben im Dialogfenster

Wirklich zwingend ist nur die Frage, die übrigen Angaben sind optional und können also weggelassen werden. Die Möglichkeit, *InputBox()* eine Vorgabe vorschlagen zu lassen, ist allerdings sehr verführerisch. Schauen Sie sich das nächste Beispiel an, das etwas vorgreift und zeigt, wie sinnvoll *InputBox()* eingesetzt werden kann:

```
' 4-9.VBS
' bei Windows NT/2000 muss der Registry-Pfad
' angepasst werden: ersetzen Sie \Windows\
' jeweils durch \Windows NT\!
```

```
set WSHShell = CreateObject("WScript.Shell")
on error resume next

benutzer = WSHShell.RegRead("HKEY_LOCAL_MACHINE\Software" _
   & "\Microsoft\Windows\CurrentVersion\RegisteredOwner")

frage = "Unter welchem Namen soll Windows" _
   & " registriert sein?"
ueberschrift = "Benutzer"
benutzer = InputBox(frage, ueberschrift,_
   benutzer)

WSHShell.RegWrite "HKEY_LOCAL_MACHINE\Software\Microsoft\Windows" _
   & "\CurrentVersion\RegisteredOwner", benutzer

meldung = "Registrierter Benutzer ist " & "jetzt """ & benutzer & """!"
MsgBox meldung, vbInformation
'(C) 1999,2000 T.Weltner
```

Dieses einfache Skript liest direkt aus der Windows-Registry den Namen des registrierten Benutzers aus und stellt diesen Namen dann mit *InputBox()* als Vorgabe zur Verfügung. Jetzt ist es kinderleicht, diesen Namen zu ändern. Anschließend schreibt das Skript den neuen Namen zurück in die Registry.

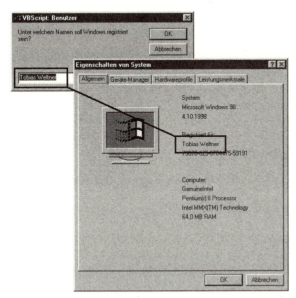

Bild 4.5: Skriptgesteuert die Registrierung von Windows ändern

Rufen Sie das Skript ein zweites Mal auf. Tatsächlich wird jetzt der neue Benutzername angezeigt. Und wenn Sie das Desktop-Symbol *Arbeitsplatz* mit der rechten Maustaste anklicken und *Eigenschaften* wählen, sehen Sie sofort, daß Ihre Änderung auch tatsächlich wirksam ist: unter *Registriert für* steht Ihr neuer Name. Ideal, wenn Sie bei der Windows-Installation aus Versehen den falschen Namen angegeben oder den Rechner gebraucht gekauft haben. Dieses Skript ist das Universalgerüst für vielfältige Registry-Änderungen, die Sie auf diese Weise sicher und bequem vornehmen können.

4.2.2 Auf die *Abbrechen*-Schaltfläche reagieren

InputBox() blendet immer eine *Abbrechen*-Schaltfläche ein. Wie erkennen Sie aber, ob der Benutzer darauf geklickt hat?

Obwohl *InputBox()* bei einem Klick auf *Abbrechen* nur einen leeren Text zurückzuliefern scheint, können Sie trotzdem genau unterscheiden, ob auf *Abbrechen* geklickt oder tatsächlich nur eine leere Eingabe gemacht wurde. Das nächste Beispiel zeigt, wie das funktioniert:

```
' 4-10.VBS

frage = "Geben Sie etwas ein, oder klicken " _
    & "Sie auf Abbrechen!"
antwort = InputBox(frage)
if isEmpty(antwort) then
    MsgBox "Sie haben auf Abbrechen geklickt!"
else
    MsgBox "Sie haben eingegeben: """ _
        & antwort & """"
end if
'(C) 1999,2000 T.Weltner
```

Das Geheimnis ist die Funktion *isEmpty()*. Klicken Sie auf *Abbrechen*, dann liefert *InputBox()* einen Leerwert zurück, den *isEmpty()* erkennt. Geben Sie einfach nur nichts ins Eingabefeld ein, dann wird ein Leerstring zurückgeliefert. Der ist zwar ebenfalls leer, aber kein Leerwert, denn er enthält zumindest das Textendekennzeichen.

4.2.3 Mit den Texteingaben rechnen

InputBox() liefert immer Texte zurück, ganz gleich, was Sie eingeben. Das nächste Skript beweist es:

```
' 4-11.VBS

frage = "Geben Sie etwas ein, oder klicken" _
    & " Sie auf Abbrechen!"
antwort = InputBox(frage)
MsgBox "Typ der Variable ist: " _
    & TypeName(antwort)
'(C) 1999,2000 T.Weltner
```

Nur wenn Sie auf *Abbrechen* klicken, ist der Variablentyp *Empty*, ansonsten immer *String*. Was also tun, wenn Sie Zahlen erfragen wollen?

Einfache Antwort: wandeln Sie die Texte von Hand ins passende Format um! Im Kapitel 2 haben Sie dazu bereits einige Beispiele kennengelernt. Das Prinzip ist immer gleich: Prüfen Sie zuerst mit einer der *is...()*-Funktionen, ob die Eingabe sich ins gewünschte Format verwandeln läßt, und wandeln Sie sie dann mit einer der *c...()*-Funktionen um. Hier wieder ein Beispiel:

```
' 4-12.VBS

frage = "Geben Sie etwas ein, oder klicken" _
    & " Sie auf Abbrechen!"
antwort = InputBox(frage)
if isNumeric(antwort) then
   antwort = CDbl(antwort)
   meldung = "Das Quadrat der eingegebenen" _
    & " Zahl lautet: "
   MsgBox meldung & antwort * antwort, _
       vbInformation
else
   MsgBox "Sie haben keine Zahl eingegeben!", vbExclamation
end if
'(C) 1999,2000 T.Weltner
```

4.2.4 Ein ganz neues Eingabefenster

InputBox() ist keine Schönheit. Deshalb habe ich für Sie eine neue *InputBox*-Funktion gezimmert, die einige Extra-Tricks beherrscht. Diese neue Funktion heißt *ShowInputBox()* und schlummert im Objekt *systemdialog.tobtools*. Dieses Objekt heißt im wirklichen Leben *systemdialog.ocx* und muß zuerst installiert werden. Das kostet Sie höchstens 2 Minuten, ist bestimmt schon längst passiert und wird im Kapitel 1 beschrieben.

Fertig? Gut, dann lassen Sie die neue Funktion das Parkett betreten:

```
' 4-13.VBS

set dialog = CreateObject("systemdialog.tobtools")
eingabe = dialog.ShowInputBox("Geben Sie Text ein!", "Eingabefenster")
MsgBox eingabe
'(C) 1999,2000 T.Weltner
```

Huch! Ein Fenster springt hervor und bietet endlich Platz für längere und vor allem mehrzeilige Texte.

Sie können genau wie bei der echten *InputBox*-Funktion Vorgaben festlegen, zum Beispiel so:

```
' 4-14.VBS

set dialog = CreateObject("systemdialog.tobtools")
eingabe = dialog.ShowInputBox("Geben Sie Text ein!", "Eingabefenster", _
      "Hier steht die Vorgabe!")
MsgBox eingabe
'(C) 1999,2000 T.Weltner
```

Bild 4.6: Eine verbesserte Fassung der InputBox()-Funktion

Nur ein bißchen groß ist das Fenster vielleicht. Knautschen Sie es einfach zusammen! Entweder geben Sie die Größe des Fensters in Prozent an, dann richtet es sich nach der derzeitigen Bildschirmauflösung.

Dieses Fenster beansprucht genau 50% der Bildschirmbreite und 20% der Bildschirmhöhe:

```
' 4-15.VBS

set dialog = CreateObject("systemdialog.tobtools")
MsgBox dialog.ShowInputBox("Schon besser...",,,.5,.2)
'(C) 1999,2000 T.Weltner
```

Es funktioniert, und Sie sehen nebenbei: alle Optionen, die Sie nicht interessieren, können einfach weggelassen werden.

> **Tip:** Mein Fenster sieht nicht gesund aus!
> Die Angabe der Fenstergröße in Prozentpunkten der Bildschirmgröße kann ins Auge gehen: Benutzen Sie nämlich eine vergleichsweise geringe Bildschirmauflösung, zum Beispiel 640x480 Punkte, dann wird das Fenster winzig klein, und die Bedienelemente kommen sich ins Gehege. Sicherer ist deshalb, die Fenstergröße in absoluten Bildschirmpunkten anzugeben. Wie das geht, lesen Sie jetzt!

Oder Sie legen die Größe des Fensters in Form von Bildschirmpunkten fest:

```
' 4-16.VBS

set dialog = CreateObject("systemdialog.tobtools")
MsgBox dialog.ShowInputBox("Dieses Fenster ist 300x130 Punkte groß!",,,300,130)
'(C) 1999,2000 T.Weltner
```

Jetzt ist das Fenster genau 300 Bildschirmpunkte breit und 130 Punkte hoch. Das reicht für eine einzige Textzeile.

Bild 4.7: Ihr neues Eingabefenster läßt sich beliebig verkleinern

Trotzdem akzeptiert das Fenster nach wie vor mehrzeiligen Text. Stört Sie das, dann schalten Sie auf einzeilige Eingabe um:

```
' 4-17.VBS

set dialog = CreateObject("systemdialog.tobtools")
MsgBox dialog.ShowInputBox("Einzeilige Eingabe",,,300,130, 1)
'(C) 1999,2000 T.Weltner
```

Jetzt ist das Eingabefeld genau eine Zeile hoch, und wenn Sie Eingabe drücken, schließt sich das Fenster. Praktisch!

Die neue Funktion kann aber noch viel mehr. Vielleicht wollen Sie die Eingabe nur auf Zahlen oder Großbuchstaben beschränken. Addieren Sie einfach einen der folgenden Werte zum Dialogfenster-Modus hinzu:

Modus	Bedeutung
2	nur Zahlen werden akzeptiert
4	Eingabe erscheint als Großbuchstaben
8	Eingabe erscheint als Kleinbuchstaben

Tab. 4.4: Besondere Eingabefilter der *ShowInputBox()*-Funktion

```
' 4-18.VBS

set dialog = CreateObject("systemdialog.tobtools")
MsgBox dialog.ShowInputBox("Akzeptiere nur Großbuchstaben",,,300,190, 1+4)
'(C) 1999,2000 T.Weltner
```

Sogar Kennwortfelder meistern Sie mit links:

```
' 4-19.VBS

set dialog = CreateObject("systemdialog.tobtools")
MsgBox dialog.ShowInputBox("Kennwortfeld mit Sternchen",,,300,190, 1, "*")
MsgBox dialog.ShowInputBox("Kennwortfeld mit Punkten,,,300,190, 1, ".")
'(C) 1999,2000 T.Weltner
```

Kapitel 4: Mit dem Skriptbenutzer kommunizieren

Bild 4.8: Wie die Eingabe verschlüsselt wird, bestimmt Ihr Skript

Wie Sie sehen, dürfen Sie sich das Stellvertreterzeichen selbst aussuchen, mit dem das Dialogfenster die Eingabe verschleiert. Anstelle des langweiligen Sterns sind also alle anderen Zeichen ebenfalls erlaubt. Sogar die Eingabelänge läßt sich begrenzen – im nächsten Beispiel auf maximal 10 Zeichen:

```
' 4-20.VBS

set dialog = CreateObject("systemdialog.tobtools")
frage = "Geben Sie Ihr maximal 10 Zeichen langes Kennwort ein!"
MsgBox dialog.ShowInputBox(frage,,,300,190, 1, chr(183), 10)
'(C) 1999,2000 T.Weltner
```

Diesmal wurde als Verschlüsselungszeichen ein Sonderzeichen festgelegt. Sonderzeichen liefert die Funktion *Chr()*. In Klammern dürfen Sie einen Wert zwischen 32 und 255 verwenden. Und was ist mit Icons? Läßt sich die neue *InputBox()*-Funktion ähnlich schick ausstaffieren wie die *MsgBox()*-Funktion? Sogar noch schicker, denn Sie dürfen jedes beliebige Icon verwenden, nicht nur vier. Sogar selbstgemalte Icons sind erlaubt. So geht es:

```
' 4-21.VBS

set dialog = CreateObject("systemdialog.tobtools")
dialog.SetIcon "SHELL32.DLL", 44
frage = "Geben Sie Ihr maximal 10 Zeichen langes Kennwort ein!"
MsgBox dialog.ShowInputBox(frage,,,300,130, 1, "*", 10)
'(C) 1999,2000 T.Weltner
```

Mit der Funktion *SetIcon()* weisen Sie Ihrem Dialogfenster jedes beliebige Icon zu.

Bild 4.9: Icons geben Ihrem Dialogfenster den professionellen Touch

Malen Sie sich zum Beispiel mit Paint selbst ein Icon. Dazu begrenzen Sie die Leinwand auf 32 x 32 Punkte (Befehl Attribute aus dem Menü Bild), die Lieblingsgröße der Icons, schalten mit dem Lupe-Werkzeug ein paar Vergrößerungsstufen hoch und malen dann Ihr persönliches

Wunsch-Icon. Anschließend speichern Sie Ihre Grafik dann als Datei mit der Extension *.ICO* ab. Wollen Sie das Icon *MEINS.ICO* aktivieren, dann schreiben Sie:

```
dialog.SetIcon "C:\Bilder\Icons\meins.ico"
```

Tip: Transparente Farbe sinnvoll aussuchen!
Eine Farbe Ihres Icons ist immer »durchsichtig«. Welche das ist, bestimmt die Hintergrundfarbe. Die setzen Sie mit einem rechten Mausklick auf einen der Farbtöpfe. Im Beispiel oben ist die Hintergrundfarbe weiß, und deshalb scheint die graue Dialogfensterfarbe auch im Bereich des Auges durch.

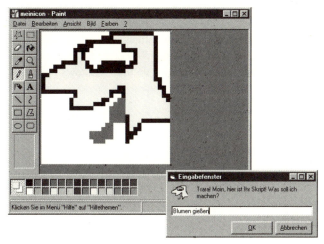

Bild 4.10: Sogar selbstgemalte Icons kann Ihr Dialogfenster verwenden

Wollen Sie sich dagegen ein Icon von Windows ausborgen, dann brauchen Sie zwei Angaben: Sie müssen wissen, in welcher Systemdatei es haust und – wenn mehrere Icons in der Datei schlummern – an welcher Stelle es zu finden ist.

Wie Sie Icons ganz bequem aussuchen, ist Thema im Kapitel 9.

4.3 Ordnernamen erfragen

Natürlich könnten Sie über *InputBox()* oder Ihre schicke neue Eingabefunktion einen Dateinamen erfragen, aber bequem ist das nicht. Der Skriptbenutzer müßte den genauen Pfadnamen der Datei von Hand eintippen, und ein einziger Tippfehler genügt, und Holland ist in Not!

Deshalb lohnt es sich, fremde Funktionen in Ihre Skripte einzubauen. Wie so etwas prinzipiell funktioniert, haben Sie bereits oben mit *Popup()* und *ShowInputBox()* kennengelernt: Sie borgen sich die nötige Funktion einfach von jemand anderem aus.

Einziger Haken an der Sache: Ihr Skript funktioniert nur dann, wenn das Objekt auch wirklich auf dem Rechner installiert ist. Bei Ihnen mag das der Fall sein, aber wenn Sie Ihr Skript stolz beim Nachbarn demonstrieren, fehlt die ausgeborgte Funktion vielleicht, und Ihr Skript streckt »alle Viere von sich«. Macht nichts, sie brauchen nur verantwortungsbewußt damit umzugehen:

- Machen Sie sich bewußt, woher die fremde Funktion stammt, die Sie sich ausborgen, und unter welchen Voraussetzungen sie auf Computern verfügbar ist.
- Borgen Sie sich nur solche Funktionen aus, die in einem der Windows-Standardobjekte hausen. So ist beinahe sicher, daß auch jeder andere dieses Objekt besitzt.
- Fremde Funktionen für eigene Skripte zu kidnappen, ist weder illegal noch gefährlich. Das Schlimmste, was passieren kann, ist, daß das angezapfte Objekt auf dem Rechner nicht existiert. VBScript weist Sie dann mit seiner charmanten Fehlermeldung auf das Malheur hin.

4.3.1 Ordner per Dialogfenster aussuchen

Das *Shell.Application*-Objekt enthält das ersehnte Ordner-Auswahlfenster. Dieses Objekt ist Teil des Internet Explorer Desktop Update und haust in der Datei *SHELL32.DLL* ab Version 4.71. Sie finden es auf Windows 98 und Windows 2000. Windows 95 und Windows NT brauchen zuerst das Internet Explorer 4 Desktop Update. Hier die Details:

Version	verfügbar ab
4.00	Windows 95/NT ohne IE4 Desktop Upgrade
4.71	IE4 mit Desktop Upgrade
4.72	IE4.01 mit Desktop Upgrade oder Windows 98

Tab. 4.5: Verfügbarkeit der Shell-Erweiterung SHELL32.DLL

So leicht zaubern Sie einen Ordnerauswahldialog auf Ihren Bildschirm:

```
' 4-22.VBS
set shell = CreateObject("Shell.Application")
MsgBox shell.BrowseForFolder(0, "Huhu!", 0,"C:\").Title
'(C) 1999,2000 T.Weltner
```

Bild 4.11: Geheime Windows-Dialogfenster zücken

Schwupp, schon ist es da und zeigt Ihnen den Inhalt des Laufwerks C:\. Bequem lassen sich so beliebige Ordner aussuchen.

Allerdings wäre es wirklich zu einfach, wenn diese beiden Zeilen bereits optimal funktionieren würden. Tatsächlich liefert das Dialogfenster nicht den Pfadnamen des Ordners zurück, sondern bloß seinen Namen, so wie er im Dialogfenster angezeigt wurde.

Bild 4.12: Gemeldet wird der Name des Ordners aus der Sicht der Fenster

> **Tip:** Blitzstart zum Ordnerauswahldialog.
> Wenn Sie keine Lust haben, genauer hinter die Kulissen zu schauen, dann blättern Sie einfach zu Kapitel 4.3.5 vor. Dort können Sie die fertige Lösung dann sofort für Ihre Zwecke einsetzen.

Damit läßt sich zwar noch nicht sonderlich viel anfangen, aber ich verspreche Ihnen, in ein paar Minuten sind Sie am Ziel! Experimentieren Sie zuerst noch ein wenig. Schauen Sie sich die beiden Skriptzeilen in Ruhe an:

- In der ersten Zeile nimmt das Skript Verbindung zum *Shell.Application*-Objekt auf und speichert den Verweis in der Variablen *shell*. Das kennen Sie prinzipiell bereits von der *Popup*-Funktion. Achten Sie darauf, *set* zu verwenden, denn die Variable *shell* soll einen Verweis auf ein Objekt speichern und keine gewöhnlichen Zahlen oder Texte. Objektverweise werden immer mit *set* angelegt.
- Nun kann das Skript auf die geheimen Funktionen des *Shell.Application*-Objekts zugreifen. Es ruft die Funktion *BrowseForFolder()* auf. Die liefert ein *Folder*-Objekt zurück. Dieses Objekt hat die Eigenschaft *Titel*, und genau die wird von *MsgBox* ausgegeben.
- Da passieren eine Menge Dinge. Besser, Sie lassen sich das alles einfach schrittweise und in Ruhe vorführen:

```
' 4-23.VBS

' Verbindung aufnehmen:
set shell = CreateObject("Shell.Application")

' Was für ein Objekt wurde geliefert?
MsgBox TypeName(shell)

' Angaben für die BrowseForFolder-Funktion:
titel = "Hallo!"
optionen = 0
startordner = "C:\"

' Funktion aufrufen:
set folder = shell.BrowseForFolder(0, titel, optionen, startordner)

' Was für ein Objekt wurde geliefert?
MsgBox TypeName(folder)
```

```
' Objekt ausfragen:
MsgBox folder.Title
'(C) 1999,2000 T.Weltner
```

Dieses Skript splittet den Zweizeiler von oben in übersichtliche Einzelschritte auf. Besonders hilfreich dabei: *TypeName()* liefert Ihnen den genauen Namen des jeweils zurückgelieferten Objekts. Auch wenn *IShellDispatch* und *Folder* im Moment noch nicht besonders spannend klingen, sind diese Informationen für Sie in ein paar Minuten Gold wert.

Schauen Sie sich als nächstes die eigentlich interessante Funktion an: *BrowseForFolder()*. Sie wird vom *IShellDispatch*-Objekt zur Verfügung gestellt, das Sie über die Variable *shell* ansprechen können. *BrowseForFolder()* akzeptiert vier Argumente:

```
set ergebnis = shell.BrowseForFolder(handle, titel, optionen, startordner)
```

Argument	Bedeutung
handle	Ein Zeiger auf eine Fensterstruktur. Da es bei Ihrem Skript kein Fenster gibt, ist dieses Argument immer null.
titel	Der Hinweistext, der oben im Auswahldialog eingeblendet wird.
optionen	Zahlenwert, der festlegt, was für Informationen der Auswahldialog Ihnen präsentieren soll. Mehr dazu gleich.
startordner	Der Ordner, den der Auswahldialog anzeigen soll. Dieser Ordner bildet sozusagen die oberste Ebene. Das Fenster zeigt nur diesen Ordner und seinen gesamten Inhalt einschließlich aller Unterordner an. Anstelle eines »echten« Ordnernamens akzeptiert die Funktion sogar Zahlencodes für die vielen speziellen Windows-Ordner. Dazu gleich mehr.

Tab. 4.6: Die Argumente der BrowseForFolder-Funktion

Die Funktion liefert ein *Folder*-Objekt zurück. Deshalb müssen Sie das Ergebnis der Funktion mit *set* in einer Variablen speichern, wenn Sie es nicht direkt nutzen wollen.

Das *Folder*-Objekt ist ein ziemlich langweiliger Geselle. Er hat kaum Funktionen zu bieten, vor allem und ganz besonders ärgerlich: er verrät Ihnen nicht seinen »echten« Namen. Alles, was Sie aus dem Folder-Objekt herausbekommen, ist sein »Display-Name«, also der Name, der im Auswahlfenster angezeigt wurde. Den erfahren Sie über die Eigenschaft *Title*:

```
MsgBox folder.Title
```

So weit, so schlecht. Ohne Pfadnamen nützt Ihnen das Auswahlfenster nichts. Zum Glück gibt es aber einen Trick, der auf den ersten Blick so verschlungene Wege geht wie die Suche nach der deutschen Botschaft in Timbuktu-Süd. Auf den zweiten Blick ist die Sache schon spannender.

Das *Folder*-Objekt selbst gibt Ihnen zwar keine vernünftigen Informationen, aber es verbindet Sie auf Wunsch gern weiter, und zwar zu seinem übergeordneten Objekt. Das ist ebenfalls ein *Folder*-Objekt und hat genauso wenig interessante Informationen zu bieten – beinahe wie bei den Kundenhotlines im echten Leben. Trotzdem ist die Weiterleitung sinnvoll. Schauen Sie sich die Sache zuerst live an:

4.3 Ordnernamen erfragen

```
' 4-24.VBS
set shell = CreateObject("Shell.Application")
titel = "Hallo!"
optionen = 0
startordner = "C:\"
set folder = shell.BrowseForFolder(0, titel, optionen, startordner)
MsgBox "Gewählter Ordner: " & folder.Title
set parent = folder.ParentFolder
MsgBox "Übergeordneter Ordner: " & parent.Title
'(C) 1999,2000 T.Weltner
```

Ich habe den ersten Teil des Skripts wieder etwas zusammengequetscht. Der interessante Bereich folgt im unteren Teil, denn über die Eigenschaft *ParentFolder* bekommen Sie tatsächlich das *Folder*-Object des übergeordneten Ordners.

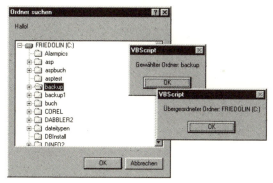

Bild 4.13: Das übergeordnete Folder-Objekt ermitteln

Und was nützt es Ihnen? Eine ganze Menge! Das *Folder*-Objekt listet Ihnen nämlich auf Wunsch seinen Inhalt auf, und weil Ihr ausgewählter Ordner sich garantiert irgendwo im übergeordneten Ordner befindet, können Sie ihn aus dieser Inhaltsliste herauspicken. Der Grund für diesen Umweg wird langsam deutlich, denn die Auflistung repräsentiert den Ordnerinhalt in Form eines weiteren Objekts: *FolderItem*. Dieses Objekt ist endlich schlau genug, Ihre Frage nach dem echten Pfadnamen zu beantworten. Zuerst wieder ausprobieren:

```
' 4-25.VBS
set shell = CreateObject("Shell.Application")
titel = "Hallo!"
optionen = 0
startordner = "C:\"
set folder = shell.BrowseForFolder(0, titel, optionen, startordner)
MsgBox "Gewählter Ordner: " & folder.Title
set parent = folder.ParentFolder
MsgBox "Übergeordneter Ordner: " & parent.Title
set folderitems = parent.items
MsgBox "items-Eigenschaft liefert ein " & TypeName(folderitems) & " Objekt!"
for each item in folderitems
    liste = liste & item.Name & "=" _
```

Kapitel 4: Mit dem Skriptbenutzer kommunizieren

```
              & item.path & vbCr
next
MsgBox "Inhalt des Ordners: " & vbCr & liste
'(C) 1999,2000 T.Weltner
```

Tatsächlich wird der Inhalt des übergeordneten Ordners fein säuberlich aufgelistet: Links stehen die Namen, so wie sie im Dialogfenster erscheinen, und rechts daneben stehen die echten Pfadnamen. Sehr gut!

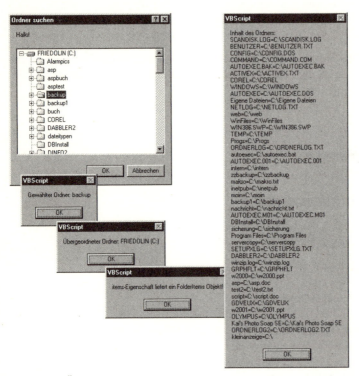

Bild 4.14: Über verschlungenen Wegen kommen Sie an den Ordnerinhalt heran

Die Strategie ist also klar:

- *BrowseForFolders* liefert Ihnen ein *Folder*-Objekt zurück, das nur den Namen verrät, so wie er im Dialogfenster angezeigt wurde.

- Um den echten Pfadnamen herauszubekommen, schalten Sie mit *ParentFolder* eine ebene Höher und lassen sich dann den Inhalt des Ordners auflisten. Weil sich der Ordner, den Sie ausgesucht hatten, irgendwo in seinem übergeordneten Ordner befindet, brauchen Sie ihn nur noch herauszupicken. Jetzt haben Sie endlich das *Item*-Objekt, das Ihnen den Pfadnamen bereitwillig verrät.

- So sieht die Sache fertiggestrickt aus:

4.3 Ordnernamen erfragen

```
' 4-26.VBS

antwort = Browse("C:\", "Suchen Sie sich einen Ordner aus!", 0)
MsgBox "Ergebnis: " & antwort

function Browse(startordner, titel, optionen)
   set shell = CreateObject("Shell.Application")
   set folder = shell.BrowseForFolder(0, titel, optionen, startordner)
   if TypeName(folder)="Nothing" then
        exit function
   end if

   set parent = folder.ParentFolder
   if TypeName(parent)="Folder" then
        set folderitems = parent.items
        for each item in folderitems
             if item.Name = folder.Title then
                  gefunden = item.Path
                  exit for
             end if
        next
   end if
   if gefunden = "" then gefunden=folder.Title
   Browse = gefunden
end function
'(C) 1999,2000 T.Weltner
```

- Es funktioniert, Sie können ab sofort beliebige Ordner aussuchen und bekommen jetzt endlich den korrekten Pfadnamen zurückgeliefert – sehr gut! Diese Funktion ist praktisch und gehört unbedingt in Ihren Skriptbaukasten.

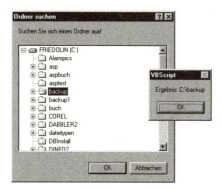

Bild 4.15: Endlich: das Auswahlfenster nennt den korrekten Ordnernamen

> **Tip:** Bei Windows 2000 geht es etwas anders!
> Windows 2000 ist so neu, daß es sich auch ganz neue Bezeichnungen ausgedacht hat. Das Folder-Object heißt hier nicht Folder, sondern Folder2.
> Im Skript müssen Sie also die Zeile `if TypeName(parent)="Folder" then` austauschen gegen `if TypeName(parent)="Folder2" then`.

4.3.2 Systemordner anzeigen

Die *BrowseForFolder*-Funktion hat noch eine ganze Menge weiterer Tricks auf Lager, die Sie gut gebrauchen können. Anstelle eines normalen Dateinamens akzeptiert sie auch eine Codezahl und zeigt dann »virtuelle« Windows-Ordner an – also solche, über die Sie mit einem normalen Pfadnamen nie herankommen!

Möchten Sie zum Beispiel, daß die oberste Ebene des Auswahldialogs der *Arbeitsplatz* ist, dann setzen Sie an die Stelle des Pfadnamens den Code *17*. Und wollen Sie den *Desktop* als oberste Ebene einsetzen, dann ist der Code *0* richtig:

```
antwort = Browse(17, "Suchen Sie sich einen Ordner aus!", 0)
```

Hier eine Liste aller Codenummern:

Codenummer	Systemordner
0	Desktop
2	Programme
3	Systemsteuerung
4	Drucker
5	Eigene Dateien
6	Favoriten
7	Autostart
8	Recent (Inhalt des Dokumente-Menüs)
9	Senden an
10	Papierkorb
11	Startmenü
16	Desktop-Ordner
17	Arbeitsplatz
18	Netzwerkumgebung
19	Ordner Netzwerkumgebung
20	Schriftarten
21	Vorlagen
22	Startmenü für Alle Benutzer
23	Programme für Alle Benutzer
24	Startmenü für Alle Benutzer
25	Desktop für Alle Benutzer
26	Anwendungsdaten

Codenummer	Systemordner
27	PrintHood
31	Favoriten für Alle Benutzer
32	Temporäre Internetdateien
33	Cookies
34	Verlauf

Tab. 4.7: Codezahlen der Systemordner von Windows

4.3.3 Auch Dateien anzeigen lassen

In der Voreinstellung akzeptiert das Dialogfenster nur Ordner. Ordnerinhalte sind tabu, und deshalb zeigt das Auswahlfenster weder den Inhalt echter Ordner noch den Inhalt virtueller Ordner wie der Systemsteuerung an.

Das muß aber nicht so bleiben, denn schließlich akzeptiert *BrowseForFolders()* einen Optionswert, und mit dem können Sie ganz genau steuern, wie sich das Auswahlfenster verhalten soll. Möchten Sie zum Beispiel Dateien auswählen, aber keine virtuellen Systemordner, dann rufen Sie die Funktion so auf:

```
antwort = Browse(17, "Suchen Sie sich einen Ordner aus!", "&H4000" + "&H1")
```

Tatsächlich werden nun nicht nur Ordner angezeigt, sondern auch die Dateien. Zuständig hierfür ist die Option »&H4000«, die Sie auch als 16384 schreiben können. Wenn Sie einen virtuellen Systemordner wie zum Beispiel den *Arbeitsplatz* anklicken, dann bleibt die *OK*-Schaltfläche des Dialogfensters abgeblendet. Virtuelle Ordner sind tabu. Das hat die Option »&H1« (oder 1) festgelegt. Weil Sie beide Werte addiert haben, sind auch beide Zusatzfunktionen gleichzeitig aktiv.

Damit hätten Sie nun eigentlich ein prächtiges Werkzeug, um auch Dateien bequem und übersichtlich anzuzeigen – Eigentlich. Denn eine wichtige Schwachstelle gibt es noch: wenn bei Ihnen die Dateiextensionen nicht angezeigt werden (im Dialogfenster stehen dann hinter den Dateinamen keine drei Zeichen langen Abkürzungen), dann wird Ihre Funktion unzuverlässig. Sie kann jetzt nämlich nicht mehr zwischen gleichnamigen Einträgen unterscheiden. Gibt es im ausgewählten Ordner ein Bild und einen Text gleichen Namens, dann gerät die Funktion ins Schleudern und liefert womöglich den falschen Pfadnamen zurück.

Einzige direkte Lösung: blenden Sie die Dateiextensionen ein! Dazu wählen Sie im Startmenü *Einstellungen* und dann *Ordneroptionen*, klicken auf *Ansicht*, und schalten die Option *Keine Dateinamenerweiterungen für bekannte Dateien anzeigen* ab.

Schön ist das allerdings nicht. Und deshalb gibt es bessere Lösungen, die Sie bald kennenlernen. Wenden Sie einstweilen die Funktion von oben nur an, wenn Sie Ordner auswählen wollen.

4.3.4 Geheimoptionen der BrowseForFolder-Funktion

Hier die Liste aller Geheimoptionen:

Option	Wirkung
&H1000	nur Computer anzeigen
&H2000	nur Drucker anzeigen
&H4000	Dateien anzeigen
&H2	keine Netzwerkordner unterhalb der Freigabeebene
&H10	Dialogfenster bekommt Textfeld für Direkteingabe
&H8	nur echte Dateisystemobjekte akzeptieren
&H1	nur Dateisystemordner akzeptieren

Tab. 4.8: Die Geheimoptionen der BrowseForFolder-Funktion

4.3.5 Maßgeschneiderte Browse-Funktion

Kennen Sie Tütensuppe? Schmeckt zwar nicht so gut wie aus dem eigenen Kräutergarten, gelingt dafür aber immer und geht schnell. Genau so eine Tütensuppenvariante der *Browse-ForFolder*-Funktion habe ich für Sie ins *systemdialog.tobtools*-Objekt eingebaut, das Sie sich hoffentlich bereits wie in Kapitel 1 beschrieben installiert haben.

Wenn ja, können Sie ab sofort ganz bequem nach Ordnern fragen – und auch nach Dateien. Die neue Funktion *BrowseFolder()* kann nämlich an internen Windows-Schalthebeln drehen, an die Ihr Skript normalerweise nie herankommt, und so Schluß machen mit den doppeldeutigen Dateinamen. So bequem fragen Sie künftig nach einem Ordner:

```
' 4-27.VBS

set tools = CreateObject("systemdialog.tobtools")
frage = "Suchen Sie sich einen Ordner aus!"
MsgBox tools.BrowseFolder("C:\", frage)
'(C) 1999,2000 T.Weltner
```

Bild 4.16: Sogar die virtuellen Windows-Ordner können Sie anzeigen lassen

Einfach, oder? Drei Zeilen genügen! Natürlich unterstützt die neue Funktion all die virtuellen Systemordner, die Sie oben kennengelernt haben.

Sie wünschen einen Blick auf den Desktop? **Bitte sehr:**

```
' 4-28.VBS
set tools = CreateObject("systemdialog.tobtools")
frage = "Suchen Sie sich einen Ordner aus!"
MsgBox tools.BrowseFolder(0, frage)
'(C) 1999,2000 T.Weltner
```

Richtig von der Leine gelassen wird die neue Funktion, wenn Sie die Geheimoptionen von oben ins Spiel bringen. Sie erinnern sich? Damit das Fenster Ordner und Dateien anzeigt, sind diese *flag*-Werte nötig: &h4000 + &h1.

```
' 4-29.VBS
' Windows NT 4 stellt keine Dateien dar
set tools = CreateObject("systemdialog.tobtools")
frage = "Suchen Sie sich einen Ordner aus!"
MsgBox tools.BrowseFolder(0, frage, &h4000+&h1)
'(C) 1999,2000 T.Weltner
```

Jetzt werden nur noch echte Dateiordner angezeigt, und wenn Sie einen Systemordner wie *Arbeitsplatz* anklicken, bleibt die *OK*-Schaltfläche abgeblendet. Klicken Sie sich mal durch die Ordnerhierarchien. Bemerken Sie es? Auch Dateien sind mit von der Partie, und wenn Sie eine Datei aussuchen, liefert Ihnen die Funktion tatsächlich und endlich den eindeutigen Dateinamen zurück – ganz gleich, ob Dateien bei Ihnen im Explorer zur Zeit mit oder ohne Dateiextension angezeigt werden. Ein echter Fortschritt!

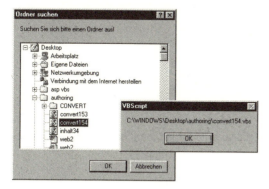

Bild 4.17: Endlich optimal: auch Dateinamen lassen sich aussuchen

4.4 Dateien auswählen

Ein klein wenig gemogelt haben Sie bereits: mit der *BrowseFolder()*-Funktion von oben konnten Sie bereits Dateien aussuchen – fein! Die eigentlichen Autoritäten auf diesem Gebiet sind natürlich die offiziellen *Öffnen*- und *Speichern unter*-Dialogfenster. Die werden Ihnen täglich von Ihren Programmen mit einer solchen Selbstverständlichkeit präsentiert, daß man glauben könnte, diese Fenster stammten von ihnen.

Tun sie aber gar nicht! Diese Standarddialogfenster gehören Windows, und Windows leiht sie Ihren Programmen. Deshalb sehen die Fenster auch (beinahe) bei allen Programmen gleich aus. Wollen Sie sich die Dialogfenster auch mal ausleihen? Das geht mit erstaunlich wenig bürokratischem Aufwand, Sie müssen nur wissen, wo Sie den Antrag stellen.

4.4.1 Dateien per Auswahldialog

Die Dialogfenster-Ausleihstation liegt in der Datei *COMCTL32.DLL*. Das sind die Common Controls, also die allgemeinen Dialogfenster. Allerdings sind diese Common Controls inzwischen ein ziemlich bunter Haufen geworden, denn Microsoft hat sehr viele verschiedene Versionen ins Rennen geschickt.

Version	verfügbar ab
4.00	Windows 95/NT
4.70	IE 3.x
4.71	IE 4.0
4.72	IE 4.01 oder Windows 98
5.81	IE 5.0 oder Windows 2000

Tab. 4.9: Die verschiedenen Versionen der Common Controls

Intern hören die Common Controls auf den Namen *MSComDlg.CommonDialog*. So einfach zaubern Sie ein Öffnen-Fenster auf den Bildschirm:

```
' 4-30.VBS
set dialog = CreateObject("MSComDlg.CommonDialog")
MsgBox "Dieses Objekt ist vom Typ: " & TypeName(dialog)
dialog.ShowOpen
MsgBox dialog.FileName
'(C) 1999,2000 T.Weltner
```

Es funktioniert wirklich: Sie bekommen ein Objekt vom Typ CommonDialog und können tatsächlich eigenhändig ein Dialogfenster zücken.

> **Tip:** Bei mir funktionieren die Dialogfenster nicht!
> Kann Ihr Skript »kein Objekt erstellen«, oder bekommen Sie ominöse Fehlermeldungen? Dann fehlen auf Ihrem System die dazu nötigen Erweiterungen. Verzichten brauchen Sie deshalb aber nicht auf die praktischen Dialogfenster. In Kapitel 4.4.6 stelle ich Ihnen die passenden Funktionen aus meinem Toolkit vor, und alle Skripte dieses Buchs gibt es auch als MSComDlg-freie Variante auf der CD-ROM. Hängen Sie an den Skriptnamen einfach -2 an: aus Skript *4-31.VBS* wird also *4-31-2.VBS*.

4.4 Dateien auswählen 101

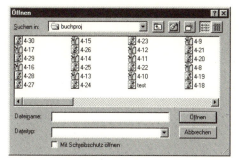

Bild 4.18: Auch die offiziellen Windows-Auswahlfenster haben Sie im Griff

Allerdings sieht das Dialogfenster noch etwas mitgenommen aus: die Dateitypliste ist gähnend leer, und wenn Sie versuchen, eine Datei auszuwählen, dann nörgelt VBScript, es habe keinen Platz, den ausgewählten Dateinamen zu speichern. Nur wenn Sie auf *Abbrechen* klicken, bleibt Ihnen der Fehler erspart – weniger erfreulich.

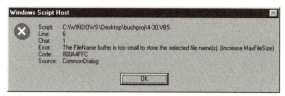

Bild 4.19: Noch funktioniert das Auswahlfenster nicht richtig

Des Rätsels Lösung: das *CommonDialog*-Objekt will zuerst mit ein paar Werten gefüttert werden, bevor es richtig funktioniert. Anfangs ist sein Pufferspeicher für den Dateinamen zum Beispiel auf 0 Zeichen eingestellt, was natürlich nicht so bleiben kann.

4.4.2 *Datei öffnen*-Dialogfenster

Wie Sie standesgemäß mit dem *CommonControl*-Objekt umgehen, zeigt das nächste Skript. Es befriedigt zuerst alle Wünsche des Objekts, und zur Belohnung funktioniert das Dialogfenster nun einwandfrei:

```
' 4-31.VBS
' MSComDlg-freie Version als 4-31-2.VBS

flags = 0
dateiname = AskFile("C:\", "Datei aussuchen!", "", 1, flags)

meldung = "Ausgewählte Datei: " & dateiname & vbCr
meldung = meldung + "Zurückgelieferte Flags: " & flags

MsgBox meldung

function AskFile(dir, titel, filter, Index, flags)
    set dialog = CreateObject("MSComDlg.CommonDialog")
    if filter="" then
```

```
        filter = "Alle Dateien|*.*|"
    end if
    dialog.filter = filter
    dialog.FilterIndex = Index
    dialog.Flags = flags
    dialog.MaxFileSize = 260
    dialog.CancelError = false
    dialog.DialogTitle = titel
    dialog.InitDir = dir
    dialog.ShowOpen
    AskFile = dialog.filename
    flags = dialog.Flags
end function
'(C) 1999,2000 T.Weltner
```

Klasse, oder? Sie können mit der neuen Funktion *AskFile* jetzt ganz professionell nach Dateien fragen. Ein paar Dinge gibt es aber noch zu entdecken: wofür sind die ganzen Einstellungen des *CommonDialog*-Objekts gut, und was hat es mit den zurückgelieferten Flags auf sich?

Zuerst eine Übersicht über alle wichtigen Einstellungen:

Eigenschaft	Bedeutung
filter	gibt an, welche Dateitypen das Dialogfenster zeigen soll. Diese Auswahl erscheint in der Dateitypen-Ausklappliste. Sie können mehr als einen Dateityp angeben: dazu verwenden Sie den Klartextnamen und den Dateifilter, jeweils durch das |-Zeichen getrennt. Beispiel: »Alle Dateien|*.*|Textdateien|*.TXT|Word-Dateien|*.DOC|Bilder|*.BMP;*.JPG;*.TIF«. Der Anwender kann dann in der Dateityp-Liste den passenden Eintrag auswählen, und das Dialogfenster filtert automatisch alle nicht passenden Typen aus seiner Ansicht.
FilterIndex	wählt den Index aus der Dateityp-Liste aus, der vorgewählt sein soll.
MaxFileSize	definiert die Größe des Puffers für den Dateinamen. Der muß auf 260 eingestellt sein, denn so lang können Pfadnamen im Extremfall sein.
CancelError	legt fest, ob ein Fehler ausgelöst werden soll, wenn der Benutzer auf die Schaltfläche Abbrechen klickt. Wählen Sie false, damit kein Fehler ausgelöst wird. Sie erkennen ohnehin am zurückgelieferten Leerstring, daß auf Abbrechen geklickt wurde.
DialogTitle	legt den Text in der Titelzeile des Dialogfensters fest.
InitDir	gibt eine voreingestelltes Verzeichnis des Dialogs an.
Flags	legen spezielle Optionen fest und werden gleich ausführlich beschrieben.
DefaultExt	setzt den Standarddateityp des Dialogfensters.

Tab. 4.10: Die Haupteigenschaften des *CommonDialog*-Objekts

Über Flags regeln Sie, wie sich das Dialogfenster verhalten soll:

4.4 Dateien auswählen

Flags	Bedeutung
&H200/512	Multiselect-Modus: es können mehrere Dateien gleichzeitig ausgewählt werden (siehe unten).
&H2000/8192	Fragt nach, ob eine Datei neu angelegt werden soll, wenn der Benutzer einen Dateinamen eingibt, der noch nicht existiert.
&H1000/4096	Es werden nur existierende Dateinamen akzeptiert.
&H4/4	Das Schreibgeschützt öffnen-Kästchen verschwindet.
&H8/8	Der aktuelle Pfad wird durch die Auswahl im Dialogfenster nicht verändert.
&H100000/1048576	Verknüpfungen werden nicht aufgelöst. Es wird also der Name der Verknüpfung zurückgeliefert und nicht das Ziel, auf das die Verknüpfung zeigt.
&H40000/262144	Dateinamen werden als DOS-konforme kurze Dateinamen angezeigt. Funktioniert nur in Verbindung mit dem Multiselect-Modus.
&H100/256	Verbotene Zeichen im Dateinamen werden akzeptiert.
&H800/2048	Es dürfen nur gültige Dateinamen eingegeben werden.
&H1/1	Schreibgeschützt öffnen ist vorgewählt.
&H4000/16384	Keine Fehlermeldung, wenn die ausgewählte Datei zur Zeit von einem anderen Programm verwendet wird.

Tab. 4.11: Bedeutung der *flags*-Werte

Nachdem der Benutzer das Dialogfenster beantwortet hat, liefern die Flags wichtige Zusatzinformationen:

Flags	Bedeutung
&H400/1024	Der ausgewählte Dateityp entspricht nicht dem Standard-Dateityp des Dialogfensters.
&H1/1	*Schreibgeschützt öffnen* wurde gewählt.

Tab. 4.12: Bedeutung der Flags-Werte als Reaktion auf das Dialogfenster

4.4.3 Mehrere Dateien auf einmal auswählen

Im *Multiselect*-Modus kann Ihr Dialogfenster gleich mehrere Dateinamen entgegennehmen. So funktioniert die Sache:

```
' 4-32.VBS
' MSComDlg-freie Version als 4-32-2.VBS

flags = 512
dateiname = AskFile("C:\", _
    "Mehrere Dateien aussuchen!", "", 1, flags)
if len(dateiname)>0 then
    dateiname = Split(dateiname, " ")
    MsgBox "Es wurden " & UBound(dateiname) & " Dateien ausgewählt!"
    ordner = dateiname(0)
```

```
   liste = ""
   for x=1 to ubound(dateiname)
       liste = liste & dateiname(x) & vbCr
   next
   MsgBox liste
else
   MsgBox "Sie haben auf Abbrechen geklickt!"
end if

function AskFile(dir, titel, filter, Index, _
     flags)
   set dialog = CreateObject("MSComDlg.CommonDialog")
   if filter="" then
       filter = "Alle Dateien|*.*"
   end if
   dialog.filter = filter
   dialog.FilterIndex = Index
   dialog.Flags = flags
   dialog.MaxFileSize = 260
   dialog.CancelError = false
   dialog.DialogTitle = titel
   dialog.InitDir = dir
   dialog.ShowOpen
   AskFile = dialog.filename
   flags = dialog.Flags
end function
'(C) 1999,2000 T.Weltner
```

Der *flags*-Wert 512 schaltet das Dialogfenster in den Multiselect-Modus, was enorme kosmetische Auswirkungen hat. Das Dialogfenster sieht plötzlich ganz anders aus.

Im Multiselect-Modus markieren Sie mehrere Dateien mit festgehaltener Strg-Taste. Sie können auch Umschalt festhalten, um Dateibereiche zu markieren. Dabei fällt allerdings auf, daß das Dialogfenster manche Dateinamen in der unleserlichen veralteten 8-Zeichen-DOS-Kurzform anzeigt. Kommt es etwa nicht mit langen Dateinamen klar?

Doch, das Problem liegt eher in der Art, wie das Dialogfenster die Dateien zurückliefert: dabei verwendet es das Leerzeichen als Trennzeichen. Alle Dateinamen mit Leerzeichen werden deshalb in der garantiert Leerzeichen-freien alten DOS-Schreibweise aufgelistet.

Wie Sie den Rückgabewert des Multiselect-Dialogfensters lesbar machen, zeigt das folgende Beispiel: mit *Split()* wird aus dem Text ein Variablenfeld gemacht. Der erste Eintrag entspricht dem ausgewählten Ordner, die übrigen Einträge sind ausgewählte Dateinamen. *UBound()* liefert den maximalen Indexwert des Variablenfeldes zurück, und weil Variablenfelder bei 0 beginnen, liefert *UBound()* automatisch die Anzahl der ausgewählten Dateien zurück. Im Feld 0 steht ja der Ordnername, der also nicht mitgezählt werden muß.

4.4 Dateien auswählen 105

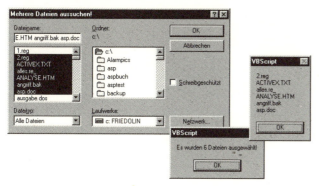

Bild 4.20: Im Multiselect-Modus dürfen Sie mehrere Dateien gleichzeitig markieren

4.4.4 Kurze Dateinamen erfragen

Möchten Sie ausnahmsweise die kurzen Dateinamen erfragen, dann verbieten Sie dem Dialogfenster einfach die langen Dateinamen. Dazu muß *flags* auf 262144 eingestellt sein. Das allein kümmert das Dialogfenster allerdings nicht im mindesten. Munter stellt es weiter die langen Dateinamen zur Auswahl. Die Einstellung wirkt sich nämlich nur auf das Multiselect-Dialogfenster aus. Um kurze Dateinamen zu sehen, muß *flag* also auf 262144 + 512 eingestellt werden. Jetzt geht die Sache glatt.

4.4.5 Noch mehr Komfort: Dialogfenster nachfragen lassen

Ganz besonders komfortabel sind die *flags*-Werte 2048, 4096 und 8192! Damit bewegen Sie das Dialogfenster nämlich zur aktiven Mitarbeit. Ein *flag*-Wert von 2048 bedeutet: Das Dialogfenster prüft von allein, ob der ausgesuchte Dateiname legal ist. Legal?

Dateinamen, die sich der Skriptbenutzer per Klick im Dialogfenster aussucht, sind natürlich immer erlaubt, denn diese Dateien gibt es schon. Was aber, wenn der Skriptbenutzer einen Dateinamen von Hand eintippt und dabei mogelt? Was, wenn er ein Laufwerk angibt, das es gar nicht gibt? Haben Sie *flag* auf 2048 gesetzt, dann brauchst Sie das nicht zu kümmern: das Dialogfenster nörgelt dann von ganz allein.

Setzen Sie *flags* auf 4096, dann geht das Dialogfenster noch einen Schritt weiter: jetzt akzeptiert es nur Dateinamen, die auch wirklich existieren. Zwar kann der Skriptbenutzer nach wie vor Dateinamen auch von Hand eingeben, aber wenn keine entsprechende Datei existiert, macht das Dialogfenster Stunk.

Und was tut ein *flags*-Wert von 8192? Er prüft wie *flag*-Wert 4096, ob es die angegebene Datei gibt. Falls nicht, fragt es den Anwender, ob er noch bei Trost ist, und wenn dieser zustimmend nickt, akzeptiert das Dialogfenster den nicht existierenden Dateinamen zähneknirschend. Das Ergebnis entspricht dem Dialogfenster mit *flag*-Wert 2048.

Ausprobieren!

Kapitel 4: Mit dem Skriptbenutzer kommunizieren

```vbscript
' 4-33.VBS
' MSComDlg-freie Version als 4-33-2.VBS

typen = "Brauchbare Dateien|*.TXT;*.DOC;*.BMP;*.JPG;*.HTM;*.HTML"

flags = 4+2048
dateiname = AskFile("C:\", "Dateiname aussuchen", typen, 1, flags)
if dateiname="" then
   MsgBox "Sie haben abgebrochen!", vbExclamation
else
   MsgBox dateiname & " ist ein potentiell gültiger Dateiname!"
end if

' gültigen Dateinamen aussuchen, der auf jeden
' Fall existiert:

flags = 4+4096
dateiname = AskFile("C:\", "Datei öffnen", typen, 1, flags)
if dateiname="" then
   MsgBox "Sie haben abgebrochen!", vbExclamation
else
   antwort = MsgBox(dateiname & " existiert garantiert und kann" _
      & " deshalb geöffnet werden! Wollen Sie die Datei jetzt öffnen?",_
      vbYesNo + vbQuestion)
   if antwort=vbYes then Run dateiname
end if

' gültigen Dateinamen aussuchen und nachfragen,
' wenn der Dateiname noch nicht existiert:

flags = 4+8192
dateiname = AskFile("C:\", "Datei öffnen", typen, 1, flags)
if dateiname="" then
   MsgBox "Sie haben abgebrochen!", vbExclamation
else
   MsgBox dateiname & " existiert möglicherweise, aber nicht mit" _
      & " Sicherheit."
end if

function AskFile(dir, titel, filter, Index,_
    flags)
   set dialog = CreateObject("MSComDlg.CommonDialog")
   if filter="" then
      filter = "Alle Dateien|*.*"
   end if
   dialog.filter = filter
   dialog.FilterIndex = Index
```

```
    dialog.Flags = flags
    dialog.MaxFileSize = 260
    dialog.CancelError = false
    dialog.DialogTitle = titel
    dialog.InitDir = dir
    dialog.ShowOpen
    AskFile = dialog.filename
    flags = dialog.Flags
end function

sub Run(was)
    ' startet eine Datei mit dem passenden Programm
    set wshshell = CreateObject("WScript.Shell")
    wshshell.Run """" & was & """"
end sub
'(C) 1999,2000 T.Weltner
```

Dieses Skript testet die drei *flag*-Werte nacheinander und bietet darüberhinaus eine neue verblüffende Funktion, mit der Sie Dateien automatisch öffnen können:

- Das erste Dialogfenster akzeptiert nur potentiell gültige Dateinamen. Probieren Sie aus, was passiert, wenn Sie im Dateinamefeld einen Laufwerksbuchstaben eingeben, den es gar nicht gibt, zum Beispiel Q:\hugo.txt: das Dialogfenster nörgelt! Geben Sie dann einen Phantasiedateinamen an, der existieren könnte: C:\ich hab hunger.txt. Dieser Dateiname wird klaglos akzeptiert, weil er erlaubt ist. Dieses Dialogfenster liefert also immer einen potentiell gültigen Dateinamen zurück. Ob es die Datei schon gibt, muß Ihr Skript aber selbst herausfinden.

Bild 4.21: Das Dialogfenster kann ungültige Dateinamen ablehnen

- Das zweite Dialogfenster akzeptiert nur tatsächlich existierende Dateinamen. Sie können also sicher sein, daß es die zurückgemeldete Datei gibt, und das macht sich das Skript zunutze. Auf Wunsch öffnet es die ausgewählte Datei! Das erledigt die *Run*-Prozedur, die Sie im Kapitel 10 noch viel genauer kennenlernen.

Bild 4.22: Auf Wunsch prüft das Fenster, ob es die ausgewählte Datei überhaupt gibt

- Das dritte Dialogfenster funktioniert wie das erste, nur fragt es vorsichtshalber nach, wenn eine noch nicht existierende Datei angegeben wird, ob diese Datei angelegt werden soll.

Kapitel 4: Mit dem Skriptbenutzer kommunizieren

Selbst wenn Sie auf *Ja* klicken, wird die Datei trotzdem nicht angelegt. Das Dialogfenster fragt nur nach. Die eigentliche Arbeit muß Ihr Skript erledigen.

Bild 4.23: Bei noch nicht vorhandenen Dateien kann das Fenster warnen

4.4.6 Tütensuppe: *Öffnen*-Dialogfenster ganz bequem

Sie ahnen es bereits: ich habe es mir nicht nehmen lassen, auch dieses Dialogfenster in ein etwas benutzerfreundlicheres Gewand zu verpacken. Voraussetzung ist natürlich wieder, daß Sie meine Utilities von Kapitel 1 installiert haben.

Einfachste Variante: Standards benutzen. Das geht so:

```
' 4-34.VBS

set tools = CreateObject("systemdialog.tobtools")
MsgBox tools.OpenFiles
'(C) 1999,2000 T.Weltner
```

Lieber doch etwas mehr Kontrolle? Dann geben Sie *OpenFiles()* mehr Informationen:

```
' 4-35.VBS

set tools = CreateObject("systemdialog.tobtools")
dir = "C:\"
frage = "Textdatei öffnen"
typen = "Textdatei|*.TXT|Alle Dateien|*.*"
MsgBox tools.OpenFiles(dir, frage, typen)
'(C) 1999,2000 T.Weltner
```

Schon besser! Aber was ist mit den vielen interessanten Optionen, die Sie gerade eben kennengelernt haben? Wie bekommt man zum Beispiel das lästige *Schreibgeschützt öffnen*-Feld weg und sorgt dafür, daß nur existierende Dateien ausgesucht werden können? Natürlich so:

```
' 4-36.VBS

set tools = CreateObject("systemdialog.tobtools")
dir = "C:\"
frage = "Textdatei öffnen"
typen = "Textdatei|*.TXT|Alle Dateien|*.*"
optionen = 4+4096
MsgBox tools.OpenFiles(dir, frage, typen, optionen, 2)
'(C) 1999,2000 T.Weltner
```

Mischen Sie die Options-*flags* genau wie im Beispiel oben. Und geben Sie wie hier als fünften Parameter an, welcher der Einträge im *Dateityp*-Feld vorgewählt sein soll. Kontrollieren Sie es: dieses Beispiel wählt den zweiten Eintrag vor, der in der Variablen typen als *Alle Dateien* definiert ist.

Weil die Funktion die Optionen aktualisiert und auch zurückliefert, können Sie sogar prüfen, ob tatsächlich jemand das *Schreibgeschützt öffnen*-Feld aktiviert hat (sofern Sie es anzeigen lassen):

```
' 4-37.VBS

set tools = CreateObject("systemdialog.tobtools")
dir = "C:\"
frage = "Textdatei öffnen"
typen = "Textdatei|*.TXT|Alle Dateien|*.*"
optionen = 4096
MsgBox tools.OpenFiles(dir, frage, typen, optionen, 2)

' Schreibgeschützt-Feld wird in Bit 1
' zurückgeliefert
if optionen and 1 then
   MsgBox "Hey, Sie haben das Feld ""Schreibgeschützt"" aktiviert!"
else
   MsgBox "Kein Interesse am Feld ""Schreibgeschützt"" gehabt!"
end if
'(C) 1999,2000 T.Weltner
```

4.4.7 *Datei speichern*-Dialogfenster

Mindestens genauso wichtig wie das *Öffnen*-Fenster ist das Fenster zum Speichern. Vielleicht hat Ihr Skript ein paar Daten gesammelt und möchte nun wissen, wo es die speichern soll. Das *Speichern unter*-Dialogfenster ist zum Glück ein ganz enger Verwandter des *Öffnen*-Fensters und benimmt sich genauso pflegeleicht. Verwenden Sie einfach anstelle der *ShowOpen*-Funktion die *ShowSave*-Funktion – das ist alles!

Nur die *flag*-Werte funktionieren ein klein wenig anders, und das ist gut so: schließlich muß das *Speichern unter*-Fenster ganz andere Fragestellungen klären:

Flag	Bedeutung
&H2/2	Fragt nach, ob eine Datei überschrieben werden soll, wenn sie bereits existiert.
&H8000/32786	Dateien mit dem *Schreibgeschützt*-Attribut können nicht ausgewählt werden.

Tab. 4.13: Besondere *Flag*-Werte des Speichern unter-Fensters

Damit Ihr Skriptbenutzer beim Abspeichern nicht aus Versehen eine Datei überschreibt, setzen Sie am besten immer den *flag*-Wert 2. Und weil sich schreibgeschützte Dateien nicht so einfach überschreiben lassen, fügen Sie am besten den Wert 32786 hinzu.

110 Kapitel 4: Mit dem Skriptbenutzer kommunizieren

Das nächste Skript zeigt, wie das alles funktioniert. Es kombiniert Ihr bisheriges Wissen und speichert den Inhalt eines Ordners in einer HTML-Datei ab, die Sie sich aussuchen können. Den Ordnerinhalt listet es mit den Methoden des *Shell.Application*-Objekts auf, das Ihnen auch schon die *BrowseForFolder*-Funktion beschert hat:

```vbs
' 4-38.VBS
' MSComDlg-freie Version als 4-38-2.VBS

' Ordner aussuchen, den Sie auflisten wollen:
frage = "Welchen Ordner wollen Sie auflisten?"
optionen = 1+8
ordner = Browse(0, frage, optionen)

if ordner="" then
   MsgBox "Keinen gültigen Ordner ausgesucht!", vbExclamation
   WScript.Quit
end if

' Dateinamen erfragen:
flags = 2 + 4 + 32768
auswahl = "Alle Dateien" & "|*.*|Ordnerlisting|*.htm"
dateiname = SaveFile("C:\", "Ordnerlisting speichern", auswahl, _
      2, flags)

if not dateiname="" then
   ' Ordnerlisting anlegen
   ListOrdner ordner, dateiname
   Run dateiname
else
   MsgBox "Sie haben abgebrochen!", vbExclamation
end if


function SaveFile(dir, titel, filter, Index,_
      flags)
   set dialog = CreateObject("MSComDlg.CommonDialog")
   if filter="" then
      filter = "Alle Dateien|*.*"
   end if
   dialog.filter = filter
   dialog.FilterIndex = Index
   dialog.Flags = flags
   dialog.MaxFileSize = 260
   dialog.CancelError = false
   dialog.DialogTitle = titel
   dialog.InitDir = dir
   dialog.ShowSave
```

```
      SaveFile = dialog.filename
      flags = dialog.Flags
end function

function Browse(startordner, titel, optionen)
   set shell = CreateObject("Shell.Application")
   set folder = shell.BrowseForFolder(0, titel, optionen, startordner)
   if TypeName(folder)="Nothing" then
      exit function
end if

   set parent = folder.ParentFolder
   if TypeName(parent)="Folder" then
      set folderitems = parent.items
      for each item in folderitems
            if item.Name = folder.Title then
                gefunden = item.Path
                exit for
            end if
      next
   end if
   Browse = gefunden
end function

sub ListOrdner(welchen, wohin)
   set shell = CreateObject("Shell.Application")
   set fs = CreateObject("Scripting.FileSystemObject")
   set ziel = fs.CreateTextfile(wohin, true)

   set folder = shell.NameSpace(welchen)
   ziel.WriteLine "<html><head><style>td " _
      & "{font: 12pt Arial; background" _
      & "="""#EEEEEE""} h3 {font: 18pt Arial}"_
      & "</style></head><body background" _
      & "="""#FFFFFF"">"
   ziel.WriteLine "<h3>" & welchen & "</h3>"
   ziel.WriteLine "<table border=0>"
   ziel.WriteLine   "<tr><td>Name</td><td>Typ" _
      & "</td><td>Größe</td><td>" _
      & "Letzte Änderung</td><td>" _
      & "Attribute</td></tr>"
   for each item in folder.Items
      realName = mid(item.Path, instrRev(item.Path, "\")+1)
      ziel.Write "<tr><td>" & realName & "</td>"
      ziel.Write "<td>" & folder.GetDetailsOf(item, 2) & "</td>"
      ziel.Write "<td>" & folder.GetDetailsOf(item, 1) & "</td>"
      ziel.Write "<td>" & folder.GetDetailsOf(item, 3) & "</td>"
```

112 Kapitel 4: Mit dem Skriptbenutzer kommunizieren

```
        ziel.WriteLine "<td>" & folder.GetDetailsOf(item, 4) & "</td></tr>"
    next
    ziel.WriteLine "</table></body>"
end sub

sub Run(was)
    ' startet eine Datei mit dem passenden Programm
    set wshshell = CreateObject("WScript.Shell")
    wshshell.Run """" & was & """"
end sub
'(C) 1999,2000 T.Weltner
```

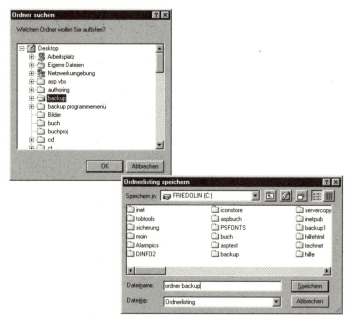

Bild 4.24: Dialogfenster im Einsatz: Listen Sie den Ordnerinhalt in einer Datei auf

> **Tip:** Wenn Informationen plötzlich fehlen ...
> Die interessanten Detailinfos in Ihrem Ordnerlisting bekommen Sie bei Windows 95/NT4 nur zu Gesicht, wenn Sie das Internet Explorer Desktop Update installiert haben (Kapitel 1). Bei Windows 98/2000 klappt die Sache in jedem Fall.

Das Ergebnis ist ein ansprechendes Listing des ausgesuchten Ordners, das Ihnen direkt im Internet Explorer präsentiert wird und von dort aus auch ausgedruckt werden kann.

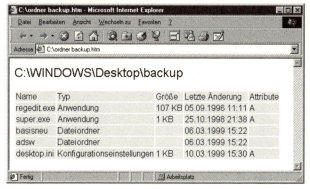

Bild 4.25: Das Ergebnis ist ein ansprechend gestaltetes Ordnerlisting für Ihre Akten

> **Tip:** Spezialordner sind tabu – oder doch nicht?
> Spezialordner wie der *Desktop* sind tabu, denn die Browse-Funktion liefert nur echte Pfadnamen zurück. Trotzdem können Sie auch Ihren Desktop-Inhalt auflisten. Dazu öffnen Sie den *Desktop*-Ordner in Ihrem Windows-Ordner.

Allerdings sind bei diesem Beispiel eine Menge Fragen offengeblieben, und auch neue Wünsche sind sofort zur Stelle. Wie kommt das Skript an die Detailinformationen zum Ordnerinhalt? Wie hat es die ansprechend formatierte HTML-Seite hinbekommen? Und läßt sich der Ordnerinhalt denn nicht sortieren?

Hier geht es nur um das *Speichern unter*-Dialogfenster, und diese Fragen zu beantworten wäre an dieser Stelle nicht besonders sinnvoll. Haben Sie Feuer gefangen, dann wird Ihr Wissensdurst auf Wunsch auch sofort gestillt:

4.4.8 Tütensuppe mit dem *Speichern unter*-Fenster

Ja, Sie haben Recht. Ich habe es getan. Auch das *Speichern unter*-Fenster wurde in meinen Tools gekidnappt. Schauen Sie sich an, wieviel einfacher das Skript von oben wird, wenn Sie die vorbereiteten Tool-Funktionen einsetzen:

```
' 4-39.VBS
set tools = CreateObject("systemdialog.tobtools")

frage = "Welchen Ordner wollen Sie auflisten?"
ordner = tools.BrowseFolder(0, frage, 1+8)
if ordner="" then
   MsgBox "Keinen gültigen Ordner ausgesucht!", vbExclamation
   WScript.Quit
end if



flags = 2 + 4 + 32768
auswahl = "Alle Dateien|*.*|Ordnerlisting|*.htm"
```

```
dateiname = tools.SaveFiles("C:\", "Ordnerlisting speichern", auswahl _
      , flags, 2)
if not dateiname="" then
   ' Ordnerlisting anlegen
   ListOrdner ordner, dateiname
   Run dateiname
else
   MsgBox "Sie haben abgebrochen!", vbExclamation
end if

sub ListOrdner(welchen, wohin)
   set shell = CreateObject("Shell.Application")
   set fs = CreateObject("Scripting.FileSystemObject")
   set ziel = fs.CreateTextfile(wohin, true)

   set folder = shell.NameSpace(welchen)
   ziel.WriteLine "<html><head><style>td "_
      & "{font: 12pt Arial; background" _
      & "=""#EEEEEE""} h3 {font: 18pt Arial}"_
      & "</style></head><body background" _
      & "=""#FFFFFF"">"
   ziel.WriteLine "<h3>" & welchen & "</h3>"
   ziel.WriteLine "<table border=0>"
   ziel.WriteLine  "<tr><td>Name</td><td>Typ" _
      & "</td><td>Größe</td><td>" _
      & "Letzte Änderung</td><td>" _
      & "Attribute</td></tr>"
   for each item in folder.Items
      realName = mid(item.Path, _
           instrRev(item.Path, "\")+1)
      ziel.Write "<tr><td>" & realName & "</td>"
      ziel.Write "<td>" & folder.GetDetailsOf(item, 2) & "</td>"
      ziel.Write "<td>" & folder.GetDetailsOf(item, 1) & "</td>"
      ziel.Write "<td>" & folder.GetDetailsOf(item, 3) & "</td>"
      ziel.WriteLine "<td>" & folder.GetDetailsOf(item, 4) & "</td></tr>"
   next
   ziel.WriteLine "</table></body>"
end sub

sub Run(was)
   ' startet eine Datei mit dem passenden Programm
   set wshshell = CreateObject("WScript.Shell")
   wshshell.Run """" & was & """"
end sub
'(C) 1999,2000 T.Weltner
```

Ihr Skript ist nicht nur ordentlich zusammengeschrumpft, es funktioniert auch besser. Wenn Sie jetzt als Ordner den Eintrag *Desktop* auswählen, wird ohne Umwege tatsächlich der Desktopinhalt ausgedruckt. Die neue *BrowseFolder()*-Funktion macht es möglich.

> **Tip:** Das müssen Sie über die Ordnerlist-Funktion wissen!
> Die Ordner-Auflistfunktion *ListOrdner()* ist natürlich in beiden Beispielen gleich und nur ein sehr einfaches Beispiel. Sie hat eine ganze Reihe von Einschränkungen und zeigt u.a. versteckte Dateien nicht an. Eine elegante Lösung finden Sie in Kapitel 8, dort zeige ich Ihnen, wie Sie mit nur ein paar Skriptzeilen Ordnerinhalte nach jedem beliebigen Kriterium sortiert ausgeben – blitzschnell versteht sich!

4.5 Farben auswählen

Wie will man Farben mit einem *InputBox()*-Dialogfenster abfragen? Antwort: gar nicht! Es gibt nämlich bessere Varianten, zum Beispiel diese hier:

```
' 4-40.VBS
' MSComDlg-freie Version als 4-40-2.VBS
set iexplore = CreateObject("InternetExplorer.Application")
iexplore.height = 400
iexplore.width = 400
iexplore.toolbar = 0
iexplore.statusbar = 0
iexplore.navigate("JavaScript:'<BODY" _
      & " BGCOLOR=""FFFFFF"">"_
      & "<h1>keine Farbe gewählt.</h1></BODY>'")
iexplore.visible = true

do
   farbe = AskColor("Lieblingsfarbe wählen!", 0)
   if not farbe = "Abbruch" then
      iexplore.navigate("JavaScript:'<BODY" _
          & " BGCOLOR=""" + farbe + """><H1>" _
          & "Farbe: " + farbe + "</H1></BODY>'")
      antwort = MsgBox("Noch eine Farbe auswählen?", vbOKCancel)
   else
      antwort = vbCancel
   end if
loop until antwort = vbCancel

iexplore.Quit

function AskColor(titel, flags)
   set dialog = CreateObject("MSComDlg.CommonDialog")
```

```
    dialog.CancelError = true
    dialog.DialogTitle = titel
    dialog.Flags = flags
    on error resume next
    dialog.ShowColor
    if err.Number=0 then
        AskColor = Hex(dialog.Color)
        AskColor = right("0000" + AskColor,6)
        AskColor = right(AskColor, 2) _
                 + Mid(AskColor, 3, 2) + Left(AskColor, 2)
    else
        AskColor = "Abbruch"
    end if
end function
'(C) 1999,2000 T.Weltner
```

AskColor() borgt sich wieder eins der Windows-Dialogfenster aus: mit *ShowColor* kommt diesmal das Farbauswahlfeld zum Zuge.

> **Tip:** Farben-Dialogfenster funktioniert nicht?
> Wie schon bei den Dateinamen-Dialogfenstern kommen Sie nur dann an das Farben-Dialogfenster heran, wenn die Common Controls-Zugriffsbibliothek auf Ihrem System installiert ist – andernfalls liefern die Skripte Fehler. Was aber nicht allzu tragisch ist, denn auch das Farben-Dialogfenster kann per Toolkit geöffnet werden! Das funktioniert immer und ist weiter unten beschrieben.

Die Farben liefert das Dialogfenster allerdings in einer etwas sonderbaren Reihenfolge zurück: Blau, Grün, Rot, jeweils als Zahl zwischen 0 und 255. Gebräuchlicher ist die umgekehrte Reihenfolge, und in hexadezimaler Schreibweise. Deshalb dreht und wendet *AskColor()* die Farbinformationen noch schnell in dieses Format.

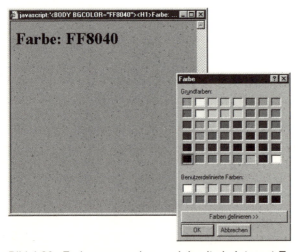

Bild 4.26: Farben aussuchen und damit ein Internet-Explorer-Fenster umfärben

Was man mit diesen Farbinformationen anfangen kann, deutet das Beispiel ebenfalls an. Es öffnet nämlich ferngesteuert einen Internet Explorer und beauftragt den, die ausgewählte Farbe als Hintergrund anzuzeigen. Dies ist allerdings wieder nur eins der Beispiele, damit die *AskColor()*-Funktion nicht ganz nackt da steht. Was es mit dem Internet Explorer und seiner Fernsteuerung auf sich hat, lesen Sie etwas weiter unten in Kapitel 5. Der nächste Abschnitt, das Dialogfenster für die Schriftauswahl, bietet ebenfalls eine Reihe toller Beispiele, die den Farbenpicker in Aktion zeigen.

4.5.1 Geheimoptionen für den Farbenpicker

Wie alle anständigen Common Controls hat auch der Farbenpicker ein Set an geheimen *flags*, über den Sie das Dialogfenster noch feiner steuern können. Hier sind die Informationen:

Flags	Bedeutung
&h2/2	Zusatzteil »Benutzerdefinierte Farben« wird von vornherein ausgeklappt.
&h4/4	Zusatzteil »Benutzerdefinierte Farben« ist abgeblendet und kann nicht gewählt werden.
&h1/1	Eine Farbe wird vorgewählt.

Tab. 4.14: Die geheimen *flags* des Farbauswahl-Dialogfensters

Möchten Sie, daß der Farbenpicker schon eine bestimmte Farbe vorschlägt, dann speichern Sie den Farbwert in der Eigenschaft *Color*, also zum Beispiel so:

```
' 4-41.VBS
' MSComDlg-freie Version als 4-41-2.VBS

rot=24
gruen=120
blau=240
flags = 1 + 2
set dialog = CreateObject("MSComDlg.CommonDialog")
dialog.CancelError = false
dialog.Color = blau*256*256 + gruen*256 + rot
dialog.flags = flags
dialog.ShowColor
MsgBox dialog.color
'(C) 1999,2000 T.Weltner
```

Tatsächlich: Rechts unten in den Feldern Rot, Grün und Blau stehen exakt die Farbwerte als Vorgabe, die Sie vorgeschlagen haben.

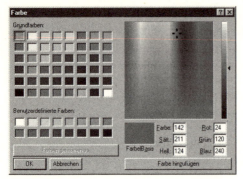

Bild 4.27: Farben lassen sich im Fenster auch vorwählen

4.5.2 Farben aussuchen mit der Fertiglösung

Sie haben keine Lust auf viel Skriptcode? Dann verwenden Sie wieder die Fertiglösung aus dem Toolkit! So wird es gemacht:

```
' 4-42.VBS

set tool = CreateObject("systemdialog.tobtools")
rot=24
gruen=120
blau=240
vorgabe = blau*256*256 + gruen*256 + rot
MsgBox tool.PickColor("Farbe aussuchen", 1+2, vorgabe)
MsgBox tool.PickColor
'(C) 1999,2000 T.Weltner
```

4.6 Schriften aussuchen

Auch Schriften lassen sich viel bequemer über das offizielle Dialogfenster aussuchen. Wieder sind nur ein paar Zeilen Skriptcode nötig:

```
' 4-43.VBS
' MSComDlg-freie Version als 4-43-2.VBS

schriftname = AskFonts("Suchen Sie sich eine Schrift aus", 3+256)

if schriftname = "Abbruch" then
   MsgBox "Sie haben das Dialogfenster abgebrochen!", vbExclamation
else

   MsgBox "Sie haben diese Schrift gewählt: " & schriftname, vbInformation
end if
```

```
function AskFonts(titel, flags)
   set dialog = CreateObject("MSComDlg.CommonDialog")
   dialog.Flags = flags
   dialog.CancelError = true
   dialog.DialogTitle = titel
   dialog.FontSize = 15
   on error resume next
   dialog.ShowFont
   if err.Number=0 then
      AskFonts = dialog.Fontname & vbCrLf
      AskFonts = AskFonts & dialog.FontSize & vbCrLf
      AskFonts = AskFonts & dialog.FontBold & vbCrLf
      AskFonts = AskFonts & dialog.FontItalic & vbCrLf
      AskFonts = AskFonts & dialog.FontStrikethru & vbCrLf
      AskFonts = AskFonts & dialog.FontUnderline
   else
      AskFonts = "Abbruch"
   end if
   set dialog = Nothing
end function
'(C) 1999,2000 T.Weltner
```

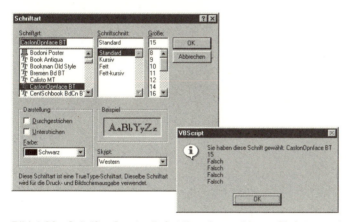

Bild 4.28: Schriftenfenster liefert Ihre Auswahl ans Skript zurück

4.6.1 Schriften-Detailinfos lesen

AskFonts liefert die ausgewählten Schrifteninformationen als Text zurück. Es ist aber ganz einfach, aus diesem Text die einzelnen Informationen herauszulesen. Dabei hilt Ihnen Split, das aus den Einzelinformationen ein Variablenfeld bastelt:

```
' 4-44.VBS
' MSComDlg-freie Version als 4-44-2.VBS

schriftname = AskFonts("Suchen Sie sich eine Schrift aus", 3+256)
```

```
if schriftname = "Abbruch" then
   MsgBox "Sie haben das Dialogfenster abgebrochen!", vbExclamation
else
   schrift = Split(schriftname, vbcrLf)
   info = "Schriftname: " & schrift(0) & vbCr
   info = info & "Größe: " & schrift(1) & vbCr
   info = info & "Fett? " & schrift(2) & vbCr
   info = info & "Kursiv? " & schrift(3) & vbCr
   info = info & "Durchgestrichen? " _
      & schrift(4) & vbCr
   info = info & "Unterstrichen? " & schrift(5)
   MsgBox info, vbInformation
end if

function AskFonts(titel, flags)
   set dialog = CreateObject("MSComDlg.CommonDialog")
   dialog.Flags = flags
   dialog.CancelError = true
   dialog.DialogTitle = titel
   dialog.FontSize = 15
   on error resume next
   dialog.ShowFont
   if err.Number=0 then
      AskFonts = dialog.Fontname & vbCrLf
      AskFonts = AskFonts & dialog.FontSize & vbCrLf
      AskFonts = AskFonts & dialog.FontBold & vbCrLf
      AskFonts = AskFonts & dialog.FontItalic & vbCrLf
      AskFonts = AskFonts & dialog.FontStrikethru & vbCrLf
      AskFonts = AskFonts & dialog.FontUnderline
   else
      AskFonts = "Abbruch"
   end if
   set dialog = Nothing
end function
'(C) 1999,2000 T.Weltner
```

Bild 4.29: So sind die gemeldeten Schriftinfos schon besser verständlich

4.6.2 Geheime Flags für das Schriftenfenster

Klar, auch das Schriftenfenster hat wieder geheime Flags parat, mit denen Sie sein Verhalten feinjustieren:

Flags	Bedeutung
&H1/1	Es werden nur Bildschirmschriftarten angezeigt.
&H2/2	Es werden nur Druckerschriftarten angezeigt.
&H3/3	Es werden Drucker- und Bildschirmschriftarten angezeigt.
&h100/256	Es werden Auswahlkästchen für Durchgestrichen, Unterstrichen, Farbe angezeigt.
&h200/512	Die Schaltfläche Übernehmen wird aktiviert.
&h400/1024	Es werden nur Schriften mit dem Windows-Zeichensatz angezeigt, keine Symbolschriftarten wie WingDings etc.
&H4000	Es werden nur Schriften mit fester Zeichenbreite angezeigt.
&H10000	Es erfolgt eine Fehlermeldung, wenn die ausgewählte Schrift nicht verwendbar ist.
&h20000	Es können nur Schriftgrößen im Bereich festgelegt werden, der durch Min und Max vorher begrenzt wurde.
&H1000	Es werden nur tatsächlich vorhandene Schriftarten und -größen angezeigt und die fehlenden Zwischenstufen nicht automatisch hinzuberechnet.
&h800	Es werden keine Vektorschriften angezeigt.
&h20000	Es werden nur skalierbare Schriften angezeigt.
&h40000	Es werden nur TrueType-Schriften angezeigt.
&h8000	Es weden nur Schriften angezeigt, die auf Bildschirm und Drucker gleich gut ausgegeben werden können.

Tab. 4.15: Geheime Flags für das Schriftenfenster

4.6.3 Internet-Formatgenerator

Und wofür könnte man das Schriftendialogfenster einsetzen? Für viele Dinge! Entwickeln Sie vielleicht hin und wieder HTML-Webseiten? Dann könnte Ihnen das nächste Skript eine Menge Arbeit sparen: bequem suchen Sie sich eine Farbe und eine Schrift aus, und schon verrät Ihnen das Skript das korrekte Format für ein Stylesheet.

> **Tip:** Weiterlesen lohnt sich!
> Auch wenn Ihnen weder HTML-Seiten noch Stylesheets gerade eine Gänsehaut über den Rücken laufen lassen, lesen Sie trotzdem weiter. Gleich anschließend zeige ich Ihnen nämlich einen Schriftprobengenerator, der sich diese Informationen zunutze macht und wirklich für jeden interessant ist.

Dieses Beispiel verwendet die handlichen vorgefertigten Funktionen aus dem Tookit:

```
' 4-45.VBS
set tools = CreateObject("systemdialog.tobtools")
MsgBox "Dieses Skript baut automatisch Schrifteninfos auf!"
ergebnis = tools.PickFonts("Suchen Sie sich eine Schrift aus!", 1)
```

```
if ergebnis = "Abbruch" then
   MsgBox "Sie haben abgebrochen!", vbExclamation
   WScript.Quit
end if
ergebnis = Split(ergebnis, vbCrLf)
schrift = ergebnis(0)
groesse = ergebnis(1)
if CBool(ergebnis(2)) then
   bold = "font-weight: bold; "
else
   bold = ""
end if
if CBool(ergebnis(3)) then
   italic = "font-style: italic; "
end if

vorgabe = &haaaaaa
ergebnis = tools.PickColor("Suchen Sie sich eine Farbe aus!", 1+2, vorgabe)
farbe = "color: ""#" & ergebnis & """; "

format = "{font: " & groesse & "pt " _
      & schrift & "; " & farbe _
      & bold & italic & "}"
text = "Kopieren Sie den Formatstring mit STRG+C!"
muell = InputBox(text, "Ergebnis", format)
'(C) 1999,2000 T.Weltner
```

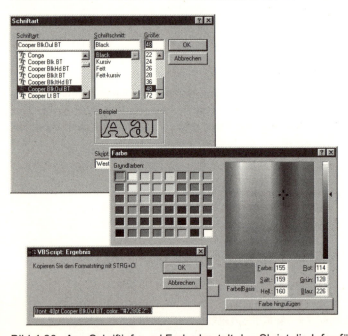

Bild 4.30: Aus Schriftinfo und Farbe bastelt das Skript die Infos für das Webdesign

Das Skript fragt Sie zuerst nach einer Schrift und dann nach einer Farbe. Aus Ihren Angaben bastelt es dann einen Formatstring und stellt ihn als Vorgabe in einer *InputBox()* zur Verfügung. Das ist natürlich nur ein Trick, damit Sie die Vorgabe bequem über [Strg]+[C] in die Zwischenablage kopieren können. Von dort läßt sich der Formatstring dann zum Beispiel in Ihren HTML-Editor einfügen: *Menü Einfügen und Bearbeiten* genügt.

Probieren Sie es doch mal aus:

1. Basteln Sie sich zuerst einen anständigen Formatstring, und kopieren Sie ihn mit [Strg]+[C] in die Zwischenablage.

2. Starten Sie dann den Texteditor: im Startmenü wählen Sie *Ausführen* und geben ein: NOTEPAD [Enter].

3. Nun basteln Sie sich von Hand eine kleine Webseite zusammen. Geben Sie ein:

   ```
   <html>
   <head>
   <style>
       p
   ```

4. Hinter dem *p* tippen Sie ein Leerzeichen ein, und dann drücken Sie [Strg]+[V] (oder wählen *Einfügen* aus *Bearbeiten*). Schwupp, schon landet Ihr Formatstring im Text.

5. Jetzt brauchen Sie Ihre HTML-Seite nur noch fertigzuschreiben:

   ```
   </style>
   </head>

   <body>
   <p>Guten Tag, dieser Text erscheint so, wie ich das will!</p>
   </body>
   </html>
   ```

6. Speichern Sie Ihre Webseite nun einfach ab: wählen Sie im *Dateimenü Speichern* unter, stellen Sie oben in der Ausklappliste *Speichern in* ein: *Desktop*, und speichern Sie die Seite dann als WEBSEITE.HTM [Enter]!

Schon liegt auf Ihrem Desktop eine neue Webdatei. Wenn Sie sie öffnen, startet der Internet Explorer und stellt den Schriftzug genau so dar, wie Sie ihn in den Dialogfenstern festgelegt haben. Öffnet sich stattdessen nur der Texteditor und zeigt Ihnen an, was Sie eingetippt haben, dann haben Sie beim Speichern entweder das Anhängsel .HTM vergessen, oder es ist gar kein Web-Browser installiert. Nicht so gut.

Tip: Ergebnis automatisch in die Zwischenablage verfrachten.
Den Umweg über die *InputBox()* brauchen Sie gar nicht zu gehen. Ihre Skripte können Text auch direkt in die Zwischenablage schreiben – jedenfalls dann, wenn Sie meine Toolkits in Kapitel 1 installiert haben:
```
set utils = CreateObject("utils.tobtools")
utils.WriteClip "Hallo!"
```

124 Kapitel 4: Mit dem Skriptbenutzer kommunizieren

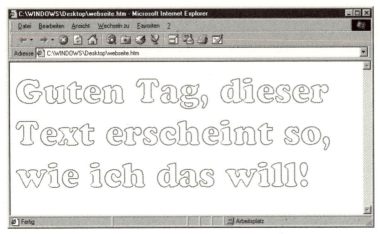

Bild 4.31: Eigenes Webdesign – dank Skript nun kinderleicht

4.6.4 Schriftprobengenerator selbstgemacht

Auch wenn Sie kein hauptberuflicher Web-Designer sind, nützt Ihnen Ihr neu gewonnenes Wissen enorm. Sie brauchen das Beispiel von oben nur ein kleines bißchen zu ändern und bekommen schon einen enorm praktischen Schriftprobengenerator.

Der legt ganz unkompliziert wunderschöne Schriftprobenseiten an, so daß Sie bei der Arbeit mit Ihrer Textverarbeitung künftig nur noch an die Pinwand zu schauen brauchen, um auf einen Blick die passende Schrift für die Geburtstagseinladung oder den Geschäftsbrief zu finden.

```
' 4-46.VBS

set tools = CreateObject("systemdialog.tobtools")
set fontdict = CreateObject("Scripting.Dictionary")

frage = "Bauen Sie sich eine Schriftprobenliste!" + vbCr
frage = frage + "Wie soll die Schriftprobe lauten?"
titel = "Schriftprobe"
vorgabe = "ABCDEFGÄÖÜabcdefgäöü12345!""§$%ß"
schriftprobe = InputBox(frage, titel, vorgabe)

set ie4 = OpenIE(500,400,"Schriftprobe")

standardformat = "<font style=""{12pt Arial}"">"

' Solange Schleife ausführen, bis auf Abbrechen geklickt wird:
do
   ' Schrift aussuchen:
   ergebnis = tools.PickFonts("Suchen Sie sich eine Schrift aus!" _
     , 1, schrift, groesse)
```

```
      if not ergebnis="" then
         ' Schrift gewählt: der Liste zufügen:
         AddToList(ergebnis)
      end if
loop until ergebnis=""

sub AddToList(ergebnis)
   ' fügt eine Schrift in die Liste ein:
   ' Schriftinfos in ein Feld verwandeln:
   ergebnis = Split(ergebnis, vbCrLf)
   ' Schriftdetails ausfragen:
   schrift = ergebnis(0)
   groesse = ergebnis(1)
   ' CBool wandelt in einen wahr/falsch-Wert um
   ' Ist "Fettdruck" ausgewählt worden?
   if CBool(ergebnis(2)) then
      bold = "font-weight: bold; "
      boldID = " fett"
   else
      bold = ""
      boldID=""
   end if
   ' wie vor, jedoch kursiv:
   if CBool(ergebnis(3)) then
      italic = "font-style: italic; "
      italicID = " kursiv"
   else
      italic = ""
      italicID=""
   end if
   ' Formatstring zusammenbasteln:
   format = "<font style=""{font: " & groesse _
          & "pt " & schrift & "; " & farbe & bold _
          & italic & "}"">"
   ' Eindeutigen Schlüssel (ohne Schriftgröße) für die Schrift
   ' generieren:
   key = RTrim(schrift & boldID & kursivID)

   ' gibt es die Schrift schon in der Liste?
   if fontdict.Exists(key) then
      ' ja, ersetzen:
      fontdict(key) = format
   else
      ' nein, hinzufügen:
      fontdict.Add key, format
   end if
   ' Anzeige aktualisieren:
```

```
   UpdateIE
end sub

sub UpdateIE
   ' Aktualisiert die Anzeige im Internet Explorer:

   ' aktuelle Liste sortieren: liefert sortierte Liste der
   ' Schriftnamen zurück:
   liste = GetSortedFonts

   ' für jede Schrift eine Schriftprobe generieren:
   html = ""
   for x=0 to ubound(liste)
      html = html + standardformat _
          + "Schriftart: " + liste(x) _
          + "</font><BR>"
      html = html + fontdict(liste(x)) _
          + Schriftprobe + "</FONT><HR>"
   next

   ' Schriftprobe ausgeben:
   PrintHTML ie4, html
end sub

function GetSortedFonts
   ' sortiert die Schriftnamen nach dem Bubblesort-
   ' verfahren:
   fonts = fontdict.Keys
   for x = 0 to UBound(fonts)
      for y = x+1 to UBound(fonts)
          if fonts(x) > fonts(y) then
              temp = fonts(x)
              fonts(x) = fonts(y)
              fonts(y) = temp
          end if
      next
   next
   GetSortedFonts = fonts
end function

function OpenIE(breite, hoehe, titel)
   ' öffnet eine Instanz des Internet Explorer
   ' und liefert den IE als Objekt zurück
   ' (deshalb wird SET verwendet)

   set ie = CreateObject(_
           "InternetExplorer.Application")
```

```
    ie.height = hoehe
    ie.width = breite
    ie.toolbar = 0
    ie.statusbar = 0

    ' zu einer Dummy-Seite surfen:
    page = "JavaScript:'<TITLE>" + titel + "</TITLE>'"
    ie.navigate(page)

    ' warten, bis der IE diese Seite anzeigt:
    do while (ie.ReadyState<>4)
    loop

    ' Trara: sichtbar machen:
    ie.visible = true
    set openIE = ie
end function

sub printHTML(obj, was)
    ' Inhalt des IE neu setzen:
    obj.document.body.innerHTML = was
end sub
'(C) 1999,2000 T.Weltner
```

Wenn Sie das Skript starten, fragt es höflich nach einer Schriftprobe, die Ihnen genehm wäre. Anschließend öffnet das Skript ferngesteuert den Internet Explorer. Jedesmal, wenn Sie eine Schrift aussuchen, fügt das Skript die Schrift ins Fenster des Internet Explorers hinzu! Wie das prinzipiell funktioniert, ahnen Sie sicher: das Skript funktioniert eigentlich genau wie sein Vorgänger, nur werden die Schriftinfos diesmal automatisch in eine HTML-Datei eingebaut. Und wie steuert das Skript den Internet Explorer fern? Blättern Sie doch mal zu Kapitel 5, dort steht alles, was Sie darüber wissen müssen.

Das Skript hat eine Menge eingebauter Features. Nachdem Sie eine Schrift ausgesucht haben, verwendet das Dialogfenster diese Schrift als Vorgabe. War Ihnen die Schriftprobe zu klein, dann wählen Sie im Dialogfenster einfach eine größere und schon ersetzt das Skript die Schrift.

Weil sich das Dialogfenster immer Ihre letzte Auswahl merkt, ist es ganz leicht, schnell hintereinander viele Schriften in die Liste einzubauen. Tippen Sie einfach auf Pfeilab, um im Dialogfenster die nächste Schrift auszusuchen, und drücken Sie auf Enter!

Das Skript sortiert die Schriftproben sogar alphabetisch. Auch wenn Sie nachträglich eine Schrift aus dem oberen Bereich des Dialogfensters auswählen, wird sie im Internet-Explorer-Fenster galant in der richtigen Position eingefügt.

Haben Sie alle wichtigen Schriften beisammen, dann klicken Sie im Dialogfenster auf *Abbrechen*. Das Skript macht Feierabend, aber der Internet Explorer bleibt sichtbar, so daß Sie nun die Schriftprobenliste gemütlich ausdrucken und an die Pinwand hängen könnten. Den Ausdruckbefehl zaubern Sie mit einem Rechtsklick in die Schriftenliste hervor.

128 Kapitel 4: Mit dem Skriptbenutzer kommunizieren

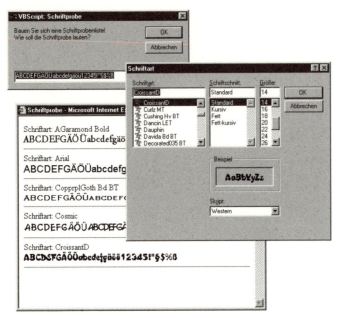

Bild 4.32: Endlich Übersicht: das Skript bastelt eine Schriftenliste Ihrer Lieblingsschriften

4.6.5 Automatischer Schriftprobengenerator

Vielleicht möchten Sie lieber eine Schriftprobenliste all Ihrer installierten Schriften haben! Dann ist das *Auswahl*-Dialogfenster für die Schriftart natürlich sinnlos und störend. Niemand hat Lust, alle 688 installierten Schriften einzeln auszusuchen.

Nur: wie kann Ihr Skript ohne die Hilfe des Dialogfensters »herausbaldowern«, welche Schriften bei Ihnen installiert sind? Antwort: gar nicht! Der Scripting Host hat keine eingebaute Funktion für so etwas.

Mein Toolkit aber schon. So einfach bekommen Sie eine topaktuelle (und noch dazu sortierte) Liste aller verfügbarer Schriften:

```
' 4-47.VBS

set tools = CreateObject("systemdialog.tobtools")
MsgBox tools.GetFonts
'(C) 1999,2000 T.Weltner
```

Natürlich passen die Schriften nicht alle ins kleine *MsgBox*-Dialogfenster – drücken Sie »blind« auf Enter, um es wieder zu schließen, falls es bei Ihnen gerade aus allen Nähten platzt. Die neue Schriftfunktion haben Sie jetzt in Aktion gesehen: weil es eine Weile dauert, alle Schriften des Systems zusammenzustellen, zeigt die Funktion automatisch eine kleine Fortschrittsanzeige – nett!

Bild 4.33: Während der Befehl Schriften sucht, meldet er den Fortschritt

Jetzt ist es leicht, das Schriftprobenskript von oben umzustricken, damit alle Schriften automatisch ausgegeben werden:

```
' 4-48.VBS

' Diese Objekte werden gebraucht:
set tools = CreateObject("systemdialog.tobtools")
set fontdict = CreateObject("Scripting.Dictionary")
set ie = WScript.CreateObject("InternetExplorer.Application", "ie_")

' Ein paar Fragen klären:
frage = "Bauen Sie sich eine Schriftprobenliste!" + vbCr
frage = frage + "Wie soll die Schriftprobe lauten?"
titel = "Schriftprobe"
vorgabe = "ABCDEFGÄÖÜabcdefgäöü12345!""§$%ß"
schriftprobe = InputBox(frage, titel, vorgabe)
standardformat = "<font style=""{12pt Arial}"">"

' Liste der installierten Schriften holen:
fontliste = Split(tools.GetFonts, vbCr)

' anzeigen:
OpenIE 500,400,"Schriftprobe"

for each font in fontliste
   AddToIE font
next

' FERTIG

sub AddToIE(schrift)
   groesse = 15
   format = "<font style=""{font: " & groesse & "pt " & schrift & "}"">"
   html = ""
   html = html + standardformat _
       + "Schriftart: " + schrift + "</font><BR>"
   html = html + format + Schriftprobe + "</FONT><HR>"
   ie.document.body.insertAdjacentHTML _
       "beforeEnd", html
end sub

sub OpenIE(breite, hoehe, titel)
```

```
    ie.height = hoehe
    ie.width = breite
    ie.toolbar = 0
    ie.statusbar = 0
    page = "JavaScript:'<TITLE>" + titel + "</TITLE>'"
    ie.navigate(page)
    do while (ie.ReadyState<>4)
    loop
    ie.visible = true
end sub

sub ie_onquit
    MsgBox "Sie haben abgebrochen!", vbExclamation
    WScript.Quit
end sub
'(C) 1999,2000 T.Weltner
```

Einige Funktionen sind deutlich einfacher geworden: weil die Schriftliste sowieso sortiert ist, spart sich das Skript diesen Schritt und gibt die einzelnen Proben nacheinander aus.

Neu ist allerdings die Prozedur *ie_onquit()*. Die wird ausgeführt, wenn jemand sich erlaubt, das Internet-Explorer-Fenster auszuknipsen, bevor Ihr Skript darin alle Schriftproben unterbringen konnte. Andernfalls wüßte Ihr Skript nämlich nicht, wohin mit seinen Informationen, und ein Fehler wäre unvermeidlich.

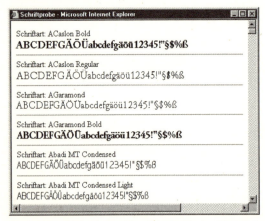

Bild 4.34: Skript legt eine alphabetische Liste aller Schriften an

Und wer ruft *ie_onquit()* zuvorkommenderweise genau im richtigen Moment auf? Das erledigt der Internet Explorer höchstselbst! Über die besondere Fassung *WScript.CreateObject()* leiten Sie Ereignisse eines Objekts an Ihre eigenen Prozeduren weiter. In diesem Fall wird das Ereignis *onQuit* an Ihr Skript gemeldet. Ereignisse? Wie bitte?

Ereignisse sind kinderleicht zu verstehen, auch wenn so mancher Entwickler bei diesem Wort furchteinflößend die Augen verdreht. Wie die Sache genau funktioniert, steht in Kapitel 5.

4.7 Dialogfenster mit eingebauter Wartezeit

Lassen Sie einen Taxifahrer zu lange warten, dann ist er weg – vorausgesetzt natürlich, Sie haben Ihre Rechnung schon beglichen. Dialogfenster können das auch, und diese eingebaute Wartezeit ist enorm wichtig. Vielleicht wollen Sie nur kurze Meldungen ausgeben, um anzuzeigen, daß Ihr Skript noch lebt. Oder Sie wollen sicher gehen, daß Ihr Skript an Dialogfenstern nicht »hängenbleibt« und wie das Windows-Setup-Programm stundenlang däumchendrehend wartet, nur weil gerade niemand vor dem Computer sitzt und die Frage beantworten kann.

Deshalb gibt es Dialogfenster, die nach einer festgelegten Zeit von allein wieder verschwinden.

4.7.1 *Popup*-Dialogfenster verschwinden von allein

Das *Popup*-Dialogfenster ist Ihnen schon über den Weg gelaufen. Sein wahres Talent und seinen größten Vorteil gegenüber *MsgBox()* lernen Sie jetzt kennen. Wenn Sie wollen, packt das *Popup*-Dialogfenster nach einer festgelegten Wartezeit von ganz allein seine Sachen und verschwindet wieder:

```
' 4-49.VBS
set wshshell = CreateObject("WScript.Shell")

wartezeit = 5         ' Sekunden
titel = "Fangfrage"
frage = "Wollen Sie DAS wirklich tun?"

antwort = wshshell.Popup(frage, wartezeit,titel, vbYesNo)
if antwort = vbYes then
   MsgBox "OK, wir tun's.", vbInformation
elseif antwort = vbNo then
   MsgBox "Also gut, wir tun es nicht.", vbInformation
elseif antwort = true then
   MsgBox "Sie konnten sich nicht entscheiden?" & " Dann tun wir's nicht!",_
          vbInformation
end if
'(C) 1999,2000 T.Weltner
```

Tatsächlich: obwohl das *Popup*-Dialogfenster ganz normal aussieht und korrekt auf die Schaltflächen *Ja* und *Nein* reagiert, kann es etwas Besonderes: nach 5 Sekunden reißt ihm der Geduldsfaden, und es trifft selbst eine Entscheidung. *Popup()* liefert *true* zurück, wenn keine Schaltfläche ausgewählt wurde.

4.7.2 Besseres Countdown-Fenster mit eingebauter Uhr

Popup() gibt keinen Hinweis darauf, wie lange es schon wartet und wieviel Zeit Sie noch zum Reagieren haben. Das wird anders, wenn Sie die Funktion *ShowCountdown()* einsetzen, die wieder zuvorkommend von meinem Toolkit für Sie bereitgestellt wird. So leicht bekommen Sie einen 5-Sekunden-Countdown hin:

```
' 4-50.VBS
set tools = CreateObject("systemdialog.tobtools")
MsgBox tools.ShowCountdown(5)
'(C) 1999,2000 T.Weltner
```

Einfach, oder? Nur noch nicht besonders schön. Das ändert sich aber, wenn Sie dem Fenster ein paar Informationen gönnen:

```
' 4-51.VBS
set tools = CreateObject("systemdialog.tobtools")
titel = "Entscheiden Sie sich!"
frage = "Wenn Sie nicht abbrechen, beginnt die automatische Wartung " _
    & "in %n Sekunden!"
if tools.ShowCountdown(5, frage, titel) then
    MsgBox "Es kann losgehen!"
else
    MsgBox "Abbrechen!"
end if
'(C) 1999,2000 T.Weltner
```

Sie sehen: ShowCountdown setzt den aktuellen Countdown-Wert in Ihren Text ein, anstelle des %n-Platzhalters. Und die Funktion liefert das Ergebnis der *Abbrechen*-Schaltfläche zurück: *wahr*, wenn Sie abwarten, und *falsch*, wenn Sie auf *Abbrechen* klicken.

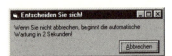

Bild 4.35: Das Fenster fügt den Countdown-Zähler in Ihren Hinweistext ein

Für den ultimativen Komfort läßt sich das Dialogfenster sogar mit einem Icon schmücken – entweder von Windows geborgt oder so wie in Kapitel 9.1.9 beschrieben selbstgemalt:

```
' 4-52.VBS
set tools = CreateObject("systemdialog.tobtools")
sec = 10
tools.SetIcon "SETUPX.DLL", 20
erg = tools.ShowCountdown(sec, "Wartung beginnt in %n Sekunden!", _
        "Bestätigen!")
if erg then
    MsgBox "Sie haben abgewartet!"
else
    MsgBox "Abbruch nach " & Sec & " Sekunden."
end if
'(C) 1999,2000 T.Weltner
```

4.7 Dialogfenster mit eingebauter Wartezeit

> **Tip:** Icon will nicht erscheinen!
> Die Datei *SETUPX.DLL*, aus der sich das Skript ein Icon leiht, gibt es nicht auf jeder Windows-Version. Bei Windows 95 fehlt die Datei zum Beispiel. Was aber wenig macht: In Kapitel 9 zeige ich Ihnen nämlich, wie Sie alle Icons ausgraben, die auf Ihrem System schlummern und sogar eigene Icons malen können!

Über *SetIcon()* weisen Sie Ihrem Countdown-Zähler ein Icon zu. Und noch etwas Erstaunliches ist möglich: Wenn Sie den Countdown abbrechen, meldet Ihr Skript, wieviel Sekunden Sie gezögert haben. Möglich wird dies, weil *ShowCountdown()* die Zahl der gewarteten Sekunden in dieselbe Variable zurückschreibt, in der Sie die Wartezeit festgelegt hatten. Sie bekommen diese Information also nur zu Gesicht, wenn Sie die Sekundenzahl nicht direkt, sondern über eine Variable angeben.

Bild 4.36: Icons ins Wartefenster einblenden

Blättern Sie doch mal zu Kapitel 9.1.9. Dort steht, wie Sie ganz eigene Icons entwerfen und ins Dialogfenster einblenden lassen.

4.7.3 Skript verzögern

Weil VBScript keine eingebaute Verzögerungsfunktion hat, könnten Sie *Popup()* als Ersatz verwenden: soll Ihr Skript für 2 Sekunden pausieren, dann machen Sie das so:

```
' 4-53.VBS

set wshshell = CreateObject("WScript.Shell")
wshshell.Popup "Verzögere 2 Sekunden", 2
'(C) 1999,2000 T.Weltner
```

Einziger Störenfried ist in solch einem Fall das Dialogfenster, und wenn Sie Sound-Ereignisse aktiviert haben, dann bimmelt es jedesmal. Andererseits wird daraus auch ein Vorteil, denn wenn der Skriptbenutzer auf *OK* klickt, kann er die Verzögerung überspringen.

Brauchen Sie eine echte Verzögerungsfunktion, dann greifen Sie zur neuen Sleep-Funktion des WSH 2.0:

```
WScript.Sleep 2000
```

Sleep() wartet in diesem Beispiel nicht 2000 Sekunden, sondern 2000 Millisekunden. Mit dieser Funktion läßt sich die Wartezeit also haargenau feineinstellen, und kein Dialogfenster stört dabei.

Kapitel 4: Mit dem Skriptbenutzer kommunizieren

```
' 4-54.VBS

MsgBox "Ich lege mich jetzt 5 Sekunden auf die faule Haut!"
WScript.Sleep 5000
MsgBox "War nie wirklich weg...", vbExclamation
'(C) 1999,2000 T.Weltner
```

4.7.4 Festplatte in regelmäßigen Intervallen prüfen

Die *Sleep()*-Funktion ist ausgesprochen wichtig und wird Ihnen noch an anderen Stellen begegnen. Sie könnten damit u.a. zu festgesetzten Zeiten Überwachungsfunktionen auslösen. Setzen Sie Sleep beispielsweise auf 60000, dann würde das Skript jede Minute aufwachen und bestimmte Aufgaben ausführen. Das nächste Skript zeigt, warum das günstig sein kann: es prüft jede Minute, wieviel Platz noch auf der Festplatte frei ist, und wenn der Platz auf unter 400 Megabyte zusammenschrumpft, schlägt es Alarm:

```
' 4-55.VBS

set fs = CreateObject("Scripting.FileSystemObject")
set lfwc = fs.GetDrive("C:\")

' 1 MB sind 1024*1024 Bytes
MB = 1024^2
' 1 Sekunde sind 1000 Millisekunden:
SEC = 1000

' ist weniger als dieser Platz frei, Alarm:
grenzwert = 400 * MB

MsgBox "Festplattenüberwachung aktiviert!", vbInformation

do
    ' prüfe den freien Speicherplatz
    frei = lfwc.AvailableSpace
    if frei<grenzwert then
        antwort = MsgBox("Alarm! Auf Laufwerk C:\ sind nur noch "_
            & FormatNumber(frei/1024,2) & "KB frei!"_
            & vbCr & "Überwachung fortsetzen?", _
            vbYesNo + vbQuestion)
        ' Überwachung abbrechen:
        if not antwort = vbYes then WScript.Quit
    end if

    ' 60 Sekunden bis zur nächsten Prüfung warten:
    WScript.Sleep 60 * SEC
loop
'(C) 1999,2000 T.Weltner
```

Das Besondere am *Sleep()*-Befehl ist, daß Ihr Skript während seiner Winterschlafphasen keine Rechenzeit vergeudet. Die Festplattenüberwachung macht Ihren Rechner also nicht etwa langsam. Die jede Minute stattfindende Prüfung kostet Ihren Prozessor nur ein müdes Gähnen.

Allerdings haben Sie keine Möglichkeit, das Überwachungsskript zu beenden, wenn es einmal läuft. Nur wenn tatsächlich der Speicherplatz bedrohlich sinkt, taucht eine Warnung auf, und hier können Sie die Überwachung auch wieder abschalten.

Wollen Sie das Skript trotzdem beenden, dann drücken Sie [Strg]+[Alt]+[Entf] und suchen sich in der Taskliste den Eintrag *WScript* aus. Dann klicken Sie auf *Task beenden*.

4.7.5 Lebenszeichen ausgeben

Der Scripting Host hat ein kleines Problem: man hat ihm kein eigenes Fenster spendiert! Das bedeutet, Sie können damit zwar Aufgaben erledigen, aber sichtbar machen kann sich das Skript nicht. Das ist schlecht, denn bei langwierigeren Aufgaben stört das lichtscheue Verhalten. Der Skriptbenutzer bekommt womöglich den Eindruck, Ihr Skript habe sich verabschiedet. Lebenszeichen sind deshalb wichtig, und *Popup()* kann helfen:

```
' 4-56.VBS
set wshshell = CreateObject("WScript.Shell")

maximal = 100000
melden = 15

for x=1 to maximal
   a=sin(x)
   if x mod (melden/100*maximal)=0 then
      prozent = x * 100/maximal
      wshshell.Popup "Ich lebe noch. " & prozent & "% fertig!", 1
   end if
next
MsgBox "Fertig!"
'(C) 1999,2000 T.Weltner
```

Dieses Beispiel gibt in regelmäßigen Prozentschritten ein Lebenszeichen von sich. *melden* legt fest, in welchen Prozentschritten die Meldungen erfolgen sollen, und *maximal* legt fest, wieviel Durchläufe Ihr Skript zu erledigen hat.

Mehr als eine Notlösung ist dies aber nicht, denn jedesmal, wenn das *Popup()*-Dialogfenster hervorhüpft, bekommt es den Fokus und stört Sie bei anderen Dingen, die Sie vielleicht gerade erledigen. Außerdem ein Manko: während das *Popup()*-Fenster seine Meldung zum Besten gibt, hält Ihr Skript an. Es wird also langsamer. Geben Sie alle 10 Prozent eine Meldung aus, dann summieren sich diese neun Meldungen zu 9 Sekunden.

Deshalb zeige ich Ihnen ab Kapitel 5 eine ganze Reihe versteckter Möglichkeiten, wie Sie Ihrem Skript einfach ein Ausgabefenster besorgen, über das es wie jedes andere Programm auch zum Besten geben kann, was es will.

4.8 Listen zur Auswahl anbieten

Und was machen Sie, wenn Sie Ihrem Skriptbenutzer eine ganze Reihe von Dingen zur Auswahl stellen wollen? Klauen Sie! Bemächtigen Sie sich des ListViews, den auch der Explorer in seiner *Detail*-Ansicht verwendet.

Dieser ListView ist natürlich normalerweise streng abgeschirmt und nur für den offiziellen Explorer gedacht. Eine kleine Scripting-Host-Erweiterung sprengt dieses Limit aber. Ab sofort können Sie ebenfalls Einträge in einem ListView zur Auswahl anbieten. Schauen Sie mal:

```
' 4-57.VBS
set tools = CreateObject("listview.tobtools")

' Überschriften des Dialogfensters festlegen
tools.AddHeader "Nachname", 50
tools.AddHeader "Vorname", 50

' Spalten des Fensters füllen:
tools.AddItem "Weltner"
tools.AddSubItem 1, "Tobias"
tools.AddItem "Wolters"
tools.AddSubItem 1, "Claudi"
tools.AddItem "Peters"
tools.AddSubItem 1, "Jürgen"

' Nach einem Kriterium sortieren
tools.ListViewSort 1

' Ergebnis anzeigen und Auswahl abwarten
set ergebnis = tools.ListViewShow("Auswahldialog!")

' Wieviel Felder wurden ausgewählt?
MsgBox ergebnis.Count

' Ergebnis ausgeben:
for each subitem in ergebnis
   MsgBox subitem
next

' Ergebnisse einzeln ausgeben
for each subitem in ergebnis
   einzelteile = Split(subitem, vbCrLf)
   for each einzelteil in einzelteile
      MsgBox einzelteil
   next
next
'(C) 1999,2000 T.Weltner
```

4.8 Listen zur Auswahl anbieten 137

Erstaunlich: Der ListView läßt sich völlig frei gestalten. Anstelle der im Explorer üblichen Spalten wie Dateiname und Größe erfinden Sie einfach ganz eigene Kategorien, zum Beispiel Nachname und Vorname, wie in diesem Beispiel!

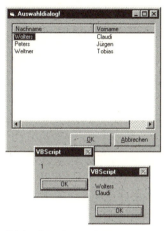

Bild 4.37: Sogar Listen kann Ihr Skript füllen und zur Auswahl anbieten

Der ListView ist enorm flexibel und läßt sich für die verschiedensten Projekte einsetzen.

4.8.1 Ein ListView-Fenster mit Inhalten füllen

Das Beispiel oben zeigt, wie Sie mit dem ListView umgehen. Bauen Sie zuerst mit *AddHeader* alle Spalten ein, die Sie brauchen. Hinter dem Spaltennamen können Sie in Prozent angeben, wie breit die Spalte im Verhältnis zur gesamten Breite sein soll.

Sind die Spaltenüberschriften festgelegt, dann fügen Sie als nächstes mit *AddItem()* den ersten Listeneintrag ein. Der landet in der ersten Spalte. Die übrigen Spalten füllen Sie dann mit *AddSubitem()*. Geben Sie an, in welche Zusatzspalte der Eintrag geschrieben werden soll.

4.8.2 Die Liste der Einträge galant sortieren

Ist Ihr Dialogfenster mit Inhalt versorgt, dann können Sie die Liste sogar vollautomatisch sortieren. Mit *ListViewSort()* legen Sie fest, welche Spalte sortiert werden soll. Die erste Spalte hat die Nummer *0*.

Normalerweise wird absteigend sortiert. Wollen Sie lieber aufsteigend sortieren, dann geben Sie *ListViewSort()* als zweiten Parameter *1* an: *ListViewSort 0, 1* sortiert die erste Spalte (Nummer 0) aufsteigend.

Und was, wenn Sie nach mehreren Kriterien sortieren wollen? Vielleicht zuerst nach dem Geburtsdatum und dann nach dem Nachnamen? Wenden Sie *ListViewSort()* einfach mehrmals an. Sortieren Sie also zuerst die Spalte mit den Namen und dann diejenige mit den Geburtsdaten.

4.8.3 Ein ListView-Auswahlfenster anzeigen

Bisher spielten sich alle Schritte im Verborgenen ab. Das ListView-Fenster ist noch nirgends zu sehen. Locken Sie es mit *ListViewShow()* hervor.

ListViewShow liefert das Ergebnis in Form eines *Collection*-Objekts zurück. Sie müssen dieses Ergebnis also mit Set einer Variablen zuweisen. Die einfachste Variante sieht so aus:

```
Set ergebnis = tools.ListViewShow
```

Wie Sie richtig mit dem Ergebnis umgehen, zeige ich Ihnen gleich. Schauen Sie sich vorher kurz an, mit welchen Zusatzargumenten Sie *ListViewShow()* füttern können:

```
ListViewShow(titel, breite, hoehe, multi, ok, cancel, multiedit)
```

Argument	Bedeutung
titel	Text in der Titelzeile des Fensters
breite	Breite des Fensters in Prozent der Bildschirmbreite, erlaubt sind Werte zwischen 0,1 und 1
hoehe	Höhe des Fensters in Prozent der Bildschirmhöhe, erlaubt sind Werte zwischen 0,1 und 1
multi	*true* erlaubt dem Anwender, bei festgehaltener ⌈Strg⌉-Taste mehrere Listeneinträge auszuwählen. Das ist die Vorgabe. Wollen Sie, daß sich der Skriptbenutzer für einen Eintrag entscheidet, dann setzen Sie dieses Argument auf *false*
ok	Beschriftung des OK-Buttons
cancel	Beschriftung des Abbrechen-Buttons
multiedit	Dialogfenster kann nach der Auswahl bei Bedarf erneut angezeigt werden, muß dafür aber mit *ListViewQuit* nach Gebrauch von Hand entsorgt werden

Tab. 4.16: Argumente der ListViewShow()-Funktion

Alle Argumente sind optional, also brauchen Sie keins davon zwingend anzugeben. Möchten Sie zum Beispiel nur die Beschriftung der Schaltflächen festlegen, dann schreiben Sie:

```
set ergebnis = tools.ListViewShow(,,,,"Jau!",_
    "Wech doch!")
```

4.8.4 Mit dem Ergebnis des Dialogfensters zurechtkommen

ListViewShow() verpackt das Auswahlergebnis in einem sogenannten Collection-Objekt. Wieviel Einträge der Skriptbenutzer ausgesucht hat, verrät zum Beispiel *Count()*:

```
set ergebnis = tools.ListViewShow
MsgBox ergebnis.Count
```

Die einzelnen Einträge, die ausgesucht wurden, verrät Ihnen eine *for each...next*-Schleife:

```
for each eintrag in ergebnis
    MsgBox eintrag
next
```

Jetzt wird jeder ausgewählte Listeneintrag einzeln aufgelistet.

Die Inhalte der einzelnen Spalten Ihrer Liste werden dabei durch das Wagenrücklaufzeichen voneinander getrennt. Sie sehen deshalb im *MsgBox*-Dialogfenster für jede Spalte eine Extrazeile. Wollen Sie die Spalteninhalte »auseinanderdröseln«, dann basteln Sie aus dem Gesamttext ein Variablenfeld und benutzen das Wagenrücklaufzeichen als Trennung:

```
for each eintrag in ergebnis
   feld = Split(eintrag, vbCrLf)
   for each untereintrag in feld
      MsgBox untereintrag
   next
next
```

4.8.5 Das ListView-Dialogfenster zum Sortieren mißbrauchen

Ihr ListView-Dialogfenster kann perfekt – und vor allem blitzschnell – Listen sortieren. Das haben Sie gerade gesehen! Diese praktische Sortiererei ist allein für sich genommen ungemein interessant, und deshalb läßt sich das Dialogfenster auch für das reine Sortieren von Listen mißbrauchen. Der Trick: Sie zeigen das Dialogfenster nie an.

```
' 4-58.VBS

set tools = CreateObject("listview.tobtools")
set fs = CreateObject("Scripting.FileSystemObject")

' Überschriften des Dialogfensters festlegen
tools.AddHeader "Dateiname"
tools.AddHeader "Größe"

' Dateien im Laufwerk C: in Liste schreiben:
set ordner = fs.GetFolder("C:\")
for each datei in ordner.files
   tools.AddItem datei.name
   tools.AddSubItem 1, right(space(15) & CStr(datei.size), 15)
next

' Dateiname nach Alphabet sortieren
tools.ListViewSort 0

' Ergebnis ohne Dialogfenster sofort auslesen
set ergebnis = tools.GetListViewContents
' und ausgeben:
for each eintrag in ergebnis
   nachricht = nachricht + Replace(eintrag, vbCrLf, vbTab) & vbCr
next
MsgBox nachricht
```

140 *Kapitel 4: Mit dem Skriptbenutzer kommunizieren*

```
' Sie können das Ergebnis auch im Dialogfenster
' anzeigen:
set ergebnis = tools.ListViewShow
'(C) 1999,2000 T.Weltner
```

Schlüssel zum Dialogfenster-Mißbrauch ist also die Funktion *GetListViewContents()*. Diese Funktion liefert als Ergebnis wieder eine Collection zurück, genau wie *ListViewShow()*. Allerdings wird diesmal kein Dialogfenster zur Auswahl angezeigt, und das Ergebnis enthält alle Einträge der Liste.

> **Tip:** Zahlen richtig sortieren!
> Vielleicht haben Sie sich gewundert, auf welch sonderbare Weise das Skript die Dateigröße in den ListView einträgt. Es wandelt die Dateigröße zuerst mit *CStr()* in einen Text um, stellt dann 15 Leerzeichen voran und trägt zum Schluß nur die letzten 15 Zeichen in den ListView ein. Der Grund für dieses Verhalten ist aber verständlich: der ListView sortiert die Einträge immer alphabetisch. Die Dateigrößen würden also nicht nach Größe, sondern nach Anfangsbuchstaben sortiert. Nicht so gut. Indem das Skript vor die Zahlen Leerzeichen einfügt, werden die Leerzeichen mitsortiert, und wenn Sie im ListView auf die Größe-Spaltenüberschrift klicken, wird tatsächlich ordnungsgemäß nach Größe sortiert.

Bild 4.38: Ordnerlistings nach Größe sortieren

5 Scripting Host mit Ausgabefenster

Eine der lästigsten Sparaktionen ist die Tatsache, daß niemand dem Scripting Host ein Ausgabefenster spendiert hat. Ihre Skripte arbeiten deshalb ausschließlich im Verborgenen und können sich höchstens hier und dort mit einem *MsgBox()*- oder *InputBox()*-Dialogfenster zu Wort melden.

Dabei wäre es eigentlich viel schöner, wenn Ihre Skripte ein Fenster öffnen und darin genau auflisten könnten, was sie gerade tun. So wäre sofort klar, was das Skript im Augenblick gerade macht.

Funktioniert auch! Der Scripting Host bringt alles mit, was Sie brauchen, um fremde Fenster zu kidnappen, und in den vergangenen Kapiteln haben Sie bereits meine Toolkit-Erweiterungen kennengelernt, die ebenfalls eifrig mithelfen, diesen Engpaß zu beseitigen.

5.1 Informationen ausgeben, während das Skript läuft

Diese Überschrift ist auf den zweiten Blick gar nicht so dumm, wie sie zunächst klingt. Normalerweise stoppt Ihr Skript nämlich, solange es Informationen anzeigt – ganz gleich, ob Sie dafür *MsgBox()*, *InputBox()* oder *Popup()* verwenden. Solange also Skript-Infos auf dem Bildschirm zu sehen sind, dreht Ihr Skript Däumchen.

Der Grund: der Windows Scripting Host kann sich nicht wie moderne Programme in mehrere Threads aufteilen. Genau das wäre aber nötig, wollte Ihr Skript auf mehreren Hochzeiten gleichzeitig tanzen. Stattdessen erledigt der Scripting Host gemütlich und genügsam immer nur eine Sache nach der anderen. Ein Dialogfenster soll angezeigt werden? Bitte sehr, aber bitte nicht zwischendrin an anderen Dingen weiterarbeiten.

Wie tricksen Sie den Scripting Host also aus? Sie brauchen ein zweites Programm. Dieses zweite und unabhängige Programm kann dann so lange Informationen anzeigen, wie Sie wollen – der Scripting Host hat damit jetzt nichts mehr zu tun und also auch keine Entschuldigung mehr, seine Arbeit liegenzulassen.

5.1.1 Den Internet Explorer kidnappen

Ein ideales Opfer für Ihre Kidnapping-Aktion ist der Internet Explorer. Er ist schließlich dafür erfunden worden, Informationen anzuzeigen, und wenn diese nicht aus dem Web stammen, sondern von Ihrem Skript, ist dem Internet Explorer das herzlich egal.

Wie kommen Sie an den Internet Explorer heran? Er ist wie fast alles bei Windows wieder nur ein Objekt und hört auf den Namen *InternetExplorer.Application*. Schauen Sie mal, wie leicht Sie einen eigenen Internet Explorer öffnen:

```
' 5-1.VBS

set ie4 = CreateObject ("InternetExplorer.Application")
ie4.visible = true
'(C) 1999,2000 T.Weltner
```

Da ist er, allerdings ist er noch ziemlich leer. Wie bringt man ihn dazu, Text anzuzeigen?

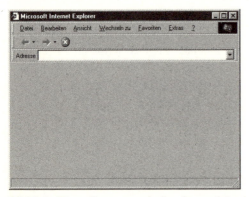

Bild 5.1: Ein vollkommen steriler, leerer Internet Explorer

5.1.2 Text im Internet Explorer anzeigen

Erster Schritt: füttern Sie den Internet Explorer. Damit er sinnvolle Dinge anzeigen kann, muß er ein Dokument laden, also eine Webseite. Ein paar Zeilen Extracode genügen, und schon zeigt das Fenster mehr an:

```
' 5-2.VBS

set ie4 = CreateObject("InternetExplorer.Application")
ie4.visible = true
ie4.navigate("about:navigationFailure")
'(C) 1999,2000 T.Weltner
```

Jetzt zeigt der IE seine eingebaute Fehlermeldung. Nicht schön, aber zumindest schon mal etwas. Wie verfüttert man eigenen Text an den IE? Zum Beispiel so:

```
' 5-3.VBS

set ie4 = CreateObject ("InternetExplorer.Application")
ie4.visible = true
ie4.navigate("about:Moin!")
MsgBox "Gleich ändere ich den Text!"
ie4.navigate("about:Mir ist langweilig!")
```

```
MsgBox "Ich entsorge den IE jetzt!"
ie4.quit
'(C) 1999,2000 T.Weltner
```

Bild 5.2: Geheim: Mit `about:` geben Sie Meldungen in Ihr IE-Fenster aus

Mit dem `about:`-Spezialwort rufen Sie also entweder vorgefertigte Windows-Meldungen auf den Schirm, oder Sie geben ganz eigene Texte damit aus:

```
' 5-4.VBS

set ie4 = CreateObject("InternetExplorer.Application")
ie4.visible = true
for x=1 to 100
   ie4.navigate("about:ich zähle gerade bis " & "100 und bin bei " & x)
next
ie4.quit
'(C) 1999,2000 T.Weltner
```

Spätestens, wenn Sie dieses Beispiel ausprobieren, überkommt Sie der kalte Schauer. Für jede Textänderung baut sich das Explorerfenster komplett neu auf. Das dauert nicht nur ewig, es flackert auch ungemein. Schön ist das nicht. Zum Glück gibt es viel elegantere Wege, den Internet Explorer fernzusteuern.

Dazu laden Sie als nächstes ein »richtiges« Webdokument. Wenn Sie keine externe HTML-Datei zur Hand haben, verfüttern Sie die Webseite eben online:

```
' 5-5.VBS

set ie4 = CreateObject ("InternetExplorer.Application")
ie4.visible = true
ie4.navigate ("JavaScript:'<title>Moin!</title>Guten Tag!'")
MsgBox "Ich ändere gleich den Text!"
for x=1 to 100
   ausgabe = "Ich zähle gerade bis 100 und bin bei " & x
   ie4.document.body.innerHTML = ausgabe
next
MsgBox "Wieder zuklappen!"
ie4.Quit
'(C) 1999,2000 T.Weltner
```

Schon viel besser, nichts flackert mehr. Und was ist hier passiert?

Bild 5.3: Statusmeldungen an den IE ausgeben

Navigate() ist zu einer synthetischen Webseite gesurft. Das, was Sie zwischen den *Title*-Tags angeben, erscheint oben in der Titelleiste des Fensters. Richtig spannend wird es aber, wenn Sie sich anschauen, wie Ihr Skript den Text im Fenster nachträglich ändert:

Dazu verschafft es sich einfach Zugang zum geladenen Dokument *ie4.document*. Anschließend kann es auf den Inhalt der Webseite genau so zu greifen wie das auch normalerweise in Webseiten eingebettete Skripte tun können. Über *ie4.document.body* spricht das Skript den Seiteninhalt an und kann den über *innerHTML* durch neuen Text ersetzen. Das ist alles!

Fast alles. Damit dieses Skript einwandfrei funktioniert, muß das Skript hundertprozent sicher sein, daß das Dokument auch wirklich schon geladen ist, wenn es *innerHTML* benutzt. Andernfalls gibt es keinen *body*-Bereich, und Ihr Skript würde kläglich scheitern. Der einzige Grund, warum das Skript oben bereits jetzt schon funktioniert, liegt an der heimtückisch eingebauten *MsgBox()*. Sie lenkt Sie ein paar Sekunden ab, genügend Zeit also, um das Dokument zu laden. Ohne die *MsgBox()*-Zeile hätten Sie weniger Spaß.

Fügen Sie also noch schnell eine Prüfung ein, damit Sie künftig ohne *MsgBox*-Anstandsdame sofort loslegen können:

```
' 5-6.VBS

set ie4 = CreateObject ("InternetExplorer.Application")
ie4.visible = true
ie4.navigate ("JavaScript:'<title>Moin!</title>Guten Tag!'")
do
loop while ie4.ReadyState<>4
for x=1 to 100
   ausgabe = "Ich zähle gerade bis 100 und bin bei " & x
   ie4.document.body.innerHTML = ausgabe
next
'(C) 1999,2000 T.Weltner
```

5.1.3 Ihr Ausgabefenster von Ballast befreien

Die Ausgabe funktioniert inzwischen perfekt, aber ein Augenschmaus ist das IE-Fenster wahrlich nicht: viel zu viele Internet-Explorer-Symbolleisten hängen unnütz im Wege herum. Dabei brauchen Sie nur an ein paar Strippen zu ziehen, und schon bringen Sie das Fenster in Form.

5.1 Informationen ausgeben, während das Skript läuft

```
' 5-7.VBS

set ie4 = CreateObject("InternetExplorer.Application")
ie4.visible = true
ie4.navigate ("JavaScript:'<title>Moin!</title>Guten Tag!'")
ie4.width = 400
ie4.height = 300
ie4.Toolbar = false
ie4.Statusbar = false
do
loop while ie4.ReadyState<>4
for x=1 to 100
   ausgabe = "Ich zähle gerade bis 100 und bin bei " & x
   ie4.document.body.innerHTML = ausgabe
next
ie4.Quit
'(C) 1999,2000 T.Weltner
```

Jetzt wird das Fenster auf passende Größe gerückt und die vielen überflüssigen Toolbars abgeschaltet. Wenn Sie sich dieses Schauspiel, das sowieso nur wenige Millisekunden dauert, nicht live anschauen wollen, dann versetzen Sie die Zeile *ie4.visible = True* ans Ende der Änderungen. Schon flackert nichts mehr, weil der IE4 sein Fenster zurechtrückt, bevor er die Bühne Ihres Bildschirms betritt.

Allerdings bleibt noch ein kosmetischer Schönheitsfleck: die Verschiebeleiste rechts ist immer da, selbst dann, wenn man mit ihr partout nichts anfangen kann. Die bekommen Sie aber auch noch weg:

```
' 5-8.VBS

set ie4 = CreateObject("InternetExplorer.Application")
ie4.navigate _
   ("JavaScript:'<title>Moin!</title><body scroll=no>Guten Tag!</body>'")
ie4.width = 300
ie4.height = 80
ie4.Toolbar = false
ie4.Statusbar = false
ie4.visible = true
do
loop while ie4.ReadyState<>4
for x=1 to 100
   ausgabe = "Ich zähle gerade bis 100 und bin bei " & x
   ie4.document.body.innerHTML = ausgabe
next  '
ie4.Quit
'(C) 1999,2000 T.Weltner
```

Bild 5.4: IE-Fenster in passender Größe und ohne Toolbar-Ballast

Der Trick liegt diesmal im *<BODY>*-Tag Ihrer synthetischen Anfangsseite: hier verjagen Sie mit *scroll=no* die aufdringliche Verschiebeleiste. Der Scripting Host hat jetzt ein Ausgabefenster!

5.1.4 Ausgabefenster skriptingsicher machen

Allerdings währt die Freude nicht ganz so lange. Probieren Sie mal aus, was passiert, wenn Sie das IE-Fenster einfach ausknipsen, während Ihr Skript darin schmutzige Witze oder andere schöne Dinge zum besten gibt.

Ein Fehler! So einfach, wie das Skript sich den Internet Explorer gekidnappt hat, so einfach haben Sie ihn dem Skript wieder entrissen. Beim nächsten Ausgabeversuch sieht Ihr Skript nur noch Sterne, weil das betreffende Objekt nicht mehr existiert.

Bild 5.5: Wird das IE-Fenster zugeklappt, dann greift Ihr Skript ins Leere

Und nun? Tricksen Sie!

Das gekidnappte Internet-Explorer-Fenster sendet nämlich bei allen wichtigen Dingen sogenannte Events. Events beziehen sich hier leider nicht auf Michael Jackson Konzerte, sondern sind wichtige Ereignisse aus dem Leben eines Windows-Programms und damit weit weniger interessant als echte Events.

Ein solch wichtiges Ereignis für den Internet Explorer ist, wenn er seine Pforten schließt. Dieses Event heißt bei ihm *onQuit*.

Wenn Events wie *onQuit* zuschlagen, dann unterbrechen sie sofort und ohne Umschweife alles andere, was derjenige gerade tut, der den Events lauscht. Ihr Skript könnte also die Events des IE überwachen und sofort mitbekommen, wenn jemand das Fenster einfach schließt. Nur: wie belauscht man Events?

Dazu dient die Funktion *WScript.CreateObject()*. Die funktioniert anders als die nackte *CreateObject()*-Version, denn sie akzeptiert auf Wunsch einen zweiten Parameter. Geben Sie den an, dann leitet der Scripting Host die Events des Objekts an Ihr Skript weiter. So sieht das im echten Leben aus:

```
' 5-9.VBS

set ie4 = WScript.CreateObject("InternetExplorer.Application", "event_")
ie4.navigate _
   ("JavaScript:'<title>Moin!</title><body scroll=no>Guten Tag!</body>'")
ie4.width = 300
ie4.height = 80
ie4.Toolbar = false
ie4.Statusbar = false
ie4.visible = true
do
loop while ie4.ReadyState<>4
for x=1 to 1000
   ausgabe = "Ich zähle gerade bis 1000 und bin bei " & x
   ie4.document.body.innerHTML = ausgabe
next
ie4.Quit

sub event_onQuit
   MsgBox "Hey! Sie haben gerade mein Fenster geschlossen! Sind Sie " _
      & "verrückt? Ich muß abbrechen!", vbCritical
   WScript.Quit
end sub
'(C) 1999,2000 T.Weltner
```

Probieren Sie es aus: Wenn Sie jetzt das IE-Fenster ausknipsen, meldet sich empört Ihr Skript und verkündet, daß es den Dienst quittieren wird. Tatsächlich gilt: Sie können auf das Fensterausknipsen nur wie ein hilfloser Zuschauer reagieren. An der Tatsache, daß das Fenster verschwinden wird, läßt sich nichts ändern – oder in den Worten des Titanic-Chefingenieurs: »Sie wird untergehen. Es ist nur eine Frage der Zeit.«. Und wieviel Zeit haben wir? Solange Ihre Prozedur *event_onQuit* läuft, bleibt das IE-Fenster sichtbar. Sobald Sie die Hiobsbotschaft verarbeitet haben, verschwindet es sang- und klanglos. Deshalb brechen Sie in solch einem Fall am besten Ihr Skript mit *WScript.Quit* ab.

Bild 5.6: Schon besser: Fehler werden jetzt automatisch abgefangen

5.1.5 Vorgefertigte Ausgabefenster für Ihre Skripte

Bestimmt haben Sie keine Lust, jedesmal Romane in Ihrem Skript zu schreiben, nur weil Sie ein Ausgabefenster brauchen. Ist auch gar nicht nötig, denn eins meiner Tools zimmert Ihnen mit nur einer einzigen Anweisung ein Ausgabefenster zurecht:

Kapitel 5: Scripting Host mit Ausgabefenster

```
' 5-10.VBS

set tools = WScript.CreateObject("ie4helper.tobtools")
set ie = tools.OpenIEWindow("Mein Ausgabefenster",false,300, 80)

for x = 1 to 1000
   tools.Say (ie), "Ich bin gerade bei " & x
next
'(C) 1999,2000 T.Weltner
```

Tip: Denken Sie an die geheimen Klammern!
Der *Say()*-Befehl gibt bequem Text in Ihr neues Ausgabefenster aus. Dazu übergeben Sie ihm das Internet Explorer Objekt, in das geschrieben werden soll. Allerdings klappt dieser Service nur, wenn Sie den Namen des Objekts in Klammern schreiben!

Bild 5.7: Mit nur wenigen Skriptzeilen haben Sie endlich ein unabhängiges Ausgabefenster

Das Toolkit fängt auf Wunsch auch das *onQuit*-Ereignis ein. Sie können also wie oben gezielt darauf reagieren, wenn jemand Ihr Fenster vorzeitig ausknipst:

```
' 5-11.VBS

set tools = WScript.CreateObject("ie4helper.tobtools", "event_")
set ie = tools.OpenIEWindow("Mein Ausgabefenster",false,300, 80)

for x = 1 to 1000
   tools.Say (ie), "Ich bin gerade bei " & x
next

sub event_onQuit
   MsgBox "Sie haben abgebrochen!", vbCritical
   WScript.Quit
end sub
'(C) 1999,2000 T.Weltner
```

Und was, wenn Sie mehr als eine Zeile ausgeben wollen? Dann verwenden Sie den Befehl *SayMore()*. Sogar Schriftart und -größe können Sie aussuchen, genauso wie Hintergrund- und Schriftfarbe:

```
' 5-12.VBS

ordner = InputBox("Welchen Ordner wollen Sie listen?", "Ordner listen", "C:\")

set tools = WScript.CreateObject("ie4helper.tobtools", "event_")
set fs = CreateObject("Scripting.FileSystemObject")
```

5.1 Informationen ausgeben, während das Skript läuft

```
set ie = tools.OpenIEWindow(ordner, true, _
   400, 500, "Arial", 12, true, "CC8832", "FFFFFF")
tools.Say (ie), "<i>Übersicht Ordner " & ordner & "</i>"

if fs.FolderExists(ordner) then
   set folder = fs.GetFolder(ordner)
   for each subfolder in folder.subfolders
      tools.SayMore (ie), "[" & subfolder.name & "]"
   next
   for each file in folder.files
      tools.SayMore (ie), file.name
   next
else
   tools.Say (ie), "Ordner <i>" & laufwerk & "</i> existiert nicht!"
end if

sub event_onQuit
   MsgBox "Hey! Sie haben gerade das Ausgabefenster "& "geschlossen! " _
      & "Sind Sie verrückt? Ich muß abbrechen!",vbCritical
   WScript.Quit
end sub
'(C) 1999,2000 T.Weltner
```

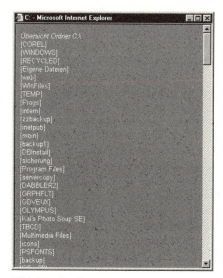

Bild 5.8: Ihr Fenster komplett mit Farbe, Schriftart und Verschiebeleiste

Die volle Oprtionsliste zum Experimentieren und Ausprobieren für Ihren neuen OpenIEWindow-Befehls sieht also so aus:

OpenIEWindow(titel, scroll, breite, höhe, schrift, größe, sichtbar, hgfarbe, farbe)

Parameter	Bedeutung
titel	Text für die Titelzeile des Fensters
scroll	*true*=Verschiebeleiste wird eingeblendet
breite	Breite des Fensters in Punkten
höhe	Höhe des Fensters in Punkten
schrift	Name der Schriftart
größe	Größe der Schriftart in Punkt
sichtbar	*false*=Fenster ist unsichtbar und muß zuerst mit *visible=true* sichtbar gemacht werden
hgfarbe	Farbe für den Fensterhintergrund, (wird als sechs Zeichen lange Hexadezimalzahl angegeben)
farbe	Farbe für den Text

Tab. 5.1: Parameter für den OpenIEWindow-Befehl

Alle Parameter sind optional, Sie brauchen also nichts anzugeben, wenn Sie nicht wollen, und bekommen dann ein »Standard«-Fenster.

Hier eine Anregung zum Experimentieren:

```
' 5-13.VBS

set tools = CreateObject("ie4helper.tobtools")
set dialog = CreateObject("systemdialog.tobtools")
farbe1 = dialog.PickColor("Suchen Sie sich die Hintergrundfarbe aus!")
farbe2 = dialog.PickColor("Suchen Sie sich die Textfarbe aus!")
schrift = Split(dialog.PickFonts("Suchen Sie sich Schrift und"& " -Größe " _
    & "aus!"), vbCrLf)
set ie = tools.OpenIEWindow(,,400,500, schrift(0),schrift(1),,farbe1, farbe2)
tools.Say (ie), "Guten Tag!"
'(C) 1999,2000 T.Weltner
```

Bild 5.9: Suchen Sie sich per Dialog Schrift- und Hintergrundfarben aus

5.2 Eigene Dialogfenster mit HTML-Vorlagen

Trara, jetzt geht es ans Eingemachte! Sie haben nun alle Voraussetzungen geschaffen, um auch die wildesten Dialogfenster vollkommen selbst zu gestalten.

Und wie? Mit HTML! HTML ist die Seitenbeschreibungssprache der Webseiten, und Ihr Internet-Explorer-Ausgabefenster kann solche HTML-Befehle elegant verarbeiten und anzeigen. Gestalten Sie Ihr Dialogfenster also einfach als HTML-Seite.

5.2 Eigene Dialogfenster mit HTML-Vorlagen 151

Dabei verwenden Sie die HTML-Tags als Baukastensystem und können so beinahe alles zusammenbasteln, was Ihr Skript benötigt.

5.2.1 Ein Dialogfenster dynamisch basteln

Das nächste Beispiel zeigt, wie so etwas geht. Es verwendet wieder die vorgefertigten Befehle aus meinem Toolkit, aber Sie könnten ebenso gut auch direkt ein *InternetExplorer.Application*-Objekt öffnen und alles selbst steuern.

```
' 5-14.VBS
set tools = WScript.CreateObject("ie4helper.tobtools", "event_")
set ie = tools.OpenIEWindow("Ihr Name", ,300, 160, "Arial", 8, false)

' Inhalt festlegen:
tools.SayDirect (ie), _
  "<fieldset><legend><p>Bitte geben Sie " _
  & "Ihren Namen an!</p></legend><table " _
  & "border=0><tr><td><p>Vorname</p><" _
  & "/td><td><input type=""text"" " _
  & "name=""vorname"" " _
  & "size=""20""></td></tr><tr><td><p" _
  & ">Nachname</p></td><td><input " _
  & "type=""text"" " _
  & "name=""nachname""size=""20""></t" _
  & "d></tr></table><input " _
  & "style=""margin-left: 3px; " _
  & "margin-bottom: 3px"" type=""button"" " _
  & "value=""OK""& " " _
  & "name=""absenden""></fieldset>"

' erscheinen lassen:
ie.visible = true
'(C) 1999,2000 T.Weltner
```

Tatsächlich: Das Dialogfenster erscheint. Allerdings ist es ziemlich leblos und kümmert sich nicht im Mindesten darum, wenn Sie auf den *OK*-Button klicken.

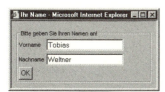

Bild 5.10: Ein selbstdesigntes Dialogfenster

Das ist auch kein Wunder. Schauen Sie mal, was Ihr Skript bis jetzt geleistet hat: es hat einen Internet Explorer gestartet und den dann mit dem HTML-Inhalt für das Dialogfenster gefüttert.

Dazu ist der Befehl *SayDirect()* da: er verfüttert HTML-Kommandos direkt an den Internet Explorer.

Alles klappt, das Dialogfenster wird auch wirklich angezeigt. Ihr Skript reibt sich die Hände und endet. Kein Wunder, daß sich niemand mehr um das Dialogfenster kümmert und Ihre Eingaben entgegennimmt – das Skript hat längst Feierabend gemacht.

5.2.2 Jetzt bestimmen Sie, was Dialogfensterbuttons machen

Das ändert sich aber jetzt. Sorgen Sie dafür, daß Ihr Skript darauf wartet, was ins Dialogfenster eingegeben wird. So wird es gemacht:

```
' 5-15.VBS

' Speichert den Vornamen:
vorname = ""
set tools = WScript.CreateObject("ie4helper.tobtools", "event_")
set ie = tools.OpenIEWindow("Ihr Name", ,300, 160,"Arial", 8, false)

' Inhalt festlegen:
tools.SayDirect (ie), _
    "<fieldset><legend><p>Bitte geben Sie Ihren Namen an!</p></legend><table " _
    & "border=0><tr><td><p>Vorname</p><" _
    & "/td><td><input type=""text"" " _
    & "name=""vorname"" " _
    & "size=""20""></td></tr><tr><td><p" _
    & ">Nachname</p></td><td><input " _
    & "type=""text"" " _
    & "name=""nachname""size=""20""></t" _
    & "d></tr></table><input " _
    & "style=""margin-left: 3px; " _
    & "margin-bottom: 3px"" type=""button"" " _
    & "value=""OK"""& " " _
    & "name=""absenden""></fieldset>"

' Klick auf Button ruft Prozedur
' "absenden" auf:
ie.document.all.absenden.onClick = GetRef _
    ("absenden")

' Fenster anzeigen:
ie.visible = true

' Warten, bis Anwender Fenster schließt:
tools.WaitForQuit (ie)

MsgBox "Fenster wurde geschlossen. Ich " _
```

5.2 Eigene Dialogfenster mit HTML-Vorlagen 153

```
        & "mache Feierabend!"

sub absenden
' wird ausgelöst, wenn jemand auf den
' OK-Knopf klickt:
    MsgBox "Trara! Sie haben auf mich geklickt!"
end sub
'(C) 1999,2000 T.Weltner
```

Zwei Dinge sind erstaunlich: Erstens wartet Ihr Skript, bis das Fenster geschlossen wird. Das erledigt die Funktion *WaitForQuit*, der Sie (in Klammern!) den Namen des Fensterobjekts verraten, auf das es warten soll. Das Skript bleibt dann so lange im Winterschlaf, bis das Internet-Explorer-Fenster ausgeknipst wird.

Zweitens erweckt das Skript den *OK*-Button aus Ihrem Dialogfenster zum Leben. Wenn Sie draufklicken, erscheint ein Gruß. Der stammt aus der Prozedur *absenden()* aus Ihrem Skript. Wie haben Sie den Button mit einer Ihrer Prozeduren verkoppelt? Über *GetRef()!*

> **Tip:** *GetRef()* gibt es nur beim neuen WSH.
> *GetRef()* ist ein ausgesprochen praktischer Befehl, aber ihn gibt es erst bei der aktuellen Version des Scripting Hosts. Will Ihr Scripting Host *GetRef()* nicht akzeptieren, dann besorgen Sie sich schleunigst die aktuelle WSH-Fassung aus dem Internet (Kapitel 1).

GetRef() liefert eine Referenz auf eine Skriptprozedur. Diese Referenz verbandeln Sie mit dem *onClick*-Ereignis des Buttons. Das ist ziemlich leicht:

ie.document.all.absenden stellt eine Verbindung zum HTML-Element mit dem Namen *absenden* her. *ie.document.all.absenden.onclick = GetRef()* programmiert das Element so um, daß es beim Draufklicken Ihre Prozedur aufruft. Genial einfach, oder?

5.2.3 Inhalte der Dialogfenster lesen

Das ist alles schön und gut, aber wie kann das Dialogfenster ausgelesen werden? Zum Beispiel so:

```
' 5-16.VBS

' Speichert den Vornamen:
vorname = ""
' Speichert den Nachnamen:
nachname = ""
' Schon Name eingegeben?
ok = false

set tools = WScript.CreateObject("ie4helper.tobtools", "event_")
set ie = tools.OpenIEWindow("Ihr Name",,300, 160,"Arial", 8, false)

' Inhalt festlegen:
```

Kapitel 5: Scripting Host mit Ausgabefenster

```
tools.SayDirect (ie), "<fieldset><legend><p>Bitte geben Sie " _
    & "Ihren Namen an!</p></legend><table " _
    & "border=0><tr><td><p>Vorname</p><" _
    & "/td><td><input type=""text"" " _
    & "name=""vorname"" " _
    & "size=""20""></td></tr><tr><td><p" _
    & ">Nachname</p></td><td><input " _
    & "type=""text"" " _
    & "name=""nachname""size=""20""></t" _
    & "d></tr></table><input " _
    & "style=""margin-left: 3px; " _
    & "margin-bottom: 3px"" type=""button"" " _
    & "value=""OK""& " " _
    & "name=""absenden""></fieldset>"

' Klick auf Button ruft Prozedur _
' "absenden" auf:
ie.document.all.absenden.onClick = GetRef("absenden")
' Vorname-Feld soll eingabebereit sein:
ie.document.all.vorname.focus()

' Fenster anzeigen:
ie.visible = true

' Warten, bis Anwender Fenster schließt:
tools.WaitForQuit (ie)

' Auswerten:
MsgBox "Sie haben eingegeben: " & vorname & " " & nachname

sub event_onQuit
' wird ausgelöst, wenn Fenster schließt:
' schon alles eingegeben?
    if not ok then
        ' Nein, also nörgeln:
        MsgBox "Sie haben abgebrochen!", vbCritical
        WScript.Quit
    end if
end sub

sub absenden
' wird ausgelöst, wenn jemand auf den
' OK-Knopf klickt:
    ' Eingabefelder auslesen und in public
    ' Variablen speichern
    vorname = ie.document.all.vorname.value
    nachname = ie.document.all.nachname.value
```

```
    ' onQuit-Nörgelmeldung abschalten
    ok = true
    ' Fenster schließen:
    ie.Quit
end sub
'(C) 1999,2000 T.Weltner
```

Als erstes fällt sofort auf, daß diesmal der Eingabecursor bereits zuvorkommend im Vorname-Feld blinkt: Sie brauchen nicht extra hineinzuklicken. Welches Feld Ihrer HTML-Seite vorgewählt sein soll, bestimmen Sie mit *focus()*. *document.all.vorname.focus()* schaltet das Feld mit dem Namen *vorname* aktiv.

Bild 5.11: Ihr Skript reagiert auf Eingaben ins Dialogfenster

Aber es passiert noch viel mehr: Wenn Sie *Vorname* und *Name* eingegeben haben und auf *OK* klicken, dann schließt sich das Fenster, und Ihr Skript meldet den eingegebenen Namen. Knipsen Sie dagegen das Dialogfenster direkt aus, dann bekommen Sie eine Nörgelmeldung, und das Skript bricht ab.

Wie funktioniert die Magie? Eigentlich ganz einfach:

- Das Skript öffnet zuerst einen Internet Explorer und stellt darin sein Dialogfenster dar. Danach verknüpft es seine Prozedur *absenden()* per *GetRef()* mit dem *OK*-Button. Anschließend legt es sich mit *WaitForQuit()* auf die faule Haut und wartet ab.

- Knipst jemand jetzt das Fenster aus, dann wird der übliche *onQuit*-Alarmschrei ausgegeben. Die Skript-Prozedur *event_onQuit* wird aktiv und stellt fest, daß noch gar keine Eingabe gemacht wurde: *ok* ist *false*. Deshalb nörgelt sie und beendet dann das Skript.

- Klickt dagegen jemand auf den *OK*-Button, dann wird die Skriptprozedur *absenden()* aktiv. Sie liest jetzt den Inhalt der beiden Felder *vorname* und *name* in globale Variablen ein. Das sind Variablen, die auch außerhalb der Prozedur gelten, also auch dann noch vorhanden sind, wenn die Prozedur längst fertig ist. Globale Variablen bekommen Sie, indem Sie die Variablen im Hauptteil des Skripts schon verwendet haben. Deshalb werden die Variablen ganz am Anfang des Skriptes auf Leerwerte festgelegt.

- Besonders wichtig: Nachdem *absenden()* die Felder aus dem Dialogfenster ausgelesen hat, schließt es per *Quit()* das Dialogfenster, denn das wird jetzt ja nicht mehr benötigt. Dadurch passieren zwei Dinge: Erstens wird wie immer das *onQuit()*-Ereignis aufgerufen, und die Prozedur *event_onQuit* wacht auf. Weil *absenden()* aber inzwischen grünes Licht gegeben und *ok* auf *true* gesetzt hat, verkneift sich *event_onQuit* die Alarmmeldung und legt sich wieder schlafen. Zweitens wacht Ihr Hauptskript wieder auf, denn mit *WaitForQuit* wartete es nur so lange, bis das Fenster geschlossen wurde. Es kann jetzt die Eingaben aus den globalen Variablen lesen und stolz den eingegebenen Namen verkünden oder mit anderen Dingen weitermachen.

5.2.4 Eigene Dialogfenster konzipieren

Anfangs wirken die einzelnen Schritte, die das Dialogfensterskript erledigt, reichlich klingonisch. Sind sie aber gar nicht. Sie bieten vielmehr die ideale Basis für unglaublich vielseitige Eigenkreationen. Dabei brauchen Sie nur diese Reihenfolge einzuhalten:

- Öffnen Sie ein Internet-Explorer-Fenster und lassen Sie es Ihr Dialogfenster anzeigen
- Verknüpfen Sie mindestens einen Button im Dialogfenster mit der Prozedur Ihres Skripts, die die Eingaben auslesen soll.
- Lassen Sie Ihr Skript dann schlafen gehen: *WaitForQuit( )*.
- Der Rest erledigt sich von allein.

Und wie gestaltet man ein ansprechendes Dialogfenster? Dazu brauchen Sie noch nicht einmal HTML-König zu sein. Sie können nämlich ebenso gut mit jedem beliebigen HTML-Editor (zum Beispiel FrontPage) das Dialogfenster am Bildschirm designen.

5.2.5 Dialogfenster mit HTML-Editor gestalten

Dabei ist nur eine einzige Sache wichtig: geben Sie jedem Bildschirmelement, das Sie später auslesen wollen oder auf das geklickt werden soll, einen Namen. Meist genügt es dafür, das Element im HTML-Editor doppelzuklicken. Im HTML-Quellcode sollte jedes der Elemente einen Zusatz wie *NAME="xyz"* haben. Das nächste Skript geht davon aus, daß es in der Vorlage einen Button namens *button* gibt sowie drei Textfelder namens *feld1*, *feld2* und *feld3*.

Bild 5.12: Dialogfenster-Vorlagen gestalten Sie am besten mit einem HTML-Editor

Speichern Sie Ihr Dialogfenster dann als HTML-Datei in demselben Ordner wie Ihr Skript. Anschließend öffnen Sie Ihr Internet-Explorer-Fenster ein kleinwenig anders (vorausgesetzt, Sie haben die Vorlage als *VORLAGE.HTM* in demselben Ordner gespeichert, in dem auch Ihr Skript liegt):

5.2 Eigene Dialogfenster mit HTML-Vorlagen

```
' 5-17.VBS
set fs = CreateObject("Scripting.FileSystemObject")

' Speichert die Ergebnisse:
feld1=""
feld2=""
feld3=""

' Schon Name eingegeben?
ok = false

mypath = WScript.ScriptFullName
mypathfolder = left(mypath, InstrRev(mypath, "\"))
vorlage = mypathfolder + "VORLAGE.HTM"
if not fs.FileExists(vorlage) then
   MsgBox "Die Vorlage " & vorlage & " " & "fehlt!", vbExclamation
   WScript.Quit
end if

set tools = WScript.CreateObject("ie4helper.tobtools", "event_")
set ie = tools.OpenIEWindowFromTemplate (vorlage, 450, 200, false)

' Klick auf Button ruft Prozedur "absenden" auf:
ie.document.all.button.onClick = GetRef("absenden")
' erstes Feld soll eingabebereit sein:
ie.document.all.feld1.focus()

' Fenster anzeigen:
ie.visible = true

' Warten, bis Anwender Fenster schließt:
tools.WaitForQuit (ie)

' Auswerten:
MsgBox "Sie haben eingegeben:" & vbCr & _
   "1. Feld: " & feld1 & vbCr & "2. Feld: " _
   & "" & feld2 & vbCr & "3. Feld: " & feld3

sub event_onQuit
' wird ausgelöst, wenn Fenster schließt:
' schon alles eingegeben?
   if not ok then
      ' Nein, also nörgeln:
      MsgBox "Sie haben abgebrochen!", vbCritical
      WScript.Quit
   end if
end sub
```

```
sub absenden
' wird ausgelöst, wenn jemand auf den OK-Knopf klickt:
  ' Eingabefelder auslesen und in public Variablen speichern
  feld1 = ie.document.all.feld1.value
  feld2 = ie.document.all.feld2.value
  feld3 = ie.document.all.feld3.value
  ' onQuit-Nörgelmeldung abschalten
  ok = true
  ' Fenster schließen:
  ie.Quit
end sub
'(C) 1999,2000 T.Weltner
```

Diesmal also definieren Sie den Inhalt des Internet-Explorer-Fensters gar nicht mühselig von Ihrem Skript aus. Sie geben einfach stattdessen eine fix und fertige HTML-Datei als Vorlage an. Die können Sie bequem im Editor zusammenbasteln und auch später noch jederzeit kosmetisch »feintunen«, ohne dazu an Ihrem Skript arbeiten zu müssen.

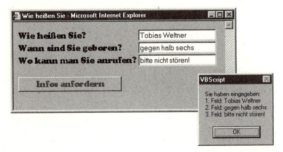

Bild 5.13: Es klappt: die Vorlage aus dem Editor wird zum neuen Dialogfenster

OpenIEWindowFromTemplate macht es möglich. Diese Funktion verlangt neben dem Namen der Vorlage nur noch Breite und Höhe des Fensters und will wissen, ob es sofort sichtbar sein soll. Alle anderen Angaben wie Schriftgröße, Scroll-Leiste und Farben regeln Sie nun direkt in Ihrer Vorlage.

So sieht das Grundgerüst einer Vorlage aus:

```
<html>

<head>
<title>Dialogfenster</title>
<style>
   td {font: 8pt Arial}
   p  {font: 10pt Arial; font-weight: bold}
</style>
</head>
<body bgcolor="#c0c0c0" scroll="no">
<fieldset>
```

```
<legend><p>Bitte geben Sie einen Namen ein!</p></legend>
<table border="0" cellpadding="0" cellspacing="0">
  <tr>
    <td>Vorname</td>
    <td><input type="text" name="feld1" size="20"></td>
  </tr>
  <tr>
    <td>Nachname</td>
    <td><input type="text" name="feld2" size="20"></td>
  </tr>
</table>
<input type="button" value="OK" name="button"
style="margin-left: 3px; margin-bottom: 3px">
</fieldset>
</body>
</html>
```

Wichtig sind die *name*=-Angaben, denn über diese Namen spricht Ihr Skript die Elemente der Seite später an. Wichtig ist auch die *<STYLE>*-Sektion, denn die gibt der Seite den kosmetischen Schliff: hier weisen Sie den einzelnen Bildschirmelementen Schriften, Farben und Größen zu. Verzichten Sie auf diesen Teil, dann erscheint Ihr Dialogfenster in den extrem hausbackenen IE-Vorgaben.

Das Skript benutzt übrigens einen kleinen Trick, um den Pfadnamen Ihrer Vorlage zu finden: *WScript.ScriptFullName* liefert den kompletten Pfadnamen Ihres Skripts zurück. Über *InstrRev(pfad, "\")* finden Sie die Position des letzten \-Zeichens heraus. *Left()* kann dann den Ordnernamen ermitteln, in dem Ihr Skript zur Zeit haust. Liegt die Vorlage in demselben Ordner, dann können Sie sich den langen Pfadnamen nun also sparen. Hier ein kleines Beispiel:

```
' 5-18.VBS

mypath = WScript.ScriptFullName
mypathfolder = left(mypath, InstrRev(mypath, "\"))
myskriptname = mid(mypath, InstrRev(mypath, "\")+1)

MsgBox "Dieses Skript heißt: " & myskriptname
MsgBox "Es liegt hier: " & mypathfolder
'(C) 1999,2000 T.Weltner
```

5.3 Schicke Steuerelemente für eigene Zwecke entfremden

Viele Programme, die Sie längst auf Ihrem Rechner installiert haben, bringen wichtige Steuerelemente als separate Komponenten mit. Das ist höchst freundlich, denn diese Steuerelemente können Sie sich für eigene Zwecke ausborgen.

Die Steuerelemente in den nächsten Beispielen stammen aus dem Microsoft Office Paket. Auch andere Programme, die die Skriptsprache *VisualBasic For Applications* (VBA) unterstützen, bringen diese Steuerelemente in Ihr System. Suchen Sie im Zweifelsfall nach der Datei *FM2.DLL*.

> **Tip:** FM2.DLL startklar machen!
> FM2.DLL und seine Kollegen (FM20.DLL) sind bei Ihnen vorhanden, aber die Steuerelemente streiken trotzdem? Dann registrieren Sie die Steuerelemente frisch. Dazu wählen Sie im Startmenü *Ausführen* und geben ein: REGSVR32.EXE FM2.DLL [Enter]. Liegt FM2.DLL nicht im Systemordner von Windows, dann geben Sie den genauen Pfadnamen zu dieser Datei an.

Allerdings dient FM2.DLL nur einem einzigen Zweck: Es »verpackt« die Steuerelemente, die es bei Windows sowieso gibt, in einem Internet-Explorer-freundlichen Format, so daß Sie sie in HTML-Seiten einbetten können. FM2.DLL bringt die eigentlichen Steuerelemente also nicht mit. Die gibt es bei Ihnen bereits auf jeden Fall. Deshalb zeige ich Ihnen nebenbei, wie Sie auch ohne FM2.DLL die schicken Windows-Steuerelemente benutzen können.

5.3.1 Eine Fortschrittsanzeige basteln

Ein ganz wichtiges Steuerelement ist eine Fortschrittsanzeige. Sicher kennen Sie den blauen Balken, der immer länger wird, je weiter eine langwierige Aufgabe fortgeschritten ist. Diese Fortschrittsanzeige kidnappen Sie sich als nächstes.

Starten Sie dazu einfach Ihren HTML-Editor oder jeden anderen Texteditor. Wählen Sie zum Beispiel im Startmenü *Ausführen*, und geben Sie ein: NOTEPAD [Enter].

Nun geben Sie die Vorlage für Ihre Fortschrittsanzeige ein:

```
<!-- PROGRESS.HTM -->
<html>
<head>
<title>Fortschrittsanzeige</title>
<style>
   p {font: 10pt Arial; font-weight: bold}
</style>
</head>

<body bgcolor="#C0C0C0" scroll="no">
<object align="center" classid="clsid:0713E8D2-850A-101B-AFC0-4210102A8DA7"
width="260" height="10"
name="fortschritt">
</object>
<div id="prozent" align="center">
</div>
</body>
</html>
```

Anschließend brauchen Sie die Vorlage nur noch von Ihrem Skript aus zur Arbeit zu bewegen:

```vbs
' 5-19.VBS

mypath = WScript.ScriptFullName
mypathfolder = left(mypath, InstrRev(mypath, "\"))
vorlage = mypathfolder + "PROGRESS.HTM"

set tools = WScript.CreateObject("ie4helper.tobtools", "event_")
set fs = CreateObject("Scripting.FileSystemObject")
if not fs.FileExists(vorlage) then
   MsgBox "Vorlage " & vorlage & " fehlt!", vbExclamation
   WScript.Quit
end if

set ie = tools.OpenIEWindowFromTemplate(vorlage, 300, 100, false)

' Fenster anzeigen:
ie.visible = true

max = 1000
interval = 5
ie.document.all.Fortschritt.min = 0
ie.document.all.Fortschritt.max = max

for x=1 to max
   proz = Fix(x*100/max)
   if proz mod interval = 0 then
      ie.document.all.prozent.innerHTML = "<p>" & proz & "%</p>"
      ie.document.all.Fortschritt.value = x
   end if
next

' Abbruch ist ok:
ok=true
' Fenster schließen:
ie.Quit
' Geschafft!
MsgBox "Fertig!"

sub event_onQuit
' wird ausgelöst, wenn Fenster schließt:
' schon alles eingegeben?
   if not ok then
      ' Nein, also nörgeln:
      MsgBox "Sie haben abgebrochen!", vbCritical
      WScript.Quit
   end if
end sub
'(C) 1999,2000 T.Weltner
```

Klasse, oder? Die Fortschrittsanzeige wird in der Vorlage durch das *<OBJECT>*-Tag eingebunden. Entscheidend ist die Bandwurmzahl hinter *classid=*. Das ist der eindeutige Name dieses Steuerelements.

Sollte bei Ihnen anstelle der praktischen Fortschrittsanzeige nur ein leeres Bild erscheinen, dann ist die Fortschrittsanzeige auf Ihrem Computer nicht installiert. Sie ist Teil eines Steuerelementepakets, das mit Microsoft Office oder anderen VBA-fähigen Anwendungen auf Ihren Computer einwandert.

Und wie wird die Prozentangabe ins Fenster eingeblendet? Wieder ganz einfach: oben hatten Sie schon gesehen, wie Sie mit *innerHTML* den ganzen Inhalt des Dokumentes austauschen konnten. Das ist hier etwas übertrieben: es genügt, nur die Prozentzahl zu aktualisieren. Deshalb steht in der Vorlage *<DIV ID=Prozent></DIV>*. Das ist ein Platzhalter. Den kann man nachträglich mit Text füllen: *ie.document.all.Prozent.innerHTML=* füllt neuen Text zwischen die *DIV*-Anweisungen ein. So können Sie sich richtige HTML-Schablonen basteln und die Platzhalter darin gezielt mit neuen Informationen füttern.

5.3.2 Vorgefertigte Fortschrittsanzeige verwenden

Die Fortschrittsanzeige ist viel zu wichtig, als daß Sie darauf vertrauen könnten, daß auf Ihrem System gnädigerweise *FM2.DLL* oder Microsoft Office installiert wären. Außerdem ist es nach etwas Überlegung doch recht aufwendig, nur für eine kleine Fortschrittsanzeige ein ganzes Internet-Explorer-Objekt in Beschlag zu nehmen.

Deshalb habe ich eine entsprechende Erweiterung für Sie geschrieben, die Teil des Toolkits ist (Kapitel 1). Haben Sie das Toolkit installiert, dann steht Ihnen ein ganz besonderes Objekt zur Verfügung: *progress.tobtools*.

Dieses Objekt ist deshalb eine Besonderheit, weil es diesmal ein eigenständiges Programm ist. Ihr Skript öffnet es zwar, aber das Objekt kann anschließend für sich allein sorgen und hält Ihr Skript nicht weiter auf.

Schauen Sie, wie einfach Sie langwierige Skriptoperationen mit Hilfe dieses Objekts visuell greifbar machen:

```
' 5-20.VBS

set tools = WScript.CreateObject("progress.tobtools")
min=0
max=1000
tools.SetMinMax min, max
tools.Show
for x=min to max
   tools.SetValue x
next
tools.Quit
MsgBox "Fertig!", vbInformation
'(C) 1999,2000 T.Weltner
```

SetMinMax() setzt kleinsten und größten Wert Ihrer Fortschrittsanzeige. Mit *Show()* machen Sie die Anzeige sichtbar, und mit *SetValue()* setzen Sie Werte. Wann immer Sie Werte setzen, paßt sich die Fortschrittsanzeige sofort an. *Quit()* läßt die Anzeige wieder in der Versenkung verschwinden.

Bild 5.14: Ihre neue Fortschrittsanzeige in Aktion

Bestimmt ist Ihnen der *Abbrechen*-Knopf aufgefallen: wenn Sie den anklicken, dann verschwindet die Fortschrittsanzeige sofort. Allerdings läuft Ihr Skript unbeeindruckt weiter, und deshalb kann es eine Weile dauern, bis das *Fertig!*-Dialogfenster erscheint.

Sie sollten sich deshalb entscheiden: möchten Sie gar nicht, daß der Benutzer Ihr Skript unterbrechen kann, dann schalten Sie mit *tools.ButtonState=False* den *Abbrechen*-Knopf einfach ab. Wollen Sie dagegen eine Abbruchmöglichkeit haben, dann sorgen Sie dafür, daß Ihr Skript auch mitbekommt, wenn jemand auf den *Abbrechen*-Knopf hämmert:

```
' 5-21.VBS
set tools = WScript.CreateObject("progress.tobtools", "event_")
min=0
max=1000
tools.SetMinMax min, max
tools.Show

ok = true
for x=min to max
    tools.SetValue x
    if not ok then
        MsgBox "Sie haben abgebrochen!", vbCritical
        exit for
    end if
next
if ok then tools.Quit
MsgBox "Fertig!", vbInformation

sub event_Click()
    ok = false
end sub
'(C) 1999,2000 T.Weltner
```

Jetzt funktioniert alles. Ihr Skript reagiert diesmal auf das *Quit()*-Ereignis des Objekts. Das wird ausgelöst, wenn jemand auf *Abbrechen* klickt. Ausknipsen kann man das Fenster der Fortschrittsanzeige ohnehin nicht.

Ihr Skript setzt daraufhin die Variable *ok* auf *false*. Die Schleife im Hauptskript prüft bei jedem Durchlauf, ob *ok* noch *true* enthält. Falls nicht – jemand hat also auf *Abbrechen* geklickt! – bricht es mit *exit for* die Schleife sofort ab.

Jetzt müßte man eigentlich nur noch Text im Fenster anzeigen können – und genau das funktioniert auch. *SetLabel()* gibt unter der Fortschrittsanzeige zentriert Text aus:

```
' 5-22.VBS

set tools = WScript.CreateObject("progress.tobtools", "event_")

min=0
max=1000
interval = 5
tools.SetMinMax min, max
tools.ButtonState = false
tools.Show


ok = true
for x=min to max
   tools.SetValue x
   proz = fix(x*100/max)
   if proz mod interval = 0 then tools.SetLabel proz & "%"
   if x>(max/2) then
      if not tools.ButtonState then
            tools.ButtonState = true
      end if
   end if
   if not ok then
      MsgBox "Sie haben abgebrochen!", vbCritical
      exit for
   end if
next
if ok then tools.Quit

sub event_Click()
   ok = false
end sub
'(C) 1999,2000 T.Weltner
```

Das Skript blendet die Abbruchfunktion erst nach 50% mit *ButtonState=false* ein.

Bild 5.15: Die Fortschrittsanzeige kann sogar Text anzeigen

5.4 Ausgabefenster ganz ohne Internet Explorer

Was brauchen Sie, um mit dem Scripting Host ungestört Ausgaben in ein Fenster zu schreiben, während Ihr Skript weiterläuft? Ein zusätzliches Programm! Eben haben Sie sich dazu den Internet Explorer ausgeliehen. Aber eigentlich ist der viel zu mächtig, wenn Sie nur kurze Nachrichten oder Auswahlfelder anzeigen wollen.

Die einfache Lösung ist, programmieren Sie sich maßgeschneiderte Programme, die von Ihren Skripten dann als Ausgabemedium verwendet werden. Das ist natürlich leichter gesagt als getan, und vor allem brauchen Sie dazu eine teure Programmiersprache. Die kostenlose Microsoft Control Creation Edition muß bei solchen Aufgaben nämlich passen.

Macht aber nichts. In diesem Kapitel finden Sie vorgefertigte Programme, die Sie ideal für Ihre Zwecke einsetzen können. Wie gut das funktioniert, haben Sie bereits oben bei der Fortschrittsanzeige gesehen.

5.4.1 Einfaches Ausgabefenster für Textnachrichten

Sie wollen bloß ein paar Worte an den Skriptbenutzer richten, ohne dafür jedesmal Ihr Skript anhalten zu müssen? Das Objekt *fenster.tobtools* liefert die gesuchte Funktion. Sie können es gleich ausprobieren, wenn Sie mein Toolkit in Kapitel 1 installiert haben:

```
' 5-23.VBS

' schreibt Meldungen, während Ihr Skript läuft
set tools = CreateObject("fenster.tobtools")
tools.ShowMessageBox "Meldungen"
for x=1 to 1000
   tools.WriteMessageBox "Zähle bis 1000 und bin bei " & x
next
tools.DestroyMessageBox
'(C) 1999,2000 T.Weltner
```

Bild 5.16: Dieses kleine Hilfsfenster kann laufend Skriptmeldungen anzeigen

Dieses Skript zeigt, wie es geht: mit *ShowMessageBox()* bringen Sie Ihr Nachrichtenfenster auf den Bildschirm und können dann bequem über *WriteMessageBox()* Nachrichten ins Fenster schreiben. Ihr Skript läuft dabei unbekümmert weiter.

5.4.2 Ausgabefenster mit Abbruchfunktion

Manchmal wäre es nützlich, wenn Ihr Nachrichtenfenster nicht nur anzeigen würde, was gerade passiert, sondern auch gleich einen Schalter für die Notbremse enthielte – damit sich langwierige Vorgänge abbrechen lassen.

Diesen Schalter gibt es bereits. Sie brauchen ihn nur noch zu aktivieren, und zwar so:

```
' 5-24.VBS

' schreibt Meldungen, während Ihr Skript läuft
set tools = WScript.CreateObject("fenster.tobtools", "event_")
tools.ShowMessageBox "Meldungen", "&Abbrechen"

ok = true
for x=1 to 100000
   tools.WriteMessageBox "Zähle bis 100000 und bin bei " & x
   if not ok then exit for
next
tools.DestroyMessageBox

MsgBox "Fertig!"

sub event_FormClose(nr)
' wird aufgerufen, wenn das
' Nachrichtenfenster geschlossen oder
' auf die Schaltfläche geklickt wird

   if ok then
      if nr=2 then
           MsgBox "Fenster wurde ausgeknipst!", vbInformation
           ok = false
      elseif nr=3 then
           MsgBox "Sie haben auf Abbrechen " & "geklickt!",vbInformation
           ok = false
      end if
   end if
end sub
'(C) 1999,2000 T.Weltner
```

Wie funktioniert das? Ganz einfach: Ihr Nachrichtenfenster ist ein eigenständiges Programm und arbeitet ganz autonom vor sich hin.

Bild 5.17: Ausgabefenster kann langwierige Skriptaufgaben stoppen

Damit Ihr Skript mitbekommt, wenn Ihrem Nachrichtenfenster etwas zustößt, brauchen Sie wieder Events. Deshalb ruft dieses Skript das Nachrichtenfensterobjekt *fenster.tobtools* mit *WScript.CreateObject* auf und gibt als zweiten Parameter *event_* an: Ihr Skript bekundet also Interesse an den Events dieses Objekts.

Das Nachrichtenfenster sendet genau einen Event: *FormClose*. Zusammen mit dem Event wird eine Zahl übermittelt. *2* bedeutet, das Fenster wurde geschlossen. *3* bedeutet, jemand hat auf die Schaltfläche geklickt.

Schaltfläche? Genau. Diesmal hat Ihr Nachrichtenfenster eine Schaltfläche. Die erscheint, weil Sie *ShowMessageBox()* als zweiten Parameter die Beschriftung der Schaltfläche mitgeteilt haben. Immer, wenn Sie so etwas tun, blendet das Dialogfenster die Schaltfläche ein und nennt sie so, wie Sie es wollen. Benutzen Sie im Schaltflächen-Namen ein *&*-Zeichen, dann verwendet die Nachrichtenbox den folgenden Buchstaben als Tasten-Shortcut für die Schaltfläche.

Jetzt ist eigentlich alles klar: Klickt jemand auf die Schaltfläche oder schließt das Nachrichtenfenster einfach, dann wacht *event_FormClose()* auf. Diese Prozedur legt sich allerdings sofort wieder schlafen, wenn die Variable *ok* nicht *true* enthält, und das ist gut so. Mit *ok* stellen Sie sozusagen das Eventhandling scharf. Das geschieht bereits ganz am Anfang Ihres Skripts.

Wird ein Event ausgelöst, dann ist *ok* noch scharf. Also schaut *event_FormClose()* nach, welche Nachricht es erhalten hat, und gibt eine entsprechende Meldung aus. Danach setzt es *ok* auf *false*. Und warum? Weil Ihr Hauptskript in der Schleife bei jedem Durchlauf prüft, ob *ok* vielleicht *false* ist. Wenn ja, bricht es die Schleife ab. Das Klassenziel ist erreicht.

Vielleicht wundern Sie sich, warum die Prozedur *event_FormClose* selbst den Inhalt von *ok* prüft und nur dann etwas tut, wenn *ok* noch *true* ist.

Probieren Sie einfach aus, was passiert, wenn Sie diese Prüfung wegrationalisieren. Jetzt bekommen Sie mehr Events als Ihnen lieb ist:

Klickt jemand auf die Schaltfläche, dann löst das Nachrichtenfenster einen Event aus – sehr gut. Weil Ihr Skript daraufhin mit *DestroyMessageBox* das Fenster ferngesteuert vom Bildschirm fegt, wird aber noch ein Event ausgelöst – derselbe, der auch feuert, wenn jemand das Fenster ausknipst. Damit dieser zweite Event nicht mehr durchkommt, schaltet das Skript beim ersten Event *ok* auf *false* – es schaltet sozusagen die Events auf »unscharf«, weil es ohnehin alle Informationen hat, die es braucht.

5.4.3 Den Abbruchknopf kontrollieren

Die Schaltfläche in Ihrem Nachrichtenfenster kontrollieren Sie auch separat und können so die Abbruchfunktion bei Bedarf einblenden:

```
' 5-25.VBS

set tools = WScript.CreateObject("fenster.tobtools", "event_")
tools.ShowMessageBox "Meldungen"


ok = true
for x=1 to 100000
```

```
        tools.WriteMessageBox "Zähle bis 100000 und bin bei " & x
        if x>1000 and not tools.MessageButton then
            tools.MessageButtonText = "&Abbrechen?!"
            tools.MessageButton = true
        end if
        if not ok then exit for
next
tools.DestroyMessageBox

MsgBox "Fertig!"

sub event_FormClose(nr)
' wird aufgerufen, wenn das
' Nachrichtenfenster geschlossen oder auf
' die Schaltfläche geklickt wird

if ok then
    if nr=2 then
        MsgBox "Fenster wurde ausgeknipst!", vbInformation
        ok = false
    elseif nr=3 then
        if tools.MessageButtonText="&Echt??!" then
            ok = false
        else
            tools.MessageButtonText = "&Echt??!"
        end if
    end if
end if
end sub
'(C) 1999,2000 T.Weltner
```

Dieses Skript beginnt mit einer harmlosen Textbox ohne Schaltfläche. Erreicht der Zähler 1000, dann wird das Skript gnädig und blendet die *Abbrechen*-Schaltfläche ein: *MessageButtonText = "Beschriftung"* und *MessageButton=true* genügen.

Schauen Sie, was passiert, wenn Sie auf die Schaltfläche klicken. Ihr Skript kann es sich nicht verkneifen, noch einmal vorlaut nachzufragen und ändert dazu die Beschriftung der Schaltfläche. Erst wenn Sie auch auf *Echt??!* klicken, endet das Skript.

5.4.4 Mehrere Textzeilen ausgeben

Das Nachrichtenfenster von oben ist ganz nett, wenn Sie kurze Lebenszeichen oder Fortschrittsanzeigen brauchen, aber manchmal wäre auch eine Logbuchfunktion wünschenswert, in der das Skript der Reihe nach einträgt, was es gerade tut.

Die haben Sie bereits. Das nächste Skript findet heraus, wie groß die einzelnen Ordner auf Ihrer Festplatte sind. Weil es dabei alle Dateien auf der Festplatte unter die Lupe nehmen muß, kann es ein Weilchen dauern, bis es die Ordnergrößen berechnet hat:

5.4 Ausgabefenster ganz ohne Internet Explorer

```
' 5-26.VBS

set tools = WScript.CreateObject("fenster.tobtools", "event_")
set fs = CreateObject _
   ("Scripting.FileSystemObject")

tools.ShowDialog "Was ich gerade so treibe", "Berechne mal kurz, wie groß " _
   & "Ihre Ordner auf Laufwerk C: sind:"

set folder = fs.GetFolder("C:\")
for each subfolder in folder.subfolders
    tools.WriteLine subfolder.name & " (" & Fix(subfolder.Size/1024^2) & " MB)"
next

antwort = MsgBox("Fertig! Fenster noch offenlassen?", vbYesNo + vbQuestion)
if antwort = vbNo then tools.DestroyDialog
'(C) 1999,2000 T.Weltner
```

Diesmal öffnet sich ein größeres Fenster und stellt als Liste dar, welche Ordner es auf Ihrem Laufwerk C:\ gibt (und wie groß diese Ordner sind).

Bild 5.18: Die Listenansicht hält Sie über die Ergebnisse des Skripts auf dem Laufenden

Weil das Ausgabefenster ein eigenständiges Programm ist, kann Ihr Skript großzügig anbieten, das Fenster offenzulassen. Gehen Sie darauf ein, dann endet zwar das Skript, aber die Liste mit den Ordnern bleibt Ihnen erhalten. Andernfalls schließt das Skript per *DestroyDialog* das Fenster, bevor es selbst Feierabend macht.

5.4.5 Listenfenster mit Abbruchfunktion

Auch bei diesem Fenster wäre es angenehm, wenn eine Abbruchfunktion eingebaut wäre. Sicher haben Sie es sich bereits gedacht: die ist inklusive! Mit wenig Aufwand basteln Sie das Skript so um, daß es auf Wunsch seine Ordnersuche abbricht:

```vbs
' 5-27.VBS

auswahl = ""
fensterstatus = 0    ' 0 = offen
                     ' 1 = offen + Abbrechen geklickt
                     ' 2 = Fenster geschlossen

set tools = WScript.CreateObject("fenster.tobtools", "event_")
set fs = CreateObject("Scripting.FileSystemObject")

tools.ShowDialog "Was ich gerade so treibe", "Berechne mal kurz, wie groß " _
   & "Ihre Ordner auf Laufwerk C: sind:", "&Genug!"

set folder = fs.GetFolder("C:\")

ok = true
for each subfolder in folder.subfolders
   tools.WriteLine subfolder.name & " (" & Fix(subfolder.Size/1024^2) & " MB)"
   if not ok then exit for
next

if fensterstatus=2 then
   MsgBox "Sie haben das Fenster " _
      & "geschlossen. Gemeinheit!", vbExclamation
elseif fensterstatus=1 then
   text = "Hey! Sie haben sich in der Liste etwas ausgesucht!" & vbCrLf
   text = text + "Ihre Wahl: " & auswahl
   MsgBox text, vbinformation
   antwort = MsgBox("Fertig! Fenster noch offenlassen?", vbYesNo + vbQuestion)
   if antwort = vbNo then tools.DestroyDialog
end if

sub event_FormClose(was)
   if ok then
      if was=1 then
         fensterstatus = 2
         ok=false
      end if
   end if
end sub

sub event_Click(was, tag)
   fensterstatus = 1
   auswahl = was
   ok = false
end sub
'(C) 1999,2000 T.Weltner
```

Mehrere Dinge sind verblüffend:

- Knipsen Sie das Fenster einfach aus, dann nörgelt das Skript. Es empfängt den Event *FormClose* mit dem Wert *1*. Daraufhin setzt es *ok* auf *false* und sorgt so dafür, daß das Hauptskript die Schleife abbricht: *exit for*. Gleichzeitig setzt es *fensterstatus* auf *2*: Fenster ist schon geschlossen. So weiß das Skript, daß es das Fenster gar nicht mehr gibt und bietet die ansonsten nun recht dämliche Option nicht mehr an, das Fenster offenzulassen. So weit, so gut.

- Neu ist die Schaltfläche *Genug!*. Klicken Sie die an, dann empfängt Ihr Skript das Event *Click* mit dem Wert, der dem ausgewählten Listeneintrag entspricht. Das Skript setzt *ok* auf *false*, damit das Hauptskript aufhört zu schuften, und übergibt den Wert an die globale Skriptvariable *auswahl*. Außerdem setzt es *fensterstatus* auf *1*: Fenster ist noch da!

- Ihr Hauptskript bekommt von all dem nichts mit. Erst wenn eine der beiden Eventprozeduren *ok* auf *false* setzt, bricht es die Schleife ab. Neugierig schaut es in *fensterstatus*: ist die Variable gleich *2*, dann wurde das Fenster einfach geschlossen. Ist sie gleich *1*, dann gibt das Skript den Eintrag aus, der ausgewählt war, als Sie auf die Schaltfläche geklickt haben, und fragt, ob das Fenster offenbleiben soll.

- Lassen Sie das Fenster offen, dann können Sie es zwar weiterhin bewundern, aber Ihr Skript macht kompromißlos Feierabend. Sie können anschließend so oft auf die Schaltfläche klicken, wie Sie wollen: kein Skript beantwortet Ihren Klick mehr.

5.4.6 Listenfeld als modales Auswahlfenster

Modales Auswahlfenster? Damit ist gemeint, daß Ihr Skript ein Listenfenster anzeigt und dann gespannt darauf wartet, welchen Eintrag Sie sich wohl aussuchen.

Damit das möglich wird, muß Ihr Skript irgendwie in Lauerstellung gebracht werden, während das Auswahlfenster angezeigt wird. Nur wenn Ihr Skript läuft, kann es auf die Auswahl reagieren.

Der Lauerstellungsbefehl heißt *GoToBed()*. Mit dieser Anweisung versetzen Sie Ihr Skript in Winterschlaf. Es wacht erst wieder auf, wenn *WakeUp()* aufgerufen wird. Fragt sich bloß, wer *WakeUp()* aufrufen soll – Ihrem Skript sind ja nach *GoToBed()* die Hände gebunden.

Das stimmt zwar, aber nicht ganz. Werden Events ausgelöst, dann führt Ihr Skript trotz Winterschlaf die entsprechenden Prozeduren aus. In diesen Prozeduren muß also der *WakeUp()*-Befehl gegeben werden, damit Ihr Skript nicht ewige Ruhe findet.

Wie das alles aussehen könnte, zeigt das nächste Beispiel: es füllt zunächst die Liste mit den Ordnern im Laufwerk C:\ und fordert Sie dann auf, einen davon auszusuchen. Anschließend legt es sich solange schlafen, bis Sie entweder einen Ordner aussuchen oder abbrechen.

```
' 5-28.VBS

set tools = WScript.CreateObject("fenster.tobtools", "event_")

auswahl = ""     ' der ausgewählte Ordner
fensterstatus = 0    ' 0 = offen
```

Kapitel 5: Scripting Host mit Ausgabefenster

```
              ' 1 = offen + Abbrechen geklickt
              ' 2 = Fenster geschlossen


' ----------Liste mit den Ordnern füllen:-----------

schritt = 1      ' Arbeitsschritt 1: Ordner
                                       ' auflisten
ok = true     ' Eventhandling scharf schalten
tools.ShowDialog "Ordner aussuchen", _
   "Liste Ordner im Laufwerk C:\ auf:", "&Genug!"
ListeOrdner "C:\"

' ----------Auf Auswahl des Benutzers warten------------

schritt = 2      ' Arbeitsschritt 2: Einen
                                        ' Ordner auflisten
ok = true     ' Eventhandling scharf schalten

if fensterstatus=0 then
   ' Liste steht. Also Beschriftungen ändern:
   tools.UpdateDialog "Ordner aussuchen" ,"Suchen Sie sich einen Ordner aus!", _
      "&Aussuchen"
   ' Warten, bis etwas passiert:
   tools.GoToBed
   ' Dialogfenster verstecken
   tools.HideDialog
end if

' ----------Ergebnis auswerten:-------------

if fensterstatus=1 then
   ' Es wurde ein Ordner ausgewählt:
   MsgBox "Sie haben sich ausgesucht: " & auswahl, vbInformation
else
   ' Sie haben abgebrochen:
   MsgBox "Sie haben gekniffen!", vbExclamation
end if

' ----------WICHTIG: Aufräumungsarbeiten:----------
tools.DestroyDialog
set tools = Nothing

sub event_FormClose(was)
   ' wird ausgelöst, wenn Fenster
   ' geschlossen wird:
   if ok then
      if was=1 then
         ' wurde das Listenfenster geschlossen (was=1)
```

```
                ' und sind wir an Events noch interessiert (ok=true)?
                ' Hauptskript wieder aufwecken:
                tools.WakeUp
                ' melden: Fenster wurde ausgeknipst, keine Auswahl
                fensterstatus=2
                ' Alle laufenden Arbeiten abbrechen:
                ok=false
        end if
    end if
end sub

sub event_Click(was, tag)
    ' wird ausgelöst, wenn Button angeklickt
    ' wird:
    if schritt=1 then
        ' wurde die Liste gerade gebastelt?
        ' dann abbrechen!
        ok=false
    elseif schritt=2 then
        ' steht die Liste?
        ' wurde also eine Auswahl getroffen?
        ' melden: Fenster vorhanden, Auswahl
        ' getroffen:
        fensterstatus = 1
        ' Auswahl in globaler Variable speichern:
        auswahl = was
        ' alle weiteren Events unterdrücken:
        ok = false
        ' Hauptskript aufwecken:
        tools.WakeUp
    end if
end sub

sub ListeOrdner(welchen)
    ' Listet die Unterordner eines Ordners:
    set fs = CreateObject("Scripting.FileSystemObject")
    set folder = fs.GetFolder(welchen)

    for each subfolder in folder.subfolders
        tools.WriteLine subfolder.name & " (" & Fix(subfolder.Size/1024^2) _
            & " MB)"
        ' wurde abgebrochen? Dann Schleife unterbrechen!
        if not ok then exit for
    next
end sub
'(C) 1999,2000 T.Weltner
```

Probieren Sie das Skript in Ruhe aus.

- Knipsen Sie das Fenster einfach aus, dann bricht das Skript ab.
- Klicken Sie auf die Schaltfläche, während die Ordnerliste erstellt wird, dann bricht das Skript den Suchvorgang ab, läuft aber weiter und wartet auf Ihre Auswahl.
- Klicken Sie auf die Schaltfläche, nachdem die Ordnerliste erstellt ist, dann meldet das Skript, welchen Eintrag Sie sich ausgesucht haben

Dieses Skript ist so vielseitig und zeigt so viele wichtige Arbeitsmethoden, daß es sich lohnt, ganz genau hinzuschauen. Diese Punkte sollten Ihnen wichtig sein:

- Jedesmal, wenn ein Event ausgelöst wird, schaltet die Eventprozedur *ok* auf *false*. So wird verhindert, daß folgende Events ausgelöst werden. Schalten Sie die Events im Hauptskript mit *ok=true* wieder scharf, sobald Sie sie wieder auswerten wollen.
- Legen Sie Ihr Skript mit *GoToBed()* schlafen, dann stellen Sie sicher, daß irgendwann *WakeUp()* aufgerufen wird, denn sonst findet Ihr Skript die ewige Ruhe und gibt seinen Speicher nicht wieder frei. *WakeUp()* gehört sowohl in die Event-Prozedur für das Schließen des Fensters als auch in die Event-Prozedur für den Button-Click. Es macht gar nichts, *WakeUp* zu häufig aufzurufen. Rufen Sie *WakeUp()* so oft auf, wie Sie wollen. Schläft das Skript gar nicht, dann macht *WakeUp()* auch nichts, schon gar nichts Schlimmes.
- Ihr Listenfenster ist ein eigenständiges Programm. Es muß unbedingt beendet werden, wenn Sie es nicht mehr brauchen. Deshalb gehört ans Ende Ihres Skripts der *DestroyDialog()*-Befehl, und zwar auch dann, wenn das Fenster schon längst ausgeknipst wurde. Ein ausgeknipstes Fenster heißt nämlich noch lange nicht, daß auch das zugrundeliegende Programm die Segel gestrichen hat.

5.4.7 Zusatzinformationen in die Liste eintragen

Das Beispiel oben hat es gezeigt: eine Auswahlliste soll prägnante Oberbegriffe anzeigen, aber oft würde man mit diesen Begriffen gern eine Menge zusätzlicher Informationen verbinden. Ein Adreßbuch ist das perfekte Beispiel.

Die Liste soll zwar die Namen anzeigen, aber wenn Sie sich aus der Liste einen Namen herauspicken, dann soll die gesamte Adresse einschließlich Telefonnummer erscheinen. Oder um beim Beispiel oben zu bleiben: die Liste soll zwar die Ordnernamen anzeigen, aber wenn Sie sich einen Ordner aussuchen, dann möchten Sie gern den genauen Pfadnamen dieses Ordners wissen.

Tun Sie es doch! Speichern Sie in Ihrer Liste neben dem Oberbegriff, der sichtbar ist, geheime Zusatzinformation. Dazu verwenden Sie *WriteLine()* mit einem zweiten Parameter – Ihrer Zusatzinformation. Die muß als Text vorliegen.

Das *Click*-Ereignis liefert Ihnen zwei Informationen zurück: den Namen des Listeneintrags, und die Daten, die diesem Eintrag hinterlegt sind. So einfach basteln Sie das Skript um, damit es Ihnen den kompletten Pfadnamen des Ordners verrät:

```
' 5-29.VBS

set tools = WScript.CreateObject("fenster.tobtools", "event_")

auswahl = ""
fensterstatus = 0

schritt = 1
ok = true
tools.ShowDialog "Ordner aussuchen","Liste Ordner im Laufwerk C:\ auf:",_
    "&Genug!"
ListeOrdner "C:\"

schritt = 2
ok = true

if fensterstatus=0 then
   tools.UpdateDialog "Ordner aussuchen", "Suchen Sie sich einen Ordner aus!",_
       "&Aussuchen"
   tools.GoToBed
   tools.HideDialog
end if

if fensterstatus=1 then
   MsgBox "Sie haben sich ausgesucht: " & auswahl, vbInformation
else
   MsgBox "Sie haben gekniffen!", vbExclamation
end if

tools.DestroyDialog
set tools = Nothing

sub event_FormClose(was)
   if ok then
      if was=1 then
            tools.WakeUp
            fensterstatus=2
            ok=false
      end if
   end if
end sub

sub event_Click(was, tag)
   if schritt=1 then
      ok=false
   elseif schritt=2 then
      fensterstatus = 1
      ' DIESMAL WIRD ALS AUSWAHL DIE ZUSATZINFO VERWENDET:
      auswahl = tag
```

```
        ok = false
        tools.WakeUp
    end if
end sub

sub ListeOrdner(welchen)
    set fs = CreateObject _
        ("Scripting.FileSystemObject")
    set folder = fs.GetFolder(welchen)

    for each subfolder in folder.subfolders
        ' DIESMAL WIRD ALS ZUSATZINFO DER PFADNAME DES ORDNERS GESPEICHERT:
        tools.WriteLine subfolder.name & " (" & Fix(subfolder.Size/1024^2) _
            & " " & "MB)", subfolder.path
        if not ok then exit for
    next
end sub
'(C) 1999,2000 T.Weltner
```

5.5 Die besonderen Launen unabhängiger Dialogfenster

So hilfreich und angenehm unabhängige Dialogfenster sind, sie haben auch ihre kleinen Macken und Eigenarten. Ob Sie den Internet Explorer betrachten oder eins der speziellen Ausgabefenster von oben – in jedem Fall handelt es sich dabei um eigenständige Programme. Ihr Skript ruft diese Programme nur ins Leben. Anschließend sind die gestarteten Programme frei zu tun, was immer sie gerade für richtig befinden, und Ihr Skript sollte genau überlegen, ob es die gerufenen Geister sich selbst überlassen darf oder aktiv dafür sorgen muß, daß diese Programme nach erledigter Arbeit wieder entsorgt werden.

Natürlich können Sie unabhängige Dialogfenster jederzeit von Hand ausknipsen. Nur, was machen Sie, wenn das Programmfenster schon längst verschwunden ist – oder nie zu sehen war?

Die folgenden kleinen Zeilen genügen, um ein Ausgabefenster in den Speicher zu setzen. Sobald das Dialogfenster Sie zum Testen auffordert, drücken Sie Strg+Alt+Entf. Die Taskliste erscheint – und obwohl Ihr Ausgabefenster noch gar nicht sichtbar ist, wird es bereits in der Liste der laufenden Programme geführt.

```
' 5-30.VBS

set exe = CreateObject("fenster.tobtools")
MsgBox "Testen!"
exe.ShowDialog
MsgBox "Testen!"
exe.HideDialog
'(C) 1999,2000 T.Weltner
```

Drücken Sie auf `Esc`, um die Taskliste wieder zuzuklappen, und bestätigen Sie das Testen-Dialogfenster. Ihr Skript macht das Fenster nun sichtbar. Wieder erscheint die Testen-Aufforderung, und wieder ist das für das Fenster zuständige Programm in der Taskliste zu sehen.

Wenn Sie nun aber ein zweites Mal das Dialogfenster bestätigen, dann macht Ihr Skript das Fenster mit *Hide()* unsichtbar. Anschließend ist das Skript am Ende angelangt, kratzt sich einmal ratlos am nicht vorhandenen Kopf und endet dann.

Nicht aber das Ausgabefensterprogramm. Ein Blick in die Taskliste beweist uns, das es immernoch da ist, auch wenn sein Fenster nirgends zu sehen ist.

5.5.1 Gestrandete Programme entfernen

Natürlich brauchen Sie in solch einem Fall nicht extra Windows neu zu starten. Es genügt, das herrenlose Programm in der Taskliste auszuwählen und dann auf *Task beenden* zu klicken. Schon ist es weg.

Dasselbe gilt übrigens auch für Ihre Skripte. Sollte sich eins davon einmal verselbständigen, dann finden Sie es unter dem Namen *WScript* ebenfalls in der Taskliste und können es ebenso leicht aus dem Speicher entfernen.

Allerdings: in der Taskliste liegengebliebene Programme ohne Nutzen sind gefährlich. Schließlich kontrollieren Sie nicht regelmäßig die Liste und wollen sicher keinem Ihrer Skriptbenutzer zumuten, in der Taskliste von Hand Ihren Skripten hinterherzuräumen.

Deshalb ist es eine gute Idee, schon bei der Skriptentwicklung hin und wieder einen vorsichtigen Blick in die Taskliste zu werfen. Entdecken Sie dort Dinge, die nicht hineingehören, dann forschen Sie unbedingt nach, wo diese Programme herkommen und wieso sie nicht von selbst verschwunden sind.

Bei den Ausgabefenstern aus diesem Kapitel achten Sie zum Beispiel unbedingt darauf, daß Ihr Skript die Fenster nach erledigter Arbeit mit *DestroyDialog()* bzw. *DestroyMessageBox()* aus dem Speicher kickt – ganz gleich, ob jemand das sichtbare Fenster vorher bereits ausgeknipst hat oder nicht.

5.5.2 Wie der Scripting Host Ihren Skripten hinterherräumt

Ganz häufig werden Sie das oben skizzierte Problem nicht erleben. Der Scripting Host hat nämlich eine eingebaute Putzkolonne, und die sorgt ganz automatisch dafür, daß alle mit *CreateObject* angelegten Objekte beim Skriptende wieder freigegeben werden. Einfach so, ohne besondere Einladung.

Dieser praktische Putzzwang garantiert eigentlich ein sorgenfreies Skripter-Leben. Dummerweise ist die Macht des Scripting Hosts begrenzt. Zwar kann er einfache Objekte zuverlässig entsorgen, aber wenn die Objekte Eigenleben entwickeln und vielleicht ihrerseits Dinge veranstaltet haben, von denen der Scripting Host nichts weiß, dann kann er diese Dinge auch nicht freigeben. Genau deshalb sind besonders eigenständige Programme wie die Ausgabefenster von oben von diesem Problem betroffen und bedürfen Ihrer besonderen Fürsorge.

6 Das Dateisystem beherrschen

Die Formalitäten sind nun erledigt. Sie kennen VBScript, Ihre Steuersprache. Und Sie wissen inzwischen auch, wie Ihr Skript nach Informationen fragen und Ergebnisse anzeigen kann. Perfekt!

Steigen Sie nun mit mir ins Dateisystem ein. Schauen Sie sich an, wie Ihre Skripte in alle Ecken und Winkel Ihrer Festplatten und Laufwerke hineinspähen und richtig praktische Aufgaben erledigen.

6.1 Die Geheimtür zu Ihrem Dateisystem öffnen

Wie kommt Ihr Skript bloß an den Inhalt Ihrer Festplatte heran? Eingebaute Dateibefehle gibt es nicht. Dabei ist die Lösung ganz simpel und vor allen Dingen ausgesprochen bequem. Verwenden Sie das *Scripting.FileSystemObject*. Es stellt alle Dateibefehle zur Verfügung, die man sich nur vorstellen kann.

> **Tip:** So funktioniert das *Scripting.FileSystemObject*
> Natürlich enthält Windows jede Menge Dateisystembefehle – schließlich hat Windows selbst ständig im Dateisystem zu tun. Nur sind diese Befehle normalerweise hermetisch abgeschirmt. Das *Scripting.FileSystemObject* macht damit Schluß: Es übersetzt die internen Dateibefehle von Windows in bequeme Funktionen, die Ihr Skript aufrufen kann.

6.1.1 An Dateibefehle herankommen

Das Prinzip ist kinderleicht und kostet Sie nur eine einzige Scripting-Zeile. Nehmen Sie über *CreateObject* Kontakt zum *Scripting.FileSystemObject* auf. Schon stehen Ihnen all seine Funktionen und Methoden zur Verfügung. Events dagegen hat das Objekt nicht zu bieten. Schauen Sie mal, wie Ihnen der Scripting Host alle bei Ihnen vorhandenen Laufwerke auflistet:

```
' 6-1.VBS
set fs = CreateObject("Scripting.FileSystemObject")
set Laufwerke = fs.Drives
for each Laufwerk in Laufwerke
    meldung = meldung & "Laufwerk " & Laufwerk.DriveLetter & ":\ gefunden!" _
        & vbCr
next

MsgBox meldung, vbInformation
'(C) 1999,2000 T.Weltner
```

Es klappt, alle vorhandenen Laufwerke werden aufgelistet. Neugierig geworden? Dann schauen Sie sich als nächstes an, wie das funktioniert.

Bild 6.1: Herausfinden, welche Laufwerke es bei Ihnen gibt

6.2 Informationen über Laufwerke herausbekommen

Mit Laufwerken fängt alles an. Laufwerke speichern Ihre Daten, und deshalb ist es eine gute Idee, zuerst das *Drive*-Objekt unter die Lupe zu nehmen. So wie ein Botschafter eine Nation vertritt, so vertritt ein *Drive*-Objekt genau eins Ihrer Laufwerke.

6.2.1 Ein Laufwerk herauspicken

Und wo trifft man *Drive*-Objekte? Man fordert sie an. Dazu gibt es gleich zwei Wege:

Wenn Sie schon wissen, welches Laufwerk Sie interessiert, dann benutzen Sie *GetDrive()*:

```
' 6-2.VBS
set fs = CreateObject("Scripting.FileSystemObject")
set laufwerk = fs.GetDrive("C:\")
MsgBox "Zurückgeliefertes Objekt: " & TypeName(laufwerk)
'(C) 1999,2000 T.Weltner
```

Tatsächlich – *TypeName()* verrät: Sie haben jetzt ein *Drive*-Objekt zur Hand.

Bild 6.2: Das *Drive*-Objekt repräsentiert ein Laufwerk

Wissen Sie gar nicht, was für ein Laufwerk Sie sich ansehen wollen, dann lassen Sie sich eben der Reihe nach alle Laufwerke geben, die verfügbar sind. So hat es das Beispiel oben gemacht:

```
' 6-3.VBS
set fs = CreateObject("Scripting.FileSystemObject")
set allelaufwerke = fs.Drives
MsgBox "Zurückgeliefertes Objekt: " & TypeName(allelaufwerke)
MsgBox "Dieses Objekt enthält " & allelaufwerke.Count & " Untereinträge!"

x=0
for each laufwerk in allelaufwerke
```

```
   x=x+1
   MsgBox x & ". zurückgeliefertes Objekt: & TypeName(laufwerk)
next
'(C) 1999,2000 T.Weltner
```

Aha: *Drives()* liefert ein Objekt vom Typ *Drives* zurück. Darin verbergen sich vier Unterobjekte (bei Ihnen können es mehr oder weniger sein). Alle Unterobjekte sind vom Typ *Drive*, repräsentieren also ein Laufwerk.

Damit ist die Sache klar: *Drives* ist eine Liste und enthält für jedes bei Ihnen vorhandene Laufwerk ein eigenständiges *Drive*-Objekt. Eigentlich ganz banal.

Theoretisch könnten Sie sich jetzt aus der *Drive*-Sammlung ein spezielles Laufwerk herauspicken, und zwar so:

```
set laufwerk = allelaufwerke.item("c")
```

Mit *GetDrive()* geht das allerdings auch ohne Umweg über die *Drives*-Sammlung.

6.2.2 Das Innenleben eines *Drive*-Objekts ausspionieren

Ein *Drive*-Objekt ist natürlich nicht nur zur reinen Belustigung da. Es ist genauer genommen ein Container voller interessanter Informationen über das Laufwerk. Um an die heranzukommen, muß man nur wissen, wie die Informationen heißen. Hier hilft die nächste Tabelle:

Eigenschaft	Bedeutung
AvailableSpace	freie Bytes, die für den angemeldeten Benutzer verfügbar sind
DriveLetter	Laufwerksbuchstabe
DriveType	Art des Laufwerks:
	0: unbekannt
	1: Wechselmedium wie Diskette oder ZIP-Drive
	2: Festplatte
	3: Netzwerk-Laufwerk
	4: CD-ROM
	5: RAM-Disk
FileSystem	Dateisystem (FAT, NTFS, CDFS)
FreeSpace	insgesamt freier Speicherplatz. Auf Systemen, bei denen es keine benutzerdefinierten »Quotas« gibt, sind FreeSpace und AvailableSpace identisch
isReady	Ist das Laufwerk einsatzbereit? Ist zum Beispiel eine Diskette oder CD-ROM im Laufwerk?
Path	Kompletter Pfadname des Laufwerks
RootFolder	liefert ein *Folder*-Objekt zurück, daß dem Stammverzeichnis dieses Laufwerks entspricht
SerialNumber	Seriennummer des Laufwerks
ShareName	Name des Netzwerk-Laufwerks
TotalSize	Gesamtgröße des Laufwerks in Bytes
VolumeName	Name des Laufwerks

Tab. 6.1: Eigenschaften des *Drive*-Objekts

6.2.3 Liegt eine Diskette im Laufwerk

Bevor Sie mit einem Laufwerk arbeiten dürfen, muß es natürlich einsatzbereit sein. Diese Information liefert *isReady()* und eignet sich damit hervorragend für ganz unterschiedliche Aufgaben.

Wollen Sie zum Beispiel Ihren Laufwerken andere Namen geben? Bevor Sie das mit *VolumeName()* tun können, muß klar sein, daß das Laufwerk auch tatsächlich einen Datenträger enthält, den Sie umtaufen können:

```
' 6-4.VBS

set fs = CreateObject ("Scripting.FileSystemObject")
set allelaufwerke = fs.Drives
for each laufwerk in allelaufwerke
   laufwerksid = laufwerk.DriveLetter
   laufwerkstyp = laufwerk.DriveType
   select case laufwerkstyp
      case 0:
           MsgBox "Laufwerk " & laufwerksid & _
                " hat einen unbekannten Typ und " _
                & "wird nicht umbenannt.",vbInformation
      case 1:
           ChangeName laufwerk
      case 2:
           ChangeName laufwerk
      case 3:
           MsgBox "Laufwerk " & laufwerksid & " " _
                & "ist ein Netzwerklaufwerk und " _
                & "wird nicht umbenannt.",vbInformation
      case 4:
           MsgBox "Laufwerk " & laufwerksid & " " _
                & "ist ein CD-ROM-Laufwerk und " _
                & "wird nicht umbenannt.",vbInformation
      case 5:
           MsgBox "Laufwerk " & laufwerksid & " " _
                & "ist eine RAM-Disk und wird " _
                & "nicht umbenannt.",vbInformation
   end select
next

sub ChangeName(laufwerk)
   ueberspringen = false
   do until (laufwerk.isReady) or (ueberspringen)
      antwort = MsgBox("Laufwerk " & _
            laufwerk.DriveLetter & " ist nicht " _
            & "einsatzbereit. Überspringen?", vbYesNo + vbQuestion)
      if antwort = vbYes then ueberspringen = true
```

6.2 Informationen über Laufwerke herausbekommen

```
      loop
      if not ueberspringen then
         laufwerksname = laufwerk.VolumeName
         meldung = "Geben Sie den neuen Namen für Laufwerk " & _
             laufwerk.DriveLetter & " ein!"
         neuername = InputBox(meldung, "Name " _
             & "ändern", laufwerksname)
         if neuername<>laufwerksname and not _
             neuername = vbEmpty then
             neuername = left(neuername, 12)
             on error resume next
             laufwerk.VolumeName = neuername
             if err.Number=0 then
                 MsgBox "Name wurde geändert!", _
                     vbInformation
             else
                 MsgBox "Laufwerk konnte nicht " _
                     & "umbenannt werden: " & _
                     err.Description, vbExclamation
                 err.Clear
             end if
             on error goto 0
         end if
      end if
end sub
'(C) 1999,2000 T.Weltner
```

Der eigentliche Umtaufvorgang passiert streng abgeschirmt mit eigenem Fehlerhandling: *on error resume next* schaltet die eingebauten VBScript-Fehlermeldungen ab, und das ist auch bitter nötig. Wenn nämlich eine Diskette mit Schreibschutz im Laufwerk steckt, mißlingt die Namensänderung, und diese Situation muß das Skript souverän abfangen.

Vielleicht möchten Sie Ihren Rechner skriptgesteuert herunterfahren, aber vorher unbedingt dafür sorgen, daß eine CD-ROM im Laufwerk liegenbleibt, weil Sie die nach dem Abschalten nicht mehr so leicht »herauspfriemeln« können. Oder Sie wollen verhindern, daß eine Diskette im Laufwerk bleibt, weil Sie die morgen bestimmt vergessen haben und dann der Rechner nicht richtig startet. Dann tun Sie das. So könnte Ihr Ausschaltskript aussehen:

```
' 6-5.VBS

do
   anzahl = CheckDrives(meldung)
   if anzahl>0 then
      antwort = MsgBox(meldung, vbOKCancel + vbExclamation)
   end if
loop until anzahl=0 or antwort=vbCancel

ShutDown
```

```
sub ShutDown
   antwort = MsgBox("Wollen Sie Windows " _
      & "herunterfahren?",vbYesNo + vbQuestion)
   if antwort=vbYes then
      set utils = CreateObject("utils.tobtools")
      utils.ExitWindows 1
   end if
end sub

function CheckDrives(meldung)
   set fs = CreateObject _
      ("Scripting.FileSystemObject")
   set allelaufwerke = fs.Drives

   counter = 0
   meldung = "Achtung!" & vbCr & vbCr
   for each laufwerk in allelaufwerke
      typ = laufwerk.DriveType
      if typ=1 or typ=4 then
           if laufwerk.isReady then
                counter = counter + 1
                meldung = meldung + "In Laufwerk " _
                       & laufwerk.DriveLetter & " " _
                       & "liegt noch ein Datenträger!"& vbCr
                if typ=4 then
                     set mm = CreateObject _
                           ("multimedia.tobtools")
                     mm.CDOpen
                     WScript.Sleep 1000
                end if
           end if
      end if
   next
   meldung = meldung & vbCr & "Nehmen Sie die Datenträger bitte heraus!"
   CheckDrives = counter
end function
'(C) 1999,2000 T.Weltner
```

CheckDrives() prüft, ob in Wechsellaufwerken und CD-ROMs noch Datenträger liegen und meldet die Anzahl solcher Fälle ans Skript zurück. Außerdem bastelt es eine Meldung, die es im übergebenen String zurückliefert.

Der eigentliche Ausschaltvorgang wird von *ShutDown()* erledigt. Lesen Sie mehr zur Abschaltfunktion in Kapitel 10.

6.2.4 Seriennummern Ihrer Laufwerke prüfen

Jedes Laufwerk hat eine digital eingestanzte Seriennummer. Nur: wofür ist die gut? Sie könnten damit zum Beispiel herausfinden, ob Ihr Skriptbenutzer tatsächlich eine Diskette ausgetauscht hat – falls das für Ihr Skript von höherer Bedeutung ist.

```
' 6-6.VBS

set laufwerk = CheckDisk("A:\")
serial = laufwerk.SerialNumber
WaitForNewDisk laufwerk, serial


function CheckDisk(welches)
   set fs = CreateObject("Scripting.FileSystemObject")
   set laufwerk = fs.GetDrive(welches)
   do until laufwerk.isReady
      antwort = MsgBox("Bitte legen Sie eine Diskette ein!", vbOkCancel + _
         vbExclamation)
      if antwort = vbCancel then
         MsgBox "Abbruch!", vbExclamation
         WScript.Quit
      end if
   loop
   Set CheckDisk = laufwerk
end function

sub WaitForNewDisk(laufwerk, serial)
   do while laufwerk.SerialNumber = serial
      antwort = MsgBox("Bitte legen Sie eine NEUE Diskette ein!", _
         vbOkCancel + vbExclamation)
      if antwort = vbCancel then
         MsgBox "Abbruch!", vbExclamation
         WScript.Quit
      end if
   loop
end sub
'(C) 1999,2000 T.Weltner
```

Dieses Skript prüft unbestechlich, ob auch wirklich eine neue Diskette eingelegt wird. Dazu liest es zuerst die Seriennummer der alten Diskette und vergleicht diese Seriennummer mit der angeblichen neuen Diskette. Mogeln ist so nicht mehr drin, denn schiebt der Skriptbenutzer dieselbe Diskette noch einmal ins Laufwerk, dann ändert sich die Seriennummer nicht. Aus die Maus.

> **Tip:** Seriennummererkennung funktioniert nicht? Bitte weiterlesen.
> Ihr Skript funktioniert nicht und nörgelt trotz brav eingelegter neuer Diskette weiter? Das Rätsel wird gleich gelüftet, noch einen Moment Geduld.

6.2.5 Kopierschutz für Disketten

Sogar einen einfachen Kopierschutz für Ihre Skripte bekommen Sie auf diese Weise. Allerdings ist das Verfahren ein wenig nervtötend.

Finden Sie zuerst die Seriennummer einer Diskette heraus, auf der Sie Ihr Skript speichern wollen. Das könnte so funktionieren:

```
' 6-7.VBS

MsgBox "Die Seriennummer der eingelegten Diskette lautet: " & CheckDisk("A:\")

function CheckDisk(welches)
   set fs = CreateObject("Scripting.FileSystemObject")
   set laufwerk = fs.GetDrive(welches)
   do until laufwerk.isReady
      antwort = MsgBox("Bitte legen Sie eine Diskette ein!", _
         vbOkCancel + vbExclamation)
      if antwort = vbCancel then
         MsgBox "Abbruch!", vbExclamation
         WScript.Quit
      end if
   loop
   CheckDisk = laufwerk.SerialNumber
end function
'(C) 1999,2000 T.Weltner
```

Dabei werden Sie vielleicht eine interessante Feststellung machen: Die Seriennummer Ihrer Diskette ist möglicherweise null. Saubande, wo ist die Seriennummer geblieben?

Einfache Antwort: Ihre Diskette hat noch keine. Seriennummern werden vergeben, wenn Sie Disketten formatieren. Disketten ohne Seriennummer sind also noch nie richtig formatiert, sondern vom Hersteller nur notdürftig »vorformatiert« worden. Zwar können Sie solche Disketten sofort benutzen, aber ratsam ist das nicht: Bei der Vorformatierung wird die Diskette nicht auf Fehler geprüft. Gönnen Sie sich also lieber eine Tasse Kaffee und warten Sie die eine Minute ab, bis Ihre Diskette ordnungsgemäß formatiert und geprüft ist, bevor Sie wichtige Daten darauf speichern. Zweiter Nutzen: anschließend hat Ihre Diskette endlich die begehrte Seriennummer.

Kennen Sie die Seriennummer Ihrer Diskette, dann brauchen Sie in Ihrem Skript, das Sie auf der Diskette ausliefern, nur eine passende Fangfrage einzubauen:

```
' 6-8.VBS
if not isOK then
   MsgBox "Hey! Kopieren dieser Software ist zwecklos weil verboten!", _
      vbInformation
   WScript.Quit
end if

MsgBox "Trara! Sie haben die Originaldiskette verwendet!",vbInformation
```

6.2 Informationen über Laufwerke herausbekommen

```
function isOk
  isOK=false
  set fs = CreateObject _
    ("Scripting.FileSystemObject")
  set lfw = fs.GetDrive("A:\")
  if lfw.isReady then
     serno = lfw.SerialNumber
     ' hier gehört Ihre Seriennummer hin:
     if serno="317595942" then isOk=true
  end if
end function
'(C) 1999,2000 T.Weltner
```

Tragen Sie in der Prüffunktion *isOK*() die Seriennummer Ihrer Diskette ein. Anschließend funktioniert alles wie am Schnürchen: nur wenn die Originaldiskette im Laufwerk liegt, kann das Skript ausgeführt werden. Kopiert sich jemand Ihr Skript auf eine andere Diskette oder gar auf die Festplatte, dann bricht das Skript ab.

Allerdings dient dieses Beispiel eher der Demonstration. Als Kopierschutz eignet es sich weniger gut, denn es genügt, die Originaldiskette einfach komplett zu kopieren. Dabei wird nicht nur ihr Inhalt, sondern auch die Seriennummer kopiert.

6.2.6 Speicherverhältnisse auf Laufwerken ausloten

Ganz besonders interessant ist natürlich die Frage, wieviel Platz auf einem Laufwerk noch übrig ist. Ihr Skript könnte darauf reagieren und zum Beispiel den Papierkorb leeren, wenn der Platz bedrohlich eng wird.

Das folgende Skript zeigt, wie sowas geht:

```
' 6-9.VBS

laufwerk = InputBox("Geben Sie den Laufwerksbuchstaben an!", "Laufwerk", _
  "C:\")
ergebnis = FreeSpace(laufwerk)
if ergebnis<0 then
   if ergebnis = -1 then
      MsgBox "Es lag kein Datenträger im Laufwerk!",vbExclamation
   elseif ergebnis = -2 then
      MsgBox "Laufwerk " & laufwerk & " existiert nicht!",vbExclamation
   end if
else
   ergebnis2 = TotalSpace(laufwerk)
   MsgBox "Freier Speicher auf Laufwerk " & _
      laufwerk & ": "& FormatMB(ergebnis) & _
      vbCr & "Speicherplatz insgesamt: "& _
      FormatMB(ergebnis2), vbInformation
```

```
end if


function FreeSpace(lfw)
   set fs = CreateObject _
      ("Scripting.FileSystemObject")
   if fs.DriveExists(lfw) then
      set lfwhandle = fs.GetDrive(lfw)
      if lfwhandle.isReady then
          FreeSpace = lfwhandle.FreeSpace
      else
          FreeSpace = -1
      end if
   else
      FreeSpace = -2
   end if
end function

function TotalSpace(lfw)
   set fs = CreateObject("Scripting.FileSystemObject")
   if fs.DriveExists(lfw) then
      set lfwhandle = fs.GetDrive(lfw)
      if lfwhandle.isReady then
          TotalSpace = lfwhandle.TotalSize
      else
          TotalSpace = -1
      end if
   else
      FreeSpace = -2
   end if
end function

function FormatMB(bytes)
   if bytes<1024 then
      FormatMB = bytes & " Bytes"
   elseif bytes<1024^2 then
      FormatMB = FormatNumber(bytes/1024,2) & " KB"
   elseif bytes<1024^3 then
      FormatMB = FormatNumber(bytes/1024^2, 2) & " MB"
   else
      FormatMB = FormatNumber(bytes/1024^3, 2) & " GB"
   end if
end function
'(C) 1999,2000 T.Weltner
```

Die Funktionen *FreeSpace()* und *TotalSpace()* liefern für jedes Laufwerk den noch freien Platz sowie die Gesamtgröße. Wichtig dabei ist die neue Funktion *DriveExists():* Sie prüft, ob niemand mogelt und womöglich ein Laufwerk aussucht, daß es gar nicht gibt. Die Funktionen liefern entweder die Bytegröße oder eine negative Zahl zurück. Negativ bedeutet Ärger: bei *-1* lag kein Datenträger im angegebenen Laufwerk, und bei *-2* wurde kein gültiges Laufwerk ausgesucht.

Bild 6.3: Herausfinden, wieviel Platz auf dem Laufwerk noch übrig ist – mit Fehlern...

Die neue Funktion *FormatMB()* ist ebenfalls praktisch die wandelt die unleserlichen riesigen Bytezahlen je nach Größe um in KB, MB oder GB. Brauchen Sie noch mehr Bandbreite, dann erweitern Sie die Funktion einfach um TB, HYPERB und FANTASTILLIONENB: dazu fügen Sie bloß weitere Zeilen der Funktion hinzu und erhöhen dabei die Potenz schrittweise jeweils um eins.

6.2.7 Den 2-Gigabyte-Bug elegant entschärfen

Unter Umständen hat Sie das letzte Skript schamlos belogen. Es nimmt die Sache bei sehr großen Laufwerken nämlich nicht so ernst. Alles, was größer ist als 2 GB wird ignoriert. Selbst ein 5 GB großes Laufwerk mit 4 GB freiem Speicher wird also aus Sicht des Skriptes auf die Obergrenze von 2 GB zurechtgeschustert.

Das kann ins Auge gehen: wollen Sie zum Beispiel berechnen, wieviel Daten auf dem Laufwerk liegen, dann brauchen Sie eigentlich nur die Zahl freier Bytes von der Zahl der Gesamtbytes abzuziehen: *lfw.TotalSize – lfw.FreeSpace*. Diese Rechnung geht aber dann nicht auf, wenn Ihr Laufwerk größer als 2 GB ist. Solange mehr als 2 GB darauf frei sind, ergibt die Rechnung immer null, ganz gleich wieviel GB Daten sich auf dem Laufwerk tatsächlich befinden.

Wie kommt denn diese Schlamperei? Der Grund liegt im Windows-Dateisystem. Bis Windows 95a gab es da nur das FAT-Dateisystem, und das hatte eine Obergrenze von 2 GB pro Partition. Seit Einführung des FAT32-Dateisystems gibt es dieses Limit nicht mehr. Dummerweise weiß das in Windows eingebaute Laufwerksgröße-Schätzeisen davon nichts. Flugs baute Microsoft deshalb ein zusätzliches neues Schätzeisen ein, das die echten Laufwerksverhältnisse ungeschminkt meldet. Der Scripting Host allerdings fragt noch immer das alte Schätzeisen. Und warum? Weil es die neue Version nicht in allen Windows-Versionen gibt. Windows 95a unterstützt nur die alte Methode, und deshalb verläßt sich der Scripting Host lieber auf die alte Methode, die überall funktioniert.

Ganz schön dumm. Dabei könnte man doch viel schlauer sein und die neue Funktion einsetzen, wenn es sie gibt. Fehlt die neue Funktion, verwendet man guten Gewissens die alte, denn auf solchen Systemen sind Laufwerke größer als 2 GB sowieso nicht erlaubt. Das nächste Skript zeigt, wie Sie das machen. Die nötigen Funktionen stammen wieder aus der Toolbox von Kapitel 1:

```
' 6-10.VBS

set tools = CreateObject("filesystem.tobtools")
laufwerk = InputBox("Geben Sie den Laufwerksbuchstaben an!","Laufwerk", "C:\")
ergebnis = tools.FreeSpace(laufwerk)
if ergebnis<0 then
   MsgBox "Laufwerk konnte nicht untersucht werden!", vbExclamation
else
   ergebnis2 = tools.TotalSize(laufwerk)
   MsgBox "Freier Speicher auf Laufwerk " & _
      laufwerk & ": "& FormatMB(ergebnis) & _
      vbCr & "Speicherplatz insgesamt: " & _
      FormatMB(ergebnis2), vbInformation
end if

function FormatMB(bytes)
   if bytes<1024 then
      FormatMB = bytes & " Bytes"
   elseif bytes<1024^2 then
      FormatMB = FormatNumber(bytes/1024,2) & " KB"
   elseif bytes<1024^3 then
      FormatMB = FormatNumber(bytes/1024^2, 2) & " MB"
   else
      FormatMB = FormatNumber(bytes/1024^3, 2) & " GB"
   end if
end function
'(C) 1999,2000 T.Weltner
```

Na also, es geht doch. *TotalSize()* und *FreeSpace()* liefern endlich die echten Größenverhältnisse Ihrer Laufwerke.

Bild 6.4: Jetzt stimmen die Angaben: Der 2-GB-Bug ist entschärft

6.2.8 Den Typ Ihrer Laufwerke bestimmen

Laufwerke gibt es in ganz unterschiedlichen Geschmacksrichtungen, und diese unterschiedlichen Laufwerke speichern Daten auch auf unterschiedliche Weise. Dazu verwenden die Laufwerke das jeweils passende Dateisystem. Vom Dateisystem bekommen Sie in der Regel gar nichts mit, es sei denn, Sie fragen danach:

6.2 Informationen über Laufwerke herausbekommen

```
' 6-11.VBS

set fs = CreateObject("Scripting.FileSystemObject")
set laufwerke = fs.Drives
for each laufwerk in laufwerke
   pfad = laufwerk.Path
   if laufwerk.isReady then
      typ = laufwerk.FileSystem
      nachricht = nachricht & "Laufwerk " & pfad & " ist vom Typ " & typ & vbcr
   else
      nachricht = nachricht & "Laufwerk " & _
            pfad & " enthält zur Zeit keinen Datenträger" & vbCr
   end if
next
MsgBox nachricht, vbInformation
'(C) 1999,2000 T.Weltner
```

Bild 6.5: Laufwerkstypen erforschen

6.2.9 Automatisch auf FAT32 umstellen

Und wofür könnte man diese Information gebrauchen? Vielleicht wollen Sie skriptgesteuert Laufwerke ins neue FAT32-Dateisystem umwandeln, wenn noch das alte FAT-Dateisystem verwendet wird.

```
' 6-12.VBS

if not (FAT32Exists) then
   MsgBox "Auf Ihrem Rechner wird FAT32 nicht unterstützt.",vbExclamation
   WScript.Quit
end if

if FATExists then
   message = "Es gibt bei Ihnen Laufwerke, die vom FAT32-"& "Dateisystem " _
         & "profitieren könnten. Wollen Sie Genaueres wissen?"
   antwort = MsgBox(message, vbYesNo + vbQuestion)
   if antwort=vbYes then
      RunProgram "CVT1.EXE"
   end if
else
   MsgBox "Es gibt bei Ihnen keine Laufwerke, die vom FAT32-"& _
         "Dateisystem profitieren würden.", vbInformation
```

Kapitel 6: Das Dateisystem beherrschen

```
end if

function FATExists
    FATExists = false
    set fs = CreateObject("Scripting.FileSystemObject")
    set laufwerke = fs.Drives
    for each laufwerk in laufwerke
        if laufwerk.isReady then
            typ = laufwerk.FileSystem
            size = laufwerk.TotalSize
            if typ="FAT" and size>=1024^2*512 then FATEXists=true
        end if
    next
end function

sub RunProgram(welches)
    set wshshell = CreateObject("WScript.Shell")
    wshshell.Run chr(34) & welches & chr(34)
end sub

function FAT32Exists
    set wshshell = CreateObject("WScript.Shell")
    set fs = CreateObject _
        ("Scripting.FileSystemObject")
    windir = _
        wshshell.ExpandEnvironmentStrings("%WINDIR%")
    FAT32Exists = fs.FileExists(windir & "\CVT1.EXE")
end function
'(C) 1999,2000 T.Weltner
```

Das Skript besteht aus drei Teilen:

- *FAT32Exists()* prüft, ob auf Ihrem Computer das moderne FAT32-Dateisystem zur Verfügung steht. Bei Windows 95a und Windows NT gibt es das Dateisystem nicht, bei Windows 95b und Windows 98 dagegen schon. *FAT32Exists()* macht es sich einfach und prüft, ob es in Ihrem Windows-Ordner das Umstellungsprogramm *CVT1.EXE* gibt. Wenn ja, dann können Sie auf FAT32 umsteigen, sonst nicht.

> **Tip:** CVT1.EXE fehlt bei mir.
> Das Skript meldet, Sie könnten kein FAT32 benutzen, und das, obwohl Sie Windows 98 verwenden? Das kann schon sein. Das Umstellungsprogramm CVT1.EXE muß eventuell erst noch installiert werden. Sie finden es im *Software*-Modul der Systemsteuerung. Klicken Sie auf das Register *Windows-Setup*, und öffnen Sie dann die Gruppe *Systemprogramme*. Aktivieren Sie dann das Kästchen vor *Laufwerkskonvertierung (FAT32)*. Wenn dieser Eintrag bei Ihnen fehlen sollte, dann hat Ihr Computerhersteller seine Hände im Spiel. Sie sollten in diesem Fall von FAT32 die Finger lassen, bis Ihr Computerhersteller explizit grünes Licht gegeben hat. Das gilt besonders für Notebooks.

- *FATExists()* prüft, ob es auf Ihrem Computer ein Laufwerk gibt, das vom FAT32-Dateisystem profitieren würde. Die Auswahlkriterien sind ganz simpel: gibt es bei Ihnen ein Laufwerk im FAT-Dateisystem, das mindestens 512 MB groß ist?
- *RunProgram()* ist Ihr Universalhelfer, um fremde Programme zu starten. Mit dieser Funktion startet das Skript das Umstellungsprogramm *CVT1.EXE*.

6.3 Ordner unter die Lupe nehmen

Die Laufwerke sind nur die groben Informationscontainer. Interessanter sind die Dinge, die Sie auf den Laufwerken speichern. Die sind in Ordnern verpackt, und deshalb schauen Sie sich als nächstes an, wie leicht sich Ihre Skripte jeden beliebigen Ordner des Dateisystems vorknöpfen können.

6.3.1 Das *Folder*-Objekt erforschen

Zum Glück funktioniert die Ordnerverwaltung nach dem gleichen Schema wie bei den Laufwerken. Ordner werden vom *Folder*-Objekt repräsentiert. Das bekommen Sie ganz ähnlich wie bei den Laufwerken. So sprechen Sie einen bestimmten Ordner an:

```
' 6-13.VBS
set fs = CreateObject("Scripting.FileSystemObject")
set folder = fs.GetFolder("C:\")
MsgBox TypeName(folder)
'(C) 1999,2000 T.Weltner
```

Und tatsächlich, es wird ein *Folder*-Objekt geliefert. Darin sind – ähnlich wie beim *Drive*-Objekt und den Laufwerken – alle interessanten Informationen über den Ordner enthalten:

Eigenschaft	Bedeutung
Attributes	Bitmaske, die die Dateiattribute des Ordners repräsentiert. Wie Sie die Attribute entziffern und verändern, zeige ich Ihnen unten
DateCreated	Datum und Uhrzeit, an dem dieser Ordner angelegt wurde
DateLastAccessed	Datum und Uhrzeit, an dem in diesem Ordner zuletzt gelesen wurde
DateLastModified	Datum und Uhrzeit, an dem in diesem Ordner zuletzt Änderungen vorgenommen wurden
Drive	Laufwerksbuchstabe des Laufwerks, auf dem dieser Ordner liegt
Files	liefert über eine Files-Collection Zugriff auf die Dateien im Ordner (sehr interessant)
isRootFolder	true, wenn dieser Ordner dem Stammverzeichnis des Laufwerks entspricht, wenn es also der höchste Ordner in der Hierarchie dieses Laufwerks ist
Name	Name des Ordners
ParentFolder	liefert das *Folder*-Objekt des übergeordneten Ordners

Eigenschaft	Bedeutung
Path	Pfadname des Ordners
ShortName	alter DOS-konformer Name des Ordners
ShortPath	alter DOS-konformer Pfadname des Ordners
Size	Gesamtgröße des Ordners einschließlich aller Unterordner (diese Funktion kostet Zeit)
Subfolders	gewährt Zugriff auf die Unterordner in diesem Ordner: sehr interessant
Type	Klartextname für den Dateityp – in der Regel also »Dateiordner«, aber bei besonderen Ordnern wie dem Papierkorb kann der gemeldete Typ abweichen

Tab. 6.2: Eigenschaften des *Folder*-Objekts

6.3.2 Die Unterordner eines Ordners auflisten

Am spannendsten ist der Inhalt eines Ordners. Wie kommen Sie an den Inhalt heran? Über die Eigenschaft *subfolders()*. Die liefert Ihnen eine Liste mit neuen *Folder*-Objekten, eins für jeden Unterordner. So einfach listen Sie die Unterordner eines Ordners auf:

```
' 6-14.VBS
set fs = CreateObject("Scripting.FileSystemObject")

ordner = InputBox("Welcher Ordner?", "Ordner auswählen", "C:\")
MsgBox ListOrdner(ordner)

function ListOrdner(ordner)
   if fs.FolderExists(ordner) then
      set ordner = fs.GetFolder(ordner)
      for each unterordner in ordner.subfolders
            ListOrdner = ListOrdner + unterordner.Name + vbCr
      next
   end if
end function
'(C) 1999,2000 T.Weltner
```

FolderExists() prüft zuerst, ob es den angegebenen Ordner überhaupt gibt. Wenn ja, dann greift das Skript über *GetFolder()* auf diesen Ordner zu. Anschließend holt es sich mit *subfolders* eine Liste der Unterordner. *For each...next* kann dann alle Unterordner abklappern und aus den jeweiligen *Folder*-Objekten alle interessanten Informationen auslesen. In diesem Fall beschränkt sich das Skript darauf, nur die Namen der Ordner herauszufinden.

Gibt es bei Ihnen sehr viele Ordner, dann platzt das Dialogfenster vermutlich aus allen Nähten. Klicken Sie in diesem Fall einfach »blind« auf Enter, um es zu schließen. Hier eine komfortablere Variante:

```
' 6-15.VBS
set tools = WScript.CreateObject("ie4helper.tobtools", "event_")
set fs = CreateObject("Scripting.FileSystemObject")
set ie = tools.OpenIEWindow(ordner, true, 600, 500, "Arial",8, false, "FFFFFF")

ordner = InputBox("Welcher Ordner?", "Ordner auswählen", "C:\")
tools.Say (ie), "<b>Übersicht Ordner " & ordner & "</b>"
ie.visible = true

Listordner ordner, 0
MsgBox "Fertig!", vbInformation

sub ListOrdner(ordner, level)
   if fs.FolderExists(ordner) then
      set ordner = fs.GetFolder(ordner)
      for each unterordner in ordner.subfolders
            tools.SayMore (ie), Spaces(level*10, " ")& unterordner.Name
            ' hier auskommentiert
            'ListOrdner unterordner, level+1
      next
   end if
end sub

function spaces(anzahl, text)
   for x=1 to anzahl
      spaces = spaces + text
   next
end function

sub event_onQuit
   MsgBox "Hey! Sie haben gerade das Ausgabefenster "& "geschlossen! " _
      & "Sind Sie verrückt? Ich muß abbrechen!",vbCritical
   WScript.Quit
end sub
'(C) 1999,2000 T.Weltner
```

Dieses Skript listet den Ordnerinhalt in einem Internet-Explorer-Fenster auf. Wie das genau geschieht, haben Sie bereits im Kapitel 5 erfahren.

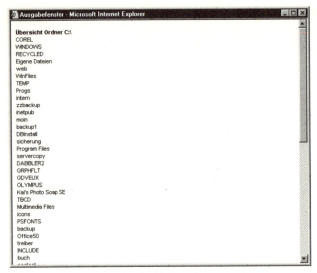

Bild 6.6: Unterordner in ein IE-Fenster ausgeben

6.3.3 Rekursiv alle Unterordner auflisten

Das Skript kann aber noch eine ganze Menge mehr. Wie wäre es, wenn das Skript nicht nur die Unterordner auflistet, sondern auch die Unterordner der Unterordner – und so fort? Auf diese Weise könnten Sie das gesamte Dateisystem abgrasen und sich zum Beispiel die Hierarchien Ihrer Ordner übersichtlich zu Gemüte führen.

Eine einzige zusätzliche Zeile ist dafür nötig. Sie ist bereits ins Skript oben eingebaut und braucht nur noch aktiviert zu werden: Entfernen Sie an der angegebenen Stelle das Semikolon.

Jetzt ruft sich die *ListOrdner()*-Funktion für jeden Unterordner selbst auf. Das nennt man »rekursiv«. Tatsächlich listet der Internet Explorer nun fein säuberlich alle Ordner auf, die irgendwo im angegebenen Ordner liegen. Haben Sie als Ordner C:\ gewählt, dann werden alle Ordner der Festplatte aufgelistet. Das kann dauern. Wird Ihnen dabei zu langweilig, dann knipsen Sie das Fenster einfach aus. Das Skript bricht daraufhin sofort ab.

Jetzt sehen Sie sicher einige Eigenheiten des Skripts in einem anderen Licht: die Funktion *Spaces()* liefert Webseiten-taugliche Leerzeichen, und die sind wichtig, damit nicht alle Ordner untereinander aufgereiht werden, sondern sich übersichtlich einrücken. Der Einrückvorgang selbst ist ganz leicht zu bewerkstelligen: Sie sagen *ListOrdner()* einfach, wieviel Einheiten die Unterordner eingerückt werden sollen. Ruft sich *ListOrdner()* dann selbst auf, erhöht es diese Zahl um eins, so daß die Unterordner eines Ordners immer genau eine weitere Spalte eingerückt werden.

6.3 Ordner unter die Lupe nehmen

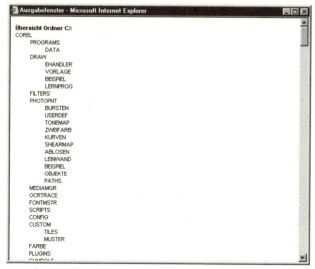

Bild 6.7: Rekursiv alle Ordner und Unterordner auflisten

6.3.4 Veraltete Ordner entdecken

Was könnten Sie als nächstes mit Ihrer neuen Ordnersuchfunktion anfangen? Lassen Sie sich beispielsweise auflisten, wie alt Ordner sind.

```
' 6-16.VBS
set tools = WScript.CreateObject("ie4helper.tobtools", "event_")
set fs = CreateObject("Scripting.FileSystemObject")
set ie = tools.OpenIEWindow(ordner, true,
  600, 500, "Arial", 8, false, "FFFFFF")

ordner = InputBox("Welcher Ordner?", "Ordner auswählen", "C:\")
tools.Say (ie), "<b>Übersicht Ordner " & ordner & "</b>"
ie.visible = true

Listordner ordner, 0
MsgBox "Fertig!", vbInformation

sub ListOrdner(ordner, level)
   if fs.FolderExists(ordner) then
      set ordner = fs.GetFolder(ordner)
      for each unterordner in ordner.subfolders
           alter = CheckAge(unterordner)
           if alter=-1 then
                alter = "unbekannt"
           else
                alter = alter & " Tage."
           end if
```

```
            tools.SayMore (ie), Spaces(level*10, _
                " ")& unterordner.Name & " " _
                & "Alter: " & alter
            'ListOrdner unterordner, level+1
        next
    end if
end sub

function spaces(anzahl, text)
    for x=1 to anzahl
        spaces = spaces + text
    next
end function

sub event_onQuit
    MsgBox "Hey! Sie haben gerade das Ausgabefenster "& "geschlossen! " _
        & "Sind Sie verrückt? Ich muß abbrechen!",vbCritical
    WScript.Quit
end sub

function CheckAge(unterordner)
    on error resume next
    zugriff = unterordner.DateLastModified
    if err.Number = 0 then
        CheckAge = DateDiff("d", zugriff, now())
    else
        err.clear
        CheckAge = -1
    end if
end function
'(C) 1999,2000 T.Weltner
```

Kernstück ist die neue Funktion *CheckAge*. Die liefert das Alter eines *Folder*-Objekts in Tagen zurück – oder *-1*, wenn das Alter nicht bestimmt werden kann.

Genau das ist nämlich durchaus möglich und ein häufige Ursache für lange Gesichter. Die drei verschiedenen Datumsfunktionen – *DateLastAccessed*, *DateLastModified* und *DateCreated* – bergen ungeahnte Tücken, die Sie besser kennen:

- Die Datumsinformationen müssen nicht vorhanden sein. Hin und wieder fehlen sie einfach, und wenn Ihr Skript versucht, diese nicht vorhandenen Datumsinformationen zu lesen, zückt VBScript eine Fehlermeldung. Deshalb ist *CheckAge()* eine eigenständige Funktion, in der mit *on error resume next* das Fehlerhandling abgeschaltet ist. Alle kritischen Abschnitte Ihres Skriptes, die eventuell einen Fehler verursachen könnten, gehören in eigenständige Prozeduren und Funktionen gekapselt, in denen selektiv das Fehlerhandling abgeschaltet wurde. Ist dann die Datumsinformation für einen Ordner nicht zu ermitteln, macht Ihr Skript ungerührt weiter und wird nicht unterbrochen.

- Dummerweise merkt sich Windows bei Ordnern nur das Zeugungsdatum. Alle drei Datumsbefehle liefern also in der Regel dasselbe Datum. Sie können deshalb nur herausfinden, wann ein Ordner erschaffen wurde. Sie können aber nicht ermitteln, wieviel Tage sein Inhalt schon unberührt bleibt.

6.3.5 Herausfinden, wann Ordner zum letzten Mal benutzt wurden

Dabei wäre es ungemein praktisch, wenn Ihnen das Skript alle Ordner auflisten würde, die seit – sagen wir mal – 30 Tagen arbeitslos waren. Und, gibt es nicht doch einen Weg?

Den gibt es tatsächlich. Zwar speichert Windows keine Zugriffsdaten im *Folder*-Objekt, aber Sie können ja in den Ordner hineinschauen und nachsehen, wann die darin gespeicherten Dateien zum letzten Mal benutzt wurden.

```
' 6-17.VBS
set tools = WScript.CreateObject("ie4helper.tobtools", "event_")
set fs = CreateObject("Scripting.FileSystemObject")
set ie = tools.OpenIEWindow(ordner, true, _
   600, 500,"Arial", 8, false, "FFFFFF")

ordner = InputBox("Welcher Ordner?", "Ordner auswählen", "C:\")
tools.Say (ie), "<b>Übersicht Ordner " & ordner & "</b>"
ie.visible = true

Listordner ordner, 0
MsgBox "Fertig!", vbInformation

sub ListOrdner(ordner, level)
   ' Listet die Unterordner eines Ordners auf
   ' Gibt es den Ordner überhaupt?
   if fs.FolderExists(ordner) then
      ' Ja, also Verbindung herstellen:
      set ordner = fs.GetFolder(ordner)
      ' Alle Unterordner untersuchen:
      for each unterordner in ordner.subfolders
         ' Für jeden Unterordner eine Meldung
         ' ausgeben:
         tools.SayMore (ie), Spaces(level*10) _
               & unterordner.Name & " " & _
               CheckAge(unterordner)
         ' Nach Unterordnern im Unterordner suchen:
         ListOrdner unterordner, level+1
      next
   end if
end sub

function spaces(anzahl)
```

```
    ' gibt HTML-fähige Leerzeichen aus
   for x=1 to anzahl
      spaces = spaces + " "
   next
end function

sub event_onQuit
   ' wird ausgelöst, wenn jemand das
   ' Fenster schließt:
   MsgBox "Hey! Sie haben gerade das Ausgabefenster "& "geschlossen! " _
      & "Sind Sie verrückt? Ich muß abbrechen!",vbCritical
   WScript.Quit
end sub

function CheckAge(unterordner)
   ' ermittelt, wann der Inhalt des Ordners
   ' zum letzten Mal
   ' verwendet wurde:
   altersgrenze = 90   ' 90 Tage und älter

   ' Fehlerbehandlung abschalten
   on error resume next
   ' wurde eine Datei im Ordner gefunden?
   ' Noch nicht:
   datumgefunden = false
   ' Uraltes Zugriffsdatum vorgeben:
   letzterzugriff = CDate("1.1.1975")
   ' Zähler für die Dateien im Ordner
   dateicounter = 0
   ' wurden Dateien ohne Zugriffsdatum-Info
   ' gefunden? Noch nicht:
   unknownfiles = false


   ' alle Dateien im Ordner untersuchen:
   for each datei in unterordner.files
      ' Bei aller Arbeit zwischendurch
      ' Events die Möglichkeit
      ' geben, behandelt zu werden:
      tools.HandleEvents
      ' Datei-Zähler um eins erhöhen:
      dateicounter = dateicounter + 1
      ' wann wurde diese Datei zum letzten
      ' Mal benutzt?
      zugriff = datei.DateLastAccessed
      ' kein Fehler? Gut, dann konnte das
      ' Zugriffsdatum
      ' bestimmt werden!
```

```
        if err.Number = 0 then
            ' ist diese Datei vor kürzerer Zeit
            ' benutzt
            ' worden als die Vorgabe?
            if zugriff>letzterzugriff then
                ' ja, also jetzt ist das Zugriffsdatum
                ' dieser Datei die Vorgabe:
                letzterzugriff=zugriff
                ' Es wurde ein Datum gefunden:
                datumgefunden = true
            end if
        else
            ' Oh je, Datei hat keine
            ' Zugriffsdatum-Info!
            ' Fehler erkannt, also wieder
            ' zurücksetzen:
            err.clear
            ' Melden, daß es im Ordner Dateien
            ' mit unbekanntem
            ' Zugriffsdatum gibt:
            unknownfiles = true
        end if
next
' Prüfen, wieviel Unterordner es im
' Ordner gibt:
ordnercounter=0
for each tempobj in unterordner.subfolders
    ' Unterordner zählen
    ordnercounter = ordnercounter +1
next


' wurden Dateien mit unbekanntem
' Zugriffsdatum gefunden?
if unknownfiles then
    ' ja, also Hinweis
    zusatz = " (enthält Dateien mit unbekanntem "& "Zugriffsdatum)"
else
    ' nein, also kein Hinweis
    zusatz = ""
end if


' wurde im Ordner mindestens eine Datei
' mit Zugriffsdatum
' gefunden?
if datumgefunden then
    ' ja, also Alter der zuletzt benutzten
    ' Datei in Tagen
```

```
        ' bestimmen:
        alter = DateDiff("d", letzterzugriff, now())
        ' ist das Alter älter als die Grenze?
        if alter>=altersgrenze then
            ' ja, also Warnung ausgeben:
            message = "<font style=""background: " _
                & "red; color:"& " white"">SEIT " _
                & Fix(alter/30)& " MONATEN " _
                & "UNBENUTZT!</font> ("& FormatMB _
                (unterordner.size) & ") " & zusatz
        else
            ' nein, also nur auflisten:
            message = "Alter: " & alter & " " & "Tage." & zusatz
        end if
    else
        ' Es wurde keine Datei mit
        ' Zugriffsdatum im Ordner
        ' gefunden:
        if dateicounter=0 and ordnercounter=0 then
            ' Ordner ist vollkommen leer:
            message = "<font style=""background: " _
                & "green; color:"& " " _
                & "white"">ORDNER IST VOLLKOMMEN " _
                & "LEER!</font>"
        elseif dateicounter=0 then
            ' Ordner enthält nur Unterordner:
            message = "Ordner enthält nur " _
                & "Unterordner."
        else
            ' Ordner enthält zwar Dateien, aber
            ' die haben keine
            ' Zugriffsdatum-Information. Pech gehabt:
            message = "Alter unbekannt"
        end if
    end if
    ' Meldung zurückgeben:
    CheckAge = message
end function

function FormatMB(bytes)
    if bytes<1024 then
        FormatMB = bytes & " Bytes"
    elseif bytes<1024^2 then
        FormatMB = FormatNumber(bytes/1024,2) & " KB"
    elseif bytes<1024^3 then
        FormatMB = FormatNumber(bytes/1024^2, 2) & " MB"
    else
```

```
        FormatMB = FormatNumber(bytes/1024^3, 2) & " GB"
    end if
end function
'(C) 1999,2000 T.Weltner
```

Kernstück ist *CheckAge()*. Die einzelnen Arbeitsschritte dieser Funktion sind im Skript beschrieben. Einige Dinge sind bemerkenswert:

- Das Skript hebt besondere Warnmeldungen farbig hervor. Das ist möglich, weil der Internet Explorer HTML darstellt. Deshalb kann das Skript ganz legal HTML-Tags einsetzen, um die Ausgabe ansprechend zu gestalten. Bei Warnmeldungen verwendet das Skript *<FONT STYLE="..."> ... </FONT>*. Nach *STYLE=* folgt der Wunschzettel, wie die Schrift formatiert sein soll.

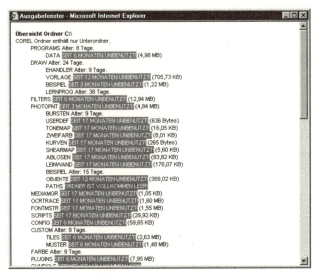

Bild 6.8: Lassen Sie sich Uralt-Ordner bequem herausfischen

- Die Funktion *HandleEvents()* sorgt dafür, daß Ihr Skript nicht im Eifer des Gefechts egoistisch die gesamten Rechenkapazitäten Ihres Computers aufsaugt, sondern innehält und anderen Aufgaben eine Chance gibt, ausgeführt zu werden. Diese Funktion ist enorm wichtig. Probieren Sie aus, was passiert, wenn Sie sie aus dem Skript streichen. Solange das Skript nun intensiv in Ordnern nach Zugriffsdaten forscht, hat Ihr Computer keine Augen mehr für andere Dinge. Versuchen Sie beispielsweise, das Ausgabefenster zu schließen, es zu vergrößern oder mit den Bildlaufleisten zu spielen, dann passiert gar nichts – erst wenn das Skript wieder Text ins Ausgabefenster schreibt, hat es Gelegenheit, Ihre Wünsche zu erfüllen.

6.3.6 Veraltete Dateien finden, deren Entsorgung sich lohnt

Erstaunlich, was Ihr Skript inzwischen alles veranstalten kann. Das nächste Skript ist eine kleine Abwandlung. Es listet alle Dateien auf, die eine bestimmte Größe überschreiten und seit einer festgelegten Zeit nicht mehr benutzt wurden. Das Ergebnis ist eine ideale Grundlage, um die übervolle Festplatte gezielt von Ballast zu entsorgen:

```
' 6-18.VBS
set tools = WScript.CreateObject("ie4helper.tobtools", "event_")
set fs = CreateObject("Scripting.FileSystemObject")
set ie = tools.OpenIEWindow(ordner, true, _
   600, 500, "Arial", 8, false, "FFFFFF")
minalter = 90     ' mindestens 90 Tage alt
mingroesse = 1024^2   ' mindestens 1MB

ordner = InputBox("Welcher Ordner?", "Ordner auswählen", "C:\")
tools.Say (ie), "<b>Übersicht Ordner " & ordner & "</b>"
ie.visible = true

ListOrdner ordner, 0
MsgBox "Fertig!", vbInformation

sub ListOrdner(ordner, level)
   if fs.FolderExists(ordner) then
      set ordner = fs.GetFolder(ordner)
      for each unterordner in ordner.subfolders
           CheckAge unterordner, minalter, mingroesse, level
           ListOrdner unterordner, level+1
      next
   end if
end sub

sub event_onQuit
   MsgBox "Hey! Sie haben gerade das Ausgabefenster "& "geschlossen! " _
      & "Sind Sie verrückt? Ich muß abbrechen!",vbCritical
   WScript.Quit
end sub

sub CheckAge(unterordner, minalter, mingroesse, level)
   on error resume next
   start=false
   gesamtgroesse = 0
   gesamtdateien = 0
   for each datei in unterordner.files
      tools.HandleEvents
      zugriff = datei.DateLastAccessed
      groesse = datei.Size
      if err.Number=0 then
           alter = Datediff("d", zugriff, now())
           if alter>=minalter and _
               groesse>=mingroesse then
```

```
                    if start=false then
                        start=true
                        tools.SayMore (ie), Spacer _
                            (level*5) & "<b>" & _
                            unterordner.name & "</b>"
                    end if
                    tools.SayMore (ie), Spacer((level _
                        +1)*5)& datei.path & " ist " & _
                        Fix(alter/30) & " Monate " _
                        & "unbenutzt und "& FormatMB _
                        (groesse) & " gross."
                    gesamtgroesse = gesamtgroesse + groesse
                    gesamtdateien = gesamtdateien + 1
                end if
        else
            err.Clear
            if groesse>=mingroesse then _
                tools.SayMore (ie), datei.path & _
                " konnte nicht untersucht werden."
        end if
    next
    if start then tools.SayMore (ie), Spacer _
        (level*5)& "<b>Insgesamt " & _
        gesamtdateien & " Dateien mit "& _
        FormatMB(gesamtgroesse) & "</b>"
end sub

function FormatMB(bytes)
    if bytes<1024 then
        FormatMB = bytes & " Bytes"
    elseif bytes<1024^2 then
        FormatMB = FormatNumber(bytes/1024,2) & " KB"
    elseif bytes<1024^3 then
        FormatMB = FormatNumber(bytes/1024^2, 2) & " MB"
    else
        FormatMB = FormatNumber(bytes/1024^3, 2) & " GB"
    end if
end function

function Spacer(anzahl)
    for x=1 to anzahl
        Spacer = Spacer + " "
    next
end function
'(C) 1999,2000 T.Weltner
```

6.3.7 Suchergebnis im ListView präsentieren

Im Kapitel 4 hatten Sie bereits ein erstaunlich pfiffiges Dialogfenster kennengelernt: den ListView. Der kann Informationen genauso übersichtlich anzeigen wie der Windows-eigene Explorer und eignet sich ideal, um Suchergebnisse wie die der vergangenen Beispiele plastisch anzuzeigen:

```
' 6-19.VBS
' ListView verfügbar machen:
set liste = CreateObject("listview.tobtools")
' Permanentes Ausgabefenster verfügbar machen:
set tools = WScript.CreateObject("fenster.tobtools", "event_")
' Dateisystem verfügbar machen:
set fs = CreateObject("Scripting.FileSystemObject")

' Überschriften des Dialogfensters festlegen
liste.AddHeader "Dateiname"
liste.AddHeader "Alter in Monaten"
liste.AddHeader "Größe"

' welche Dateien sollen gesucht werden?
minalter = 90      ' mindestens 90 Tage alt
mingroesse = 1024^2  ' mindestens 1MB
ordner = InputBox("Welcher Ordner?", "Ordner auswählen", "C:\")

' Alles startklar:
ok=true

' Hinweisfenster anzeigen:
tools.ShowMessageBox "Suche Uralt-Dateien", "&Abbrechen"

' Ordner durchsuchen:
ListOrdner ordner, 0

' Hinweisfenster entsorgen:
tools.DestroyMessageBox

' Ergebnis anzeigen:
set ergebnis = liste.ListViewShow("Möglicherweise veraltete Dateien")

sub ListOrdner(ordner, level)
    if fs.FolderExists(ordner) then
        set ordner = fs.GetFolder(ordner)
        ' Fortschritt anzeigen:
        tools.WriteMessageBox "Untersuche " & ordner.path
        for each unterordner in ordner.subfolders
            ' Abbruch signalisiert? Dann abbrechen!
            if not ok then exit sub
```

```
                ' ----------------------------------------
                CheckAge unterordner, minalter, _
                    mingroesse, level
                ListOrdner unterordner, level+1
        next
    end if
end sub

sub CheckAge(unterordner, minalter, mingroesse, level)
    on error resume next
    start=false
    for each datei in unterordner.files
        ' Events prüfen und bei Bedarf abbrechen:
        tools.HandleEvents
        if not ok then exit sub
        ' ----------------------------------------

        zugriff = datei.DateLastAccessed
        groesse = datei.Size
        if err.Number=0 then
            alter = Datediff("d", zugriff, now())
            if alter>=minalter and groesse>=mingroesse then
                if start=false then
                    start=true
                end if
                ' Datei gefunden - in Liste eintragen:
                liste.AddItem datei.path
                liste.AddSubItem 1, Fix(alter/30)
                liste.AddSubItem 2, FormatMB(groesse)
            end if
        else
            ' Datei ohne Zugriffsdatum-Info gefunden:
            err.Clear
            liste.AddItem datei.path
            liste.AddSubItem 1, "?"
            liste.AddSubItem 2, "?"
        end if
    next
end sub

function FormatMB(bytes)
    if bytes<1024 then
        FormatMB = bytes & " Bytes"
    elseif bytes<1024^2 then
        FormatMB = FormatNumber(bytes/1024,2) & " KB"
    elseif bytes<1024^3 then
```

```
        FormatMB = FormatNumber(bytes/1024^2, 2) & " MB"
    else
        FormatMB = FormatNumber(bytes/1024^3, 2) & " GB"
    end if
end function

sub event_FormClose(nr)
    ' wird ausgelöst, wenn
    ' Nachrichtenfenster geschlossen oder
    ' abgebrochen wird:
    ok = false
end sub
'(C) 1999,2000 T.Weltner
```

Zwei Tools machen dieses Skript interessant: die Nachrichtenbox hält Sie über alle Aktionen auf dem laufenden, während das Skript die potentiell veralteten Dateien zusammensucht. Dieses Tool kennen Sie bereits aus Kapitel 4. Und der ListView stellt diesmal die Suchergebnisse besonders professionell und übersichtlich dar. Ein Klick auf eine seiner Spaltenüberschriften genügt, um das Suchergebnis sogar zu sortieren – genau wie beim echten Explorer also.

Weil die Suche nach bestimmten Dateien auf der gesamten Festplatte ordentlich Zeit kosten kann, ist es schlau, eine Abbruchfunktion ins Skript einzubauen. So kann der Skriptbenutzer selbst entscheiden, wann ihm der Geduldsfaden reißt.

Dieses Skript zeigt, wie so etwas funktioniert. Das Nachrichtenfenster hat eine *Abbrechen*-Schaltfläche. Wird auf die geklickt, oder knipst jemand das Nachrichtenfenster aus, dann löst das Nachrichtenfenster den *FormClose()*-Event aus. Der würde normalerweise nutzlos in der Luft verpuffen, denn niemand bekommt von ihm etwas mit. Ihr Skript allerdings schon. Weil es das Tool, aus dem das Nachrichtenfenster stammt, nicht mit dem nackten *CreateObject* eröffnet hat, sondern mit *WScript.CreateObject*, wird der *FormClose*-Event direkt zur Skriptprozedur *event_FormClose()* umgeleitet.

Und was tut diese Prozedur? Gar nicht viel. Hier wird bloß die Variable *ok* auf *false* gesetzt. Das ist alles.

Allerdings hat das große Auswirkungen auf Ihr Hauptskript. Es prüft nämlich an zwei strategischen Stellen, ob *ok* noch wie am Anfang des Skripts festgelegt *true* enthält. Nur dann fährt das Skript mit seiner Suche fort. Ist *ok* dagegen *false* – jemand hat inzwischen auf *Abbrechen* geklickt oder das Nachrichtenfenster ausgeknipst – dann bricht es alle Suchaktionen ab. Die Abbruchfunktion ist da!

Allerdings nicht ganz. Würden Sie im Hauptskript nur den Inhalt der Variablen *ok* abfragen, dann könnte es Ihnen passieren, daß das Skript erst mit reichlicher Verzögerung auf Ihren Abbruchwunsch reagiert. Der Grund: Damit abgebrochen werden kann, muß der *FormClose()*-Event erst einmal bei Ihrem Skript ankommen.

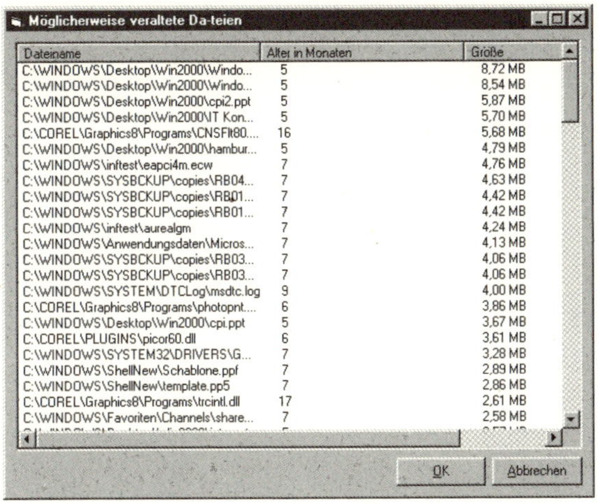

Bild 6.9: Listet alle möglicherweise veralteten Dateien für Sie auf

Scripting Host Skripte sind leider etwas hyperaktiv. Prüft das Skript gerade freudig erregt in einer Schleife die hunderttausend Dateien im Windows-Ordner, dann kümmert es sich nicht um hereinkommende Events und schiebt die auf die lange Bank. Erst wenn es den Arbeitsschritt erledigt hat, kann der Event zuschlagen und den Abbruch auslösen. Bei größeren Ordnern müssen Sie mit Verzögerungen von einigen Sekunden rechnen. Das ist nicht so gut.

Deshalb ruft das Skript oben an einer besonders heiklen Stelle zuerst *tools.HandleEvents* auf. Damit zwingt sich das Skript selbst, an dieser Stelle alle anstehenden Events zu bearbeiten, und Ihr Skript wird sofort abgebrochen. Gut, oder? Streichen Sie die *HandleEvents*-Zeile einfach testweise aus dem Skript, wenn Sie mir nicht glauben.

6.3.8 Leere Ordner löschen

Vollkommen leere Ordner sind wenig sinnvoll, kommen aber im besten Dateisystem vor. Das nächste Skript zeigt Ihnen, wie Sie solche leeren Ordner finden und auf Wunsch sofort entsorgen.

Allerdings gleich ein ernstes Wort zur Warnung: nicht alle leeren Ordner sind überflüssig! Manche Programme leisten sich leere Ordner, um bei Bedarf Dinge darin zu speichern, und reagieren äußerst ungehalten, wenn Sie diese Ordner einfach entsorgen.

Genau deshalb gibt es das nächste Skript. Es spürt leere Ordner bloß auf und überläßt es Ihrem Fachverstand, ob die Ordner tatsächlich überflüssig sind oder nicht. Sind Sie sich nicht so sicher, dann lassen Sie Ordner im Zweifelsfall lieber am Leben, oder beschränken Sie sich nur auf Ordner, die Sie selbst angelegt haben. Als kleine Sicherheitseinrichtung legt das Skript ein Protokoll der gelöschten Ordner an (*C:\ORDNERLOG.TXT*). Sollte es wider Erwarten nach der Löschaktion zu Problemen kommen, dann hilft dieses Logbuch dabei, die Ordner wieder einzurichten.

Kapitel 6: Das Dateisystem beherrschen

```
' 6-20.VBS
set liste = CreateObject("listview.tobtools")
set tools = WScript.CreateObject("fenster.tobtools", "event_")
set fs = CreateObject("Scripting.FileSystemObject")

' Überschriften des Dialogfensters festlegen
liste.AddHeader "Name"
liste.AddHeader "Pfad"

' Dieser Ordner wird durchsucht:
ordner = InputBox ("Welchen Ordner soll ich durchsuchen?","Ordner", "C:\")
' Hier werden gelöschte Dateien notiert:
logbuch = "C:\ORDNERLOG.TXT"

gefunden = 0
ok=true

' Logbuch öffnen:
set logbuch = fs.OpenTextFile(logbuch, 8, true)
' Nachrichtenfenster zeigen:
tools.ShowMessageBox "Suche leere Ordner...", "&Abbrechen"
' Ordner durchsuchen:
Listordner ordner
' Nachrichtenfenster schließen:
tools.DestroyMessageBox
' Ergebnis alphabetisch sortieren:
liste.ListViewSort 0

' so lange Ergebnis anzeigen, bis auf
' Abbrechen geklickt wird:
ok=true
start=true
do
   ' beim ersten Mal die Fenstergröße festlegen:
   if start then
      start = false
      set ergebnis = liste.ListViewShow _
            ("Leere Ordner",,7,,7,,"&Löschen",,true)
   else
      set ergebnis = liste.ListViewShow _
            ("Leere Ordner",,,,"&Löschen",,true)
   end if
   ' wurden leere Ordner gefunden?
   if ergebnis.Count>0 then
      ' Ja, die einzelnen Ordner zum Löschen
      ' anbieten:
      for each information in ergebnis
```

6.3 Ordner unter die Lupe nehmen

```
                leerordner = Split(information, vbCrLf)
                if fs.FolderExists(leerordner(1)) then
                    liste.RemoveItem leerordner(2)
                    set opfer = fs.GetFolder(leerordner(1))
                    antwort = MsgBox("Wollen Sie " _
                        & "Ordner " & opfer.name & " " _
                        & "wirklich löschen?", vbYesNo + vbQuestion)
                    if antwort=vbYes then
                        LogIt opfer.path
                        opfer.delete true
                    end if
                end if
            next
        else
            ok=false
        end if
loop while ok
' Logbuch schließen:
logbuch.close

sub ListOrdner(ordner)
    if not ok then exit sub
    if fs.FolderExists(ordner) then
        set ordner = fs.GetFolder(ordner)
        ' Fortschritt anzeigen:
        tools.WriteMessageBox gefunden & " " _
            & "bisher gefunden - untersuche " & ordner.name
        '----------
        if ordner.subfolders.count=0 and _
                ordner.files.count=0 then
        ' falls Sie eine ältere WSH-Version
        ' verwenden, dann
        ' funktioniert Count() nicht.
        ' Verwenden Sie dann diese
        ' Alternative:
        ' if CountContent(ordner.subfolders)=0
        ' and ' CountContent(ordner.files)=0 then
        '----------
            liste.AddItem ordner.name
            liste.AddSubItem 1, ordner.path
            gefunden = gefunden + 1
        end if
        for each unterordner in ordner.subfolders
            ListOrdner unterordner.Path
        next
    end if
end sub
```

```
sub event_FormClose(nr)
   ' wird ausgelöst, wenn
   ' Nachrichtenfenster geschlossen oder
   ' abgebrochen wird:
   ok = false
end sub

function CountContent(obj)
   ' ersetzt die Count()-Eigenschaft bei
   ' älteren WSH-Versionen:
   for each item in obj
      CountContent = CountContent + 1
   next
end function

sub LogIt(name)
   ' schreibt Eintrag in Logbuch:
   logbuch.WriteLine name
   logbuch.WriteLine now()
end sub
'(C) 1999,2000 T.Weltner
```

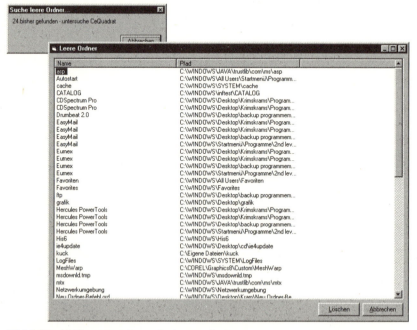

Bild 6.10: Vollkommen leere Ordner aufspüren

6.3.9 Anzahl der Unterordner und Dateien herausfinden

Wie findet man eigentlich leere Ordner? Das Skript oben geht einen ganz einfachen Weg: Es bestimmt die Anzahl der Unterordner und der Dateien in einem Ordner, und wenn beide null sind, muß der Ordner leer sein.

Allerdings gibt es zwei unterschiedliche Wege, so etwas herauszufinden. Der einfachere und sehr viel schnellere ist die *Count()*-Eigenschaft. Die setzen Sie so ein:

```
' 6-21.VBS
set fs = CreateObject("Scripting.FileSystemObject")
set ordner = fs.GetFolder("C:\")
unterordner = ordner.subfolders.Count
dateien = ordner.files.Count
MsgBox "Im Ordner C:\ befinden sich " & _
    unterordner & " Unterordner und " & _
    dateien & " Dateien.", vbInformation
'(C) 1999,2000 T.Weltner
```

Dummerweise funktioniert *Count()* in älteren WSH-Versionen nicht. Ein ärgerlicher Bug! Allein dies ist ein Grund, sich schleunigst die neueste WSH-Version zu besorgen (Kapitel 1).

Bild 6.11: Nur beim neuen Scripting Host funktioniert *Count()* richtig

Können oder wollen Sie das nicht, dann müssen Sie sich behelfen und die Anzahl der Unterordner und Dateien von Hand nachzählen. Das dauert allerdings viel länger:

```
' 6-22.VBS
set fs = CreateObject("Scripting.FileSystemObject")
set ordner = fs.GetFolder("C:\")
unterordner = CountItems(ordner.subfolders)
dateien = CountItems(ordner.files)
MsgBox "Im Ordner C:\ befinden sich " & _
    unterordner & " Unterordner und " & _
    dateien & " Dateien.", vbInformation


function CountItems(object)
    for each item in object
        CountItems = CountItems + 1
    next
end function
'(C) 1999,2000 T.Weltner
```

Und wer außer dem Statistischen Bundesamt interessiert sich für solche Zahlenspiele? Eine nützliche Anwendung haben Sie bereits gesehen. Das nächste Skript ermittelt zum Beispiel, wieviel Dateien und Ordner sich insgesamt in einem bestimmten Ordner befinden. Das kann je nach Größe Ihrer Festplatte einige Minuten dauern:

```
' 6-23.VBS
set fs = CreateObject("Scripting.FileSystemObject")

ordner = 0
dateien = 0
start = InputBox("Welchen Ordner wollen Sie untersuchen?","Ordner", "C:\")
timestamp1 = now()
if fs.folderExists(start) then
   set startfolder = fs.GetFolder(start)
   CountIt startfolder
   timestamp2 = now()
   diff = DateDiff("s", timestamp1, timestamp2)
   liste = "Dateien insgesamt: " & dateien & vbCr
   liste = liste & "Ordner insgesamt: " & ordner & vbCr
   liste = liste & "Suchaktion hat " & diff & " Sekunden gedauert."
   MsgBox liste, vbInformation
end if

sub CountIt(obj)
   ordner = ordner + obj.subfolders.count
   dateien = dateien + obj.files.count
   for each unterordner in obj.subfolders
       CountIt unterordner
   next
end sub
'(C) 1999,2000 T.Weltner
```

Bild 6.12: Herausfinden, wieviel Dateien und Ordner es bei Ihnen gibt

6.3.10 Neue Ordner anlegen

Natürlich lassen sich skriptgesteuert auch neue Ordner anlegen. Wie effizient das geht, beweist das nächste Skript. Es akzeptiert einen Pfadnamen und legt alle Ordner an, die es in diesem Pfad noch nicht gibt:

```
' 6-24.VBS
set fs = CreateObject("Scripting.FileSystemObject")

path = InputBox("Welchen Ordner wollen Sie anlegen?", "Ordner anlegen", _
   "C:\TEST\HUGO\BRIEFE\PERSÖNLICHES")
```

6.3 Ordner unter die Lupe nehmen

```
anzahl = CreateFolder(path)
MsgBox "Es wurden " & anzahl & " neue " & "Ordner angelegt!", vbInformation

function CreateFolder(path)
   ' legt alle Ordner an, die im Pfad nicht
   ' existieren
   ' bisher 0 neue Ordner angelegt:
   CreateFolder = 0

   ' Pfadangabe zurechtrücken:
   ' Leerzeichen und abschließendes
   ' "\"-Zeichen entfernen,
   ' alles in Kleinbuchstaben umwandeln:
   path2 = trim(lcase(path))
   if right(path2,1)="\" then
      path2 = left(path2, len(path2)-1)
   end if

   ' Variablenfeld mit den einzelnen Ordnernamen
   ' herstellen. "\" dient als Trennzeichen:
   ordnerliste = Split(path2, "\")

   ' Fehlerbehandlung abschalten:
   on error resume next

   ' Alle Ordnernamen nacheinander durchgehen:
   for each ordner in ordnerliste
      ' gesamtpfad enthält den überprüften
      ' Teilordner:
      gesamtpfad = gesamtpfad + ordner + "\"

      ' gibt es den Ordner schon?
      if not fs.FolderExists(gesamtpfad) then
         ' nein, also anlegen:
         fs.CreateFolder(gesamtpfad)
         ' sind dabei Fehler passiert?
         if not err.Number=0 then
            ' ja, z.B. ungültiger Ordnername
            ' Meldung ausgeben und abbrechen:
            MsgBox "Fehler beim Anlegen von " _
                  & "Ordner: " & gesamtpfad & vbCr _
                  & err.Description, vbExclamation
            err.Clear
            exit function
         end if
         ' Anzahl der angelegten Ordner um
         ' eins erhöhen:
```

```
            CreateFolder = CreateFolder + 1
        end if
    next
end function
'(C) 1999,2000 T.Weltner
```

CreateFolder() legt den neuen Ordner an. Nur wenn Sie als Ordnernamen Zeichen benutzen, auf die das Windows-Dateisystem allergisch reagiert, kommt es zu einem Fehler. Das Skript fängt diese Fehler aber elegant mit *on error resume next* ab und prüft dann selbst an der kritischen Stelle, ob ein Fehler aufgetreten ist. Wenn ja, nörgelt das Skript und bricht die Funktion ab.

Schauen Sie sich an, wie das Skript feststellt, welche Ordner es noch nicht gibt. Pfadnamen bestehen aus den Namen der einzelnen Ordner. Diese Namen sind immer durch ein »\«-Zeichen voneinander getrennt. Ideal! Setzen Sie einfach *Split()* ein, um aus dem Pfadnamen ein Feld zu basteln, das die einzelnen Ordnernamen enthält.

```
' 6-25.VBS
name = InputBox("Geben Sie einen Pfadnamen ein!",,"c:\windows\desktop\test")
einzelnamen = Split(name, "\")
for each einzelname in einzelnamen
    aktuellername = aktuellername + einzelname + "\"
    MsgBox einzelname & vbCr & aktuellername
next
'(C) 1999,2000 T.Weltner
```

Wenn Sie das Skript zum ersten Mal ausführen, wird es vollautomatisch eine Reihe von Ordnern anlegen. Führen Sie das Skript ein zweites Mal aus, braucht es nichts weiter zu tun, denn nun existieren ja alle angegebenen Ordner.

Auch wenn diese neue Funktion nicht besonders spektakulär wirkt, werden Sie sie an vielen Stellen einsetzen können, zum Beispiel bei der Backup-Funktion von Kapitel 6.5.

6.3.11 Logbuchdatei wieder in Ordner zurückverwandeln

Setzen Sie Ihre neue Funktion doch zum Beispiel dazu ein, das Logbuch der gelöschten leeren Ordner von Kapitel 6.3.8 wieder in Ordner zurückzuverwandeln.

```
' 6-26.VBS
set fs = CreateObject("Scripting.FileSystemObject")

logbuchdatei = "C:\ORDNERLOG.TXT"

' gibt es die Logbuchdatei überhaupt?
if fs.FileExists(logbuchdatei) then
    ' Anzahl wiederhergestellter Ordner
    neueordner = 0
    ' Logbuch öffnen:
    set logbuch = fs.OpenTextFile(logbuchdatei)
```

```
    ' Inhalt bis zum Ende zeilenweise lesen:
    do until logbuch.atEndOfStream
        ' Zeile mit gelöschtem Ordnernamen
        ' lesen, dann diesen
        ' Ordner mit CreateFolder() anlegen
        ' und die Anzahl
        ' der dabei tatsächlich neu angelegten
        ' Ordner zum
        ' Zähler hinzuzählen:
        neueordner = neueordner + CreateFolder _
            (logbuch.ReadLine)
        ' noch nicht das Ende der Logbuchdatei
        ' erreicht?
        ' Dann die Zeile mit der
        ' Zeitinformation überspringen:
        if not logbuch.atEndOfStream then logbuch.SkipLine
    loop

    MsgBox "Habe " & neueordner & " neue " _
        & "leere Ordner angelegt!",vbInformation
else
    MsgBox "Logbuchdatei " & logbuchdatei & " fehlt!",vbExclamation
end if

function CreateFolder(path)
    CreateFolder = 0
    path = trim(lcase(path))
    if right(path,1)="\" then
        path = left(path, len(path)-1)
    end if

    ordnerliste = Split(path, "\")

    on error resume next

    for each ordner in ordnerliste
        gesamtpfad = gesamtpfad + ordner + "\"
        if not fs.FolderExists(gesamtpfad) then
            fs.CreateFolder(gesamtpfad)
            if not err.Number=0 then
                MsgBox "Fehler beim Anlegen von " _
                    & "Ordner: "& gesamtpfad & vbCr _
                    & err.Description, vbExclamation
                err.Clear
                exit function
            end if
            CreateFolder = CreateFolder + 1
```

```
        end if
    next
end function
'(C) 1999,2000 T.Weltner
```

Dieses Skript ist sozusagen die »Undo«-Funktion des Leere-Ordner-Lösch-Skrtpts von weiter oben.

Nebenbei gibt es Ihnen schon einen kleinen Vorgeschmack darauf, wie Sie Textdateien öffnen und lesen. So könnten Sie für Ihre Serviceskripte einfache Aufgabenlisten erstellen oder ganz individuelle Setup-Skripte schreiben.

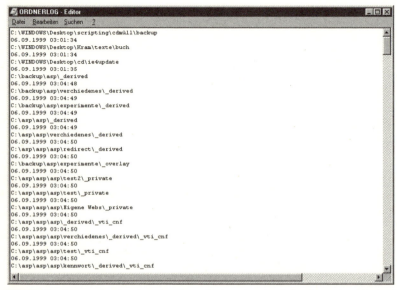

Bild 6.13: Dieses Logbuch gelöschter Ordner ist die Grundlage des Undo-Skripts

6.3.12 Ordner umbenennen

Natürlich lassen sich Ordner auch skriptgesteuert umtaufen. Das allerdings sollten Sie nur bei Ordnern versuchen, die Sie selbst angelegt haben. Windows und alle übrigen Programme reagieren äußerst allergisch darauf, wenn man ihre Einzelteile umbenennt.

Umbenennen ist einfach, auch wenn es gar keinen Umtaufbefehl gibt. Verwenden Sie einfach die *Name*-Eigenschaft des *Folder*-Objekts. Die kann man nämlich nicht nur lesen, sondern auch selbst festlegen:

```
' 6-27.VBS
set fs = CreateObject("Scripting.FileSystemObject")

' Diesen Ordner umbenennen:
ordner = "C:\HUGO"

' wenn es ihn noch nicht gibt, dann anlegen:
```

```
if not fs.FolderExists(ordner) then
    fs.CreateFolder ordner
end if

' Verbindung aufnehmen:
set ordnerhandle = fs.GetFolder(ordner)

' wie soll der neue Ordnername lauten?
neuername = InputBox("Neuer Ordnername", _
    "Ordner umbenennen", ordnerhandle.name)

' prüfen, ob es solch einen Ordner schon gibt:
ordnerpfad = fs.GetParentFolderName(ordnerhandle.path)
geplanterordner = ordnerpfad + neuername

if not fs.FolderExists(geplanterordner) then
    ' umbenennen:
    ordnerhandle.name = neuername
    MsgBox "Der Ordner wurde umbenannt!"
else
    MsgBox "Den Ordner " & geplanterordner & " gibt es schon!"
end if
'(C) 1999,2000 T.Weltner
```

Die eigentliche Namensänderung ist ganz simpel und kostet Sie nur eine Skriptzeile. Damit Ihr Skript aber in keine Fallen tappt, sind einige Prüfungen zu erledigen. Besonders wichtig: Gibt es vielleicht schon einen Ordner mit dem neuen Namen?

GetParentFolderName() kann hier helfen. Diese Funktion liefert den reinen Pfad eines Pfadnamens zurück, entfernt also den letzten Teil mit dem Datei- oder Ordnernamen. Anschließend brauchen Sie bloß den geplanten neuen Ordnernamen an diesen Pfad anhängen und kennen bereits den neuen Ordnernamen. Prüfen Sie jetzt mit *FolderExists()*, ob es diesen Ordner schon gibt. Wenn nicht, steht der Namensänderung nichts im Wege.

6.4 Dateien genauer unter die Lupe nehmen

Obwohl es im letzten Abschnitt vor allem um die Ordner ging, drängten sich die Dateien bereits in den Vordergrund, wann immer sie konnten. Lassen Sie sie doch. Dateien sind wirklich die wichtigsten Dinge im Dateisystem, denn in den Dateien hausen Ihre eigentlichen Daten.

6.4.1 Das *File*-Objekt genau erforschen

Genau wie Ordner von einem *Folder*-Objekt behütet werden, gibt es auch für Dateien solch einen auskunftsfreudigen Kurschatten: das *File*-Objekt.

Wieder haben Sie zwei verschiedene Arten, an ein *File*-Objekt heranzukommen. Entweder wissen Sie schon genau, welche Datei Sie sich vorknöpfen wollen. Dann machen Sie es so:

```
' 6-28.VBS
set fs = CreateObject("Scripting.FileSystemObject")

' Welche Datei soll es sein?
datei = "C:\MSDOS.SYS"

' Gibt es die Datei überhaupt?
if fs.FileExists(datei) then

   ' Ja, also eine Verbindung herstellen
   set dateihandle = fs.GetFile(datei)

   MsgBox "Habe jetzt dieses Objekt: " & TypeName(dateihandle)

   ' das Folder-Objekt kann jetzt
   ' ausgequetscht werden:
   MsgBox "Größe der Datei: " & dateihandle.Size & " Bytes."
   MsgBox "Typ der Datei: " & dateihandle.Type
else
   MsgBox "Datei " & datei & " nicht gefunden!", vbExclamation
end if
'(C) 1999,2000 T.Weltner
```

Gar nicht so schwierig, oder? Sie prüfen zuerst mit *FileExists()*, ob es die gewünschte Datei überhaupt gibt, und wenn ja, dann holen Sie sich mit *GetFile()* das zuständige *File*-Objekt. Das können Sie dann nach Herzenslust ausfragen.

Zweite Möglichkeit: Sie lassen sich alle Dateien auflisten, die in einem Ordner liegen. Wie das geschieht, haben Sie oben schon gesehen: holen Sie sich mit *GetFolder()* das *Folder*-Objekt eines Ordners und fragen Sie die einzelnen Dateien darin mit *files()* ab:

```
' 6-29.VBS
set fs = CreateObject("Scripting.FileSystemObject")

' Welcher Ordner soll es sein?
ordner = "C:\"

' Gibt es den Ordner überhaupt?
if fs.FolderExists(ordner) then

   ' Ja, also eine Verbindung herstellen
   set ordnerhandle = fs.GetFolder(ordner)

   MsgBox "Habe jetzt dieses Objekt: " & TypeName(ordnerhandle)

   for each dateihandle in ordnerhandle.files
      c=c+1
      msg = "Name der Datei: " & dateihandle.name & vbCr
      msg = msg + "Größe der Datei: " & dateihandle.Size & " Bytes." & vbCr
```

```
        msg = msg + "Typ der Datei: " & dateihandle.Type
        MsgBox msg, vbInformation
        ' nach 5 Dateien abbrechen, sonst
        ' wird's zu langweilig:
        if c>5 then WScript.Quit
     next
else
   MsgBox "Ordner " & ordner & " nicht gefunden!", vbExclamation
end if
'(C) 1999,2000 T.Weltner
```

Bild 6.14: Detailinformationen über Dateien herausbekommen

6.4.2 Informationen aus dem *File*-Objekt lesen

Und wie sieht das *File*-Objekt von »innen« aus? Welche Informationen hat es zu bieten? Hier die Liste:

Eigenschaft	Bedeutung
Attributes	Dateiattribute der Datei als Bitmaske. Mehr dazu unten
DateCreated	Datum, an dem diese Datei angelegt wurde
DateLastAccessed	Datum, an dem diese Datei zum letzten Mal benutzt wurde
DateLastModified	Datum, an dem diese Datei zum letzten Mal geändert wurde
Drive	Laufwerksbuchstabe des Laufwerks, auf dem diese Datei liegt
ParentFolder	liefert das *Folder*-Objekt des Ordners zurück, in dem diese Datei liegt
Path	kompletter Pfadname der Datei
ShortName	kurzer DOS-konformer Name der Datei
ShortPath	kurzer DOS-konformer Pfadname der Datei
Size	Größe der Datei in Bytes
Type	Klartextname für den Dateityp, zum Beispiel »Textdatei«

Tab. 6.3: Eigenschaften des *File*-Objekts

6.4.3 Die Attribute der Dateien und Ordner verstehen

Attribute sind nichts weiter als »besondere Merkmale« im Personalausweis der Dateien und Ordner. Wann immer Windows mit Dateien und Ordnern zu tun hat, schaut es sich diese Attribute an und reagiert entsprechend. Sie können sich die Attribute sogar live ansehen. Dazu klicken Sie im Explorer einfach eine Datei oder einen Ordner mit der rechten Maustaste an und wählen im Kontextmenü *Eigenschaften*. Auf dem *Allgemein*-Register finden Sie dann die Attribute.

222 Kapitel 6: Das Dateisystem beherrschen

Bild 6.15: Das Eigenschaften-Fenster verwaltet unter anderem auch Attribute

Attribut	Wirkung
Schreibgeschützt	Datei: Die kann nicht verändert werden. Löschen funktioniert nur nach Rückfrage.
	Ordner: Windows aktiviert die Webansicht-Einstellungen.
System	Datei: Die kann nur nach Rückfrage gelöscht werden.
	Ordner: Windows aktiviert eine DESKTOP.INI-Datei im Ordner, falls vorhanden.
	Datei/Ordner: Beide werden nur im Explorer angezeigt, wenn Sie in den Exploreroptionen ausdrücklich wünschen, daß auch Systemdateien angezeigt werden.
Versteckt	Datei/Ordner: Beide werden nur im Explorer angezeigt, wenn Sie in den Exploreroptionen ausdrücklich wünschen, daß auch versteckte Dateien angezeigt werden. Ansonsten bleiben versteckte Ordner und Dateien unsichtbar.
Archiv	Es wird von Windows automatisch gesetzt, wenn sich eine Datei verändert. Backup-Programme können so herausfinden, welche Dateien sich seit dem letzten Backup geändert haben.

Tab. 6.4: Bedeutung der Datei- und Ordnerattribute

6.4.4 Attribute der Dateien und Ordner lesen

Ihr Skript kann die Attribute des Dateisystems lesen, und das ist gut so. Nur mit Hilfe der Dateiattribute lassen sich einige erstaunliche Dinge skriptgesteuert erledigen. Die entsprechenden Beispiele präsentiere ich Ihnen.

Allerdings ist der Umgang mit den Attributen nicht ganz pflegeleicht. Windows verpackt die Attribute nämlich in sogenannten Bitmasken. Jedes Attribut bekommt ein Bit, und Ihr Skript hat die undankbare Aufgabe, aus diesem Bitgewimmel die richtigen Bits herauszufischen.

Zum Glück ist das aber nicht so schwierig, wie es sich anhört. Hier ein Beispiel:

6.4 Dateien genauer unter die Lupe nehmen

```
' 6-30.VBS
set fs = CreateObject("Scripting.FileSystemObject")

' Datei herauspicken:
dateiname = "C:\MSDOS.SYS"
set datei = fs.GetFile(dateiname)
MsgBox "Untersuche Datei " & dateiname & "..."
attribute = datei.Attributes
MsgBox "Attribute lauten: " & attribute

' Attribute auseinanderdröseln:
if isAttribut(attribute, 4) then
   MsgBox "Datei ist eine SYSTEM-Datei!"
else
   MsgBox "Datei ist KEINE SYSTEM-Datei!"
end if

function isAttribut(maske, welches)
   if (maske and welches)>0 then
      isAttribut = true
   else
      isAttribut = false
   end if
end function
'(C) 1999,2000 T.Weltner
```

Dieses Skript pickt sich die Datei C:\MSDOS.SYS heraus und liest zuerst ihre Attribute. Das Ergebnis ist eine nicht besonders vielsagende Zahl, die Attributmaske. Wollen Sie herausfinden, ob ein bestimmtes Attribut gesetzt ist, dann verwenden Sie *isAttribut*. Geben Sie die unleserliche Attributmaske an, und geben Sie außerdem die Kennziffer des Attributs an, das Sie interessiert. Schon liefert *isAttribute* entweder *true* zurück – dann ist das Attribut gesetzt – oder *false*: das Attribut ist nicht gesetzt.

Und welche Kennziffern gibt es?

Kennziffer	*Attribut*
1	schreibgeschützt
2	versteckt
4	System
8	Laufwerk
16	Ordner
32	Archiv
64	Verknüpfung
128	komprimiert (Windows NT)

Tab. 6.5: Die Datei- und Ordnerattribute

So einfach könnten Sie in einem Aufwasch alle Attribute prüfen:

```
' 6-31.VBS
set fs = CreateObject("Scripting.FileSystemObject")
attributliste = Split("schreibgeschützt;versteckt;System" _
   & ";Laufwerk;Ordner;Archiv;Verknüpfung;komprimiert",";")

' Datei ausprobieren
set datei = fs.GetFile("C:\MSDOS.SYS")
MsgBox "MSDOS.SYS" & vbCr & CheckAllAttributes(datei.Attributes)

' Ordner ausprobieren
set ordner = fs.GetFolder("C:\")
MsgBox "Laufwerk C" & vbCr & CheckAllAttributes(ordner.Attributes)

function CheckAllAttributes(maske)
   for x=1 to 7
      ergebnis = vbTab & isAttribut(maske, 2^x)
      CheckAllAttributes = CheckAllAttributes & attributliste _
          (x-1) & ergebnis & vbCr
   next
end function


function isAttribut(maske, welches)
   if (maske and welches)>0 then
      isAttribut = true
   else
      isAttribut = false
   end if
end function
'(C) 1999,2000 T.Weltner
```

Bild 6.16: Attribute einer Datei und eines Ordners, der in Wirklichkeit ein Laufwerk ist

Damit Sie sich nicht mit den Bitmasken über Gebühr herumzuärgern brauchen, finden Sie hier fix und fertig vorbereitet die passenden Prüffunktionen, mit denen Sie alle Details über Dateien und Ordner erfahren:

```
' 6-32.VBS
set fs = CreateObject("Scripting.FileSystemObject")

if isReadOnly("C:\MSDOS.SYS") then
   MsgBox "Datei MSDOS.SYS ist schreibgeschützt!"
else
   MsgBox "Datei MSDOS.SYS ist nicht schreibgeschützt!"
end if

if isReadOnly("C:\AUTOEXEC.BAT") then
   MsgBox "Datei AUTOEXEC.BAT ist schreibgeschützt!"
else
   MsgBox "Datei AUTOEXEC.BAT ist nicht schreibgeschützt!"
end if

function isCompressed(path)
   attribute = GetObject(path).Attributes
   isCompressed = isAttribute(attribute, 128)
end function

function isLink(path)
   attribute = GetObject(path).Attributes
   isLink = isAttribute(attribute, 64)
end function

function isArchiv(path)
   attribute = GetObject(path).Attributes
   isArchiv = isAttribute(attribute, 32)
end function

function isFolder(path)
   attribute = GetObject(path).Attributes
   isFolder = isAttribute(attribute, 8) or isAttribute(attribute,16)
end function

function isDrive(path)
   attribute = GetObject(path).Attributes
   isDrive = isAttribute(attribute, 8)
end function

function isSystem(path)
   attribute = GetObject(path).Attributes
   isSystem = isAttribute(attribute, 4)
end function

function isHidden(path)
   attribute = GetObject(path).Attributes
   isHidden = isAttribute(attribute, 2)
end function

function isReadOnly(path)
```

```
      attribute = GetObject(path).Attributes
      isReadOnly = isAttribute(attribute, 1)
end function

function GetObject(path)
   typ = FileOrFolder(path)
   if typ=1 then
      set GetObject = fs.GetFile(path)
   elseif typ=2 then
      set GetObject = fs.GetFolder(path)
   else
      MsgBox path & " existiert nicht!", vbExclamation
      WScript.Quit
   end if
end function

function FileOrFolder(path)
   if fs.FileExists(path) then
      FileOrFolder=1
   elseif fs.FolderExists(path) then
      FileOrFolder=2
   else
      FileOrFolder=3
   end if
end function

function isAttribute(maske, welches)
   if (maske and welches)>0 then
      isAttribute = true
   else
      isAttribute = false
   end if
end function
'(C) 1999,2000 T.Weltner
```

Das Skript beschert Ihnen acht neue *is*...-Funktionen. Das ist bequem. Geben Sie einfach den Pfadnamen einer Datei oder eines Ordners an.

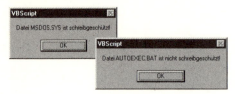

Bild 6.17: Ganz bequem den Status einer Datei ermitteln

Die Funktionen »baldowern« von ganz allein aus, ob es sich dabei um eine Datei oder einen Ordner handelt: *GetObject()* prüft zuerst, ob es unter dem angegebenen Pfad eine Datei gibt. Wenn ja, liefert er das zuständige *File*-Objekt zurück. Deshalb muß der Rückgabewert dieser

Funktion auch mit *Set* definiert werden – wie immer bei Objekten. Ist keine Datei unter diesem Anschluß zu finden, dann prüft *GetObject()*, ob es vielleicht einen Ordner unter diesem Namen gibt. Nur wenn weder Datei noch Ordner auf den angegebenen Pfadnamen hören, hagelt es eine Fehlermeldung.

6.4.5 Alle Windows-Spezialordner finden

Nutzen Sie Ihr neugewonnenes Wissen doch gleich aus. Lassen Sie sich zum Beispiel alle Ordner auflisten, bei denen das *System*-Attribut gesetzt ist und in denen sich eine versteckte Datei namens *DESKTOP. INI* befindet. Solche Ordner sind besonders »heiß«, denn die *DESKTOP.INI*-Datei verwandelt den Ordner in einen besonderen Windows-Ordner mit speziellem Icon und erweiterten Funktionen.

```
' 6-33.VBS
set liste = CreateObject("listview.tobtools")
set tools = WScript.CreateObject("fenster.tobtools", "event_")
set fs = CreateObject("Scripting.FileSystemObject")
set wshshell = CreateObject("WScript.Shell")

' Überschriften des Dialogfensters festlegen
liste.AddHeader "Spezialordner", 45
liste.AddHeader "Pfad", 45

' Windows-Ordner herausfinden:
windir = WSHShell.ExpandEnvironmentStrings("%WINDIR%")
ordner = windir

gefunden = 0
ok=true

' Nachrichtenfenster zeigen:
tools.ShowMessageBox "Suche Windows-Spezialordner...", "&Abbrechen"
' Ordner durchsuchen:
Listordner ordner
' Nachrichtenfenster schließen:
tools.DestroyMessageBox
' Ergebnis alphabetisch sortieren:
liste.ListViewSort 0

' so lange Ergebnis anzeigen, bis auf
' Abbrechen geklickt wird:
ok=true
start=true
do
   ' beim ersten Mal die Fenstergröße festlegen:
   if start then
      start = false
      set ergebnis = liste.ListViewShow("Spezialordner",,7,,7,false,"&" _
         & "Untersuchen",,true)
```

```
      else
         set ergebnis = liste.ListViewShow("Spezialordner",,,false,"&" _
            & "Untersuchen",,true)
      end if
      ' wurden Spezial-Ordner gefunden?
      if ergebnis.Count>0 then
         ' Ja, die einzelnen Ordner untersuchen
         ' lassen:
         for each information in ergebnis
            ' Pfadname des ausgewählten Ordners
            ' finden:
            ordnerinfo = Split(information, vbCrLf)
            set spezial = fs.GetFolder(ordnerinfo(1))
            ' Ordner öffnen:
            WSHShell.Run spezial.shortpath
            ' DESKTOP.INI-Datei sichtbar machen
            ' und warten,
            ' bis diese Datei wieder geschlossen wird
            WSHShell.Run "NOTEPAD " & _
                spezial.path & "\DESKTOP.INI",,true
      next
   else
      ok=false
   end if
loop while ok

sub ListOrdner(ordner)
   if not ok then exit sub
   set ordner = fs.GetFolder(ordner)
   tools.WriteMessageBox gefunden & " " & "bisher gefunden - untersuche " & _
      ordner.name
   ' ist das System-Attribut des Ordners
   ' gesetzt, und
   ' befindet sich im Ordner eine Datei
   ' namens DESKTOP.INI?
   if (ordner.Attributes and 4)>0 and fs.FileExists(ordner.path & _
      "\DESKTOP.INI") then
         ' ja, der Liste hinzufügen:
         liste.addItem ordner.name
         liste.addSubItem 1, ordner.path
         gefunden = gefunden + 1
   end if

   ' rekursiv alle Unterordner genauso prüfen:
   for each unterordner in ordner.subfolders
      ListOrdner unterordner
   next
end sub
```

```
sub event_FormClose(nr)
  ' wird ausgelöst, wenn
  ' Nachrichtenfenster geschlossen oder
  ' abgebrochen wird:
  ok = false
end sub
'(C) 1999,2000 T.Weltner
```

Das Auswahlfenster macht es Ihnen leicht, die Spezialordner genau unter die Lupe zu nehmen.

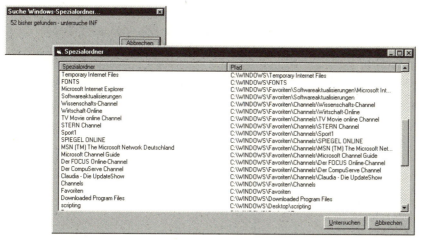

Bild 6.18: Skript listet alle Spezialordner mit DESKTOP.INI auf

Suchen Sie sich einen Ordner aus, dann öffnet das Skript den Ordner und zeigt den Inhalt der geheimen DESKTOP.INI-Datei im Editor an. Sobald Sie den Editor ausknipsen, erscheint wieder das Auswahlfenster, und Sie können sich einen anderen Spezialordner vornehmen.

Bild 6.19: So funktioniert also der SPIEGEL-Channel von innen

Falls Sie sich gerade etwas ratlos fragen, was Sie mit den sonderbaren Inhalten der *DESKTOP.INI*-Datei anfangen können, dann schauen Sie doch mal in Kapitel 9.

6.4.6 Attribute der Dateien und Ordner setzen

Dateiattribute lassen sich nicht nur lesen. Sie können Dateiattribute auch setzen. Genau das macht sich das nächste Skript zunutze. Es verwendet das *Schreibgeschützt*-Attribut für eine geniale Arbeitserleichterung.

Bestimmt kennen Sie das Problem auch: wenn Sie Briefe schreiben, fangen Sie jedes Mal von vorn damit an, Ihren Absender und andere Standardelemente ins Blankofenster hineinzuschreiben. Schöner (und bequemer) wäre es, wenn Sie für alle Eventualitäten Vorlagen verwenden könnten.

Zwar bieten die meisten Textverarbeitungen solche Vorlagefunktionen, aber die sind meist versteckt und auch nicht ganz leicht zu handhaben.

Eine ganz einfache Alternative ist das *Schreibgeschützt*-Attribut. Das brauchen Sie nur zu aktivieren, und schon wird aus einer ganz normalen Datei eine Vorlage. Versuchen Sie die geschützte Datei nämlich zu speichern, dann öffnet sich stattdessen vollautomatisch das *Speichern unter*-Dialogfenster. So ist sichergestellt, daß die Vorlage nicht überschrieben wird.

Das nächste Skript zeigt, wie Sie mit diesem Wissen eine praktische Befehlserweiterung für beliebige Programme basteln:

```
' 6-34.VBS
set fs = CreateObject("Scripting.FileSystemObject")
set wshshell = CreateObject("WScript.Shell")

' Argumente lesen, die dem Skript
' mitgegeben wurden:
set argumente = WScript.Arguments
if argumente.Count=0 then
   ' keine Argumente: abbrechen!
   MsgBox "Dieses Skript muß mit Parametern aufgerufen werden!",vbExclamation
   WScript.Quit
end if

if fs.FileExists(argumente(0)) then
   ' auf die Datei zugreifen, die als
   ' Argument angegeben ist:
   set datei = fs.GetFile(argumente(0))
   'Schreibschutz löschen
   datei.Attributes = datei.Attributes and _
      not 1 and not (8+16+64+128)
   ' Vorlage kann jetzt bearbeitet werden
   erg = wshshell.Run(datei.shortpath,,true)
   ' anschließend Vorlage wieder schützen:
   datei.Attributes = datei.Attributes or 1 _
      and not (8+16+64+128)
   MsgBox "Vorlagendatei ist geschützt!", vbInformation
else
   MsgBox argumente(0) & " existiert nicht!", vbExclamation
end if
'(C) 1999,2000 T.Weltner
```

Allein für sich kann dieses Skript noch nicht viel für Sie tun. Starten Sie es, dann beklagt es sich über fehlende »Parameter«. Huch?

Mit diesem Skript passiert gleich etwas Besonderes, und deshalb benimmt es sich auch so sonderbar. Es ist nicht dazu gedacht, mühselig von Hand aufgerufen zu werden. Stattdessen verpflanzen Sie es direkt ins Kontextmenü der Dateisorte, mit der Sie künftig Vorlagen verwenden wollen (Kapitel 12). Oder Sie verwenden es als Drag&Drop-Ziel. Das geht sogar noch leichter.

Legen Sie sich zuerst eine leere Datei an, die künftig Ihre Vorlage sein soll. Klicken Sie zum Beispiel mit der rechten Maustaste auf den Desktop, und wählen Sie *Neu* und dann *Microsoft Word-Dokument*. Geben Sie der Datei noch schnell einen Namen, und ziehen Sie sie dann auf das Skript-Icon.

Schwupp, schon wird sie geöffnet, und Sie können die Vorlage gestalten. Sobald Ihre Vorlage gut aussieht, speichern Sie sie und schließen das Programm. Aber, Ihr Skript ist noch aktiv. Es erwacht wieder zum Leben und versieht die Vorlagendatei mit einem Schreibschutz. Jetzt können Sie die Vorlage gefahrlos benutzen.

> **Tip:** Fehlermeldung? Banale Ursache.
> Falls sich Ihr Skript beschweren sollte, es könne nicht auf einen »Prozeß« warten, dann liegt keine Verdunkelungsgefahr vor. Das Programm, mit dem Ihre Datei geladen wird, läuft nur bereits schon. Das ist nicht so gut. Schließen Sie deshalb das Programm, bevor Sie Vorlagen produzieren.

Jedesmal, wenn Sie die Vorlage nun öffnen, bekommen Sie ein fix und fertig vorbereitetes Dokument, mit dem Sie sofort arbeiten können. Sobald Sie Ihre Arbeit speichern, erscheint von ganz allein das *Speichern unter*-Fenster und verhindert, daß Sie die Vorlage überschreiben. Die ist durch das Skript geschützt.

Und was, wenn Sie die Vorlage später einmal ändern wollen? Dann ziehen Sie sie einfach noch einmal auf das Skript-Icon. Schon kann ihr Inhalt wieder geändert werden.

Noch einfacher wird die Sache, wenn Sie eine Verknüpfung auf Ihr Skript in den geheimen *SENDTO*-Ordner einbauen. Dazu wählen Sie im Startmenü *Ausführen* und geben ein: `SENDTO` Enter . Anschließend ziehen Sie Ihr Skript-Icon mit der rechten Maustaste in den Ordner und wählen dort *Verknüpfung(en) hier erstellen*. Drücken Sie auf F2 , und nennen Sie die neue Verknüpfung dann `Vorlage` Enter .

Jetzt verwandeln Sie jede beliebige Datei in eine geschützte Vorlage. Einfach die Datei mit der rechten Maustaste anklicken, *Senden an* wählen und dann im Untermenü *Vorlage* aussuchen.

6.4.7 Dateiattribute setzen – geheime Tricks

Schauen Sie sich unbedingt im Skript oben genauer an, wie Dateiattribute gesetzt werden. Dabei sind nämlich ein paar sonderbare Rituale einzuhalten.

Wollen Sie das *Schreibgeschützt*-Attribut einer Datei setzen, dann könnten Sie natürlich schreiben:

```
datei.Attributes = 1
```

Schlau wäre das aber nicht. Sie hätten so zwar das *Schreibgeschützt*-Attribut (mit der Kennzahl 1) gesetzt, aber dafür alle übrigen Attribute gelöscht. Aha, also fügt man einfach die bisherigen Attribute hinzu, etwa so:

```
datei.Attributes = datei.Attributes + 1
```

Falsch. Hier würden Sie nur die Zahl 1 hinzuzählen, und wenn das *Schreibgeschützt*-Attribut schon gesetzt gewesen wäre, würden Sie auf diese Weise die ganze schöne Bitmaske durcheinanderbringen und alles setzen, nur nicht das, was Sie sich wünschen. Richtig geht es so:

```
datei.Attributes = datei.Attributes or 1
```

Jetzt wird das Bit 1 gesetzt. Allerdings ist auch diese Variante noch nicht ganz astrein. Ein Blick in die Attributetabelle oben verrät: darin gibt es viel mehr Attribute als die vier offiziellen Dateiattribute *System*, *Schreibgeschützt*, *Versteckt* und *Archiv*. Diese zusätzlichen Attribute sind tabu. Sie dürfen nur gelesen, aber nicht gesetzt werden. Deshalb müssen Sie die Zusatzattribute ausblenden, damit Ihr Skript sie nicht anrührt und Windows verstimmt. So sieht die endgültige Version aus:

```
datei.Attributes = datei.Attributes or 1 and not (8+16+64+128)
```

Oder kürzer:

```
datei.Attributes = datei.Attributes or 1 and not 216
```

Wollen Sie umgekehrt das *Schreibgeschützt*-Attribut löschen, dann geht das so:

```
datei.Attributes = datei.Attributes and not 1 and not 216
```

Und wollen Sie lieber ein anderes Attribut steuern, dann ersetzen Sie die Kennzahl 1 durch die Kennzahl des gewünschten Attributs, zum Beispiel 4 für das *System*-Attribut.

```
datei.Attributes = datei.Attributes or 4 and not 216
```

6.4.8 Das *Archiv*-Attribut optimal einsetzen

Das *Archiv*-Attribut Ihrer Dateien fristet normalerweise ein Schattendasein. Das ist kein Wunder. Schließlich kann man damit keine spektakulären Dinge anstellen wie mit dem *Schreibschutz*- oder *Versteckt*-Attribut.

Jedenfalls nicht auf den ersten Blick. Das *Archiv*-Attribut wird aber genau wie die übrigen Attribute von Windows überwacht und ist ein wichtiger Verbündeter für Sie. Mit dem *Archiv*-Attribut zeigt Ihnen Windows nämlich an, daß sich Dateien verändert haben.

Das Prinzip ist simpel: immer, wenn eine Datei abgespeichert wird – zum ersten Mal ebenso wie nach einer Änderung – setzt Windows das *Archiv*-Attribut dieser Datei. Mehr tut Windows nicht.

Das aber reicht vollauf. Damit Ihnen das *Archiv*-Attribut etwas nützt, brauchen Sie es bloß »scharfzustellen«: Löschen Sie es. Schon haben Sie einen pflegeleichten Überwachungsmodus und können jederzeit feststellen, ob diese Datei in der Zwischenzeit geändert wurde, dann ist das *Archiv*-Attribut nämlich wie von Geisterhand wieder gesetzt.

Dieser elegante Mechanismus bildet die Grundlage für intelligente Backup-Programme. Diese kopieren nämlich nicht jedesmal alle Dateien, sondern nur gezielt diejenigen, die sich seit dem letzten Backup verändert haben.

6.5 Ein maßgeschneidertes Backup-Programm entwerfen

Deshalb gleich zu einer der nützlichsten Skript-Anwendungen im ganzen Buch: einem glasklaren, schnellen und zuverlässigen Backup-Programm.

Klar ist, Backups sind gut für Sie. Nur wenn Sie Ihre wichtigsten Daten duplizieren, fallen Sie nicht aus allen Wolken, wenn ein Virus oder eine defekte Festplatte Ihnen einen Strich durch die Rechnung macht. Dumm ist nur, Backups dauern lange, sind kompliziert und machen selten Spaß.

Das ändern Sie gleich! Das nächste Skript macht Backups zu einem wahren Vergnügen. Schnell und gezielt sichern Sie per Mausklick Ihre wichtigsten Daten. Das Skript kopiert dabei alle Daten, die sich seit dem letzten Backup geändert haben, auf ein beliebiges Sicherungslaufwerk. Das könnte eine zweite Festplatte sein, ein ZIP- oder JAZ-Drive, oder ein Netzlaufwerk im eigenen Netzwerk.

In einer Hinsicht unterscheidet sich das Skript deutlich von herkömmlichen Backup-Programmen: es komprimiert die gesicherten Dateien nicht. Das ist aber zu verschmerzen, denn auch Backup-Programme komprimieren selten mehr als Faktor 2:1, und Ihr Skript hat wesentliche Vorteile:

- Weil die Sicherungsdaten unkomprimierte, normale Dateien sind, können Sie sofort und ohne Umweg gesicherte Dateien öffnen und weiterbenutzen. Sie müssen also nicht erst mühselig den Sicherungsdatensatz entkomprimieren und kommen immer ohne besondere Software an Ihre Sicherungsdaten heran.

- Nur die Dateien werden gesichert, die sich seit dem letzen Backup geändert haben. Das Skript ersetzt diese Dateien einfach im Sicherungsverzeichnis. So bleiben Ihre Sicherungsdaten immer aktuell, aber das Backup geht blitzschnell. Anders als bei herkömmlichen Backup-Programmen »bezahlen« Sie diesen Vorteil »inkrementeller« Backups nicht mit dem unsagbaren Nachteil, bei jedem Backup einen neuen Sicherungsdatensatz zu bekommen. Sie finden Ihre gesicherten Daten immer an derselben Stelle, in Ihrem Sicherungsordner, und brauchen nicht mit Schweißperlen auf der Stirn in verschiedenen Sicherungssätzen nach wichtigen Dateien zu fahnden.

- Allerdings gibt es auch einen Nachteil: zwar läßt sich auch Windows mit dem Skript sichern, aber so lange Windows läuft, dürfen Sie keine lebenswichtigen Dateien austauschen. Am besten beschränken Sie Ihr Backup-Skript auf Daten, die nichts direkt mit Windows zu tun haben.

6.5.1 Backup mit Fortschrittsanzeige

Dieses Skript hilft Ihnen dabei, in sekundenschnelle Ihre wichtigen Daten zu sichern. Nur der erste Backup-Vorgang dauert eine Weile, weil diesmal alle Dateien kopiert werden müssen. Künftig geht alles sehr viel schneller, weil das Skript nur noch die Dinge kopiert, die sich wirklich geändert haben.

Bild 6.20: Blitzschnell und unkompliziert Datenbestände sichern

Das Beispielskript sichert zum Beispiel den Ordner *C:\Eigene Dateien\script* komplett und samt Unterordner auf das ZIP-Drive *D:*:

```
' 6-35.VBS
set fs = CreateObject("Scripting.FileSystemObject")
set tools = WScript.CreateObject("fenster.tobtools", "event_")
set wshshell = CreateObject("WScript.Shell")
desktop = wshshell.SpecialFolders("Desktop")
tools.ShowMessageBox "Backup-Vorgang", "&Stop"

' globale Variablen:
ok = true
info_dateiengesamt = 0
info_dateienkopiert = 0
info_fehler = 0
info_fehlermeldung = "keine Fehler"

' Backup-Aufträge:
'******************
Backup desktop, "C:\test", "", true

tools.DestroyMessageBox

sub Backup(quelle, ziel, maske, unterordner)
    if not ok then exit sub
    if right(ziel,1)="\" then ziel = left(ziel, len(ziel)-1)
    dateiliste = ListOrdner(fs.GetFolder(quelle), maske, ziel, unterordner)
    if not ok then exit sub
    if len(dateiliste)>0 then
        dateiliste = left(dateiliste, len(dateiliste)-1)
        dateiliste = Split(dateiliste, vbCr)
        for each datei in dateiliste
            if not ok then exit sub
```

```
            set dateiobj = fs.GetFile(datei)
            zielname = Replace(dateiobj.path, dateiobj.Drive,ziel)
            on error resume next
            dateiobj.copy zielname, true
            if not err.Number=0 then
                  info_fehlermeldung = "Fehler: " & err.description
                  info_fehler = info_fehler + 1
                  err.clear
            end if
            ' Archiv-Attribut der Datei löschen:
            dateiobj.Attributes = dateiobj.Attributes and not 32 and not 216
            info_dateienkopiert = _
                  info_dateienkopiert - 1
            ShowCopyInfo
      next
   end if
end sub

function ListOrdner(ordner, mask, ziel, rekursiv)
   ' bastelt eine Liste mit Dateien aus dem
   ' angegebenen Ordner,
   ' die den Kriterien entsprechen:

   ' Ordner auf dem Ziellaufwerk anlegen,
   ' falls nötig:
   CreateFolder Replace(ordner.path, ordner.Drive, ziel)

   ' alle Dateien im Ordner prüfen:
   for each datei in ordner.files
      info_dateiengesamt = info_dateiengesamt + 1
      if not ok then exit function
      ' muß die Datei überhaupt aktualisiert
      ' werden?
      if CheckName(datei.name, mask) then
            ' wie heißt die Datei auf dem
            ' Ziellaufwerk?
            zieldatei = Replace(datei.path, datei.drive, ziel)
            ' nur in Liste aufnehmen, wenn die
            ' Datei entweder
            ' geändert wurde (Archiv-Attribut
            ' ist gesetzt) oder
            ' noch gar nicht kopiert wurde:
            if (datei.Attributes and 32) or (not _
                  fs.FileExists(zieldatei)) then
                  info_dateienkopiert = info_dateienkopiert + 1
                  ListOrdner = ListOrdner & datei.path & vbCr
            end if
```

Kapitel 6: Das Dateisystem beherrschen

```
            end if
            ShowInfo
      next

      if rekursiv then
         for each unterordner in ordner.subfolders
               if not ok then exit function
               ListOrdner = ListOrdner & ListOrdner _
                  (unterordner, mask, ziel, rekursiv)
         next
      end if
end function

function CheckName(name, mask)
   ' Prüft, ob der Dateiname der Suchmaske
   ' entspricht:
   iname = name
   imask = mask

   ' alles auswählen? Dann ist die Antwort
   ' leicht:
   ' ebenso bei leerer oder ungültiger Maske:
   if imask = "*.*" or imask="" then
      CheckName = true
      exit function
   end if
   if Instr(imask, ".")=0 then
      CheckName = true
      exit function
   end if

   ' Maske aufteilen in Dateiname und Extension:
   imask = Split(imask, ".")
   ' Dateiname aufteilen in Name und Extension:
   dateiname = fs.GetBaseName(name)
   extension = fs.GetExtensionName(name)

   ' Datei ist ok, wenn sowohl der
   ' Dateiname der Dateiname-
   ' Maske entspricht als auch die
   ' Dateiextension der
   ' Dateiextension-Maske:
   CheckName = CheckSpec(dateiname, imask(0)) and CheckSpec(extension, _
      imask(1))
end function

function CheckSpec(vorgabe, spec)
```

6.5 Ein maßgeschneidertes Backup-Programm entwerfen

```
' prüft, ob ein Text einer Maske entspricht:
ispec = lcase(spec)
ivorgabe = lcase(vorgabe)

if left(ispec,1)="*" then
    ' beginnt der Joker mit "*"?
    if Instr(2, ispec + "  ", "*")=0 then
        ' ja, hat der Joker ein zweites
        ' "*"-Zeichen?
        ' nein, also prüfen, ob Textende
        ' dem Joker entspricht:
        ispec = mid(ispec, 2)
        if right(ivorgabe, len(ispec)) = ispec then
            CheckSpec = true
        else
            CheckSpec = false
        end if
    else
        ' zweites "*"-Zeichen vorhanden
        ' prüfen, ob Joker irgendwo im Text
        ' vorkommt:
        ispec = mid(ispec, 2, Instr(2, ispec + "  ", "*")-2)
        if instr(ivorgabe, ispec)>0 then
            CheckSpec = true
        else
            CheckSpec = false
        end if
    end if
else
    ' Joker beginnt nicht mit "*"-Zeichen
    ' überhaupt ein "*" vorhanden?
    if Instr(ispec, "*") = 0 then
        ' gar kein "*"-Zeichen
        ' sind Text und Joker identisch?
        if ivorgabe = ispec then
            CheckSpec = true
        else
            CheckSpec = false
        end if
    else
        ' Joker am Ende vorhanden:
        ispec = left(ispec, Instr(ispec, "*")-1)
        ' entspricht Textanfang dem Joker?
        if left(ivorgabe, len(ispec)) = ispec then
            CheckSpec = true
        else
            CheckSpec = false
```

Kapitel 6: Das Dateisystem beherrschen

```
                end if
            end if
        end if
end function

function CreateFolder(path)
    ' legt alle Ordner an, die im Pfad nicht
    ' existieren
    ' bisher 0 neue Ordner angelegt:
    CreateFolder = 0

    ' Pfadangabe zurechtrücken:
    ' Leerzeichen und abschließendes
    ' "\"-Zeichen entfernen,
    ' alles in Kleinbuchstaben umwandeln:
    path2 = trim(lcase(path))
    if right(path2,1)="\" then
        path2 = left(path2, len(path2)-1)
    end if

    ' Variablenfeld mit den einzelnen Ordnernamen
    ' herstellen. "\" dient als Trennzeichen:
    ordnerliste = Split(path2, "\")

    ' Fehlerbehandlung abschalten:
    on error resume next

    ' Alle Ordnernamen nacheinander durchgehen:
    for each ordner in ordnerliste
        ' gesamtpfad enthält den überprüften
        ' Teilordner:
        gesamtpfad = gesamtpfad + ordner + "\"

        ' gibt es den Ordner schon?
        if not fs.FolderExists(gesamtpfad) then
            ' nein, also anlegen:
            fs.CreateFolder(gesamtpfad)
            ' sind dabei Fehler passiert?
            if not err.Number=0 then
                ' ja, z.B. ungültiger Ordnername
                ' Meldung ausgeben und abbrechen:
                MsgBox "Fehler beim Anlegen von " _
                    & "Ordner: " & gesamtpfad & vbCr _
                    & err.Description, vbExclamation
                err.Clear
                exit function
            end if
```

6.5 Ein maßgeschneidertes Backup-Programm entwerfen

```
            ' Anzahl der angelegten Ordner um
            ' eins erhöhen:
            CreateFolder = CreateFolder + 1
        end if
    next
end function

sub event_FormClose(nr)
    ok = false
end sub

sub ShowInfo
    tools.WriteMessageBox info_dateiengesamt Dateien geprüft" & vbCr & _
        info_dateienkopiert & " Dateien zu kopieren" & vbCr & _
        info_dateiengesamt - _
        info_dateienkopiert & " Dateien auf aktuellem Stand"
end sub

sub ShowCopyInfo
    tools.WriteMessageBox "Noch " & info_dateienkopiert & " Dateien zu " _
        & "kopieren..." & vbCr & info_fehler & _
        " Fehlerletzte Fehlermeldung: " & info_fehlermeldung
end sub
'(C) 1999,2000 T.Weltner
```

Und so setzen Sie Ihr neues Backup-Programm ein:

Tragen Sie oben im Skript im Bereich der Backup-Aufträge so viele *Backup()*-Befehle ein, wie Sie mögen.

Der *Backup()*-Befehl hat diese einfache Syntax:

```
Backup quelle, ziel, maske, unterordner
```

Argument	Bedeutung
quelle	Gibt den Pfadnamen zu dem Ordner an, der die Dateien enthält, die Sie sichern wollen.
ziel	Gibt den Pfadnamen zu dem Ordner an, der die Sicherungskopien aufbewahren soll.
maske	Ein Leerstring, wenn Sie alle Dateien sichern wollen. Ansonsten ein Joker: »A*.*« sichert alle Dateien, die mit »A« beginnen, »*.DOC« sichert nur WinWord-Texte.
unterordner	Gibt *true* an, wenn auch die Unterordner des in quelle angegebenen Ordners gesichert werden sollen, ansonsten *false*.

Tab. 6.6: Die Optionen des neuen Backup()-Befehls

Hier ein paar Beispiele: Sie wollen alle WinWord-Dateien im Ordner *Eigene Dateien* auf das ZIP-Drive (Laufwerk *D:*) sichern und auch Unterordner berücksichtigen:

```
Backup "C:\Eigene Dateien", "D:\", "*.DOC", true
```

Sie wollen die Registry und alle *INI*-Dateien im Windows-Ordner sichern:

```
set wshshell = CreateObject("WScript.Shell")
windir = wshshell.ExpandEnvironmentStrings("%WINDIR%")
Backup windir, "D:\", "*.INI", false
Backup windir, "D:\", "*.DAT", false
```

Tip: Backup-Programm auf Sondereinsatz!
Ihr neues Backup-Skript eignet sich nicht nur für seriöse Backups. Sie können damit auch alle Bitmap- und JPEG-Grafiken zusammensammeln, die sich auf Ihrer Festplatte befinden, um Sie anschließend auf eine CD-ROM zu brennen.

6.6 Dateien lesen, verändern und neu anlegen

Bisher haben Ihre Skripte nur mit den Datencontainern hantiert: Laufwerke, Ordner und Dateien. Jetzt soll Ihr Skript auch die Möglichkeit bekommen, in Dateien hineinzuspähen und sogar ganz eigene Dateien anzulegen.

6.6.1 In Dateien hineinschauen

Ihre Skripte können prinzipiell in jede beliebige Datei hineinschauen, aber sinnvoll ist das nur bei Textdateien. Programme, Bilder, Klänge und andere Dateien speichern den Inhalt binär, also als wirres Durcheinander hexadezimaler Zahlenwerte. Das ist weniger interessant. Wie leicht sich eine Datei auslesen läßt zeigt dieses Skript:

```
' 6-36.VBS
set fs = CreateObject("Scripting.FileSystemObject")

' diese Datei soll angezeigt werden:
datei = "C:\MSDOS.SYS"

if fs.FileExists(datei) then
   set dateiinhalt = fs.OpenTextFile(datei)
   inhalt = dateiinhalt.ReadAll
   dateiinhalt.close
   MsgBox inhalt, vbInformation
else
   MsgBox "Ups! " & datei & " existiert gar nicht!", vbExclamation
end if
'(C) 1999,2000 T.Weltner
```

Tatsächlich wird der Inhalt der geheimen Windows-Steuerdatei MSDOS.SYS gelüftet.

6.6 Dateien lesen, verändern und neu anlegen

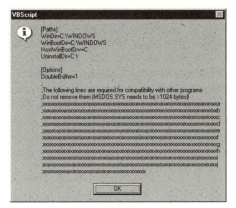

Bild 6.21: Der Inhalt der MSDOS.SYS aus der Sicht des Skripts

Tip: MsgBox verschluckt Zeichen .
MsgBox kann höchstens 1000 Zeichen Text ausgeben – danach ist Schluß. Es ist also nicht die Schuld des Skripts, wenn nur ein Teil der Textdatei erscheint. Möchten Sie das 1000-Zeichen-Limit sprengen, dann setzen Sie anstelle von MsgBox besser Popup ein (siehe Kapitel 4).

6.6.2 Dateien zeilen- und zeichenweise lesen

Nicht immer ist es schlau, die Textdatei in einem Aufwasch mit *ReadAll()* einzulesen. Bei großen Dateien kann das nämlich sehr lange dauern, und außerdem wollen Sie vielleicht gar nicht den Dateiinhalt auf den Bildschirm werfen, sondern einzelne Zeichen konvertieren. Wie nützlich so etwas ist, zeige ich gleich.

Zuerst aber die Mechanik: Wie liest man Textdateien zeilen- oder zeichenweise?

Dafür sind die Funktionen *ReadLine()* und *Read()* zuständig. Das nächste Beispiel demonstriert, wie zeilenweise gelesen wird:

```
' 6-37.VBS
set fs = CreateObject("Scripting.FileSystemObject")

' diese Datei soll angezeigt werden:
datei = "C:\MSDOS.SYS"

if fs.FileExists(datei) then
   set dateiinhalt = fs.OpenTextFile(datei)
   do until dateiinhalt.atEndOfStream
      inhalt = dateiinhalt.ReadLine
      if MsgBox(inhalt, vbOKCancel + vbInformation) = vbCancel then exit do
   loop
   dateiinhalt.close
else
```

```
   MsgBox "Ups! " & datei & " existiert gar nicht!", vbExclamation
end if
'(C) 1999,2000 T.Weltner
```

Spannend ist nicht unbedingt der *ReadLine()*-Befehl, sondern vielmehr die *do...loop*-Schleife. Wenn Sie nämlich nicht per *ReadAll()* in einem Aufwasch alle Daten aus der Datei saugen, dann müssen Sie irgendwie herausfinden, ob überhaupt noch Daten in der Datei zu lesen sind. Die Eigenschaft *atEndOfStream()* hilft dabei. Sie liefert true zurück, wenn das Ende der Datei erreicht ist. Das Skript liest also so lange mit *ReadLine()* Textzeilen aus, bis *atEndOfStream* das Dateiende signalisiert.

Das zeichenweise Lesen funktioniert nach demselben Prinzip, nur geben Sie an, wieviel Zeichen Sie einlesen wollen.

6.6.3 DOS-Zeichensatz in Windows-Zeichensatz verwandeln

Leider unterscheiden sich der DOS-Zeichensatz und der Windows-Zeichensatz ein kleines bißchen. DOS verwendet den ASCII-Zeichensatz, bei dem ausgerechnet die deutschen Umlaute an anderer Stelle stehen als beim Windows-ANSI-Zeichensatz.

Das könnte Ihnen natürlich herzlich egal sein. Ist es aber nicht, wenn Sie hin und wieder auch gern mal DOS-Funktionen für Ihre Skripte einsetzen wollen. Der DOS-Befehl *DIR* zum Beispiel listet blitzschnell den Inhalt von Ordnern auf. Könnte man sein Ergebnis in den Windows-Zeichensatz verwandeln, dann wäre das eine echte Bereicherung.

Schauen Sie sich zuerst an, wie Sie den DOS-*DIR*-Befehl in Ihren Skripten einspannen:

```
' 6-38.VBS
ExecuteDOS "DIR ""C:\Eigene Dateien"""

sub ExecuteDOS(befehl)
   set WSHShell = CreateObject("WScript.Shell")
   resultat = WSHShell.Run("%COMSPEC% /c " & befehl,,true)
end sub
'(C) 1999,2000 T.Weltner
```

Der neue Befehl *ExecuteDOS()* führt den *DOS*-Befehl aus, den Sie dahinter angeben. Denken Sie daran, Dateinamen mit Leerzeichen in Anführungszeichen zu stellen. Anführungszeichen innerhalb eines Textes versteht VBScript nur dann richtig, wenn Sie doppelte Anführungszeichen verwenden – deshalb die Anführungszeicheninflation.

Besonders spektakulär ist das Skript nicht: ein DOS-Fenster blitzt kurz auf, und das war es auch schon. Der Grund: Ihr Skript ruft den Befehl mit der Option /c auf. Die sorgt dafür, daß sich das DOS-Fenster nach Abarbeitung des Befehls sofort wieder schließt.

Die Umgebungsvariable *%COMSPEC%* enthält übrigens den genauen Pfadnamen des DOS-Kommandozeileninterpreters COMMAND.COM. Den brauchen Sie, weil DOS-Befehle für sich genommen keine eigenständigen Programme sind, sondern von COMMAND.COM gelesen und ausgeführt werden. Damit Sie das Ergebnis des Befehls zu Gesicht bekommen, brauchen Sie es nur in eine Datei umzuleiten. Diese Datei kann Ihr Skript anschließend sichtbar machen:

6.6 Dateien lesen, verändern und neu anlegen

```vbs
' 6-39.VBS
set wshshell = CreateObject("WScript.Shell")
desktop = wshshell.SpecialFolders("Desktop")

' Pfadnamen in Anführungszeichen stellen, damit
' Leerzeichen keine Probleme bereiten
' Zwei Anführungszeichen innerhalb des Texts
' entsprechen einem echten Anführungszeichen:
command = "DIR """ & desktop & """ > C:\temp.tmp"
MsgBox "Führe diesen Befehl aus:" & vbCr & command
ExecuteDOS command
MsgBox ReadDatei("C:\temp.tmp")

sub ExecuteDOS(befehl)
   set WSHShell = CreateObject("WScript.Shell")
   resultat = WSHShell.Run("%COMSPEC% /c " & "" & befehl,,true)
   WScript.Sleep 500
end sub

function ReadDatei(pfad)
   set fs = CreateObject _
      ("Scripting.FileSystemObject")
   if fs.FileExists(pfad) then
      set datei = fs.OpenTextFile(pfad)
      if not datei.atEndOfStream then
         ReadDatei = datei.ReadAll
      end if
      datei.close
   end if
end function
'(C) 1999,2000 T.Weltner
```

Es funktioniert wirklich. Der DOS-Befehl *DIR* sorgt für das Ordnerlisting, und Ihr Skript liest das Resultat anschließend aus.

Tip: DIRCMD kann einen Strich durch die Rechnung machen.
Sollte bei Ihnen das DOS-Fenster das Verzeichnislisting nur seitenweise anzeigen und dann immer auf einen Tastendruck warten, dann wird bei Ihnen – vermutlich in der Datei *C:\AUTOEXEC.BAT* – die Umgebungsvariable DIRCMD verwendet. Mit ihr lassen sich *DIR*-Optionen setzen, unter anderem den lästigen Tastendruck aktivieren. Setzen Sie in solchen Fällen skriptgesteuert DIRCMD auf null: *DIRCMD=*.

244 *Kapitel 6: Das Dateisystem beherrschen*

Bild 6.22: Ihr Skript kommt an DOS-Ergebnisse heran

Allerdings stören zwei Dinge noch – erstens blitzt das DOS-Fenster auf, und zweitens stimmen die Sonderzeichen nicht. So wird alles besser:

```
' 6-40.VBS
ExecuteDOS "DIR ""C:\Eigene Dateien"" > C:\temp.tmp"
ergebnis = ReadDatei("C:\temp.tmp")
MsgBox Convert(ergebnis)

sub ExecuteDOS(befehl)
   set WSHShell = CreateObject("WScript.Shell")
   resultat = WSHShell.Run("%COMSPEC% /c " & "" & befehl,0,true)
end sub

function ReadDatei(pfad)
   set fs = CreateObject("Scripting.FileSystemObject")
   if fs.FileExists(pfad) then
      set datei = fs.OpenTextFile(pfad)
      ReadDatei = datei.ReadAll
      datei.close
   end if
end function

function Convert(text)
   Convert = Replace(text, chr(132), chr(228))
   Convert = Replace(Convert, chr(129), chr(252))
   Convert = Replace(Convert, chr(142), chr(196))
   Convert = Replace(Convert, chr(154), chr(220))
   Convert = Replace(Convert, chr(153), chr(214))
   Convert = Replace(Convert, chr(148), chr(246))
   Convert = Replace(Convert, chr(225), chr(223))
end function
'(C) 1999,2000 T.Weltner
```

Endlich ist alles gut: weil in diesem Skript der zweite Parameter des *Run()*-Befehls auf 0 gesetzt ist, taucht kein störendes DOS-Fenster mehr auf. Die neue Funktion *Convert()* erledigt zuverlässig die Umwandlung des DOS-Zeichensatzes in den Windows-ANSI-Zeichensatz. Diese Funktion ist so simpel aufgebaut, daß Sie sie mit Leichtigkeit auch für andere Zwecke umstricken – beispielsweise, um Apple-MacIntosh-Texte ins Windows-Format zu verwandeln.

Nur eins stört noch den ästhetischen Geist: Die Spalten des Verzeichnislistings sind krumm und schief. Der Grund ist, daß das *MsgBox*-Dialogfenster Zeichen mit unterschiedlicher Zeichenbreite verwendet. DOS dagegen benutzt nur Zeichen fester Breite, und deshalb stimmen die Abstände nicht mehr. Auch dieses Problem läßt sich aber elegant lösen, wie der nächste Abschnitt beweist.

Bild 6.23: Selbst die Umlaute und Sonderzeichen stimmen plötzlich

6.6.4 Ganz eigene Dateien anlegen

Ihre Skripte können sogar ganz eigene Dateien anlegen. Wofür das gut sein könnte, zeigt die Erweiterung des letzten Skripts. Anstatt das Ordnerlisting in einem Dialogfenster auszugeben, wo es zugegebenermaßen ziemlich nutzlos ist, schreiben Sie es einfach in eine Datei. Die wird dann mit dem Editor angezeigt und kann bequem ausgedruckt werden:

```
' 6-41.VBS
set WSHShell = CreateObject("WScript.Shell")
set fs = CreateObject _
   ("Scripting.FileSystemObject")

verzeichnis = InputBox("Welchen Ordner wollen Sie auflisten?","Ordner", "C:\")
ExecuteDOS "DIR " & verzeichnis & " > C:\temp.tmp"
ergebnis = ReadDatei("C:\temp.tmp")
ergebnis = Convert(ergebnis)
WriteFile "C:\temp.txt", ergebnis
OpenFile "C:\temp.txt"

sub WriteFile(pfad, inhalt)
   set datei = fs.CreateTextfile(pfad, true)
   datei.Write inhalt
   datei.Close
end sub
```

Kapitel 6: Das Dateisystem beherrschen

```
sub OpenFile(pfad)
    resultat = WSHShell.Run(chr(34) + pfad + chr(34),,true)
    fs.DeleteFile pfad, true
end sub

sub ExecuteDOS(befehl)
    resultat = WSHShell.Run("COMMAND.COM /c " & befehl,0,true)
end sub

function ReadDatei(pfad)
    if fs.FileExists(pfad) then
        set datei = fs.OpenTextFile(pfad)
        ReadDatei = datei.ReadAll
        datei.close
    end if
end function

function Convert(text)
    Convert = Replace(text, chr(132), chr(228))
    Convert = Replace(Convert, chr(129), chr(252))
    Convert = Replace(Convert, chr(142), chr(196))
    Convert = Replace(Convert, chr(154), chr(220))
    Convert = Replace(Convert, chr(153), chr(214))
    Convert = Replace(Convert, chr(148), chr(246))
    Convert = Replace(Convert, chr(225), chr(223))
end function
'(C) 1999,2000 T.Weltner
```

Die Prozedur *WriteFile()* zeigt, wie Sie eigene Dateien schreiben: *CreateTextFile()* öffnet eine neue Datei. Gibt es bereits eine Datei unter diesem Namen, dann scheitert *CreateTextFile()* entweder, oder es überschreibt die neue Datei gnadenlos. Letzteres Verhalten wird im Beispiel gewünscht, und deshalb lautet hier der zweite Parameter von *CreateTextFile() true*: vorhandene Datei überschreiben.

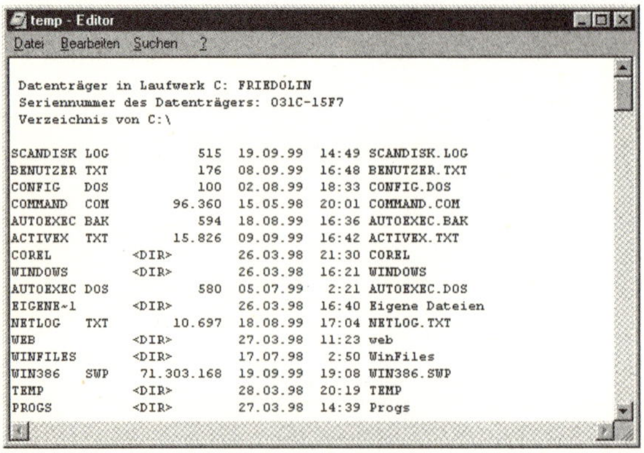

Bild 6.24: Skript legt Textdatei mit den DOS-Ergebnissen an

6.6 Dateien lesen, verändern und neu anlegen

Das Skript fragt per *InputBox*, welchen Ordner Sie auflisten wollen. Vergessen Sie nicht, Ordnernamen mit Leerzeichen in Anführungszeichen zu setzen! Das könnte das Skript zwar auch automatisch tun, dann aber dürften Sie keine der besonderen *DIR*-Optionen mehr einsetzen.

Probieren Sie aus, was passiert, wenn Sie diese Eingabe machen:

```
C:\ /V
```

Möchten Sie auch die Unterordner eines Ordners auflisten lassen, dann fügen Sie */S* hinzu – jetzt kann die Sache allerdings einige Minuten dauern, und das Endergebnis ist möglicherweise zu umfangreich für den Editor.

> **Tip:** Alle Optionen des DIR-Befehls sehen.
> Wollen Sie sich informieren, welche Optionen der DIR-Befehl sonst noch zu bieten hat? Dann geben Sie einfach anstelle eines Verzeichnisses /? in das Dialogfenster ein.

6.6.5 Ordnerlistings komfortabel anzeigen und drucken

Das letzte Skript birgt noch einige Limitationen in sich: Der Windows-Editor kommt nur mit Textdateien bis zu einer maximalen Größe von 64 KB zurecht. Besonders, wenn Sie Unterverzeichnisse mit anzeigen wollen, wird diese Grenze leicht gesprengt.

Noch viel störender ist, daß die *Convert()*-Funktion ebenfalls größenempfindlich ist. Weil sie mit *ReadAll* die gesamte Textdatei in einem Aufwasch einliest, verkraftet sie nur Texte, die auch komplett in den Skriptspeicher passen.

Das nächste Skript zeigt, wie Sie diese Limits sprengen:

- Das Skript verwendet nicht mehr den Texteditor zur Anzeige, sondern den Internet Explorer. Der kennt keine Größenbegrenzung. Damit der Internet Explorer das Listing ansprechend anzeigt, wird diesmal eine HTML-Datei generiert.

- Das Konvertieren passiert nun zeichenweise. Das Skript liest jeweils nur ein Zeichen aus dem Ergebnis ein und konvertiert es entsprechend. Danach schreibt es dieses eine Zeichen sofort in die HTML-Datei. Ihr Skript braucht sich also nie den ganzen Ergebnistext auf einmal zu merken, sondern kümmert sich immer nur um ein Zeichen. Daneben demonstriert das Skript einige weitere interessante Details:

- Mit diesem Skript können Sie sich den Ordner, die Anzeigeart und die Anzeigeschriftart bequem per Dialogfenster aussuchen. Das Skript setzt dazu die Dialogfenster aus Kapitel 4 ein.

- Damit der Ergebnistext tatsächlich wie gewünscht als HTML-Seite erscheinen kann, konvertiert das Skript nicht nur die DOS-Zeichen in Windows-ANSI-Zeichen. Es verwandelt außerdem den Zeilenumbruch (Code 13) in den HTML-Umbruch *
*. Es ersetzt mißverständliche <- und >-Zeichen (Codes 60 und 62) durch eckige Klammern und verwandelt Leerzeichen (Code 32) in die HTML-sicheren * *-Leerzeichen.

Aufpassen: Verwenden Sie nicht die "ausführliche" Dateilistfunktion, wenn Sie Windows NT benutzen. Diese Option wird dort nicht unterstützt. Und: wenn Sie umfangreiche Unterordner

Kapitel 6: Das Dateisystem beherrschen

mit auflisten lassen, kann die Sache etliche Minuten dauern. Trinken Sie in dieser Zeit einen schönen Cappucchino, und lassen Sie den Rechner in Ruhe arbeiten.

```vbs
' 6-42.VBS
set WSHShell = CreateObject("WScript.Shell")
set fs = CreateObject("Scripting.FileSystemObject")
set tools = CreateObject("systemdialog.tobtools")

temp1 = "c:\temp.tmp"
temp2 = "c:\temp.html"

verzeichnis = tools.BrowseFolder(0,"Welchen Ordner wollen Sie auflisten?", 1)
antwort = MsgBox("Sollen Unterordner mit aufgelistet werden?", _
    vbYesNo + vbQuestion)
if antwort = vbYes then
   optionen = "/s "
end if
antwort = MsgBox("Wünschen Sie ein ausführliches Listing?", _
    vbYesNo + vbQuestion)
if antwort = vbYes then
   optionen = optionen + "/v "
end if
ergebnis = tools.PickFonts("Suchen Sie sich eine Schrift aus!",&h4003)
if not ergebnis="Abbruch" then
   ergebnis = Split(ergebnis, vbCrLf)
   format = ergebnis(1) & " pt " & ergebnis(0)
end if

command = "DIR " & optionen & " """ & verzeichnis & """ > "& temp1
MsgBox "Führe diesen Befehl aus:" & vbCr & command
ExecuteDOS command

CopyConvertFile(temp1)

sub CopyConvertFile(dir)
   if fs.FileExists(dir) then
      set quelle = fs.OpenTextFile(dir)
      set ziel = fs.CreateTextFile(temp2)

      ziel.WriteLine "<html><body><p style=""font: " & format & """>"
      do until quelle.atEndOfStream
         zeichen = asc(quelle.Read(1))
         select case zeichen
            case 132:
               neuzeichen = chr(228)
            case 129:
               neuzeichen = chr(252)
```

```
                    case 142:
                            neuzeichen = chr(196)
                    case 154:
                            neuzeichen = chr(220)
                    case 153:
                            neuzeichen = chr(214)
                    case 148:
                            neuzeichen = chr(246)
                    case 225:
                            neuzeichen = chr(223)
                    case 60:
                            neuzeichen = "["
                    case 62:
                            neuzeichen = "]"
                    case 13:
                            neuzeichen = "<BR>"
                    case 32:
                            neuzeichen = " "
                    case else:
                            neuzeichen = chr(zeichen)
            end select
            ziel.Write neuzeichen
        loop
        quelle.close

        ziel.WriteLine "</p></body></html>"
        ziel.close
        fs.DeleteFile temp1, true
        result = wshshell.Run(temp2,,true)
        fs.DeleteFile temp2, true
    end if
end sub

sub ExecuteDOS(befehl)
    resultat = WSHShell.Run("%COMSPEC% /c " & befehl,0,true)
end sub
'(C) 1999,2000 T.Weltner
```

Nachdem Sie sich den Ordner ausgesucht haben, stellt das Skript einige Fragen. Zu klären ist, ob Sie auch die Unterordner auflisten wollen (dauert lange!), und ob Sie ausführliche Informationen brauchen. Zum Schluß dürfen Sie sich noch die Schriftart aussuchen, in der das Listing produziert wird.

250 Kapitel 6: Das Dateisystem beherrschen

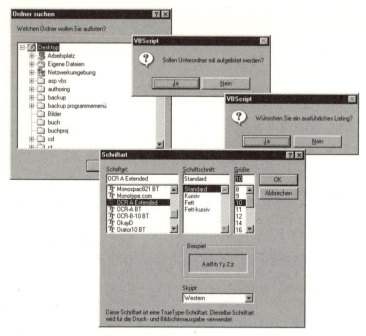

Bild 6.25: Suchen Sie sich Ordner, Listingart und Schrift aus

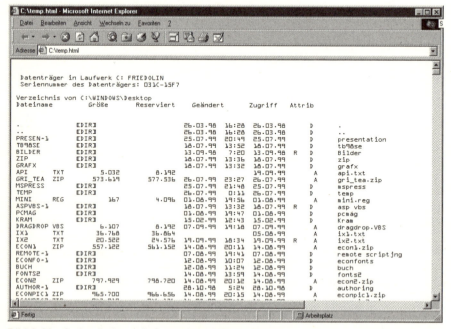

Bild 6.26: Ordnerlistings als formatierte HTML-Seiten

Danach verschwindet das Skript für eine Weile in der Versenkung. Es kann bei vollen Optionen und vielen Unterordnern etliche Minuten dauern, bis das Listing fertig ist. Am besten gehen Sie inzwischen Kaffee trinken.

6.6.6 Zeichencodes herausfinden

Wollen Sie selbst ein Konvertierungsskript schreiben, dann kann Ihnen das nächste Skript helfen. Es verrät Ihnen den Code eines beliebigen Zeichens:

```
MsgBox "Code lautet: " & Asc(inputBox("Geben Sie ein Zeichen ein!"))
```

6.6.7 Text in eine Datei einfügen

Bisher kennen Sie zwei Methoden, um mit Textdateien umzugehen: Sie können Textdateien öffnen und lesen, und Sie können Textdateien komplett neu anlegen. Was aber, wenn Sie Text an eine schon bestehende Textdatei anfügen möchten? Wie läßt sich zum Beispiel eine Logbuchfunktion verwirklichen, die automatisch protokolliert, wer sich so alles an Ihrem Rechner anmeldet?

Die Lösung kennen Sie schon: *OpenTextFile()*. Diese Funktion kann nämlich auf Wunsch auch Text an bestehenden Text anhängen. So könnte Ihre Logbuchfunktion aussehen:

```
' 6-43.VBS
set fs = CreateObject("Scripting.FileSystemObject")
set nw = CreateObject("WScript.Network")
set logbuch = fs.OpenTextFile("C:\BENUTZER.TXT", 8, true)
benutzer = nw.UserName
if benutzer = "" then benutzer = "anonym " & "angemeldeten Benutzer"
logbuch.WriteLine "Anmeldung am " & now & " durch " & benutzer
logbuch.close
'(C) 1999,2000 T.Weltner
```

OpenTextFile() öffnet die Datei diesmal im sogenannten *Append*-Modus: Text darf angehängt werden. Das bewirkt der zweite Parameter: 8. Und das true als dritter Parameter sorgt dafür, daß *OpenTextFile()* die Datei notfalls neu anlegt, falls sie noch gar nicht existiert.

Das Skript fügt bei jedem Aufruf einen neuen Eintrag in die Datei *C:\BENUTZER.TXT* ein. Damit vermerkt es die Uhrzeit und den Namen des angemeldeten Benutzers. Richtig praktisch wird das Skript aber erst, wenn Sie es in die Autostart-Gruppe verfrachten. Und zwar nicht in irgendeine Autostartgruppe, sondern in die Autostartgruppe für »All Users«. Die ist kaum jemandem bekannt und hat gegenüber der normalen Autostartgruppe den Vorteil, daß ihr Inhalt in jedem Fall ausgeführt wird – ganz gleich, wer sich gerade in welchem Benutzerprofil anmeldet.

Wie Sie Ihr Skript automatisch starten lassen, ist Thema in Kapitel 12.

6.6.8 Zufällige Dateinamen anlegen

Wollen Sie nur kurz Zwischenergebnisse in einer Datei speichern, aber eigentlich ist Ihnen völlig egal, wie diese Datei heißt? Dann beauftragen Sie VBScript doch einfach, sich einen zufälligen Dateinamen auszusuchen.

```
' 6-44.VBS
set fs = CreateObject("Scripting.FileSystemObject")

do
   antwort = MsgBox("Zufallsname: " & fs.GetTempName & ". Nochmal?", _
      vbYesNo+vbQuestion)
loop until antwort = vbNo
'(C) 1999,2000 T.Weltner
```

Zufällig sind die Dateinamen zwar schon, aber nicht besonders gut lesbar. Und auch wenn die Chancen gering sind, bewahrt Sie der Zufallsname nicht davor, daß vielleicht doch eine Datei genauso heißt. Besser ist deshalb die folgende Lösung. Die produziert einen garantiert noch nicht vergebenen Dateinamen, der noch dazu lesbar ist:

```
' 6-45.VBS
MsgBox "Mal sehen, ob der Dateiname C:\AUTOEXEC.BAT schon"& " vergeben ist!"
newname = CheckName("C:\AUTOEXEC.BAT")
MsgBox "Genehmigter Name lautet: " & newname

function CheckName(path)
   set fs = CreateObject _
      ("Scripting.FileSystemObject")
   name = fs.GetBaseName(path)
   extension = fs.GetExtensionName(path)
   ordner = left(path, InstrRev(path, "\"))
   counter = 0
   
   CheckName = path
   do while fs.FileExists(CheckName)
      counter = counter + 1
      CheckName = ordner & name & counter & "." & extension
   loop
end function
'(C) 1999,2000 T.Weltner
```

6.6.9 Unicode-Textdateien meistern

Die Tage des ehrwürdigen ASCII/ANSI-Codes sind gezählt. Weil beide Zeichensätze jedes Zeichen in einem Byte speichern, und weil jedes Byte nur 256 verschiedene Zahlen enthalten kann, sind solche Zeichensätze nämlich zu unflexibel.

6.6 Dateien lesen, verändern und neu anlegen

Ganz im Geiste der Globalisierung sollen Zeichensätze künftig alle nur erdenklichen Sonderzeichen enthalten: türkische, kyrillische, chinesische und viele andere mehr. Dazu braucht man Platz.

Deshalb gibt es den Unicode-Zeichensatz. Der speichert jedes Zeichen in zwei Bytes und kommt so auf 256^2 = 65536 verschiedene Zeichen. Auf Windows NT und Windows 2000 ist Unicode bereits Realität.

Öffnen Sie eine Unicode-Textdatei als normale Textdatei, dann haben Sie wenig Freude daran. Zwar können Sie noch alles lesen, aber jedes zweite Zeichen ist ein hohles Quadrat. Dieses Quadrat entspricht dem zweiten Byte des zwei Byte langen Unicode-Zeichens. Umgekehrt wird auch ein Fiasko daraus: öffnen Sie eine normale Textdatei als Unicode-Datei, dann interpretiert Ihr Skript jeweils zwei Zeichen als Unicode-Zeichen. Das Ergebnis ist nicht besonders lesbar.

Deshalb unterscheiden sowohl *OpenTextFile()* als auch *CreateTextFile()* zwischen normalem und dem Unicode-Zeichensatz. Geben Sie nichts besonderes an, dann vermuten beide Funktionen einen normalen Zeichensatz.

Hier die ausführliche Syntax des *OpenTextFile()*-Befehls:

```
OpenTextFile(dateiname, modus, anlegen, dateityp)
```

Argument	Bedeutung
dateiname	der Dateiname der Datei, die Sie öffnen wollen
modus	1: zum Lesen öffnen
	8: Lesen und/oder neuen Text anhängen
anlegen	true: Datei wird neu angelegt, wenn es sie noch nicht gibt
dateityp	0: Datei wird im normalen 8-Bit-Zeichensatz geöffnet
	-1: Datei wird im Unicode-16-Bit-Zeichensatz geöffnet
	-2: es werden die System-Einstellungen gewählt

Tab. 6.7: Der OpenTextFile()-Befehl im Detail

Geben Sie als *dateityp* nichts an, dann öffnet Ihr Skript die Datei immer als normalen Zeichensatz. Das kann auf NT-Systemen schiefgehen. Sicherer ist, als *dateityp* den Wert -2 einzusetzen. Dann richtet sich das Skript nach dem Dateityp, der auf dem jeweiligen Computer üblich ist.

Wenden Sie *OpenTextFile()* auf Dateien an, die Sie selbst skriptgesteuert angelegt haben, dann können Sie sich natürlich einen der beiden Dateimodi aussuchen.

Bei *CreateTextFile()* sieht die Sache ganz ähnlich aus:

```
CreateTextFile(dateiname, modus, ueberschreiben)
```

6.6.10 Vor dem Überschreiben von Dateien warnen

Neu ist nur *ueberschreiben*. Ist dieser Parameter *true*, dann überschreibt *CreateTextFile* eventuell bereits existierende Dateien einfach. Ist der Parameter *false*, dann gibt es einen Fehler, wenn die angegebene Datei schon existiert. So oder so keine schöne Situation. Ein einfacher Kompromiß könnte deshalb so aussehen:

```
' 6-46.VBS
set fs = CreateObject("Scripting.FileSystemObject")

datei = "C:\test.txt"

ok = true
if fs.FileExists(datei) then
   ok=false
   frage = MsgBox("Datei existiert schon. " & "Überschreiben?", _
      vbYesNo+vbQuestion)
   if frage = vbYes then
      ok = true
   end if
end if

if ok then
   set handle = fs.CreateTextFile(datei, true, -2)
   handle.WriteLine "Hallo!"
   handle.close
   MsgBox "Datei angelegt!"
else
   MsgBox "Datei konnte nicht angelegt werden!", vbCritical
end if
'(C) 1999,2000 T.Weltner
```

Das Skript prüft zuerst, ob es die Datei schon gibt. Falls ja, läßt es die Ersetzung nur zu, wenn der Anwender vorher seinen Segen gegeben hat.

Allerdings nützt dieser großzügige Segen unter Umständen gar nichts. Wenn nämlich die bereits vorhandene Datei ein *Schreibgeschützt*-Attribut hat, ist sie vor der Macht von *CreateTextFile* gefeit. *CreateTextFile* kann nur solche Dateien überschreiben, die kein *Schreibgeschützt*-Attribut vorzuweisen haben.

Macht aber nichts. Eine zusätzliche Zeile genügt, um damit Schluß zu machen, denn der *DeleteFile*-Befehl ignoriert das *Schreibgeschützt*-Attribut auf Wunsch höflich und schafft so freie Bahn:

```
' 6-47.VBS
set fs = CreateObject("Scripting.FileSystemObject")

datei = "C:\test.txt"

ok=true
if fs.FileExists(datei) then
   ok=false
```

```
      frage = MsgBox("Datei existiert schon. Überschreiben?",vbYesNo+vbQuestion)
      if frage = vbYes then
         fs.DeleteFile datei, true
         ok = true
      end if
   end if

   if ok then
      set handle = fs.CreateTextFile(datei, true, -2)
      handle.WriteLine "Hallo!"
      handle.close
      MsgBox "Datei angelegt!"
   else
      MsgBox "Datei konnte nicht angelegt werden!", vbCritical
   end if
   '(C) 1999,2000 T.Weltner
```

7 Verknüpfungen managen

Verknüpfungen kennen Sie bestimmt: das sind die praktischen kleinen Stellvertreter, die an allen wichtigen strategischen Positionen postiert werden können und Ihre Klicks an andere Dateien weiterleiten. Sie erkennen Verknüpfungen am gebogenen kleinen Pfeil in der linken unteren Ecke des Verknüpfungs-Icons.

Verknüpfungen sind enorm wichtig für Windows. Unmerklich ackern diese kleinen Gesellen im *Start*-Menü, dem *Programme*-Menü, dem *Senden an*-Menü, und bieten ihre Dienste auf dem Desktop an.

Ganz besonders erstaunlich ist, wie Sie Verknüpfungen für Ihre eigenen Skripte einsetzen oder per Skript managen können. Genießen Sie in diesem Kapitel viele fix und fertige Lösungen, die Ihnen viel Kopfzerbrechen ersparen.

7.1 Neue Verknüpfungen anlegen

Bevor ich Ihnen zeige, wie Sie die versteckten Informationen in Verknüpfungen für Ihre eigenen Zwecke einsetzen, schauen Sie sich zuerst an, wie leicht Sie skriptgesteuert neue Verknüpfungen anlegen. Das nächste Skript legt beispielsweise eine Verknüpfung zum Texteditor auf Ihren Desktop:

```
' 7-1.VBS
set wshshell = CreateObject("WScript.Shell")

' wo wird Ihr Desktop gespeichert?
desktopdir = wshshell.SpecialFolders(0)

' dies ist der Pfadname Ihrer neuen
' Verknüpfung:
neuerlink = desktopdir & "\Texteditor.lnk"

' neues Verknüpfungsobjekt anlegen:
set link = wshshell.Createshortcut(neuerlink)

' Ziel der Verknüpfung angeben:
link.TargetPath = "NOTEPAD.EXE"

' Verknüpfung speichern:
link.Save
```

```
MsgBox "Verknüpfung wurde auf dem Desktop " _
   & "angelegt!", vbInformation
'(C) 1999,2000 T.Weltner
```

Voilá! Wenn Sie dieses Skript aufrufen, legt es vollautomatisch eine Verknüpfung auf den Desktop, mit der Sie den Texteditor öffnen. Spekatkulär ist das noch nicht, aber ein guter Anfang. Schauen Sie, was das Skript macht:

- Zuerst stellt es die Verbindung zum *WScript.Shell*-Objekt her, denn dieses Objekt stellt alle Funktionen zur Verfügung, die Sie für das Verknüpfungsmanagement brauchen.

- Anschließend findet das Skript den Pfadnamen Ihres Desktop-Ordners heraus. Dazu dient *SpecialFolders()*. Diese Funktion verrät den genauen Aufenthaltsort der speziellen Windows-Ordner, und die Kennzahl *0* steht für den Desktop. Eine komplette Liste der Windows-Spezialordner und Kennzahlen finden Sie in Kapitel 8.

- Jetzt kann das Skript den Dateinamen der neuen Verknüpfung zusammenbasteln. Das ist der Desktop-Pfad plus der neue Name der Verknüpfung. Vergessen Sie nicht, das Kennzeichen der Verknüpfungen anzuhängen: *.lnk*.

- Mit diesem Namen gerüstet besorgt sich das Skript über *CreateShortcut()* ein Shortcut-Objekt. Dieses Objekt repräsentiert eine Verknüpfung, allerdings zunächst nur im Computerspeicher. Das Skript kann jetzt die Detailinformationen in dieses Shortcut-Objekt eintragen – zum Beispiel über *TargetPath* das Ziel der Verknüpfung.

- Damit aus dem Shortcut-Objekt eine echte Verknüpfung wird, muß es auf der Festplatte gespeichert werden. Das erledigt *Save()*. Gespeichert wird das Objekt immer unter dem Namen, den Sie mit *CreateShortcut()* angegeben haben.

- Das ist einfach, oder?

7.1.1 Das Shortcut-Objekt unter die Lupe nehmen

Schauen Sie sich als nächstes an, welche Informationen im Shortcut-Objekt schlummern:

Eigenschaft	*Bedeutung*
Arguments	Optionale Parameter, die an die Zieldatei der Verknüpfung weitergereicht werden sollen
Description	Versteckte Beschreibung der Verknüpfung
Hotkey	Tastenkombination, mit der diese Verknüpfung direkt aufgerufen werden kann
IconLocation	Icon der Verknüpfung
TargetPath	Zielpfad, auf die die Verknüpfung verweisen soll
WindowStyle	Art des Fensters, in dem die Verknüpfung die Zieldatei öffnen soll
WorkingDirectory	Voreingestellter Ordner für die Datei, die die Verknüpfung öffnet

Tab. 7.1: Die Eigenschaften des Shortcut-Objekts

Darüberhinaus hat das Shortcut-Objekt nur eine einzige Methode zu bieten: *Save()* speichert die Informationen im Shortcut-Objekt auf der Festplatte.

7.1.2 Fremde Verknüpfungen öffnen und auslesen

CreateShortcut() ist eigentlich ein irreführender Name. Diese Funktion erzeugt nämlich keine Verknüpfung, sondern ein Shortcut-Objekt.

Das ist ein enormer Unterschied. Zwar haben Sie gerade gesehen, daß Sie mit Hilfe des Shortcut-Objekts tatsächlich neue Verknüpfungen anlegen können, aber das ist nur eine Seite der Medaille. Sie können mit *CreateShortcut()* auch die Informationen aus einer Verknüpfung auslesen, die schon existiert. Dazu geben Sie *CreateShortcut* einfach den Namen einer vorhandenen Verknüpfung an. Das Shortcut-Objekt enthält dann die in der Verknüpfung gespeicherten Informationen.

Genau das ist enorm nützlich. Ich zeige Ihnen gleich, wie Sie so Ihre Verknüpfungen prüfen und vollautomatisch reparieren können. Zuerst schauen Sie sich aber an, was Ihnen die Informationen im Shortcut-Objekt nützen.

7.2 Das Icon einer Verknüpfung ändern

Haben Sie das Beispiel aus Kapitel 7.1 ausprobiert? Dann liegt auf Ihrem Desktop jetzt eine Verknüpfung auf den Texteditor parat. Das nächste Skript zeigt, wie Sie die Informationen in der Verknüpfung nachträglich auslesen und ändern. Dazu trägt das Skript in *IconLocation* bei jedem Aufruf ein zufälliges neues Icon ein:

```
' 7-2.VBS
set wshshell = CreateObject("WScript.Shell")
desktopdir = wshshell.SpecialFolders(0)
neuerlink = desktopdir & "\Texteditor.lnk"

' schon bestehende Verknüpfung in ein
' Shortcut-Objekt einlesen:
set link = wshshell.Createshortcut(neuerlink)
' zufälliges Icon aus der Icon-Bibliothek
' SHELL32.DLL aussuchen:
neuesicon = "SHELL32.DLL," & zufallszahl
' Icon eintragen:
link.IconLocation = neuesicon
' Änderungen speichern:
link.Save

MsgBox "Icon der Verknüpfung wurde geändert!" & vbCr & "Neues Icon: " & _
   neuesicon, vbInformation

function Zufallszahl
   min=1
   max=32
   randomize
   zufallszahl = Fix(rnd*(max-min))+min
end function
'(C) 1999,2000 T.Weltner
```

Ja, jedesmal, wenn Sie dieses Skript aufrufen, ändert sich das Icon Ihrer Verknüpfung. Das Prinzip ist ganz einfach: das Skript holt sich zunächst über *CreateShortcut()* das Shortcut-Objekt der Verknüpfung und ändert dann die Information für *IconLocation*. Als neues Icon verwendet es die Windows-eigene Icon-Bibliothek *SHELL32.DLL*. Diese Bibliothek enthält eine ganze Reihe von Icons. Welches Icon benutzt werden soll, kann über ein Komma und die Kennzahl des Icons ausgesucht werden.

Im Skript generiert *Zufallszahl()* eine zufällige Zahl zwischen 1 und 32 und verwendet die als zufällige Icon-Auswahl. *Save()* macht die Änderungen perfekt, und das neue Icon erscheint.

Natürlich dient dieses Skript nur der Demonstration. Im echten Leben sind ständig wechselnde Icons weniger beliebt. Icon-Änderungen sind vielmehr in diesen beiden Situationen wichtig:

- Direkt beim Anlegen einer Verknüpfung: Vielleicht möchten Sie wichtige Skripte bequem vom Desktop aus über eine Verknüpfung aufrufen können. Damit das Verknüpfungs-Icon nicht das langweilige VBScript-Icon erbt, geben Sie gleich beim Anlegen der Verknüpfung ein aussagekräftigeres Icon an, so daß Sie auf einen Blick erahnen können, welche Aufgabe Ihr Skript erledigen wird.

- Als Zustandsanzeige: Möglicherweise rufen Sie per Verknüpfung ein Skript auf, das irgendeine Umschaltaktion vornimmt. Das Icon der Verknüpfung kann dann als Zustandsindikator verwendet werden, so daß Sie sofort sehen, ob die Funktion gerade ein- oder ausgeschaltet ist.

7.2.1 Verknüpfungs-Icon als Zustandsanzeige nutzen

- Das nächste Skript demonstriert solch eine Zustandsanzeige:

```
' 7-3.VBS
set wshshell = CreateObject("WScript.Shell")
desktopdir = wshshell.SpecialFolders(0)
neuerlink = desktopdir & "\Wechsler.lnk"

icon1 = "SHELL32.DLL,9"
icon2 = "SHELL32.DLL,10"

set link = wshshell.Createshortcut(neuerlink)

' welches Icon wird gerade angezeigt?
if lcase(link.IconLocation)=lcase(icon1) then
   link.IconLocation = icon2
   modus = 2
else
   link.IconLocation = icon1
   modus = 1
end if

' Script als Ziel der Verknüpfung eintragen
link.TargetPath = WScript.ScriptFullName
```

```
link.Save

' hier könnte Ihr Skript dann seine
' eigentliche Aufgabe
' erledigen:

if modus=1 then
   MsgBox "Jetzt erledige ich Aufgabe 1!", vbInformation
else
   MsgBox "Jetzt erledige ich Aufgabe 2!", vbInformation
end if
'(C) 1999,2000 T.Weltner
```

Das Skript legt vollautomatisch auf dem Desktop eine Verknüpfung namens Wechsler an oder liest die Verknüpfungsinformationen ein, wenn die Verknüpfung schon besteht.

Danach schaut es nach, welches Icon diese Verknüpfung gerade verwendet. Dadurch »weiß« das Skript den augenblicklichen Zustand und wechselt das Icon gegen seinen Gegenpart aus. Außerdem trägt sich das Skript als Ziel für die Verknüpfung ein. Das ist wichtig, falls die Verknüpfung noch gar nicht existiert. *ScriptFullName()* liefert den Pfadnamen Ihres Skripts. Durch diesen Trick ist es völlig egal, wo Sie Ihr Skript gespeichert haben, wenn Sie es zum ersten Mal aufrufen.

Die Verknüpfung wird mit *Save()* aktualisiert, und je nachdem, welches Icon gerade angezeigt wird, führt das Skript zum Schluß eine von zwei Aufgaben aus.

> **Tip:** Eigene Icons entwerfen.
> Zwar leiht sich das Beispielskript die beiden Icons aus der Windows-eigenen SHELL32.DLL-Bibliothek aus, aber die Auswahl darin ist begrenzt, und es wäre schon Zufall, wenn Sie darin genau die Icons finden würden, die Sie sich wünschen. Lesen Sie deshalb unbedingt in Kapitel 9, wie Sie andere Icon-Bibliotheken ausspionieren und sogar ganz eigene Icons entwerfen.

7.2.3 Defekte Verknüpfungen finden

Verknüpfungen können kaputtgehen, sogar ziemlich einfach. Sie brauchen nur das Ziel der Verknüpfung zu löschen, und schon wird die Verknüpfung nutzlos. Tatsächlich schlummern auf Ihrem Computer wahrscheinlich zig Verknüpfungen, die längst nichts Sinnvolles mehr zuwege bringen und nur noch Platz verschwenden.

Diese veralteten Verknüpfungen sucht das nächste Skript für Sie heraus. Dazu kontrolliert es das gesamte Dateisystem, und wenn es eine Verknüpfung entdeckt, schaut es nach, ob die Datei überhaupt noch existiert, auf die in *TargetPath* verwiesen wird.

> **Tip:** Beim Reinemachen bitte aufpassen.
> Trotz aller Technik dürfen Sie die gefundenen defekten Verknüpfungen nicht unbesehen entsorgen! Die Liste, die das Skript Ihnen bastelt, ist nur eine Grundlage. Vielleicht beziehen sich Verknüpfungen auf eine CD, die nur gerade nicht im Laufwerk liegt, oder auf das Diskettenlaufwerk im *Senden an*-Menü.

```
' 7-4.VBS
' Diese Objekte werden gebraucht:
set listview = CreateObject("listview.tobtools")
set fenster = WScript.CreateObject("fenster.tobtools", "event_")
set filetools = CreateObject("filesystem.tobtools")
set wshshell = CreateObject("WScript.Shell")
set fs = CreateObject("Scripting.FileSystemObject")

' globale Variablen:
ordges=0
datges=0
lnkges=0
lnkerr=0
ok = true

' setzen Sie das Startverzeichnis auf
' windir, dann
' wird die Suche abgekürzt, weil nur der
' Windowsordner
' und seine Unterordner durchsucht werden:
windir = _
    WSHShell.ExpandEnvironmentStrings("%WINDIR%")
start = "C:\"

' Diese Spalten sollen angezeigt werden:
listview.AddHeader "Verknüpfung"
listview.AddHeader "fehlendes Ziel"

' Nach Verknüpfungspfad sortieren:
listview.ListViewSort 1

' Fortschrittsanzeige aktivieren:
fenster.ShowMessageBox "Fortschritt...", "&Abbrechen"
' Defekte Links finden:
CheckFolder fs.GetFolder(start)
' Fortschrittsanzeige wieder entfernen:
fenster.DestroyMessageBox

' Defekte Links zum Löschen anbieten, bis
' Abbrechen geklickt wird:
do while lnkerr>0
    ' nachschauen, welche Links der Anwender
    ' ausgesucht hat:
    set resultat = ListView.ListViewShow("Defekte "& "Verknüpfungen",1,1,true _
        ,"&Löschen", "G&enug", true)
    ' keine?
    if resultat.Count>0 then
```

7.2 Das Icon einer Verknüpfung ändern

```
         ' es wurden Links zum Löschen
         ' ausgesucht, nachfragen:
         antwort = MsgBox("Sind Sie sicher, daß Sie " & resultat.Count & " " _
             & "Verknüpfungen löschen wollen?" ,vbYesNo + vbQuestion)
         if antwort=vbYes then
                 ' jeden der markierten Links löschen:
                 for each linkerror in resultat
                         ' Information aufsplitten in
                         ' Dateiname, Ziel
                         ' und Index:
                         infos = Split(linkerror, vbCrLf)
                         dateiname = infos(0)
                         index = infos(2)
                         ' Link in Papierkorb werfen:
                         filetools.Recycle dateiname
                         ' Link aus Liste entfernen:
                         ListView.RemoveItem index
                 next
         end if
      else
         ' nichts ausgewählt, also lnkerr auf
         ' null setzen,
         ' damit Schleife beendet wird:
         lnkerr = 0
      end if
loop

sub CheckFolder(ordnerobj)
   ' Papierkorb überspringen:
   if lcase(ordnerobj.Name)="recycled" then _
      exit sub
   ' Zähler für Ordner erhöhen:
   ordges = ordges + 1
   ' Alle Dateien im Ordner untersuchen:
   for each file in ordnerobj.files
      ' mindestens alle 100 Dateien ein
      ' Lebenszeichen geben:
      if datges mod 100 = 0 then ShowInfo
      ' bei Abbruch Schleife sofort verlassen:
      if not ok then exit sub
      ' Dateiextension bestimmen:
      ext = lcase(fs.GetExtensionName(file.name))
      ' Zähler für gefundene Dateien erhöhen:
      datges = datges + 1
      ' Ist Datei eine Verknüpfung?
      if ext = "lnk" then
             ' ja, Zähler für Links erhöhen:
```

```
            lnkges = lnkges + 1
            ' Prüfen, ob Link defekt ist:
            CheckLink file.path
        end if
    next
    
    ' Fortschritt anzeigen:
    ShowInfo
    
    ' Unterordner der Verknüpfung finden
    for each subfolder in ordnerobj.subfolders
        ' bei Abbruch Schleife sofort verlassen:
        if not ok then exit sub
        ' rekursiv für jeden Unterordner aufrufen:
        CheckFolder subfolder
    next
end sub

sub ShowInfo
    ' gibt den aktuellen Status der Suche aus:
    msg = "Untersuche " & ordges & " Ordner und " & datges & " Dateien." & vbCr
    msg = msg + "Bisher " & lnkges & " Verknüpfungen gefunden, davon " & _
        lnkerr & " defekt."
    fenster.WriteMessageBox msg
end sub

sub CheckLink(pfad)
    ' Shortcut-Objekt auslesen:
    set scut = WSHShell.CreateShortcut(pfad)
    ' Ziel der Verknüpfung herausfinden:
    ziel = scut.TargetPath
    ' gibt es das Ziel noch?
    if not fs.FileExists(ziel) and not fs.FolderExists(ziel) then
        ' nein, Zähler für defekte Links erhöhen:
        lnkerr = lnkerr + 1
        ' Link in Liste einfügen:
        ListView.AddItem pfad
        ListView.AddSubItem 1,ziel
    end if
end sub

sub event_FormClose(nr)
    ' wird ausgelöst, wenn im Fortschrittsfenster
    ' auf Abbrechen geklickt wird:
    ok = false
end sub
'(C) 1999,2000 T.Weltner
```

7.2 Das Icon einer Verknüpfung ändern

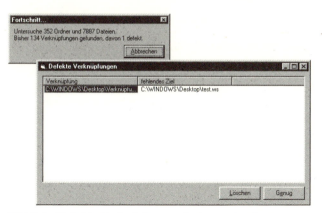

Bild 7.1: Defekte Verknüpfungen finden und entsorgen

7.2.4 Doppelt vergebene Tastenkombinationen finden

Ganz besonders tückisch sind doppelt vergebene Tastenkombinationen, denn Windows prüft weder, ob es eine Tastenkombination schon gibt noch ob die Tastenkombination möglicherweise mit einer der eingebauten Windows-Tastenkombinationen kollidiert.

An sich sind Tastenkombinationen enorm praktisch: weisen Sie einer Verknüpfung eine Tastenkombination zu, dann können Sie sich künftig den Griff zur Maus sparen. Drücken Sie einfach die Tastenkombination, und schon wird die damit ausgestattete Verknüpfung gestartet. Auch Doppelstarts werden so vermieden, denn wenn das Programm bereits lief, auf das die Verknüpfung verweist, dann startet die Tastenkombination keine zweite Instanz, sondern schaltet das schon vorhandene Programm elegant in den Vordergrund.

Bild 7.2: Im Feld Tastenkombination weisen Sie Verknüpfungen Tasten zu

Und wie vergibt man Tastenkombinationen? Ganz einfach, klicken Sie eine Verknüpfung bloß mit der rechten Maustaste an und wählen Sie *Eigenschaften*. Danach klicken Sie ins *Tastenkombination*-Feld und geben die gewünschte Tastenkombination ein.

Kapitel 7: Verknüpfungen managen

Allerdings haben die Tastenkombinationen einige wenig bekannte Tücken:

- Der Autostart per Tastenkombination funktioniert nicht überall. Nur Verknüpfungen, die entweder im Startmenü oder in einer der Programmgruppen liegen, bieten diesen bequemen Service.

- Werden Verknüpfungen mit eingebauter Tastenkombination nachträglich verschoben, dann gehen die Tastenkombinationen häufig verloren.

- Doppelstarts werden nur vermieden, wenn Sie das Programm ursprünglich über dieselbe Verknüpfung gestartet haben, die die Tastenkombination beherbergt.

- Windows kontrolliert bei neuen Tastenkombinationen nicht, ob es möglicherweise schon Verknüpfungen gibt, die die Tastenkombination verwenden. Teilen sich mehrere Verknüpfungen dieselbe Tastenkombination, dann entscheidet der Zufall, welche davon mit der Tastenkombination gestartet wird.

- Übliche Tastenkombinationen beinhalten die Tasten `Strg`+`Alt`. Kaum bekannt ist, daß die `AltGr`-Taste auf deutschen Tastaturen in Wirklichkeit `Strg`+`Alt` entspricht. Anstelle von `Strg`+`Alt`+`A` könnten Sie also auch `AltGr`+`A` drücken und sich Fingerknoten sparen.

- Umgekehrt wird leider auch ein Schuh daraus: einige wichtige Sonderzeichen sind nur über `AltGr` zu erreichen, zum Beispiel das im Internet so wichtige @-Zeichen: `AltGr`+`Q`. Geben Sie einer Verknüpfung die Tastenkombination `Strg`+`Alt`+`Q`, dann ruft `AltGr`+`Q` ab sofort die Verknüpfung auf, und Sie sehen das @-Zeichen nie wieder.

- Sie sehen also, wie wichtig es ist, die Verknüpfungen genau zu prüfen und sicherzustellen, daß Verknüpfungen keine doppelten Tastenkombinationen benutzen oder systemeigene Tastenkombinationen gekidnappt haben.

- Dummerweise enthält Windows keine passende Prüffunktion. Die brauchen Sie auch gar nicht, denn das nächste Skript liefert sie frei Haus. Es basiert in weiten Teilen auf dem vorherigen Skript und zeigt, wie universell diese Skripte für alle möglichen Aufgaben eingesetzt werden können:

```
' 7-5.VBS
set listview = CreateObject("listview.tobtools")
set fenster = WScript.CreateObject("fenster.tobtools", "event_")
set filetools = CreateObject("filesystem.tobtools")
set shell = CreateObject("Shell.Application")
set wshshell = CreateObject("WScript.Shell")
set fs = CreateObject("Scripting.FileSystemObject")

' globale Variablen:
ordges=0
datges=0
lnkges=0
lnkerr=0
lnkkey=0
ok = true
```

```
startmenu = WSHShell.SpecialFolders("Startmenu")
prggrp = WSHShell.SpecialFolders("Programs")

' Diese Spalten sollen angezeigt werden:
listview.AddHeader "Verknüpfung"
listview.AddHeader "Tastenkombination"
listview.AddHeader "Ziel"

' Nach Tastenkombi sortieren:
listview.ListViewSort 2

fenster.ShowMessageBox "Fortschritt...", "&Abbrechen"

CheckFolder fs.GetFolder(startmenu), false
CheckFolder fs.GetFolder(prggrp), true

fenster.DestroyMessageBox

do while lnkkey>0
   set resultat = ListView.ListViewShow _
      ("Tastenkombinationen", .6, .4,true, "&Ändern", "G&enug", true)
   if resultat.Count>0 then
      for each linkerror in resultat
          infos = Split(linkerror, vbCrLf)
          dateiname = infos(0)
          index = infos(2)
          ShowProps dateiname
      next
   else
      lnkkey = 0
   end if
loop

sub CheckFolder(ordnerobj, uo)
   ' Papierkorb überspringen:
   if lcase(ordnerobj.Name)="recycled" then exit sub
   ordges = ordges + 1
   for each file in ordnerobj.files
      if datges mod 100 = 0 then ShowInfo
      if not ok then exit sub
      ext = lcase(fs.GetExtensionName(file.name))
      datges = datges + 1
      if ext = "lnk" then
          lnkges = lnkges + 1
          CheckLink file.path
      end if
```

```
      next
    
    ShowInfo

    if not uo then exit sub
    for each subfolder in ordnerobj.subfolders
       ' bei Abbruch Schleife sofort verlassen:
       if not ok then exit sub
       ' rekursiv für jeden Unterordner aufrufen:
       CheckFolder subfolder, uo
    next
end sub

sub ShowInfo
    msg = "Untersuche " & ordges & " Ordner und " & datges & " Dateien." & vbCr
    msg = msg + "Bisher " & lnkges & " Verknüpfungen gefunden, davon " & _
       lnkkey & " mit Tastenkombination."
    fenster.WriteMessageBox msg
end sub

sub CheckLink(pfad)
    ' Shortcut-Objekt auslesen:
    set scut = WSHShell.CreateShortcut(pfad)
    ' Ziel der Verknüpfung herausfinden:
    tkey = scut.Hotkey
    if tkey="" then exit sub
    lnkkey = lnkkey + 1
    ziel = scut.TargetPath
    ListView.AddItem pfad
    ListView.AddSubItem 1,tkey
    ' gibt es das Ziel noch?
    if not fs.FileExists(ziel) and not fs.FolderExists(ziel) then
       ' nein, Zähler für defekte Links erhöhen:
       lnkerr = lnkerr + 1
       ' Link in Liste einfügen:
       ListView.AddSubItem 2, "FEHLER: Ziel existiert nicht!"
    else
       ListView.AddSubItem 2, ziel
    end if
end sub

sub event_FormClose(nr)
    ' wird ausgelöst, wenn im Fortschrittsfenster
    ' auf Abbrechen geklickt wird:
    ok = false
end sub
```

```
sub ShowProps(path)
  ordner = left(path, InstrRev(path, "\"))
  name = mid(path, InstrRev(path, "\")+1)
  set fldr = shell.NameSpace(ordner)
  set itm = fldr.ParseName(name)
  itm.InvokeVerb "E&igenschaften"
end sub
'(C) 1999,2000 T.Weltner
```

Das Skript spart sich eine Menge Zeit, indem es nur den Ordner mit den Startmenüeinträgen und den *Programme*-Ordner mit den Programmgruppen überprüft. Nur in diesen Ordnern spielen Tastenkombinationen eine Rolle. Das Ergebnis ist eine aufschlußreiche Liste, die Ihnen verrät, welche Tastenkombinationen vergeben wurden:

Bild 7.3: Alle Verknüpfungen mit Tastenkombinationen werden aufgelistet

Doppelt vergebene Tastenkombinationen fallen sofort ins Auge. Wie immer können Sie die Liste per Klick auf eine der Spaltenüberschriften sortieren, ein zweiter Klick sortiert in umgekehrter Reihenfolge.

> **Tip:** Windows baut bei Umlauten Mist.
> Haben Sie deutsche Umlaute wie ä, ö oder ü als Tastenkombination festgelegt, dann tauchen die in der Liste nicht auf. Mit solchen Tasten hat Microsoft einfach nicht gerechnet.

Sie können aber noch weitaus mehr tun: entdecken Sie in der Liste eine Verknüpfung, die eigentlich überhaupt keine Tastenkombination braucht, oder sind gar Doppelgänger gemeldet worden, dann klicken Sie die Verknüpfung an und wählen *Ändern*.

Zuvorkommend klappt das Skript das *Eigenschaften*-Fenster dieser Verknüpfung auf, so daß Sie die Tastenkombination sofort löschen oder ändern können.

8 Geheimnisse rund um das Dateisystem

8.1 Dateiversionen bestimmen

Die rasante Entwicklung macht auch vor der Software nicht halt, und allen voran bringt Microsoft ständig neue Service Packs und Versionen derselben Dateien auf den Markt. Wer soll sich da noch zurecht finden?

Sie natürlich! Mit einem kleinen Trick bestimmen Sie skriptgesteuert selbst all die versteckten Versionsinformationen, mit denen normalerweise die Softwarefirmen intern den Überblick behalten. Diese versteckten Informationen verraten Ihnen sogar, ob ein Programm eine Demoversion ist, fehlerbereinigt wurde oder nur für den internen Gebrauch bestimmt ist.

8.1.1 Die geheimen Versionsinformationen lesen

Leider sind die Versionsinformationen gut versteckt. Der Scripting Host selbst kommt erst in seiner neuesten Version an sie heran, und auch nur zu einem kleinen Teil. Zuständig ist der brandneue (und vollkommen undokumentierte) Befehl *getFileVersion*:

```
' 8-1.VBS

set fs = CreateObject("Scripting.FileSystemObject")
set wshshell = CreateObject("WScript.Shell")

windir = wshshell.ExpandEnvironmentStrings("%WINDIR%")
MsgBox "Die Version des Explorers ist: " & GetVer(windir & "\EXPLORER.EXE")


function GetVer(pfad)
   on error resume next
   GetVer = CStr(fs.getFileVersion(pfad))
   if not err.Number=0 then
      GetVer = "??"
      err.clear
   end if
end function
'(C) 1999,2000 T.Weltner
```

GetFileVersion() ist Teil des *Scripting.FileSystemObjects*. Diese Funktion ist zwar nützlich, aber mit Vorsicht zu genießen. Untersuchen Sie damit eine Datei, die gar keine Versionsinformationen zu bieten hat, dann meldet Ihr Skript einen Fehler. Deshalb kapseln Sie diese Funktion am besten genau wie im Beispiel oben als eigenständige Funktion ab, in der die Fehlerbehandlung mit *on error resume next* abgeschaltet ist.

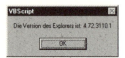

Bild 8.1: Die Versionen wichtiger Dateien bestimmen

8.1.2 Wirklich alle Geheiminformationen lesen

GetFileVersion() ist eigentlich nur eine Verlegenheitsfunktion, weil so viele Skriptentwickler darum gebettelt haben. In Wirklichkeit schlummern in Systemdateien sehr viel mehr geheime Informationen, und an die kommt der Scripting Host nach wie vor nicht heran.

Sie aber schon, dank einer kleinen Befehlserweiterung (Kap. 1). Hier das erste Enträtselskript:

```
' 8-2.VBS

set wshshell = CreateObject("WScript.Shell")
windir = wshshell.ExpandEnvironmentStrings("%WINDIR%")

MsgBox "Infos über den Explorer:" & vbCr & GetInfo(windir & "\EXPLORER.EXE")

function GetInfo(path)
   set tools = CreateObject("filesystem.tobtools")
   set info = tools.GetVersionOf(path)
   GetInfo = "Entwickelt für: " & info("OS") & vbCr
   if info("Debug") then GetInfo = GetInfo & "Debug-Version" & vbCr
   if info("Patched") then GetInfo = GetInfo & "aktualisierte Version" & vbCr
   if info("Prerelease") then GetInfo = GetInfo & "Demo-Version" & vbCr
   GetInfo = GetInfo & "Dateityp: " & info _
      ("Type") & "/" & info("Subtype") & vbCr
   GetInfo = GetInfo & "Herstellername: " & info("CompanyName")& vbCr
   GetInfo = GetInfo & "Beschreibung: " & _
      info("FileDescription") & vbCr
   GetInfo = GetInfo & "Interner Name: " & _
      info("InternalName") & vbCr
   GetInfo = GetInfo & "Copyright: " & info ("LegalCopyright") & vbCr
   GetInfo = GetInfo & "Original-Dateiname: " _
      & "" & info("OriginalFileName") & vbCr
   GetInfo = GetInfo & "Produktname: " & info("ProductName") & vbCr
   GetInfo = GetInfo & "Produktversion: " & info("ProductVersion") & vbCr
   GetInfo = GetInfo & "Dateiversion: " & info("Fileversion") & vbCr
end function
'(C) 1999,2000 T.Weltner
```

Bild 8.2: Es gibt also weitaus mehr Infos zu entdecken

Schlüssel zu den geheimen Informationen ist die Funktion *GetVersionOf()*. Sie liefert ein Collection-Objekt mit den folgenden Feldern zurück:

Feld	Bedeutung
FileVersion	Versionsnummer der Datei
ProductVersion	Produktversion
Debug	*true*, wenn Datei Debugging-Code enthält
Prerelease	*true*, wenn Datei eine Demoversion ist
Patched	*true*, wenn Datei aktualisiert ist
Private	*true*, wenn es sich um eine interne Produktversion handelt
Info	*true*, wenn das Info-Flag gesetzt ist
Special	*true*, wenn das Special-Flag gesetzt ist
Unknown	*true*, wenn der Dateityp unbekannt ist
OS	Betriebssystem, für das die Datei entwickelt wurde
Type	Typ der Datei: App (Anwendung), DLL, VxD, Driver
Subtype	wenn Typ=Driver, dann liefert Subtype die Art des Treibers, zum Beispiel »Printer Driver«
CompanyName	Herstellername
FileDescription	Beschreibung der Datei
InternalName	Dateiname für internen Gebrauch
LegalCopyright	Copyright-Hinweise
OriginalFileName	Originaldateiname
ProductName	Produktname, zu der diese Datei gehört

Tab. 8.1: Versteckte Versionsinformationen in Anwendungen und Treibern

8.2 Dateien kopieren, verschieben, löschen

De-ja-vú? Wie Sie Dateien kopieren, verschieben und löschen, war schon Thema im Kapitel 6. Trotzdem gibt es noch eine ganze Menge versteckter Windows-Funktionen zu entdecken, die Ihnen das Leben enorm erleichtern.

Dateitransporte funktionieren nämlich nicht nur mit den eingebauten Methoden des *FileSystemObjects* aus Kapitel 6. Oft ist es viel praktischer, die internen Windows-Methoden dafür zu benutzen.

8.2.1 Windows die Transportarbeit erledigen lassen

Sicher kennen Sie die Windows-typischen Dialogfenster auch, wenn Dateien kopiert, verschoben oder gelöscht werden. Ein Fenster informiert Sie über den Fortschritt der Aktion, zeigt zur Unterhaltung eine kleine Animation an und verkündet, wie lange Sie noch bis zum Abschluß der Operation warten müssen.

Diesen Service kann Ihr Skript ebenfalls nutzen. Weil es von Hause aus nicht an den eingebauten Windows-Transportservice herankommt, ist bloß eine kleine Skripterweiterung nötig (Kap. 1).

Die liefert Ihnen den neuen Befehl *FileOP()*. Mit ihm kopieren und verschieben Sie nicht nur Dateien nach Herzenslust, Sie können so auch endlich Dateien in den Papierkorb verfrachten. Das ist viel sicherer als die radikale *Delete*-Methode des *FileSystemObjects* aus Kapitel 6, denn so lassen sich versehentlich gelöschte Dateien im Notfall wiederbeleben.

8.2.2 Dateien kopieren

FileOP() kopiert mit Leichtigkeit Dateien von einem Ort zu einem anderen und akzeptiert dabei sogar Joker. Schauen Sie mal, wie leicht Sie alle Bitmap-Grafiken aus dem Windows-Ordner auf ein ZIP-Drive schaufeln:

```
' 8-3.VBS
set tools = CreateObject("filesystem.tobtools")
set wshshell = CreateObject("WScript.Shell")

windir = wshshell.ExpandEnvironmentStrings("%WINDIR%")

quelle = windir & "\*.BMP"
ziel = "D:\"

tools.FileOP quelle, ziel
MsgBox "Aktion erfolgreich abgeschlossen!"
'(C) 1999,2000 T.Weltner
```

Einfach, oder? Windows zückt sein übliches Unterhaltungsdialogfenster, während des die Dateien kopiert. Dieses Dialogfenster erscheint nur dann nicht, wenn Sie nur sehr wenige Dateien kopieren.

Bild 8.3: Endlich bekommt Ihr Skript auch das schicke Kopierdialogfenster

Die neue Funktion legt sogar vollautomatisch alle Ordner an, die eventuell auf dem Ziellaufwerk noch fehlen. Komfortabler geht der Dateientransport nicht mehr.

8.2.3 Dateien verschieben

Möchten Sie Dateien transplantieren, also von einem Ort an einen anderen verschieben, dann beauftragen Sie *FileOP()* einfach, das zu tun. *FileOP()* ist nämlich ausgesprochen vielseitig und ein wahres Multitalent. Seien Sie allerdings vorsichtig, und verschieben Sie auf keinen Fall wahllos Dateien. Weil die Dateien anschließend am angestammten Platz fehlen, dürfen Sie das nur mit eigenen Dateien tun, aber niemals mit Windows-Einzelteilen.

```
' 8-4.VBS
set tools = CreateObject("filesystem.tobtools")

quelle = "D:\*.BMP"
ziel = "D:\grafik\"

tools.FileOP quelle, ziel, 1
MsgBox "Aktion erfolgreich abgeschlossen!"
'(C) 1999,2000 T.Weltner
```

Dieses Skript verschiebt alle BMP-Grafiken von Laufwerk *D:* in das Unterverzeichnis *D:\grafik*. Dieses Verzeichnis braucht gar nicht zu existieren. *FileOP()* legt es notfalls an. Gleichnamige Dateien in diesem Ordner werden dabei ohne Rückfrage überschrieben.

8.2.4 Neue Ordner nur nach Rückfrage

Ist Ihnen das weniger Recht, und wollen Sie lieber gefragt werden, bevor Ordner angelegt und Dateien überschrieben werden? Dann lassen Sie *FileOP()* weniger selbstbewußt auftreten:

```
' 8-5.VBS
set tools = CreateObject("filesystem.tobtools")

quelle = "D:\*.BMP"
ziel = "D:\grafik\"

tools.FileOP quelle, ziel, 1, 0
MsgBox "Aktion erfolgreich abgeschlossen!"
'(C) 1999,2000 T.Weltner
```

Jetzt meldet *FileOP()*, wenn der Zielordner noch nicht existiert, und fragt brav nach, ob Sie ihn anlegen wollen. Auch Dateien werden nicht mehr ungefragt überschrieben. Stattdessen erscheint im Kollisionsfall ein detailliertes Dialogfenster und fragt nach, ob überschrieben werden soll oder lieber nicht.

Falls das Skript bei Ihnen übrigens bloß meint, die Aktion sei erfolgreich abgeschlossen, dann liegen auf Laufwerk *D:* keine BMP-Grafiken mehr. Kopieren Sie sie in diesem Fall zuerst wieder in den Ordner hinein.

276 Kapitel 8: Geheimnisse rund um das Dateisystem

Bild 8.4: Ab sofort wird nachgefragt, bevor das Skript eigenmächtig handelt

8.2.5 Gleichnamige Dateien umbenennen

Eine weitere galante Möglichkeit ist der Parameter 8, den Sie anstelle der 0 in das Skript einsetzen. Jetzt fragt das Skript zwar weiterhin, ob neue Ordner erstellt werden sollen, aber es nervt nicht mehr, wenn gleichnamige Dateien schon im Zielordner liegen. Stattdessen gibt es den gleichnamigen Neuankömmlingen einfach andere Namen und nennt sie *Kopie von...*

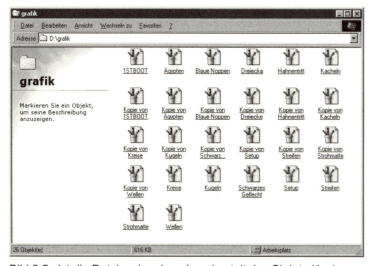

Bild 8.5: Ist die Datei vorhanden, dann bastelt das Skript »Kopie von« in den Namen

8.2.6 Dateiaktion rückgängig machen

Sie können Ihre Dateiaktionen sogar mit einer Undo-Funktion ausrüsten. Läuft dann eine Dateiaktion schief, so genügt [Strg]+[Z], um den Ausgangszustand wiederherzustellen. Das kostet Sie keine weitere Programmzeile:

```
' 8-6.VBS
set tools = CreateObject("filesystem.tobtools")

quelle = "D:\*.BMP"
ziel = "D:\grafik\"
```

```
tools.FileOP quelle, ziel, 1, 8+64
MsgBox "Aktion erfolgreich abgeschlossen!"
'(C) 1999,2000 T.Weltner
```

Lassen Sie das Skript arbeiten. Es verschiebt wieder alle BMP-Grafiken von Laufwerk *D:* in den Unterordner *D:\grafik*. Am besten schauen Sie sich das Resultat im Explorer vor Ort an. Hat das Skript seine Arbeit erledigt, dann drücken Sie [Strg]+[Z]. Schwupp, schon werden die Dateien wieder zurückgeschafft, und anschließend ist alles so friedlich wie zuvor.

8.2.7 Dateien in den Papierkorb löschen

Löschen ist immer eine heikle Angelegenheit, und das gilt natürlich ganz besonders für skriptgesteuerte Löschaktionen. Die sollten Sie nur beginnen, wenn Sie ganz sicher sind, daß Ihr Skript wie beabsichtigt abläuft. Andernfalls kann ein hyperaktives Skript schon mal die ganze Festplatte ausradieren.

Sie minimieren das Risiko aber erheblich, wenn Sie nicht den Radikalbefehl *Delete* aus Kapitel 6 verwenden, sondern Dateien im Papierkorb entsorgen. Dort kann sie ein nervöser Skriptbenutzer anschließend notfalls wiederbeleben. So leicht werden Dateien in den Papierkorb verfrachtet:

```
' 8-7.VBS
set tools = CreateObject("filesystem.tobtools")

quelle = "d:\grafik\*.BMP"

tools.FileOP quelle,, 3, 64
MsgBox "Aktion erfolgreich abgeschlossen!"
'(C) 1999,2000 T.Weltner
```

Anstelle des Ordnerpfads dürfen Sie auch Dateinamen angeben. Sogar mehrere Dateinamen sind erlaubt, solange Sie die einzelnen Namen durch *Chr(0)* voneinander trennen:

```
quelle = "d:\grafik\test1.bmp" & chr(0) & "d:\grafik\test8.bmp"
```

Aber Achtung: Ihr Skript kann nicht zaubern und nur dort Dateien in den Papierkorb werfen, wo es auch einen gibt.

Bild 8.6: Wenn ein Papierkorb vorhanden ist, wird er benutzt – ansonsten nicht

Haben Sie den Papierkorb auf Ihrer Festplatte abgeschaltet, oder befinden sich die Dateien auf einem Wechselplattenlaufwerk wie einem ZIP-Drive oder einer Diskette, dann wird sofort gelöscht. Sie erkennen das an der üblichen Sicherheitsabfrage, in der vom »Löschen« der ausgewählten Dateien gesprochen wird.

Kapitel 8: Geheimnisse rund um das Dateisystem

Bild 8.7: Dieses Dialogfenster spricht von »Löschen«: hier wird sofort gelöscht

8.2.8 Dem *FileOP()*-Befehl in die Karten schauen

Wie vielseitig der *FileOP()*-Befehl ist, wissen Sie jetzt. Nun brauchen Sie nur noch etwas Systematik, um die sonderbaren Zahlenoptionen dieses Befehls zu verstehen:

```
FileOP quelle, ziel, funktion, modus
```

Argument	Bedeutung
quelle	Ist der Quellordner oder die Quelldatei, mit der Sie etwas tun wollen. Sie können mehrere Dateien angeben, wenn Sie die einzelnen Namen wie oben gezeigt mit *CHR(0)* voneinander abgrenzen.
ziel	Das Ziel der Dateiaktion; braucht beim Löschen natürlich nicht angegeben zu werden. Für jede Datei und jeden Ordner, den Sie in quelle angegeben haben, tragen Sie den gewünschten Zielordner in ziel ein. Trennen Sie die einzelnen Ziele wie oben durch *CHR(0)*. Nur wenn Sie in modus den MultiZielModus abschalten, dann brauchen Sie in ziel nur einen Ordner anzugeben, in den dann alle Dateien und Ordner transportiert werden.
funktion	Legt fest, was *FileOP()* für Sie tun soll: 1: verschieben 2: kopieren 3: löschen 4: umbenennen
modus	Legt viele Feinheiten des Transportvorgangs fest – wichtig. 1: Für jede Datei in quelle muß ein Ziel in ziel angegeben werden. So können Dateien in unterschiedliche Zielordner transportiert werden. 2: Unbenutzt 4: Keine Fortschrittsanzeige einblenden. 8: Neue Kopien umbenennen, wenn es gleichnamige Dateien im Zielordner schon gibt. 16: Keine Nachfrage, wenn gleichnamige Dateien schon im Zielordner existieren, sondern einfach überschreiben. 32: Unbenutzt 64: Dateiaktion soll rückgängig gemacht werden können. In Verbindung mit der Funktion *Löschen* werden die Dateien in den Papierkorb verschoben, sofern einer vorhanden ist. 128: Geben Sie Jokerzeichen in quelle an, dann betreffen diese nur Dateien, aber keine Ordner. 256: Einfaches Dialogfenster ohne Nennung der Dateinamen anzeigen. 512: Keine Nachfrage, wenn Zielordner noch nicht existiert, sondern Ordner einfach anlegen.

Tab. 8.2: Die Optionen des FileOP()-Befehls

8.2.9 Daten-Backup komfortabel

Im Kapitel 6 haben Sie bereits ein Backup-Programm kennengelernt, mit dem Sie im Handumdrehen wichtige Daten sichern. Wie schick solch ein Programm mit *FileOP()* wird, zeigt dieses Beispiel:

```
' 8-8.VBS
set fs = CreateObject("Scripting.FileSystemObject")
set tools = WScript.CreateObject("fenster.tobtools", "event_")
set copytools = CreateObject("filesystem.tobtools")
set wshshell = CreateObject("WScript.Shell")
mydocs = wshshell.SpecialFolders("Desktop")

tools.ShowMessageBox "Backup-Vorgang", "&Stop"

' globale Variablen:
ok = true
info_dateiengesamt = 0
info_dateienkopiert = 0

originale = ""
kopien = ""

' Hier steht der Auftrag: **************
' (es können auch mehrere sein)
Backup mydocs, "C:\backup", "", true
' ************************************

tools.DestroyMessageBox
DoTheBackup

sub DoTheBackup
    copytools.FileOP originale, kopien
end sub

sub Backup(quelle, ziel, maske, unterordner)
    if not ok then exit sub
    if right(ziel,1)="\" then ziel = left (ziel, len(ziel)-1)
    ListOrdner fs.GetFolder(quelle), maske, ziel, unterordner
end sub

sub ListOrdner(ordner, mask, ziel, rekursiv)
    ' bastelt eine Liste mit Dateien aus dem
    ' angegebenen Ordner,
    ' die den Kriterien entsprechen:

    ' Ordner auf dem Ziellaufwerk anlegen,
    ' falls nötig:
```

```
    copytools.CreateFolder Replace _
        (ordner.path, ordner.Drive, ziel)

    ' alle Dateien im Ordner prüfen:
    for each datei in ordner.files
        info_dateiengesamt = info_dateiengesamt + 1
        if not ok then exit sub
        ' muß die Datei überhaupt aktualisiert
        ' werden?
        if CheckName(datei.name, mask) then
            ' wie heißt die Datei auf dem
            ' Ziellaufwerk?
            zieldatei = Replace(datei.path, datei.drive, ziel)
            ' nur in Liste aufnehmen, wenn die
            ' Datei entweder
            ' geändert wurde (Archiv-Attribut
            ' ist gesetzt) oder
            ' noch gar nicht kopiert wurde:
            if (datei.Attributes and 32) or (not _
                    fs.FileExists(zieldatei)) then
                info_dateienkopiert = info_dateienkopiert + 1
                datei.Attributes = datei.Attributes and not 32 and _
                    not 216
                originale = originale & datei.shortpath & chr(0)
                kopien = kopien & Replace _
                    (datei.path, datei.drive, ziel) & chr(0)
            end if
        end if
        ShowInfo
    next

    if rekursiv then
        for each unterordner in ordner.subfolders
            if not ok then exit sub
            ListOrdner unterordner, mask, ziel, rekursiv
        next
    end if
end sub

function CheckName(name, mask)
    ' Prüft, ob der Dateiname der Suchmaske
    ' entspricht:
    iname = name
    imask = mask

    ' alles auswählen? Dann ist die Antwort
    ' leicht:
```

8.2 Dateien kopieren, verschieben, löschen

```
   ' ebenso bei leerer oder ungültiger Maske:
   if imask = "*.*" or imask="" then
      CheckName = true
      exit function
   end if
   if Instr(imask, ".")=0 then
      CheckName = true
      exit function
   end if

   ' Maske aufteilen in Dateiname und Extension:
   imask = Split(imask, ".")
   ' Dateiname aufteilen in Name und Extension:
   dateiname = fs.GetBaseName(name)
   extension = fs.GetExtensionName(name)

   ' Datei ist ok, wenn sowohl der
   ' Dateiname der Dateiname-
   ' Maske entspricht als auch die
   ' Dateiextension der
   ' Dateiextension-Maske:
   CheckName = CheckSpec(dateiname, imask _
      (0)) and CheckSpec(extension, imask(1))
end function

function CheckSpec(vorgabe, spec)
   ' prüft, ob ein Text einer Maske entspricht:
   ispec = lcase(spec)
   ivorgabe = lcase(vorgabe)

   if left(ispec,1)="*" then
      ' beginnt der Joker mit "*"?
      if Instr(2, ispec + " ", "*")=0 then
            ' ja, hat der Joker ein zweites
            ' "*"-Zeichen?
            ' nein, also prüfen, ob Textende
            ' dem Joker entspricht:
            ispec = mid(ispec, 2)
            if right(ivorgabe, len(ispec)) = ispec then
                  CheckSpec = true
            else
                  CheckSpec = false
            end if
      else
            ' zweites "*"-Zeichen vorhanden
            ' prüfen, ob Joker irgendwo im Text
            ' vorkommt:
```

```
                ispec = mid(ispec, 2, Instr(2, ispec + " ", "*")-2)
                if instr(ivorgabe, ispec)>0 then
                        CheckSpec = true
                else
                        CheckSpec = false
                end if
            end if
        else
            ' Joker beginnt nicht mit "*"-Zeichen
            ' überhaupt ein "*" vorhanden?
            if Instr(ispec, "*") = 0 then
                    ' gar kein "*"-Zeichen
                    ' sind Text und Joker identisch?
                    if ivorgabe = ispec then
                            CheckSpec = true
                    else
                            CheckSpec = false
                    end if
            else
                    ' Joker am Ende vorhanden:
                    ispec = left(ispec, Instr(ispec, "*")-1)
                    ' entspricht Textanfang dem Joker?
                    if left(ivorgabe, len(ispec)) = ispec then
                            CheckSpec = true
                    else
                            CheckSpec = false
                    end if
            end if
        end if
    end if
end function

sub event_FormClose(nr)
    ok = false
end sub

sub ShowInfo
    tools.WriteMessageBox info_dateiengesamt & " Dateien geprüft" & vbCr & _
        info_dateienkopiert & " Dateien zu kopieren" & vbCr & _
        info_dateiengesamt - info_dateienkopiert & " Dateien auf " _
        & "aktuellem Stand"
end sub
'(C) 1999,2000 T.Weltner
```

Bild 8.8: Ihr Backup-Programm zeigt, was es gerade tut

8.3 Alphabetisch sortierte Ordnerlistings

Wie Sie Ordnerinhalte mit Hilfe des *FileSystemObjects* herausfinden und anzeigen, haben Sie schon im Kapitel 6 kennengelernt. Allerdings haben diese Methoden einen gravierenden Nachteil. Die Dateien und Unterordner werden in der Reihenfolge gemeldet, in der sie im Dateisystem gespeichert sind. Das ist ziemlich unübersichtlich. Besser wäre, die Ergebnisse alphabetisch zu sortieren.

Der naheliegendste Gedanke wäre, die Ergebnisse nachträglich im Skript zu sortieren. Das ist aber ein schwieriges und sehr zeitraubendes Unterfangen. Geht es nicht auch einfacher? Und vor allem schneller?

Natürlich geht das! Windows macht es Ihnen schließlich vor. Für den Explorer ist es Alltagsarbeit, sortierte Ordnerlistings anzuzeigen. Was hindert Sie also daran, dieselben internen Windows-Funktionen für die Sortierung einzusetzen – natürlich nichts.

Nur, wie kommt man an diese Funktionen heran? Den Trick hierzu haben Sie schon in Kapitel 4 kennengelernt: speichern Sie die Ordnerinhalte in einem *ListView*-Steuerelement. Das kann anschließend nach beliebigen Kriterien sortiert und danach ausgegeben werden.

8.3.1 Sortierte Ordnerlistings blitzschnell

Der Scripting Host besitzt leider kein ListView-Steuerelement, und der Explorer behält sein eigenes ListView-Steuerelement egoistisch für sich selbst. Macht aber nichts. Meine Tools enthalten das Steuerelement. So bekommen Sie ein geordnetes Ordnerlisting:

```
' 8-9.VBS
set tools = CreateObject("filesystem.tobtools")
set fs = CreateObject("Scripting.FileSystemObject")
set wshshell = CreateObject("WScript.Shell")
windir = wshshell.ExpandEnvironmentStrings("%WINDIR%")
set datei = fs.CreateTextfile("C:\LIST.TXT", true)
tools.AddFiles windir
tools.Sort 1
datei.WriteLine tools.GetResult
datei.Close
wshshell.Run "C:\LIST.TXT"
'(C) 1999,2000 T.Weltner
```

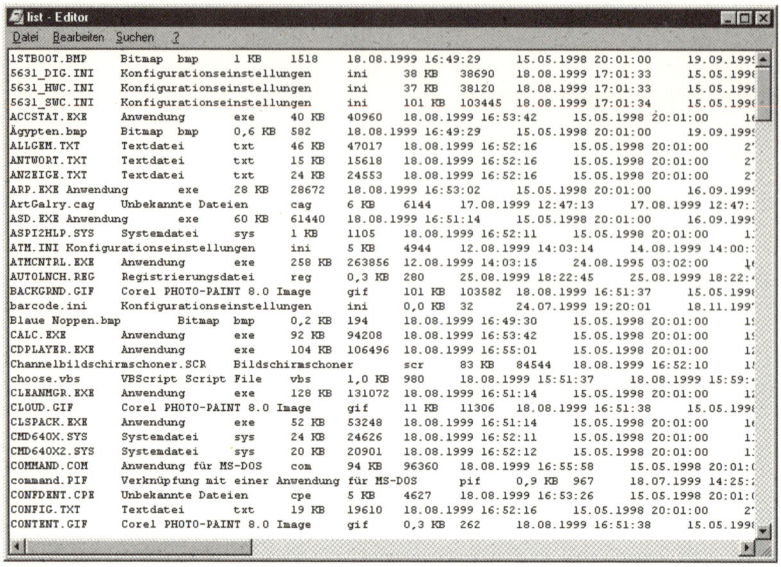

Bild 8.9: Die neuen Befehle überschütten Sie regelrecht mit Dateiinfos

Informations-Overkill: Das Fenster zeigt Ihnen nicht nur alle Dateien im Windows-Ordner alphabetisch sortiert, sondern eine Fülle von Zusatzinformationen.

Bevor Sie sich näher damit beschäftigen, sorgen Sie zuerst dafür, daß diese Informationen übersichtlicher angezeigt werden:

```
' 8-10.VBS
set tools = CreateObject("filesystem.tobtools")
set fs = CreateObject("Scripting.FileSystemObject")
set wshshell = CreateObject("WScript.Shell")
windir = wshshell.ExpandEnvironmentStrings("%WINDIR%")


set datei = fs.CreateTextfile("C:\LIST.HTML", true)
datei.WriteLine "<html><head><style>td "& _
   "{font: 8pt Arial}</style></head><body>"
tools.AddFiles windir
tools.Sort 1
ergebnis = "<TR><TD>" & tools.GetResult
ergebnis = Replace(ergebnis, vbTab, "</TD><TD>")
ergebnis = Replace(ergebnis, vbCrLf, "</TD></TR><TR><TD>")
ergebnis = left(ergebnis, len(ergebnis)-8)
datei.WriteLine "<table border=0>" & ergebnis & "</table>"
datei.WriteLine "</body></html>"
datei.Close
wshshell.Run "C:\LIST.HTML"
'(C) 1999,2000 T.Weltner
```

8.3 Alphabetisch sortierte Ordnerlistings

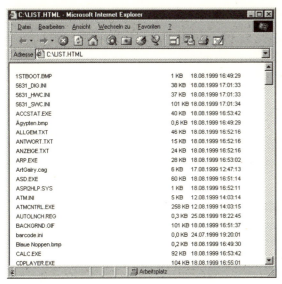

Bild 8.10: Beschränken Sie die Ausgabe auf die wirklich wichtigen Infos

Das ist schon besser, aber noch nicht optimal. Noch immer werden viel zu viele Informationen angezeigt. Picken Sie sich als nächstes die Informationen heraus, die Sie wirklich sehen wollen. Und das funktioniert so:

```
ergebnis = "<TR><TD>" & tools.GetResult(1+8+32)
```

Wenn Sie diese Zeile im Skript oben ersetzen, liefert es nur noch die Dateinamen, die Größe und das Datum, an dem die Datei angelegt wurde. Hier die komplette Liste der Informationen, die Sie anfragen können:

Kennzahl	Information
1	Dateiname
2	Dateityp
4	Extension
8	Größe in KB
16	Größe in Bytes
32	Datum: Datei angelegt
64	Datum: Datei zum letzten Mal geändert
128	Datum: Datei zum letzten Mal benutzt
256	Attribute
512	Pfadname
1024	*wahr*, wenn Verzeichnis
2048	*wahr*, wenn Verknüpfung
4096	Dateiversion
8192	Produktversion
16384	Betriebssystem, für das die Datei geschaffen wurde
32768	Anwendungstyp

Tab. 8.3: Informationen, die Sie abfragen können

8.3.2 Spezialinformationen anfragen

Prima, werden Sie vielleicht sagen und mit der folgenden Zeile versuchen, all die interessanten Informationen auszufragen, die Ihnen der Explorer vorenthält:

```
ergebnis = "<TR><TD>" & tools.GetResult(1+8192+16384+32768)
```

Dummerweise nur bekommen Sie so bloß eine Liste mit den Dateinamen. Von den ersehnten Spezialinfos ist keine Spur zu sehen.

Der Grund: Es ist aufwendig, die Spezialinformationen aus den Dateien zu lesen, und deshalb sammelt die Funktion diese Informationen nur auf besonderen Wunsch, weil es die Suche stark verlangsamt.

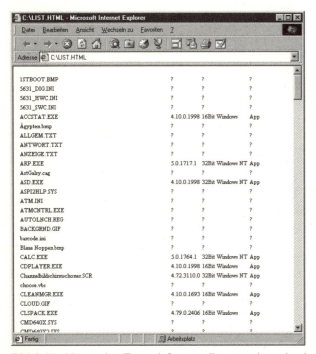

Bild 8.11: Versteckte Zusatzinfos, an die normalerweise kein Herankommen ist

Das nächste Skript zeigt, wie es geht:

```
' 8-11.VBS
set tools = CreateObject("filesystem.tobtools")
set fs = CreateObject("Scripting.FileSystemObject")
set wshshell = CreateObject("WScript.Shell")
windir = wshshell.ExpandEnvironmentStrings("%WINDIR%")

set datei = fs.CreateTextfile("C:\LIST.HTML", true)
datei.WriteLine "<html><head><style>td {font: 8pt Arial}</style></head><body>"
' true bedeutet: auch die Spezialinfos sammeln!
tools.AddFiles windir, , true
tools.Sort 1
```

8.3 Alphabetisch sortierte Ordnerlistings

```
ergebnis = "<TR><TD>" & tools.GetResult(1+8192+16384+32768)
ergebnis = Replace(ergebnis, vbTab, "</TD><TD>")
ergebnis = Replace(ergebnis, vbCrLf, "</TD></TR><TR><TD>")
ergebnis = left(ergebnis, len(ergebnis)-8)
datei.WriteLine "<table border=0>" & ergebnis & "</table>"
datei.WriteLine "</body></html>"
datei.Close
wshshell.Run "C:\LIST.HTML"
'(C) 1999,2000 T.Weltner
```

Diesmal dauert die Zusammenstellung der Liste schon länger. Dafür bekommen Sie aber jetzt wirklich die versteckten Zusatzinfos.

8.3.3 Ergebnis sortieren

Der ganz besondere Vorteil der Funktionen, die Sie hier kennenlernen, ist die eingebaute Sortierung. Sie können die Liste der Dateien nach jeder Spalte aus Tabelle 7.3 sortieren. Sogar mehrfache Sortierungen sind möglich. Dazu dient dieser Befehl:

```
tools.Sort x
```

x steht dabei für die Kennzahl der Spalte, die Sie sortieren wollen und die Ihnen die Tabelle oben schon aufgelistet hat. Es stehen Ihnen dazu immer alle in der Tabelle aufgeführten Spalten zur Verfügung, selbst wenn Sie diese Spalten gar nicht in Ihr Ergebnis aufnehmen. Hier ein Beispiel:

Sie wollen die Dateien nach der Größe und als zweitem Kriterium nach dem Dateinamen sortieren. Dateien gleicher Größe sind so alphabetisch sortiert:

```
tools.Sort 1
tools.Sort 16
```

Sie sortieren das Ergebnis also einfach zuerst nach dem Dateinamen und dann nach der Dateigröße.

Gefällt Ihnen die Sortierreihenfolge nicht, dann drehen Sie sie um:

```
tools.Sort 1, false
tools.Sort 16, false
```

Jetzt wird in umgekehrter Reihenfolge sortiert.

8.3.4 Nur ganz bestimmte Dateien auswählen

Sie müssen gar nicht alle Dateien in einem Ordner in Ihr Listing aufnehmen. Wenn Sie wollen, dann schließen Sie nur bestimmte Dateiextensionen ein. Dazu dürfen Sie den *AddFiles()*-Befehl sogar mehrmals einsetzen. Das nächste Skript tut folgendes:

- Es listet alle EXE-Dateien des Windows-Ordners und seiner Unterordner auf.
- Es listet Dateiname, Dateiversion und Betriebssystem auf.

288 *Kapitel 8: Geheimnisse rund um das Dateisystem*

- Es sortiert nach Dateiversion und dann nach Dateinamen.
- Stellen Sie sich allerdings seelisch darauf ein, daß diese Aufgabe einige Minuten kosten kann. Schließlich muß das Skript tausende von Dateien prüfen und Versionsinfos lesen.

```
' 8-12.VBS
set tools = CreateObject("filesystem.tobtools")
set fs = CreateObject("Scripting.FileSystemObject")
set wshshell = CreateObject("WScript.Shell")
windir = wshshell.ExpandEnvironmentStrings("%WINDIR%")

set datei = fs.CreateTextfile("C:\LIST.HTML", true)
datei.WriteLine "<html><head><style>td " _
   & "{font: 8pt Arial}</style></head><body>"
' true bedeutet: auch die Spezialinfos sammeln!
tools.AddFiles windir, "EXE", true
tools.Sort 4096
tools.Sort 1
ergebnis = "<TR><TD>" & tools.GetResult(1+4096+16384)
ergebnis = Replace(ergebnis, vbTab, "</TD><TD>")
ergebnis = Replace(ergebnis, vbCrLf, "</TD></TR><TR><TD>")
ergebnis = left(ergebnis, len(ergebnis)-8)
datei.WriteLine "<table border=0>" & ergebnis & "</table>"
datei.WriteLine "</body></html>"
datei.Close
wshshell.Run "C:\LIST.HTML"
'(C) 1999,2000 T.Weltner
```

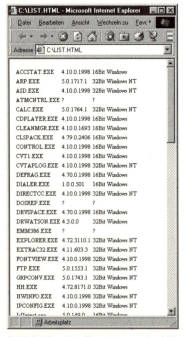

Bild 8.12: Alle Programme im Windows-Ordner mit Versions- und Typ-Info

So funktioniert *AddFiles()*:

```
AddFiles ordnername, extension, details
```

Parameter	Bedeutung
ordnername	Name des Ordners, in dem die Datei(en) liegt/liegen
extension	optional: die Extension der gewünschten Datei, zum Beispiel »EXE« oder »DLL«
details	optional: *true* liest die Versionsinfos der Dateien

Tab. 8.4: Parameter des AddFiles()-Befehls

8.3.5 Ordner der Liste hinzufügen

Bislang konnten Sie nur Dateien in Ihre Suchliste einbauen. Zu einem kompletten Ordnerlisting gehören aber auch die Unterordner. Die fügen Sie mit *AddFolders()* ein.

AddFolders() ist besonders einfach zu bedienen: geben Sie einfach den Namen des Ordners an, dessen Unterordner in die Liste aufgenommen werden sollen.

Einen kompletten Ordnerinhalt mit Unterordnern und Dateien nehmen Sie zum Beispiel so auf:

```
tools.AddFiles "C:\WINDOWS"
tools.AddFolders "C:\WINDOWS"
```

Ähnlich wie bei *AddFiles()* kann auch *AddFolders()* interessante Extrainformationen für Sie ausgraben. Geben Sie nämlich als zweites Argument *true* ein, dann ermittelt die Funktion für jeden Unterordner seine Gesamtgröße. Das kostet allerdings eine erhebliche Zeitstrafe:

```
tools.AddFolders "C:\WINDOWS", true
```

8.3.6 Beispiel: alphabetische Ordnerlistings

Nun haben Sie Ihren Werkzeugkasten beisammen. Das nächste Skript demonstriert, wie Sie den Inhalt eines beliebigen Ordners alphabetisch geordnet zu Papier bringen und dabei Ordner und Verzeichnisse farblich voneinander abheben:

```
' 8-13.VBS
set tools = CreateObject("filesystem.tobtools")
set fs = CreateObject("Scripting.FileSystemObject")
set wshshell = CreateObject("WScript.Shell")

' Tabelle ansprechend gestalten:
dim zelle(2)
' Format für Tabellenüberschrift:
zelle(0) = "style=""font: 12pt Arial; " _
    & "font-weight: bold; background: " _
    & "'#64920E'; color: white"""
' Format für Verzeichnisse:
```

```
zelle(1) = "style=""font: 10pt Arial; background: '#C1F85C'"""
' Format für Dateien:
zelle(2) = "style=""font: 10pt Arial; background: '#D8DA7A'"""

ordner = InputBox("Welchen Ordner wollen Sie auflisten?","Ordner", "C:\")
wshshell.Popup "Lege Liste an! Etwas Geduld!", 2
if ListOrdner(ordner) then
   ' Ordner existiert, Liste wurde angelegt.
   ' also ausgeben:

   ' HTML-Datei anlegen:
   set datei = fs.CreateTextfile("C:\LIST.HTML", true)
   ' Standard-HTML-Vorspann hineinschreiben:
   datei.WriteLine "<html><body>"
   ' Was wird aufgelistet? Kurze Info geben:
   datei.WriteLine "<p style=""font: 12pt " _
      & "Arial"">Ordnerlisting"& " <b>" & _
      ordner & "</b></p>"
   ' Tabelle starten und Headline schreiben:
   datei.WriteLine "<table border=0 " _
      & "width=""100%""><tr><td "& zelle(0) _
      & ">Name</td><td " & zelle(0) & _
      ">Größe</td><td " & zelle(0) & _
      ">letzter Zugriff</td></tr>"
   ' Haupttabelle wird von Extraprozedur
   ' geschrieben:
   PrintErgebnis
   ' Tabelle abschließen, HTML-Abspann
   ' schreiben:
   datei.WriteLine "</table></body></html>"
   ' Datei schließen - fertig!
   datei.Close
   ' Datei öffnen:
   wshshell.Run "C:\LIST.HTML"
else
   MsgBox ordner & " konnte nicht gefunden werden!", vbExclamation
end if

function ListOrdner(ordner)
   ' gibt es den angegebenen Ordner überhaupt?
   if fs.FolderExists(ordner) then
      ' Unterordner auflisten:

      ' Dauert viel länger, liefert dafür
      ' aber die
      ' Gesamtgrößen der Unterordner:
      ' tools.AddFolders ordner, true
```

8.3 Alphabetisch sortierte Ordnerlistings

```
      tools.AddFolders ordner
      ' Dateien auflisten:
      tools.AddFiles ordner

      ' Wichtig: Ergebnis vernünftig sortieren:
      tools.Sort 8     ' nach Größe sortieren
      tools.Sort 1     ' nach Dateiname sortieren

      ' Damit Verzeichnisse und Dateien
      ' getrennt aufgeführt
      ' werden, wird zum Schluß als
      ' Hauptkriterium nach
      ' dem Eintragstyp sortiert. Die Spalte
      ' mit der
      ' Kennzahl 1024 enthält true, wenn es
      ' sich um einen
      ' Ordner handelt. false sorgt dafür, daß in
      ' aufsteigender Reihenfolge sortiert
      ' wird, also Ordner
      ' zuerst:
      tools.Sort 1024, false

      ' OK, Ergebnis steht bereit:
      ListOrdner = true
   else
      ' Fehler, Ordner konnte nicht gefunden werden:
      ListOrdner = false
   end if
end function

sub PrintErgebnis
   ' Druckt die Ergebnisliste aus:
   ' Ergebnis anfordern: Kategorien 1, 8,
   ' 128 und 1024
   ' (entspr. Name, Größe, letzter Zugriff,
   ' Verzeichnis)
   ergebnis = tools.GetResult(1+8+128+1024)
   ' Ergebnisliste in Zeilen aufspalten:
   ergebnis = Split(ergebnis, vbCrLf)
   ' jede Zeile einzeln bearbeiten:
   for each eintrag in ergebnis
      ' jede Zeile in Einzelinfos aufspalten:
      details = Split(eintrag, vbTab)
      ' ist der Eintrag ein Verzeichnis?
      ' CBool() wandelt true/false wieder in
      ' Boolean um:
      if CBool(details(3)) then
```

Kapitel 8: Geheimnisse rund um das Dateisystem

```
                ' ja, also fett und in eckigen Klammern:
                details(0) = "<b>[" & details(0) & "]</b>"
                ' Format für Verzeichnisse wählen:
                tag=1
        else
                ' nein, Format für Dateien wählen:
                tag=2
        end if
        ' gibt es ein Zugriffsdatum für diesen
        ' Eintrag?
        if not details(2)="?" then
                ' ja, nur das Datum herauslesen,
                ' die Zeitinformation ist uninteressant:
                details(2) = DateValue(details(2))
        end if
        ' Ergebnis in HTML-Datei einfügen:
        datei.WriteLine "<tr><td " & zelle _
                (tag) & ">" & details(0) & "</td><td " _
                & "align=""right"" " & zelle(tag) & _
                ">" & details(1) & "</td><td " _
                & "align=""right"" " & zelle(tag) & _
                ">"& details(2) & "</td></tr>"
    next
end sub
'(C) 1999,2000 T.Weltner
```

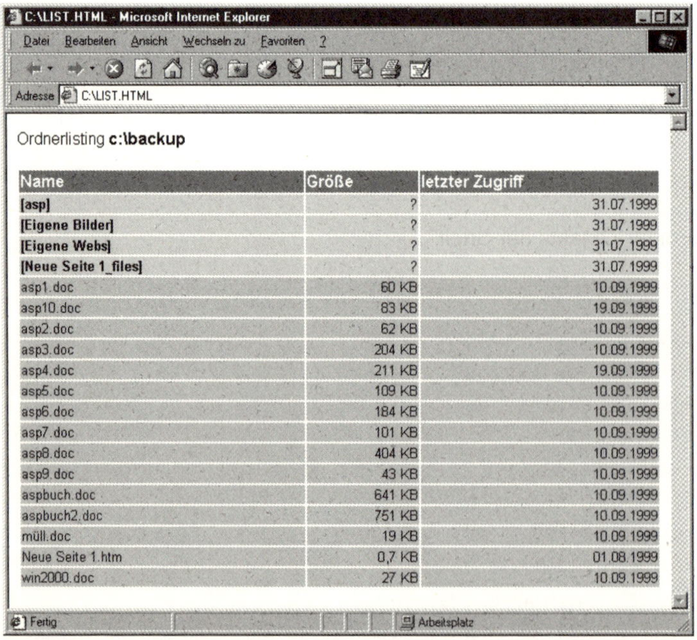

Name	Größe	letzter Zugriff
[asp]	?	31.07.1999
[Eigene Bilder]	?	31.07.1999
[Eigene Webs]	?	31.07.1999
[Neue Seite 1_files]	?	31.07.1999
asp1.doc	60 KB	10.09.1999
asp10.doc	83 KB	19.09.1999
asp2.doc	62 KB	10.09.1999
asp3.doc	204 KB	10.09.1999
asp4.doc	211 KB	19.09.1999
asp5.doc	109 KB	10.09.1999
asp6.doc	184 KB	10.09.1999
asp7.doc	101 KB	10.09.1999
asp8.doc	404 KB	10.09.1999
asp9.doc	43 KB	10.09.1999
aspbuch.doc	641 KB	10.09.1999
aspbuch2.doc	751 KB	10.09.1999
müll.doc	19 KB	10.09.1999
Neue Seite 1.htm	0,7 KB	01.08.1999
win2000.doc	27 KB	10.09.1999

Bild 8.13: Genial: Elegant formatierte und sortierte Ordnerlistings drucken

8.4 Geheimtür in das Windows-Dateisystem

Das *FileSystemObject* diente Ihren Skripts bisher als Geheimtür in das Windows-Dateisystem. Es gibt aber noch eine andere Geheimtür, die viel weniger bekannt ist und eine ganze Reihe von Zusatzmöglichkeiten eröffnet.

Diese Geheimtür wird vom modernen Windows 98 Desktop eingerichtet. Sie finden sie nur bei Windows 98 und Windows 2000, oder wenn Sie bei einer älteren Windows-Version das Desktop-Upgrade des Internet Explorers installieren.

8.4.1 Die neue Geheimtür aufstoßen

Ihre neue Geheimtür verbirgt sich im *Shell.Application*-Objekt. Das ist normalerweise nur für den internen Hausgebrauch bestimmt und präsentiert Ihnen das Dateisystem aus der Sicht des Explorers. Es hat überhaupt nichts mit dem offiziellen *FileSystemObject* zu tun und ist ein vollkommen neuer Weg, das Dateisystem zu erforschen.

Das nächste Skript zeigt, wie Sie die neu entdeckte Geheimtür einen Spalt weit öffnen:

```
' 8-14.VBS
set shell = CreateObject("Shell.Application")
set folder = shell.NameSpace("C:\")
MsgBox "Das Objekt ist vom Typ: " & TypeName(folder)
'(C) 1999,2000 T.Weltner
```

Zurückgeliefert wird ein Objekt namens *Folder*. Obwohl es genauso heißt wie das *Folder*-Objekt des *FileSystemObjects* aus Kapitel 6, handelt es sich doch um ein ganz anderes Objekt. So sieht es von innen aus:

Eigenschaft	Bedeutung
ParentFolder	Folder-Objekt des übergeordneten Ordners, falls vorhanden
Title	Name des Ordners aus der Sicht der Windows-Shell

Tab. 8.5: Informationen des Folder-Objekts der Shell

Ziemlich karg, oder? Das Shell-Folderobjekt sprudelt wirklich nicht über vor Informationen. Die erste Überraschung folgt aber, wenn Sie sich anschauen, wie Ihr Ordner aus der Sicht der Shell heißt:

```
' 8-15.VBS
set shell = CreateObject("Shell.Application")
ordner = "C:\"
set folder = shell.NameSpace(ordner)
MsgBox ordner & " heißt in der Shell: " & folder.Title
'(C) 1999,2000 T.Weltner
```

Kommt Ihnen das bekannt vor? *Title()* liefert den Shell-Namen, so wie er im Explorer angezeigt wird.

Bild 8.14: Im Shell-Objekt haben Ordner überraschende Namen

Das läßt Ihnen zwar sicher noch keine Gänsehaut über den Rücken laufen, aber es macht eines deutlich: Sie haben soeben das Reich des Explorers betreten, und Sie werden gleich eine ganze Reihe erstaunlicher Tricks kennenlernen, die den Ausflug in diesen abgelegenen Teil des Windows-Systems vollauf rechtfertigen.

8.4.2 Den Ordnerinhalt eines Shell-Folders auflisten

Zwar bietet das *Folder*-Objekt der Shell nur wenig eingebaute Informationen, dafür aber eine Reihe nützlicher Methoden. Schauen Sie mal:

Methode	Bedeutung
CopyHere	kopiert eine Datei/einen Ordner in diesen Ordner.
GetDetailsOf	liefert Detailinformationen zu einer Datei.
Items	liefert den Inhalt eines Ordners.
MoveHere	verschiebt eine Datei/einen Ordner in diesen Ordner.
NewFolder	legt einen neuen Unterordner an.
ParseName	stellt die Verbindung zu einer Datei im Ordner her.

Tab. 8.6: Die Methoden des Folder-Objekts

Schon besser! Schauen Sie sich an, wie Sie an den Inhalt eines Ordners herankommen. Dazu haben Sie zwei Möglichkeiten. Entweder listen Sie den ganzen Ordnerinhalt auf:

```
' 8-16.VBS
set shell = CreateObject("Shell.Application")
ordner = "C:\"

' Ordner öffnen:
set folder = shell.NameSpace(ordner)
MsgBox "Objektname: " & TypeName(folder)

' Ordnerinhalt erfragen:
set items = folder.items
MsgBox "Objektname: " & TypeName(items)

' Einzelteile im Ordner untersuchen:
for each item in items
   MsgBox "Objektname: " & TypeName(item)
   ' vorzeitig abbrechen, ist nur ein Test:
   exit for
next
'(C) 1999,2000 T.Weltner
```

Wie Sie sehen, liefert Ihnen das Skript drei verschiedene Objekte:

- *NameSpace()* besorgt Ihnen ein *Folder*-Objekt, das Sie oben kennengelernt haben und das einen Ordner repräsentiert.

- *Items()* liefert Ihnen ein *FolderItems*-Objekt, das den Inhalt des Ordners als Sammlung von *FolderItem*-Objekten repräsentiert.

- Die *for each...next*-Schleife liefert Ihnen der Reihe nach alle Einträge im Ordner als *FolderItem*-Objekt.

Wissen Sie den Namen einer Datei schon, dann können Sie auch direkt Verbindung zu ihr aufnehmen. Das hat enorme Vorteile, wie Sie gleich sehen werden:

```
' 8-17.VBS

dateiname = "C:\MSDOS.SYS"
set item = GetItem(dateiname)
MsgBox "Name des Objekts: " & TypeName(item)

function GetItem(dateiname)
   set shell = CreateObject("Shell.Application")
   ordner = left(dateiname, InstrRev(dateiname, "\"))
   name = mid(dateiname, InstrRev(dateiname, "\")+1)
   set folder = shell.NameSpace(ordner)
   set GetItem = folder.ParseName(name)
end function
'(C) 1999,2000 T.Weltner
```

GetItem() verbindet Sie direkt mit einem *FolderItem*-Objekt einer beliebigen Datei. Um an das *FolderItem*-Objekt heranzukommen, muß sich das Skript bloß an den Sprachgebrauch in der Shell anpassen: es splittet also den Dateipfad auf in den Ordneranteil und den eigentlichen Dateinamen.

Mehr ist nicht nötig: jetzt kann das Skript über *NameSpace()* zuerst den Ordner ansprechen und anschließend die Datei über *ParseName()* herauspicken.

8.4.3 Die erstaunlichen Geheimnisse des *FolderItem*-Objekts

Schön und gut, ein *FolderItem*-Objekt bekommen Sie inzwischen frei Haus geliefert. Nur: was kann es für Sie Gutes tun? Dazu schauen Sie sich das *FolderItem*-Objekt einfach aus der Nähe an.

Eigenschaft	Bedeutung
GetFolder	liefert das *Folder*-Objekt zurück, wenn es sich um einen Ordner handelt
GetLink	liefert ein *Link*-Objekt zurück, wenn es sich um eine Verknüpfung handelt
isBrowsable	*true*, wenn der Inhalt des Items im Explorer angezeigt werden kann
isFileSystem	*true*, wenn es sich um einen Teil des offiziellen Dateisystem handelt

296 *Kapitel 8: Geheimnisse rund um das Dateisystem*

Eigenschaft	Bedeutung
isFolder	*true*, wenn es sich um einen Ordner handelt
isLink	*true*, wenn es sich um eine Verknüpfung handelt
ModifyDate	Datum der letzten Änderung
Name	Name des Items
Parent	übergeordnetes Objekt
Path	Pfad des Items
Size	Größe des Items in Byte
Type	Klartextname des Dateityps

Tab. 8.7: Die Informationen im *FolderItem*-Objekt

Außerdem hat das *FolderItem*-Objekt zwei interessante Methoden zu bieten:

Methode	Bedeutung
InvokeVerb	ruft einen Befehl aus dem Kontextmenü des Items auf.
Verbs	listet die Befehle im Kontextmenü des Items auf.

Tab. 8.8: Methoden des *FolderItem*-Objekts

Die meisten Informationen des *FolderItem*-Objekts kennen Sie schon. Die liefert Ihnen das *FileSystemObject* aus Kapitel 6 genauso gut. Hier ist also nicht viel Boden zu gewinnen. Interessant ist aber die Kontextmenü-Fernsteuerung.

8.4.4 Kontextmenübefehle skriptgesteuert aufrufen

Wollen Sie zum Beispiel das *Eigenschaften*-Dialogfenster einer beliebigen Datei skriptgesteuert ausklappen? Das erledigen Sie so:

```
' 8-18.VBS
dateiname = "C:\MSDOS.SYS"
set item = GetItem(dateiname)
item.InvokeVerb "E&igenschaften"
MsgBox "Erledigt!"

function GetItem(dateiname)
   set shell = CreateObject("Shell.Application")
   ordner = left(dateiname, InstrRev(dateiname, "\"))
   name = mid(dateiname, InstrRev(dateiname, "\")+1)
   set folder = shell.NameSpace(ordner)
   set GetItem = folder.ParseName(name)
end function
'(C) 1999,2000 T.Weltner
```

Das Skript verschafft sich zuerst Zugriff auf das *FolderItem*-Objekt der gewünschten Datei und ruft dann *InvokeVerb()* mit dem genauen Namen des gewünschten Kontextmenübefehls auf.

Dabei liegt die Betonung auf »genauer Name«. Ist ein Buchstabe im Kontextmenübefehl unterstrichen, dann gehört vor diesen Buchstaben ein &-Zeichen.

Eins ist allerdings sonderbar: Ihr Skript gibt zum Schluß eine Dialogbox aus. Wenn Sie die ausknipsen, dann verschwindet auch das *Eigenschaften*-Fenster. Lassen Sie den *MsgBox*-Befehl im Skript von vornherein weg, dann erscheint das *Eigenschaften*-Fenster überhaupt nicht.

Der Grund ist relativ simpel: die Objekte, die Sie im Skript benutzen, werden sofort entsorgt, wenn das Skript endet. Das *Eigenschaften*-Fenster ist an Ihr Skript gebunden. Endet das Skript, dann entsorgt Windows das Fenster.

Wie Sie dieses Manko beheben, zeige ich Ihnen gleich. Schauen Sie sich zuerst an, wie gut die Technik funktioniert.

8.4.5 Den Papierkorb leeren

Vielleicht möchten Sie skriptgesteuert den Windows-Papierkorb leeren, wenn der Platz auf der Festplatte eng wird oder wenn Sie Windows herunterfahren. Nur, den passenden Befehl suchen Sie vergeblich. Normalerweise verwaltet Windows den Papierkorb ganz autonom.

Das nächste Skript zeigt, wie Sie trotzdem skriptgesteuert den Papierkorb leeren:

```
' 8.19.VBS

EmptyRecycler

sub EmptyRecycler
   set shell = CreateObject("Shell.Application")
   set folder = shell.NameSpace(0)
   for each item in folder.Items
      if item.Name = "Papierkorb" then
           exit for
      end if
   next
   if TypeName(item)="Nothing" then
      MsgBox "Papierkorb befindet sich nicht " _
            & "auf dem Desktop oder heißt nicht " _
            & """Papierkorb""!", vbExclamation
   else
      item.InvokeVerb "&Papierkorb leeren"
   end if
end sub
'(C) 1999,2000 T.Weltner
```

Die Funktion *EmptyRecycler* »klickt« ferngesteuert auf den Kontextmenübefehl *Papierkorb leeren* Ihres Papierkorbs. Dazu sind allerdings einige Voraussetzungen nötig:

- Das Skript sucht den Papierkorb auf dem Desktop. Dazu öffnet es mit *NameSpace()* den virtuellen Desktop-Ordner. Der trägt die Kennziffer *0*.

- Weil der Papierkorb auf dem Desktop keinem echten Dateiverzeichnis entspricht, sondern künstlich eingeblendet wird, kann das Skript diesmal *ParseName()* nicht verwenden. Stattdessen untersucht es in einer *for each...next*-Schleife den ganzen Inhalt des Desktops, und wenn es dabei auf einen Eintrag namens *Papierkorb* stößt, ruft es den passenden Kontextmenübefehl auf. Daraus folgt: haben Sie den Papierkorb vom Desktop verbannt oder umbenannt, dann schlägt das Skript fehl.
- Viel einfacher macht es sich das nächste Skript, das auf jeden Fall funktioniert:

```
' 8-20.VBS

EmptyRecycler

sub EmptyRecycler
   set shell = CreateObject("Shell.Application")
   set folder = shell.NameSpace("C:\")
   set item = folder.ParseName("RECYCLED")
   item.InvokeVerb "&Papierkorb leeren"
end sub
'(C) 1999,2000 T.Weltner
```

Dieses Skript kümmert sich überhaupt nicht um virtuelle Papierkörbe. Es greift einfach direkt auf den versteckten Ordner *RECYCLED* auf dem Laufwerk *C:* zurück, in dem der Papierkorb seinen Datenmüll zwischenspeichert. Diesen Ordner gibt es auf jeden Fall, und sein Name ändert sich auch nicht. So ist es viel einfacher, den *Papierkorb leeren*-Befehl zu aktivieren.

8.4.6 Spezialordner öffnen

Oben haben Sie gerade gesehen, daß das Shell-Objekt etwas kann, das dem FileSystem-Objekt unmöglich ist: Sie bekommen damit nicht nur Zugriff auf die normalen Dateiordner, sondern auch auf alle speziellen virtuellen Ordner von Windows.

Verwenden Sie einfach *NameSpace()* nicht mit einem Dateipfad, sondern mit einer Kennziffer. Welche Kennziffern es gibt, verrät die Tabelle 7.3.

Das nächste Skript listet zum Beispiel die Namen aller Systemsteuerungsmodule auf:

```
' 8-21.VBS

ListControls

sub ListControls
   set shell = CreateObject("Shell.Application")
   set folder = shell.NameSpace(3)
   for each item in folder.items
      if MsgBox(item.Name, vbOkCancel)=vbCancel then exit for
   next
end sub
'(C) 1999,2000 T.Weltner
```

Und wenn Sie gern wissen wollen, wofür diese Module gut sind, dann ändern Sie Ihr Skript ein wenig:

```
' 8.22.VBS

ListControls
MsgBox "Fertig!"

sub ListControls
   set shell = CreateObject("Shell.Application")
   set folder = shell.NameSpace(3)
   for each item in folder.items
      msg = "Modul: " & item.Path & vbcr
      msg = msg & folder.GetDetailsOf(item,1) & vbCr & vbCr
      msg = msg & "Wollen Sie das Modul öffnen?"
      antwort = MsgBox(msg, vbYesNoCancel + vbQuestion + vbSystemModal)
      if antwort = vbYes then
           item.InvokeVerb "Ö&ffnen"
      elseif antwort = vbCancel then
           exit for
      end if
   next
end sub
'(C) 1999,2000 T.Weltner
```

Dieses Skript zeigt gleich zwei Dinge: erstens liefert es mit *GetDetailsOf()* versteckte Informationen zum Eintrag, und zweitens öffnet es auf Wunsch auch gleich das Systemsteuerungsmodul.

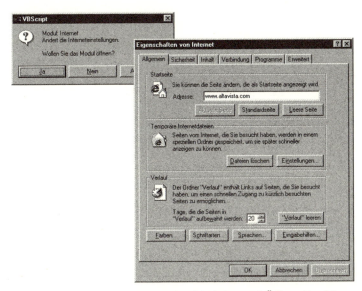

Bild 8.15: Hintergrundinfos zu den Modulen und Öffnen-Funktion

Dazu benutzt es wie oben *InvokeVerb()*. Erstaunlich, was inzwischen alles möglich geworden ist – finden Sie nicht?

8.4.7 Geheiminfos zu Dateien lesen

GetDetailsOf() ist ein hochinteressanter Befehl des *Folder*-Objekts.

Diese Funktion ist allerdings im normalen Dateisystem nur verfügbar, wenn Sie Windows 98/2000 benutzen oder das IE4 Desktop Upgrade installiert haben.

Eben haben Sie gesehen, wie Sie mit seiner Hilfe eine automatische Bedienungsanleitung für Systemsteuerungsmodule basteln.

Aber der Befehl kann auch zu ganz normalen Dateien »seinen Senf« hinzugeben:

```
' 8-23.VBS

MsgBox GetItemInfo("C:\MSDOS.SYS")

function GetItemInfo(dateiname)
   set shell = CreateObject("Shell.Application")
   ordner = left(dateiname, InstrRev(dateiname, "\"))
   name = mid(dateiname, InstrRev(dateiname, "\")+1)
   set folder = shell.NameSpace(ordner)
   set item = folder.ParseName(name)
   for x=-10 to 20
      info = folder.GetDetailsOf(item, x)
      kategorie = folder.GetDetailsOf(,x)
      if not info="" then
            if kategorie="" then
                  kategorie="undokumentierte Info"
            end if
            GetItemInfo = GetItemInfo & "[" & x & "]" & kategorie & ": " & info & vbCr
      end if
   next
end function
'(C) 1999,2000 T.Weltner
```

GetItemInfo() liefert Ihnen ab sofort zu jeder beliebigen Datei interessante Informationen. In jeder Zeile wird in eckigen Klammern die Kennzahl dieser Information ausgegeben.

Bild 8.16: Fix und fertige Informationen im Klartext über jede beliebige Datei

Sie sehen also sofort, daß die Dateigröße im Feld 1 steht. Das können Sie sich zunutze machen, wenn Sie nur an bestimmten Informationen Interesse haben:

```
' 8-24.VBS

datei = "C:\MSDOS.SYS"
MsgBox "Die Größe der Datei " & datei & " " & "beträgt " & Groesse(datei)

function Groesse(dateiname)
   set shell = CreateObject("Shell.Application")
   ordner = left(dateiname, InstrRev _
      (dateiname, "\"))
   name = mid(dateiname, InstrRev(dateiname, "\")+1)
   set folder = shell.NameSpace(ordner)
   set item = folder.ParseName(name)
   Groesse = folder.GetDetailsOf(item, 1)
end function
'(C) 1999,2000 T.Weltner
```

Dieses Skript fragt mit *GetDetailsOf()* einfach nur die Kategorie 1 ab, weil es nur an der Größeninformation Interesse hat.

Bild 8.17: Das Shell-Objekt liefert die Dateigröße bereits in formatierter Fassung

Sie können sogar die Namen der einzelnen Kategorien herausfinden. Das Skript oben hat es bereits vorgemacht: rufen Sie *GetDetailsOf()* einfach ohne Item auf, zum Beispiel so:

```
folder.GetDetailsOf(,1)
```

Diese Zeile liefert zurück: *Größe*. Allerdings nur, wenn das *Folder*-Objekt einem normalen Dateiordner entspricht. Haben Sie zum Beispiel wie oben die Systemsteuerung geöffnet, dann liefert dieselbe Zeile *Beschreibung*. Sie bekommen also immer die augenblicklich gültige Beschreibung der Information.

8.4.8 Versteckte Geheiminfos: Autorennamen herausfinden

Schauen Sie sich noch einmal die *GetItemInfo()*-Funktion an. Wenn Sie diese Funktion auf ein WinWord-Dokument anwenden, dann entdecken Sie etwas Erstaunliches: DOC-Dateien speichern mehr Informationen als normale Dateien. Im Feld -1 erscheint plötzlich der Autor des Dokuments, wenn Sie einen angegeben haben.

Kapitel 8: Geheimnisse rund um das Dateisystem

Bild 8.18: Hoppla, im undokumentierten Feld -1 liefern MS-Dokumente Infos!

Auch die übrigen Informationen, die Sie vielleicht bei einem MS-Dokument angegeben haben, finden sich im geheimen Feld -1.

Und woher stammen diese Informationen? Klicken Sie einfach eine WinWord-Datei mit der rechten Maustaste an und wählen Sie *Eigenschaften*. Schon wissen Sie Bescheid.

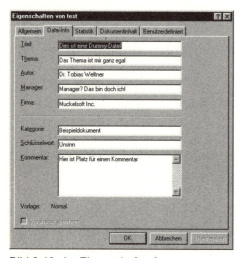

Bild 8.19: Im Eigenschaftenfenster werden die Geheiminfos gespeichert

8.4.9 Dateien eines bestimmten Autors kopieren

Das können Sie sich prima zunutze machen, denn nun ist es kinderleicht, Dokumente verschiedener Autoren voneinander zu unterscheiden. Kopieren Sie zum Beispiel alle Word-Dokumente mit einem bestimmten Autorennamen auf Diskette. Das funktioniert so:

```
' 8-25.VBS
datei = InputBox("Geben Sie den Pfadnamen einer DOC-Datei an!")
docautor = Autor(datei)
MsgBox "Die Datei " & datei & " stammt von:" & vbCr & docautor

function Autor(path)
  set shell = CreateObject("Shell.Application")
  if right(ordner,1)="\" then
    ordner = left(ordner, len(ordner)-1)
```

```
      end if
      ordner = left(path, InstrRev(path, "\"))
      name = mid(path, InstrRev(path, "\")+1)
      set folder = shell.NameSpace(ordner)
      set item = folder.ParseName(name)
      zusatzinfo = lcase(folder.GetDetailsOf(item, -1))
      if not zusatzinfo="" then
         details = Split(zusatzinfo, vbCrLf)
         for each info in details
               if lcase(left(info, 8))="author: " then
                  Autor = mid(info, 9)
               end if
         next
      end if
end function
'(C) 1999,2000 T.Weltner
```

Die Funktion *Autor()* liest den Autorennamen aus den erweiterten Informationen aus, falls einer angegeben ist:

Bild 8.20: Autorenname eines Dokuments auslesen

Dieses Ergebnis können Sie jetzt zur Grundlage für ein Kopierskript machen. Es kopiert nur die Dokumente eines bestimmten Autors. Ebenso gut könnten Sie die Auswahl auch auf den übrigen Infos basieren lassen, zum Beispiel auf dem Stichwort:

```
' 8-26.VBS

anzahl = SaveAuthor("C:\Eigene Dateien\script", "tob", "D:\")
MsgBox anzahl & " Dateien von Autor ""tob"" kopiert!"

function SaveAuthor(quellordner, zielautor, ziel)
   set fs = CreateObject("Scripting.FileSystemObject")
   SaveAuthor = 0
   ' ist ziel richtig formatiert?
   if right(ziel,1)<>"\" then ziel=ziel+"\"
   ' gibt es den angegebenen Ordner überhaupt?
   if fs.FolderExists(quellordner) then
      ' ja, alle Dateien darin untersuchen:
      for each datei in fs.GetFolder(quellordner).files
            ' stammt die Datei vom gewünschten Autor?
            if lcase(autor(datei.path))= lcase(zielautor) then
               ' ja: kopieren
               datei.Copy ziel, true
```

```
            SaveAuthor = SaveAuthor + 1
        end if
    next
  end if
end function

function Autor(path)
    set shell = CreateObject("Shell.Application")
    if right(ordner,1)="\" then
        ordner = left(ordner, len(ordner)-1)
    end if
    ordner = left(path, InstrRev(path, "\"))
    name = mid(path, InstrRev(path, "\")+1)
    set folder = shell.NameSpace(ordner)
    set item = folder.ParseName(name)
    zusatzinfo = lcase(folder.GetDetailsOf(item, -1))
    if not zusatzinfo="" then
        details = Split(zusatzinfo, vbCrLf)
        for each info in details
            if lcase(left(info, 8))="author: " then
                Autor = mid(info, 9)
            end if
        next
    end if
end function
'(C) 1999,2000 T.Weltner
```

Die Funktion *SaveAuthor()* speichert alle Dateien aus einem Ordner in einem anderen Ordner, die von einem bestimmten Autoren stammen. Aufpassen: dieses Skript kontrolliert nicht, ob es den Zielordner gibt, in den Sie die Dateien kopieren wollen. Fehlt er, dann bekommen Sie einen Fehler. In Kapitel 6.3.10 haben Sie aber bereits gesehen, wie Sie fehlende Ordner automatisch anlegen.

Bild 8.21: Skript kopiert nur die Dokumente, eines bestimmten Autoren

Interessanter am Rande:

- Dieses Skript kombiniert das Beste aus beiden Welten: Die Funktion *Autor()* verwendet die Möglichkeiten des *Shell.Application*-Objekts. Die Funktion *SaveAuthor()* dagegen erledigt die Sicherung mit den klassischen Methoden des *FileSystemObjects*.

- Damit das Skript Groß- und Kleinschreibung nicht unterscheidet, werden alle Autorennamen mit *lcase()* in Kleinbuchstaben verwandelt.

- Der *Copy()*-Befehl in der Funktion *SaveAuthor()* ist empfindlich. Er verlangt als Ziel unbedingt den Namen eines Ordners. Deshalb muß der Ordnername mit einem »\«-Zeichen enden. Tut er es nicht, dann hängt das Skript das »\«-Zeichen an.

- Umgekehrte Situation bei *Autor()*: hier soll der Pfad in den eigentlichen Pfad und den Dateinamen gesplittet werden. Das klappt nur, wenn das letzte »\«-Zeichen im Pfadnamen zwischen Pfad und Dateiname steht. Hängt ein »\« am Ende des Pfades, dann entfernt das Skript dieses Zeichen zuerst.

8.5 Explorer-Fenster fernsteuern

Bisher spielten sich alle Aktionen im Verborgenen ab. Ihr Skript hat sich jeweils nur ein unsichtbares *Folder*-Objekt geschnappt und die Informationen darin für eigene Zwecke eingesetzt.

Sie können aber auch direkt in ein sichtbares Explorer-Fenster eingreifen, und was wie Spielerei klingt, hat enormen volkswirtschaftlichen Nutzen.

8.5.1 Ordner und virtuelle Ordner sichtbar machen

Wie können Sie ein Explorer-Fenster in das Leben rufen und bestimmen, welchen Ordner es anzeigt? Mit dem *Shell.Application*-Objekt. Das öffnet auf Wunsch nicht nur normale Ordner, sondern auch jeden beliebigen virtuellen Windows-Ordner:

```
' 8-27.VBS
set shell = CreateObject("Shell.Application")
shell.Open "C:\"
shell.Open 17
shell.Explore 0
'(C) 1999,2000 T.Weltner
```

Dieses Skript öffnet gleich drei Explorerfenster: zwei im normalen einspaltigen Design, und eines im schicken zweispaltigen Look. Zuständig sind die Befehle *Open()* und *Explore()*.

Beide Befehle akzeptieren nicht nur normale Dateinamen, sondern auch die Kennziffern der virtuellen Windows-Ordner. Deshalb öffnet sich ein *Arbeitsplatz*-Fenster (Kennziffer 17) und ein *Desktop*-Fenster (Kennziffer 0).

Tabelle 4.7 liefert Ihnen die Kennziffern aller virtuellen Ordner.

8.5.2 Dateien im Explorer markieren

Vielleicht möchte Ihr Skript eine Datei in einem Explorer-Fenster markieren, um den Skriptbenutzer mit der Nase darauf zu stoßen. Geht so etwas?

> **Tip:** Desktop Update erforderlich.
> Dieses und auch die nächsten Beispiele funktionieren auf Windows 95 und NT nur, wenn das Desktop Update des Internet Explorers 4 installiert wurde. Windows 98 und 2000 bringen dieses Update von Hause aus mit.

Klar. Das nächste Skript macht es vor:

```
' 8-28.VBS

SelectFile "C:\MSDOS.SYS"

sub SelectFile(path)
   if right(path,1)="\" then path=left(path, len(path)-1)
   ordner = left(path, InstrRev(path, "\"))
   name = mid(path, InstrRev(path, "\")+1)
   set ie = CreateObject("InternetExplorer.Application")
   on error resume next
   ie.Navigate ordner
   if err.Number<>0 then
      err.clear
      ie.Quit
      exit sub
   end if
   do
   loop while ie.ReadyState<>4
   ie.visible = true
   set view = ie.document
   set folder = view.folder
   set item = folder.ParseName(name)
   view.SelectItem item, 1+4+8+16
end sub
'(C) 1999,2000 T.Weltner
```

Erstaunlich, oder? Die von Ihnen angegebene Datei wird tatsächlich im Explorer angezeigt und markiert. Was geht hier vor?

Wenn Sie selbst darauf Einfluß nehmen wollen, was der Explorer anzeigt, dann dürfen Sie nicht einfach ein Explorer-Fenster öffnen. Ihr Skript hätte sonst nämlich keinen Zugriff auf dieses Fenster und könnte es also auch nicht fernsteuern.

Damit Ihr Skript Macht über den Explorer bekommt, öffnen Sie das Explorer-Fenster als Objekt. Verwenden Sie einfach den Internet Explorer, den Sie schon in Kapitel 5 genauestens kennengelernt haben. Dieses Multitalent kann nämlich nicht nur Webseiten anzeigen, sondern auch ganz normale Ordner.

8.5 Explorer-Fenster fernsteuern

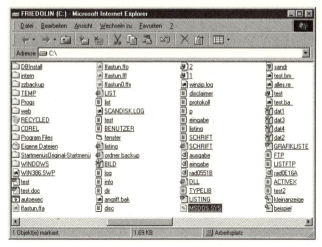

Bild 8.22: Ferngesteuert Dateien im Explorer markieren

Das Skript öffnet also einen (zunächst noch unsichtbaren) Internet Explorer. Danach splittet es den angegebenen Dateinamen auf in Pfad und Dateiname. Anschließend beordert es den Internet Explorer mit *Navigate()* zum gewünschten Ordner und prüft kurz, ob der Explorer diesen Ordner auch wirklich öffnen konnte.

Weil es ein paar Millisekunden dauern kann, bis der Explorer den Ordner gefunden und geöffnet hat, muß das Skript eine kleine Weile warten. Es dreht mit *do...loop* solange Warteschleifen, bis der Explorer mit *ReadyState=4* meldet, daß der Ordner angezeigt wird.

Jetzt kann der Explorer mit *visible=true* sichtbar gemacht werden. Der Ordner wird auf dem Bildschirm angezeigt.

Bis jetzt haben Sie nicht viel mehr erreicht als mit der *Open()*-Methode von oben. Allerdings mit einem entscheidenden Unterschied: Ihr Skript kennt in der Variablen *ie* die Zugriffsnummer des Explorers und kann deshalb als nächstes in den Explorer hineinklettern.

Dazu holt es sich zuerst aus *document* den Zugriff auf das, was der Explorer anzeigt. In Kapitel 5 waren das HTML-Seiten. Hier wird ein Ordner angezeigt, und so bezieht sich hier *document* nicht auf eine HTML-Seite, sondern auf ein *ShellFolderView*-Objekt.

Das liefert über *folder* freizügig das zugrundeliegende *Folder*-Objekt zurück, das Sie von oben bereits genauestens kennen, nur wird es diesmal vom Explorer angezeigt. Das Skript kann also genau wie oben mit *ParseName* das *FolderItem*-Objekt der gewünschten Datei heraussuchen.

Damit sich auf dem Bildschirm etwas tut, sind nun die geheimen Methoden des *ShellFolderView*-Objekts gefragt. Eine davon heißt *SelectItem* und markiert eine beliebige Datei im Ordner. Weil Ihr Skript das *FolderItem*-Objekt der Datei inzwischen kennt, kann es *SelectItem* aufrufen und markieren lassen. Eigentlich nicht schwierig, sondern nur höchst undokumentiert.

8.5.3 Das *ShellFolderView*-Objekt aus der Nähe betrachtet

Bevor ich Ihnen zeige, was Sie alles mit dem *ShellFolderView*-Objekt anstellen können, schauen Sie sich zuerst an, was es zu bieten hat:

Eigenschaften	Bedeutung
FocusedItem	Das Item-Objekt der gerade im Explorer ausgewählten Datei
Folder	Das Folder-Objekt des gerade angezeigten Ordners
Parent	Das übergeordnete Objekt, in diesem Fall ein Explorer
ViewOptions	Die Anzeigeoptionen aus dem *Ansicht*-Menü des Explorers

Tab. 8.9: Eigenschaften des *ShellViewFolder*-Objekts

Noch interessanter sind die Methoden des Objekts:

Methode	Bedeutung
PopupItemMenu	Öffnet ferngesteuert das Kontextmenü einer Datei
SelectedItems	Liste der augenblicklich markierten Dateien
SelectItem	Markiert eine Datei oder entfernt die Markierung

Tab. 8.10: Methoden des *ShellViewFolder*-Objekts

8.5.4 Informationen im Explorer hervorheben

Wie praktisch der *SelectItem*-Befehl ist, haben Sie gerade erlebt. Er kann aber nicht nur eine einzige Datei markieren. Wenn Sie mögen, markiert dieser Befehl so viel Sie wollen. Das nächste Beispiel zeigt, wie Sie vollautomatisch alle BMP-Grafiken im Windows-Ordner markieren. Die markierten Dateien könnten Sie anschließend per Maus auf eine Diskette kopieren. Wichtig ist allerdings, daß Sie nicht die Webansicht im Explorer-Fenster verwenden:

```
' 8-29.VBS
set fs = CreateObject("Scripting.FileSystemObject")

set fenster = OpenExplorer(GetWinDir)
for each datei in fs.GetFolder(GetWinDir).files
   ext = lcase(fs.GetExtensionName(datei.name))
   if ext = "bmp" then
      SelectFile fenster, datei.name, 1+8
   end if
next

function OpenExplorer(ordner)
   set ie = CreateObject("InternetExplorer.Application")
   on error resume next
   ie.Navigate ordner
```

```
      if err.Number<>0 then
         err.clear
         ie.Quit
         WScript.Quit
      end if
      do
      ie.visible = true
      loop while ie.ReadyState<>4
      set OpenExplorer = ie.document
   end function

   sub SelectFile(view, name, optionen)
      set folder = view.folder
      set item = folder.ParseName(name)
      view.SelectItem item, optionen
   end sub

   function GetWinDir
      set wshshell = CreateObject("WScript.Shell")
      GetWinDir = _
         wshshell.ExpandEnvironmentStrings("%WINDIR%")
   end function
   '(C) 1999,2000 T.Weltner
```

In diesem Skript sind die einzelnen Schritte in eigenen Funktionen untergebracht, damit Sie optimal experimentieren können.

OpenExplorer() öffnet einen Explorer und zeigt den angegebenen Ordner an. Die Funktion liefert die Handle des *ShellFolderView*-Objekts zurück.

SelectFile() markiert Dateien im Explorer. Dazu verraten Sie der Funktion die Handle des *ShellFolderView*-Objekts, den Dateinamen, der markiert werden soll, und die Markieroptionen. Die legen fest, wie markiert werden soll.

GetWinDir() ist eine Universalfunktion, die Ihnen immer treu den Namen des Windows-Ordners verrät, ganz gleich wie er gerade heißen mag.

Die eigentliche Arbeit erledigt das Skript wieder mit den klassischen Funktionen des *FileSystemObjects*: es öffnet den Windows-Ordner und untersucht dann alle Dateien darin. Entdeckt es eine Datei mit der Extension *bmp*, dann läßt das Skript die Datei markieren.

Allerdings funktioniert die Markiererei nicht, wenn Sie im Explorer die Webansicht aktiviert haben. Dann nämlich öffnet sich der Windows-Ordner erst, wenn Sie zur Bestätigung auf einen entsprechenden Link klicken. Schalten Sie in solchen Fällen die Webansicht im *Ansicht*-Menü aus, halten Sie [Strg] fest, und knipsen Sie das Windows-Fenster aus. Nur so merkt sich der Explorer Ihren Wunsch und öffnet beim nächsten Mal ohne Webansicht.

310 Kapitel 8: Geheimnisse rund um das Dateisystem

8.5.5 Die geheimen Markierungsoptionen

SelectItem() möchte ganz genau wissen, was es für Sie tun soll. Deshalb verlangt es Optionen. Das sind einfache Zahlenwerte, die Sie je nach Bedarf zusammenzählen:

Optionswert	Bedeutung
0	Markierung der Datei aufheben.
1	Datei markieren.
3	Dateinamen in Bearbeitungsmodus schalten. Er kann nun geändert werden.
4	Alle vorherigen Markierungen aufheben und nur diese Datei markieren.
8	Das Explorerfenster so scrollen, daß diese Datei im sichtbaren Bereich liegt.
16	Dieser Datei den Focus geben. Der Focus kann nur einer einzigen Datei verliehen werden. Der Dateiname wird dann durch einen gestrichelten Kasten umrahmt.

Tab. 8.11: Die verschiedenen Selektionsarten

8.5.6 Eigenschaften-Dialog einer Datei öffnen – Teil II

Oben in Kapitel 8.4.4 hatten Sie das Problem schon einmal: Wie öffnet man das *Eigenschaften*-Fenster einer Datei? Das Skript konnte die Nuß zwar knacken und das *Eigenschaften*-Fenster anzeigen, aber es blieb nur so lange sichtbar, wie das Skript lief.

Dieses Manko beheben Sie jetzt mit links:

```
' 8-30.VBS

Properties "C:\MSDOS.SYS"

sub Properties(path)
   if right(path,1)="\" then path=left(path, len(path)-1)
   ordner = left(path, InstrRev(path, "\"))
   name = mid(path, InstrRev(path, "\")+1)
   set ie = CreateObject("InternetExplorer.Application")
   on error resume next
   ie.Navigate ordner
   if err.Number<>0 then
      err.clear
      ie.Quit
      exit sub
   end if
   do
   loop while ie.ReadyState<>4
   ie.visible = true
   set view = ie.document
   set folder = view.folder
   set item = folder.ParseName(name)
```

```
   view.SelectItem item, 1+4+8+16
   item.InvokeVerb "E&igenschaften"
end sub
'(C) 1999,2000 T.Weltner
```

Der Trick: Sie lassen die Datei im Explorer anzeigen und öffnen dann ferngesteuert das *Eigenschaften*-Fenster. Weil es jetzt nicht mehr an Ihr Skript gebunden ist, bleibt es offen, auch wenn Ihr Skript längst Feierabend gemacht hat. Voraussetzung ist allerdings, daß die betreffende Datei auch tatsächlich im Explorer angezeigt wird. Bei versteckten Dateien wie MSDOS.SYS muß der Explorer also zuerst angewiesen werden, alle Dateien – auch die versteckten – anzuzeigen.

Und was, wenn Sie einfach nur das *Eigenschaften*-Fenster sehen wollen und der Explorer stört? Dann ändern Sie das Skript oben ein wenig. Entfernen Sie die Zeile *ie.visible=true*.

Schon bleibt der Explorer unsichtbar, und nur das *Eigenschaften*-Fenster erscheint.

> **Tip:** Echte Eigenschaften für Verknüpfungen
> Und wofür könnten Sie Ihr neues Skript als nächstes einsetzen? Beheben Sie doch einfach ein enorm lästiges Manko. Wenn Sie nämlich Verknüpfungen mit der rechten Maustaste anklicken, bekommen Sie nur das langweilige *Eigenschaften*-Fenster der Verknüpfung – nicht aber das viel wichtigere *Eigenschaften*-Fenster der Datei, auf die die Verknüpfung zeigt. Ihr Skript kann jetzt einspringen und das echte *Eigenschaften*-Fenster zeigen. Wie das funktioniert, zeige ich Ihnen in Kapitel 12.

8.5.7 Explorer-Fenster zur Dateiauswahl einsetzen

Umgekehrt geht es auch: Sie können sogar herausfinden, welche Dateien gerade im Explorer markiert sind. So basteln Sie sich ganz bequem ein ungewöhnliches neues Eingabe-Dialogfenster.

```
' 8-31.VBS

MsgBox GetSelection("C:\")

function GetSelection(ordner)
   set ie = OpenExplorer(ordner)
   set fenster = ie.document
   antwort = MsgBox("Bitte suchen Sie sich Dateien aus!", vbOKCancel + _
      vbExclamation + vbSystemModal)
   if antwort = vbCancel then
      MsgBox "Abbruch", vbExclamation
   else
      set folderItems = fenster.SelectedItems
      for each item in folderItems
            GetSelection = GetSelection + item.path & vbCr
      next
      if len(GetSelection)>0 then
```

```
                GetSelection = left(GetSelection, len(GetSelection)-1)
         end if
      end if
      ie.Quit
end function

function OpenExplorer(ordner)
   set ie = CreateObject("InternetExplorer.Application")
   on error resume next
   ie.Navigate ordner
   if err.Number<>0 then
      err.clear
      ie.Quit
      WScript.Quit
   end if
   do
   ie.visible = true
   loop while ie.ReadyState<>4
   set OpenExplorer = ie
end function
'(C) 1999,2000 T.Weltner
```

GetSelection() öffnet einen beliebigen Ordner und fordert Sie dann auf, darin Dateien zu markieren. Klicken Sie dazu auf die Titelleiste des Explorers, damit er eingabebereit wird, und markieren Sie dann Dateien.

Mehrere Dateien werden mit festgehaltener [Strg]-Taste markiert.

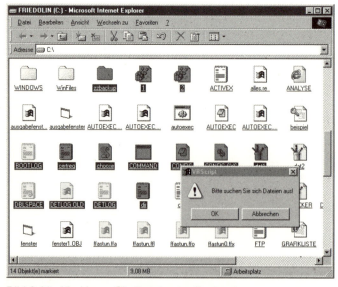

Bild 8.23: Markieren Sie Dateien im Explorer...

Anschließend klicken Sie im Dialogfenster auf *OK*. Voilá! Ihr Skript meldet die markierten Dateinamen zurück und schließt automatisch das Explorer-Fenster wieder.

Bild 8.24: ...und das Skript erkennt, welche Sie ausgesucht haben

Erstaunlich, oder? Dabei ist alles ganz übersichtlich:

- *OpenExplorer()* kennen Sie schon. Diese Funktion öffnet einen Explorer und zeigt einen bestimmten Ordner darin an. Allerdings unterscheidet sich die Funktion in diesem Skript ein wenig von oben. Zurückgeliefert wird diesmal nicht das *ShellViewFolder*-Objekt, sondern das übergeordnete *InternetExplorer*-Objekt. Und warum? Für das Skript ist es kein Problem, aus dem Explorer-Objekt über *document* den Zugriff auf das *ShellViewFolder*-Objekt zu bekommen. Umgekehrt ist es schon schwieriger, und weil das Skript das Explorer-Fenster nach Gebrauch entsorgen will, braucht es Zugriff auf das Explorer-Objekt. Nur über dessen *Quit*-Befehl werden Sie das Fenster wieder los.

- Und wie findet das Skript heraus, welche Dateien Sie markiert haben? *SelectedItems* liefert die Antwort. Es beschert Ihrem Skript eine *FolderItems*-Collection, in der sich für jede markierte Datei ein *FolderItem*-Objekt befindet. Das Skript braucht also nur noch mit *for each...next* das *FolderItems*-Objekt auszufragen und über *Path* aus jedem *FolderItem*-Objekt den Pfadnamen auslesen.

8.6 Auf die Windows-Spezialordner zugreifen

Windows verwendet eine ganze Reihe von Ordnern für interne Zwecke. Der wichtigste Ordner ist natürlich der Windows-Ordner selbst, in dem alle Windows-Einzelteile hausen. Darüberhinaus gibt es aber viele weitere Spezialordner, zum Beispiel denjenigen mit den Programmgruppen, den Autostart-Ordner und den Ordner mit der Liste der 15 zuletzt benutzten Dateien.

Dummerweise können all diese Ordner ganz unterschiedliche Namen tragen. Der Name des Windows-Ordners hängt zum Beispiel davon ab, wo Windows bei der Installation untergebracht wurde. Er muß keineswegs immer *C:\WINDOWS* heißen. Auch die übrigen Spezialordner können ganz verwegene Namen tragen und je nach angemeldetem Benutzer an ganz unterschiedlichen Stellen lagern. Zum Glück gibt es aber für Ihr Skript Mittel und Wege, die aktuell gültigen Namen dieser Ordner herauszufinden.

8.6.1 Die Namen der Spezialordner herausfinden

Die Funktion *SpecialFolders* liefert die dringend benötigten Informationen. Das nächste Skript listet die Behausungen all Ihrer Spezialordner auf:

```
' 8-32.VBS

set wshshell = CreateObject("WScript.Shell")

for each spezialordner in wshshell.SpecialFolders
   liste = liste & spezialordner & vbCr
next

MsgBox liste
'(C) 1999,2000 T.Weltner
```

- Weil meist nur einer dieser Ordner gebraucht wird, gibt es eine zweite und einfachere Variante. Wollen Sie zum Beispiel eine Datei direkt auf dem Desktop ablegen, dann nehmen Sie dieses Skript:

```
' 8-34.VBS

set wshshell = CreateObject("WScript.Shell")
set fs = CreateObject("Scripting.FileSystemObject")

desktopordner = wshshell.SpecialFolders("desktop")

' Datei anlegen:
set datei = fs.CreateTextFile(desktopordner & "\huhu!.txt", true)
datei.WriteLine "Diese Datei stammt von mir, dem WSH!"
datei.close
MsgBox "Habe Ihnen eine Nachricht auf den Desktop gelegt!"
'(C) 1999,2000 T.Weltner
```

- Hier fischt sich das Skript nur den Pfadnamen zum Desktop-Ordner heraus und legt Ihnen anschließend eine kleine Textdatei auf den Desktop – ganz gleich, in welchem Ordner der Desktop auch bei Ihnen gespeichert wird.

- Die folgenden Spezialordner können Sie auf diese Weise herausfinden:

Schlüsselbegriff	Ordner
AllUsersDesktop	Desktop-Ordner für alle Benutzer
AllUsersStartMenu	Startmenü für alle Benutzer
AllUsersPrograms	Programmemenü für alle Benutzer
Desktop	Desktop-Ordner des angemeldeten Benutzers
Favorites	Favoritenordner des angemeldeten Benutzers
Fonts	Schriftenordner des angemeldeten Benutzers
MyDocuments	Spezialordner »Eigene Dateien« des angemeldeten Benutzers

Schlüsselbegriff	Ordner
NetHood	Ordner der Netzwerkumgebung des angemeldeten Benutzers
PrintHood	Ohne Bedeutung
Programs	Programmeordner des angemeldeten Benutzers (entspricht dem Startmenübefehl »Programme«)
Recent	Inhalt des Dokumentemenüs
SendTo	Inhalt des *Senden an*-Menüs
Startmenu	Startmenü des angemeldeten Benutzers
Startup	Autostartgruppe des angemeldeten Benutzers
Templates	Vorlagenordner für das Neu-Menü des angemeldeten Benutzers

Tab. 8.12: Die Schlüsselbegriffe der Spezialordner für den *SpecialFolders()*-Befehl

9 Icons, Grafik, Verschönerungen

9.1 Skriptgesteuert mit Icons umgehen

Icons machen Windows erst so richtig gemütlich. Ob im Explorer, auf dem Desktop oder im Startmenü, überall tummeln sich die bunten Piktogramme und deuten auf einen Blick an, was für Daten in Dateien lagern oder was ein bestimmter Befehl zu tun gedenkt. Eine schöne bunte Welt!

Diese bunte Oberfläche läßt sich prima fernsteuern, und mit ein wenig Insiderwissen basteln Sie sich in den nächsten Minuten ganz erstaunliche Skripte. Die machen plötzlich Dinge möglich, die dem normalen Windows-Benutzer streng verboten sind. Ihre Skripte tauschen zum Beispiel Icons im Startmenü gegen lustigere Varianten aus, verändern die bierernsten Windows-Standard-Icons für Ordner und Laufwerke, und schustern sogar individuellen Ordnern auffällige Spezial-Icons zu.

9.1.1 Icons finden und auslesen

Bevor Sie an irgendwelchen Icons herumschrauben können, müssen Sie die Icons zuerst aufspüren. Wo hausen eigentlich die vielen tausend Windows-Icons?

Einfache Antwort: in den verschiedensten Dateien. Jedes Windows-Programm beherbergt mindestens ein Icon, mit dem es sich selbst repräsentiert. Im Windows-Ordner schlummern aber auch regelrechte Icon-Wohnheime, die hunderte von Icons zur Verfügung stellen.

Wollen Sie mal einen Blick hineinwerfen? Dann legen Sie sich irgendeine Verknüpfung an. Ziehen Sie zum Beispiel eine Datei auf dem Desktop mit der rechten Maustaste ein Stückweit, und wählen Sie dann *Verknüpfung(en) hier erstellen*.

Bild 9.1: Dieses versteckte Dialogfenster macht die Icons sichtbar

318 Kapitel 9: Icons, Grafik, Verschönerungen

Anschließend klicken Sie die neue Verknüpfung mit der rechten Maustaste an und wählen *Eigenschaften*. Nun brauchen Sie nur noch auf die Schaltfläche *Anderes Symbol* zu klicken, und schon sehen Sie die Icons der Icon-Datei, die die Verknüpfung gerade benutzt.

Das Icon-Auswahlfenster ist sogar ziemlich schlau und kann Ihnen auch den Blick in andere Icon-Dateien gewähren. Geben Sie oben in der Textzeile zum Beispiel MORICONS.DLL [Enter] ein.

Zwei Dinge stören allerdings: erstens ist es ziemlich umständlich, das Icon-Dialogfenster über den Umweg der Verknüpfung aufzurufen. Ihr Skript brennt förmlich darauf, das künftig selbst zu tun. Und zweitens gibt es keine Möglichkeit, hellzusehen, in welchen Dateien sich Icons verstecken.

9.1.2 Herausfinden, in welchen Dateien Icons lagern

Hellsehen brauchen Sie auch gar nicht. Eine kleine Befehlserweiterung genügt, und schon findet Ihr Skript von ganz allein heraus, in welcher Datei wieviel Icons lagern.

Das nächste Skript zeigt, wie das funktioniert:

```
' 9-1.VBS
set fs = CreateObject("Scripting.FileSystemObject")
set icontools = CreateObject("icons.tobtools")
set wshshell = CreateObject("WScript.Shell")

windir = wshshell.ExpandEnvironmentStrings("%WINDIR%")
ShowIcons windir
MsgBox "Fertig!"

sub ShowIcons(ordnername)
   for each datei in fs.GetFolder(ordnername).files
      iconanzahl = icontools.GetIconNumber(datei.path)
      if iconanzahl>1 then
            antwort = MsgBox("Die Datei """ & _
                datei.name & """ enthält " & _
                iconanzahl & " Icons!" & vbCr & _
                "weitersuchen?", vbYesNo + _
                vbQuestion,"Icondateien in " & _
                ordnername)
            if antwort = vbNo then exit for
      end if
   next
end sub
'(C) 1999,2000 T.Weltner
```

ShowIcons() durchkämmt einen beliebigen Ordner und sucht nach Dateien, die Icons enthalten. Der Windows-Ordner ist bekannt für seinen Icon-Reichtum, deshalb besorgt sich das Skript den offiziellen Pfadnamen Ihres Windows-Ordners und durchsucht ihn.

9.1 Skriptgesteuert mit Icons umgehen

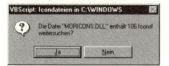

Bild 9.2: ShowIcons() meldet, wieviel Icons in einer Datei stecken

Jede Datei im Ordner wird von *GetIconNumber()* kontrolliert. Diese Funktion liefert die Anzahl der Icons zurück, die in der Datei schlummern. Gemeldet werden aber nur Dateien, die mehr als 1 Icon enthalten. Das ist sozusagen die »5%-Hürde« der Icon-Welt, denn einfache Bitmap-Grafiken werden ebenfalls als Icon interpretiert. Echte Icon-Dateien enthalten dagegen immer mehr als ein Icon.

> **Tip:** Auch der Systemordner enthält Icons.
> Noch viel mehr Icons finden Sie im Systemordner von Windows. Ändern Sie im Skript einfach eine Zeile, und schreiben Sie anstelle von `ShowIcons windir` die neue Zeile `ShowIcons windir & "\system"`.

9.1.3 Icons in Dateien sichtbar machen

Was nützt Ihnen das neugewonnene Wissen? Sie kennen jetzt zwar die Namen der interessanten Dateien, aber zu Gesicht bekommen Sie die Icons trotzdem noch nicht. Was fehlt, ist eine Möglichkeit, in die Icon-Dateien hineinzuschauen und die darin verborgenen Icons ins Rampenlicht zu zerren.

Dazu haben Sie gleich zwei Möglichkeiten. Entweder leiht sich Ihr Skript das offizielle Icon-Auswahlfenster von Windows aus, das Sie schon oben kennengelernt haben. Oder Sie lassen die Icons in einem ganz eigenen selbstgemachten Fenster eine Modenschau veranstalten. Hier beide Möglichkeiten:

```
' 9-2.VBS
set fs = CreateObject("Scripting.FileSystemObject")
set icontools = CreateObject("icons.tobtools")
set wshshell = CreateObject("WScript.Shell")

' Windows-Ordner herausfinden:
windir = wshshell.ExpandEnvironmentStrings("%WINDIR%")
' Icons in diesem Ordner suchen:
ShowIcons windir
MsgBox "Fertig!"

sub ShowIcons(ordnername)
   ' alle Dateien im Ordner auflisten:
   for each datei in fs.GetFolder(ordnername).files
      ' Anzahl Icons in aktueller Datei:
      iconanzahl = icontools.GetIconNumber(datei.path)
      if iconanzahl>1 then
```

```
            ' Optionen anbieten:
            antwort = MsgBox("Die Datei """ & datei.name & """ enthält " & _
                iconanzahl & " Icons!"& vbCr & _
                "Wollen Sie sich die Icons mal " _
                & "anschauen?",vbYesNoCancel + _
                vbQuestion,"Icondateien in " & _
                ordnername)
            if antwort = vbCancel then
                ' Abbrechen:
                exit for
            elseif antwort = vbYes then
                ' Icons anzeigen:
                ergebnis = icontools.PickIcon(datei.path)
                if not ergebnis = "" then
                    ' Icon wurde ausgesucht, also
                    ' Name anzeigen:
                    MsgBox "Dieses Icon wird folgendermaßen " _
                        & "angesprochen:" & vbCr & _
                        ergebnis, vbInformation
                end if
            end if
        end if
    next
end sub
'(C) 1999,2000 T.Weltner
```

Dieses Skript ist nur eine kleine Weiterentwicklung des ersten Skripts. Diesmal allerdings haben Sie die Möglichkeit, sich die Icons auch tatsächlich anzusehen. Das erledigt die Funktion *PickIcon()*. Sie ruft über einen geheimen Befehl das offizielle Icon-Dialogfenster hervor und meldet den Namen des Icons zurück, das Sie sich im Dialogfenster ausgesucht haben.

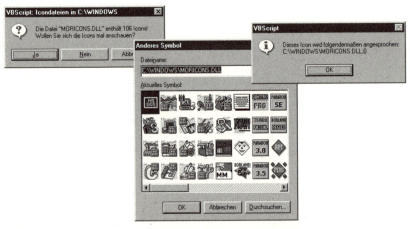

Bild 9.3: Suchen Sie sich Icon-reiche Dateien aus und schauen Sie rein!

Bevor ich Ihnen zeige, was Sie mit dem offiziellen Namen des Icons alles anstellen können, schauen Sie sich noch schnell die zweite Variante an:

```
' 9-3.VBS
set fs = CreateObject("Scripting.FileSystemObject")
set icontools = CreateObject("icons.tobtools")
set wshshell = CreateObject("WScript.Shell")

' Ausgabefenster gestalten:
icontools.SetIconDialogCaption "Icon-Entdecker"
icontools.SetIconDialogLabel "Suchen Sie sich per Klick ein Icon aus!"

' Windows-Ordner herausfinden:
windir = wshshell.ExpandEnvironmentStrings("%WINDIR%")
' Icons in diesem Ordner suchen:
ShowIcons windir
MsgBox "Fertig!"

sub ShowIcons(ordnername)
    ' alle Dateien im Ordner auflisten:
    for each datei in fs.GetFolder(ordnername).files
        ' Anzahl Icons in aktueller Datei:
        iconanzahl = icontools.GetIconNumber(datei.path)
        if iconanzahl>1 then
            ' Optionen anbieten:
            antwort = MsgBox("Die Datei """ & datei.name & """ enthält " & _
                iconanzahl & " Icons!"& vbCr & _
                "Wollen Sie sich die Icons mal " _
                & "anschauen?",vbYesNoCancel + _
                vbQuestion,"Icondateien in " & ordnername)
            if antwort = vbCancel then
                ' Abbrechen:
                exit for
            elseif antwort = vbYes then
                ' Icons anzeigen:
                icontools.SelectIconFile(datei.path)
                if icontools.ShowIconDialog (ergebnis, "&Auswählen", "&" _
                    & "Genug") then
                    ' Icon wurde ausgesucht, also
                    ' Name anzeigen:
                    MsgBox "Dieses Icon wird folgendermaßen " _
                        & "angesprochen:" & vbCr & _
                        ergebnis, vbInformation
                end if
            end if
        end if
    next
end sub
'(C) 1999,2000 T.Weltner
```

Diesmal erscheint ein ganz anderes Auswahlfenster. Es ist viel größer als das offizielle Fenster und bietet deshalb einen besseren Überblick. Das Fenster läßt sich sogar noch vergrößern.

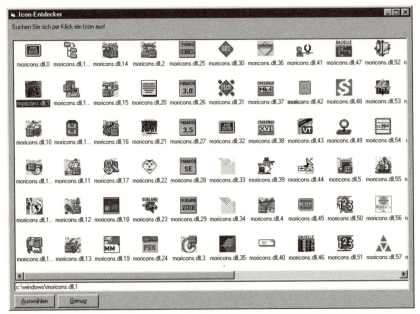

Bild 9.4: Dieses Auswahlfenster bietet wesentlich mehr Überblick

Außerdem hat es einige Extratricks auf Lager:

- Texte ausgeben: Mit *SetIconDialogCaption* legen Sie fest, welcher Text in der Titelleiste des Fensters erscheinen soll. *SetIconDialogLabel* gibt einen Hinweistext oberhalb der Icon-Auswahl aus.

- Bevor Sie das Auswahlfenster verwenden können, will es zuerst mit Icon-Dateien gefüttert werden. Anders als das offizielle Auswahlfenster kann dieses Fenster also sogar die Icons mehrerer Dateien in einem Aufwasch anzeigen. *SelectIconFile()* fügt die Icons einer Datei in die Auswahl ein.

- *ShowIconDialog()* macht das Auswahlfenster sichtbar und liefert einen booleanschen Wert zurück: *true*, wenn eine Auswahl getroffen wurde, und *false*, wenn auf Abbrechen geklickt wurde. So setzen Sie die Funktion ein:

```
auswahl = ShowIconDialog(ergebnis, okbutton, cancelbutton)
```

Parameter	Bedeutung
auswahl	*true*: es wurde ein Icon ausgewählt
ergebnis	enthält den Namen des ausgewählten Icons
okbutton	optional: Beschriftung des OK-Knopfs
cancelbutton	optional: Beschriftung des Abbrechen-Knopfes

Tab. 9.1: Die Parameter der ShowIconDialog()-Funktion

Tip: Mehrere Icon-Dateien kombinieren
Sie können *SelectIconFile()* so oft aufrufen, wie Sie mögen und so die Icons mehrerer Dateien im Auswahlfenster gleichzeitig anzeigen. Allerdings sollten Sie diese Möglichkeit nur sparsam einsetzen. Bei mehr als 300 Icons verlassen das Auswahlfenster die Kräfte, und die Icons werden mit Störungen angezeigt, oder es kommt zu einem *Speicher alle*-Fehler.

Welche der beiden Auswahlfenster Sie in eigenen Skripten einsetzen wollen, ist reine Geschmackssache. Sie haben jetzt wenigstens die Wahl.

9.1.4 Eine Icon-Liste anlegen und wiederverwenden

Eins ist dumm am obigen Skript: es dauert ganz schön lange, den Windows- und den System-Ordner nach Icons zu durchsuchen. Damit ist es leider kaum praktikabel, das ansonsten sehr nützliche Icon-Auswahlfenster routinemäßig als Befehlserweiterung für dies und das auszuklappen.

Na und? Verbessern Sie das Skript doch einfach. Weil Icons normalerweise nicht einfach verdunsten, genügt es vollkommen, die Icon-Liste ein einziges Mal zusammenzustellen. Während der zehn Minuten, die das dauert, genehmigen Sie sich einen leckeren Milchkaffee. Anschließend läßt sich diese Liste blitzschnell als Auswahlgrundlage verwenden, und wenn Sie tatsächlich einmal neue Programme hinzuinstallieren oder alte von der Platte putzen, dann lassen Sie die Liste eben frisch erstellen.

So wird Ihre Icon-Liste Wirklichkeit – diese Liste eignet sich übrigens auch zum Ausdrucken, wenn Sie eine Übersicht wünschen:

```
' 9-4.VBS

iconliste = "C:\tobtools\iconliste.txt"
start = "C:\"

' Die Funktionen dieser Objekte werden
' gebraucht:
set icontools = CreateObject("icons.tobtools")
set fs = CreateObject("Scripting.FileSystemObject")
set wshshell = CreateObject("Wscript.Shell")
set listview = CreateObject("listview.tobtools")
set helper = CreateObject("filesystem.tobtools")
set fenster = WScript.CreateObject("fenster.tobtools", "event_")

' globale Variablen:
ordges=0
datges=0
icoges=0
icopic=0
ok = true
```

```
' Überschriften des Icon-Dialogfensters
' festlegen
' Spaltennamen:
listview.AddHeader "Dateiname", 60
listview.AddHeader "Icons", 20

' Fortschrittsanzeige aktivieren:
fenster.ShowMessageBox "Fortschritt...", "&Abbrechen"
' Defekte Links finden:
' Alle Icondateien finden:
CheckOrdner fs.GetFolder(start)
' Fortschrittsanzeige wieder entfernen:
fenster.DestroyMessageBox

' Gefundene Ordner auslesen und in Datei
' schreiben:
' Icon-Liste anlegen:
helper.CreateFolderFromFile(iconliste)
set ausgabe = fs.CreateTextFile(iconliste, true)

' Nach Anzahl gefundener Icons sortieren:
listview.ListViewSort 1, 1

' Ergebnis aus dem ListView auslesen:
set resultat = listview.GetListViewContents

' und in Datei schreiben:
for each entry in resultat
    ' Zeile aufsplitten in Dateiname und
    ' Iconanzahl:
    zeile = Split(entry, vbCrLf)
    ausgabe.WriteLine Trim(zeile(1)) & vbTab & zeile(0)
next

' Datei schließen:
ausgabe.close
MsgBox "Liste ist angelegt!", vbExclamation
wshshell.Run iconliste
' falls Editor kneift, diese Variante:
' wshshell.Run "iexplore.exe " & iconliste

sub CheckOrdner(ordnerobj)
    ordges = ordges + 1
    for each file in ordnerobj.files
        if not ok then exit sub
        if (datges mod 100)=0 then ShowInfo
        datges = datges + 1
```

9.1 Skriptgesteuert mit Icons umgehen

```
    ' dieser Block beschränkt die
    ' Dateisuche auf
    ' bestimmte Dateitypen. Das
    ' beschleunigt die
    ' Suche. Wollen Sie alle Dateien
    ' durchsuchen,
    ' dann entfernen Sie die beiden
    ' markierten Blöcke:
    ' -----ANFANG MARKIERUNG-----
    ' ist die Datei interessant?
    ext = lcase(fs.GetExtensionName(file.name))
    ' welche Dateitypen sollen durchsucht
    ' werden?
    if ext="exe" or ext="dll" or ext="cpl" _
        or ext="icl" or ext="scr" or _
        ext="ppw" or ext="flt" or ext="rsc" _
        or ext="qtc" or ext="drv" or _
        ext="ocx" or ext="tsp" or ext="mod" then
        ' prüfen, wieviel Icons in aktueller
        ' Datei liegen:
    ' -----ENDE MARKIERUNG-----
        anz = icontools.GetIconNumber(file.path)
    ' -----ANFANG MARKIERUNG-----
    else
        anz = 0
    end if
    ' -----ENDE MARKIERUNG-----
    ' nur wenn mehr als 1 Icon darin liegt,
    ' ist die
    ' Datei interessant:
    if anz>1 then
        icoges = icoges + 1
        icopic = icopic + anz
        ' Dateipfad in Liste eintragen:
        listview.AddItem file.path
        ' Anzahl der Icons in Liste eintragen
        ' Anzahl in Text verwandeln und
        ' Leerzeichen
        ' voranstellen, damit vernünftig
        ' sortiert wird:
        listview.AddSubItem 1, right("      " _
            & anz, 3)
    end if
next

ShowInfo
```

```
    ' Unterordner prüfen
    for each subfolder in ordnerobj.subfolders
        if not ok then exit sub
        CheckOrdner subfolder
    next
end sub

sub ShowInfo
    ' gibt den aktuellen Status der Suche aus:
    msg = "Untersuche " & ordges & " Ordner und " & datges & " Dateien." & vbCr
    msg = msg + "Bisher " & icoges & " Icondateien mit " & icopic & " Icons."
    fenster.WriteMessageBox msg
end sub


sub event_FormClose(nr)
    ' wird ausgelöst, wenn im Fortschrittsfenster
    ' auf Abbrechen geklickt wird:
    ok = false
end sub
'(C) 1999,2000 T.Weltner
```

Während Ihr Skript die ganze Festplatte nach Icons durchstöbert, hält es Sie mit einem Fenster über seine Arbeit auf dem laufenden. Das praktische Message-Fenster haben Sie schon in Kapitel 4 kennengelernt.

Bild 9.5: Bis tausende Icons auf Ihrem Rechner gefunden sind, dauert es etwas

Auch einen weiteren Bekannten nutzt das Skript: den ListView. Zwar verwendet es den ListView nicht als Dialogfenster, aber es nutzt seine bequeme Möglichkeit, Listen zu sortieren. Die Icon-Liste wird auf diese Weise nach gefundenen Icons sortiert: die Dateien mit den meisten Icons stehen am Anfang.

Die Suchaktion kann eine abendfüllende Angelegenheit werden. Zum Glück brauchen Sie sie nur einmal durchzuführen. Reißt Ihnen der Geduldsfaden, dann klicken Sie auf Abbrechen und arbeiten eben mit einer nicht ganz kompletten Liste. Wenn Sie später mehr Zeit haben, können Sie die Gesamtliste ja noch einmal erstellen lassen – zum Beispiel heute Nacht.

Ist die Liste fertig, dann öffnet das Skript die Liste zum Beweis mit dem Editor. Sollten bei Ihnen so viele Icon-Dateien gefunden worden sein, daß die Liste größer ist als 64 KB, dann muß der Editor allerdings passen. Im Skript finden Sie dann eine Alternativzeile, mit der Sie auch riesengroße Textdateien öffnen können – allerdings dann nur zur Ansicht, Änderungen sind nicht möglich.

9.1 Skriptgesteuert mit Icons umgehen

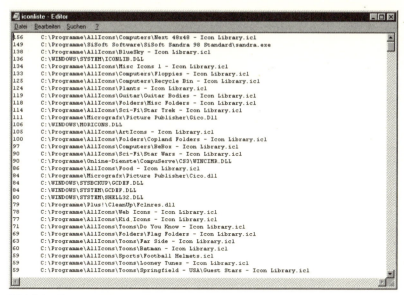

Bild 9.6: Erstaunlich, wieviel Icons sich auf dem System ansammeln

Dabei ist genau das ein riesengroßer Vorteil Ihrer Icon-Liste. Sie können kinderleicht Einträge daraus entfernen, die Ihnen nicht zusagen, und so Ihr Icon-Auswahlfenster feinjustieren. Damit nur noch die Icon-Dateien angezeigt werden, die Sie auch wirklich gut finden.

9.1.5 Icon-Auswahl mit konservierter Liste

Allein für sich nützt Ihnen die praktische Icon-Liste nur wenig. Das nächste Skript ist aber der ideale Partner und nutzt sie, um Ihnen blitzschnell Icons zur Auswahl zu stellen. Schauen Sie mal, wieviel schneller das dank der vorgefertigten Liste geht – und wieviel zusätzliche Icon-Dateien Sie zur Auswahl haben, weil nun alle Icon-Dateien auf Ihrer Festplatte berücksichtigt werden – nicht nur diejenigen im Windows- und System-Ordner:

```
' 9-5.VBS

iconliste = "C:\TOBTOOLS\ICONLISTE.TXT"

' Die Funktionen dieser Objekte werden
' gebraucht:
set dialog = CreateObject("systemdialog.tobtools")
set fs = CreateObject("Scripting.FileSystemObject")
set wshshell = CreateObject("Wscript.Shell")
set listview = CreateObject("listview.tobtools")

' Überschriften des Icon-Dialogfensters
' festlegen
' Spaltennamen:
listview.AddHeader "Dateiname", 60
```

```
listview.AddHeader "Icons", 20
listview.AddHeader "Pfad", 20

' Titelleiste:
dialog.SetIconDialogLabel "Suchen Sie sich per Klick ein Icon aus!"
' Nach Anzahl gefundener Icons sortieren:
listview.ListViewSort 1, 1

' Icons aus vorgefertigter Liste holen:
ReadIcons iconliste

' So lange Icon-Auswahl anzeigen, bis ein
' Icon gewählt
' oder auf Abbrechen geklickt wird:
do
    ' Liste der Dateien anzeigen, in denen
    ' Icons schlummern:
    set ergebnis = listview.ListViewShow _
        ("Suchen Sie sich eine"& " Datei aus, " _
        & "um die Icons darin zu sehen!",, _
        ,false,"&Aussuchen", "A&bbrechen", true)
    ' Abbrechen vorwählen:
    ende=true
    ' wenn nicht auf Abbrechen geklickt
    ' wurde, dann liegt jetzt
    ' ein Ergebnis vor:
    if ergebnis.Count>0 then
        ' Ergebnis besteht nur aus einer Zeile
        ' und befindet
        ' sich in ergebnis(1)
        ' Diese Zeile wird jetzt in
        ' Einzelteile aufgesplittet:
        zeile = Split(ergebnis(1), vbCrLf)
        ' Gewählter Dateiname befindet sich in
        ' zeile(0):
        ' Icons aus dieser Datei auslesen:
        anzahl = dialog.SelectIconFile(zeile (2) & zeile(0))
        ' Titelleiste des Auswahlfensters
        ' schreiben:
        dialog.SetIconDialogCaption anzahl & " Icons gefunden!"
        ' Icons zur Auswahl anbieten:
        ende = dialog.ShowIconDialog(resultat, "&Aussuchen", "&Nix dabei")
        ' ende ist true, wenn eine Auswahl
        ' getroffen wurde,
        ' sonst false
        ' wurde ein Icon ausgewählt, dann anzeigen:
        if ende then MsgBox "Ausgewähltes " & "Icon: " & resultat
```

```
       end if
loop until ende

' Icon-Auswahlfenster freigeben:
listview.ListViewQuit
sub ReadIcons(dateiname)
   ' liest die vordefinierten
   ' Icondatei-Infos aus der
   ' Liste ein:
   ' gibt es die Liste überhaupt?
   if fs.FileExists(dateiname) then
      ' Datei öffnen:
      set icons = fs.OpenTextFile(dateiname)
      ' Zeile für Zeile lesen, bis Ende erreicht:
      do until icons.atEndOfStream
         ' Zeile lesen:
         zeile = icons.ReadLine
         ' Information aufsplitten:
         ' infos(0) enthält die Anzahl der Icons,
         ' infos(1) den Namen der Icon-Datei
         infos = Split(zeile, vbTab)
         infoname = Trim(Mid(infos(1), InstrRev(infos(1), "\")+1))
         infopfad = Trim(left(infos(1), InstrRev(infos(1), "\")))
         ' Informationen in ListView eintragen:
         listview.AddItem infoname
         ' Leerzeichen voranstellen, damit Zahlen
         ' vernünftig sortiert werden:
         listview.AddSubItem 1, right("     " & infos(0), 3)
         listview.AddSubItem 2, infopfad
      loop
   else
      ' ups, Icon-Liste fehlt!
      MsgBox "Datei """ & dateiname & """ " _
         & "nicht vorhanden! Legen Sie zuerst eine Icon-Liste an!", _
              vbExclamation
      WScript.Quit
   end if
end sub
'(C) 1999,2000 T.Weltner
```

Ist die lange Icon-Liste erst einmal erstellt, dann finden Sie künftig Icons blitzschnell. Das Auswahlfenster listet die Bibliotheken sortiert nach Anzahl der Icons auf. Schauen Sie sich die Bibliotheken an, und wenn Ihnen darunter einige nicht gefallen, dann streichen Sie die aus der Icon-Liste.

330 *Kapitel 9: Icons, Grafik, Verschönerungen*

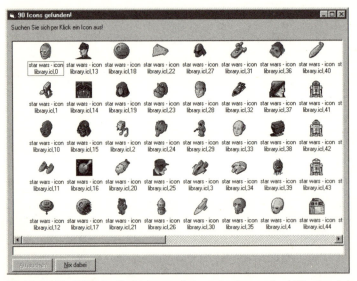

Bild 9.7: Prima, in Sekundenschnelle suchen Sie sich eine der Icon-Bibliotheken aus

> **Tip:** Massenweise Icons – im Internet.
> Natürlich finden Sie StarWars-, StarTrek und AkteX-Icons nicht in den Systemdateien von Windows. Leider. Aber Sie brauchen eigentlich nur kurz zu *www.altavista.com* zu surfen und nach Icons +download ⎡Enter⎤ zu suchen. Oder besuchen Sie eine Download-Seite wie *www.softseek.com*, und suchen Sie nach dem Stichwort *Icons*. Sie werden dort förmlich von Icons überschüttet.

Bild 9.8: Ein Klick in die Liste genügt, und schon sehen Sie den Inhalt der Bibliothek

9.1.6 System-Icons durch bessere Icons ersetzen

Überall begegnen Ihnen die Windows-System-Icons: im Startmenü finden Sie zum Beispiel vor jedem Befehl ein passendes Icon, und im Explorer und auf dem Desktop tummeln sich ganze Horden von Icons: Laufwerke, Ordner, die Netzwerkumgebung und das Arbeitsplatz-Icon. Finden Sie diese Icons schön?

9.1 Skriptgesteuert mit Icons umgehen

Wenn nicht, dann können Sie gleich etwas dagegen unternehmen – und Ihre brandneue Icon-Liste zum ersten Mal richtig sinnvoll einsetzen. Das nächste Skript erlaubt Ihnen nämlich etwas, das sonst niemand darf: Sie können damit jedes x-beliebige System-Icon durch irgendein anderes x-beliebiges Icon austauschen. Das Skript kümmert sich sogar automatisch darum, den internen Icon-Cache auf neuesten Stand zu bringen, so daß die Änderungen sofort sichtbar werden.

> **Tip:** Huch – eine Fehlermeldung.
> Wenn Sie das Skript zum allerersten Mal aufrufen, kann es sein, daß Windows eine Fehlermeldung bringt – die aber ganz harmlos ist und auch nicht wieder vorkommt. Sie tritt auf, wenn auf Ihrem System die Icon-Größe noch nicht in der Registry vermerkt ist. Die fehlende Information wird in diesem Fall unbürokratisch nachgetragen. Der Fall ist erledigt.

Und wenn Sie irgendwann die Original-Icons zurückhaben wollen, hat das Skript auch dafür vorgesorgt und bietet eine entsprechende Funktion an.

```
' 9-6.VBS

' hier liegt die vordefinierte Icon-Liste:
iconliste = "C:\TOBTOOLS\ICONLISTE.TXT"

' hier werden in der Registry die
' Ersatzicons gespeichert:
iconpath = "HKEY_LOCAL_MACHINE\Software\Microsoft\Windows\" _
    & "CurrentVersion\explorer\Shell Icons"

' dieses Objekt liefert die nötigen
' Spezialfunktionen:
set icontools = CreateObject("icons.tobtools")

' Systemicon aussuchen:
ergebnis = icontools.PickIcon("SHELL32.DLL")
if ergebnis="" then
    MsgBox "Abbruch!", vbCritical
    WScript.Quit
end if
infos = Split(ergebnis, ",")
iconnr = Fix(infos(1))

' diese Objekte werden ebenfalls benötigt:
set wshshell = CreateObject("WScript.Shell")
set listview = CreateObject("listview.tobtools")
set fs = CreateObject("Scripting.FileSystemObject")

' Icondatei-Auswahlliste vorbereiten:
listview.AddHeader "Dateiname", 60
listview.AddHeader "Icons", 20
```

Kapitel 9: Icons, Grafik, Verschönerungen

```
listview.AddHeader "Pfad", 20

listview.ListViewSort 1, 1

' Icons aus vorgefertigter Liste holen:
ReadIcons iconliste

do
  ' Liste der Dateien anzeigen, in denen
  ' Icons schlummern:
  set ergebnis = listview.ListViewShow _
    ("Suchen Sie sich eine Datei aus, um " _
    & "die Icons darin zu sehen!",,,false _
    ,"&Aussuchen", "A&bbrechen", true)
  ' wenn nicht auf Abbrechen geklickt
  ' wurde, dann liegt jetzt
  ' ein Ergebnis vor:
  if ergebnis.Count>0 then
    ' Ergebnis besteht nur aus einer Zeile
    ' und befindet
    ' sich in ergebnis(1)
    ' Diese Zeile wird jetzt in
    ' Einzelteile aufgesplittet:
    zeile = Split(ergebnis(1), vbCrLf)
    ' Gewählter Dateiname befindet sich in
    ' zeile(0),
    ' der Pfad in zeile(2):
    ' Icons aus dieser Datei auslesen:
    ergebnis = icontools.PickIcon(zeile(2) & zeile(0))
    if not ergebnis="" then
        ' gewähltes Icon als neues
        ' Systemicon aktivieren:
        WriteSystemIcon ergebnis
        ' und abbrechen:
        ende = true
    else
        ' nochmal aussuchen:
        ende = false
    end if
  else
    ende=true
    ' abbrechen? Sind Sie nicht zufrieden?
    ' ist für das aktuelle Systemicon ein
    ' Ersatzicon
    ' aktiv?
    if RegRead(iconpath & "\" & iconnr, wert) then
        ' ja, also nachfragen, ob Sie lieber
```

```
            ' wieder
            ' das Originalicon haben wollen:
            antwort = MsgBox("Wollen Sie das Standard-Icon zurückhaben?", _
                vbYesNo + vbQuestion)
            ' ja, also Eintrag in Registry löschen:
            if antwort = vbYes then MakeDefault
        end if
    end if
loop until ende

' Icon-Auswahlfenster freigeben:
listview.ListViewQuit

sub WriteSystemIcon(ergebnis)
    ' Icon als neues Systemicon freischalten:
    ' zuerst Ergebnis aufsplitten:
    ' infos(1) enthält die Icon-Nummer,
    ' iconpath den zuständigen
    ' Registry-Schlüssel:
    infos = Split(ergebnis, ",")
    icon = Fix(infos(1))
    ' in diesem Schlüssel einen Eintrag für
    ' den Icon-
    ' Index anlegen und anschließend das
    ' ausgewählte
    ' Icon hineinschreiben:
    WSHShell.RegWrite iconpath & "\" & iconnr, ergebnis
    ' IconCache löschen, damit Ergebnis
    ' sichtbar wird:
    icontools.FlushIconCache
end sub

sub MakeDefault
    ' Eintrag aus Registry wieder entfernen:
    WSHShell.RegDelete iconpath & "\" & iconnr
    ' IconCache löschen, damit Ergebnis
    ' sichtbar wird:
    icontools.FlushIconCache
end sub

function RegRead(key, wert)
    ' liest einen Schlüssel der Registry und
    ' liefert das Resultat in wert zurück.
    ' Konnte der Schlüssel nicht gelesen werden,
    ' dann liefert die Funktion false zurück,
    ' ansonsten true:
    on error resume next
```

Kapitel 9: Icons, Grafik, Verschönerungen

```
      wert = WSHShell.RegRead(key)
      if err.Number=0 then
         RegRead = true
      else
         Regread = false
         err.clear
      end if
end function

sub ReadIcons(dateiname)
   ' liest die vordefinierten
   ' Icondatei-Infos aus der
   ' Liste ein:
   ' gibt es die Liste überhaupt?
   if fs.FileExists(dateiname) then
      ' Datei öffnen:
      set icons = fs.OpenTextFile(dateiname)
      ' Zeile für Zeile lesen, bis Ende erreicht:
      do until icons.atEndOfStream
            ' Zeile lesen:
            zeile = icons.ReadLine
            ' Information aufsplitten:
            ' infos(0) enthält die Anzahl der Icons,
            ' infos(1) den Namen der Icon-Datei
            infos = Split(zeile, vbTab)
            infoname = Trim(Mid(infos(1), InstrRev(infos(1), "\")+1))
            infopfad = Trim(left(infos(1), InstrRev(infos(1), "\")))
            ' Informationen in ListView eintragen:
            listview.AddItem infoname
            ' Leerzeichen voranstellen, damit Zahlen
            ' vernünftig sortiert werden:
            listview.AddSubItem 1, right("      " & infos(0), 3)
            listview.AddSubItem 2, infopfad
      loop
   else
      ' ups, Icon-Liste fehlt!
      MsgBox "Datei """ & dateiname & """ " _
            & "nicht vorhanden! Legen Sie zuerst " _
            & "eine Icon-Liste an!", vbExclamation
      WScript.Quit
   end if
end sub
'(C) 1999,2000 T.Weltner
```

9.1 Skriptgesteuert mit Icons umgehen 335

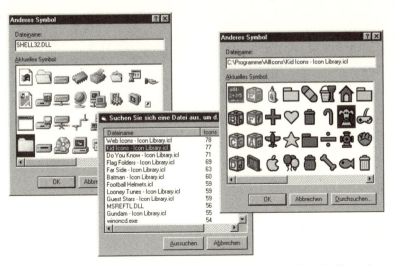

Bild 9.9: Suchen Sie sich ein System-Icon aus, und schaffen Sie Ersatz!

Probieren Sie Ihre neue Freiheit aus. Wird das Skript gestartet, dann öffnet sich das offizielle Icon-Auswahlfenster und zeigt Ihnen die ebenso offiziellen Icons aus der Datei SHELL32.DLL an. Picken Sie sich ein Icon heraus, zum Beispiel das gelbe Ordnersymbol.

Jetzt erscheint die Auswahlliste mit den Icon-Dateien, die Alternativ-Icons anzubieten haben. Suchen Sie sich die Icon-Datei aus, die Sie verwenden wollen.

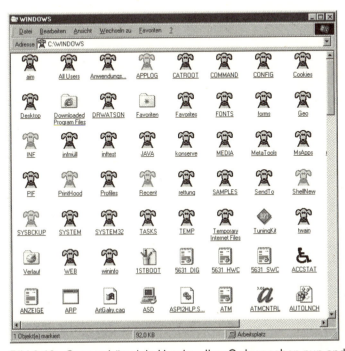

Bild 9.10: Ganz schön viele Hunde – Ihre Ordner sehen nun anders aus

Wieder erscheint ein Icon-Auswahlfenster und zeigt Ihnen jetzt die Alternativen an. Wählen Sie sich eine aus. Schwupp, der Bildschirm flackert ein paar Mal, und schon ist Ihr Icon aktiviert. Hatten Sie sich zum Beispiel das Ordner-Icon herausgepickt, dann haben nun alle Ordner ein neues Gesicht. Heureka!

Bild 9.11: Eine besondere Fassung des Startmenüs – nicht schön, aber selten

Experimentieren Sie ruhig herum, es kann nichts passieren.

Im System-Icon-Auswahlfenster finden Sie auch die Icons der Startmenübefehle, der Programmgruppen, der Laufwerke und des Arbeitsplatzsymbols. Ab sofort sprengen Sie jedes Designlimit.

Und was, wenn Sie den Maskenball für ein Icon rückgängig machen wollen? Dann starten Sie das Skript erneut und suchen Sie sich zuerst das System-Icon aus, das Sie wieder normalisieren wollen. Klicken Sie dann in der Icon-Dateiliste auf *Abbrechen*. Zuvorkommend fragt Sie nun das Skript, ob Sie das Standard-Icon zurückhaben wollen, und wenn Sie auf *Ja* klicken, ist Ihr Wille geschehen.

Bei allzu extensiven Experimenten ist dieser Weg ein wenig mühselig. Wollen Sie alle Icon-Umdefinierungen auf einen Schlag entsorgen, dann benutzen Sie das nächste Skript:

```
' 9-7.VBS

' hier werden in der Registry die
' Ersatzicons gespeichert:
iconpath = "HKEY_LOCAL_MACHINE\Software\Microsoft\Windows\CurrentVersion" _
         & " \explorer\Shell Icons\"
```

```
set wshshell = CreateObject("WScript.Shell")
set icontools = CreateObject("icons.tobtools")

antwort = MsgBox("Wollen Sie wirklich ALLE benutzerdefinierten Systemicons " _
    & "entfernen?", vbYesNo + vbQuestion)
if antwort = vbYes then
    on error resume next
    WSHShell.RegDelete iconpath
    WSHShell.RegWrite iconpath, ""
    icontools.FlushIconCache
end if
'(C) 1999,2000 T.Weltner
```

9.1.7 Bessere Icons für Ihre Verknüpfungen

Verknüpfungen begegnen Ihnen beinahe überall: im Startmenü und den Programmgruppen. In Kapitel 7 hatten Sie bereits erlebt, wie einfach es ist, Verknüpfungen ein anderes Icon zuzuschanzen. Inzwischen haben Sie das Werkzeug beisammen, um x-beliebigen Verknüpfungen übersichtlich und bequem jedes x-beliebige Icon zu verpassen:

```
' 9-8.VBS

iconliste = "C:\TOBTOOLS\ICONLISTE.TXT"

' Prüfen, ob Kommandozeilenparameter
' angegeben wurden:
set args = WScript.Arguments
if args.Count=0 then
    MsgBox "Dieses Skript kann nicht isoliert gestartet werden."& " Es " _
        & "funktioniert nur als Drag&Drop-Ziel oder als "& _
        "Kontextmenüerweiterung. Mehr Infos im Buch!", vbExclamation
    WScript.Quit
end if

' Die Funktionen dieser Objekte werden
' gebraucht:
set fs = CreateObject("Scripting.FileSystemObject")

' prüfen, ob auch wirklich eine
' Verknüpfung angegeben wurde:
' Name der Datei lesen:
link = args(0)
' existiert die Datei?
if not fs.FileExists(link) then
    MsgBox "Die Datei """ & link & """ " _
        & "existiert nicht!",vbExclamation
```

```
   WScript.Quit
end if
' ist es eine Verknüpfung? Dann
' Shortcut-Object speichern:
set linkobj = GetLink(link)

' übrige Objekte öffnen:
set dialog = CreateObject _
   ("systemdialog.tobtools")
set listview = CreateObject("listview.tobtools")

' Überschriften des Icon-Dialogfensters
' festlegen
' Spaltennamen:
listview.AddHeader "Dateiname", 60
listview.AddHeader "Icons", 20
listview.AddHeader "Pfad", 20

' Titelleiste:
dialog.SetIconDialogLabel "Suchen Sie sich per Klick ein Icon"& " aus!"
' Nach Anzahl gefundener Icons sortieren:
listview.ListViewSort 1, 1

' Icons aus vorgefertigter Liste holen:
ReadIcons iconliste

' So lange Icon-Auswahl anzeigen, bis ein
' Icon gewählt
' oder auf Abbrechen geklickt wird:
do
   ' Liste der Dateien anzeigen, in denen
   ' Icons schlummern:
   set ergebnis = listview.ListViewShow("Suchen Sie sich eine"& " Datei aus, "_
      & "um die Icons darin zu sehen!",, _
      ,false,"&Aussuchen", "A&bbrechen", true)
   ' Abbrechen vorwählen:
   ende=true
   ' wenn nicht auf Abbrechen geklickt
   ' wurde, dann liegt jetzt
   ' ein Ergebnis vor:
   if ergebnis.Count>0 then
      ' Ergebnis besteht nur aus einer Zeile
      ' und befindet
      ' sich in ergebnis(1)
      ' Diese Zeile wird jetzt in
      ' Einzelteile aufgesplittet:
      zeile = Split(ergebnis(1), vbCrLf)
```

```
        ' Gewählter Dateiname befindet sich in
        ' zeile(0):
        ' Icons aus dieser Datei auslesen:
        anzahl = dialog.SelectIconFile(zeile(2) & zeile(0))
        ' Titelleiste des Auswahlfensters
        ' schreiben:
        dialog.SetIconDialogCaption anzahl & " Icons gefunden!"
        ' Icons zur Auswahl anbieten:
        ende = dialog.ShowIconDialog(resultat, "&Aussuchen","&Nix dabei")
        ' ende ist true, wenn eine Auswahl
        ' getroffen wurde,
        ' sonst false
        ' wurde ein Icon ausgewählt, dann als neues
        ' Verknüpfungs-Icon aktivieren:
        if ende then
            ' neu ausgewähltes Icon eintragen:
            linkobj.IconLocation = resultat
            ' Änderungen speichern:
            linkobj.Save
        end if
    end if
loop until ende

' Icon-Auswahlfenster freigeben:
listview.ListViewQuit

sub ReadIcons(dateiname)
    if fs.FileExists(dateiname) then
        set icons = fs.OpenTextFile(dateiname)
        do until icons.atEndOfStream
            zeile = icons.ReadLine
            infos = Split(zeile, vbTab)
            infoname = Trim(Mid(infos(1), InstrRev(infos(1), "\")+1))
            infopfad = Trim(left(infos(1), InstrRev(infos(1), "\")))
            listview.AddItem infoname
            listview.AddSubItem 1, right("      " & infos(0), 3)
            listview.AddSubItem 2, infopfad
        loop
    else
        MsgBox "Datei """ & dateiname & """ " _
            & "nicht vorhanden! Legen Sie zuerst " _
            & "eine Icon-Liste an!", vbExclamation
        WScript.Quit
    end if
end sub

function GetLink(path)
```

```
' liefert ein Shortcut-Objekt zurück,
' wenn es sich
' um eine Verknüpfung handelt, ansonsten
' Fehlermeldung:
set wshshell = CreateObject("Wscript.Shell")
on error resume next
' ist Datei eine Verknüpfung?
set GetLink = wshshell.CreateShortcut(path)
if not err.Number=0 then
   ' nein, also beschweren:
   MsgBox "Die Datei """ & path & """ ist keine Verknüp-fung!", _
       vbExclamation
   WScript.Quit
  end if
end function
'(C) 1999,2000 T.Weltner
```

Dieses Skript ist die neue »Tuningwerkstatt« für Ihre Verknüpfungen. Sie brauchen bloß irgendeine Verknüpfung auf dem Skript-Icon fallenzulassen, und schon können Sie ihr ein neues Äußeres geben.

> **Tip:** Drag&Drop funktioniert nur beim WSH 2.0.
> Nur wenn Sie wie in Kapitel 1 empfohlen auf den kostenlosen WSH 2.0 umgestiegen sind, funktioniert das Drag&Drop. Ohne Drag&Drop können Sie Ihr Skript aber auch benutzen, bauen Sie es ins Kontextmenü der Verknüpfungen ein (Kap. 12).

Noch praktischer wird die Sache, wenn Sie das Skript direkt ins Kontextmenü Ihrer Verknüpfungen integrieren. Der blitzschnelle Weg: ziehen Sie das Skript-Icon auf das Skript 12-5.VBS. Schon können Sie sich aussuchen, für welchen Dateityp das Skript zuständig sein soll. Suchen Sie sich die Extension *lnk* aus, und geben Sie dem Skript einen passenden Namen, zum Beispiel *Neues Icon*. In Kapitel 12.3 lesen Sie übrigens ganz genau, wie die Kontextmenüs funktionieren und finden dort auch Lösungen, falls das Drag&Drop bei Ihnen nicht klappt.

Jetzt, wo Ihr Skript im Kontextmenü der Verknüpfungen parat steht, wird alles noch einfacher. Probieren Sie doch mal aus, was passiert, wenn Sie einen Eintrag oben im Startmenü oder innerhalb einer Programmgruppe mit der rechten Maustaste anklicken. Dort erscheint Ihr neuer Befehl nämlich auch, und jetzt können Sie Ihr Startmenü komplett renovieren – wenn Sie mögen.

9.1.8 Icons für individuelle Ordner – unglaublich, aber wahr

Gänzlich unbemerkt hat Windows 98 ein neues Feature mitgebracht, das Sie auch bei Windows 2000 finden – und bei Windows 95/NT mit dem IE4 Desktop Update nachrüsten können:

Ab sofort ist es möglich, einzelnen Ordnern ein anderes Icon zu geben. Sie haben richtig gelesen: Ihr Ordner mit den Briefen könnte nun wie ein Briefumschlag aussehen und sich wohltuend von dem gelben Ordnereinerlei abheben.

Das nächste Skript zeigt, wie Sie Ordner besser aussehen lassen:

```
' 9-9.VBS

iconliste = "C:\TOBTOOLS\ICONLISTE.TXT"

' Prüfen, ob Kommandozeilenparameter
' angegeben wurden:
set args = WScript.Arguments
if args.Count=0 then
   MsgBox "Dieses Skript kann nicht " _
      & "isoliert gestartet werden. Es " _
      & "funktioniert nur als Drag&Drop-Ziel " _
      & "oder als Kontextmenüerweite-rung. " _
      & "Mehr Infos im Buch!", vbExclamation
   WScript.Quit
end if


' Die Funktionen dieser Objekte werden
' gebraucht:
set fs = CreateObject("Scripting.FileSystemObject")

' prüfen, ob auch wirklich ein Ordner
' angegeben wurde
' Name der Datei lesen:
ordner = args(0)
' existiert der Ordner?
if not fs.FolderExists(ordner) then
   MsgBox "Der Ordner """ & ordner & """ existiert nicht!",vbExclamation
   WScript.Quit
end if


' übrige Objekte öffnen:
set listview = CreateObject("listview.tobtools")
set tools = CreateObject("icons.tobtools")

' Überschriften des Icon-Dialogfensters
' festlegen

' Spaltennamen:
listview.AddHeader "Dateiname", 60
listview.AddHeader "Icons", 20
listview.AddHeader "Pfad", 20

' Titelleiste:
tools.SetIconDialogLabel "Suchen Sie sich per Klick ein Icon aus!"
' Nach Anzahl gefundener Icons sortieren:
```

```
listview.ListViewSort 1, 1

' Icons aus vorgefertigter Liste holen:
ReadIcons iconliste


' So lange Icon-Auswahl anzeigen, bis ein
' Icon gewählt
' oder auf Abbrechen geklickt wird:
do
   ' Liste der Dateien anzeigen, in denen
   ' Icons schlummern:
   set ergebnis = listview.ListViewShow("Suchen Sie sich eine"& " Datei aus, "_
      & "um die Icons darin zu sehen!",,,false,"&Aussuchen", "A&bbrechen",_
      true)
   ' Abbrechen vorwählen:
   ende=true
   ' wenn nicht auf Abbrechen geklickt
   ' wurde, dann liegt jetzt
   ' ein Ergebnis vor:
   if ergebnis.Count>0 then
      ' Ergebnis besteht nur aus einer Zeile
      ' und befindet
      ' sich in ergebnis(1)
      ' Diese Zeile wird jetzt in
      ' Einzelteile aufgesplittet:
      zeile = Split(ergebnis(1), vbCrLf)
      ' Gewählter Dateiname befindet sich in
      ' zeile(0):
      ' Icons aus dieser Datei auslesen:
      anzahl = tools.SelectIconFile(zeile(2) & zeile(0))
      ' Titelleiste des Auswahlfensters
      ' schreiben:
      tools.SetIconDialogCaption anzahl & " Icons gefunden!"
      ' Icons zur Auswahl anbieten:
      ende = tools.ShowIconDialog(resultat, "&Aussuchen","&Nix dabei")
      ' ende ist true, wenn eine Auswahl
      ' getroffen wurde,
      ' sonst false
      ' wurde ein Icon ausgewählt, dann als neues
      ' Verknüpfungs-Icon aktivieren:
      if ende then
            ' neu ausgewähltes Icon eintragen:
            NewFolderIcon ordner, resultat
      end if
   else
      ' prüfen, ob Ordner ein Custom-Icon
      ' besitzt:
```

```
            if fs.FolderExists(ordner) then
                set tempfldr = fs.GetFolder(ordner)
                if (tempfldr.Attributes and 4) > 0 then
                    antwort = MsgBox("Wollen Sie das " _
                        & "Standardicon zurückbekommen?", vbYesNo + vbQuestion)
                    if antwort = vbYes then
                        CleanUp tempfldr
                    end if
                end if
            end if
        end if
loop until ende

' Icon-Auswahlfenster freigeben:
listview.ListViewQuit

sub ReadIcons(dateiname)
    if fs.FileExists(dateiname) then
        set icons = fs.OpenTextFile(dateiname)
        do until icons.atEndOfStream
            zeile = icons.ReadLine
            infos = Split(zeile, vbTab)
            infoname = Trim(Mid(infos(1), InstrRev(infos(1), "\")+1))
            infopfad = Trim(left(infos(1), InstrRev(infos(1), "\")))
            listview.AddItem infoname
            listview.AddSubItem 1, right("     " & infos(0), 3)
            listview.AddSubItem 2, infopfad
        loop
    else
        MsgBox "Datei """ & dateiname & """ " _
            & "nicht vorhanden! Legen Sie zuerst " _
            & "eine Icon-Liste an!", vbExclamation
        WScript.Quit
    end if
end sub

sub NewFolderIcon(pfad, icon)
    ' gibt Ordner in pfad ein neues Icon in icon:
    ' parts(0) enthält alten Inhalt der
    ' DESKTOP.INI bis zur
    ' Icon-Sektion, parts(1) den alten
    ' Inhalt nach der Sektion:
    dim parts(1)
    ' beginne mit dem ersten Teil:
    startpart = 0
    ' hier liegt die DESKTOP.INI:
    desktopini = pfad & "\desktop.ini"
```

Kapitel 9: Icons, Grafik, Verschönerungen

```
' gibt es schon eine DESKTOP.INI?
if fs.FileExists(desktopini) then
    ' ja, öffnen:
    set tempfile = fs.OpenTextFile(desktopini)
    ' alten Inhalt lesen:
    do until tempfile.atEndOfStream
        ' Zeile für Zeile:
        zeile = tempfile.ReadLine
        ' Zeilen herausfiltern, wenn sie mit
        ' iconfile, iconindex oder dem
        ' Sektionsheader beginnen:
        if lcase(left(zeile, 8)) = "iconfile" then
            skip = true
        elseif lcase(left(zeile, 9)) = "iconindex" then
            skip=true
        elseif lcase(left(zeile, 17)) = "[.shellclassinfo]" then
            skip = true
        else
            skip = false
        end if
        ' nicht gefilterte Zeilen merken:
        if not skip then parts(startpart) = parts(startpart)+zeile & vbCrLf
        ' Iconsektion ist vorbei? Dann den
        ' Rest in parts(1) speichern:
        if lcase(left(zeile, 17))="[.shellclassinfo]" then
            startpart=1
        end if
    loop
    ' Datei wieder schließen:
    tempfile.close
end if

' neue DESKTOP.INI erzeugen und evtl.
' vorhandene
' Datei dabei überschreiben:
set tempdat = fs.CreateTextFile(desktopini, true)
' Infos aufsplitten: iconinfo(0) enthält
' den Namen der
' Iconbibliothek, iconinfo(1) die
' Indexnummer:
iconinfo = Split(icon, ",")
icon1 = Trim(iconinfo(0))
icon2 = Fix(iconinfo(1))


' ersten Teil einer evtl. vorhandenen
' DESKTOP.INI
```

9.1 Skriptgesteuert mit Icons umgehen

```
      ' in die neue DESKTOP.INI schreiben:
      tempdat.WriteLine parts(0)

      ' Icon-Sektion neu erstellen:
      tempdat.WriteLine "[.ShellClassInfo]"
      tempdat.WriteLine "IconFile=" & icon1
      tempdat.WriteLine "IconIndex=" & icon2

      ' zweiten Teil einer evtl. vorhandenen
      ' DESKTOP.INI
      ' in die neue DESKTOP.INI schreiben:
      tempdat.WriteLine parts(1)

      ' Datei schließen:
      tempdat.Close

      ' System-Attribut des Ordners setzen:
      set folderobj = fs.GetFolder(pfad)
      folderobj.Attributes = folderobj.Attributes and not 216 or 4

      ' DESKTOP.INI öffnen und
      ' Versteckt-Attribut setzen:
      set tempdatei = fs.GetFile(desktopini)
      tempdatei.Attributes = tempdatei.Attributes and not 216 or 2

      ' Ordner und Explorer aktualisieren:
      Refresh folderobj
end sub

sub CleanUp(obj)
      ' entfernt Icon-Infos aus DESKTOP.INI:

      ' Name der DESKTOP.INI:
      desktopini = obj.path & "\desktop.ini"
      ' gibt es die?
      if fs.FileExists(desktopini) then
            ' ja, öffnen:
            set tempfile = fs.OpenTextFile(desktopini)

            ' Inhalt lesen:
            do until tempfile.atEndOfStream
                  ' Zeile für Zeile:
                  zeile = tempfile.ReadLine & space(20)
                  ' Zeilen mit Iconinfos herausfiltern:
                  if lcase(left(zeile, 8)) = "iconfile" then
                        skip = true
                  elseif lcase(left(zeile, 9)) = "iconindex" then
```

```
            skip = true
        ' leere Zeilen herausfiltern:
        elseif trim(zeile)="" then
            skip = true
        elseif lcase(left(zeile, 17)) = "[.shellclassinfo]" then
            flag = true
        else
            ' falls die Iconsektion nun leer ist,
            ' kann sie auch entfernt werden:
            if flag=true and left(zeile, 1)="[" then
                gesamt = Replace(gesamt, "[.shellclassinfo]", "",,,1)
            end if
            flag = false
            gesamt = gesamt & trim(zeile) & vbCrLf


            ' es stehen noch wichtige Dinge in der
            ' DESKTOP.INI, also behalten:
            content = true
        end if
    loop
    ' Datei schließen:
    tempfile.close

    ' wenn noch wichtige Dinge in
    ' DESKTOP.INI übrig-
    ' geblieben sind, dann die Datei neu
    ' schreiben:
    if content then
        set tempfile = fs.CreateTextFile(desktopini, true)
        tempfile.Write gesamt
        tempfile.close
        set tempfile = fs.GetFile(desktopini)
        tempfile.Attributes = tempfile.Attributes and not 216 or 2
    else
        ' andernfalls Datei komplett
        ' entsorgen und das
        ' System-Attribut des Ordners löschen:
        fs.Deletefile desktopini, true
        tempfldr.Attributes = tempfldr.Attributes and not 4and _
            not 216
    end if
  end if
  ' Ordner und Explorer aktualisieren:
  Refresh tempfldr
end sub

sub Refresh(obj)
```

9.1 Skriptgesteuert mit Icons umgehen

```
' aktualisiert Ordner und Explorer
' wegen Bugs muß zweimal aktualisiert
' werden, einmal ohne
' und einmal mit System-Attribut:

' aktuelle Attribute des Ordners:
atts = obj.Attributes and not 216
' Systemattribut löschen:
obj.Attributes = atts and not 4
' Aktualisieren!
tools.RefreshDesktop
' alte Attribute wiederherstellen:
obj.Attributes = atts
' nochmal aktualisieren!
tools.RefreshDesktop
end sub
'(C) 1999,2000 T.Weltner
```

Ihr neues Ordnerkosmetikstudio ist sofort einsatzbereit: Ziehen Sie einfach Ordner auf das Skript-Icon. Noch bequemer wird das Skript, wenn Sie es ins Kontextmenü der Dateiordner einbauen. Schritt-für-Schritt-Anweisungen dafür finden Sie in Kapitel 12. Danach genügt ein Rechtsklick auf einen Ordner, um ihm ein neues Gesicht zu spendieren oder das Standard-Icon zurückzubekommen.

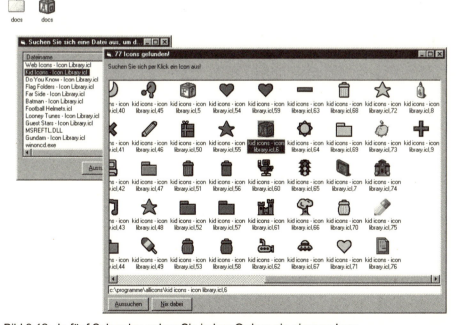

Bild 9.12: In fünf Sekunden geben Sie jedem Ordner ein eigenes Icon

Oder Sie verwenden das nächste Skript. Jeder Ordner, den Sie auf dieses Skript ziehen, verliert sein individuelles Icon wieder und verwandelt sich zurück in ein normales Ordnersymbol:

```
' 9-10.VBS

set fs = CreateObject _
   ("Scripting.FileSystemObject")
set tools = CreateObject("icons.tobtools")

set args = WScript.Arguments
if args.Count=0 then
   MsgBox "Dieses Skript kann nicht " _
      & "isoliert gestartet werden. Es " _
      & "funktioniert nur als Drag&Drop-Ziel " _
      & "oder als Kontextmenüerweite-rung. " _
      & "Mehr Infos im Buch!", vbExclamation
   WScript.Quit
elseif not fs.FolderExists(args(0)) then
   MsgBox "Ordner """ & args(0) & """ " _
      & "existiert nicht."
   WScript.Quit
end if

CleanUp fs.GetFolder(args(0))

sub CleanUp(obj)
   desktopini = obj.path & "\desktop.ini"
   if fs.FileExists(desktopini) then
      set tempfile = fs.OpenTextFile(desktopini)
      do until tempfile.atEndOfStream
         zeile = tempfile.ReadLine & space(20)
         if lcase(left(zeile, 8)) = _
               "iconfile" then
            skip = true
         elseif lcase(left(zeile, 9)) = _
               "iconindex" then
            skip = true
         elseif trim(zeile)="" then
            skip = true
         elseif lcase(left(zeile, 17)) = _
               "[.shellclassinfo]" then
            flag = true
         else
            if flag=true and left(zeile, _
                  1)="[" then
               gesamt = Replace(gesamt, _
                  "[.shellclassinfo]", "",,,1)
```

```
                end if
                flag = false
                gesamt = gesamt & trim(zeile) & vbCrLf
                content = true
            end if
        loop
        tempfile.close
        if content then
            set tempfile = fs.CreateTextFile _
                (desktopini, true)
            tempfile.Write gesamt
            tempfile.close
            set tempfile = fs.GetFile(desktopini)
            tempfile.Attributes = _
                tempfile.Attributes and not 216 or 2
        else
            fs.Deletefile desktopini, true
            obj.Attributes = obj.Attributes and _
                not 4and not 216
        end if
    end if
    Refresh obj
end sub

sub Refresh(obj)
    atts = obj.Attributes and not 216
    obj.Attributes = atts and not 4
    tools.RefreshDesktop
    obj.Attributes = atts
    tools.RefreshDesktop
end sub
'(C) 1999,2000 T.Weltner
```

Die praktische Ordner-Icon-Verschönerung ist nicht nur ein Jux. Sie gewinnen viele Vorteile.

Erstens sind die neuen Ordner-Icons natürlich sehr viel auffälliger. Wichtige Ordner sind so viel schneller zu finden. Zweitens aber erscheinen die neuen Ordner-Icons auch in der Taskleiste und sogar in der Umschaltleiste, die erscheint, wenn Sie [Alt] festhalten und auf [Tab] drücken. Sogar in der Titelleiste des Ordners taucht das neue Icon auf, spätestens, wenn Sie den Ordner schließen und neu öffnen.

> **Tip:** Neue Ordnersymbole selbstgemacht.
> Nicht alle Icons eignen sich für Ordner gleich gut. Schließlich sollte wenigstens annähernd erkennbar bleiben, daß es sich um einen Ordner handelt. Lesen Sie deshalb im nächsten Abschnitt, wie Sie sich eigene Ordner-Icons basteln.

Mit Ordner-Icons lassen sich sogar wichtige Daten verstecken. Dazu tarnen Sie den Ordner einfach als normales Programm. Suchen Sie sich als Icon-Bibliothek *SHELL32.DLL* aus, und wäh-

350 *Kapitel 9: Icons, Grafik, Verschönerungen*

len Sie als Icon das DOS-Programmsymbol. Anschließend brauchen Sie nur noch den Ordnernamen zu tarnen: markieren Sie den Ordner, und drücken Sie auf F2. Danach nennen Sie den Ordner zum Beispiel doscfg.exe Enter. Schon wird niemand mehr dahinter einen Ordner mit Ihren persönlichen Daten vermuten.

> **Tip:** Vorsicht bei anderen Ordner-Spezialoptionen.
> Die speziellen Ordner-Icons werden über die geheime (und versteckte) Datei *DESKTOP.INI* im Inneren des Ordners aktiviert. Diese Datei hat aber noch mehr Aufgaben und regelt zum Beispiel auch die Webansicht und die Miniaturansicht. Windows geht dabei ziemlich ignorant vor, und wenn Sie Web- oder Miniaturansicht aktivieren, verliert Ihr Ordner unter Umständen sein schickes Icon. Sie können es dann aber wie oben nachträglich wieder einschalten, denn die neue Icon-Befehlserweiterung ist schlau genug, fremde Einträge in der *DESKTOP.INI*-Datei in Ruhe zu lassen.

Bild 9.13: Sieht aus wie ein Programm, ist aber in Wirklichkeit ein getarnter Ordner

9.1.9 Icon-Dateien extrahieren und verändern

Die Icon-Ausborgerei hat einen Nachteil, den Sie kennen sollten: Weil das Icon nach wie vor in einer fremden Datei haust, besteht die Gefahr, daß das Icon irgendwann nicht mehr zur Verfügung steht. Haben Sie sich zum Beispiel ausgerechnet ein Icon aus einer Datei des MS Office Pakets herausgepickt und diese Software später deinstalliert, dann ist das Icon futsch, und Ihre Verweise darauf funktionieren nicht mehr.

Ein anderes Problem: Vielleicht gibt es die Icon-Bibliothek, die Sie sich ausgesucht haben, nur auf Ihrem Computer. Ein Bekannter, dem Sie stolz Ihr Skript vermachen, hat das betreffende Programm, aus dem das Icon »entliehen« ist, vielleicht gar nicht installiert.

Und: bei aller Vielfalt finden Sie vielleicht trotz allem nicht das genau passende ideale Icon für Ihre Zwecke. Also, was tun?

Tricksen Sie. Verwandeln Sie das »fremde« Icon einfach in ein »eigenes« Icon. Dazu extrahieren Sie die Icon-Grafik aus der fremden Datei und speichern dieses Icon als eigenständige Grafik, die nun Ihnen gehört. Niemand kann sie Ihnen mehr einfach wegnehmen. Noch besser: Sie können das geklonte Icon sogar als Grundlage für ganz eigene Icon-Kreationen benutzen und nach Herzenslust verändern und verfeinern.

9.1 Skriptgesteuert mit Icons umgehen

Allerdings scheitert dieser ehrgeizige Plan an einer einfachen Hürde: der Scripting Host kann gar keine Icons extrahieren. Meine Toolsammlung allerdings schon, und deshalb ist das nächste Skript die Lösung:

```
' 9-11.VBS

iconliste = "C:\TOBTOOLS\ICONLISTE.TXT"

' Die Funktionen dieser Objekte werden
' gebraucht:
set dialog = CreateObject("systemdialog.tobtools")
set fs = CreateObject("Scripting.FileSystemObject")
set wshshell = CreateObject("Wscript.Shell")
set listview = CreateObject("listview.tobtools")
set addon = CreateObject("icons.tobtools")

' Überschriften des Icon-Dialogfensters
' festlegen
' Spaltennamen:
listview.AddHeader "Dateiname", 60
listview.AddHeader "Icons", 20
listview.AddHeader "Pfad", 20

' Titelleiste:
dialog.SetIconDialogLabel "Suchen Sie sich per Klick ein "& "Icon aus!"
' Nach Anzahl gefundener Icons sortieren:
listview.ListViewSort 1, 1

' Icons aus vorgefertigter Liste holen:
ReadIcons iconliste

' So lange Icon-Auswahl anzeigen, bis ein
' Icon gewählt
' oder auf Abbrechen geklickt wird:
do
   ' Liste der Dateien anzeigen, in denen
   ' Icons schlummern:
   set ergebnis = listview.ListViewShow("Suchen Sie sich eine Datei aus, um " _
      & "die Icons darin zu sehen!" ,,,false _
      ,"&Aussuchen", "A&bbrechen", true)
   ' Abbrechen vorwählen:
   ende=true
   ' wenn nicht auf Abbrechen geklickt
   ' wurde, dann liegt jetzt
   ' ein Ergebnis vor:
   if ergebnis.Count>0 then
      ' Ergebnis besteht nur aus einer Zeile
      ' und befindet
```

```
       ' sich in ergebnis(1)
       ' Diese Zeile wird jetzt in
       ' Einzelteile aufgesplittet:
       zeile = Split(ergebnis(1), vbCrLf)
       ' Gewählter Dateiname befindet sich in
       ' zeile(0):
       ' Icons aus dieser Datei auslesen:
       anzahl = dialog.SelectIconFile(zeile(2) & zeile(0))
       ' Titelleiste des Auswahlfensters
       ' schreiben:
       dialog.SetIconDialogCaption anzahl & " Icons gefunden!"
       ' Icons zur Auswahl anbieten:
       ende = dialog.ShowIconDialog(resultat, "&Aussuchen", "&Nix dabei")
       ' ende ist true, wenn eine Auswahl
       ' getroffen wurde,
       ' sonst false
       ' wurde ein Icon ausgewählt, dann zur
       ' Bearbeitung öffnen:
       show=true
   end if
loop until ende

' Icon-Auswahlfenster freigeben:
listview.ListViewQuit

if show then
   ' Nachfragen, wo Icon gespeichert werden
   ' soll:
   savefile = dialog.SaveFiles("C:\", "Icon " & "speichern", _
           "Icon-Dateien|ICO.*", 2+4+&h800)
   if not savefile="" then
       ' ico-Extension angegeben? Notfalls
       ' anfügen:
       if not lcase(right(savefile,3))="ico" then
           savefile = savefile + ".ico"
       end if
       ' Ergebnis aufsplitten in Dateiname
       ' und Icon-Index:
       details = Split(resultat, ",")
       ' Icon extrahieren:
       addon.LoadIcon details(0), details(1)
       ' Icon in angegebener Datei speichern:
       addon.IconToFile savefile
       ' Fehlerhandling ausschalten, falls
       ' keine ICO-Dateien
       ' geöffnet werden können:
       on error resume next
```

```
            ' versuchen, die ICO-Datei zu öffnen:
            wshshell.Run savefile
            ' hat's geklappt?
            if not err.Number=0 then
                    ' nein, noch kein Programm zuständig
                    ' für .ICO:
                    MsgBox "Icon-Dateien (*.ICO) sind mit keinem "& "Programm " _
                            & "verknüpft. Öffnen Sie eine "& _
                            "ICO-Datei im Explorer, und geben Sie ein"& " geeignetes " _
                            & "Grafikprogramm an, um den Fehler zu beheben!" & vbCr & _
                            "Das Icon wurde als " & savefile & " auf Ihrer Festplatte " _
                            & "gespeichert!", vbInformation
                    err.clear
            end if
      end if
end if

sub ReadIcons(dateiname)
   if fs.FileExists(dateiname) then
       set icons = fs.OpenTextFile(dateiname)
       do until icons.atEndOfStream
               zeile = icons.ReadLine
               infos = Split(zeile, vbTab)
               infoname = Trim(Mid(infos(1), InstrRev(infos(1), "\")+1))
               infopfad = Trim(left(infos(1), InstrRev(infos(1), "\")))
               listview.AddItem infoname
               listview.AddSubItem 1, right("      " & infos(0), 3)
               listview.AddSubItem 2, infopfad
       loop
   else
       MsgBox "Datei """ & dateiname & """ " _
               & "nicht vorhanden! Legen Sie zuerst " _
               & "eine Icon-Liste an!", vbExclamation
       WScript.Quit
   end if
end sub
'(C) 1999,2000 T.Weltner
```

Das Skript stellt Ihnen zuerst wieder die Iconbibliotheken zur Auswahl. Haben Sie ein schönes Icon ausgesucht, dann fragt das Skript nach, unter welchem Namen Sie es speichern wollen. Anschließend wird das Icon als eigenständige ICO-Datei gespeichert. Sie können diesen Dateinamen jetzt als Icon angeben, zum Beispiel in Verknüpfungen. Eine Indexzahl ist nicht mehr nötig, weil die ICO-Datei sowieso nur ein Icon enthält.

Kapitel 9: Icons, Grafik, Verschönerungen

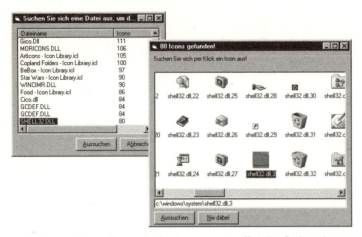

Bild 9.14: Suchen Sie sich als Vorlage das offizielle Ordner-Icon aus SHELL32.DLL aus

Aber es ist noch viel mehr möglich. Wenn Sie ein Grafikprogramm besitzen, das ICO-Dateien öffnen kann, dann öffnet es sich automatisch und stellt das Icon dar. Stellen Sie die Vergrößerungsstufe hoch, damit Sie das Icon besser sehen können. Jetzt ist es sogar möglich, das geklonte Icon nachzubearbeiten und daraus ein ganz eigenes Icon zu machen. Das Skript von oben liefert Ihnen also galant die Vorlage, die Sie danach im Malprogramm verfeinern können.

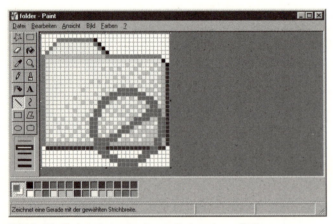

Bild 9.15: Paint als kostenloser Ordner-Icon-Editor

Öffnet sich bei Ihnen kein Malprogramm? Dann sorgen Sie doch dafür, daß sich das kostenlose MSPaint öffnet. Das installieren Sie mit dem *Software*-Modul der Systemsteuerung von der Windows-CD nach. Anschließend brauchen Sie nur noch irgendeine ICO-Datei im Explorer zu öffnen. Weil noch kein Programm für die Datei zuständig ist, öffnet sich das *Öffnen mit*-Fenster. Darin suchen Sie sich Paint aus. Der Eintrag heißt *MSPaint*.

9.1.10 Selbstgemalte Icons in die Icon-Liste einbauen

Und was können Sie mit Ihren selbstgebastelten Icons anfangen? Noch nicht allzu viel. Sie brauchen Ihre Icon-Dateien aber bloß in die offizielle Icon-Liste einzufügen, und schon stehen sie in allen Skripten dieses Kapitels zur Verfügung.

Dazu öffnen Sie im Explorer die Icon-Liste: *C:\TOBTOOLS\ICONLISTE.TXT*. Scrollen Sie ans Ende, und fügen Sie eine neue Zeile ein.

Bild 9.16: Eigene Icons brauchen Sie nur in die Masterliste einzutragen

Geben Sie zuerst die Anzahl der Icons ein, die sich in Ihrer Datei befinden, also 1. Dann drücken Sie auf [Tab] und geben den genauen Pfadnamen zu Ihrer Icon-Datei an.

Speichern Sie die Änderung mit Speichern aus Datei, und schon wird Ihr neues Icon in der Auswahlliste geführt. Sie könnten also sofort loslegen und Ihr neues Ordner-Icon den passenden Ordnern zuweisen.

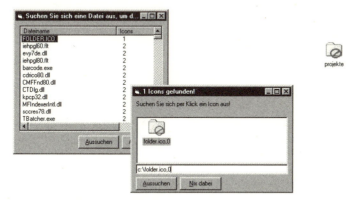

Bild 9.17: Ihr selbstgemaltes Icon kann sofort als neues Ordner-Icon dienen

9.2 Screenshots anlegen

Kennen Sie schon den eingebauten Fotoapparat von Windows? Mit der Taste [Druck] hieven Sie ganz einfach einen Schnappschuß des Desktops in die Zwischenablage, und [Alt]+[Druck]

fotografiert das gerade aktuelle Fenster. Anschließend brauchen Sie die Aufnahme nur per *Einfügen* aus *Bearbeiten* in ein Grafikprogramm zu senden, und schon haben Sie die schönsten Illustrationen – so entstehen übrigens auch die Abbildungen in Computerbüchern.

Die Druck -Taste hat aber aus Sicht des Skriptentwicklers zwei kleine Schönheitsfehler: erstens läßt sie sich nicht fernsteuern, und zweitens ist die Taste einfach zu dumm. Es wäre doch viel schöner, wenn man auch Teile eines Fensters fotografieren könnte – zum Beispiel nur die Symbolleiste. Auch eine Verzögerungsfunktion wäre hochwillkommen: so wie bei jeder modernen Kamera mit Selbstauslöser sollte die Aufnahme erst nach ein paar Sekunden erfolgen, damit Sie genug Zeit haben, anschließend das gewünschte Fenster in den Vordergrund zu holen.

All diese Probleme löst dieses Kapitel. Es liefert Ihnen alle Werkzeuge, um auch die professionellsten Bildschirmfotos zu schießen und verrät dabei verblüffende Details über das Fenstermanagement.

9.2.1 Screenshots vom Desktop und Fenstern

Die erste Aufgabe lautet: Ihr Skript soll ferngesteuert dasselbe bewerkstelligen wie die Druck -Taste, also Bildschirmfotos vom Desktop oder dem aktiven Fenster anlegen:

```
' 9-12.VBS

set icontools = CreateObject("icons.tobtools")
set wshshell = CreateObject("Wscript.shell")

datei = "C:\BILD.BMP"
icontools.CaptureScreenToFile datei
wshshell.Run """" & datei & """"
'(C) 1999,2000 T.Weltner
```

Das war einfach! Genauso leicht fangen Sie das aktive Fenster ein:

```
' 9-13.VBS

set icontools = CreateObject("icons.tobtools")
set wshshell = CreateObject("Wscript.shell")

datei = "C:\BILD.BMP"
icontools.CaptureActiveWindowToFile datei
wshshell.Run """" & datei & """"
'(C) 1999,2000 T.Weltner
```

In beiden Fällen speichern die Funktionen das eingefangene Bild als Bitmap-Grafik in einer Datei. Der Scripting Host braucht dieses Bild anschließend nur noch zu öffnen, und schon können Sie es bearbeiten oder ausdrucken.

Wollen Sie das gar nicht, und wollen Sie die Screenshots vielleicht bloß direkt über die Zwischenablage in einen Text einfügen, dann verwenden Sie die Befehle *CaptureScreenToClip()* und *CaptureActiveWindowToClip()*. Die verfrachten das Bild direkt in die Zwischenablage.

9.2.2 Bildschirmfotos mit Selbstauslöser

Manche Fenster sind ein bißchen scheu und wollen zuerst über Tasten- und Mausklicks in den Vordergrund gelockt werden. Hier brauchen Sie einen Selbstauslöser, der Ihnen etwas Zeit gibt, das Fenster hervorzukramen:

```
' 9-14.VBS

set icontools = CreateObject("icons.tobtools")
set wshshell = CreateObject("Wscript.shell")

MsgBox "5 Sekunden, nachdem Sie auf OK klicken, mache ich die Aufnahme!"

datei = "C:\BILD.BMP"
icontools.CaptureActiveWindowToFile datei, 5
wshshell.Run """" & datei & """"
'(C) 1999,2000 T.Weltner
```

9.2.3 Fensterinhalte auseinandernehmen

Ihr neuer Bildschirmfotoapparat hat noch weitaus mehr zu bieten. Fenster bestehen nämlich in den meisten Fällen ihrerseits aus Unterfenstern und lassen sich auf diese Weise elegant auseinandernehmen.

Ihr Skript muß also herausfinden, aus wieviel Einzelteilen ein Fenster in Wirklichkeit besteht. Die dazu nötigen Funktionen liefert das Toolkit *window.tobtools*. Das nächste Skript zeigt, aus welchen Unterfenstern das aktive Fenster besteht:

```
' 9-15.VBS

set tools = CreateObject("window.tobtools")
handle = tools.GetForegroundWindowHandle
titel = tools.GetForegroundWindowText
MsgBox "Im Vordergrund liegt Fenster " & titel & " mit ID-Nr: "& handle
MsgBox "Unterfenster: " & vbCr & tools.EnumChildWindows(handle)
'(C) 1999,2000 T.Weltner
```

Die Funktion *GetForegroundWindowText()* kundschaftet aus, wie das Fenster im Vordergrund heißt. Noch viel wichtiger ist *GetForegroundWindowHandle():* diese Funktion verrät die interne ID-Nummer des Fensters. Diese ID-Nummer, die Fenster-Handle, ist der offizielle Name des Fensters im internen Windows-Land.

EnumChildWindows() findet mit Hilfe dieser ID heraus, welche Unterfenster im Fenster liegen. Interessant, oder?

358 *Kapitel 9: Icons, Grafik, Verschönerungen*

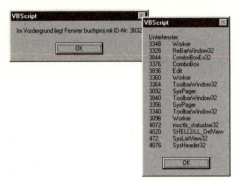

Bild 9.18: Fenster in Unterfenster zerlegen geht ab sofort kinderleicht

Fragt sich bloß, was einem diese Liste nutzt. Eine ganze Menge. Sie können jetzt nämlich skriptgesteuert vollautomatisch ein Fenster in seine Einzelteile zerlegen. Und das geht so:

```
' 9-16.VBS

set icontools = CreateObject("icons.tobtools")
set windowtools = CreateObject("window.tobtools")
set wshshell = CreateObject("Wscript.shell")
set fs = CreateObject("Scripting.FileSystemObject")

MsgBox "Positionieren Sie das Fenster bitte im Vordergrund, und klicken Sie " _
  & "dann auf OK!", vbSystemModal
WScript.Sleep 200

' ID-Nummer des Fensters herausfinden:
handle = windowtools.GetForegroundWindowHandle

' gefunden?
if not handle=0 then
   ' die Unterfenster des Fensters ermitteln:
   ergebnis = windowtools.EnumChildWindows(handle)
   ' Infos splitten: pro Fenster eine Variable:
   unterfenster = Split(ergebnis, vbCr)
   counter = 0

   ' alle Unterfenster der Reihe nach
   ' durchgehen:
   for each eintrag in unterfenster
      ' Infos splitten: in infos(0) steht
      ' die Fenster-
      ' Handle, in infos(1) der Class-Name:
      infos = Split(eintrag, vbTab)
      counter = counter + 1
      ' Dateinamen für Screenshot vorbereiten:
      datei = "AUFNAHME" & counter & ".BMP"
```

9.2 Screenshots anlegen

```
    ' Unterfenster knipsen und speichern:
    'fs.DeleteFile datei, true
    icontools.CaptureWindowToFile infos(0), datei
  next

  ' alles fotografiert, jetzt das Ergebnis
  ' anzeigen:
  for x = 1 to counter
    antwort = wshshell.Popup("Ich zeige Ihnen jetzt Aufnahme " & x & " " _
         & "von " & counter & "!",3, "Fotoknips", vbOKCancel)
    if antwort = vbCancel then exit for
    datei = "AUFNAHME" & x & ".BMP"
    resultat = wshshell.Run("""" & datei & """",,true)
  next
  wshshell.Popup "Fertig!"
else
  MsgBox "Fenster nicht gefunden!"
end if
'(C) 1999,2000 T.Weltner
```

Das Skript fordert Sie zuerst auf, das betreffende Fenster in den Vordergrund zu schieben. Achten Sie darauf, daß keine wesentlichen Teile des Fensters aus dem sichtbaren Bildschirmbereich herausragen. Das ist zwar nicht verboten, aber diese Teile kommen auch nicht auf die Aufnahme und fehlen Ihnen später vielleicht.

Bild 9.19: Vollautomatisch wird das Fenster in seine Einzelteile zerlegt

Anschließend fertigt das Skript von jedem Unterfenster eine eigene Aufnahme an und speichert die Bilder. Sind alle Beweisfotos geschossen, dann stellt das Skript Ihnen die Bilder nacheinander vor.

Gar nicht übel. Nur dummerweise können bei dieser Automatik sehr viele Bilder zusammenkommen. Bequemer wäre es, wenn man direkt auf den Teil des Fensters zeigen könnte, den man knipsen möchte. Geht auch. Hier kommt die Lösung:

```
' 9-17.VBS

set icontools = CreateObject("icons.tobtools")
set wshshell = CreateObject("WScript.Shell")
MsgBox "Rücken Sie das Fenster bitte zurecht, und klicken Sie"& " dann auf " _
    & "OK!", vbSystemModal
wshshell.Popup "Aufnahme in 5 Sekunden...! Zeigen Sie mit dem Cursor auf " _
    & "den interessanten Teil!", 1
if not icontools.CaptureCursorToClip(5) then
    MsgBox "Kein Fenster unterm Cursor!"
else
    wshshell.popup "Aufnahme im Kasten!",1
end if
'(C) 1999,2000 T.Weltner
```

Dieses Skript verwendet *CaptureCursorToClip()* und verfrachtet damit nach Ablauf eines 5 Sekunden dauernden Countdowns den Fensterteil in die Zwischenablage, der sich unter dem Cursor befindet.

Anschließend können Sie den eingefangenen Fensterteil in jedes beliebige Grafikprogramm einfügen: einfach im *Bearbeiten*-Menü *Einfügen* wählen. Wollen Sie lieber den Schnappschuß direkt in eine Datei verwandeln, dann verwenden Sie *CaptureCursorToFile(dateiname, wartezeit)*.

```
' 9-18.VBS

set icontools = CreateObject("icons.tobtools")
set wshshell = CreateObject("WScript.Shell")
MsgBox "Rücken Sie das Fenster bitte zurecht, und klicken Sie"& " dann auf " _
    & "OK!", vbSystemModal
wshshell.Popup "Aufnahme in 5 Sekunden...! Zeigen Sie mit dem Cursor auf den "_
    & "interessanten Teil!", 1
datei = "C:\BILD.BMP"
if not icontools.CaptureCursorToFile(datei, 5) then
    MsgBox "Kein Fenster unterm Cursor!"
else
    wshshell.run """" & datei & """"
end if
'(C) 1999,2000 T.Weltner
```

Probieren Sie mal aus, was passiert, wenn Sie mit dem Cursor auf das Startmenü oder die Taskleiste zeigen. Sogar die Symbole im *MsgBox*-Dialogfenster lassen sich einzeln herausklauben, wenn Sie mit der Maus drauf zeigen.

> **Tip:** Bildschirm-Capture per Tastenkombination.
> Brauchen Sie häufiger Screenshots, zum Beispiel als Beweisfoto für den High Score in Ihrem Lieblingsspiel, dann schauen Sie sich unbedingt auch in Kapitel 12 um. Dort erfahren Sie, wie Sie Ihrem Skript eine praktische Tastenkombination geben, mit der Sie es genauso bequem aktivieren wie die offiziellen Windows-Screenshots.

9.3 Scannen, Faxen, Kopieren

Hätten Sie gedacht, daß Ihre Skripte ohne Zusatzsoftware aus Scanner und Drucker einen komfortablen Fotokopierapparat fertigen können? Oder aus Scanner und Faxmodem ein vollwertiges Einzugsfaxgerät, mit dem sich endlich auch Personalausweise und Vordrucke in alle Welt faxen lassen?

Das, wofür Sie normalerweise eine Stange Geld in Zusatzprogramme investieren müßten, ist nämlich bereits regulärer Bestandteil von Windows – nur sagt Ihnen das fast niemand.

Jede Windows-Version ist mit dem Imaging-Tool von Kodak ausgestattet – mit Ausnahme der Ur-Version von Windows 95. Dieses Tool ist normalerweise dazu gedacht, Faxe anzuzeigen, die mit der Windows-Faxsoftware empfangen wurden. Dabei kann das Tool weitaus mehr, und noch besser: all seine Funktionen sind über Skriptschnittstellen frei zugänglich.

> **Tip:** Windows NT spielt (anfangs) nicht mit.
> Auch auf Windows NT sind die praktischen Kodak-Tools vorhanden, nur funktionieren sie nicht gleich gut. Weil Windows NT nicht nur auf Intel-Rechnern läuft, TWAIN-Scanner aber andererseits auf den exotischen Alpha-Computern unbekannt sind, hat man sich dazu entschlossen, die Windows-NT-Version der Kodak-Tools einzuschränken: Scannersteuerung ist damit nicht möglich.
> Und was nun? Besorgen Sie sich einfach die Kodak-Tools eines Windows-98-Anwenders. Suchen Sie auf seinem System nach *IMG*.OCX*, und Sie werden vier Tools finden: *IMGADMIN.OCX*, *IMGSCAN.OCX*, *IMGTHUMB.OCX* und *IMGEDIT.OCX*. Diese Dateien verfrachten Sie in den *SYSTEM32*-Ordner Ihrer Windows NT Installation. Anschließend brauchen Sie die neuen Tools nur bei Windows NT zu registrieren: dazu wählen Sie im Startmenü *Ausführen* und geben ein: REGSVR32.EXE IMGADMIN.OCX ⌐Enter⌐. Registrieren Sie die übrigen drei Tools auf dieselbe Weise.

9.3.1 Imaging-Software startklar machen

Bevor Sie die nächsten Skripte genießen können, installieren Sie zuerst die Imaging Software. Nur wenn sie an Bord ist, können die nächsten Skripte funktionieren:

1. Wählen Sie im Startmenü *Einstellungen* und dann *Systemsteuerung*. In der Systemsteuerung öffnen Sie das Modul *Software*.

2. Klicken Sie auf das Register *Windows-Setup*. Nun sehen Sie die Zubehörliste mit der kostenlosen Windows-Zubehörpalette. Scrollen Sie die Liste nach unten, und öffnen Sie per Doppelklick den Eintrag *Zubehör*.

3. Kontrollieren Sie, ob vor dem Eintrag *Imaging* ein Häkchen steht. Wenn nicht, dann holen Sie das nach und klicken dann auf *OK*. Die Software wird jetzt von der Windows-CD nachinstalliert.

9.3.2 Prüfen, ob ein TWAIN-Scanner zur Verfügung steht

Das Imaging Tool kann mit Ihrem Scanner »sprechen« und ihn beauftragen, automatisch Bilder einzulesen. Wobei das eigentlich untertrieben ist: das Tool kommt nämlich nicht nur mit Scannern zurecht, sondern mit jeder Bildquelle, die dem TWAIN-Standard entspricht, also auch mit den meisten digitalen Fotoapparaten und Web-Cams.

Ob bei Ihnen bereits eine TWAIN-Bildquelle startklar ist, findet das nächste Skript heraus:

```
' 9-19.VBS
set twain = CreateObject("twain.tobtools")

if twain.ScannerAvailable then
   MsgBox "Jau! Ich habe eine Bildquelle entdeckt!"
else
   MsgBox "Leider zur Zeit keine TWAIN-Bildquelle einsatzbereit!"
end if
'(C) 1999,2000 T.Weltner
```

Tip: Bei mir gibt es keine TWAIN-Bildquelle.
Nicht verzagen: auch wenn das Skript keine Bildquelle finden konnte – die rüsten Sie leicht nach. Scanner und Webcams sind für wenige hundert Mark überall zu haben, und fast alle bringen die nötigen TWAIN-Treiber gleich mit.

9.3.3 Suchen Sie sich eine Bildquelle aus

Ihr Skript hat eine TWAIN-Bildquelle ausgemacht? Prima, dann schauen Sie doch mal nach, was das für eine Quelle ist. Das nächste Skript öffnet ein Auswahlfenster, das alle Bildquellen auflistet, die es bei Ihnen gibt.

Bild 9.20: Finden Sie heraus, welche TWAIN-Bildquellen es bei Ihnen gibt

Dieses Dialogfenster ist nicht nur zur Information da. Mit diesem Fenster wählen Sie künftig auch die Quelle aus, mit der Sie arbeiten wollen.

```
' 9-20.VBS

set twain = CreateObject("twain.tobtools")
twain.SelectScanner
'(C) 1999,2000 T.Weltner
```

9.3.4 Eine Grafik einscannen

Beauftragen Sie als nächstes Ihren Scanner (oder Ihre Webcam), ein Bild einzulesen. Das nächste Skript speichert die Datei unter einem Namen Ihrer Wahl:

```
' 9-21.VBS

set twain = CreateObject("twain.tobtools")
set dialog = CreateObject("systemdialog.tobtools")
set wshshell = CreateObject("wscript.shell")

flag = 32768 + 4096 + 2048 + 4
dateiname = dialog.SaveFiles(,"Scanergebnis speichern","Bitmap-Grafik|*.BMP",_
     flag)
if dateiname = "" then
   MsgBox "Abbruch bestätigt."
else
   twain.ScanPage dateiname
   wshshell.run dateiname
end if
'(C) 1999,2000 T.Weltner
```

Anschließend wird die Datei automatisch in dem Programm geöffnet, das für BMP-Dateien zuständig ist.

Bild 9.21: Das Einscan-Fenster kann bei Ihnen auch anders aussehen

Der *ScanPage()*-Befehl kann aber noch mehr. Setzen Sie ihn ein, ohne einen Dateinamen anzugeben, dann scannt er das Bild in die Zwischenablage. Von dort läßt sich das Bild dann in jedes beliebige grafikfähige Programm einfügen: einfach im *Bearbeiten*-Menü *Einfügen* wählen.

9.3.5 Scandialogfenster unter Kontrolle

Häufig klappen TWAIN-Treiber vor dem eigentlichen Bildlesen ein Dialogfenster auf. Darin können Sie sich dann zum Beispiel aussuchen, ob in Farbe oder in Schwarzweiß gescannt werden soll.

Es geht aber auch ohne Dialogfenster: geben Sie *ScanPage()* einfach als zweiten Parameter *false* an. Schon taucht das Dialogfenster nicht mehr auf, und es wird mit den Standardeinstellungen gescannt:

```
twain.ScanPage dateiname, false
```

9.3.6 Scanergebnisse ausdrucken

Sie können Ihre eingelesenen Bilder sogar scriptgesteuert an den Drucker verfüttern. Das nächste Skript zeigt, wie wenig Zeilen dafür nötig sind:

```
' 9-22.VBS

set twain = CreateObject("twain.tobtools")
twain.ScanPage ,false
twain.PrintIt
'(C) 1999,2000 T.Weltner
```

PrintIt() ruft das Drucken-Dialogfenster auf, aus dem Sie sich bequem aussuchen können, welcher Drucker Ihre Grafik ausdrucken soll.

Bild 9.22: Drucken Sie eingescannte Bilder skriptgesteuert aus

Noch wichtiger ist die Schaltfläche *Optionen*. Wenn Sie die anklicken, dann bestimmen Sie, wie Ihre Grafik gedruckt wird: Pixelweise (die Grafik erscheint dann sehr klein, aber in optimaler Qualität), in Originalgröße oder seitenfüllend (die Grafik wird so zurechtgestaucht, daß sie die ganze Druckseite einnimmt).

Bild 9.23: Ausdrucke sind in Originalgröße und auch seitenfüllend möglich

Scannen Sie wie im Beispiel oben ohne Angabe eines Dateinamens, dann legt Windows automatisch eine temporäre Datei der Grafik an: *C:\TMPGFX. BMP*. Nur Scanergebnisse, die als Datei gespeichert sind, können nämlich ausgedruckt werden.

9.3.7 Ihr persönlicher Fotokopierapparat

Ahnen Sie es bereits? Mit den neuen Befehlen, die Sie jetzt kennen, funktionieren Sie Ihren Scanner und Ihren Drucker sogar ganz elegant zu einem Fotokopierapparat um. So wird es leicht, auch zu Hause kurz Fotokopien anzufertigen, und wenn Sie über Farbscanner und Farbdrucker verfügen, sind sogar Farbkopien möglich.

```
' 9-23.VBS

set twain = CreateObject("twain.tobtools")
MsgBox "Legen Sie die Vorlage auf den Scanner!"
twain.ScanPage ,false
twain.PrintIt false, 2
MsgBox "Fotokopie wird gedruckt...!"
'(C) 1999,2000 T.Weltner
```

In diesem Beispiel wird *PrintIt()* mit *false* aufgerufen: das Drucker-Auswahlfenster erscheint nicht. Gedruckt wird automatisch auf dem Standarddrucker. Welcher Drucker Standarddrucker sein soll, legen Sie im Startmenü über *Einstellungen* und *Drucker* fest: ein Rechtsklick auf das Druckersymbol und *Als Standard* genügen.

Damit das Skript weiß, in welcher Weise Sie drucken wollen, geben Sie diesmal von Hand den gewünschten Modus an: Modus 2 entspricht dem seitenfüllenden Ausdruck, die Zahlen 0 und 1 stehen für pixelweise und in Originalgröße.

> **Tip:** Originaldokumente per Faxmodem verfaxen
> Das Fotokopierskript hilft Ihnen auch, wenn Sie Originale per Modem in die Welt faxen wollen. Voraussetzung ist nur, daß Sie eine Faxsoftware installiert haben. Die wird wie ein Drucker angesprochen. Sie brauchen also nur noch die Vorlage einzuscannen und anschließend an den Faxdrucker auszudrucken – fertig ist Ihr Einzugsfax.

10 Programme fernsteuern

Skripte eignen sich hervorragend dazu, lästige Handgriffe wegzurationalisieren und Routineaufgaben zu automatisieren. Dazu müssen Sie aber wissen, wie man Programme startet und an ihren Strippen zieht.

10.1 Programme starten und beenden

Bevor Ihr Skript loslegen und fremde Programme für seine Arbeit einspannen kann, muß es die Programme natürlich zuerst starten. Dazu gibt es drei grundlegende Methoden:

- Einfache Programme starten Sie direkt. Das erledigt der *Run*-Befehl des *WScript-Shell*-Objekts. Das Programm hüpft daraufhin genau so auf den Bildschirm, als hätten Sie es im Programmemenü eigenhändig angeklickt. Sie brauchen also keine besonderen Geheiminformationen über das Programm zu kennen. Allerdings sind dafür die Steuermöglichkeiten Ihres Skripts beschränkt: es kann das Programm nur über Tastendrücke fernsteuern.

- Moderne Programme enthalten eine Skriptschnittstelle namens *IDispatch*. Ihr Skript kann das Programm also mit *CreateObject* wie eine Befehlserweiterung ansprechen. So hat Ihr Skript volle Kontrolle selbst über die ausgefeiltesten Funktionen des Programms. Diese Methode funktioniert aber nur, wenn Sie die ausgefeilten Funktionen auch kennen. Leider sind die meisten Programme sehr schlecht dokumentiert und verraten Ihnen diese Infos nicht.

- Sogar DOS-Befehle kann Ihr Skript einsetzen. Diese Befehle sind aber keine eigenständigen Programme und müssen deshalb zuerst an den DOS-Kommandozeileninterpreter verfüttert werden. Der führt sie dann aus. Allerdings ist es nicht ganz leicht, das Resultat der DOS-Befehle ans Skript zurückzusenden. Mit einem kleinen Trick, den ich Ihnen etwas später verrate, geht es aber ganz gut.

10.2 Ganz normale Programme starten

Schauen Sie mal, wie leicht Sie den Editor auf den Bildschirm bringen.

```
' 10-1.VBS
set wshshell = CreateObject("WScript.Shell")
wshshell.Run "notepad.exe"
'(C) 1999,2000 T.Weltner
```

Diese beiden Zeilen sind universell einsetzbar und starten jedes Programm. Sie brauchen bloß den passenden Namen anzugeben.

Allerdings reicht das nicht immer: nur Programme, die direkt im Windows-Ordner hausen, können auch direkt beim Namen genannt werden. Bei allen anderen Programmen müssen Sie dem *Run*-Befehl genau verraten, wo das Programm aufbewahrt wird. Geben Sie hier also den kompletten Pfadnamen an.

Und noch eine weitere kleine Schrulligkeit sollten Sie kennen: Der *Run*-Befehl reagiert auf Leerzeichen allergisch. Er denkt dann nämlich, der Befehl sei zuende. Das ist er häufig gar nicht. Aber liegt das Programm in einem Ordner mit Leerzeichen im Namen, dann verweigert *Run* trotzig die Annahme.

Nicht für lange. Es genügt, den Programmpfad in Anführungszeichen zu setzen. Das nächste Beispiel zeigt, wie das gemeint ist:

```
' 10-2.VBS
set wshshell = CreateObject("WScript.Shell")
wshshell.Run """C:\Eigene Dateien\Test.exe"""
'(C) 1999,2000 T.Weltner
```

Schon ist *Run* zufrieden und kommt auch mit Leerzeichen im Programmpfad zurecht – allerdings muß das Programm natürlich existieren, das Sie *Run* angegeben haben.

> **Tip:** Umgebungsvariablen sind erlaubt.
> *Run* wandelt Umgebungsvariablen, die Sie vielleicht in einem Logon-Skript oder der *AUTOEXEC.BAT*-Datei festgelegt haben, pflegeleicht um. `wshshell.Run "%WINDIR%\EXPLORER.EXE"` würde die Umgebungsvariable *WINDIR* zum Beispiel durch den tatsächlichen Pfadnamen zu Ihrem Windows-Ordner ersetzen.

10.2.1 Die Art des Programmfensters auswählen

Das Programm springt nun zwar pflichtbewußt auf den Bildschirm, aber vielleicht möchten Sie etwas genauer regeln, wie es das tut. Vielleicht soll Ihr Skript bloß ein Disk-Utility wie *ScanDisk* aufrufen, und es ist Ihnen gar nicht recht, daß das ScanDisk-Fenster egozentrisch den ganzen Bildschirm für sich beansprucht. Besser wäre, es ließe sich nur mit einem Button bescheiden in der Taskleiste nieder und würde es Ihnen überlassen, ob Sie sein Fenster sehen wollen oder nicht.

Das geht auch. *Run* kann dem Programm nämlich vorschreiben, in was für einem Fenster es hervorspringen soll – oder das Programmfenster im Extremfall sogar ganz streichen.

Code	Fenster
0	Kein Fenster, das Programm läuft unsichtbar.
1	Das Fenster wird in normaler Größe angezeigt. Richtige Wahl, wenn Sie das Programm zum ersten Mal aufrufen.
2	Das Fenster wird minimiert, erscheint also nur in der Taskleiste. Ideal, wenn das Fenster nur bei Bedarf zur Verfügung stehen soll.

Code	Fenster
3	Das Fenster wird maximiert, füllt also den ganzen Bildschirm aus. Ideal, wenn sich der Anwender voll auf das gestartete Programm konzentrieren soll.
4	Das Fenster erscheint so, wie es beim letzen Mal erschienen ist. Das aktive Fenster bleibt aktiv.
5	Wie Code 4, aber Fenster wird aktiviert.
6	Das Fenster wird minimiert, und das nächste sichtbare Fenster wird aktiv.
7	Das Fenster wird minimiert, und das aktive Fenster bleibt aktiv.
8	Das Fenster wird in seiner Standardgröße geöffnet. Das aktive Fenster bleibt aktiv.
9	Das Fenster wird aktiviert und in seiner Normalgröße angezeigt.
10	Das Fenstermodus richtet sich nach dem Fenstermodus des Scriptfensters.

Tab. 10.1: Die verschiedenen Fenstermodi des Run-Befehls

Viele der Optionen unterscheiden sich nur in haarkleinen Details, die in der Praxis gar keine Rolle spielen. Fast immer genügen die Optionen 0 bis 3.

Setzen Sie die Tarnkappenoption 0 aber mit Bedacht ein. Weil das gestartete Programm dadurch kein sichtbares Fenster bekommt, kann es keine Meldungen an Sie ausgeben oder Rückfragen stellen. Die Tarnkappenoption ist in erster Linie für DOS-Befehle interessant, die Sie unten kennenlernen.

10.2.2 Gleichzeitig oder der Reihe nach

In seiner Grundfassung feuert der *Run*-Befehl bloß Programme ab und kümmert sich danach sofort um die nächsten Skriptbefehle. Das gestartete Programm wird sich selbst überlassen.

Manchmal ist das nicht so schön. Was zum Beispiel machen Sie, wenn Sie mehrere Programme der Reihe nach starten wollen, aber nicht alle gleichzeitig? Wie finden Sie heraus, ob das Programm erfolgreich war?

In diesen Fällen brauchen Sie eine spezielle *Run*-Variante, die das Programm startet und danach so lange wartet, bis das Programm wieder beendet wird:

```
' 10-3.VBS

set wshshell = CreateObject("WScript.Shell")

wshshell.Popup "Ich räume mal Ihre Festplatte auf...",2
wshshell.Popup "Zuerst prüfe ich alle Festplatten auf Fehler...", 2
resultat = wshshell.Run("scandskw.exe /allfixeddisks"& " /silent " _
   & "/noninteractive",,true)
MsgBox "Scandisk meldete: " & resultat
wshshell.Popup "Jau, nun defragmentiere ich Festplatte C:!" & "Das dauert " _
   & "eine Weile! Brechen Sie ab, wenn Sie keine Lust mehr haben!", 2
resultat = wshshell.Run("defrag c:/",,true)
MsgBox "Defrag meldete: " & resultat
'(C) 1999,2000 T.Weltner
```

Tatsächlich: Jetzt ruft *Run* das angegebene Programm auf und wartet, bis es zuende gearbeitet hat oder ausgenipst wird. Anschließend liefert es ein Ergebnis zurück.

> **Tip:** Bugs und Ungereimtheiten locker entschärfen.
> Gleich drei Bugs können Ihnen hier begegnen, die Sie kennen sollten. Versuchen Sie niemals, *Run* mit *true* als drittem Parameter aufzurufen, wenn Sie den Rückgabewert nicht abnehmen. wshshell.run "notepad. exe",1,true ist zwar eigentlich ganz legal, führt aber trotzdem zu einem Fehler. Deshalb: wenn *Run* auf das Programm warten soll, dann rufen Sie *Run* als Funktion auf, so wie im Beispielskript oben. Und, solange Ihr Skript ein Dialogfenster anzeigt, kann *ScanDisk* häufig seine Festplattenprüfung nicht zuende bringen. Sonderbar, aber *wahr*. Dritte Überraschung: geben Sie *Run* den Namen einer Datei an, dann startet es automatisch das passende Programm. War das Programm bereits gestartet, zum Beispiel WinWord, dann startet Run keine neue Instanz, sondern verfüttert das Dokument an das schon laufende Programm. Weil es das Programm nun nicht selbst gestartet hat, kann es nicht auf das Programm warten und meldet einen Fehler, wenn Sie es trotzdem verlangen.

10.2.3 Nachschauen, was das Programm getan hat

Genau dieses Ergebnis sollte Sie interessieren. Wo kommt es her? Was will es Ihnen sagen? Das Ergebnis stammt vom Programm, das *Run* abgefeuert hat. Es ist sein Rückgabewert. Allerdings sind Rückgabewerte nicht standardisiert. Jedes Programm kann sich seine eigenen ausdenken oder einfach darauf pfeifen. *DEFRAG.EXE* zum Beispiel liefert immer null zurück, ganz gleich, was passiert. *SCANDSKW.EXE* ist schon wesentlich kooperativer und verrät Ihnen mit seinem Rückgabewert detailliert, wie die Festplattenprüfung ausgefallen ist. Allerdings ist der Rückgabewert nicht ganz leicht zu entziffern, weil er bit-codiert ist:

```
' 10-4.VBS

set wshshell = CreateObject("WScript.Shell")

dim sd(7)
sd(0) = "Alles OK!"
sd(1) = "Fehler gefunden, aber korrigiert."
sd(2) = "Huch! DSKMAINT.DLL fehlt, konnte nicht prüfen!"
sd(3) = "Speicher alle. Konnte nicht prüfen!"
sd(4) = "Oh je: Fehler gefunden, der nicht korrigiert wurde!"
sd(5) = "Konnte ein Laufwerk nicht prüfen..."
sd(6) = "Hey! Ich wurde unterbrochen!"
sd(7) = "Mußte Prüfung wegen eines Fehlers abbrechen. Leider."

resultat = wshshell.Run("scandskw.exe /allfixeddisks /silent"& " " _
    & "/noninteractive",,true)
resultat = resultat and not 65528
MsgBox sd(resultat)
'(C) 1999,2000 T.Weltner
```

Na also, plötzlich wird *ScanDisk* gesprächig und plaudert ganz ungeniert aus, wie die letzte Prüfung gelaufen ist. Damit der Rückgabewert lesbar wird, mußten im Fall von *ScanDisk* zuerst einige völlig überflüssige Bits mit *and not* ausgeblendet werden. Anschließend konnten die Rückgabewerte den passenden Szenarien zugeordnet werden.

Bild 10.1: ScanDisk meldet dem Skript, was passiert ist

Bei anderen Programmen, die Sie nicht so genau kennen wie *ScanDisk*, probieren Sie es einfach aus. Lassen Sie sich den Rückgabewert zuerst ungefiltert anzeigen, und experimentieren Sie ein wenig. Wie sieht der Rückgabewert aus, wenn das Programm ausgeknipst wurde? Wie, wenn das Programm erfolgreich von selbst endete?

10.2.4 Dokumente und Dateien öffnen

Ihr kleiner *Run*-Befehl kann nicht nur Programme starten. Sie dürfen ihn auch mit ganz normalen Dateinamen füttern. *Run* ist nämlich schlau genug, anhand der Dateiextension das passende Programm herauszufischen, das für diesen Dateityp zuständig ist. Die folgenden Zeilen sind also erlaubt:

```
' 10-5.VBS

set wshshell = CreateObject("WScript.Shell")
wshshell.run """%windir%\antwort.txt"""
'(C) 1999,2000 T.Weltner
```

Obwohl die zweite Zeile reichlich klingonisch anmutet, ist sie auf den zweiten Blick ganz leicht zu verstehen.

Am Anfang und am Ende stehen vier Anführungszeichen. Vier? Genau. Wie jeder Text ist der Text zuerst einmal durch jeweils ein Anführungszeichen am Anfang und Ende begrenzt – macht zwei. Die übrigen beiden Anführungszeichen in der Mitte repräsentieren ein echtes Anführungszeichen. Sie erinnern sich: damit der WSH nicht ins Schleudern kommt, wenn mitten im Text Anführungszeichen auftauchen, werden hier Anführungszeichen doppelt geschrieben. Die vier Anführungszeichen setzen also ein echtes Anführungszeichen. Die vier Anführungszeichen am Anfang und Ende der Zeile fassen den Rest dazwischen also in Anführungszeichen ein, damit eventuelle Leerzeichen keinen Ärger machen.

Dazwischen steht der eigentliche Aufruf der Datei: geöffnet werden soll die Datei *ANTWORT.TXT* im Windows-Ordner. Nur wo befindet sich der? Die Umgebungsvariable *%WINDIR%* petzt es dem Skript. Sie erinnern sich? *Run* ersetzt Umgebungsvariablen automatisch durch ihren Inhalt, trägt also anstelle von *%WINDIR%* den Pfadnamen zum Windows-Ordner ein.

Die Sache klappt, sofern *ANTWORT.TXT* in Ihrem Windows-Ordner liegt. Der Editor springt hervor und zeigt die Datei an.

10.2.5 Selbst bestimmen, welche Programme Dateien öffnen

Sie müssen den eingebauten Automatismus nicht unbedingt benutzen. Vielleicht wollen Sie lieber selbst entscheiden, welches Programm eine bestimmte Datei öffnen soll. Bitte sehr:

```
' 10-6.VBS

set wshshell = CreateObject("WScript.Shell")
wshshell.run "IEXPLORE.EXE %WINDIR%\ANTWORT.TXT"
'(C) 1999,2000 T.Weltner
```

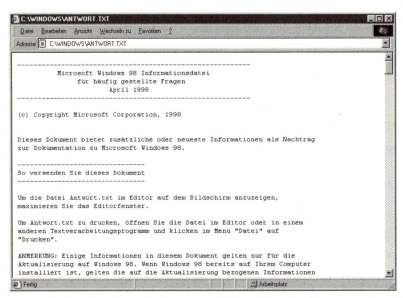

Bild 10.2: Run() verfüttert Dokumente auf Wunsch an das Programm Ihrer Wahl

Dieses Skript beauftragt den Internet Explorer (auf fachchinesisch *IEXPLORE.EXE* genannt), die Datei im Windows-Ordner anzuzeigen. Der kommt nämlich ebenfalls mit Textdateien zurecht, und manchmal sogar besser als der Editor. Während der Editor nämlich bei mehr als 64 KB großen Texten kneift, zeigt der Internet Explorer auch Riesentexte mit stoischer Ruhe an. Nur ändern können Sie Texte im Internet Explorer nicht.

Manchmal kann es sogar zwingend nötig sein, selbst ein Programm anzugeben. *Run()* kann nämlich nur solche Dateien öffnen, mit denen überhaupt ein Programm verknüpft ist. Wollen Sie sich die geheime Windows-Startdatei *MSDOS.SYS* näher ansehen, dann geht das nur, wenn Sie auch das Programm nennen, das die Datei öffnen und anzeigen soll:

```
' 10-7.VBS

set wshshell = CreateObject("WScript.Shell")
wshshell.run "NOTEPAD.EXE C:\MSDOS.SYS"
'(C) 1999,2000 T.Weltner
```

Voilá! Eine der wohl mächtigsten Windows-Dateien wird exklusiv für Sie »entblößt« und zeigt Ihnen die Optionen an, mit denen der Windows-Start haarklein geregelt werden kann. In diese

Datei können normalerweise nur Experten schauen, und weil ihr Inhalt so lebenswichtig ist, dürfen Sie in der Datei nichts einfach so verändern. Das können Sie normalerweise auch gar nicht. Versuchen Sie nämlich, den Inhalt des Editors mit *Speichern* aus *Datei* zu speichern, dann erscheint bloß das *Speichern unter*-Fenster. Speichern ist verboten.

Die *MSDOS.SYS*-Datei ist nämlich aus Sicherheitsgründen schreibgeschützt. Wie dieser Schutz genau funktioniert, haben Sie bereits im Kapitel 6 entdeckt. Und hier schließt sich der Kreis: mit Ihrem neugewonnenen Wissen könnten Sie sich jetzt nämlich einen bequemen *MSDOS.SYS*-Editor bauen:

```
' 10-8.VBS
set wshshell = CreateObject("WScript.Shell")
set fs = CreateObject("Scripting.FileSystemObject")
if fs.FileExists("C:\MSDOS.SYS") then
   ' Schreibschutz aufheben:
   set datei = fs.GetFile("C:\MSDOS.SYS")
   datei.Attributes = datei.Attributes and not 216 and not 1
   ' Zur Bearbeitung vorlegen und warten:
   call wshshell.run("NOTEPAD.EXE C:\MSDOS.SYS",,true)
   ' Schreibschutz wiederherstellen:
   datei.Attributes = datei.Attributes and not 216 or 1
   wshshell.Popup "Schreibschutz wiederhergestellt!", 1
end if
'(C) 1999,2000 T.Weltner
```

Dieses Skript hebt zuerst den Schreibschutz der *MSDOS.SYS*-Datei auf und lädt sie dann in den Editor. Experten könnten jetzt bequem an den Inhalten der *MSDOS.SYS* herumfeilen und die Änderungen auch speichern. Wer in der Sektion *[Options]* zum Beispiel *Logo=0* einträgt, rationalisiert das Windows-Startbild weg. Sobald der Editor geschlossen wird, schaltet das Skript den Schreibschutz wieder ein.

Aufpassen: Ändern Sie nichts an der MSDOS.SYS, wenn Sie nicht genau wissen, wie die Datei funktioniert. Nähere Infos zu dieser Datei und vielen anderen Windows-Geheimnissen finden Sie in dem Werk *Professional Series: Windows 98, Franzis'-Verlag*.

10.3 Programme fernsteuern

Programme müssen nicht unbedingt von Ihrem Skript ferngesteuert werden. Viele Programme tun schon von ganz allein, was Sie von ihnen wollen. Manche aber auch nicht. Und genau hier wird die Sache hochinteressant.

Ihr Skript kann nämlich auf Wunsch hochstapeln und jedem beliebigen Programm vorgaukeln, es wäre der Computeranwender. In Wirklichkeit stammen die Tastendrücke, die das Programm empfängt, aber gar nicht von einem fleißig tippenden Anwender, sondern von Ihrem Skript.

Kapitel 10: Programme fernsteuern

Tip: Windows 2000 Beta macht noch nicht mit.
Die Betaversion von Windows 2000 enthält noch keinen vollwertigen Scripting Host. Der *SendKeys()*-Befehl, den die folgenden Beispiele mit Gewinn einsetzen, ist bei Windows 2000 Beta unbekannt.

Das nächste Skript macht es Ihnen vor: Es tippt ein paar Zeichen in ein Editorfenster und speichert das Ergebnis dann ab:

```
' 10-9.VBS
set wshshell = CreateObject("WScript.Shell")
' Notepad starten:
wshshell.Run "NOTEPAD.EXE"
' Eine Sekunde warten:
WScript.Sleep 1000
' Einen Satz ins Fenster schreiben:
wshshell.SendKeys("Guten Tach auch.")
MsgBox "Ich kann dieses Dokument sogar ferngesteuert speichern!"
name = InputBox("Wie soll es heißen?",,"müll")
WScript.Sleep 500

' Den Satz abspeichern:
' Datei-Meü öffnen: ALT+D
wshshell.SendKeys("%D")
' Speichern wählen: S
wshshell.SendKeys("S")
' warten, bis Speichern unter-Dialog da ist:
WScript.Sleep 500
' Dateinamen eintragen und ENTER drücken:
wshshell.SendKeys(name & "{ENTER}")
' warten, falls zweites Dialogfenster
' erscheint:
WScript.Sleep 500
' vorsorglich ALT+J für Überschreiben? Ja!
' eingeben:
wshshell.SendKeys("%J")

MsgBox "Ich kann das Fenster sogar schließen!"
WScript.Sleep 500

' Fenster schließen:
' ALT+F4
wshshell.SendKeys("%{F4}")
'(C) 1999,2000 T.Weltner
```

Erstaunlich, oder? Mit Hilfe von *SendKeys()* steuert Ihr Skript ganz autonom den Editor fern.

> **Tip:** Wenn es noch etwas hakelt...
> Größtes Manko des mächtigen *SendKeys()*-Befehls ist: er sendet blind ans Vordergrundfenster. Und genau hier gibt es bei Windows 98 und Windows 2000 Schwierigkeiten. Unter besonderen Bedingungen, die gleich genauer geklärt werden, können Fenster nicht in den Vordergrund geschaltet werden, sondern blinken nur hektisch in der Taskleiste. Das kann auch Ihren *MsgBox*- und *InputBox*-Dialogfenstern passieren, nur *Popup* ist dagegen gefeit.

Dabei sind nur die folgenden Dinge zu beachten:

- Senden Sie mit *SendKeys()* genau die Tasten an das Programm, die Sie auch »live« drücken würden, um das gewünschte Resultat zu bekommen. *SendKeys()* kann nicht nur einfache Buchstaben versenden, sondern auch `Umschalt`, `Strg`, `Alt` und `Enter` drücken.

- Wenn die ausgelöste Aktion komplizierter ist, dann lassen Sie der ferngesteuerten Anwendung ein wenig Verschnaufpause, bevor Sie die nächsten Anweisungen schicken. Dazu ist *WScript.Sleep()* da, und das Skript oben zeigt, daß Sie diesen Befehl nicht sparsam einsetzen sollten. Andernfalls erreichen die nächsten Anweisungen das Programm, bevor es mit ihnen überhaupt etwas Sinnvolles anfangen kann.

- Experimentieren Sie! Programme fernzusteuern bedeutet immer auch, für das Unerwartete gewappnet zu sein. Das Skript oben sendet zum Beispiel nach dem Speichern noch auf gut Glück die Tasten `Alt`+`J` hinterher, und falls es schon eine Datei unter dem angegebenen Namen gibt, wird so das »Überschreiben?«-Dialogfenster automatisch mit *Ja* beantwortet.

- Bevor ich Ihnen verrate, welche Zeichen Sie mit *SendKeys()* versenden können, hier noch ein Appetitanreger: das nächste Skript nutzt ein Editorfenster, um darin alle Dateinamen des Windows-Ordners auszugeben. Die könnten anschließend sogar ferngesteuert ausgedruckt werden.

- Aufpassen: Während das Skript ferngesteuert den Ordnerinhalt in den Editor eintippt, dürfen Sie auf gar keinen Fall das Vordergrundfenster wechseln. Ihr Skript tippt nämlich gemütlich bis zu Ende, und die Eingaben könnten in anderen Fenstern vollkommen mißverstanden werden. Etwas weiter unten zeige ich Ihnen, wie dieses Manko entschärft wird.

```
' 10-10.VBS

set wshshell = CreateObject("WScript.Shell")
set fs = CreateObject _
   ("Scripting.FileSystemObject")
MsgBox "Achtung: während das Skript gleich den Ordnerinhalt"& vbCr & "Ihres " _
   & "Windows-Ordners ausgibt, dürfen Sie auf keinen Fall"& vbCr & "das " _
   & "Vordergrundfenster wechseln! Die Eingabe landet sonst"& vbCr & "im " _
   & "falschen Fenster. WICHTIG!", vbExclamation + vbSystemModal

' Notepad starten:
wshshell.Run "NOTEPAD.EXE"

' Eine Sekunde warten:
WScript.Sleep 1000
```

Kapitel 10: Programme fernsteuern

```
' Windows-Ordner öffnen:
set ordner = fs.GetFolder(wshshell.ExpandEnvironmentStrings("%WINDIR%"))

' Alle Dateien ausgeben:
for each datei in ordner.files
   wshshell.SendKeys(datei.name & "{ENTER}")
   WScript.Sleep 100
next
'(C) 1999,2000 T.Weltner
```

Falls Sie bei sich die Textverarbeitung WinWord installiert haben, dann schauen Sie sich – vorsichtig – das nächste Skript an. Es zeigt, wie Sie die speziellen Funktionen von WinWord fernsteuern.

Aufpassen: weil dieses Skript genau auf die Funktionen von WinWord 8.0 abgestimmt ist, kann es bei anderen WinWord-Versionen Probleme geben. Schließen Sie deshalb zuerst alle übrigen Fenster, bevor Sie dieses Skript ausprobieren. Und seien Sie nicht allzu enttäuscht, wenn es nicht auf Anhieb tut, was es soll, sondern zuerst angepaßt werden will:

```
' 10-11.VBS

set wshshell = CreateObject("WScript.Shell")
set fs = CreateObject("Scripting.FileSystemObject")
MsgBox "Achtung: während das Skript gleich den Ordnerinhalt"& vbCr & "Ihres " _
    & "Windows-Ordners ausgibt, dürfen Sie auf keinen Fall"& vbCr & "das " _
    & "Vordergrundfenster wechseln! Die Eingabe landet sonst"& vbCr & "im " _
    & "falschen Fenster. WICHTIG!", vbExclamation + vbSystemModal

' Word-Dokument anlegen:
set datei = fs.CreateTextFile("C:\LISTING.DOC", true)
datei.close
' ... und öffnen:
wshshell.Run "C:\LISTING.DOC"

' 5 Sek. warten:
WScript.Sleep 5000

' als Word-Dokument speichern:
sk "{F10}D"        ' F10, D für Datei
sk "U"             ' U für Speichern unter
sk "%D"            ' ALT+D für Dateityp
sk "{HOME}{ENTER}" ' POS1, ENTER für Word-Dokument
sk "{ENTER}"       ' ENTER zum Speichern

' Schrift einstellen:
sk "{F10}TZ"       ' F10, T, Z für Format, Zeichen
sk "Arial{ENTER}"  ' Arial, ENTER für Arial
```

```
' Tabelle anlegen:
sk "{F10}L"     ' F10, L für Tabelle
sk "T"          ' T für Tabelle einfügen
sk "2{TAB}1{ENTER}"   ' 2, TAB, 1, TAB für
                ' 2 Spalten, 1 Zeile

' Windows-Ordner öffnen:
set ordner = fs.GetFolder _
   (wshshell.ExpandEnvironmentStrings("%WINDIR%"))

' Alle Dateien ausgeben:
for each datei in ordner.files
   sk lcase(datei.name) & "{TAB}"
   groesse=datei.size
   if groesse>0 then
      groesse = FormatNumber(groesse/1024,2)
   end if
   sk groesse & " KB{TAB}"
next

' Tabelle sortieren:
sk "{F10}LS{ENTER}"   ' F10, L, S für Tabelle, Sortieren

' An den Dokument-Anfang springen:
sk "^{HOME}"    ' STRG+POS1

' Überschrift eingeben:
sk "Dateilisting Windows-Ordner{TAB}"
sk "Größe"

' Tabellenformat:
sk "{F10}LF"    ' F10, L, F für Tabelle, AutoFormat
sk "Aktuell{ENTER}"   ' Aktuell, ENTER

' speichern
sk "{F10}D"     ' F10, D für Datei
sk "S"          ' S für Speichern
WScript.Sleep 1000
wshshell.Popup "Fertig!", 3

Sub sk(was)
   wshshell.SendKeys(was)
   WScript.Sleep 100
end sub
'(C) 1999,2000 T.Weltner
```

Dieses Skript macht etwas ganz Erstaunliches: Es nutzt die besonderen Fähigkeiten der Textverarbeitung aus, um das Ordnerlisting in einer zweispaltigen Tabelle auszugeben. Die Tabelle wird anschließend hübsch formatiert und sogar alphabetisch sortiert.

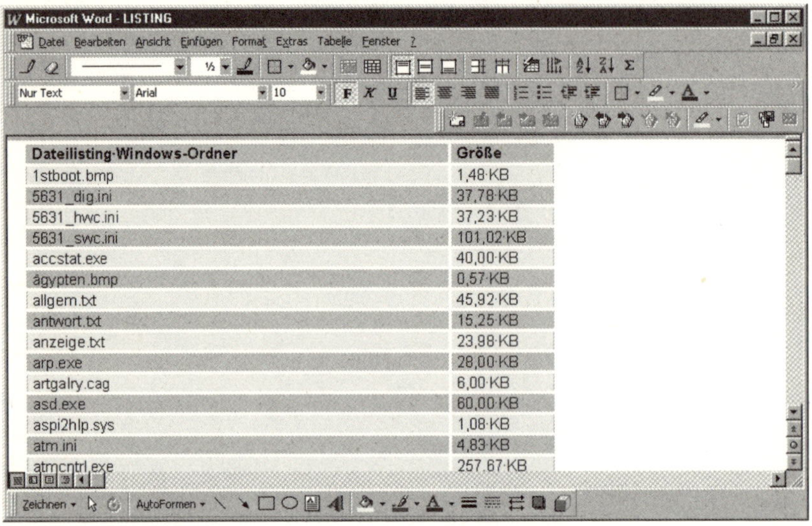

Bild 10.3: *SendKeys()* dressiert WinWord um und läßt Ordnerlistings sortieren

Allerdings wird an diesem Beispiel auch deutlich, wo die Grenzen und Gefahren von *SendKeys()* liegen, denn wenn Ihre Version von WinWord nicht exakt genau dieselben Tastenkombinationen verwendet wie meine, dann schlägt das Skript fehl und stellt vermutlich allerhand Unsinn an. Deshalb sind die einzelnen Schritte im Skript genau kommentiert, so daß Sie im Zweifelsfall kleinere Anpassungen vornehmen können – das Skript läßt sich ebenso gut auf jede andere Textverarbeitung umstricken.

Noch ein paar Tricks sollten Sie sich ansehen:

- Das Skript verwendet *SendKeys()* indirekt: es benutzt die eigene Prozedur *sk()*. Die läßt sich nicht nur leichter eintippen, sie baut auch automatisch nach jedem Aufruf eine 100 Millisekunden lange Verzögerung ein, damit WinWord genug Zeit hat, die Tastendrücke zu verdauen. Geht alles trotzdem noch zu schnell, weil Sie vielleicht unter einem langsamen Rechner leiden, dann erhöhen Sie einfach die Verzögerung zentral in der *sk()*-Prozedur, und schon gilt der Zeitgewinn für alle Tastendrücke im Skript.

- Das Skript verzichtet darauf, die Menüs mit ALT+Taste zu öffnen. Normalerweise ließe sich das *Dateimenü* über Alt+D öffnen. Normalerweise. WinWord weigert sich aber, weil es das große *D* wie Umschalt+d versteht. Verwenden Sie also entweder Kleinbuchstaben, oder weichen Sie wie im Beispiel oben auf F10+D aus.

- Das Skript öffnet am Anfang ein leeres WinWord-Dokument, obwohl es gar nicht weiß, wo bei Ihnen WinWord lagert. Der Trick: über *CreateFile()* legt das Skript zuerst eine leere *DOC*-Datei an und öffnet diese danach. *Run()* öffnet anschließend ganz von allein WinWord, sofern Sie es installiert haben. Sollte stattdessen WordPad hervorspringen, dann schlägt das Skript leider fehl, weil WordPad die Tabellenfunktionen fehlen. Sie brauchen

WinWord. Bekommen Sie gar eine Schutzverletzung, dann unterstützt Ihre WinWord-Variante die »Spardateien« nicht. Lesen Sie am Ende des Kapitels, wie Sie WinWord (und andere Programme) zielsicherer mit Skripten fernsteuern.

- Die Dummy-Datei, die das Skript am Anfang öffnen läßt, ist natürlich kein echtes WinWord-Dokument. Sie ist 0 Byte groß. WinWord öffnet sie deshalb im *Nur Text*-Modus. Das ist schlecht, und deshalb verwandelt das Skript die Dummy-Datei in eine echte WinWord-Datei: dazu ruft es *Speichern unter* auf und speichert dann das Dokument mit dem Dateityp *Word-Dokument*. Schon haben Sie eine echte WinWord-Datei, die nun auch Schriftarten und Tabellen unterstützt.

10.3.1 Die SendKeys-Tastendrücke

Jetzt, wo Ihnen hoffentlich das Wasser im Munde zerläuft, brauchen Sie eigentlich nur noch die offiziellen Bezeichnungen für all die Windows-Spezialtasten. Anschließend können Sie loslegen und jede beliebige Anwendung fernsteuern:

Taste	Bezeichnung
RÜCKTASTE	{BACKSPACE}, {BS} oder {BKSP}
PAUSE	{BREAK}
FESTSTELLTASTE	{CAPSLOCK}
ENTF	{DELETE} oder {DEL}
NACH-UNTEN	{DOWN}
ENDE	{END}
EINGABETASTE	{ENTER} oder ~
ESC	{ESC}
HILFE	{HELP}
POS 1	{HOME}
EINFG	{INSERT} oder {INS}
NACH-LINKS	{LEFT}
NUM-FESTSTELL	{NUMLOCK}
BILD-AB	{PGDN}
BILD-AUF	{PGUP}
DRUCK	{PRTSC}
NACH-RECHTS	{RIGHT}
ROLLEN-FESTSTELL	{SCROLLLOCK}
TAB	{TAB}
NACH-OBEN	{UP}
F1 – F12	{F1} – {F12}

Tab. 10.2: Spezialtasten für *SendKeys()*

Wollen Sie eine Sondertaste »festhalten«, dann verwenden Sie zusätzlich diese Codes:

Sondertaste	Bezeichnung
+	UMSCHALT
^	STRG
%	ALT

Tab. 10.3: *Steuerungstasten für SendKeys()*

Um also ein Fenster per [Alt]+[F4] zu schließen, senden Sie ihm »%{F4}«.

Sogar Tastenwiederholungen sind möglich: wollen Sie fünfunddreißig Mal ein H eingeben, dann senden Sie: {H 35}. Fünfunddreißig Zeilen tiefer gelangen Sie mit {DOWN 35}.

> **Tip:** Groß- und Kleinschreibung sind nicht egal.
> Möchten Sie Dialogfenster und Menüs fernsteuern, dann achten Sie auf die Groß- und Kleinschreibung. [Alt]-[D] wird nämlich von manchen Programmen wie ALT+UMSCHALT+d verstanden, und WinWord klappt in diesem Fall nicht das *Dateimenü* aus, sondern fügt das aktuelle Datum ein. Überraschung. Menüs steuern Sie deshalb grundsätzlich mit Kleinbuchstaben an. Senden Sie also nicht %D, sondern %d, und schon sind alle glücklich.

10.3.2 Tastendrücke ans richtige Programm leiten

SendKeys() ist es ziemlich egal, wer die Tastendrücke empfängt, die es versendet. Ihnen sollte das weniger egal sein. Das, was in WinWord eine ansprechende Dateiliste ergibt, sorgt in anderen Fenstern für erheblichen Wirbel und unüberschaubare Resultate.

Entscheidend ist, welches Fenster im Vordergrund liegt, denn dieses Fenster bekommt die Tastendrücke. Das ist nur verständlich, denn schließlich vertritt *SendKeys()* bloß den eifrig tippenden Anwender. Der sendet schließlich seine Tastendrücke auch stets an das im Vordergrund liegende Fenster.

Allerdings hört ein echter Anwender rechtzeitig zu tippen auf, wenn er merkt, das das falsche Fenster vorn liegt. Ihr Skript ist weniger vorausschauend und tippt gnadenlos weiter. Wenn Sie wollen, können Sie sich das Ergebnis mit dem Dateilistingskript von oben demonstrieren lassen: öffnen Sie ein Editorfenster, und starten Sie das Dateilistingskript. Klicken Sie nun in das andere Editorfenster, während die Dateiliste erstellt wird, dann überschwemmt Ihr Skript dieses Fenster mit allen weiteren Tastendrücken – sowas kann sogar gefährlich sein, denn möglicherweise sind harmlose Tastendrücke, die für den Editor bestimmt sind, gar nicht mehr so harmlos, wenn sie an den Explorer geleitet werden, und löschen dort womöglich sogar wichtige Dateien.

Unter normalen Umständen ist der Einsatz des *SendKeys()*-Befehls also eine riskante Angelegenheit. Aber nicht mehr lange. Es gibt eine Möglichkeit, die *SendKeys()*-Tastendrücke zu kanalisieren. Ist nicht mehr das richtige Fenster im Vordergrund, dann bricht Ihr Skript ab. Damit schlagen Sie gleich zwei Fliegen mit einer Klappe: erstens ist die *SendKeys()*-Gefahr gebannt, und zweitens bekommen Sie gratis eine praktische *Abbrechen*-Funktion, falls Ihnen die Geduld ausgeht.

10.3.3 SendKeys() mit Maulkorb versehen

Der einfache Trick: bevor Sie mit *SendKeys()* Tastendrücke versenden, lassen Sie Ihr Skript prüfen, welches Fenster im Vordergrund liegt. Nur wenn es das richtige Fenster ist, darf *SendKeys()* lossenden.

Dummerweise nur ist der WSH zu dumm herauszufinden, welches Fenster gerade im Vordergrund liegt. Macht aber nichts, denn diese wichtige Funktion rüsten meine Tools nach.

Das nächste Skript zeigt, wie Sie sicher mit *SendKeys()* umgehen. Zwei Dinge sind neu:

- Die Variable *app* muß den Namen des Fensters enthalten, in das gesendet werden soll. Verwenden Sie nur Kleinbuchstaben, und geben Sie genau den Namen ein, der in der Titelleiste des Fensters steht.

- Die Prozedur *sk()* ist intelligent geworden: sie prüft zuerst mit *GetForegroundWindowText()*, wie das aktuelle Fenster im Vordergrund heißt. Die Prozedur prüft 3 Sekunden lang das Vordergrundfenster. Das heißt: Sie brauchen keine Warterunden mehr ins Skript einzubauen, wenn Sie per *sk()* Dialogfenster aufrufen, solange die Fenster innerhalb von 3 Sekunden erscheinen. Ist nach Ablauf dieser Frist immer noch nicht das richtige Fenster im Vordergrund, dann bricht das Skript ab und meldet das Malheur. Es nennt Ihnen zwei wichtige Details: den Namen des Fensters, das es erwartet hätte, und den Namen des Fensters, das tatsächlich im Vordergrund lag. So ist es leicht, Fehlern auf die Spur zu kommen, denn wie Sie im Skript sehen, kann es nötig sein, den erlaubten Fensternamen hin und wieder zu ändern. Immer, wenn Ihr Skript ein Dialogfenster aufruft, muß zum Beispiel der Name dieses Dialogfensters in die Variable *app* geschrieben werden, bevor Ihr Skript weitermachen kann.

Bild 10.4: Drängelt sich ein anderes Fenster nach vorn, dann bricht Ihr Skript sofort ab

- Testen Sie das Sicherheitsnetz. Wenn Sie das WinWord-Fenster verlassen und ein anderes Fenster anklicken, dann hält Ihr Skript an. Ist nicht innerhalb von 3 Sekunden das richtige Fenster wieder im Vordergrund, dann erscheint die *Abbrechen*-Meldung.

```
' 10-12.VBS

set wshshell = CreateObject("WScript.Shell")
set fs = CreateObject("Scripting.FileSystemObject")
set tools = CreateObject("window.tobtools")

' Word-Dokument anlegen:
set datei = fs.CreateTextFile("C:\LISTING.DOC", true)
datei.close
' ... und öffnen:
wshshell.Run "C:\LISTING.DOC"
```

```
' als Word-Dokument speichern:
app = "microsoft word - listing"
sk "{F10}D"    ' F10, D für Datei
sk "U"         ' U für Speichern unter

app = "speichern unter"
sk "%D"        ' ALT+D für Dateityp
sk "{HOME}{ENTER}" ' POS1, ENTER für Word-Dokument
sk "{ENTER}"   ' ENTER zum Speichern

app = "microsoft word - listing"
' Schrift einstellen:
sk "{F10}TZ"   ' F10, T, Z für Format, Zeichen

app = "zeichen"
sk "Arial{ENTER}" ' Arial, ENTER für Arial

' Tabelle anlegen:
app = "microsoft word - listing"
sk "{F10}L"    ' F10, L für Tabelle
sk "T"         ' T für Tabelle einfügen

app = "tabelle einfügen"
sk "2{TAB}1{ENTER}" ' 2, TAB, 1, TAB für
                    ' 2 Spalten, 1 Zeile

app = "microsoft word - listing"

' Windows-Ordner öffnen:
set ordner = fs.GetFolder _
   (wshshell.ExpandEnvironmentStrings _
   ("%WINDIR%"))

' Alle Dateien ausgeben:
for each datei in ordner.files
   sk lcase(datei.name) & "{TAB}"
   groesse=datei.size
   if groesse>0 then
      groesse = FormatNumber(groesse/1024,2)
   end if
   sk groesse & " KB{TAB}"
next

' Tabelle sortieren:
sk "{F10}LS{ENTER}" ' F10, L, S für Tabelle, Sortieren
```

```
' An den Dokument-Anfang springen:
sk "^{HOME}"     ' STRG+POS1

' Überschrift eingeben:
sk "Dateilisting Windows-Ordner{TAB}"
sk "Größe"

' Tabellenformat:
sk "{F10}LF"     ' F10, L, F für Tabelle, AutoFormat

app = "tabelle autoformat"
sk "Aktuell{ENTER}"    ' Aktuell, ENTER

app = "microsoft word - listing"
' speichern
sk "{F10}D"      ' F10, D für Datei
sk "S"           ' S für Speichern
WScript.Sleep 1000
wshshell.Popup "Fertig!", 3


Sub sk(was)
   for x=1 to 10
      vordergrund = tools.GetForegroundWindowText
      if lcase(left(vordergrund, len(app)))=app then
         exit for
      else
         WScript.Sleep 300
      end if
   next

   if not lcase(left(vordergrund, len(app)))=app then
      MsgBox "Das Ausgabefenster steht nicht mehr zur"& " Verfügung!" & vbCr &_
         "Kontext ist: " & app & vbCr & "Im Vordergrund lag aber: " & _
         vordergrund , vbCritical
      WScript.Quit
   end if
   wshshell.SendKeys(was)
   WScript.Sleep 100
end sub
'(C) 1999,2000 T.Weltner
```

Verstehen Sie diese Erweiterung als Sicherheitsnetz, in das nicht routinemäßig gesprungen werden sollte. Wenn Sie nämlich mitten im Skript ein anderes Fenster aktivieren, dann kann Ihr Skript trotzdem durcheinanderkommen: war es gerade dabei, mit *SendKeys()* Tastendrücke zu versenden, dann wird der Rest der Sendung verschluckt. Schalten Sie innerhalb von drei

Sekunden ins richtige Fenster zurück, dann setzt Ihr Skript die Arbeit zwar fort, aber unter Umständen fehlen jetzt ein paar wichtige Tastendrücke.

10.3.4 Selbst bestimmen, welches Fenster im Vordergrund liegt

Gerade haben Sie gesehen, wie lebenswichtig es für *SendKeys()* ist, daß das richtige Fenster im Vordergrund liegt. Nur: wie kriegen Sie das passende Fenster dorthin?

Normalerweise braucht Ihnen das kein Kopfzerbrechen zu bereiten. Wenn Sie neue Programme starten, liegen die automatisch im Vordergrund. Es genügt also, wie im Beispiel oben aufzupassen, daß sich kein anderes Fenster in den Vordergrund mogelt.

Tückischer wird es, wenn das betreffende Fenster schon geöffnet ist. Dann müssen Sie es von Hand in den Vordergrund schieben. Und tatsächlich bietet der WSH dafür einen Befehl an: *AppActivate()*.

Füttern Sie *AppActivate()* mit dem Namen eines Fensters, dann schaltet er dieses Fenster in den Vordergrund. Nur leider nicht immer. Häufig blinkt anschließend bloß hektisch die Schaltfläche dieses Fensters in der Taskleiste, aber das Fenster selbst bleibt im Hintergrund. Das ist gefährlich.

Der Grund für dieses sonderbare Verhalten: mit Einzug von Windows 98 wurden die Richtlinien verschärft, die erfüllt sein müssen, damit ein Fenster skriptgesteuert in den Vordergrund wechseln darf. Wichtigste Voraussetzung ist, daß der Aufrufer von *AppActivate* selbst gerade im Vordergrund liegt. Das ist natürlich reichlich blödsinnig, denn Ihr Skript hat ja gar kein Fenster und kann deshalb auch schlecht im Vordergrund liegen.

Normalerweise ist *AppActivate()* damit raus aus dem Rennen und vollkommen unbrauchbar. Mit einem kleinen Kniff allerdings wird der Befehl doch noch interessant. Sorgen Sie einfach dafür, daß Ihr Skript in den Fenstervordergrund gelangt.

Und wie? Mit *Popup()*! Dieses Dialogfenster schnappt sich den Eingabefokus, und wenn Sie anschließend *AppActivate()* aufrufen, dann klappt das Umschalten:

```
' 10-13.VBS

set wshshell = CreateObject("WScript.Shell")
set windows = CreateObject("window.tobtools")

liste = Split(windows.EnumMainWindows, vbCrLf)
for each fenster in liste
   details = Split(fenster, vbTab)
   wshshell.Popup "schalte um...", 1
   wshshell.AppActivate details(0)
   WScript.Sleep 1000
next
'(C) 1999,2000 T.Weltner
```

EnumMainWindows() liefert eine Liste mit den Namen aller gerade geöffneten Programmfenster. Das Skript schaltet im Sekundenabstand jeweils eins dieser Fenster in den Vordergrund,

und tatsächlich – es funktioniert. Werfen Sie allerdings testweise die *Popup()*-Anweisung aus dem Skript, dann bekommen Sie nur blinkende Taskleisten-Schaltflächen.

Elegant ist diese Lösung allerdings nicht: das zwischendurch immer wieder auftauchende *Popup()*-Dialogfenster stört. Gibt es keine bessere Möglichkeit?

Die verblüffende Antwort: die gibt es tatsächlich. *SendKeys()* selbst kann Ihnen helfen.

SendKeys() sendet zwar Tastendrücke blind ausschließlich an das Fenster, das gerade im Vordergrund liegt. Es gibt aber einige Tastendrücke, die direkt zu Windows gelangen. Alt + Tab zum Beispiel ruft unabhängig vom Vordergrundfenster immer das praktische Umschaltfenster auf den Bildschirm, mit dem Sie zu anderen Fenstern umschalten – solange mindestens zwei Fenster geöffnet sind. Das nächste Skript macht sich das zunutze und schaltet zwischen zwei Fenstern hin und her:

```
' 10-14.VBS

set wshshell = CreateObject("WScript.Shell")

for x=1 to 5
  ' vorheriges Fenster aktivieren:
  wshshell.SendKeys("%{Tab}")
  ' warten
  WScript.Sleep 1000
  ' zurückschalten:
  wshshell.SendKeys("%{Tab}")
  ' warten
  WScript.Sleep 1000
next
'(C) 1999,2000 T.Weltner
```

Bleibt allerdings die Frage, wie Sie mit Alt + Tab zu einem ganz bestimmten Fenster umschalten. Schließlich wissen Sie nicht, in welcher Reihenfolge das Umschaltfenster die geöffneten Fenster aufreiht. Wissen Sie nicht – wissen Sie doch. *EnumMainWindows()* verrät es Ihnen.

EnumMainWindows() listet nämlich nicht nur alle geöffneten Fenster auf, es listet sie sogar praktischerweise in genau derselben Reihenfolge auf, in der auch das Alt + Tab -Fenster seine Auswahl organisiert.

Das nächste Skript ist die gesuchte Lösung. Es schaltet ohne störendes Dialogfenster zuverlässig genau das Fenster in den Vordergrund, das Sie brauchen. In diesem Fall schaltet es wieder nacheinander alle geöffneten Fenster in den Vordergrund:

```
' 10-15.VBS

set windows = CreateObject("window.tobtools")
set wshshell = CreateObject("WScript.Shell")


liste = Split(windows.EnumMainWindows, vbCrLf)
```

```
for each wnd in liste
   wnd = Split(wnd, vbTab)
   ActivateApp wnd(0)
   WScript.Sleep 1000
next

sub ActivateApp(name)
   fenster = Split(windows.EnumMainWindows, vbCrLf)
   counter = 0
   for each eintrag in fenster
      details = Split(eintrag, vbTab)
      if lcase(details(0))=lcase(name) then
         wshshell.SendKeys("%{TAB " & counter & "}")
         exit for
      else
         counter = counter + 1
      end if
   next
end sub
'(C) 1999,2000 T.Weltner
```

Weil *SendKeys()* die Tastendrücke blitzschnell verschickt, taucht noch nicht einmal das Alt+Tab-Fenster auf. Künftig brauchen Sie nur noch die selbstdefinierte Prozedur *ActivateApp()*, der Sie den Namen des betreffenden Fensters verraten. Der Fall ist erledigt.

10.3.5 Alle Fenster schließen

Haben Sie sich nicht auch schon häufig darüber geärgert, wie lästig es ist, alle offenen Fenster von Hand auszuknipsen, nur um wieder ein bißchen Ordnung auf dem Bildschirm zu bekommen? Fenster ausknipsen ist wichtig, damit Windows nicht unnötig Speicherressourcen für Fenster vergeudet, die Sie gar nicht mehr brauchen. Das nächste Skript nutzt Ihre neuen Funktionen gleich dazu aus, um automatisiert alle geöffneten Fenster zu schließen:

```
' 10-16.VBS

set windows = CreateObject("window.tobtools")
set wshshell = CreateObject("WScript.Shell")

' Alle geöffneten Fenster ermitteln:
liste = Split(windows.EnumMainWindows, vbCrLf)

' alle Fenster der Reihe nach durchgehen:
for each wnd in liste
   ' Informationen aufsplitten:
   ' in wnd(0) steht nun der Name des Fensters:
   wnd = Split(wnd, vbTab)
   ' zu diesem Fenster umschalten
```

```
   ActivateApp wnd(0)
   ' ALT+F4, Fenster schließen:
   wshshell.SendKeys("%{F4}")
   ' kurz warten:
   WScript.Sleep 500
next

sub ActivateApp(name)
   fenster = Split(windows.EnumMainWindows, vbCrLf)
   counter = 0
   for each eintrag in fenster
      details = Split(eintrag, vbTab)
      if lcase(details(0))=lcase(name) then
           wshshell.SendKeys("%{TAB " & counter & "}")
           exit for
      else
           counter = counter + 1
      end if
   next
end sub
'(C) 1999,2000 T.Weltner
```

Das ist praktisch. Dieses Skript schließt blitzschnell alle offenen Fenster, und Sie haben freie Bahn für neue Projekte.

Nur eins stört: Gab es mehrere Fenster mit noch ungesicherten Inhalten, dann wird Ihr Bildschirm möglicherweise mit »Vorher speichern?«-Fenstern überflutet. Nicht so schön. Besser wäre es, wenn das Skript anhielte, sobald ein Fenster Rückfragen stellt.

Das geht, sogar ganz einfach. *EnumMainWindows()* liefert Ihnen die Anzahl der geöffneten Fenster. Prüfen Sie doch einfach, ob nach dem *Schließen*-Befehl die Anzahl kleiner geworden ist. Wenn nicht, dann diskutiert das Fenster gerade noch mit dem Anwender, ob sein Inhalt gespeichert werden soll oder nicht.

Das nächste Skript wartet in diesem Fall galant eine Weile ab. Tut sich einfach nichts – der Anwender hat wahrscheinlich beschlossen, das Fenster zu behalten – dann fragt das Skript vorsichtig nach, ob Sie überhaupt weitermachen wollen.

```
' 10-17.VBS
set windows = CreateObject("window.tobtools")
set wshshell = CreateObject("WScript.Shell")

liste = Split(windows.EnumMainWindows, vbCrLf)
' Wieviel Fenster sind offen?
anzahl = UBound(liste)

for each wnd in liste
   wnd = Split(wnd, vbTab)
   ActivateApp wnd(0)
```

```
    wshshell.SendKeys("%{F4}")
    WScript.Sleep 500

    ' Skript wartet 30 waiting-Durchläufe zu
    ' je 1 Sekunde:
    waiting=0
    ' nur wenn ok=true ist, wurde das
    ' Fenster geschlossen:
    ok=false

    do
        ' neue Fensteranzahl: ist ein Fenster weg?
        neuanzahl = UBound(Split _
            (windows.EnumMainWindows, vbCrLf))
        ' ja, alles klar:
        if neuanzahl<anzahl then
            ok=true
            ' Schleife abbrechen:
            exit do
        else
            ' nö, Fenster ist noch da!
            waiting = waiting + 1
            ' 1 Sekunde schlafen:
            WScript.Sleep 1000
        end if
    ' nochmal versuchen, maximal 30 Mal:
    loop until waiting>30

    ' Fenster ist nicht geschlossen worden?
    if not ok then
        ' vorsichtshalber nachfragen:
        antwort = MsgBox("Wollen Sie weitere Fenster schließen?", vbYesNo _
            +vbQuestion)
        ' jau, Anwender will abbrechen:
        if antwort = vbNo then WScript.Quit
    end if

    ' neue Fensteranzahl merken:
    anzahl = neuanzahl
next

sub ActivateApp(name)
    fenster = Split(windows.EnumMainWindows, vbCrLf)
    counter = 0
    for each eintrag in fenster
        details = Split(eintrag, vbTab)
        if lcase(details(0))=lcase(name) then
            wshshell.SendKeys("%{TAB " & counter & "}")
            exit for
```

```
        else
            counter = counter + 1
        end if
    next
end sub
'(C) 1999,2000 T.Weltner
```

10.3.6 Nur ganz bestimmte Fenster schließen

Schauen Sie sich doch mal an, welche Details Ihnen *EnumMainWindows* verrät:

```
' 10-18.VBS

set windows = CreateObject("window.tobtools")
MsgBox windows.EnumMainWindows
'(C) 1999,2000 T.Weltner
```

Die Funktion liefert nicht nur die Namen der geöffneten Fenster, sondern auch die interne Fenster-ID (im Moment nicht so wichtig) sowie das Programm, das hinter dem Fenster steckt.

Bild 10.5: Alle geöffneten Hauptfenster werden aufgelistet

Das Programm? Da könnte man doch...! Genau. Das nächste Skript ist etwas wählerischer und schließt nur bestimmte Fenster. Genau genommen werden alle Editorfenster geschlossen, während allen anderen Fenstern unberührt bleiben:

```
' 10-19.VBS

set windows = CreateObject("window.tobtools")
set wshshell = CreateObject("WScript.Shell")

prg = InputBox("Welches Programm wollen Sie schließen?","Wach&Schließ", _
    "notepad.exe")
ClosePrg prg

sub ClosePrg(welches)
    armesau = lcase(welches)
    ' Alle geöffneten Fenster ermitteln:
    liste = Split(windows.EnumMainWindows, _
        vbCrLf)

    ' alle Fenster der Reihe nach durchgehen:
    for each wnd in liste
```

```
        ' Informationen aufsplitten:
        ' in wnd(0) steht nun der Name des Fensters
        ' in wnd(2) steht das Programm
        wnd = Split(wnd, vbTab)


        ' Programmnamen herausfinden:
        prg = lcase(Mid(wnd(2), InstrRev(wnd(2), "\")+1))

        ' steht es auf der Abschußliste?
        if prg = armesau then
            ' zu diesem Fenster umschalten
            ActivateApp wnd(0)
            ' ALT+F4, Fenster schließen:
            wshshell.SendKeys("%{F4}")
            ' kurz warten:
            WScript.Sleep 500
        end if
    next
end sub

sub ActivateApp(name)
    fenster = Split(windows.EnumMainWindows, vbCrLf)
    counter = 0
    for each eintrag in fenster
        details = Split(eintrag, vbTab)
        if lcase(details(0))=lcase(name) then
            wshshell.SendKeys("%{TAB " & counter & "}")
            exit for
        else
            counter = counter + 1
        end if
    next
end sub
'(C) 1999,2000 T.Weltner
```

ClosePrg() schließt ab sofort für Sie alle Fenster, hinter denen ein bestimmtes Programm steckt.

Umgekehrt geht es übrigens auch. Möchten Sie alle Fenster entsorgen, nur nicht die eines bestimmten Programms? Dann brauchen Sie dieses Skript:

```
' 10-20.VBS

set windows = CreateObject("window.tobtools")
set wshshell = CreateObject("WScript.Shell")

NotClosePrg "winword.exe+explorer.exe"
```

```
sub NotClosePrg(welches)
    larry = lcase(welches)
    ' Alle geöffneten Fenster ermitteln:
    liste = Split(windows.EnumMainWindows, vbCrLf)

    ' alle Fenster der Reihe nach durchgehen:
    for each wnd in liste
        ' Informationen aufsplitten:
        ' in wnd(0) steht nun der Name des Fensters
        ' in wnd(2) steht das Programm
        wnd = Split(wnd, vbTab)


        ' Programmnamen herausfinden:
        prg = lcase(Mid(wnd(2), InstrRev(wnd(2), "\")+1))

        ' steht es nicht in der VIP-Liste?
        if Instr(larry, prg)=0 then
            ' zu diesem Fenster umschalten
            ActivateApp wnd(0)
            ' ALT+F4, Fenster schließen:
            wshshell.SendKeys("%{F4}")
            ' kurz warten:
            WScript.Sleep 500
        end if
    next
end sub

sub ActivateApp(name)
    fenster = Split(windows.EnumMainWindows, vbCrLf)
    counter = 0
    for each eintrag in fenster
        details = Split(eintrag, vbTab)
        if lcase(details(0))=lcase(name) then
            wshshell.SendKeys("%{TAB " & counter & "}")
            exit for
        else
            counter = counter + 1
        end if
    next
end sub
'(C) 1999,2000 T.Weltner
```

Haben Sie es gemerkt? Dieses Skript hat die Auswahlkriterien nicht nur umgedreht. Es zeigt auch, wie Sie gleich mehrere Programmtypen angeben können. Im Beispiel werden alle Fenster geschlossen außer diejenigen, die von WinWord oder dem Explorer stammen.

Das Skript greift einfach zu *Instr()* und prüft, ob der aktuelle Programmname irgendwo in der Liste vorkommt. Wenn nicht, dann liefert *Instr()* null zurück, und das Fenster wird geschlossen.

Wollen Sie dieses Skript wieder umdrehen und alle Programme schließen, die auf der Liste stehen, dann ändern Sie hinter *Instr()* bloß *=0* um in *>0*.

> **Tip:** Dieses Skript gehört in Ihr Startmenü.
> Die Fenster-Ausknips-Skripte sind so enorm praktisch, daß Sie zumindest eins davon in Ihr Startmenü einbauen sollten. Dort ist es nicht nur zentral erreichbar, Sie können es nun auch mit einer Tastenkombination ausrüsten und bequem über Strg + Ende alle unnützen Fenster schließen (Kapitel 12 verrät mehr.).

10.3.7 Das Startmenü fernsteuern

Phantasie lohnt sich – das hat der Alt + Tab -Trick bewiesen. Graben Sie doch noch weitere versteckte Tastenkombinationen aus, die *SendKeys()* für Sie drücken könnte.

Das Startmenü klappt zum Beispiel über Strg + Esc aus. Darin haben Sie enorme Freiheiten. So leicht fahren Sie Windows herunter:

```
' 10-21.VBS

set wshshell = CreateObject("WScript.Shell")

wshshell.SendKeys("^{ESC}")
WScript.Sleep 1000
wshshell.SendKeys("b")
WScript.Sleep 1000
wshshell.SendKeys("%u")
WScript.Sleep 1000
wshshell.SendKeys("{ENTER}")
'(C) 1999,2000 T.Weltner
```

> **Tip:** Vermeiden Sie doppelte Tastenkombinationen.
> Damit das Skript wie geplant funktioniert, muß der Tasten-Shortcut B für Beenden im Startmenü eindeutig sein. Haben Sie eigene Programme oben ins Startmenü integriert, deren Name mit B beginnt, dann weiß Windows nicht mehr, welchen Startmenüeintrag Sie eigentlich meinen. In diesem Fall klicken Sie mit der rechten Maustaste auf den Startknopf, wählen *Öffnen* und geben den kollidierenden Einträgen andere Namen. Fall gelöst.

Das Skript wartet nach jedem Schritt eine Sekunde, damit Sie der Fernsteuerung genau über die Schulter schauen können. Im echten Einsatz sollten Sie die Verzögerung natürlich herunterschrauben. Erstaunlich: Ihr Skript kann Windows sogar dann noch fernsteuern, wenn bereits der abgedunkelte *Beenden*-Bildschirm zu sehen ist.

Entdecken Sie die Möglichkeiten: Sie können das Skript dazu einsetzen, jede der angebotenen Herunterfahr-Optionen auszusuchen und so genauso gut Windows neu starten oder in den Standby-Modus schalten.

10.3.8 Nach Dateinamen suchen

Auch andere interessante Startmenübefehle stehen Ihren Skripten jetzt offen. Das nächste Skript sucht ferngesteuert nach einer bestimmten Datei.

> **Tip:** Aufpassen! Doppelte Tastenkombinationen.
> Das nächste Skript kann nur dann für Sie arbeiten, wenn Sie nicht oben ins Startmenü eigene Einträge eingebaut haben, deren Name mit *S* beginnt. Dann nämlich ist *S* nicht mehr eindeutig für den Startmenübefehl *Suchen* zuständig, und das Skript scheitert. Probieren Sie es aus: nur wenn das *Suchen*-Fenster auftaucht, klappt Ihr Skript: Strg + Alt , S , D .

```
' 10-22.VBS

set wshshell = CreateObject("WScript.Shell")
set tools = CreateObject("window.tobtools")

name = InputBox("Nach welcher Datei wollen Sie suchen?")
WScript.Sleep 500
wshshell.SendKeys("^{ESC}")
wshshell.SendKeys("SD")

app="suchen nach"
sk name & "{TAB}{TAB}"
sk "C:%s"


Sub sk(was)
   for x=1 to 10
      vordergrund = tools.GetForegroundWindowText
      if lcase(left(vordergrund, len(app)))=app then
            exit for
      else
            WScript.Sleep 300
      end if
   next

   if not lcase(left(vordergrund, len(app)))=app then
      MsgBox "Das Ausgabefenster steht nicht mehr zur Verfügung!" & vbCr & _
             "Kontext ist: " & app & vbCr & "Im Vordergrund lag aber: " & _
```

```
            vordergrund , vbCritical
    WScript.Quit
  end if
  wshshell.SendKeys(was)
  WScript.Sleep 100
end sub
'(C) 1999,2000 T.Weltner
```

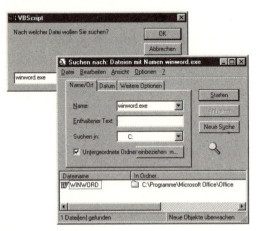

Bild 10.6: Ferngesteuert wird das Suchen-Fenster ausgefüllt und gestartet

10.3.9 Dateien in Ordnern markieren

In Kapitel 8 hatte ich Ihnen bereits einen Weg verraten, wie Sie Ordner öffnen und darin Dateien markieren können. Hier folgt eine zweite Variante. Mit der läßt sich zwar nur eine einzelne Datei markieren, aber dafür können Sie jetzt selbst bestimmen, in welcher Ansicht der Ordner angezeigt werden soll.

```
' 10-23.VBS

set wshshell = CreateObject("WScript.Shell")
set tools = CreateObject("window.tobtools")
windir = wshshell.ExpandEnvironmentStrings("%WINDIR%")
app = ""

MarkFile windir & "\explorer.exe", "g"

sub MarkFile(datei, view)
  pfad = left(datei, InstrRev(datei, "\"))
  name = mid(datei, InstrRev(datei, "\")+1)

  OpenFolder pfad, view
  sk name
end sub
```

```
sub OpenFolder(path, view)
   fenstername = path
   if right(fenstername, 1)="\" then fenstername = left(fenstername, len _
      (fenstername)-1)
   fenstername = mid(fenstername, InstrRev(fenstername, "\")+1)
   wshshell.run "EXPLORER.EXE " & path
   app = lcase(fenstername)
   sk "%a" & view
end sub

Sub sk(was)
   for x=1 to 10
      vordergrund = tools.GetForegroundWindowText
      if lcase(left(vordergrund, len(app)))=app then
         exit for
      else
         WScript.Sleep 300
      end if
   next

   if not lcase(left(vordergrund, len(app)))=app then
      MsgBox "Das Ausgabefenster steht nicht mehr zur Verfügung!" & vbCr & _
         "Kontext ist: " & app & vbCr & "Im Vordergrund lag aber: " & _
         vordergrund , vbCritical
      WScript.Quit
   end if
   wshshell.SendKeys(was)
   WScript.Sleep 100
end sub
'(C) 1999,2000 T.Weltner
```

Mit dem Parameter *view* dürfen Sie sich aussuchen, in welcher Ansicht der Explorer die Datei präsentiert. Geben Sie einfach den Buchstaben an, den Sie normalerweise im *Ansicht*-Menü drücken würden, für Große Symbole also zum Beispiel »g«.

> **Tip:** Die Webansicht verdirbt den Spaß.
> Damit das Skript wie geplant funktioniert, darf die Webansicht im angezeigten Ordner nicht aktiviert sein. Schalten Sie sie im *Ansicht*-Menü ab, halten Sie [Strg] fest und knipsen Sie das Fenster aus. Beim nächsten Mal öffnet es sich dann ohne Webansicht.

10.3.10 Kontextmenüs fernsteuern

Die versteckte Tastenkombination [Umschalt]+[F10] öffnet sogar noch weitere Türen für Ihr Skript: mit ihr klappen Sie Kontextmenüs aus und können anschließend daraus Befehle aufrufen.

Das nächste Skript wechselt auf diese Weise den Standarddrucker, also den Drucker, den Windows verwendet, wenn Sie keinen besonderen Drucker angeben:

```
' 10-24.VBS

SelectPrinter "HP LaserJet"

sub SelectPrinter(name)
   set wshshell = CreateObject("WScript.Shell")
   wshshell.run "control.exe main.cpl,Drucker,0"
   WScript.Sleep 1000
   wshshell.SendKeys(name)
   WScript.Sleep 200

   ' Kontextmenü aufklappen
   wshshell.SendKeys("+{F10}")
   WScript.Sleep 200

   ' Standarddrucker aussuchen:
   wshshell.SendKeys("{DOWN 3}{ENTER}")
   WScript.Sleep 200

   ' Fenster schließen
   wshshell.SendKeys("%{F4}")
end sub
'(C) 1999,2000 T.Weltner
```

Auch hier gilt wieder: Ist die Webansicht aktiv, dann scheitert das Skript. Im professionellen Einsatz ist deshalb der geheime Befehl *InvokeVerb()* aus Kapitel 8 besser geeignet.

10.4 Programme synchron und asynchron ausführen

Oben haben Sie bereits die beiden Varianten kennengelernt, mit der Programme gestartet werden können: synchron und asynchron.

Synchron heißt: Ihr Skript feuert ein Programm ab und wartet dann so lange, bis das Programm seine Arbeit erledigt hat. Erst danach kann das Skript weitermachen. Ideal also, wenn das Programm irgendwelche Informationen beschaffen soll, ohne die das Skript nicht weitermachen kann.

Asynchron heißt: Ihr Skript startet ein Programm und kümmert sich danach nicht weiter um das Programm. Es macht sofort mit seinen eigenen Aufgaben weiter. Ideal also, wenn es Ihnen nur darauf ankommt, wie mit einer DOS-Batch-Datei einen Schwung Programme zu starten, mit denen Sie anschließend zum Beispiel arbeiten wollen.

In diesem Kapitel zeige ich Ihnen zuerst ein paar Beispiele für beide Varianten und präsentiere dann eine wesentlich professionellere Lösung, skriptgesteuert mit fremden Programmen zusammenzuarbeiten.

10.4.1 Alle Programme einer Programmgruppe starten

Was tun Sie eigentlich mit Ihrem Computer? Ob Sie damit Briefe schreiben, als Internet-Junkie durch die Welt jagen oder an der Diplomarbeit feilen – in fast allen Fällen brauchen Sie für jede dieser Aufgaben mehr als ein Programm. Für das Briefeschreiben starten Sie zum Beispiel die Textverarbeitung, den Zeicheneditor und ein Malprogramm. Als Grafikdesigner brauchen Sie vielleicht PhotoPaint, ein Scanprogramm und ein paar Grafiktools. Und wenn Sie all diese Programme ständig von Hand aufrufen, sind Sie selber schuld.

Beauftragen Sie doch ein Skript, den Inhalt einer ganzen Programmgruppe automatisch zu starten. Anschließend eröffnen Sie für jede Aufgabe, die Sie zu erledigen haben, eine maßgeschneiderte Programmgruppe, die genau die Programme enthält, die Sie brauchen.

So sieht das Programmgruppen-Startskript aus:

```
' 10-25.VBS

set dialog = CreateObject("systemdialog.tobtools")
set fs = CreateObject("Scripting.FileSystemObject")
set wshshell = CreateObject("WScript.Shell")

' nach Programmgruppe oder Eintrag fragen:
gruppe = dialog.BrowseFolder(2,"Welche Programmgruppe wollen Sie starten?", _
   &h4001)
if gruppe = "" then
   MsgBox "Abbruch bestätigt.", vbInformation
   WScript.Quit
end if

' ist Auswahl eine Gruppe oder ein Eintrag?
if fs.FileExists(gruppe) then
   ' ein einzelner Eintrag
   Start gruppe
else
   ' eine ganze Gruppe:
   if fs.FolderExists(gruppe) then
      ' Gruppe öffnen:
      set ordner = fs.GetFolder(gruppe)
      ' ganzen Inhalt starten:
      for each eintrag in ordner.files
           Start eintrag
      next
   else
      MsgBox """" & gruppe & """ konnte nicht gefunden werden!", vbCritical
   end if
end if

sub Start(path)
   ' ist Datei eine Verknüpfung?
```

```
    if lcase(right(path,3))="lnk" then
      ' ja, also herausfinden, auf welche
      ' Datei verwiesen wird:
      set scut = wshshell.CreateShortcut(path)
      target = scut.TargetPath
      ' diese Datei asynchron starten, wenn
      ' sie existiert:
      if fs.FileExists(target) then
          antwort = MsgBox("Wollen Sie " & _
              fs.GetBaseName(path) & " wirklich " _
              & "starten?" , vbYesNoCancel + _
              vbQuestion)
          ' Pfad in Anführungszeichen, damit
          ' Leerzeichen
          ' im Pfad keine Probleme machen:
          if antwort = vbYes then wshshell.Run _
              """" & target & """"
          if antwort = vbCancel then WScript.Quit
      else
          MsgBox "Verknüpfung " & _
              fs.GetBaseName(path) & " verweist " _
              & "auf die Datei " & target & ", " _
              & "die aber gar nicht (mehr) " _
              & "existiert!", vbInformation
      end if
   end if
end sub
'(C) 1999,2000 T.Weltner
```

Das Skript öffnet das Programmgruppen-Auswahlfenster, und Sie haben jetzt die Möglichkeit, entweder genau wie mit dem Programme-Menü einzelne Programmeinträge zu starten oder den Inhalt einer ganzen Programmgruppe.

Bild 10.7: Suchen Sie sich Programme oder Gruppen aus – schon werden sie gestartet

> **Tip:** Nur echte Verknüpfungen dürfen mitspielen.
> Das Skript kümmert sich nur um »echte« Verknüpfungen, also Windows-Links. DOS-Verknüpfungen (mit der Extension PIF) werden höflich ignoriert, so daß Sie zum Beispiel die *DOS-Eingabeaufforderung* nicht starten können. Der Grund: *CreateShortcut()* kann nur in *LNK*-Dateien hineinschauen, nicht in *PIF*-Dateien. Da aber das *Programme*-Menü beinahe ausschließlich aus Windows-Links besteht, dürfte Sie diese Einschränkung kaum aus der Ruhe bringen.

Sinnvoll ist das natürlich nur, wenn Sie sich im nächsten Schritt maßgeschneiderte Programmgruppen anlegen, die mit genau den Sachen gefüllt werden, die Sie für bestimmte Aufgaben immer wieder brauchen. Und wie legt man eigene Programmgruppen an? Ein Rechtsklick auf den Startknopf in der Taskleiste und *Öffnen* genügt. Danach doppelklicken Sie auf *Programme*, und schon sind Sie bei Ihren Programmgruppen.

Mit *Neu* und *Ordner* legen Sie neue Programmgruppen an. Und mit den Befehlen *Kopieren* und *Einfügen* aus dem *Bearbeiten*-Menü legen Sie Kopien von Programmgruppen-Einträgen an und fügen die Kopien in die neue Gruppe ein.

Dieses Skript ist ein Beispiel für asynchronen Programmstart. Ihr Skript dient nur als Abschußrampe, hat aber selbst überhaupt kein Interesse an den Programmen.

Bevor ich Ihnen mehr zum synchronen Programmstart verrate, folgen zuerst noch zwei weitere wichtige Beispiele für den asynchronen Programmstart.

10.4.2 Programme mit freundlichen Namen starten

Der *Run()*-Befehl startet zwar alles, was nicht schnell genug weglaufen kann, aber nur, wenn Sie den ganz genauen Pfadnamen zum Programm angeben. Das kann schwierig werden: wo genau liegt eigentlich der ausführbare Teil eines Programms, und wie heißt er?

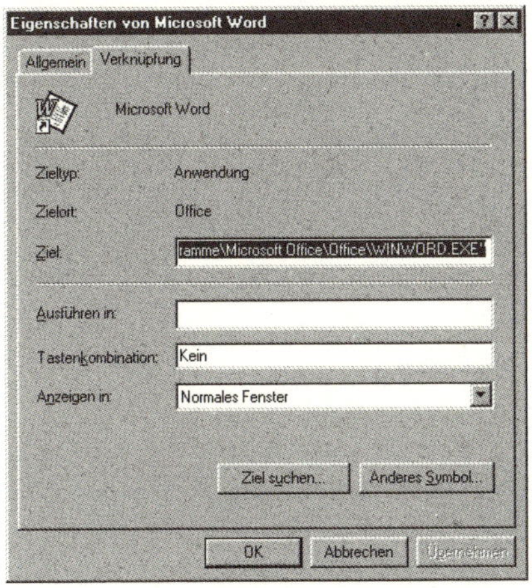

Bild 10.8: Im Feld Ziel wird der offizielle Programmpfad genannt: lang und unleserlich

Kapitel 10: Programme fernsteuern

Diese Informationen können Sie von Hand herausfischen, aber schön ist das nicht:

1. Klicken Sie mit der rechten Maustaste auf den Startknopf der Taskleiste, und wählen Sie *Öffnen*. Öffnen Sie dann den Eintrag *Programme*. Windows-98-Benutzer können auch direkt das *Programme*-Menü öffnen.

2. Fischen Sie sich den Programmgruppen-Eintrag heraus, den Sie starten wollen, und klicken Sie mit der rechten Maustaste darauf. Wählen Sie *Eigenschaften*.

Jetzt lesen Sie den offiziellen Programmnamen im Feld *Ziel* auf dem Register *Allgemein*. Hm.

Diese Sucharbeit erledigt das nächste Skript ganz von allein. Es kann jedes Programm starten, daß irgendwo in Ihrem *Programme*-Menü haust, und Sie brauchen bloß den Namen des gewünschten Eintrags im *Programme*-Menü anzugeben, aber nicht mehr den technischen Pfadnamen:

```
' 10-26.VBS

set wshshell = CreateObject("WScript.Shell")
set fs = CreateObject _
   ("Scripting.FileSystemObject")

name = InputBox("Welchen " _
    & "Programmgruppen-Eintrag wollen Sie starten?")
if not StartFriendly(name) then
   MsgBox "Start mißlungen!"
end if

function StartFriendly(name)
   programmgruppen = _
      wshshell.SpecialFolders("Programs")
   suchname = trim(lcase(name & ".lnk"))
   StartFriendly = Launch(suchname, fs.GetFolder(programmgruppen))
end function

function Launch(suchname, folderobj)
   ' alle Dateien im Ordner untersuchen
   Launch = false
   for each file in folderobj.files
      if lcase(file.name) = suchname then
         ' gefunden!
         ' Ziel der Verknüpfung herausfinden:
         set scut = wshshell.CreateShortcut(file.path)
         target = scut.TargetPath
         ' starten, wenn Ziel existiert:
         if fs.FileExists(target) then
            wshshell.Run """" & target & """"
         else
            MsgBox target & " existiert nicht, " _
```

```
                    & "Verknüpfung " & suchname & " " _
                    & "ist defekt.", vbExclamation
            end if
            ' melden, daß Datei gefunden ist:
            Launch = true
            exit function
        end if
    next

    ' alle Unterordner durchsuchen
    for each subfolder in folderobj.subfolders
        ' wurde Datei gefunden?
        if Launch(suchname, subfolder) then
            ' jau, abbrechen:
            Launch = true
            exit function
        end if
    next
end function
'(C) 1999,2000 T.Weltner
```

Dieses Skript ist enorm praktisch und blitzschnell. Geben Sie einfach den Namen eines Programms ein, so wie er im Programme-Menü genannt wird. Schon startet das Skript dieses Programm.

Bild 10.9: Programme starten Sie künftig mit den bequemen Klartextnamen

- Verwenden Sie *StartFriendly()* in Skripten, wenn Sie Programme starten müssen, deren Pfadnamen Sie nicht kennen. *StartFriendly("Microsoft Word")* startet zum Beispiel *Winword*, wenn es auf einem Rechner installiert ist. Wo genau es installiert ist, brauchen Sie nicht mehr zu wissen.

- Verwenden Sie das Skript oben direkt. Bauen Sie es zum Beispiel in eine Programmgruppe ein und spendieren Sie dem Skript eine Tastenkombination (Kap. 12). Die Namen der wichtigsten Programme hat man ohnehin im Kopf, und so brauchen Sie künftig nicht mehr zur Maus greifen und sich durch das Programme-Menü zu hangeln: drücken Sie einfach die Tastenkombination für Ihr Skript, geben Sie den Namen des Programms ein, das Sie starten wollen, und lehnen Sie sich zurück.

- Sie können sogar Tasten-Shortcuts für die Programme anlegen, die Sie starten. Eröffnen Sie einfach eine neue Programmgruppe und kopieren Sie alle wichtigen Programme dort hinein. Danach geben Sie den Einträgen genau die gewünschten Kürzelnamen, über die Sie

sie anschließend erreichen wollen. Benennen Sie zum Beispiel den kopierten Eintrag Microsoft Word mit F2 um in *msw*.

10.4.3 Ein besserer *Öffnen mit*-Befehl

Kennen Sie auch das *Öffnen mit*-Fenster? Es taucht immer dann auf, wenn Sie eine Datei öffnen, mit der Windows nicht viel anzufangen weiß. In solchen Fällen gibt es den schwarzen Peter an Sie weiter und verlangt, daß Sie aus dem *Öffnen mit*-Fenster das passende Programm aussuchen.

Das ist aber kaum möglich. Das *Öffnen mit*-Fenster listet die verfügbaren Programme nämlich mit deren technischen Namen auf, und wer ahnt schon, daß sich der Internet Explorer hinter *IEXPLORE.EXE* versteckt. Noch übler: nicht nur sinnvolle Programme tauchen in der Liste auf, sondern auch eine ganze Menge Schrott. Der Grund: Windows verfrachtet einfach alle Programmaufrufe in die Liste, die über das Schlüsselwort *open* in der Registry eingetragen sind. Darunter kann also erheblich veralteter Ballast vergangener Installationen sein. Das ist weniger erfreulich.

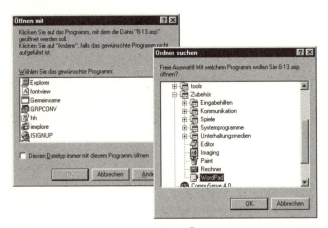

Bild 10.10: Mal ehrlich – welches Öffnen mit-Fenster gefällt Ihnen besser

Na und, Sie wissen doch inzwischen, was zu tun ist. Basteln Sie sich einen eigenen *Öffnen mit*-Befehl. Hier das Skript:

```
' 10-27.VBS

set dialog = CreateObject("systemdialog.tobtools")
set wshshell = CreateObject("WScript.Shell")
set fs = CreateObject("Scripting.FileSystemObject")

' Welche Datei wurde ausgewählt?
set args = WScript.Arguments
if args.Count=0 then
  MsgBox "Dies ist ein Drag&Drop-Ziel/Kontextmenü-Erweiterung." _
    & " Nicht direkt startbar!"
```

```
      WScript.Quit
end if

' nach Programmgruppe oder Eintrag fragen:
name = mid(args(0), InstrRev(args(0), "\")+1)

do
    prg = dialog.BrowseFolder(2,"Freie Auswahl! Mit welchem Programm " _
        & "wollen Sie " & name & " öffnen?", &h4001)
    if prg = "" then
        MsgBox "Abbruch bestätigt.", vbInformation
        WScript.Quit
    end if
    if not fs.FileExists(prg) then
        MsgBox "Bitte suchen Sie sich ein Programm aus. Sie "& "haben eine " _
            & "Gruppe ausgewählt!", vbExclamation
    end if
loop until fs.FileExists(prg)

' Ziel der gewählten Verknüpfung herausfinden
set scut = wshshell.CreateShortcut(prg)
target = scut.TargetPath
if not fs.FileExists(target) then
    MsgBox "Huch! Die gewählte Verknüpfung " _
        & "ist defekt und zeigt"& " auf " & _
        target & ". Dieses Programm existiert " _
        & "aber gar nicht mehr!", vbExclamation
else
    wshshell.run """" & target & """ """ & args(0) & """"
end if
'(C) 1999,2000 T.Weltner
```

Dieses kleine Skript führt ein beachtliches Doppelleben und kann Ihnen künftig viel Haare sparen. Setzen Sie es gleich auf drei verschiedene Arten ein:

- Direkt: Sie wollen eine Datei ausnahmsweise einmal mit einem anderen als dem üblichen Programm öffnen? Dann ziehen Sie die Datei einfach auf das Skript-Icon. Schon können Sie sich ganz bequem eins Ihrer Programme aus dem Programme-Menü aussuchen und die Datei damit öffnen.

- Andere Variante: Wählen Sie im Startmenü *Ausführen*, und geben Sie ein: SENDTO [Enter]. Ein Ordner öffnet sich, und wenn Sie dort hinein eine Verknüpfung auf Ihr Skript legen, dann ist es ab sofort stolzes Mitglied im *Senden an*-Menü. Künftig genügt ein Rechtsklick auf eine Datei, *Senden an* und dann Ihr neuer Befehl, um die Datei mit einem beliebigen Programm zu öffnen.

- Als Kontextmenüerweiterung: bauen Sie das Skript wie in Kapitel 12 gezeigt ins Kontextmenü für *Unbekannte Dateien* ein. Anschließend öffnen Sie unbekannte Dateien ganz galant über Ihr neues Skript, und auch alle anderen Dateitypen profitieren davon: möchten

Sie eine davon außerplanmäßig mit einem anderen Programm öffnen, dann halten Sie Umschalt fest und klicken die Datei mit der rechten Maustaste an. Schwupp, schon werden auch die Einträge unbekannter Dateien ins Kontextmenü der Datei gehievt, und Sie können auch bekannte Dateitypen mit Ihrem neuen Skript starten.

> **Tip:** Vermeiden Sie Magenverstimmung bei Programmen.
> Die Skripterweiterung ersetzt zwar endlich das unansehnliche *Öffnen mit*-Fenster, es nimmt Ihnen aber nicht die Verantwortung ab, das richtige Programm auszusuchen. Schicken Sie eine Bilddatei an ein Textverarbeitungsprogramm, dann verweigert das entweder die Annahme oder stellt das Bild als Text dar.

10.4.4 Programme synchron ausführen

Alle bisherigen Beispiele haben Programme asynchron aufgerufen, das Skript selbst war nicht daran interessiert, was das gestartete Programm eigentlich veranstaltet.

Manchmal jedoch reicht das nicht. In manchen Fällen möchte das Skript vielleicht ein fremdes Programm mit einer Aufgabe betrauen, die es nicht selbst erledigen kann. Jetzt sind synchrone Programmaufrufe gefragt: das Skript übergibt die Kontrolle komplett an das fremde Programm und macht erst dann weiter, wenn das Programm seine Arbeit erledigt hat.

Das nächste Skript zeigt, was damit gemeint ist. Es beauftragt den Registrierungseditor, die gesamte Registry als Textdatei zu exportieren. Anschließend sucht es sich aus dem Ergebnis die Liste der installierten Schriftarten heraus und prüft, ob die Schriften auch tatsächlich existieren. Sie bekommen also nicht nur eine Übersicht über alle installierten Schriften und ihre Dateigrößen, sondern auch gleich einen Fehlerreport, falls einige der Schriften nicht in Ordnung sind:

```
' 10-28.VBS
set wshshell = CreateObject("WScript.Shell")
set fs = CreateObject("Scripting.FileSystemObject")
key = "[hkey_local_machine\software\microsoft\windows\currentversion\fonts]"

' für Windows NT/2000 diese Zeile verwenden:
' "[hkey_local_machine\software\microsoft\windows nt\currentversion\"fonts]"

' Registrierungseditor soll gesamte
' Registry exportieren:
datei = "C:\ALLES.REG"
ausgabe = "C:\SCHRIFT.TXT"
fonts = wshshell.SpecialFolders("Fonts")

MsgBox "Beauftrage REGEDIT, die " _
   & "Registrierung zu exportieren!"
ergebnis = wshshell.Run("REGEDIT.EXE /E " & datei,0,true)

' hat REGEDIT ein Ergebnis geliefert?
if fs.FileExists(datei) then
```

```
' ja, Größe der Datei feststellen:
size = fs.GetFile(datei).size
MsgBox "Auftrag ausgeführt. Lese das Ergebnis ein! Das kann"& " eine " _
    & "Weile dauern, denn die Datei ist " _
    & FormatNumber(size/1024,2) & "KB groß..."

' Ergebnis öffnen, und auch eine Datei
' zur Ausgabe der
' Schriftinfos neu öffnen:
set dateihandle = fs.OpenTextFile(datei, 1, false, -2)
set ausgabehandle = fs.CreateTextFile(ausgabe, true)

' jetztgehtslos ist true, sobald die
' Schriftinfos
' gefunden sind
jetztgehtslos = false

' die gesamte Registry durchsuchen:
do until dateihandle.atEndOfStream
    ' zeilenweise lesen:
    zeile = dateihandle.ReadLine

    ' Schriftinfos gefunden? Dann
    ' Schriften auflisten!
    if jetztgehtslos then
        ' Infos zuende? Dann Schluß machen:
        if zeile = "" then exit do
        ' Schriftinfos in zwei Hälften
        ' splitten und
        ' Anführungszeichen entfernen:
        infos = split(Replace(zeile, """", ""), "=")
        ' die in der Registry üblichen "\\"
        ' durch "\" ersetzen:
        infos(1) = lcase(Replace(infos(1), "\\", "\"))

        ' ok ist true, wenn Schriftdatei
        ' existiert:
        ok = false
        ' ist die Schrift vorhanden?
        if fs.FileExists(infos(1)) then
            ok = true
            ' gleich mal öffnen
            set test = fs.GetFile(infos(1))
        ' liegt die Schrift im offiziellen
        ' Schriftenordner?
        elseif fs.FileExists(fonts & "\" & infos(1)) then
            ok = true
            set test = fs.GetFile(fonts & "\" & infos(1))
        end if
```

```
            ' wenn Schrift im offiziellen Ordner
            ' liegt, dann den
            ' Namen dieses Ordners aus dem
            ' Schriftennamen streichen, weil uninteressant:
            infos(1) = Replace(infos(1), lcase(fonts & "\"), "")

            ' Schriftdatei gefunden?
            if ok then
                ' ja, Informationen ausgeben:
                ausgabehandle.WriteLine infos(0)
                ausgabehandle.WriteLine vbTab & infos(1)
                ausgabehandle.WriteLine vbTab & test.size & " Bytes."
            else
                ' nein, nörgeln:
                ausgabehandle.WriteLine infos(0)
                ausgabehandle.WriteLine "DEFEKT - SCHRIFTDATEI FEHLT: " _
                    & infos(1)
            end if
        end if

        ' na, ist die Zeile mit den
        ' Schrifteninfos gefunden?
        if lcase(trim(zeile))=key then
            ' ja, also Flag setzen, damit die
            ' nächsten Zeilen
            ' als Schriften gelesen werden:
            jetztgehtslos = true
        end if
    loop
    ' Ein- und Ausgabedatei schließen:
    dateihandle.close
    ausgabehandle.close

    ' Ergebnisdatei des REGEDIT löschen,
    ' weil nicht mehr benötigt:
    fs.DeleteFile datei

    ' Ergebnis im Editor anzeigen:
    wshshell.run ausgabe
else
    ' ups, REGEDIT lieferte gar keine Datei!
    ' ist die Datei womöglich in irgendeinem
    ' Programm geöffnet?
    MsgBox "Huch, Export ist fehlgeschlagen!"
    WScript.Quit
end if
'(C) 1999,2000 T.Weltner
```

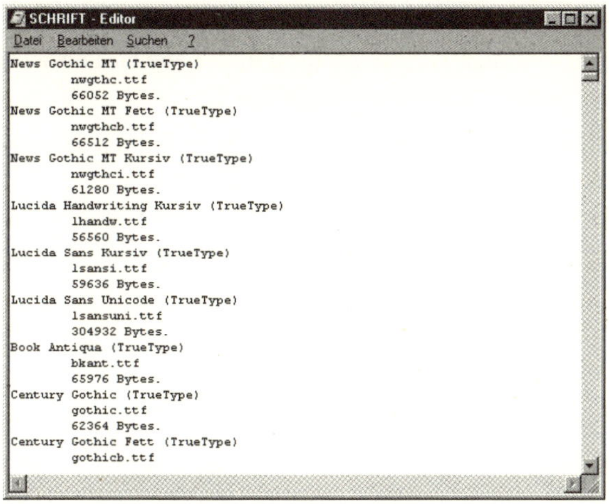

Bild 10.11: Prüfprotokoll aller installierten TrueType-Schriften

10.5 Programme mit ProcessIDs steuern

ProcessID? Genau. ProcessIDs sind Ihre Freunde, denn damit steuern Sie fremde Programme weitaus genauer als mit dem etwas hausbackenen *Run()*-Befehl. ProcessIDs sind die internen Namen, die Windows allen laufenden Programmen gibt, und wenn Sie die ProcessID eines Programms kennen, dann sind Sie mächtig.

Sie können dann das Programm ferngesteuert beenden, gewaltsam aus dem Speicher kicken oder sich einfach nur auf die Lauer legen und schauen, was das Programm so treibt.

Leider schirmt der *Run()*-Befehl die ProcessID der damit gestarteten Programme streng vor Ihren Augen ab. Deshalb habe ich eine etwas auskunftsfreudigere Variante für Sie entwickelt. Sie funktioniert fast genauso wie *Run()*, funkt aber die ProcessID des gestarteten Programms an Ihr Skript zurück.

10.5.1 Programme skriptgesteuert beenden

Eins kann Ihr *Run()*-Befehl nicht: Programme, die er einmal gestartet hat, sind von der Leine gelassen. Der *Run()*-Befehl kann sie nicht mehr stoppen. Das nächste Skript schon.

```
' 10-29.VBS

set proc = CreateObject("process.tobtools")

pid = proc.RunProcess("NOTEPAD.EXE")
MsgBox "Ich habe gerade den Editor gestartet! Den schließe ich"& " " _
   & "gleich wieder!", vbSystemModal
proc.EndProcess(pid)
'(C) 1999,2000 T.Weltner
```

Tatsächlich! Weil der neue Befehl *RunProcess()* die Prozeß-ID des neu gestarteten Programms zurückmeldet, können Sie damit das Programm auch wieder an die Leine nehmen und zum Beispiel über *EndProcess()* beenden.

EndProcess() ist dabei der »liebe« Befehl. Er klopft dem betreffenden Programm nur freundschaftlich auf die Schulter und flüstert ihm ins Ohr, daß es besser wäre, Schluß zu machen. Ob das Programm daraufhin wirklich die Pforten schließt oder vielleicht zuerst ein »Wollen Sie nicht dies oder jenes speichern?«-Fenster öffnet, das steht auf einem ganz anderen Blatt Papier.

Da Sie nun aber die Prozeß-ID kennen, müssen Sie nicht nett bleiben. Sie können das Programm auch zwingen, Schluß zu machen. Hier eine etwas schärfere Variante:

```
' 10-30.VBS

set proc = CreateObject("process.tobtools")

pid = proc.RunProcess("NOTEPAD.EXE")
MsgBox "Ich habe gerade den Editor gestartet! Den schließe"& " ich " _
   & "gleich wieder!", vbSystemModal
if not proc.EndProcess(pid, 5000) then
   antwort = MsgBox("Hey! Das Programm macht Mucken! Gewaltsam"& " " _
      & "beenden?", vbYesNo + vbQuestion)
   if antwort = vbYes then
      proc.KillProcess(pid)
   end if
end if
'(C) 1999,2000 T.Weltner
```

Auf Anhieb hat sich nichts geändert: das Skript öffnet einen Editor und schließt ihn wieder. Genau wie eben. Das liegt daran, daß der Editor sich von vornherein freiwillig schließt. Machen Sie mal einen kleinen Test. Starten Sie das Skript. Der Editor erscheint. Nun tippen Sie einige sinnlose Zeichen ins Editorfenster und klicken erst dann im Dialogfenster auf *OK*.

Bild 10.12: Dauert Ihrem Skript der Abschaltprozeß zu lange, dann wird es ungemütlich

Aha! Diesmal schließt sich der Editor nicht freiwillig. Stattdessen zückt er sein *Speichern*-Fenster und will wissen, ob Ihre sinnlosen Zeichen aufbewahrt werden sollen.

Nun kommt es drauf an: wenn Sie innerhalb von 5 Sekunden das Dialogfenster beantworten, dann ist alles gut. Nach 5 Sekunden reißt nämlich dem Skript der Geduldsfaden, und es fragt nach, ob der Editor mit Gewalt beendet werden soll. Gehen Sie darauf ein, dann verschwindet er trotz offengebliebener Fragen. Alle ungespeicherten Arbeiten im Editor bleiben ungespeichert, gehen also verloren.

10.5 Programme mit ProcessIDs steuern

Tip: Der Explorer spielt in eigener Liga.
Die Spezialbefehle aus diesem Kapitel funktionieren mit allen Windows-Programmen, nur nicht mit dem Explorer. Der spielt in einer eigenen Liga, weil sein Mutterschiff, der Gesamtexplorer, immer läuft und nicht einzeln zu- oder abgeschaltet werden kann. Was auch gut so ist: die graue Explorer-Emminenz hält nämlich Taskleiste, Desktop und Startmenü am Leben.

Und wie funktioniert das Skript? *EndProcess()* sendet zuerst wieder eine freundliche Schließen-Mitteilung und gibt dazu 5000 Millisekunden Zeit. Wird das Fenster in dieser Frist geschlossen, dann meldet *EndProcess() true* zurück. Ein *false* bedeutet also, daß das Fenster nach Ablauf der Frist immer noch offen ist. Sie können es dann mit *KillProcess()* per Holzhammermethode entsorgen.

Tip: *KillProcess()* ist nicht ohne.
Versuchen Sie wann immer möglich, Programme zuerst auf freundliche Weise zu beenden. Nur so hat das Programm Gelegenheit, Sie auf ungesicherte Daten hinzuweisen. Außerdem werden bei der Holzhammermethode DLLs nicht richtig geschlossen, die das Programm gerade verwendet hatte.

Ein wichtiges Anwendungsbeispiel sind Timeouts. Sie können ab sofort bestimmen, wie lange ein Programm maximal laufen darf, und wenn es länger braucht, brechen Sie ab.

```
' 10-31.VBS

set proc = CreateObject("process.tobtools")

MsgBox "Gleich taucht der Editor auf! Sie " _
   & "haben 10 Sekunden Zeit, etwas einzugeben!"
pid = proc.RunProcess("NOTEPAD.EXE")

do
   ' eine Sekunde schlafen:
   WScript.Sleep 1000
   counter = counter + 1
' Schleife ausführen, bis Programm
' gestoppt wird oder
' mehr als 10 Sekunden vergangen sind:
loop while proc.isTaskRunning(pid) and _
   counter<10

' na, läuft das Programm noch?
if proc.isTaskRunning(pid) then
   ' zumachen!
   CloseIt pid
   MsgBox "Zeit war aufgebraucht!"
else
   MsgBox "Prima, Sie haben sich an die " _
      & "Abmachung gehalten!"
end if
```

```
sub CloseIt(pid)
   ' endet das Programm friedlich?
   if not proc.EndProcess(pid, 5000) then
      ' nein, also auf die harte Tour:
      antwort = MsgBox("Die Zeit ist vorbei! " _
            & "Soll das Programm"& " geschlossen " _
            & "werden?", vbYesNo + vbQuestion)
      if antwort = vbYes then
            proc.KillProcess(pid)
      end if
   end if
end sub
'(C) 1999,2000 T.Weltner
```

Kernstück ist die Funktion *isTaskRunning()*. Versorgt mit der Prozeß-ID verrät die Funktion, ob das Programm noch läuft oder schon beendet ist.

10.5.2 Fenstergröße bestimmen, in der ein Programm abläuft

Der *Run()*-Befehl konnte es: in Kapitel 10.2.1 haben Sie gesehen, daß Sie über einen zusätzlichen Parameter selbst bestimmen konnten, in was für einem Fenster das Programm auf den Bildschirm springen durfte – wenn überhaupt.

Dieselbe Freiheit haben Sie auch mit *RunProcess()*: als zweiten Parameter akzeptiert die Funktion genau dieselben Schlüsselzahlen wie der *Run()*-Befehl, kann also ebenso die Fenstergröße vorschreiben – oder das Fenster ganz abschalten. Diese Möglichkeit ist zwar im Augenblick weniger wichtig, aber in Kapitel 10.6 wird sie unverzichtbar. Dort zeige ich Ihnen, wie Sie mit ein paar ausgefallenen Tricks sogar DOS-Befehle skriptbar machen.

10.5.3 Warten, bis ein Programm beendet ist

Natürlich können Sie den *Run()*-Befehl beauftragen, zu warten, bis ein Programm seine Arbeit erledigt hat. Wie das geschieht, haben Sie schon oben gesehen. Ihr Skript ist in dieser Zeit allerdings handlungsunfähig.

Das kann durchaus erwünscht sein, muß es aber nicht. Vielleicht wollen Sie im Skript andere Dinge erledigen, solange das fremde Programm läuft, und nur eine kurze Benachrichtigung bekommen, wenn das Programm geschlossen wird. Das können Sie auch. Auf Wunsch benachrichtigt das Toolkit Ihr Skript, wenn ein Programm geschlossen wird. Das Beispielskript startet zwei Programme, den Editor und den Registrierungseditor. Danach legt es sich auf die Lauer. Knipsen Sie eins der beiden Programme aus, dann wacht das Skript auf und meldet die Aktion:

```
' 10-32.VBS
set proc = WScript.CreateObject("process.tobtools", "event_")

' Programm 1 starten und ID merken:
handle1 = proc.RunProcess("NOTEPAD.EXE")
```

10.5 Programme mit ProcessIDs steuern

```
' Programm 2 starten und ID merken:
handle2 = proc.RunProcess("REGEDIT.EXE")

' Programmüberwachung einschalten:
proc.CheckOnTasks true
' Skript anhalten:
MsgBox "Wenn Sie auf OK klicken, wird die Eventüberwachung "& "beendet!", _
    vbSystemModal

' Programmüberwachung wieder abschalten.
proc.CheckOnTasks false

sub event_prgClosed(welches)
    ' wird ausgelöst, wenn eins der gestarteten
    ' Programme beendet wird

    ' Anzahl noch laufender Programme:
    anz = proc.RunningTasks
    ' keins mehr übrig? Dann Überwachung
    ' abschalten!
    if anz=0 then proc.CheckOnTasks false
    ' Melden, welches Programm abgeschaltet
    ' wurde:
    MsgBox "Programm mit ID Nr. " & welches wurde gerade geschlossen! Es " _
        & "laufen noch "& anz & " weitere Programme, die dieses Skript " _
        & "gestartet hat!"
end sub
'(C) 1999,2000 T.Weltner
```

Bild 10.13: Ihr Skript meldet sich zu Wort, wenn Programme geschlossen werden

10.5.4 Skript anhalten, bis Aufgaben erledigt sind

Sie können sogar im laufenden Skriptbetrieb ein asynchrones Programm in ein synchrones verwandeln. Dazu geben Sie einfach einen der folgenden Anhaltebefehle:

Befehl	Funktion
WaitForTask(id)	hält das Skript an, bis das Programm mit ID-Nummer id beendet ist.
WaitForAnyTask	hält das Skript an, bis irgendeins der mit *RunProcess()* gestarteten Programme beendet wird.

Befehl	Funktion
WaitForAllTasks	hält das Skript an, bis restlos alle Programme beendet sind, die im Skript mit *RunProcess()* gestartet wurden.

Tab. 10.4: Die Wartebefehle, mit denen Ihr Skript sich auf die faule Haut legt

10.5.5 Fremde Programme anhalten und abbrechen

Die bisherigen Befehle konnten Ihnen nur etwas nutzen, wenn Sie das betreffende Programm auch mit *RunProcess()* ins Leben gerufen hatten. Das Toolkit enthält aber noch zwei weitere, die immer funktionieren:

EndProgram() beendet ein beliebiges Programm (mit Ausnahme der Explorerfenster): geben Sie einfach den Namen des Programmfensters an, so wie er in der Titelleiste des Fensters erscheint. *EndProgram()* kann auch mit einem Timeout aufgerufen werden und meldet dann zurück, ob das Programm in der vorgesehenen Zeit beendet wurde.

Die nächste Zeile schließt zum Beispiel ein Editorfenster:

```
MsgBox proc.EndProgram("Unbenannt - Editor", 3000)
```

Wird das Fenster nicht binnen 3 Sekunden geschlossen, weil zum Beispiel noch ein Dialogfenster aufgetaucht ist, dann meldet die Funktion *false* zurück.

KillProgram() ist die Rausschmeißervariante und schließt das angegebene Programmfenster sofort und ohne lange Diskussionen. Erlaubt ist die Funktion aber nur im Notfall, denn Sie wissen inzwischen: hierbei können DLLs offenbleiben und bis zum nächsten Neustart Speicherplatz verschenken.

10.5.6 Ultimativ: Wer arbeitet alles im Programm

Programme kommen selten allein! Das merken Sie spätestens, wenn Sie ein Programm direkt von Computer zu Computer kopieren oder Windows neu installieren. Viele Programme funktionieren anschließend nicht mehr, weil ihnen wichtige versteckte Einzelteile fehlen.

Aus welchen Einzelteilen ein Programm in Wirklichkeit besteht, und welche Einzelteile das sind, verrät das nächste Skript. Es entstammt einer zusätzlichen Toolbox, weil die Spionagefunktionen, die die Toolbox braucht, nur bei Windows 9x/2000 bereitstehen. Windows-NT-Benutzer schauen in die Röhre. Dieses Skript findet heraus, welche Module in einem Programm arbeiten:

```
' 10-33.VBS
set proc = CreateObject("process.tobtools")
set procid = CreateObject("processinfo.tobtools")

pid = proc.RunProcess("NOTEPAD.EXE")
WScript.Sleep 1000
MsgBox procid.ModuleList(pid)
'(C) 1999,2000 T.Weltner
```

Erstaunlich, oder? Selbst der kleine Editor besteht intern aus einer ganzen Handvoll Programmmodule. Fehlt nur eins davon auf der Festplatte, dann kann der Editor nicht mehr starten.

Bild 10.14: Aus diesen Einzelteilen besteht das Editorprogramm

Die sonderbaren Zahlen hinter den einzelnen Modulnamen zeigen übrigens an, wieviel Fassungen dieses Moduls gerade bei Ihnen im Einsatz sind. Die erste Zahl betrifft nur das ausgewählte Programm, die zweite Zahl zählt die Modulnutzungen im ganzen System. Wenn also hinter *NOTEPAD.EXE* die Zahl 7 steht, dann wissen Sie, daß gerade 7 verschiedene Editorfenster geöffnet sind.

Sie müssen allerdings gar nicht unbedingt Programme mit *RunProcess()* öffnen, um ihr Innenleben zu erforschen. Wenn Sie wollen, können Sie auch den Namen des Programmfensters angeben, so wie er in seiner Titelleiste erscheint:

```
' 10-34.VBS

set procid = CreateObject("processinfo.tobtools")

name = InputBox("Wie heißt das Fenster, das Sie untersuchen"& " wollen?")
MsgBox procid.ModuleListFromName(name)
'(C) 1999,2000 T.Weltner
```

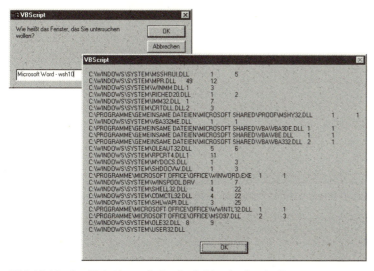

Bild 10.15: Ihr Skript kann jedes beliebige laufende Programm untersuchen

414   Kapitel 10: Programme fernsteuern

In der Abbildung wird WinWord untersucht: dieses Programm besteht in Wirklichkeit aus einer ganzen Horde von Einzelprogrammen, und das sind so viele, daß das MsgBox-Dialogfenster nach 1000 Zeichen die Eingabe abbricht. Wenn Sie alle Informationen sehen (und vielleicht auch ausdrucken) wollen, dann verwenden Sie das nächste Skript. Es speichert die Informationen in einer Textdatei.

Die kann wertvoll sein, wenn Sie das Programm auf einen anderen Computer kopieren wollen, damit Sie auf keinen Fall irgendwelche wichtigen Einzelteile vergessen:

```
' 10-35.VBS

set procid = CreateObject("processinfo.tobtools")
set fs = CreateObject("Scripting.FileSystemObject")
set wshshell = CreateObject("WScript.Shell")

datei = "C:\PROGINFO.TXT"

name = InputBox("Wie heißt das Fenster, das Sie untersuchen"& " wollen?")
liste = procid.ModuleListFromName(name)

set ausgabe = fs.CreateTextFile(datei, true)
ausgabe.Write liste
ausgabe.Close

wshshell.Run datei
'(C) 1999,2000 T.Weltner
```

```
PROGINFO - Editor
Datei  Bearbeiten  Suchen  ?
C:\WINDOWS\SYSTEM\MSSHRUI.DLL     1     6
C:\WINDOWS\SYSTEM\MPR.DLL        49    14
C:\WINDOWS\SYSTEM\WINMM.DLL       1     3
C:\WINDOWS\SYSTEM\RICHED20.DLL    1     2
C:\WINDOWS\SYSTEM\IMM32.DLL       1     8
C:\WINDOWS\SYSTEM\CRTDLL.DLL      2     3
C:\PROGRAMME\GEMEINSAME DATEIEN\MICROSOFT SHARED\PROOF\MSHY32.DLL     1     1
C:\WINDOWS\SYSTEM\VBA332ME.DLL    1     1
C:\PROGRAMME\GEMEINSAME DATEIEN\MICROSOFT SHARED\VBA\VBA3DE.DLL    1     1
C:\PROGRAMME\GEMEINSAME DATEIEN\MICROSOFT SHARED\VBA\VBE.DLL      1     1
C:\PROGRAMME\GEMEINSAME DATEIEN\MICROSOFT SHARED\VBA\VBA332.DLL   2     1
C:\WINDOWS\SYSTEM\OLEAUT32.DLL    5     7
C:\WINDOWS\SYSTEM\RPCRT4.DLL      1    12
C:\WINDOWS\SYSTEM\MYDOCS.DLL      1     4
C:\WINDOWS\SYSTEM\SHDOCVW.DLL     1     4
C:\PROGRAMME\MICROSOFT OFFICE\OFFICE\WINWORD.EXE    1     1
C:\WINDOWS\SYSTEM\WINSPOOL.DRV    1     8
C:\WINDOWS\SYSTEM\SHELL32.DLL     4    24
C:\WINDOWS\SYSTEM\COMCTL32.DLL    4    24
C:\WINDOWS\SYSTEM\SHLWAPI.DLL     3    27
C:\PROGRAMME\MICROSOFT OFFICE\OFFICE\WWINTL32.DLL   1     1
C:\PROGRAMME\MICROSOFT OFFICE\OFFICE\MSO97.DLL      2     3
C:\WINDOWS\SYSTEM\OLE32.DLL       8    11
C:\WINDOWS\SYSTEM\USER32.DLL     21    30
C:\WINDOWS\SYSTEM\GDI32.DLL      16    30
C:\WINDOWS\SYSTEM\ADVAPI32.DLL   18    30
C:\WINDOWS\SYSTEM\KERNEL32.DLL   27   320
```

Bild 10.16: Modulinformationen direkt in eine Textdatei verfrachtet

10.5 Programme mit ProcessIDs steuern

Vielleicht wollen Sie auch bloß wissen, welche Programme überhaupt gerade laufen. Hier ist die Antwort:

```
' 10-36.VBS

set procid = CreateObject("processinfo.tobtools")
MsgBox procid.ProcessList
'(C) 1999,2000 T.Weltner
```

Bild 10.17: Diese Programme laufen also zur Zeit

Oder Sie geben den Namen eines Programms an. Dann erfahren Sie, wie oft das Programm gerade läuft:

```
' 10-37.VBS

set procid = CreateObject _
    ("processinfo.tobtools")
name = InputBox("Geben Sie den Namen des Programms ein!",,"notepad.exe")
liste = procid.ModuleListFromEXE(name, false)
MsgBox liste
if liste = "" then
    MsgBox "Programm läuft nicht!"
else
    liste = Split(liste,vbCrLf)
    anzahl = Split(liste(0), vbTab)
    MsgBox "Programm läuft zur Zeit " & anzahl(2) & " Mal!"
end if
'(C) 1999,2000 T.Weltner
```

Bild 10.18: Herausfinden, wieviel Mal ein Programm gerade läuft – wenn überhaupt

Auch die Module lassen sich auf diese Weise auflisten:

```
' 10-38.VBS
set procid = CreateObject("processinfo.tobtools")
name = InputBox("Geben Sie den Namen des Programms ein!",,"notepad.exe")
liste = procid.ModuleListFromEXE(name, true)
MsgBox liste
'(C) 1999,2000 T.Weltner
```

Übrigens brauchen Sie nicht den genauen Programmnamen anzugeben. Sie können sich auch auf den Anfang beschränken und bekommen dann alle Programme geliefert, die mit den eingegebenen Zeichen beginnen.

10.6 DOS-Befehle fernsteuern

Selbst DOS-Befehle darf Ihr Skript fernsteuern. Weil DOS-Befehle allerdings keine eigenständigen Programme sind, müssen Sie an den DOS-Kommandozeileninterpreter *COMMAND.COM* verfüttert werden, damit alles klappt.

10.6.1 Einfache DOS-Befehle ausführen

DOS-Befehle auszuführen ist überhaupt nicht schwierig: verfüttern Sie den Befehl einfach mit dem */C*-Parameter an *COMMAND.COM*, und schon ist alles gut. Anstelle von COMMAND.COM setzen Sie allerdings besser die Umgebungsvariable %COMSPEC% ein, die den genauen Pfadnamen enthält. Schauen Sie mal:

```
' 10-39.VBS
set wshshell = CreateObject("WScript.Shell")
wshshell.Run "%COMSPEC% /C DIR C:"
'(C) 1999,2000 T.Weltner
```

Der DOS-Befehl wird zwar ausgeführt, aber was hat Ihr Skript davon? Natürlich gar nichts. Der DOS-Befehl gibt sein Ergebnis bloß unbeteiligt ins DOS-Fenster aus und klappt es nach erledigter Arbeit wieder zu. Das ist nicht besonders sinnvoll.

Aber zum Glück können Sie ja tricksen. Weisen Sie den Befehl einfach an, sein Ergebnis in eine Datei zu schreiben, und führen Sie den DOS-Befehl synchron aus – warten Sie also, bis er mit seiner Arbeit fertig ist. Anschließend braucht das Skript das DOS-Ergebnis nur unter dem vereinbarten Dateinamen abzuholen. Mal sehen, ob das geht:

```
' 10-40.VBS
MsgBox ExecDOS("DIR C:\")
function ExecDOS(befehl)
   ausgabedatei = "C:\ausgabe.txt"

   set wshshell = CreateObject("WScript.Shell")
   set fs = CreateObject("Scripting.FileSystemObject")

   resultat = wshshell.Run("%COMSPEC% /C " & befehl & " > " & _
      ausgabedatei,0,true)
   if fs.FileExists(ausgabedatei) then
      set datei = fs.OpenTextFile(ausgabedatei)
      ExecDOS = datei.ReadAll
      datei.close
      fs.DeleteFile ausgabedatei
   else
      MsgBox "DOS-Befehl ist leider fehlgeschlagen!"
   end if
end function
'(C) 1999,2000 T.Weltner
```

Es funktioniert, jedenfalls einigermaßen. Das aufblitzende DOS-Fenster ist weg, weil der *Run()*-Befehl als Fenster Variante 0 wählt: kein Fenster. Tatsächlich funktioniert die Umleitung des Ergebnisses über das >-Zeichen in eine Datei. Die wird wie geplant vom Skript ausgelesen und kann dann weiterbearbeitet werden – nur: einige Zeichen sehen übel gebeutelt aus.

Das stimmt. Der Grund liegt im Zeichensatz: während DOS den uralten ASCII-Zeichensatz verwendet, greift Windows zum ANSI-Zeichensatz. Beide sind fast völlig gleich, unterscheiden sich aber in den Sonderzeichen. Die deutschen Umlaute sind also verdreht. Was aber nicht besonders tragisch ist, denn Sie rüsten sich ganz leicht eine passende Umwandlungsfunktion nach:

```
' 10-41.VBS
set wshshell = CreateObject("WScript.Shell")
set fs = CreateObject("Scripting.FileSystemObject")

listing = ExecDOS("DIR C:\")
MsgBox listing

' Ergebnis in eine Datei schreiben:
dateiname = "C:\listing.txt"
set datei = fs.CreateTextFile(dateiname, true)
datei.Write listing
datei.close
```

Kapitel 10: Programme fernsteuern

```
wshshell.run dateiname

function ExecDOS(befehl)
    ausgabedatei = "C:\ausgabe.txt"

    resultat = wshshell.Run("%COMSPEC% /C " & befehl & " > " & _
        ausgabedatei,0,true)
    if fs.FileExists(ausgabedatei) then
        set datei = fs.OpenTextFile(ausgabedatei)
        ExecDOS = Convert(datei.ReadAll)
        datei.close
        fs.DeleteFile ausgabedatei
    else
        MsgBox "DOS-Befehl ist leider fehlgeschlagen!"
    end if
end function

function Convert(text)
    Convert = Replace(text, chr(132), chr(228))
    Convert = Replace(Convert, chr(129), chr(252))
    Convert = Replace(Convert, chr(142), chr(196))
    Convert = Replace(Convert, chr(154), chr(220))
    Convert = Replace(Convert, chr(153), chr(214))
    Convert = Replace(Convert, chr(148), chr(246))
    Convert = Replace(Convert, chr(225), chr(223))
end function
'(C) 1999,2000 T.Weltner
```

Bild 10.19: DOS-Ergebnisse skriptgesteuert einlesen

Jetzt funktioniert es. Die Funktion ExecDOS führt den DOS-Befehl aus, wandelt das Ergebnis in Windows-ANSI und stellt es in einem Dialogfenster und anschließend im Editor dar.

10.6.2 DOS-Funktionen mit Rückfragen meistern

Das, was im vorangegangenen Beispiel so problemlos geklappt hat, kann durchaus größere Komplikationen verursachen. Was nämlich, wenn Ihr DOS-Befehl plötzlich und unerwartet Rückfragen stellt?

Von diesen Rückfragen bekommt Ihr Skript herzlich wenig mit, weil es ja während der DOS-Ausführung im Winterschlaf weilt. Die Folge ist, ihr Skript sowie das unsichtbare DOS-Fenster warten ewig auf die richtige Antwort, und Sie haben ein Problem.

Dies läßt sich zwar mit `Strg`+`Alt`+`Entf` aus der Welt schaffen: in der allmächtigen Taskliste finden Sie Ihr Skript als WScript und das unsichtbare DOS-Fenster als WinOldApp und können beide mit Task beenden und ins Jenseits befördern. Eine echte Lösung ist das aber natürlich nicht.

Wie kann man herausfinden, ob ein DOS-Befehl Fragen hat? Ganz schön schwierig, aber es funktioniert. Genauso, wie Sie die DOS-Ergebnisse in eine Datei leiten können, haben Sie mit dem <-Zeichen die Möglichkeit, vorgefertigte Antworten an einen DOS-Befehl zu senden.

Wissen Sie also schon von vornherein, welche Fragen der DOS-Befehl stellen wird, dann bereiten Sie ihm einfach eine »vorgekaute« Antwortdatei vor, und schon ist das Problem gelöst.

Ein wichtiger DOS-Befehl ist zum Beispiel *FORMAT*, mit dem Sie Disketten (und auch andere Laufwerke) formatieren. Für diesen Befehl gibt es bei VBScript keinen Ersatz. Dummerweise nur fragt der Befehl nach einer ganzen Reihe von Details.

Am besten führen Sie den DOS-Befehl deshalb zuerst live in einem DOS-Fenster aus und notieren sich, was Sie ihm antworten müssen, damit er zufrieden ist:

1. Wählen Sie im Startmenü *Ausführen* und geben Sie ein: `COMMAND` `Enter`. Ein DOS-Fenster öffnet sich.

2. Legen Sie eine leere Diskette ins Laufwerk, und geben Sie dann ein: `FORMAT A:` `Enter`.

3. Der Formatierungsprozeß beginnt. Die erste Frage ist eine Aufforderung: drücken Sie die Eingabetaste. Tun Sie das, und notieren Sie es.

4. Die Formatierung nimmt seinen Lauf. Am Ende will DOS den Namen für die neue Diskette wissen. Geben Sie den Namen ein, und notieren Sie wieder, was DOS von Ihnen wissen wollte.

5. Es folgt die Frage, ob Sie noch eine Diskette formatieren wollen. Mit `N` `Enter` lehnen Sie ab und machen sich eine dritte Notiz.

Mit diesem Wissen ausgerüstet basteln Sie sich ganz leicht die fehlende Formatfunktion. So könnte sie aussehen:

Kapitel 10: Programme fernsteuern

```
' 10-42.VBS
if FormatDisk("Disk1") then
  MsgBox "Diskette ist formatiert!"
else
  MsgBox "Sie haben abgebrochen!"
end if

function FormatDisk(name)
  set wshshell = CreateObject("WScript.Shell")
  set fs = CreateObject("Scripting.FileSystemObject")
  set drive = fs.GetDrive("A:")
  do until drive.isReady or antwort=vbCancel
    antwort = MsgBox("Bitte legen Sie eine leere Diskette"& " in Laufwerk " _
          & "A:! Die Diskette wird komplett gelöscht und formatiert!",_
              vbOkCancel)
  loop
  if antwort = vbCancel then
    FormatDisk = false
    exit function
  end if

  ' Antwortdatei vorbereiten:
  eingabedatei = "c:\eingabe.txt"
  set datei = fs.CreateTextFile(eingabedatei, true)
  datei.WriteLine         ' ENTER für Formatieren
  datei.WriteLine left(name,11)    ' Name der Disk
  datei.WriteLine "N"              ' N für keine weitere Diskette
  datei.close

  ' DOS-Befehl ausführen und mit Antworten
  ' füttern:
  resultat = wshshell.Run("%COMSPEC% /C FORMAT A: < "& eingabedatei,0,true)
  FormatDisk = true
end function
'(C) 1999,2000 T.Weltner
```

Tatsächlich: die neue Formatfunktion läuft einwandfrei. Der DOS-Befehl akzeptiert die vorformulierten Antworten klaglos.

Bild 10.20: Ab sofort können Ihre Skripte auch Disketten formatieren

10.6.3 Sich mit DOS-Befehlen unterhalten

Auch wenn Sie jede denkbare DOS-Aufgabe wie oben »einpacken« und mit vorgefertigten Antworten füttern können, ist das doch keine optimale Lösung. Abgesehen von der Arbeit, die das macht, sind Sie nicht gegen unvorhergesehene Überraschungen gefeit.

Was zum Beispiel machen Sie, wenn die Diskette während der Formatierung herausgenommen wird? DOS kreischt laut auf, aber Ihr Skript bekommt davon nichts mit und kann auch nicht mit vorformulierten Patentantworten kontern.

Deshalb nun die ultimative Lösung, die auf einer einfachen, aber vollkommen unbekannten Tatsache basiert: DOS-Befehle akzeptieren Eingaben nicht nur über eine Datei, sondern diese Datei kann sich sogar ändern, während DOS arbeitet. Dasselbe gilt für die Ausgabedatei, mit der DOS meldet, was es gerade tut. Ihr Skript braucht deshalb den DOS-Befehl bloß an den Tropf zu hängen und seine Kontakte mit der Außenwelt über Ein- und Ausgabedateien ständig zu überwachen. Das klingt zwar fürchterlich komplex, ist aber eigentlich ganz einfach. Möglich wird die Sache allerdings nur durch *RunProcess()*, Ihren fortgeschrittenen Programmstarter von oben. Nur er informiert Ihr Skript darüber, wann der DOS-Befehl fertiggearbeitet hat.

Das nächste Skript liefert Ihnen die sichere und leistungsfähige ExecDOS-Variante und demonstriert sie gleich an zwei Beispielen: zuerst wird ein Ordnerlisting ausgegeben. Das funktioniert problemlos, genau wie oben. Anschließend wird dieselbe Funktion damit betraut, die Diskette zu formatieren. Von ganz allein meldet sich das Skript und übersetzt die Rückfragen, die DOS an Sie stellt. Und Sie können antworten. Ihre Antworten fügt das Skript einfach an die Antwortdatei an. Aufpassen: diese Technik funktioniert nur bei Windows 95/98, nicht bei Windows NT/2000.

```
' 10-43.VBS
set proc = CreateObject("process.tobtools")
set fs = CreateObject("Scripting.FileSystemObject")

' Beispiel 1: einfaches Listing
MsgBox ExecDOS("dir c:")

' Beispiel 2: Diskette formatieren:
protokoll = ExecDOS("format a:")

' protokoll im Editor anzeigen:
dateiname = "C:\protokoll.txt"
set datei = fs.CreateTextFile(dateiname, true)
datei.Write protokoll
datei.close
proc.RunProcess "notepad.exe " & dateiname

function ExecDOS(befehl)
   ' führt beliebige

   ' rührt sich DOS 10/3 (=3) Sekunden
   ' nicht, dann
   ' wird nachgeschaut, was ihm fehlt:
   timeout = 10
```

```
' Name des Skripts:
ich = WScript.ScriptFullName
' Ordner, in dem Skript haust:
pfad = left(ich, instrRev(ich, "\"))
' Namen der Ein- und Ausgabedateien
' sie werden in demselben Ordner
' angelegt, in dem
' auch das Skript liegt:
eingabe = pfad & "eingabe.dos"
ausgabe = pfad & "ausgabe.dos"

' gesamter von DOS ausgegebener Text:
gesamttext = ""

' leere Eingabedatei anlegen, damit DOS
' sie findet:
set datei = fs.CreateTextFile(eingabe,true)
datei.close

' Ausgabedatei löschen, falls sie existiert:
if fs.FileExists(ausgabe) then fs.DeleteFile ausgabe

' Befehl mit Umleitung der Ein- und Ausgabe:
befehl = "COMMAND.COM /C " & befehl & " < """& eingabe & """ > """ & _
    ausgabe & """"

' DOS asynchron starten, Fenster verstecken
handle = proc.RunProcess(befehl,0)

' solange DOS läuft, überwachen:
do while proc.isTaskRunning(handle)
    ' nachschauen, welchen neuen Text DOS
    ' in die Ausgabedatei geschrieben hat:
    text = Listen(ausgabe, gesamttext)
    ' zum bisherigen Text hinzufügen:
    gesamttext = gesamttext + text
    ' Sonderzeichen aus dem Text entfernen:
    text = Trim(Replace(text, vbCrLf, ""))
    ' endet der Text mit ? oder ...? Dann
    ' Frage annehmen:
    if right(text,1)="?" or right(text ,3)="..." then
        ' Timeout wieder auf null setzen:
        looper=0
        ' Frage anzeigen, die DOS gestellt hat:
        doit = InputBox(Convert(text))
        ' hat der Anwender auf Abbrechen
        ' geklickt?
        if doit=vbEmpty then
            ' dann DOS sofort beenden:
```

```
                    proc.KillProcess handle
                    exit function
            end if
            ' Antwort des Anwenders in Eingabedatei
            ' einschleusen:
            Say eingabe, doIt
            ' Antwort in Gesamttext aufnehmen:
            gesamttext = gesamttext + doIt
        else
            ' keine Frage, normaler Text
            if text="" then
                    ' DOS hat keinen neuen Text zu melden -
                    ' verdächtig!
                    looper = looper + 1
                    ' passiert das in letzter Zeit ständig?
                    if looper>timeout then
                            ' jau! Letzte Meldung herausfischen:
                            pos = InstrRev(gesamttext, vbCrLf)
                            if pos=0 then
                                    lm = Convert(gesamttext)
                            else
                                    lm = Convert(mid(gesamttext,pos + 2))
                            end if
                            ' Anzeigen und fragen, was nun
                            ' passieren soll:
                            antwort = InputBox("DOS-Befehl " & "reagiert nicht!"_
                                    & " Letzte Meldung: " & lm)
                            if antwort = vbEmpty then
                                    ' Abbrechen: Tschüß DOS!
                                    proc.KillProcess handle
                                    MsgBox "Abbruch!", vbCritical
                                    exit function
                            else
                                    ' Aha, war nur eine Zwischen-
                                    ' frage! also Timeout wieder
                                    ' scharf stellen:
                                    looper=0
                                    ' und Antwort an DOS leiten:
                                    Say eingabe, antwort
                                    gesamttext = gesamttext +antwort
                            end if
                    end if
            else
                    ' DOS hat sich gemeldet, aber es
                    ' war keine Frage, also Timeout
                    ' zurücksetzen: DOS lebt noch!
                    looper = 0
```

```
            end if
        end if
        ' 0,5 Sekunden verschnaufen:
        WScript.Sleep 500
    loop
    ' hat DOS Ergebnisse geliefert?
    if fs.FileExists(ausgabe) then
        ' ja, also lesen und zurückliefern:
        set datei = fs.OpenTextFile(ausgabe)
        all = datei.ReadAll

        ' Zeilenumbrüche anhübschen
        all = replace(all, vbCrLf, vbCr)
        all = replace(all, vbCr, vbCrLf)
        all = replace(all, vbCrLf&vbCrLf, vbCrLf)

        ExecDOS = Convert(all)
        datei.close
    end if

    ' Die Ein- und Ausgabedateien haben
    ' ausgedient:
    if fs.FileExists(eingabe) then fs.DeleteFile eingabe
    if fs.FileExists(ausgabe) then fs.DeleteFile ausgabe
end function

sub Say(pfad, text)
    ' fügt Text in die Antwortdatei ein:
    set datei = fs.OpenTextFile(pfad, 8)
    datei.WriteLine text
    datei.close
end sub

function Listen(pfad, altertext)
    ' liest Text aus der DOS-Ergebnisdatei aus:
    on error resume next
    if fs.FileExists(pfad) then
        set datei = fs.OpenTextFile(pfad)
        ' gelesen wird nur der Text, der neu ist:
        Listen = mid(datei.ReadAll, len(altertext)+1)
        datei.close
    else
        Listen = ""
    end if
end function

function Convert(text)
    Convert = Replace(text, chr(132), chr(228))
    Convert = Replace(Convert, chr(129), chr(252))
    Convert = Replace(Convert, chr(142), chr(196))
```

```
    Convert = Replace(Convert, chr(154), chr(220))
    Convert = Replace(Convert, chr(153), chr(214))
    Convert = Replace(Convert, chr(148), chr(246))
    Convert = Replace(Convert, chr(225), chr(223))
end function
'(C) 1999,2000 T.Weltner
```

Das Skript ist zwar lang, aber interessant. Probieren Sie aus, was passiert, wenn Sie unplanmäßig die Diskette während der Formatierung herausnehmen. Sofort meldet das Skript, was DOS darauf zu sagen hat.

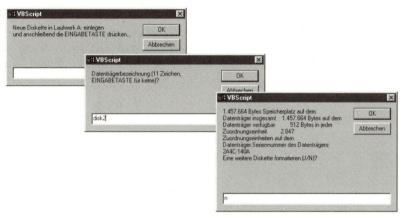

Bild 10.21: Skript klinkt sich in den Datenstrom der DOS-Befehle ein

Und nachdem der DOS-Befehl seine Arbeit getan hat, liefert die Funktion sogar einen genauen Tätigkeitsbericht. Na also, es geht doch.

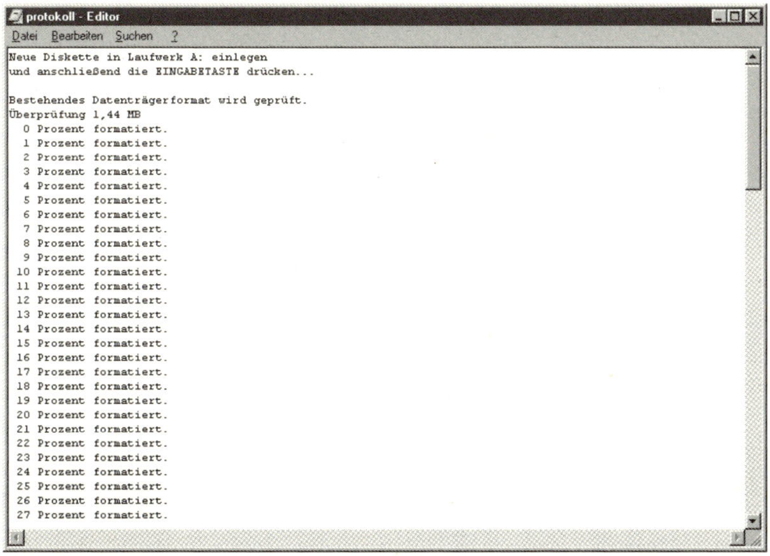

Bild 10.22: Sogar einen detaillierten Ergebnisbericht kann das Skript liefern

10.7 Programme per Skriptschnittstelle steuern

Beinahe alle modernen Programme können sich sogar auf direktem Wege mit Ihren Skripten unterhalten – nur verrät das keiner. Die Hersteller decken den dezenten Mantel des Schweigens über diese offene Hintertür.

Fakt ist: über die Skriptschnittstelle kommen Sie an beinahe alle internen Befehle eines Programms heran und können diese Funktionen in eigenen Skripten einsetzen, ohne dazu das Mutterprogramm auf den Bildschirm holen zu müssen.

10.7.1 WinWord liefert Rechtschreibkontrolle

Moderne Programme funktionieren aus Sicht Ihres Skripts wie ActiveX-Module, also genau wie die zahlreichen Befehlserweiterungen, die ich für Sie gebastelt habe. Ihr Skript muß also bloß den ActiveX-Namen des Programms kennen. Schon kann es sich via CreateObject in das Programm einklinken. WinWord kapern Sie zum Beispiel so:

```
' 10-44.VBS

set winword = CreateObject("Word.Application")
MsgBox TypeName(winword)
'(C) 1999,2000 T.Weltner
```

So bekommen Sie also ein Objekt namens *Application* zurück – sofern WinWord bei Ihnen installiert ist. Was kann man damit wohl anfangen?

Was Sie als nächstes brauchen, ist eine ausführliche Dokumentation der internen Methoden und Eigenschaften, die das *Application*-Objekt von WinWord zu bieten hat. Nur: die haben Sie nicht. Genau hier scheitern die meisten Skripter. Sie aber nicht! In Kapitel 12 finden Sie alle nötigen Informationen, um sämtliche versteckten Funktionen aus undokumentierten Programmen auszulesen.

Welche Möglichkeiten sich mit den internen Funktionen fremder Programme verwirklichen lassen, zeigt dieses kleine Skript – es borgt sich kurz die Rechtschreibkontrolle von WinWord aus:

```
' 10-45.VBS

' WinWord anzapfen:
set word = CreateObject("Word.Application")
' ein leeres Dokument laden:
word.Documents.Add

do
    ' nach einem Wort fragen:
    name = InputBox("Geben Sie ein Wort ein, aber nehmen Sie's"& " mit der " _
        & "Rechtschreibung nicht so genau!")
    ' wurde auf Abbrechen geklickt?
    if not name=vbEmpty then
```

```
        ' nein, also Korrekturvorschläge sammeln:
        set sugg = word.GetSpellingSuggestions(name)
        if sugg.Count = 0 then
                ' keine Vorschläge da:
                MsgBox "Das Wort ist meiner Meinung nach ok!"
        else
                ' Aha, Liste der Alternativvorschläge basteln:
                liste = name & " wird meiner Meinung nach so geschrieben:" & vbCr
                for each vorschlag in sugg
                        liste = liste & vorschlag & vbCr
                next
                MsgBox liste
        end if
   end if
loop until name=vbEmpty

MsgBox "Fertich!"
' WICHTIG: WinWord wieder schließen!!
word.Quit
'(C) 1999,2000 T.Weltner
```

Geben Sie ein falsch geschriebenes Wort ein. WinWord ruft Ihrem Skript aus dem unsichtbaren Hintergrund die richtigen Alternativen zu, falls es welche kennt, und Ihr Skript kann im Vordergrund mit seiner neuen Rechtschreibkontrolle glänzen.

Bild 10.23: Das Skript »leiht« sich die Rechtschreibkontrolle von WinWord aus

10.8 Windows automatisch herunterfahren

Die Tricks- und Kniffe-Ecken der Zeitschriften verraten zahlreiche Möglichkeiten, um Windows ferngesteuert herunterzufahren, aber all diese Varianten haben kleinere und größere Nachteile. So funktionieren die Tricks meist nicht bei Windows NT, und außerdem haben Sie keine Feinkontrolle darüber, wie Sie Windows herunterfahren oder neu starten. Das ändert die Toolbox dieses Buchs.

10.8.1 Windows neu starten, herunterfahren, abmelden

Ganz gleich, ob Sie Windows herunterfahren oder bloß neu starten wollen: der ExitWindows-Befehl hilft Ihnen dabei. Das folgende Skript startet den Rechner zum Beispiel neu, ganz gleich, ob es sich um Windows 95 oder NT 4.0 handelt:

```
' 10-46.VBS
set utils = CreateObject("utils.tobtools")
MsgBox utils.ExitWindows(2)
'(C) 1999,2000 T.Weltner
```

Der Befehl kann aber noch viel mehr. Über die Kennzahl regeln Sie, was er für Sie tun soll:

Kennzahl	Funktion
0	Benutzer abmelden
1	Herunterfahren
2	Neu starten

Tab. 10.5: Diese Funktionen unterstützt ExitWindows

Darüberhinaus können Sie weitere Optionen zu den Zahlen hinzuaddieren:

Zusatzoption	Bedeutung
4	Notfalls Gewalt anwenden
8	Strom abschalten

Tab. 10.6: Zusatzoptionen für ExitWindows

Verwenden Sie also für ExitWindows die Kennzahl 1+4+8=13, dann wird Windows heruntergefahren, eventuell meuternde Programme dabei einfach geschlossen, und anschließend der Strom des Rechners abgeschaltet – sofern sein BIOS das unterstützt. Die Kennzahl 1 allein würde Windows bloß herunterfahren, aber den Strom nicht abschalten, und meuternde Programme könnten den Prozeß scheitern lassen.

11 Das Internet fernsteuern

Wenn Sie mögen, dann steuern Ihre Skripte sogar das Internet. Die Möglichkeiten gerade für Skripte sind hier immens: synchronisieren Sie Ihren Webserver mit der heimischen Festplatte, lassen Sie alle zwei Stunden das neueste Bild Ihrer Webcam auf Ihre Homepage verfrachten, oder laden Sie ferngesteuert nachts große Dateien aus dem Netz.

11.1 Internetverbindungen auf- und abbauen

Skripte automatisieren Dinge und müssen deshalb die wichtigsten Internethandgriffe zuverlässig selbst erledigen können. Dazu zählt natürlich das Auf- und vor allen Dingen das Abbauen der Wählverbindung. Nur wenn Ihr Skript die Internetverbindung von selbst wieder abbauen kann, können Sie sicher sein, daß Ihr Telefonzähler nicht heiß- und Ihr Konto dabei trockenläuft.

11.1.1 Internetverbindungen aufbauen

Im Grunde brauchen Sie Ihr Skript nur zu beauftragen, zu einer bestimmten Webseite zu surfen. Schon wird eine Internetverbindung aufgebaut:

```
' 11-1.VBS
set wshshell = CreateObject("WScript.Shell")
wshshell.Run "http://www.altavista.com"
'(C) 1999,2000 T.Weltner
```

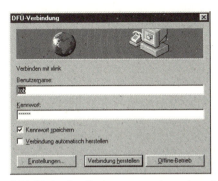

Bild 11.1: An dieser – normalerweise sinnvollen Hürde scheitern Skripte

Wenn bei Ihnen allerdings Internetverbindungen nur mit Ihrem persönlichen OK aufgebaut werden dürfen, dann bleibt das Skript an einem Dialogfenster hängen, das wissen will, ob auch

430 Kapitel 11: Das Internet fernsteuern

wirklich ins Internet telefoniert werden soll. Eine sinnvolle Barriere, die Ihr Skript nicht ohne weiteres nehmen kann.

11.1.2 Internetverbindung skriptgesteuert auf- und abbauen

Trotzdem sind auch automatische Internetverbindungen möglich, und zwar so:

```
' 11-2.VBS
set wshshell = CreateObject("WScript.Shell")
set inet = CreateObject("internet.tobtools")
if inet.ConnectInternet then
   wshshell.Run "http://www.altavista.com"
   MsgBox "Wenn Sie auf OK klicken, kappe ich die Verbindung!" , vbSystemModal
   if inet.DisconnectInternet then
      MsgBox "Verbindung wurde beendet!"
   else
      MsgBox "Verbindung konnte nicht beendet werden." & vbCr & "Haben " _
         & "Sie die Verbindung von Hand beendet?"
   end if
else
   MsgBox "Verbindung konnte nicht hergestellt werden!"& vbCr & "Ist " _
      & "das Modem eingeschaltet?",vbQuestion
end if
'(C) 1999,2000 T.Weltner
```

Die beiden neuen Funktionen *ConnectInternet()* und *DisconnectInternet()* bauen Internetverbindungen über das DFÜ-Netzwerk künftig zuverlässig auf und ab. Lief alles glatt, dann wird jeweils *true* zurückgemeldet, ansonsten *false*.

11.2 Informationen über das Internet bekommen

So, die Verbindung ins Internet haben Sie im Griff. Als nächstes zeige ich Ihnen ein paar nützliche Servicefunktionen, mit denen Sie sich im Internet skriptgesteuert orientieren können.

11.2.1 Art der Internetverbindung ermitteln

Viele Wege führen nach Rom. Auf welche Weise sich Ihr Rechner ins Internet begibt, findet das folgende Skript heraus:

```
' 11-3.VBS
set inet = CreateObject("internet.tobtools")
typen = Split(",Modem,Netzwerk,Proxy,Modem belegt", ",")
MsgBox "Art der Internetverbindung: " & typen(inet.ConnectionState)
'(C) 1999,2000 T.Weltner
```

Bild 11.2: Finden Sie heraus, wie Rechner ins Internet gelangen

11.2.2 IP-Adresse und Hostname ermitteln

Die Namensschilder im Internet sind DNS-Namen, zum Beispiel www.wininfo.de. Hinter diesen Namen steckt aber immer eine eindeutige IP-Adresse, die aus vier Zahlen besteht. Das nächste Skript verrät Ihnen, wie die IP-Adresse eines bestimmten Namens lautet:

```
' 11-4.VBS
set inet = CreateObject("internet.tobtools")
' Winsock initialisieren
inet.WinsockInit
' Internetverbindung herstellen.
inet.ConnectInternet
' Information erfragen:
name = InputBox("Geben Sie den Internetnamen ein!",,"www.microsoft.com")
MsgBox "Die IP-Adresse lautet: " & inet.HostByName(name)
' Winsock schließen
inet.WinsockQuit
' Internet schließen
inet.DisconnectInternet
'(C) 1999,2000 T.Weltner
```

HostByName() akzeptiert den Internetnamen und versucht, ihn »aufzulösen«. Das ist natürlich nicht wörtlich und schon gar nicht im chemischen Sinne gemeint. Stattdessen fragt der Befehl im Internet einen Namensserver, ob er den von Ihnen genannten Namen kennt. Falls ja, verkündet Ihr Skript stolz die IP-Adresse. Falls nein, muß das Skript klein beigeben.

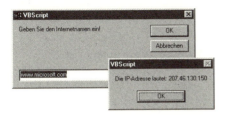

Bild 11.3: Finden Sie die IP-Adresse einer Website heraus

Tip: Schnell einen neuen Internetnamen ausdenken.
Rätseln Sie gerade über einen neuen Internetnamen, den Sie sich vielleicht reservieren wollen? Bevor Sie sich zu viel Gedanken machen, verwenden Sie doch kurz dieses Skript, um herauszufinden, ob er schon vergeben ist.

> Das Skript meldet *kennichnich*, wenn der Name derzeit nicht verzeichnet ist. Eine Garantie ist das zwar nicht, aber ein guter Anfang. Anschließend können Sie bei *www.nic.de* genauer nachschauen.

Umgekehrt geht es auch: haben Sie nur die IP-Adresse zur Hand, dann findet dieses Skript den Klartextnamen heraus:

```
' 11-5.VBS
set inet = CreateObject("internet.tobtools")
' Winsock initialisieren
inet.WinsockInit
' Internetverbindung herstellen.
inet.ConnectInternet
' Information erfragen:
name = InputBox("Geben Sie eine IP-Adresse an!",,"193.98.1.226")
MsgBox "Der Klartextname heißt: " & inet.HostByAddress(name)
' Winsock schließen
inet.WinsockQuit
' Internet schließen
inet.DisconnectInternet
'(C) 1999,2000 T.Weltner
```

Dieser »umgekehrte« Weg ist höchst aufschlußreich. Verwenden Sie das vorangegangene Skript, um zum Beispiel die IP-Adresse Ihrer Homepage zu ermitteln. Danach verwenden Sie dieses Skript, um aus der IP-Adresse wieder den Klartextnamen zusammenzubasteln. Das Ergebnis ist – Überraschung – häufig nicht identisch, sondern enthüllt, unter welchem Namen Sie bei Ihrem Provider in Wirklichkeit geführt werden.

Bild 11.4: Oder erforschen Sie, welcher DNS-Eintrag einer IP-Adresse zugeordnet ist

11.3 Mit FTP Daten transportieren

Richtig mächtig werden Ihre Skripte, wenn Sie ihnen erlauben, Dateien zu transportieren. *FTP*, das *File Transfer Protocol*, ist der dazu nötige Umzugswagen. FTP transportiert Dateien sowohl aus dem Internet auf Ihren heimischen Rechner, als auch umgekehrt.

Sie könnten also skriptgesteuert nachts im Mondscheintarif große Datenmengen aus dem Internet saugen lassen oder in umgekehrter Richtung automatisch neue Bilder und Nachrichten auf Ihre Webseite verfrachten – wenn Sie schon eine haben.

11.3.1 FTP im Sandkasten kennenlernen

FTP ist überhaupt nicht schwierig, und was noch verblüffender ist: die dazu nötigen Funktionen sind bereits fix und fertig in Windows eingebaut. Alles, was Sie brauchen, ist die Datei *WININET.DLL*. Die muß in Ihrem Windows-Systemordner liegen, und falls sie noch fehlt, dann installieren Sie einfach die neueste Version des Internet Explorers. Der bringt sie älteren Windows-Versionen freundlicherweise mit.

Sie werden auf den nächsten Seiten sehen, was sich alles mit dieser kleinen DLL anfangen läßt. Anschließend stimmen Sie mir bestimmt zu, daß die meisten kostspieligen FTP-Utilities nicht nur überflüssig werden, sondern sich eigentlich mit fremden Federn schmücken: die eigentliche Arbeit wird von Windows erledigt.

Bild 11.5: Selbstgebastelter kleiner FTP-Browser: Verbindung zu ftp.microsoft.com

Das folgende Skript hilft Ihnen dabei, sich mit FTP anzufreunden. Es läuft aber nur in einem DOS-Fenster, weil es das Fenster für seine Ein- und Ausgaben braucht. Öffnen Sie also im Startmenü mit *Ausführen* und `COMMAND` Enter ein DOS-Fenster, und starten Sie das Skript dann mit `CSCRIPT.EXE Skriptname.vbs` Enter, wobei Sie natürlich den kompletten Pfadnamen wählen, unter dem Sie das folgende Skript abgespeichert haben:

```
' 11-6.VBS

set wshshell = CreateObject("WScript.Shell")
set inet = CreateObject("internet.tobtools")

' DOS Ein- und Ausgabe definieren:
set eingabe = WScript.StdIn
set ausgabe = WScript.StdOut

prompt = "FTP> "

ausgabe.Write prompt
```

```
do until eingabe.atEndOfStream
   ' neuen Befehl lesen:
   befehl = eingabe.ReadLine
   ' in Kleinbuchstaben umwandeln:
   parser = lcase(befehl)

   ' exit - abbrechen:
   if left(parser, 4)="exit" then
      ausgabe.Write "Wollen Sie die Internetverbindung abbauen (J/N)? "
      if lcase(eingabe.ReadLine)="j" then
         ausgabe.Write "Verbindung abbauen..."
         ausgabe.WriteLine inet.DisconnectInternet
      end if
      exit do
   ' connect - Internetverbindung herstellen:
   elseif left(parser, 7)="connect" then
      if connected then
         inet.CloseHandle(handle2)
      end if
         ausgabe.Write "URL? "
         url = eingabe.ReadLine
         ausgabe.Write "Benutzername? "
         user = eingabe.ReadLine
         ausgabe.Write "Passwort? "
         pwd = eingabe.ReadLine
         if not connected then
            ausgabe.Write "automatische Verbindung zum"& " Internet..."
            ausgabe.WriteLine inet.ConnectInternet
            ausgabe.Write "Internetverbindung herstellen..."
            handle1 = inet.OpenInternet
            if handle1<>0 then
               ausgabe.WriteLine "OK"
            else
               ausgabe.WriteLine inet.GetLastError
            end if
         end if
         ausgabe.Write "FTP-Verbindung öffnen..."
         if user="" then
            handle2 = inet.Connect(handle1, url)
         elseif pwd="" then
            handle2 = inet.Connect(handle1, url, user)
         else
            handle2 = inet.Connect(handle1, url, user,pwd)
         end if
         if handle2<>0 then
            ausgabe.WriteLine "OK"
         else
```

```
                ausgabe.WriteLine inet.GetLastError
            end if
            connected = true
            prompt = url & "> "
' put - Datei auf den Webserver hochladen
elseif left(parser, 3) = "put" then
    if connected then
            ausgabe.Write "Name der Originaldatei? "
            source = eingabe.ReadLine
            ausgabe.Write "Name der Zieldatei? "
            dest = eingabe.ReadLine
            ausgabe.Write "Datentransfer..."
            if inet.PutFile(handle2, source, dest) then
                    ausgabe.WriteLine "OK"
            else
                    ausgabe.WriteLine inet.GetLastError
            end if
    else
            ausgabe.WriteLine "Es besteht keine Verbindung!"
    end if
' get - Datei vom Webserver herunterladen:
elseif left(parser, 3) = "get" then
    if connected then
            ausgabe.Write "Name der FTP-Datei? "
            source = eingabe.ReadLine
            ausgabe.Write "Unter welchem Namen speichern? "
            dest = eingabe.ReadLine
            if inet.GetFile(handle2, source, dest) then
                    ausgabe.WriteLine "OK"
            else
                    ausgabe.WriteLine inet.GetLastError
            end if
    else
            ausgabe.WriteLine "Es besteht keine Verbindung!"
    end if
' disconnect - Verbindung zum Webserver
' trennen:
elseif left(parser, 10)="disconnect" then
    if connected then
            ausgabe.Write "Zugriff beenden..."
            inet.CloseHandle handle2
            inet.CloseHandle handle1
            ausgabe.WriteLine "OK"
            connected = false
    else
            ausgabe.WriteLine "Es besteht keine Verbindung."
    end if
```

```
            prompt = "FTP> "
    ' dir - Verzeichnislisting holen:
    elseif left(parser, 3) = "dir" then
        if connected then
                ausgabe.Write Prepare(inet.Dir(handle2))
        else
                ausgabe.WriteLine "Es besteht keine Verbindung"
        end if
    ' cd - Verzeichnis wechseln
    elseif left(parser, 2) = "cd" then
        if connected then
                newdir = trim(mid(befehl, 3))
                if left(newdir,1)="\" or left(newdir ,1)="/" then
                        newdir = mid(newdir, 2)
                end if
                if inet.ChDir(handle2, newdir) then
                        ausgabe.WriteLine "Verzeichnis gewechselt."

                else
                        ausgabe.WriteLine "Konnte Befehl nicht"& " ausführen."
                end if
        else
                ausgabe.WriteLine "Es besteht keine Verbindung."
        end if
    else
        ausgabe.writeLine """" & parser & """ ist mir unbekannt!"
    end if
    ausgabe.Write prompt
loop

function Prepare(raw)
    ' bereitet das Verzeichnislisting
    ' optisch auf:
    if raw="" then exit function
    zeilen = Split(raw, vbCrLf)
    for each zeile in zeilen
        infos = Split(zeile, vbTab)
        datum = left(infos(1) & space(20), 20)
        attribs = Fix(infos(3))
        ' ist Eintrag ein Ordner?
        if (attribs and 16) > 0 then
                name = left("/" & infos(0) & space(20), 20)
                bytes = space(15)
                fileatt = "DIR"
        else
                ' nein, eine Datei!
                name = left(infos(0) & space(20), 20)
                bytes = left(formatNumber(Fix(infos (2))/1024, 2) & " KB" &_
```

```
                    space(20), 15)
            fileatt = ""
            ' schreibgeschützt?
            if (attribs and 1)>0 then
                    fileatt = fileatt + "R-"
            else
                    fileatt = fileatt + "RW"
            end if
            ' versteckt?
            if (attribs and 2)>0 then
                    fileatt = fileatt + "H"
            else
                    fileatt = fileatt + "-"
            end if
            ' System-Datei?
            if (attribs and 4)>0 then
                    fileatt = fileatt + "S"
            else
                    fileatt = fileatt + "-"
            end if
            ' Verknüpfung?
            if (attribs and 32)>0 then
                    fileatt = fileatt + "L"
            else
                    fileatt = fileatt + "-"
            end if
            ' komprimiert?
            if (attribs and 128)>0 then
                    fileatt = fileatt + "K"
            else
                    fileatt = fileatt + "-"
            end if
        end if
        prepare = prepare + name + datum + _
            bytes + fileatt & vbCrLf
    next
end function
'(C) 1999,2000 T.Weltner
```

Im DOS-Fenster werden Sie von einem Prompt begrüßt: Der wartet geduldig auf Ihre Befehle. Mit *connect* ⎵Enter⎵ starten Sie Ihr FTP-Abenteuer.

Jetzt werden Sie nach der *url* gefragt, also dem Namen der Internetseite, der Sie einen Kontrollbesuch abstatten möchten. Geben Sie zum Beispiel `ftp.microsoft.com` ⎵Enter⎵ ein.

> **Tip:** FTP ist nicht das World Wide Web.
> Sie stutzen? FTP funkt zwar auf der gleichen Welle wie die WWW.Seiten, spricht aber eine ganz andere Sprache. Deshalb beginnen FTP-Adressen auch nicht mit www., sondern mit ftp.. WWW ist das bunte Jedermann-Internet. Mit FTP dringen Sie auf die professionelle Serviceebene vor.

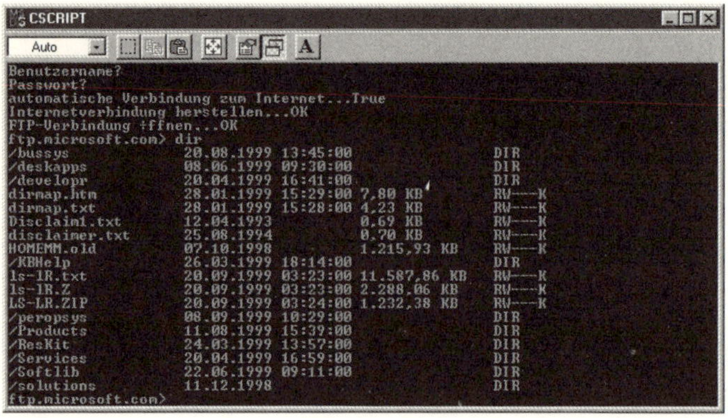

438 *Kapitel 11: Das Internet fernsteuern*

Bild 11.6: Lassen Sie sich mit DIR zeigen, was der Server zu bieten hat

Nun will das Skript Ihren Benutzernamen und Ihr Kennwort wissen. Huch! Drücken Sie beide Male einfach auf ⎡Enter⎤. Bei Microsoft kann man sich anonym anmelden. Bei vielen anderen FTP-Servern allerdings nicht. Vor allem, wenn Sie Dateien auf den Server hochladen wollen, ist fast immer eine vernünftige Anmeldung nötig. Fragen Sie im Zweifelsfall Ihren Webseiten-Provider.

Schwupp, nach ein paar Sekunden hat sich das Skript ins Internet eingewählt und mit dem FTP-Server von Microsoft verbunden. Hoffentlich. Leider ist der Microsoft-Server häufig so gefragt, daß er Verbindungen abweist. Wenn die Verbindung also nicht zustande kommt, dann liegt das nicht am Skript. Suchen Sie sich notfalls einen weniger beschäftigten FTP-Server aus.

Und nun? Im DOS-Fenster ist es noch immer duster. Lassen Sie sich doch zeigen, was der FTP-Server anzubieten hat. Dazu geben Sie ein: DIR ⎡Enter⎤. Wie der namensgleiche DOS-Vetter listet Ihnen dieses FTP-Kommando das Verzeichnis auf. Ordner erkennen Sie am vorangestellten »/«-Zeichen.

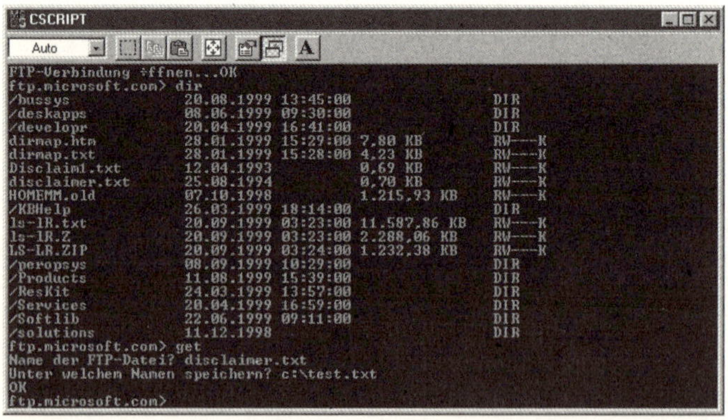

Bild 11.7: So leicht speichert GET interessante Dateien auf Ihrer Festplatte

Sie haben jetzt zwei Möglichkeiten: entweder steigen Sie tiefer ins FTP-Verzeichnis ein. Mit *cd* wechseln Sie in einen der angebotenen Unterordner. Anschließend benutzen Sie wieder *dir* ⎡Enter⎤, um sich den neuen Ordnerinhalt anzusehen.

11.3 Mit FTP Daten transportieren

Oder Sie picken sich eine der angebotenen Dateien heraus und lassen sie auf Ihre Festplatte kommen. Dazu geben Sie *get* [Enter] ein. Danach brauchen Sie nur noch den Namen der Datei und den Pfadnamen anzugeben, unter dem die Datei auf Ihrer Festplatte abgelegt werden soll, zum Beispiel *c:\disclaimer.txt*.

Theoretisch könnten Sie auch noch *put* ausprobieren, um damit Dateien auf den Webserver hochzuladen. Der Microsoft-Server spielt da allerdings nicht mit. Wo kämen wir hin, wenn jeder seine neueste Witzesammlung auf den Microsoft-Server verfrachten würde? Stattdessen listet das Skript die letzte Meldung auf, die es vom FTP-Server bekommen hat: *Access Denied* – Annahme verweigert. Aha.

Bild 11.8: Umgekehrt geht es nicht: Microsoft verweigert die Annahme

Haben Sie genug herumexperimentiert, dann können Sie sich mit *connect* entweder anderen FTP-Servern zuwenden oder mit *disconnect* die Verbindung abbrechen. Mit *exit* verlassen Sie das Skript. Höflich bietet es noch an, die Internetverbindung zu kappen.

11.3.2 Selbst Dateien von FTP-Servern herunterladen

Das DOS-Skript ist nicht bloß ein spannender Weg, die FTP-Welt zu erforschen. Mit den Befehlen *put* und *get* können Sie bereits echte Aufgaben in Angriff nehmen, für die andere Utilities schon Geld verlangen.

Allerdings sollten Sie nicht vergessen, daß die DOS-Anwendung in Wirklichkeit nur ein Skript ist. Ihr Skript! Damit ist klar: all die interessanten FTP-Funktionen stehen Ihnen auch separat und vollautomatisch in Skripten zur Verfügung, und da wird es richtig interessant.

Das nächste Skript zeigt, wie Sie sich das zunutze machen. Es lädt eine Datei von einem Webserver herunter und kappt danach die Verbindung sofort wieder. Natürlich sollten Sie sowohl Servername als auch Dateiname an sinnvolle Verhältnisse anpassen:

```
' 11-7.VBS
set wshshell = CreateObject("WScript.Shell")
set fs = CreateObject _
   ("Scripting.FileSystemObject")
set inet = CreateObject("internet.tobtools")
```

```
'globale Variablen (wichtig!)
handle1=0
handle2=0

time1 = ConnectInternet"ftp.microsoft.com", "", "")
if not inet.GetFile(handle2, "disclaimer.txt", "C:\info.txt") then HandleError
Shutdown
inet.DisconnectInternet
time2 = now()
diff = DateDiff("s", time1, time2)
MsgBox "Sie waren genau " & diff & " Sekunden online!"
wshshell.run "C:\info.txt"

sub HandleError
   ShutDown
   inet.DisconnectInternet
   wshshell.Popup "Es ist ein Fehler aufgetreten: " & vbCr & _
      inet.GetLastError, 3
   WScript.Quit
end sub

sub Shutdown
   ' Verbindung abbauen:
   inet.CloseHandle handle2
   inet.CloseHandle handle1
end sub

function ConnectInternet(ftp, user, pwd)
   ' wurde ein FTP-Unterordner angegeben?
   if right(ftp,1)="/" then ftp=left(ftp, len(ftp)-1)
   pos = Instr(ftp, "/")

   if pos>0 then
   ' ja, auseinderdividieren
      url = left(ftp, pos-1)
      path = mid(ftp, pos+1)
   else
      ' nein, nur url
      url = ftp
      path = ""
   end if

   ' mit dem Internet verbinden:
   inet.ConnectInternet
   ConnectInternet = now()

   ' Internetfunktionen aktivieren:
   handle1 = inet.OpenInternet
   if handle1=0 then HandleError
```

```
' mit FTP-Server verbinden:
if user="" then
   handle2 = inet.Connect(handle1, url)
else
   handle2 = inet.Connect(handle1, url, user, pwd)
end if
if handle2 = 0 then HandleError
' wurde ein FTP-Pfad angegeben?
if not path="" then
   ' dann Verzeichnis wechseln:
   inet.ChDir handle2, path
end if
end function
'(C) 1999,2000 T.Weltner
```

Konkurrenzlos schnell lädt dieses Skript eine beliebige FTP-Datei auf Ihren Rechner herunter und läßt dabei den Gebührenzähler nur so lange ticken wie unbedingt erforderlich.

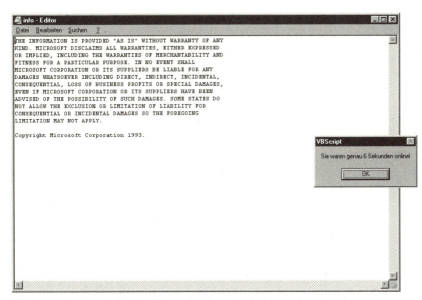

Bild 11.9: Automatisiert FTP-Dateien herunterladen und Verbindung kappen

11.3.3 Dateien auf Ihren Webserver hochladen

Umgekehrt geht es natürlich genauso gut. Vielleicht besitzen Sie eine eigene Homepage und noch dazu eine preiswerte Webcam. Die könnte ferngesteuert alle zwei Stunden Ihren Schreibtisch knipsen und dieses Bild dann kurz auf Ihren Webserver hochladen.

Das nächste Beispiel lädt die Datei *C:\MEINBILD.BMP* als *meinbild.bmp* ins Verzeichnis */storage* Ihres Webservers. Dieser Auftrag muß natürlich angepaßt werden, und auch Ihr persönliches Kennwort und Ihr Benutzernamen gehören ins Skript.

So funktioniert die Sache:

```vbs
' 11-8.VBS

set wshshell = CreateObject("WScript.Shell")
set fs = CreateObject("Scripting.FileSystemObject")
set inet = CreateObject("internet.tobtools")

'globale Variablen (wichtig!)
handle1=0
handle2=0

' *** HIER VERBINDUNG UND KENNWORT EINTRAGEN:
time1 = ConnectInternet("ftp.wininfo.de","user", "kennwort")

' *** HIER HOCHLADE-AUFTRAG FESTLEGEN:
if not inet.PutFile(handle2, "C:\meinbild.bmp" _
   ,"storage/meinbild.bmp") then HandleError
Shutdown
inet.DisconnectInternet
time2 = now()
diff = DateDiff("s", time1, time2)
MsgBox "Sie waren genau " & diff & " Sekunden online!"
wshshell.run "C:\info.txt"

sub HandleError
   wshshell.Popup "Es ist ein Fehler aufgetreten: " & vbCr & _
      inet.GetLastError, 3
   ShutDown
   inet.DisconnectInternet
   WScript.Quit
end sub

sub Shutdown
   ' Verbindung abbauen:
   inet.CloseHandle handle2
   inet.CloseHandle handle1
end sub


function ConnectInternet(ftp, user, pwd)
   ' wurde ein FTP-Unterordner angegeben?
   if right(ftp,1)="/" then ftp=left(ftp, len(ftp)-1)
   pos = Instr(ftp, "/")

   if pos>0 then
   ' ja, auseinerdividieren
```

```
      url = left(ftp, pos-1)
      path = mid(ftp, pos+1)
   else
      ' nein, nur url
      url = ftp
      path = ""
   end if

   ' mit dem Internet verbinden:
   inet.ConnectInternet
   ConnectInternet = now()

   ' Internetfunktionen aktivieren:
   handle1 = inet.OpenInternet
   if handle1=0 then HandleError

   ' mit FTP-Server verbinden:
   if user="" then
      handle2 = inet.Connect(handle1, url)
   else
      handle2 = inet.Connect(handle1, url, user, pwd)
   end if
   if handle2 = 0 then HandleError
   ' wurde ein FTP-Pfad angegeben?
   if not path="" then
      ' dann Verzeichnis wechseln:
      inet.ChDir handle2, path
   end if
end function
'(C) 1999,2000 T.Weltner
```

Tip: Gibt es das Zielverzeichnis überhaupt?
Sie können natürlich keine Dateien in ein FTP-Verzeichnis hochladen, das noch gar nicht existiert. Sowas sorgt für Fehler, genauso, als würden Sie eine Datei in einen Ordner kopieren wollen, der gar nicht existiert. Mit *MakeDir()* ist aber auch dieses Problem lösbar: dieser Befehl legt ferngesteuert FTP-Ordner an. Die komplette Übersicht über alle Internetbefehle finden Sie unten.

11.3.4 FTP-Verzeichnis mit Festplatte synchronisieren

Wie vielseitig Ihre neuen Scriptingmöglichkeiten sind, zeigt das nächste Skript: alle Webseitenentwickler aufgepaßt!

Webseiten werden natürlich kaum direkt auf dem Webserver entwickelt, denn die ständigen Online-Kosten wären enorm. Stattdessen setzen Webseitenentwickler den heimischen Rechner dazu ein und verwenden den kostenlosen *Personal Web Server* (oder irgendeinen anderen Webserver) als Miniwebserver für das Trockentraining.

Irgendwann allerdings ist es Zeit, die zu Hause getesteten Seiten auf den echten Webserver hochzuladen, und dafür setzt man – natürlich – FTP ein.

Dieses erste Hochladen ist nicht weiter schwierig, es dauert höchstens eine Weile. Der Ärger beginnt erst danach.

Was nämlich, wenn Sie anschließend noch etwas an Ihrer Homepage herumfeilen und vielleicht hier und dort Verbesserungen anbringen? Wissen Sie wirklich noch genau, welche Einzelteile Ihrer Website Sie dabei geändert haben? Meist sind Sie dazu verdammt, die ganze Website noch einmal auf den Webserver hochzuladen, nur um sicher zu gehen, daß auch wirklich alle Neuerungen dort ankommen.

Sparen Sie sich das, und lassen Sie lieber Ihr Skript schuften. Soll es doch selbst herausfinden, welche Dateien aktualisiert werden müssen und welche nicht.

Dazu besorgt sich das Skript zuerst über *Dir()* das Inhaltsverzeichnis des FTP-Ordners. Darin steht das Datum der letzten Änderung. Nun braucht Ihr Skript nur noch die Dateien aus dem FTP-Ordner mit den Dateien auf Ihrer heimischen Festplatte zu vergleichen und alle Dateien mit *PutFile()* auf den Webserver schieben, die entweder dort noch fehlen oder älter als die Festplattenversionen sind.

Gleich vorweg: umgekehrt geht es natürlich auch. Ihr Skript könnte einen FTP-Ordner mit heißer Software besuchen und automatisch alles herunterladen, was Sie nicht schon in aktueller Form heruntergeladen haben.

Beide Methoden kosten normalerweise eine Menge Geld, und beide Methoden liefert das nächste Skript frei Haus:

```
' 11-9.VBS
set wshshell = CreateObject("WScript.Shell")
set fs = CreateObject("Scripting.FileSystemObject")
set inet = CreateObject("internet.tobtools")

handle1=0
handle2=0

' hier lagern Ihre Originaldaten, ANPASSEN
lokal = "C:\INET"

' Internetverbindung herstellen, ANPASSEN:
ConnectInternet "ftp.namedersite.de", "user", "kennwort"

' Die Dateien des lokalen Festplattenordners in
' ein Dictionary einlesen:
set festplattendateien = ReadInLocalFolder(lokal)

' Die Dateien des FTP-Ordners in ein
' Dictionary einlesen:
set ftpdateien = ReadInFTPFolder

' alle Festplattendateien kontrollieren:
for each file in festplattendateien
    ' file:      Name der Datei
```

```
   ' lokal:         Name des lokalen Ordners
   ' festplattendateien:  Liste der Dateien
   ' (lokal)
   ' ftpdateien:    Liste der Dateien (FTP)
   ' true:          aktualisieren, falls nicht
   ' aktuell
   ' true:          nachfragen, bevor
   ' aktualisiert wird
     protokoll = protokoll + CheckLocal(file, _
        lokal,festplattendateien, ftpdateien, _
        true, true)
next

' dasselbe für die FTP-Dateien tun:
for each file in ftpdateien
   protokoll = protokoll + CheckFTP(file, _
      lokal, festplattendateien, ftpdateien _
      , false, false)
next

' Internetverbindung beenden:
Shutdown
ExitInternet

' Ergebnis anzeigen:
ShowProtokoll protokoll

sub HandleError
   ' wird bei Fehlern aufgerufen:
   MsgBox "Es ist ein Fehler aufgetreten: " & vbCr & inet.GetLastError
   ShutDown
   ExitInternet
   WScript.Quit
end sub

sub HandleCustomError(text)
   ' wird bei Benutzerfehlern aufgerufen:
   MsgBox "Es ist ein Fehler aufgetreten: " & vbCr & text
   ShutDown
   ExitInternet
   WScript.Quit
end sub

sub Shutdown
   ' Verbindung abbauen:
   inet.CloseHandle handle2
   inet.CloseHandle handle1
end sub

sub ExitInternet
```

```
    antwort = MsgBox("Fertig! " & "Internetverbindung trennen?", vbYesNo)
    if antwort = vbYes then _
        inet.DisconnectInternet
end sub

function ReadInLocalFolder(path)
    ' neues Dictionary anlegen:
    set obj = CreateObject("Scripting.Dictionary")
    ' gibt es den angegebenen Ordner?
    if fs.FolderExists(path) then
        ' ja, öffnen:
        set ordner = fs.GetFolder(path)
        ' alle Dateien lesen:
        ' Lokale Dateien auflisten!
        for each file in ordner.files
            ' Datum des letzten Zugriffs:
            datum = ReadDate(file)
            ' ins Dictionary eintragen:
            obj.add lcase(file.name), CStr(datum)
        next
    end if
    set ReadInLocalFolder = obj
end function

function ReadDate(obj)
    ' liest das Datum, an dem die Datei
    ' zum letzten Mal verändert wurde
    on error resume next
    ReadDate = obj.DateLastModified
    if not err.Number=0 then
        err.clear
        ReadDate = CDate("1.1.80")
    end if
end function

sub ConnectInternet(ftp, user, pwd)
    ' wurde ein FTP-Unterordner angegeben?
    if right(ftp,1)="/" then ftp=left(ftp, len(ftp)-1)
    pos = Instr(ftp, "/")

    if pos>0 then
    ' ja, auseinderdividieren
        url = left(ftp, pos-1)
        path = mid(ftp, pos+1)
    else
        ' nein, nur url
        url = ftp
        path = ""
    end if
```

```
    ' mit dem Internet verbinden:
    inet.ConnectInternet

    ' Internetfunktionen aktivieren:
    handle1 = inet.OpenInternet
    if handle1=0 then HandleError

    ' mit FTP-Server verbinden:
    if user="" then
        handle2 = inet.Connect(handle1, url)
    else
        handle2 = inet.Connect(handle1, url, user, pwd)
    end if
    if handle2 = 0 then HandleError
    ' wurde ein FTP-Pfad angegeben?
    if not path="" then
        ' dann Verzeichnis wechseln:
        inet.ChDir handle2, path
    end if
end sub

function ReadInFTPFolder
    ' neues Dictionary anlegen:
    set obj = CreateObject("Scripting.Dictionary")

    ' FTP-Listing holen:
    listing = inet.Dir(handle2)

    ' FTP-Listing zeilenweise untersuchen:
    if listing="" then
        HandleCustomError("Verzeichnis ist leer!")
    else
        zeilen = Split(listing, vbCrLf)
        for each zeile in zeilen
            infos = Split(zeile, vbTab)
            if (Fix(infos(3)) and 16)=0 then
                obj.Add lcase(infos(0)),infos(1)
            end if
        next
    end if
    set ReadInFTPFolder = obj
end function

function CheckLocal(file, local, dict1, dict2, updateIt, ask)
    erg = "Prüfe den Dateiordner des lokalen Rechners:" & vbCrLf
    ' gibt es die Datei auch auf dem FTP-Server?
    if dict2.Exists(file) then
        ' ja, herausfinden, ob dort veraltet:
        erg = erg & file & " auf dem Server vorhanden, "
```

```
if CDate(dict2(file))<CDate(dict1(file)) then
    ' ja, FTP-Version ist älter:
        erg = erg & " aber veraltet." & vbCrLf
        erg = erg & "lokale Kopie vom " & _
            dict1(file)& ", Serverkopie vom " _
            & dict2(file) & "."& vbCrLf
        ' versuchen, die Datei auf dem FTP-Server
        ' zu aktualisieren:
        if updateIt then
            if ask then
                frage = MsgBox("Datei """ & file _
                    & """ auf den Server über"& _
                    "tragen?" & vbCr & "Lokale " _
                    & "Version vom " & dict1(file) _
                    & vbCr & "FTP-Version vom "& _
                    dict2(file) & " (älter)", _
                    vbYesNo + vbQuestion)
            else
                frage = vbYes
            end if
            if frage=vbYes then
                if inet.PutFile(handle2, local & _
                    "\" & file, file) then
                        erg = erg & "...aktualisiert!" _
                            & vbCrLf
                else
                    erg = erg & _
                        "...Aktualisierung"& " " _
                        & "fehlgeschlagen!" & vbCrLf
                    erg = erg & "Fehlercode: " & _
                        inet.GetLastError
                end if
            end if
        end if
    else
        ' Datei ist up-to-date:
        erg = erg & " aktuell." & vbCrLf
    end if
else
    ' Datei fehlt auf dem FTP-Server!
    erg = erg & file & " fehlt auf dem Server." & vbCrLf
    if updateIt then
        if ask then
            frage = MsgBox("Datei """ & file & _
                """ auf den Server übertragen?" _
                & vbCr & "Sie ist dort noch " _
                & "nicht vorhanden.", vbYesNo + _
```

```
                    vbQuestion)
            else
                    frage = vbYes
            end if
            if frage=vbYes then
                    ' versuchen, die Datei zu übertragen:
                    if inet.PutFile(handle2, local & _
                            "\" & file, file) then
                            erg = erg & "...aktualisiert!"& _
                                    vbCrLf
                    else
                            erg = erg & "...Aktualisierung " _
                                    & "fehl"& "geschlagen!" & vbCrLf
                    end if
            end if
        end if
    end if
    CheckLocal = erg
end function

function CheckFTP(file, local, dict1, dict2, updateIt, ask)
    erg = "Prüfe den Dateiordner des FTP-Servers:" & vbCrLf
    ' gibt es die Datei auf dem lokalen Rechner?
    if dict1.Exists(file) then
        erg = erg & file & " in " & local & " "vorhanden, "
        ' Datum prüfen:
        if CDate(dict1(file))<CDate(dict2 _
                (file)) then
            erg = erg & " aber veraltet." & vbCrLf
            erg = erg & "lokale Kopie vom " & _
                    dict1(file) & ", Serverkopie vom " _
                    & "" & dict2(file) & "." & vbCrLf
            if updateIt then
                if ask then
                    frage = MsgBox("Datei """ & file _
                            & """ vom Server " _
                            & "herunterladen?" & vbCr & _
                            "Lokale Version vom " & dict1 _
                            (file) & vbCr & "FTP-Version " _
                            & "vom " & dict2(file) & " (" _
                            & "neuer)", vbYesNo + vbQuestion)
                else
                    frage = vbYes
                end if
                if frage=vbYes then
                    if inet.GetFile(handle2, file, _
                            local & "\" & file) then
```

```
                            erg = erg & "...aktualisiert!" & vbCrLf
                    else
                            erg = erg & _
                                    "...Aktualisierung"& " " _
                                & "fehlgeschlagen!" & vbCrLf
                            erg = erg & "Fehlercode: " & _
                                    inet.GetLastError
                        end if
                end if
            end if
        else
            erg = erg & " aktuell." & vbCrLf
        end if
    else
        erg = erg & file & " fehlt in " & _
            lokal & "." & vbCrLf
        if updateIt then
            if ask then
                frage = MsgBox("Datei """ & file & _
                    """ vom Server herunterladen?" _
                    & vbCr & "Es existiert noch " _
                    & "keine lokale Kopie!", vbYesNo _
                    + vbQuestion)
            else
                frage = vbYes
            end if
            if frage=vbYes then
                ' versuchen, die Datei zu übertragen:
                if inet.GetFile(handle2, file, _
                    local & "\" & file) then
                        erg = erg & "...aktualisiert!" & _
                            vbCrLf
                else
                        erg = erg & "...Aktualisierung " _
                            & "fehlgeschlagen!" & vbCrLf
                end if
            end if
        end if
    end if
    CheckFTP = erg
end function
sub ShowProtokoll(text)
    ' Ergebnisprotokoll anzeigen:
    set datei = fs.CreateTextFile("C:\log.txt", true)
    datei.Write text
    datei.close
```

```
        wshshell.run "C:\log.txt"
end sub
'(C) 1999,2000 T.Weltner
```

Die beiden entscheidenden Befehle sind *CheckLocal()* und *CheckFTP()*. Ihre Argumente sind im Skript genau beschrieben. Mit diesen Befehlen synchronisieren Sie FTP-Server und heimische Festplatte und können angeben, ob eventuell veraltete Dateien gar nicht, nach Rückfrage oder automatisch aktualisiert werden sollen.

Bild 11.10: Ein ausführliches Protokoll informiert, welche Dateien aktuell sind

Eins sollten Sie jedoch lieber nicht ausprobieren: aktualisieren Sie nie sowohl heimische Festplatte als auch FTP-Server gleichzeitig. Dabei würden zwar wie erwartet die jeweils aktuellsten Versionen hin- und hertransportiert. Das würde aber bei jedem neuen Skripteinsatz von Neuem beginnen. Der Grund: wird eine Datei aktualisiert, also vom FTP-Server herunter- oder auf ihn heraufgeladen, dann wird die Datei am Ziel neu angelegt. Sie bekommt also ein neues Änderungsdatum, und das ist immer neuer als das der zugrundeliegenden Datei. Die Datei würde also beim nächsten Skriptaufruf wieder den umgekehrten Weg antreten, obwohl sie sich eigentlich gar nicht verändert hat.

11.4 Die Internet-Befehlsreferenz

Inzwischen haben Sie einen kleinen Vorgeschmack bekommen, was mit den Internetbefehlen meines Toolkits alles möglich wird. Damit Sie als nächstes selbst ans Werk gehen und Aufgaben meistern können, an die ich noch nicht im Traum gedacht habe, hier die komplette Befehlsreferenz:

11.4.1 FTP-Verbindungen herstellen

Bevor Sie die FTP-Befehle verwenden können, muß zuerst eine Internetverbindung her. Die liefert *ConnectInternet* automatisch. Ohne diesen Befehl erscheint unter Umständen ein Dialogfenster, aber auch dann wird die Internetverbindung automatisch hergestellt. Anschließend öffnen Sie die FTP-Transportabteilung mit *OpenInternet*. Diese Funktion liefert eine Zahl zurück, die Sie gleich brauchen:

```
zugang = inet.OpenInternet
```

Letzter Schritt ist die Verbindungsaufnahme zu einem FTP-Server: *Connect*. Dieser Befehl wird so gefüttert:

```
ftpzugang = inet.Connect(url, user, kennwort)
```

Parameter	Bedeutung
url	Name des Servers, zum Beispiel »ftp.microsoft.com«
user, kennwort	Optionale Angaben: Ihr Benutzername und Ihr Kennwort. Lassen Sie diese beiden Angaben weg, dann werden Sie anonym angemeldet.

Tab. 11.1: Die Parameter zur FTP-Verbindungsaufnahme

Connect liefert wieder eine Zahl zurück. Die brauchen Sie, um die eigentlichen FTP-Befehle aufzurufen. Liefern *OpenInternet* oder *Connect* null zurück, dann wissen Sie, daß etwas schiefgelaufen ist. Mit *GetLastError* bekommen Sie den Grund für den Fehler heraus. *GetLastErrorNumber* liefert die Fehlerkennzahl, und *Translate(zahl)* verwandelt die Zahl in eine lesbare Fehlermeldung um.

11.4.2 Die Liste der FTP-Befehle

Die folgenden Befehle können Sie jetzt für FTP-Transfers einsetzen:

```
listing = inet.GetDir(ftpzugang)
```

Parameter	Bedeutung
listing	Der Inhalt des aktuellen FTP-Ordners
ftpzugang	Die Zugriffsnummer von *Connect()*

Tab. 11.2: GetDir

```
erfolg = inet.ChDir(ftpzugang, ordnername)
```

Parameter	Bedeutung
erfolg	*true*, wenn Verzeichnis gewechselt werden konnte
ftpzugang	Die Zugriffsnummer von *Connect()*
ordnername	Ordner, der zum aktuellen Ordner werden soll

Tab. 11.3: ChDir

11.4 Die Internet-Befehlsreferenz

```
erfolg = inet.ChDir(ftpzugang, ordnername)
```

Parameter	Bedeutung
erfolg	*true*, wenn alles geklappt hat
ftpzugang	Die Zugriffsnummer von *Connect()*
ordnername	Name des Ordners, in den Sie wechseln wollen

Tab. 11.4: ChDir

```
erfolg = inet.GetFile(ftpzugang, quelle, ziel)
```

Parameter	Bedeutung
erfolg	*true*, wenn die Datei heruntergeladen werden konnte
ftpzugang	Die Zugriffsnummer von *Connect()*
quelle	Name der FTP-Datei
ziel	Voller Pfadname, unter dem die Datei lokal gespeichert werden soll

Tab. 11.5: GetFilex

```
erfolg = inet.PutFile(ftpzugang, quelle, ziel)
```

Parameter	Bedeutung
erfolg	*true*, wenn die Datei hochgeladen werden konnte
ftpzugang	Die Zugriffsnummer von *Connect()*
quelle	Voller Pfadname der lokalen Datei
ziel	Name, unter dem die Datei im aktuellen Ordner gespeichert werden soll, oder Pfadname für den FTP-Server

Tab. 11.6: PutFile

```
erfolg = inet.DeleteFile(ftpzugang, dateiname)
```

Parameter	Bedeutung
erfolg	*true*, wenn Datei gelöscht wurde
ftpzugang	Die Zugriffsnummer von *Connect()*
dateiname	Name der FTP-Datei, die gelöscht werden soll

Tab. 11.7: DeleteFile

Kapitel 11: Das Internet fernsteuern

```
erfolg = inet.RenameFile(ftpzugang, altername, neuername)
```

Parameter	Bedeutung
erfolg	*true*, wenn die FTP-Datei umbenannt werden konnte
ftpzugang	Die Zugriffsnummer von *Connect()*
altername	Alter Dateiname
neuername	Neuer Dateiname

Tab. 11.8: RenameFile

```
erfolg = inet.MakeDir(ftpzugang, name)
```

Parameter	Bedeutung
erfolg	*true*, wenn Ordner angelegt werden konnte
ftpzugang	Die Zugriffsnummer von *Connect()*
name	Name des neuen Ordners

Tab. 11.9: MakeDir

```
erfolg = inet.RemoveDir(ftpzugang, name)
```

Parameter	Bedeutung
erfolg	*true*, wenn Ordner gelöscht werden konnte
ftpzugang	Die Zugriffsnummer von *Connect()*
name	Name des Ordners, der gelöscht werden soll

Tab. 11.10: RemoveDir

Wenn *erfolg* bei einer dieser Funktionen *false* ist, dann rufen Sie *GetLastError* auf, um den Grund für den Fehlschlag herauszufinden.

11.4.3 FTP-Verbindungen wieder beenden

Nach erledigter Arbeit sollten Sie die Verbindung wieder sauber schließen. Dafür ist *CloseHandle* zuständig. Damit entsorgen Sie zuerst die Zugriffsnummer, die Sie von *Connect()* erhalten haben, und danach die Zugriffsnummer, die Sie von *OpenInternet()* erhalten haben. Anschließend können Sie die Internetverbindung mit *DisconnectInternet* abschalten. Das Modem legt auf.

12 Fortgeschrittene Scripting-Funktionen

12.1 Skripte automatisch starten

Wieviel Routinearbeit Ihnen Skripte abnehmen können, wissen Sie inzwischen. Was aber noch fehlt, ist die Möglichkeit, Skripte bei Bedarf ganz bequem zu starten. Nicht immer ist es praktisch, zuerst das Skript aus irgendeinem Ordner herauszufischen und von Hand anzuklicken.

12.1.1 Skripte beim Windows-Start mitstarten

Skripte verhalten sich wie ganz normale Programme, und deshalb können Sie Skripte auch direkt beim Windows-Start mitstarten lassen. Dazu genügt es, eine Verknüpfung auf das Skript in die Autostartgruppe zu verfrachten.

Dazu gehen Sie am besten so vor:

1. Suchen Sie sich das Skript im Explorer heraus, klicken Sie es mit der rechten Maustaste an und wählen Sie *Kopieren*.
2. Klicken Sie dann mit der rechten Maustaste auf den Startknopf links unten in der Taskleiste, und wählen Sie *Öffnen*. Ein Fenster öffnet sich.
3. Öffnen Sie darin den Eintrag *Programme*. Jetzt sehen Sie all Ihre Programmgruppen, die normalerweise ausklappen, wenn Sie im Startmenü *Programme* wählen. Eine davon heißt Autostart. Die öffnen Sie.
4. Nun brauchen Sie nur noch *Verknüpfung einfügen* aus dem *Bearbeiten*-Menü zu wählen. Fertig!

Ändern Sie höchstens noch den Namen der Verknüpfung, damit Sie später noch wissen, wofür dieser Eintrag gut ist. Beim nächsten Windows-Start startet das Skript mit.

12.1.2 Per Zufallsgenerator das Startbild ändern

Wofür könnten autostartende Skripte gut sein? Für alles mögliche! Lassen Sie zum Beispiel temporäre Ordner entsorgen, notieren Sie sich in einer geheimen Logbuchdatei den gerade angemeldeten Benutzer, oder verwenden Sie das folgende Skript. Es aktiviert zufallsgesteuert jeden Tag ein neues Windows-Startbild:

```
' 12-1.VBS

' Hier liegen die Startbilder:
startbilder = "C:\startbild"

set fs = CreateObject _
    ("Scripting.FileSystemObject")
' gibt es den Ordner überhaupt?
if not fs.FolderExists(startbilder) then
    MsgBox "Der Ordner " & startbilder & " existiert noch gar nicht!", _
        vbExclamation
    WScript.Quit
else
    ' ja, liegen Startbilder darin?
    set ordner = fs.GetFolder(startbilder)
    anzahl = CountPics(ordner)
    if anzahl = 0 then
        ' nein!
        MsgBox "Der Ordner " & startbilder & " enthält keine Startbilder!", _
            vbExclamation
        WScript.Quit
    end if
end if


' Zufallszahl ausrechnen:
randomize
zufallsdatei = Fix(anzahl * rnd)+1

' zufälliges Startbild heraussuchen:
for each startbild in ordner.files
    ' alle Dateien im Ordner untersuchen
    ' ist aktuelle Datei ein Startbild?
    ext = lcase(fs.GetExtensionName(startbild.name))
    if ext="sys" then
        ' ja, Zähler erhöhen!
        x = x + 1
        ' ist es die zufällig herausgesuchte Datei?
        if x = zufallsdatei then
            ' ja! Evtl. vorhandenes Startbild
            ' löschen:
            if fs.FileExists("C:\LOGO.SYS") then
                fs.DeleteFile "C:\LOGO.SYS", true
            end if
            ' neues Startbild installieren:
            startbild.copy "C:\LOGO.SYS", true
            exit for
    end if
```

```
   end if
next

function CountPics(obj)
   ' zählt die Anzahl der Startbilder im Ordner
   ' zählt genau genommen alle Dateien vom
   ' Typ .SYS
   for each datei in obj.files
      ext = lcase(fs.GetExtensionName(datei.name))
      if ext="sys" then
            CountPics = CountPics + 1
      end if
   next
end function
'(C) 1999,2000 T.Weltner
```

Damit dieses Skript funktionieren kann, braucht es natürlich einen Vorrat an Windows-Startbildern, die es aktivieren kann. Dazu schaut es in den Ordner C:\STARTBILD. Gibt es diesen Ordner (noch) gar nicht oder ist er leer, dann nörgelt das Skript.

Bild 12.1: Im Internet bekommen Sie tausende neuer Windows-Startbilder

Legen Sie also diesen Ordner im Explorer an, und beladen Sie ihn anschließend mit Startbildern. Die bekommen Sie kostenlos »kiloweise« im Internet. Sie brauchen nur zu einer der Suchseiten wie www.altavista.com zu surfen und nach logo.sys download microsoft Enter zu suchen.

Wenn Sie die heruntergeladenen Archive auspacken, dann achten Sie darauf, nur Dateien mit der Dateiendung .SYS in Ihren Startbildordner zu packen. Die übrigen Dateien brauchen Sie nicht, sie stören nur.

12.1.3 Mehrere Skripte gleichzeitig starten

Auch wenn es technisch möglich ist, gleich eine Handvoll Skripte in die Autostartgruppe zu verfrachten – sinnvoll ist das nicht. Weil alle diese Skripte gleichzeitig starten, kann es Probleme geben. Greifen nämlich zwei Skripte gleichzeitig auf ein Objekt zu, das nicht Multiusefähig ist, dann zieht eins der beiden Skripte den Kürzeren und meldet einen Fehler.

Kapitel 12: Fortgeschrittene Scripting-Funktionen

Besser ist in solch einem Fall, nur ein einziges Skript in die Autostartgruppe zu legen, das dann nacheinander alle weiteren Skripte aufruft. Dazu kommt der *Run*-Befehl zum Einsatz, den Sie ja bereits aus Kapitel 10 kennen:

```
' 12-2.VBS
set wshshell = CreateObject("WScript.Shell")

LaunchSkript "C:\Skripte\test1.vbs"
LaunchSkript "C:\Noch mehr Sachen\Spezial\Trompete.vbs"
LaunchSkriptSafe "C:\windows\desktop\buchproj\test.vbs", 10

sub LaunchSkript(name)
   on error resume next
   result = wshshell.Run("WSCRIPT.EXE """ & _
      name & """",,true)
end sub

sub LaunchSkriptSafe(name, timeout)
   on error resume next
   result = wshshell.Run("WSCRIPT.EXE //T:" & timeout & " """ & name &_
            """",,true)
end sub
'(C) 1999,2000 T.Weltner
```

Wenn Sie dieses Skript als »Abschußrampe« für alle weiteren Skripte in die Autostartgruppe einfügen und im Skript jedes Folgeskript mit LaunchSkript angeben, dann werden Ihre Skripte schön der Reihe nach aufgerufen. Sie umgehen so nicht nur Kollisionsprobleme mit Objekten, sondern können außerdem selbst bestimmen, welches Skript zuerst laufen soll.

12.1.4 Skripte mit eingebauter Notbremse

Das Skript 12-2.VBS hat noch mehr zu bieten: neben dem *LaunchSkript*-Befehl liefert es außerdem den *LaunchSkriptSafe*-Befehl. Der paßt auf, daß Skripte nicht unendlich lange laufen. Braucht das Skript länger als die Timeout-Zeit, die Sie in Sekunden angeben, oder hat sich das Skript in einer Endlosschleife verfangen und reagiert nicht mehr, dann bricht Windows das Skript automatisch ab. Elegant und sicher.

12.2 Skripte per Tastenkombination starten

Haben Sie Lust, wertvolle Skripte zuerst aus dem Explorer herauszusuchen? Ich nicht. Wirklich wichtige Skripte, die ich jeden Tag ein paar Mal einsetze, werden bei mir mit einer Tastenkombination ausgestattet. Machen Sie es auch so, es lohnt sich.

12.2.1 Tastenkombinationen vergeben

Tastenkombinationen feuern Programme und Skripte direkt ab, ganz gleich, wo die zuständige Datei sich auf der Festplatte wieder mal versteckt hat. Und wie spendieren Sie Ihrem Skript eine Tastenkombination?

Tastenkombinationen funktionieren nur bei Verknüpfungen, die entweder im Startmenü oder einer der Programmgruppen liegen. So leicht bekommt Ihr Skript also eine Tastenkombination:

1. Suchen Sie sich Ihr Skript aus dem Explorer heraus, und ziehen Sie es dann auf den Startknopf der Taskleiste. Dort lassen Sie es fallen.
2. Schon baut Windows eine Verknüpfung auf Ihr Skript oben ins Startmenü ein. Klicken Sie mit der rechten Maustaste auf den Startknopf, und wählen Sie *Öffnen*.
3. Jetzt präsentiert Ihnen der Explorer die neue Verknüpfung. Sie können ihr nun einen besseren Namen geben oder per Rechtsklick, Eigenschaften, Anderes Symbol ein anderes Icon spendieren.
4. Wollen Sie den Eintrag nicht im Startmenü sehen, dann klicken Sie Ihre Verknüpfung mit der rechten Maustaste an und wählen *Ausschneiden*. Danach öffnen Sie den Ordner Programme und öffnen dann die Programmgruppe, in der die Verknüpfung untergebracht werden soll. Dort wählen Sie im Bearbeiten-Menü *Einfügen*.
5. Jetzt braucht Ihre Verknüpfung nur noch eine Tastenkombination. Dazu klicken Sie die Verknüpfung mit der rechten Maustaste an und wählen *Eigenschaften*. Klicken Sie dann ins Feld Tastenkombination, und drücken Sie die Tasten, mit denen Sie Ihr Skript künftig abfeuern wollen. Das ist alles – klicken Sie anschließend auf *OK*.

Windows prüft allerdings nicht, ob die ausgesuchte Tastenkombination nicht vielleicht schon vergeben ist. Wie Sie sich die vergebenen Tastenkombinationen auflisten lassen und Doppelgänger finden, ist Thema in Kapitel 7.

12.3 Skripte ins Kontextmenü einbauen

Haben Sie sich Funktionserweiterungen für Windows geschrieben? Die gehören ins praktische Kontextmenü, das sich immer dann aufklappt, wenn Sie eine Datei oder ein anderes Objekt mit der rechten Maustaste anklicken.

Damit ein Skript sich im Kontextmenü wohlfühlt, muß es in der Lage sein, Informationen des Kontextmenüs entgegenzunehmen. Schließlich soll es wissen, auf welches Objekt der Anwender eigentlich gerade geklickt hat. Das nächste Skript zeigt, wie sowas geht:

```
' 12-3.VBS
' übergebene Informationen lesen
set args = WScript.Arguments
' wurden Infos übergeben?
if args.Count=0 then
    ' nein!
    MsgBox "Dieses Skript ist als Funktionserweiterung gedacht und " _
```

```
      & "funktioniert nicht mit direktem Start!"
   WScript.Quit
end if

' Informationen auswerten:
msg = "Es wurden " & args.Count & " Informationen geliefert:" & vbCrLf

for each info in args
   msg = msg  & info & vbCrLf
next

MsgBox msg, vbInformation
'(C) 1999,2000 T.Weltner
```

Wenn Sie dieses Skript direkt per Klick öffnen, dann ist es unzufrieden und beklagt sich darüber, daß es keine Informationen bekommen hat. Sie erwecken das Skript erst dann zum Leben, wenn Sie es auf eine der nächsten Arten ins Kontextmenü von Windows einschleusen – oder indem Sie eine Datei auf dem Skript-Icon fallenlassen.

12.3.1 Skripte im *Senden an*-Menü

Kennen Sie das Senden an-Menü? Das gibt es in (fast) jedem Kontextmenü: klicken Sie eine Datei im Explorer zum Beispiel mit der rechten Maustaste an und wählen im Kontextmenü *Senden an*, dann finden Sie eine Auswahl an Reisezielen, an die Sie die Datei verfrachten können.

Tatsächlich kann das *Senden an*-Menü aber weitaus mehr. Sie können es nicht nur mit Reisezielen Ihrer Wahl füllen, die auch an Netzwerkordner gerichtet sein dürfen. Selbst Skripte lassen sich darüber starten.

Um das Innenleben des *Senden an*-Menüs zu bestaunen, genügt im Startmenü der *Ausführen*-Befehl: geben Sie ein: SENDTO ⏎. Schon öffnet sich der Ordner *SendTo*, der die Reiseziele beherbergt. Es sind einfache Verknüpfungen.

Ziehen Sie jetzt zum Beispiel das Skript 12-3.VBS mit der rechten Maustaste in den *SendTo*-Ordner hinein, und wählen Sie dort *Verknüpfung(en) hier* erstellen. Schon ist auch Ihr Skript in das *Senden an*-Menü aufgenommen. Unter welchem Namen und mit welchem Icon es darin erscheint, dürfen Sie wie immer selbst bestimmen: benennen Sie die neue Verknüpfung einfach um, und geben Sie ihr per Rechtsklick und Eigenschaften sowie Klick auf Anderes Symbol ein schöneres Icon.

Probieren Sie die Sache sofort aus: klicken Sie im Explorer eine Datei mit der rechten Maustaste an, wählen Sie *Senden an* und dann Ihren neuen Befehl. Tatsächlich: das Skript nimmt die Arbeit auf, und weil Windows diesmal die Informationen über das angeklickte Objekt mitliefert, kann das Skript diese Informationen ausplaudern.

Jetzt ist es leicht, eigene Befehlserweiterungen zu schreiben. Basteln Sie sich zum Beispiel einen Befehl, um Dateien per *Senden an*-Menü zu komprimieren, zu konvertieren oder mit den Methoden des FileSystemObjects aus Kapitel 6 an einen beliebigen Ort zu kopieren, den InputBox abfragen könnte.

12.3 Skripte ins Kontextmenü einbauen

> **Tip:** *Senden an*-Befehlserweiterung nur mit WSH 2.0
> Die *Senden an*-Befehlserweiterung funktioniert nur, wenn Sie wie in Kapitel 1 gezeigt auf den neuen Scripting Host 2.0 umgestiegen sind. Damit Windows dem Script die nötigen Informationen geben kann, muß Ihr Skript Drag&Drop-fähig sein. Das geht erst seit WSH 2.0. Allerdings wird auch umgekehrt ein Schuh daraus: Sie könnten Ihr Skript 12-3.VBS zum Beispiel auch dadurch mit Informationen versorgen, daß Sie Dateien oder Ordner auf seinem Skript-Icon abladen.

12.3.2 Skripte direkt ins Kontextmenü einbauen

Der *Senden an*-Befehl ist ausgesprochen pflegeleicht und kann blitzschnell be- und entladen werden. Dummerweise nur ist das *Senden an*-Menü nicht wählerisch: es erscheint bei jedem Dateityp mit immer demselben Inhalt, und wenn Sie sehr viele Funktionen ins *Senden an*-Menü einbauen, wird die Sache unübersichtlich.

Noch fataler: vielleicht wollen Sie Erweiterungen schreiben, die nur für einen ganz bestimmten Dateityp sinnvoll sind. In Kapitel 9 habe ich Ihnen einige Beispiele gezeigt, die Ordnern oder Verknüpfungen neue Icons bescheren. Tauchen diese Erweiterungen im *Senden an*-Menü auf, dann muß Ihr Skript ständig überprüfen, ob die gelieferte Information auch wirklich dem passenden Dateityp entspricht.

Machen Sie da nicht mit. Machen Sie es lieber wie Windows, und bauen Sie solche Skripte maßgeschneidert genau in das Kontextmenü des passenden Dateityps ein.

Und wie funktioniert das? Normalerweise sind dazu etliche Klicks, Dialogfenster und Registry-Eingriffe nötig. Nicht aber für Sie, denn Sie sind ja Scripter. Sie können all diese lästigen Hürden also automatisieren.

12.3.3 Kontextmenüs durchleuchten

Finden Sie zuerst heraus, wie Kontextmenüs überhaupt funktionieren. Dazu listet Ihnen das nächste Skript alle Dateitypen heraus, die bei Windows angemeldet sind. Suchen Sie sich einen davon aus, und klicken Sie auf *Aussuchen*.

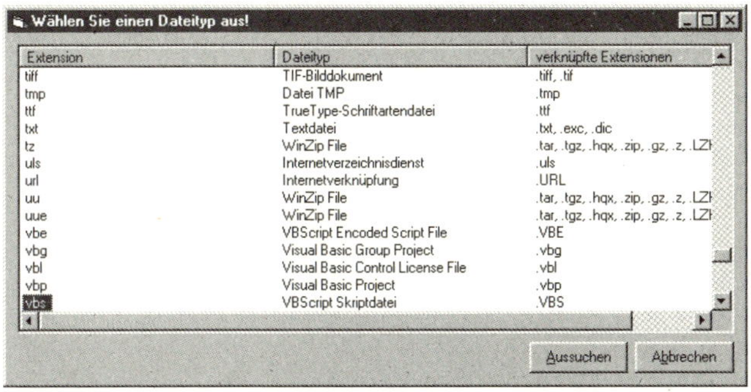

Bild 12.2: Suchen Sie sich einen Dateityp heraus...

Jetzt zeigt das Skript an, welche speziellen Kontextmenübefehle im Kontextmenü dieser Dateitypen auftauchen. Das Skript verrät sogar, welcher tatsächliche Befehl hinter dem Kontextmenübefehl steckt und aktiv wird, wenn Sie den Befehl aussuchen.

Über *Entfernen* läßt sich dieser Eintrag sogar aus dem Kontextmenü herauskicken. Das allerdings sollten Sie nur tun, wenn Sie sich wirklich sicher sind. Rückgängig gemacht kann diese Entscheidung nur werden, wenn Sie vorher die Registry gesichert haben.

Bild 12.3: ...und schon sehen Sie alle Kontextmenübefehle

Der Entfernen-Knopf hat deshalb nur zwei Berechtigungen: wenn Sie – wie ich Ihnen gleich zeige – eigene Skripte ins Kontextmenü eingebaut haben und die später wieder entfernen wollen, oder wenn in Ihren Kontextmenüs herrenlose Einträge stören, die von irgendwelchen längst gelöschten Programmen stammen und jetzt funktionslos sind.

```
' 12-4.VBS

set dict1 = CreateObject("Scripting.Dictionary")
set dict2 = CreateObject("Scripting.Dictionary")
set dict3 = CreateObject("Scripting.Dictionary")

set listview = CreateObject("listview.tobtools")
set tools = CreateObject("registry.tobtools")
set wshshell = CreateObject("WScript.Shell")

set subkeys = tools.ListChilds("HKCR\")
for each extension in subkeys
   if left(extension,1)="." then
      key1 = RegRead("HKCR\" & extension & "\")
      key2 = RegRead("HKCR\" & key1 & "\")
      if not key1="" and not key2="" then
         dict1.Add lcase(extension), key1
         dict2.Add lcase(extension), key2
         if dict3.Exists(key1) then
            dict3(key1) = dict3(key1) & ", " & extension
         else
            dict3.Add key1, extension
         end if
```

```
      end if
   end if
next
AddSystemEntries

listview.AddHeader "Extension"
listview.AddHeader "Dateityp"
listview.AddHeader "verknüpfte Extensionen"

for each extension in dict1
   listview.AddItem Replace(extension, ".", "")
   listview.AddSubItem 1, dict2(extension)
   listview.AddSubItem 2, dict3(dict1(extension))
next

listview.ListViewSort 0
set resultat = listview.ListViewShow("Wählen Sie einen Dateityp"& " aus!", _
   .6,.4,false, "&Aussuchen", "A&bbrechen", false)

if resultat.Count>0 then
   infos = Split(resultat(1), vbCrLf)
   extension = lcase(infos(0))
   if not left(extension, 6)="system" then
      extension = "." & extension
   end if
   key1 = dict1(extension)
   set listview = CreateObject("listview.tobtools")
   listview.AddHeader "Kontextbefehl"
   listview.AddHeader "Programmaufruf"

   set ergebnis = tools.ListChilds("HKCR\" & key1 & "\shell\")
   for each befehl in ergebnis
      name = RegRead("HKCR\" & key1 & "\shell\" & befehl & "\")
      if name="" then name = befehl
      listview.AddItem Replace(name, "&", "")
      kommando = RegRead("HKCR\" & key1 & "\shell\" & befehl & "\command\")
      listview.AddSubItem 1, kommando
   next
   do
      set resultat = listview.ListViewShow("Kontextmenübefehle löschen", .6 _
            ,.4,false, "&Entfernen","&Nix mehr tun", true)
      if resultat.Count>0 then
            ' Befehl entfernen
            info = Split(resultat(1), vbCrLf)
            befehl = info(0)
            index = info(2)
            RegDelete "HKCR\" & key1 & "\shell\", befehl, index
```

```
      end if
   loop until resultat.Count=0
end if

sub abbrechen
   MsgBox "Sie haben abgebrochen!", vbCritical
   WScript.Quit
end sub

sub RegDelete(regkey, original, index)
   set subkeys = tools.ListChilds(regkey)
   for each subkey in subkeys
      lese = regkey & subkey & "\"
      klartextname = RegRead(lese)
      if Replace(klartextname, "&", "") = original then
          antwort = MsgBox("Wollen Sie den " _
              & "Befehl """ & klartextname & """ " _
              & "wirklich für immer aus dem"& " " _
              & "Kontextmenü streichen?", vbYesNo+vbQuestion)
          if antwort = vbYes then
              WSHShell.RegDelete regkey & subkey & "\command\"
              WSHShell.RegDelete regkey & subkey & "\"
              ListView.RemoveItem index
          end if
      end if
   next
end sub

function RegRead(tempkey)
   privkey = tempkey
   on error resume next
   RegRead = WSHShell.RegRead(privkey)
   if not err.number=0 then
      RegRead=""
      err.clear
   end if
end function


sub AddSystemEntries
   dict1.Add "system1", "Directory"
   dict2.Add "system1", RegRead("HKCR\Directory\")
   dict3.Add "Directory", "System1"

   dict1.Add "system2", "Folder"
   dict2.Add "system2", RegRead("HKCR\Folder\")
   dict3.Add "Folder", "System2"
```

12.3 Skripte ins Kontextmenü einbauen

```
    dict1.Add "system3", "Drive"
    dict2.Add "system3", RegRead("HKCR\Drive\")
    dict3.Add "Drive", "System3"
    
    if RegRead("HKCR\Unknown\")="" then
        WSHShell.RegWrite "HKCR\Unknown\", "Unbekannte Dateien"
    end if
    
    dict1.Add "system4", "Unknown"
    dict2.Add "system4", RegRead("HKCR\Unknown\")
    dict3.Add "Unknown", "System4"
end sub
'(C) 1999,2000 T.Weltner
```

12.3.4 Eigene Skripte ins Kontextmenü aufnehmen

Und nun der umgekehrte Weg: bauen Sie eigene Skripte ins Kontextmenü beliebiger Dateitypen ein.

Bild 12.4: Welche Skriptdatei soll ins Kontextmenü

Das nächste Skript zückt dazu zuerst ein *Öffnen*-Fenster, mit dem Sie sich die Skriptdatei heraussuchen, die im Kontextmenü erreichbar sein soll.

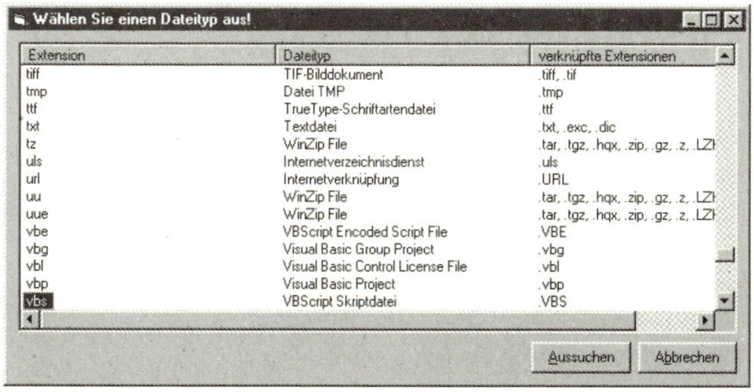

Bild 12.5: In welches Kontextmenü wollen Sie Ihr Skript aufnehmen

466　Kapitel 12: Fortgeschrittene Scripting-Funktionen

Anschließend präsentiert Ihnen das Skript wieder die Übersicht der bekannten Dateitypen. Suchen Sie sich den Dateityp aus, dessen Kontextmenü Sie mit eigenen Skriptbefehlen bereichern wollen.

Jetzt brauchen Sie nur noch einen Namen für Ihren Befehl einzugeben, und schon sind Sie fertig.

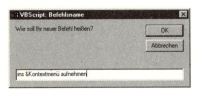

Bild 12.6: Den Namen Ihres neuen Befehls dürfen Sie sich selbst aussuchen

Hier das Skript, das all dies möglich macht:

```
' 12-5.VBS

set args = WScript.Arguments
if args.Count=0 then
   set dialog = CreateObject("systemdialog.tobtools")
   auswahl = "VBScript|*.VBS|JScript|*.JS|WSH" _
      & "-XML|*.WS|"& "Alle Dateien|*.*"
   script = dialog.OpenFiles(,"Suchen Sie sich eine"& " Scriptdatei aus!", _
      auswahl)
else
   script = args(0)
end if

' Existenz klären:
set fs = CreateObject("Scripting.FileSystemObject")
if script="" then
   WScript.Quit
else
   if not fs.FileExists(script) then
      MsgBox "Datei """ & script & """ existiert nicht!",vbCritical
      WScript.Quit
   end if
end if

' wichtige zusätzliche Objekte laden:
set listview = CreateObject("listview.tobtools")
set tools = CreateObject("registry.tobtools")

set dict1 = CreateObject("Scripting.Dictionary")
set dict2 = CreateObject("Scripting.Dictionary")
set dict3 = CreateObject("Scripting.Dictionary")

set wshshell = CreateObject("WScript.Shell")
```

```
set subkeys = tools.ListChilds("HKCR\")
for each extension in subkeys
   if left(extension,1)="." then
      key1 = RegRead("HKCR\" & extension & "\")
      key2 = RegRead("HKCR\" & key1 & "\")
      if not key1="" and not key2="" then
            dict1.Add lcase(extension), key1
            dict2.Add lcase(extension), key2
            if dict3.Exists(key1) then
                  dict3(key1) = dict3(key1) & ", " & extension
            else
                  dict3.Add key1, extension
            end if
      end if
   end if
next

AddSystemEntries

listview.AddHeader "Extension"
listview.AddHeader "Dateityp"
listview.AddHeader "verknüpfte Extensionen"

for each extension in dict1
   listview.AddItem Replace(extension, ".", "")
   listview.AddSubItem 1, dict2(extension)
   listview.AddSubItem 2, dict3(dict1(extension))
next

listview.ListViewSort 0
set resultat = listview.ListViewShow("Wählen Sie einen "& "Dateityp aus!", _
   .6,.4,false, "&Aussuchen","A&bbrechen", false)

if resultat.Count>0 then
   infos = Split(resultat(1), vbCrLf)
   extension = lcase(infos(0))
   if not left(extension, 6)="system" then
      extension = "." & extension
   end if
   befehlsname = InputBox("Wie soll Ihr neuer Befehl heißen?","Befehlsname")
   if befehlsname="" then
      abbrechen
   end if
   key1 = dict1(extension)
   savename = Replace(befehlsname, " ", "_")
   befehl = "WSCRIPT.EXE """ & script & """ " & """%L"""
   antwort = vbYes
   if tools.KeyExists("HKCR\" & key1 & "\shell\" & savename & "\") then
```

```
      antwort = MsgBox("Es gibt bereits einen Befehl mit"& " diesem " _
         & "Eintrag! Überschreiben?", vbYesNo._
            +vbQuestion)
   end if
   if antwort=vbYes then
      WSHShell.RegWrite "HKCR\" & key1 & "\shell\" & savename & "\", _
            befehlsname
      WSHShell.RegWrite "HKCR\" & key1 & "\shell\" & savename & "\command\", _
         befehl
   end if
end if

sub abbrechen
   MsgBox "Sie haben abgebrochen!", vbCritical
   WScript.Quit
end sub

function RegRead(key)
   on error resume next
   RegRead = WSHShell.RegRead(key)
   if not err.number=0 then
      RegRead=""
      err.clear
   end if
end function

sub AddSystemEntries
   dict1.Add "system1", "Directory"
   dict2.Add "system1", RegRead("HKCR\Directory\")
   dict3.Add "Directory", "System1"

   dict1.Add "system2", "Folder"
   dict2.Add "system2", RegRead("HKCR\Folder\")
   dict3.Add "Folder", "System2"

   dict1.Add "system3", "Drive"
   dict2.Add "system3", RegRead("HKCR\Drive\")
   dict3.Add "Drive", "System3"

   if RegRead("HKCR\Unknown\")="" then
      WSHShell.RegWrite "HKCR\Unknown\", "Unbekannte Dateien"
   end if

   dict1.Add "system4", "Unknown"
   dict2.Add "system4", RegRead("HKCR\Unknown\")
   dict3.Add "Unknown", "System4"
end sub
'(C) 1999,2000 T.Weltner
```

12.3 Skripte ins Kontextmenü einbauen

Tip: Skript ist Drag&Drop-fähig.
Das Skript ist übrigens Drag&Drop-fähig. Sie brauchen bloß eine Skriptdatei auf dem Skript-Icon abzuladen, und schon wird dieses Skript ins Kontextmenü gebracht.

Das *Öffnen*-Fenster können Sie sich auf diese Weise sparen. Und: wenn Sie mögen, dann bauen Sie dieses Skript doch als erste Befehlserweiterung für den Dateityp *vbs* ein. Nennen Sie Ihren neuen Befehl zum Beispiel *Ins &Kontextmenü einfügen*. Künftig genügt dann ein Rechtsklick auf eine VBS-Skriptdatei, und schon läßt sich dieses Skript mit dem neuen Befehl *ins Kontextmenü einfügen* global verfügbar machen. Übrigens: das Skript kontrolliert im Drag& Drop-Modus nicht, was für eine Datei Sie auf das Skript-Icon ziehen. Wenn Sie zum Beispiel Textdateien künftig auch mit WinWord öffnen wollen, dann ziehen Sie WINWORD.EXE auf das Skript-Icon und bauen einen neuen Befehl ins Kontextmenü der *txt*-Dateien ein. Alles ganz einfach.

12.3.5 Wichtige Dinge, die Sie beachten sollten

Bevor Sie eigene Skripte ins Kontextmenü integrieren, speichern Sie das Skript zuerst an einem Ort, wo es auch nächste Woche noch liegen wird. Ihre neuen Kontextmenübefehle sind natürlich darauf angewiesen, die Skripte auch zu finden. Am besten legen Sie sich für solche Skripte einen speziellen Ordner an, damit sicher ist, daß die Skripte später nicht aus Versehen entsorgt werden und herrenlose Kontextmenübefehle übrigbleiben.

Mit dem Tool aus Kapitel 12.3.3 werfen Sie Kontextmenübefehle genauso einfach wieder heraus. Denken Sie daran: Ihre Skripte sind nur dann für Kontextmenüs geeignet, wenn sie wie oben gezeigt die geheimen Informationen lesen, die das Kontextmenü ihnen übergibt.

12.3.6 Praxisbeispiel: echte Eigenschaften für Verknüpfungen

Ein prima Skript für das Kontextmenü der Verknüpfungen ist Skript 8-30.VBS aus Kapitel 8.5.6. Sie brauchen es nur ein kleinwenig umzustricken, und schon eignet es sich als Kontextmenüerweiterung:

```
' 12-6.VBS

set args = WScript.Arguments
if args.Count=0 then
  MsgBox "Dieses Skript kann nicht direkt aufgerufen werden!"
else
  set fs = CreateObject("Scripting.FileSystemObject")
  if fs.FileExists(args(0)) then
    Properties(args(0))
  else
    MsgBox args(0) & " konnte nicht gefunden werden."
  end if
end if

sub Properties(path)
```

```
if right(path,1)="\" then path=left(path, len(path)-1)
ordner = left(path, InstrRev(path, "\"))
name = mid(path, InstrRev(path, "\")+1)
set ie = CreateObject _
   ("InternetExplorer.Application")
on error resume next
ie.Navigate ordner
if err.Number<>0 then
   err.clear
   ie.Quit
   exit sub
end if
do
loop while ie.ReadyState<>4

' HIER GGFS. NÄCHSTE ZEILE LÖSCHEN!
ie.visible = true
set view = ie.document
set folder = view.folder
set item = folder.ParseName(name)
view.SelectItem item, 1+4+8+16
item.InvokeVerb "E&igenschaften"
end sub
'(C) 1999,2000 T.Weltner
```

Bauen Sie dieses Skript ins Kontextmenü der lnk-Dateien ein, dann brauchen Sie Ihren neuen Befehl nur noch *Echte Eigenschaften* zu nennen. Danach machen Sie den Test: Klicken Sie eine Verknüpfung mit der rechten Maustaste an und wählen *Eigenschaften*, dann öffnet sich nur das langweilige Eigenschaften-Fenster der Verknüpfung. Wählen Sie stattdessen Ihren neuen Befehl *Echte Eigenschaften*, dann öffnet sich das Eigenschaften-Fenster der Datei, auf die die Verknüpfung weist. Schon wesentlich sinnvoller.

12.3.7 Auf spezielle Kontextmenüs zugreifen

Windows verwaltet Kontextmenübefehle nicht nur streng getrennt nach Dateityp. Zusätzlich gibt es Kontextmenükategorien, die für alle Dateien, für Ordner, Laufwerke und unbekannte Dateien gelten. Deshalb blenden die Tools von oben neben den registrierten Dateitypen außerdem die folgenden zusätzlichen Einträge ein:

Eintrag	Bedeutung
system1	Dateiordner: Befehle werden bei allen Ordnern eingeblendet.
system2	Ordner: Befehle werden bei Ordnern und bei Laufwerken eingeblendet.
system3	Laufwerk: Befehle werden nur bei Laufwerken eingeblendet.

Eintrag	Bedeutung
system4	Unbekannte Dateien: Befehle werden bei allen Dateitypen eingeblendet, die mit keinem Programm verknüpft sind. Diese Befehle erscheinen bei normalen Dateien allerdings über einen versteckten Trick ebenfalls: wird `Umschalt` festgehalten und die Datei dann mit der rechten Maustaste angeklickt, dann zeigt das Kontextmenü in jedem Falle die hier vermerkten Befehle an. Befehle, die also nicht auf den ersten Blick sichtbar sein sollen, gehören in diese Kategorie.

Tab. 12.1: Die vier verschiedenen Systemkontextmenüs

12.4 Die Windows Registry steuern

Die geheimnisumwitterte Registry ist eigentlich nichts weiter als eine Datenbank, jedoch mit wichtigem Inhalt! Windows speichert darin alle Systemeinstellungen. Intern besteht diese Datenbank aus den beiden versteckten Dateien *SYSTEM.DAT* und *USER.DAT*.

Das *WScript.Shell*-Objekt liefert Ihnen Methoden, um Informationen aus der Registry zu lesen, zu verändern, zu löschen und neu anzulegen. Das eröffnet Ihnen die Möglichkeit, scriptgesteuert interne Windows-Einstellungen zu verändern, an die Sie sonst nur über komplizierte Umwege gelangen. Klar ist aber auch, daß diese Befehle mit dem Feuer spielen, denn falsche Einstellungen in der Registry haben nicht selten den Windows-Totalausfall zur Folge.

12.4.1 So ist die Registry aufgebaut

Wollen Sie mal einen Blick in Ihre Registry werfen? Dann wählen Sie im Startmenü *Ausführen* und geben ein: REGEDIT [Enter]. Der Registrierungseditor öffnet sich, und in seiner linken Spalte sehen Sie die Registry-Schlüssel. Die funktionieren wie Dateiordner und lassen sich weiter ausklappen, wenn darin Unterschlüssel liegen.

In den Schlüsseln befinden sich die eigentlichen Informationen. Der Editor zeigt sie Ihnen in seiner rechten Spalte.

Auf oberster Ebene besteht die Registry aus den folgenden Hauptschlüsseln:

HKEY_CLASSES_ROOT: Hier finden sich alle Informationen über Dateiverknüpfungen und registrierte ActiveX-Objekte. Sie finden in diesem Schlüssel zum Beispiel die Namen aller Objekte, die Sie mit CreateObject in eigenen Skripten verwenden können. Solche Namen erkennen Sie an einem Punkt in der Mitte des Namens. Suchen Sie doch mal die Schlüssel WScript.Shell oder Scripting.FileSystemObject!

HKEY_CURRENT_USER: Hier lagern alle benutzerspezifischen Einstellungen des gerade angemeldeten Benutzers.

HKEY_LOCAL_MACHINE: Hier lagern alle Grundeinstellungen Ihres Computers, die für alle Benutzer gelten.

Die übrigen Hauptschlüssel sind für den Alltag unwichtig, weil sie größtenteils Hardwareinformation enthalten oder bereits durch die genannten Schlüssel abgedeckt werden.

12.4.2 Registry-Schlüssel lesen

Registry-Schlüssel werden immer durch ein abschließendes »\«-Zeichen gekennzeichnet. Wollen Sie zum Beispiel einen Schlüssel öffnen und lesen, dann geht da so:

```
' 12-7.VBS
set wshshell = CreateObject("WScript.Shell")
key = "HKCR\"
MsgBox wshshell.RegRead(key)
```

Hm. Das Ergebnis ist ein leeres Dialogfenster. Und wieso? Weil dieses Skript den (Standard)-Wert des Schlüssels liest, und der ist bei HKEY_CLASSES_ROOT (bzw. der Kurzform HKCR) leer. Probieren Sie doch mal diese Variante:

```
' 12-8.VBS
set wshshell = CreateObject("WScript.Shell")
key = "HKCR\.VBS\"
MsgBox wshshell.RegRead(key)
```

Diesmal sehen Sie Informationen, denn diesmal enthält der (Standard)-Eintrag den Namen des Schlüssels, der für VBS-Dateien zuständig ist. Sie könnten so zum Beispiel selbst bestimmen, wie VBS-Dateien in der Typ-Spalte des Explorers genannt werden:

```
' 12-9.VBS
set wshshell = CreateObject("WScript.Shell")
key = "HKCR\.VBS\"
key2 = "HKCR\" & wshshell.RegRead(key) & "\"
altername = wshshell.RegRead(key2)
neuername = InputBox("Name für VBS-Dateien",,altername)
wshshell.RegWrite key2, neuername
```

Das Skript findet zuerst heraus, unter welchem Schlüsselnamen .VBS-Dateien verwaltet werden. Danach ermittelt es den korrekten Registry-Schlüssel in key2: der Hauptschlüssel wird vorangestellt, und weil es sich um einen Schlüssel handelt, wird ein »\«-Zeichen angehängt.

Jetzt ist es leicht, die ursprüngliche Bezeichnung der VBS-Dateien auszulesen. Mit RegWrite kann der neue Name in die Registry geschrieben werden.

12.4.3 Unterschlüssel auflisten

Eine Funktion hat WScript.Shell nicht zu bieten: Sie können keine Unterschlüssel auflisten, die sich in einem Schlüssel befinden. Das ist schlecht: so sind Sie auf Schlüssel begrenzt, die Sie bereits kennen, und Ihre Skripte können sich nicht automatisch in die Tiefen der Registry vortasten. Noch nicht. Das Buch-Toolkit enthält nämlich die gewünschte Funktion:

```
' 12-10.VBS
set registry = CreateObject("registry.tobtools")
key = "HKCR\"
set coll = registry.ListChilds(key)
for each unterkey in coll
   list = list & unterkey & vbCr
next
MsgBox list
```

12.4.4 Wichtige Registry-Fallen entschärfen

Wann immer Sie Werte aus der Registry auslesen, achten Sie unbedingt darauf, ob Sie einen Schlüssel auslesen wollen oder einen Wert. Hängen Sie unbedingt an Schlüsselnamen ein abschließendes »\«-Zeichen an!

```
' 12-11.VBS
set wshshell = CreateObject("WScript.Shell")
key = "HKCU\Control Panel\Desktop\WindowMetrics\Shell Icon Size"
MsgBox "Icongröße: " & wshshell.RegRead(key)
```

Dieses Skript liest die augenblickliche Größe Ihrer Icons aus. Weil diese Information nicht als Schlüssel gespeichert ist, sondern als Wert, enthält key kein abschließendes »\«-Zeichen.

Allerdings kassieren Sie eine Fehlermeldung, wenn der Schlüssel oder der Wert gar nicht in Ihrer Registry vermerkt ist. Haben Sie zum Beispiel noch nie die Icongröße geändert, dann ist sie auch nirgends vermerkt, und Windows verwendet seine Standardgröße.

Deshalb fahren Sie sicherer, wenn Sie sich eine Prüffunktion schreiben, die meldet, ob ein Registry-Schlüssel existiert oder nicht. Die könnte so aussehen:

```
' 12-12.VBS
set wshshell = CreateObject("WScript.Shell")

info = "HKCU\Control Panel\Desktop\WindowMetrics\Shell Icon Size"

if RegExists(info) then
   MsgBox "Icongröße: " & wshshell.RegRead(info)
else
   MsgBox "Schlüssel oder Wert existiert nicht!"
end if

function RegExists(key)
   on error resume next
   dummy = wshshell.RegRead(key)
   if err.number=0 then
      RegExists=true
   else
      RegExists = false
      err.clear
   end if
end function
```

12.5 Versteckte Informationen über Objekte

Eins der größten Hindernisse bei der Arbeit mit Skripten ist die mangelnde Information. Auf Ihrem System wimmelt es nur so von Objekten, die sich mit großem Gewinn für eigene Skripte einsetzen ließen – nur sagt Ihnen niemand, welche Methoden und Eigenschaften darin schlummern und wie sie verwendet werden.

Einen Großteil dieser Information liefert Ihnen dieses Buch und vor allem der detaillierte Anhang. Allerdings wäre es schön, wenn auch andere unbekannte Objekte entschlüsselt werden könnten.

Genau das funktioniert! Das Geheimnis liegt in der sogenannten TypeLibrary, einer Informationsdatei. Sie enthält die genaue Beschreibung aller Methoden und Eigenschaften eines Objekts und wird von der Programmierumgebung automatisch erstellt, in der das Objekt entwickelt wurde. Die TypeLibrary liefert Ihnen also auch dann interessante Informationen, wenn der Herausgeber des Objekts die Ihnen eigentlich am liebsten gar nicht geben würde.

12.5.1 Automatisch unbekannte Objekte dokumentieren

Dummerweise nur ist es ausgesprochen schwierig, die Informationen in der TypeLibrary zu entschlüsseln. Für Sie aber nicht, denn das Buch-Toolkit enthält eine entsprechende Befehlserweiterung. Schauen Sie sich doch mal das folgende Skript an:

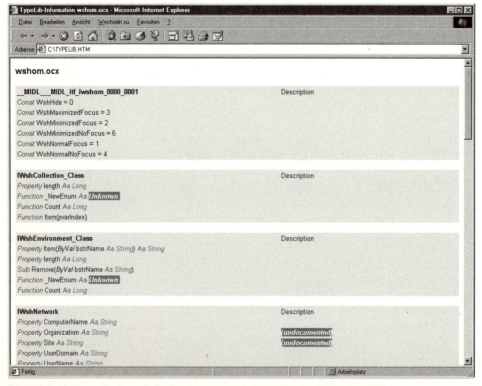

Bild 12.7: Automatisch erstellt: Bedienungsanleitung für das WScript-Objekt

```vbs
' 12-13.VBS
module = InputBox("Name der TypeLibrary",,"wshom.ocx")

set tob = CreateObject("typelib.tobtools")
set fs = CreateObject("Scripting.FileSystemObject")
set WSHShell = CreateObject("WScript.Shell")
report = "C:\TYPELIB.HTM"
set output = fs.CreateTextFile(report, true)
Print "<html><head><title>TypeLib-Information " & module
Print "</title><style>"
Print "td {font: 10pt Arial}"
Print "h2 {font: 12pt Arial; font-weight: bold}"
Print ".red    {color: red; bgcolor: blue}"
Print ".green  {color: green}"
Print ".blue   {color: blue}"
Print ".olive  {color: ""#8080800""}"
Print ".objtag {color: white; background: red; font-weight: bold}"
Print ".desc   {color: ""#888888""}"
Print "</style></head><body>"
Print "<h2>" & module & "</h2>"
set cl = tob.GetTopLevel(module)
for each cln in cl
   Print "<table border=0 width=""100%"" bgcolor=""#EEEEEE"">"
   Print "<tr><td width=""60%""><b>" & cln _
      & "</b></td><td width=""40%"">Description</td></tr>"
   PrintCollection tob.GetProperties(module, cln)
   PrintCollection tob.GetSubs(module, cln)
   PrintCollection tob.GetFunctions(module, cln)
   PrintCollection tob.GetEvents(module, cln)
   PrintCollection tob.GetDeclarations(module)
   PrintCollection tob.GetRecords(module)
   PrintCollection tob.GetAlias(module)
   PrintCollection tob.GetConstants(module, cln)
   Print "</table><br>"
next
output.close
WSHShell.Run "IEXPLORE.EXE " & report

sub PrintCollection(collec)
   if collec.Count>0 then
      for each entry in collec
            descript = mid(entry, Instr(entry, vbTab)+1)
            descript = C(descript, "(undocumented)", "objtag")
            entry = left(entry, Instr(entry, vbTab))
            entry = C(entry, "Sub ", "blue")
            entry = C(entry, "Property ", "blue")
            entry = C(entry, "Function ", "blue")
```

```
                entry = C(entry, "Const ", "blue")
                entry = E(entry, "As String", "green")
                entry = E(entry, "As Long", "green")
                entry = E(entry, "As Boolean", "green")
                entry = E(entry, "As Integer", "green")
                entry = C(entry, "ByVal ", "olive")
                entry = C(entry, "ByRef ", "olive")
                entry = C(entry, "As", "blue")
                entry = D(entry)
                Print "<tr><td>" &  entry _
                    & "</td><td><i class=desc>" & descript & "</td></tr>"
        next
    end if
end sub

sub Print(text)
    output.WriteLine text
end sub

function C(text, template, col)
    C = Replace(text, template, "<i class=" & col & ">" & template & "</i>")
end function

function E(text, template, col)
    E = Replace(text, template, "As <i class=" & col & ">" _
        & mid(template, 4) & "</i>")
end function

function D(text)
    oldpos = 1
    do
        pos=Instr(oldpos, text, "As</i> ")
        if pos>0 then
            if mid(text, pos+7,1)<>"<" then
                pos2 = Instr(pos+8, text, " ")
                if pos2>0 then
                    text = left(text, pos+6) + "<i class=objtag>" _
                        + mid(text, pos+6, pos2-pos-6) _
                        + "</i>" + mid(text, pos2)
                else
                    text = left(text, pos+6) + "<i class=objtag>" _
                        + mid(text, pos+7) + "</i>"
                end if
            end if
        end if
        oldpos = pos+7
    loop until pos=0
    D=text
end function
```

12.5 Versteckte Informationen über Objekte

Dieses Skript macht etwas ganz Erstaunliches: es bastelt Ihnen auf Wunsch eine komplette Bedienungsanleitung eines ActiveX-Objekts zusammen!

Allerdings müssen Sie dazu den Dateinamen der TypeLibrary wissen. Das Skript schlägt *WSHOM.OCX* vor, den Namen für das WScript-Objekt. Die FileSystemObject-Befehle finden Sie zum Beispiel in *SCRRUN.DLL*, und die VBScript-Befehle in *VBSCRIPT.DLL*.

12.5.2 TypeLibrary-Namen herausfinden

Mit etwas Recherchearbeit in der Registry finden Sie den Namen jeder TypeLibrary heraus! Dazu starten Sie zuerst den Registrierungseditor: im Startmenü wählen Sie *Ausführen* und geben ein: REGEDIT [Enter].

Wählen Sie dann *Suchen* aus *Bearbeiten*, und geben Sie den Namen des Objekts ein, das Sie interessiert, zum Beispiel *Shell.Application*. Aktivieren Sie die Optionen *Schlüssel* und *Nur ganze Zeichenfolge vergleichen*, und starten Sie die Suche!

Nach einem Moment ist der Eintrag gefunden. Schauen Sie sich die Unterschlüssel an. Einer davon heißt *CLSID*. Seinen Inhalt notieren Sie sich: es ist ein langer Zahlen- und Buchstabensalat.

Springen Sie dann in der linken Spalte mit [Pos1] an den Anfang, und suchen Sie im Zweig *HKEY_CLASSES_ROOT* den Unterschlüssel *CLSID*. Gefunden? Gut, dann öffnen Sie ihn!

Er besteht aus zig Unterschlüsseln, die alle sonderbare Bandwurmzahlen enthalten: die Class-IDs der installierten Komponenten.

Suchen Sie sich nun den Schlüssel heraus, der die ClassID trägt, die Sie sich oben notiert haben. Darin finden Sie einen Unterschlüssel namens *InprocServer32*, und der verrät Ihnen die Datei, die in Wirklichkeit hinter dem Objekt steckt. Bei *Shell.Application* heißt diese Datei *SHDOCVW.DLL*.

Probieren Sie jetzt, ob dieser Dateiname bereits die gesuchten Informationen enthält: geben Sie seinen kompletten Pfadnamen in das Eingabefeld des Skripts oben ein.

Bild 12.8: Hier finden Sie heraus, wie die Datei heißt, in der ein Objekt haust

Sollten im Objekt keine Informationen zu finden sein, dann liegt die TypeLibrary in einer separaten Datei. Schauen Sie im Registrierungseditor, ob Sie unter *InprocServer32* einen Schlüssel namens *TypeLib* finden. Darin finden Sie wieder eine Bandwurmzahl, die Sie diesmal in

478 Kapitel 12: Fortgeschrittene Scripting-Funktionen

HKEY_CLASSES_ROOT\TypeLib nachschlagen müssen. Einige Unterschlüssel tiefer finden Sie in *win16* oder *win32* den Namen der TypeLibrary.

Manchmal ist die Sache aber noch verzwickter. Bei WinWord zum Beispiel wird keine Type-Library genannt. Schauen Sie in solchen Fällen in den Ordner, in dem das Programm gespeichert ist. Das nächste Skript erledigt diese Aufgabe vollautomatisch und durchkämmt einen Ordner. Gemeldet werden Dateinamen, die TypeLibrary-Informationen enthalten:

Passen Sie zuerst den Namen des Ordners an, den Sie durchsuchen wollen!

```
' 12-14.VBS
set fs = CreateObject("Scripting.FileSystemObject")
set tl = CreateObject("typelib.tobtools")
ordner = "C:\Programme\Microsoft Office\Office"
set folder = fs.GetFolder(ordner)
for each file in folder.files
   set coll = tl.GetTopLevel(file.path)
   if coll.Count>0 then
      if MsgBox(file.name, vbOkCancel)=vbCancel then WScript.Quit
   end if
next
MsgBox "Prüfung abgeschlossen"
```

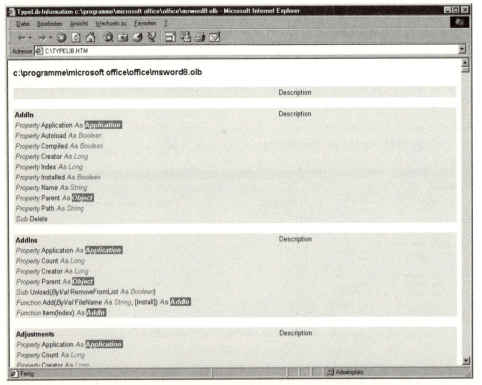

Bild 12.9: Unglaublich: geheime WinWord-Befehle auf dem Präsentierteller

Bei der Suche kann es passieren, daß Fenster geöffnet werden. Schließen Sie sie einfach wieder. Im Beispiel oben finden Sie so heraus, daß WinWord seine Funktionen in der Type-Library-Datei *MSWORD8.OLB* versteckt. Verwenden Sie eine andere WinWord-Version, dann kann die Datei natürlich anders heißen.

Den Namen dieser Datei verfüttern Sie nun an Ihr vorheriges Skript und bekommen so eine komplette Dokumentation der internen WinWord-Befehle, die Sie in Ihren Skripten verwenden können. Stellen Sie nur zuerst über CreateObject eine Verbindung zu Word.Application her.

Aufpassen: die Dokumentation der WinWord-Befehle dauert eine Weile, weil es so viele sind! Haben Sie also etwas Geduld.

12.5.3 Nähere Infos zu den entdeckten Geheimbefehlen finden

Nicht immer werden Sie aus den Befehlslisten sofort schlau. Das ist normal und macht auch nichts. Sie wissen nun ja, wonach Sie suchen müssen! Picken Sie sich einen Befehl heraus, der interessant klingt, und surfen Sie zu einer der Internet-Suchseiten, zum Beispiel *www.altavista.com*. Dort geben Sie den Begriff ein. Sie werden erstaunt sein, wieviel nützliche Informationen auf diese Weise auf Ihrem Bildschirm landet!

Allerdings dürfen Sie nicht erwarten, pflegeleichte Sofortinfos zu erhalten. Sie bewegen sich im Bereich der undokumentierten Funktionen, und hier ist eigener Pioniergeist sowie eine gute Portion Kombinationsgabe gefragt. Haben Sie nützliche Details entdeckt, dann würde ich mich freuen, wenn Sie sie mit mir teilen würden! Schicken Sie eine Email an tob@compuserve.com!

A VBScript Befehlsreferenz

Sobald Sie wie in Kapitel 1 beschrieben den Scripting Host installiert haben, stehen Ihren VBS-Dateien alle VBScript-Befehle zur Verfügung, die in diesem Anhang aufgeführt sind.

Um die Beispiele auszuprobieren, öffnen Sie eine leere Textdatei, geben die Beispiele ein und speichern die Datei danach mit der Extension *.VBS*, also zum Beispiel als *TEST.VBS*. Die Datei kann danach per Doppelklick gestartet werden. Das Beispiel wird ausgeführt.

Abs

Syntax
```
Function Abs(ByVal number)
```

Beschreibung
Schneidet die Nachkommastellen einer Zahl ab

Parameter

Parameter	Bedeutung
number	Zahl, die umgewandelt werden soll

Rückgabewert
Ganzzahl oder Null, wenn number Null ist, oder 0, wenn number keinen Wert enthält.

Beispiel
```
MsgBox Abs(-10.5643)
```

Siehe auch
Sgn

Array

Syntax
```
Function Array(ByVal arglist)
```

Beschreibung
Füllt ein Variablenfeld mit Variablen unterschiedlichen Typs. Werden keine Variablen in *arglist* angegeben, dann wird ein leeres Feld angelegt.

Parameter

Parameter	Bedeutung
arglist	Liste der Variablen, die ins Feld aufgenommen werden sollen

Rückgabewert
Variablenfeld

Beispiel
```
feld = Array("Hallo", 44.76, "test")
MsgBox TypeName(feld)
for each inhalt in feld
  MsgBox inhalt
next
```

Siehe auch
Dim, Join, Split

Asc

Syntax
```
Function Asc(ByVal string)
```

Beschreibung
Liefert den ANSI-Zeichencode eines Zeichens zurück. Werden mehrere Zeichen übergeben, dann wird nur das erste Zeichen berücksichtigt.

Parameter

Parameter	Bedeutung
string	Textzeichen

Rückgabewert
ANSI-Code als Wert zwischen 0 und 255.

Beispiel
```
zeichen = InputBox("Bitte geben Sie einen Buchstaben ein!")
MsgBox zeichen & " = Code: " & asc(zeichen)
```

Siehe auch
Chr, AscB, AscW

AscB

Syntax
```
Function AscB(ByVal string)
```

Beschreibung
Intern speichert VBScript Texte als UNICODE ab, verwendet also pro Zeichen zwei Bytes. Mit den »B«-Funktionen greifen Sie auf die Textzeichen byteweise zu.

Parameter

Parameter	Bedeutung
string	Textzeichen

Rückgabewert
Bytewert des ersten Bytes im Text, Wert zwischen 0 und 255

Beispiel
```
text = "Hallo"
for x=1 to lenb(text)
   codes = ""
   for y=1 to x
      zeichen = midb(text, y, 1)
      codes = codes & Hex(AscB(zeichen)) & " "
   next
   MsgBox "bis Byte " & x & ":" & codes
next
```

Siehe auch
Asc, AscW, Chr

AscW

Syntax
```
Function AscW(ByVal string)
```

Beschreibung
Liefert den Wert der ersten beiden Bytes eines Textstrings zurück und ist für das UNICODE-Zeichensystem auf Windows NT/2000 konzipiert worden.

Parameter

Parameter	Bedeutung
string	

Rückgabewert
Wert des ersten Zeichens, 0-255

Siehe auch
Asc, AscB, Chr

Atn

Syntax
```
Function Atn(ByVal number)
```

Beschreibung
Berechnet den Arcus-Tangens einer Zahl

Parameter

Parameter	Bedeutung
number	Verhältnis zweier Seiten eines rechtwinkligen Dreiecks

Rückgabewert
Winkel in Radiant. Um den Winkel in Grad anzugeben, multiplizieren Sie das Ergebnis mit 180/pi.

Siehe auch
Cos, Sin, Tan

CBool

Syntax
```
Function CBool(ByVal expression)
```

Beschreibung
Wandelt einen Wert in einen Booleanschen Ausdruck um.

Parameter

Parameter	Bedeutung
expression	Ausdruck, der in einen Wahr/Falsch-Wert umgewandelt werden soll

Rückgabewert
False, wenn *expression* gleich null ist, sonst True.

Beispiel

```
a=56
MsgBox CBool(a)
a=0
MsgBox CBool(a)
```

Siehe auch
alle anderen Konvertierungsfunktionen, die mit »C« beginnen

CByte

Syntax

```
Function CByte(ByVal expression)
```

Beschreibung
Wandelt eine Zahl ins Byte-Format um (Ganzzahl zwischen 0 und 255). Ist die Zahl zu klein oder groß, tritt ein Fehler auf.

Parameter

Parameter	Bedeutung
expression	Zahl, die Sie ins Byte-Format umwandeln wollen

Rückgabewert
Ganzzahl zwischen 0 und 255 im Byte-Format

Beispiel

```
MsgBox CByte(33.67)
```

Siehe auch
alle anderen Konvertierungsfunktionen, die mit »C« beginnen

CCur

Syntax

```
Function CCur(ByVal expression)
```

Beschreibung
Wandelt eine Zahl in den Currency-Typ um, mit dem Währungen entsprechend den Ländereinstellungen Ihrer Systemsteuerung automatisch formatiert werden können.

Parameter

Parameter	Bedeutung
expression	Zahl, die in Currency umgewandelt werden soll

Rückgabewert
Zahl im Currency-Format, jedoch noch nicht als Währung formatiert.

Beispiel
```
cur = CCur(123)
MsgBox TypeName(cur)
```

Siehe auch
FormatCurrency, alle anderen Konvertierungsfunktionen, die mit »C« beginnen

CDate

Syntax
```
Function CDate(ByVal expression)
```

Beschreibung
Wandelt einen Wert in ein Datum um. Dazu ist nötig, daß der Wert enrtsprechend den Ländereinstellungen Ihres Systems auch tatsächlich als Datum verstanden werden kann. Verwenden Sie deshalb zuerst *isDate*, um zu prüfen, ob das der Fall ist.

Parameter

Parameter	Bedeutung
expression	Wert, der in ein Datum umgewandelt werden soll

Rückgabewert
Datum

Beispiel
```
datum = CDat("12. September 1960")
MsgBox datum
```

Siehe auch
isDate, alle anderen Konvertierungsfunktionen, die mit »C« beginnen

CDbl

Syntax
```
Function CDbl(ByVal expression)
```

Beschreibung
Wandelt einen Wert ins Format *Double* um. Dieses Format bietet die größte Nachkommastellen-Genauigkeit.

Parameter

Parameter	Bedeutung
expression	Wert, der ins Double-Format umgewandelt werden soll

Rückgabewert
Wert im Double-Format

Siehe auch
alle anderen Konvertierungsfunktionen, die mit »C« beginnen

Chr

Syntax
```
Function Chr(ByVal charcode)
```

Beschreibung
Wandelt einen ANSI-Zeichencode in ein Zeichen um. Die Zeichencodes 0 bis 31 entsprechen Sonderfunktionen, die nicht darstellbar sind und mit dem ASCII-Code identisch sind. Code 13 steht zum Beispiel für einen Zeilenumbruch und ist identisch mit der vordefinierten Konstante vbCr.

Parameter

Parameter	Bedeutung
charcode	Zeichencode (0-255)

Rückgabewert
Zeichen, das dem Zeichencode entspricht. Bei Codes kleiner als 32 die entsprechende Sonderfunktion.

Beispiel
```
for x=32 to 255
   list = list & x & " = " & chr(x) & vbTab
next
MsgBox list
```

Siehe auch
Asc, AscB, AscW

ChrB

Syntax
```
Function ChrB(ByVal charcode)
```

Beschreibung
ChrB liefert das Zeichen stets als Byte zurück, also im ANSI-Code. Auf UNICODE-Systemen wie Windows NT/2000 werden Zeichen normalerweise in zwei Bytes gespeichert.

Parameter

Parameter	Bedeutung
charcode	Zeichencode zwischen 0 und 255

Rückgabewert
Zeichen, gespeichert in einem Byte (ANSI)

Siehe auch
ChrW, Chr, Asc

ChrW

Syntax
```
Function ChrW(ByVal charcode)
```

Beschreibung
Liefert ein Zeichen zurück, akzeptiert aber den erweiterten UNICODE-Zeichensatz.

Parameter

Parameter	Bedeutung
charcode	UNICODE-Zeichencode zwischen 0 und 65535.

Rückgabewert
Zeichen

Siehe auch
Chr, ChrB, Asc

CInt

Syntax
```
Function CInt(ByVal expression)
```

Beschreibung
CInt wandelt eine Zahl in eine Integer-Ganzzahl um und rundet dabei die Nachkommastellen automatisch. Bis 0,5 wird abgerundet, sonst aufgerundet. Liegt die Zahl außerhalb des für Integer erlaubten Zahlenraums, dann tritt ein Fehler auf.

Parameter

Parameter	Bedeutung
expression	Zahl, die gerundet und in eine Ganzzahl verwandelt werden soll

Rückgabewert
Gerundete Ganzzahl als Integer

Beispiel
```
MsgBox CInt(12.5)
MsgBox CInt(12.6)
```

Siehe auch
Int, Fix

CLng

Syntax
```
Function CLng(ByVal expression)
```

Beschreibung
CLng verhält sich wie CInt, rundet die Zahl also ebenfalls. Das Ergebnis ist aber eine Ganzzahl vom Typ Long, die einen wesentlich größeren Zahlenraum hat.

Parameter

Parameter	Bedeutung
expression	Zahl, die gerundet und in eine Long-Ganzzahl verwandelt werden soll.

Rückgabewert
Gerundete Ganzzahl im Long-Format

Siehe auch
CInt, Int, Fix

Cos

Syntax
```
Function Cos(ByVal number)
```

Beschreibung
Berechnet den Cosinus eines Winkels

Parameter

Parameter	Bedeutung
number	Winkel in Radiant. Multiplizieren Sie einen Winkel im Grad-System mit pi/180, um ihn ins Radiant-System umzuwandeln.

Rückgabewert
Verhältnis zweier Seiten eines rechtwinkligen Dreiecks, Wert zwischen -1 und 1.

Siehe auch
Sin, Tan, Atn

CreateObject

Syntax
```
Function CreateObject(ByVal class)
```

Beschreibung
Erstellt eine Referenz zu einem Automationsobjekt. Das Ergebnis ist ein Objekt und muß deshalb mit Set einer Variablen zugewiesen werden. Diese Objektvariable kann anschließend verwendet werden, um die Methoden und Eigenschaften des fremden Objekts in Ihren Skripten zu verwenden.

Parameter

Parameter	Bedeutung
class	Die ProgID des Objektes, das Sie nutzen wollen. Die ProgID besteht aus dem Servernamen, einem Punkt, und dem Typenamen, zum Beispiel »WScript.Shell«. In diesem Beispiel entspricht WScript dem Objekt und Shell der darin definierten Klasse.

Rückgabewert
Referenz auf das Objekt. Muß einer Variablen mit *Set* zugewiesen werden.

Beispiel
```
set fs = CreateObject("Scripting.FileSystemObject")
MsgBox "Anzahl Laufwerke: " & fs.Drives.Count
```

Siehe auch
Set, GetObject

CSng

Syntax
```
Function CSng(ByVal expression)
```

Beschreibung
Verwandelt eine Zahl in den Single-Typ. Dieser speichert Zahlen mit Nachkommastellen, aber sein Zahlenraum ist kleiner als bei Double.

Parameter

Parameter	Bedeutung
expression	Zahl, die in Single umgewandelt werden soll

Rückgabewert
Zahl im Single-Format

Siehe auch
CDbl, alle anderen Konvertierungsfunktionen, die mit »C« beginnen

CStr

Syntax
```
Function CStr(ByVal expression)
```

Beschreibung
Wandelt einen Wert in einen Textstring um. Dies kann auch mit dem Verkettungsoperator & geschehen.

Parameter

Parameter	Bedeutung
expression	Wert, der in einen Text verwandelt werden soll. Darf nicht Null sein.

Rückgabewert
Textstring

Beispiel
```
a=12
MsgBox "Inhalt von a: " + CStr(a)
MsgBox "Inhalt von a: " & a
```

Date

Syntax
```
Function Date
```

Beschreibung
Liefert das aktuelle Systemdatum.

Rückgabewert
Systemdatum als Datum-Variable

Beispiel
```
MsgBox "Heutiges Datum: " & date
```

Siehe auch
DateValue

DateAdd

Syntax
```
Function DateAdd(ByVal interval, ByVal number, ByVal Date)
```

Beschreibung
Fügt einem Datum ein bestimmtes Zeitintervall hinzu.

Parameter

Parameter	Bedeutung
interval	"yyyy": Jahr
	"q": Quartal
	"m": Monat
	"y": Kalendertag
	"d": Tag
	"w": Wochentag (1-7)
	"ww": Kalenderwoche
	"h": Stunde
	"n": Minute
	"s": Sekunde
number	Zeitinterval entsprechend der Art wie bei interval angegeben. Negative Werte sind erlaubt und ziehen Zeit ab.
Date	Datum, zu dem das Zeitinterval hinzuaddiert werden soll

Rückgabewert
Datum, dem das Zeitintervall hinzuaddiert wird.

Beispiel

```
heute = date
' Datum in 15 Tagen
zieldatum = DateAdd("d", 15, heute)
MsgBox "Rechnung zahlbar bis: " & zieldatum
```

Siehe auch
Date, DateDiff, DatePart, DateValue

DateDiff

Syntax

```
Function DateDiff(ByVal interval, ByVal date1, ByVal date2, [ByVal
firstdayofweek], [ByVal firstdayofyear])
```

Beschreibung
Berechnet die Differenz zweier Daten in der Maßeinheit, die Sie mit interval angeben. Optional können der erste Wochentag und der erste Tag im Jahr als Zahlenwerte angegeben werden, wenn Sie die Ländereinstellungen nicht verwenden wollen.

Parameter

Parameter	Bedeutung
interval	Maßeinheit des Zeitintervalls wie bei DateAdd angegeben
date1	Ausgangsdatum
date2	Datum, mit dem verglichen werden soll
firstdayofweek	Optional: Erster Tag der Woche (1-7)
firstdayofyear	Optional: erster Tag im Jahr

Rückgabewert
Differenz der beiden Daten in der in interval gewählten Maßeinheit.

Beispiel

```
' wieviel Tage bis/seit 1.1.2000?
diff = DateDiff("d", date, "1.1.2000")
if diff<0 then
   MsgBox Abs(diff) & " Tage im neuen Jahrtausend!"
else
   MsgBox "Noch " & diff & " Tage bis zum Jahrtausendwechsel!"
end if
```

Siehe auch
Date, DateAdd, DateValue

DatePart

Syntax

```
Function DatePart(ByVal interval, ByVal Date, [ByVal firstdayofweek], [ByVal firstdayofyear])
```

Beschreibung
Liefert einen Teil eines Datums zurück, zum Beispiel das Jahr oder – bei Daten mit Zeiteinheit – die Sekunde.

Parameter

Parameter	Bedeutung
interval	Art der Datumsinformation, die Sie wünschen. Wird angegeben wie bei DateAdd festgelegt.
Date	Datum, aus dem Sie Informationen extrahieren wollen
firstdayofweek	Optional: erster Tag der Woche (1-7)
firstdayofyear	Optional: erster Tag im Jahr

Rückgabewert
Teil des Datums, den Sie in *interval* angegeben haben

Beispiel

```
MsgBox "Heute ist der: " & DatePart("d", date) & "."
MsgBox "Sekundenzeiger zeigt auf: " & DatePart("s", now)
```

Siehe auch
Date, DateAdd, DateDiff, DateValue

DateSerial

Syntax

```
Function DateSerial(ByVal Year, ByVal Month, ByVal Date)
```

Beschreibung
Erstellt eine Datumsvariable aus den Angaben für Jahr, Monat und Tag. Für Monat und Tag sind relative Angaben erlaubt. Sie können also auch den letzten Tag vor einem Monat berechnen und so herausfinden, wieviel Tage ein bestimmter Monat hat.

Parameter

Parameter	Bedeutung
Year	Jahr, muß zwischen 100 und 9999 liegen
Month	Monat, zwischen 1 und 12 oder frei
Date	Tag, zwischen 1 und 31 oder frei

Rückgabewert
Datum

Beispiel
```
tag = 12
monat = 5
jahr = 78
datum = DateSerial(jahr, monat, tag)
MsgBox datum

' herausfinden, wieviel Tage September 1999 hat:
MsgBox "September 1999 hat " & Tage(9,99) & " Tage!"
' herausfinden, wieviel Tage Februar 2000 hat:
MsgBox "Februar 2000 hat " & Tage(2,2000) & " Tage!"

function Tage(monat, jahr)
   datum = DateSerial(jahr, monat, -1)
   Tage = Day(datum)
end function
```

Siehe auch
Date, DateAdd, DateDiff, DateValue

DateValue

Syntax
```
Function DateValue(ByVal Date)
```

Beschreibung
Liefert ein Datum zurück und filtert eventuell vorhandene Zeitinformationen aus. Kann auch einen nicht-Datumswert in ein Datum verwandeln, solange dieser Wert entsprechend den Ländereinstellungen Ihres Systems als Datum verstanden werden kann. Prüfen Sie in diesem Fall zuerst mit isDate.

Parameter

Parameter	Bedeutung
Date	Datum oder Wert, der als Datum interpretiert werden kann

Rückgabewert
Datumsvariable

Beispiel

```
jetzt = now
MsgBox now
MsgBox DateValue(now)
```

Siehe auch
Date, Time, DateAdd, DateDiff, DateSerial

Day

Syntax

```
Function Day(ByVal Date)
```

Beschreibung
Liest den Tag aus einem Datum aus.

Parameter

Parameter	Bedeutung
Date	Datum, aus dem Sie den Tag auslesen wollen

Rückgabewert
Wert zwischen 1 und 31.

Beispiel

```
MsgBox Day(now)
```

Siehe auch
DatePart, Month, Year

Erase

Syntax

```
Sub Erase(ByVal arraylist)
```

Beschreibung
Löscht ein Variablenfeld. Wurde das Feld mit *Dim* angelegt, dann existiert es weiterhin, aber alle Felder sind leer. Wurde das Feld mit *ReDim* angelegt, dann wird es gelöscht und sein Speicherplatz freigegeben. Bevor es erneut genutzt werden kann, muß es mit *Redim* neu angelegt werden.

Parameter

Parameter	Bedeutung
arraylist	Liste der Variablenfelder, die Sie löschen wollen

Beispiel

```
dim feld(100)
feld(10)="test"
erase feld
MsgBox feld(10)
```

Siehe auch
Dim, Redim, Array, Join, Split

Exp

Syntax

```
Function Exp(ByVal number)
```

Beschreibung
Potenziert die Basis des natürlichen Logarithmus e.

Parameter

Parameter	Bedeutung
number	Exponent, mit dem e potenziert werden soll

Rückgabewert
Wert, der e^*number* entspricht

Beispiel

```
MsgBox Exp(12)
```

Siehe auch
Log

Filter

Syntax

```
Function Filter(ByVal InputStrings, ByVal Value, [ByVal Include], [ByVal compare])
```

Beschreibung
Durchsucht eine Anzahl von Textstrings und liefert ein Feld mit den Textstrings zurück, die den gesuchten Begriff enthalten.

Parameter

Parameter	Bedeutung
InputStrings	Variablenfeld mit den Textstrings, die durchsucht werden sollen
Value	Textbegriff, nach dem gesucht wird
Include	Optional: false, wenn die Textstrings zurückgeliefert werden sollen, die den Begriff nicht enthalten
compare	Optional: 0: Groß- und Kleinschreibung beachten, 1: Groß- und Kleinschreibung nicht beachten

Rückgabewert

Feld mit den Textstrings, die den gesuchten Begriff enthalten (oder nicht enthalten, wenn *Include*=false ist). *UBound* liefert die Anzahl der gefundenen Textstrings minus 1.

Beispiel

```
dim text(2)
text(0) = "Guten Tag, dies ist der erste Textstring!"
text(1) = "Hier steht der zweite Textstring!"
text(2) = "Und hier folgt ein dritter..."
ergebnis = Filter(text, "der")
liste = "Diese Texte enthalten das Wort 'der':" & vbCr
for each satz in ergebnis
    liste = liste & satz & vbCr
next
MsgBox liste

ergebnis = Filter(text, "hier", false)
liste = "Diese Texte enthalten NICHT das Wort 'hier':" & vbCr
for each satz in ergebnis
    liste = liste & satz & vbCr
next
MsgBox liste

' Groß- und Kleinschreibung NICHT beachten:

ergebnis = Filter(text, "hier", false, 1)
liste = "Diese Texte enthalten NICHT das Wort 'hier':" & vbCr
for each satz in ergebnis
    liste = liste & satz & vbCr
next
MsgBox liste
```

Fix

Syntax
```
Function Fix(ByVal number)
```

Beschreibung
Fix trennt die Nachkommastellen einer Zahl ab und liefert eine Ganzzahl zurück, die nicht gerundet ist.

Parameter

Parameter	Bedeutung
number	Zahl, deren Nachkommastellen abgetrennt werden sollen

Rückgabewert
Ganzzahl ohne Nachkommastellen

Beispiel
```
MsgBox Fix(12.5)
```

Siehe auch
Int, CInt, CLng

FormatCurrency

Syntax
```
Function FormatCurrency(ByVal expression, [ByVal NumDigitsAfterDecimal], [ByVal IncludeLeadingDigit], [ByVal UseParensForNegativeNumbers], [ByVal GroupDigits])
```

Beschreibung
Formatiert eine Zahl als Währung und benutzt dazu Dezimaltrennzeichen und Währungszeichen so, wie es in den Ländereinstellungen der Systemsteuerung für Ihr System angegeben ist.

Parameter

Parameter	Bedeutung
expression	Wert, der als Währungs dargestellt werden soll
NumDigitsAfterDecimal	Optional: Anzahl der Nachkommastellen. Voreinstellung ist -1 und verwendet die Zahl, die in den Ländereinstellungen festgelegt sind.
IncludeLeadingDigit	Optional: bestimmt, ob eine führende Null bei Werten kleiner als null angezeigt wird. -1: ja, 0: nein, -2: Ländereinstellungen verwenden
UseParensForNegativeNumbers	Optional: bestimmt, ob negative Werte in Klammern gestellt werden: -1: ja, 0: nein, -2: Ländereinstellungen verwenden
GroupDigits	Optional: bestimmt, ob Dezimaltrennzeichen verwendet werden: -1: ja, 0: nein, -2: Ländereinstellungen verwenden

Rückgabewert
Zahl als Währung

Beispiel
```
MsgBox FormatCurrency(1233.67345)
```

Siehe auch
FormatDateTime, FormatPercent

FormatDateTime

Syntax
```
Function FormatDateTime(ByVal Date, [ByVal NamedFormat])
```

Beschreibung
Formatiert einen Wert als Datum oder Zeit entsprechend den Ländereinstellungen der Systemsteuerung. Verschiedene Formate stehen zur Verfügung.

Parameter

Parameter	Bedeutung
Date	Wert, der als Datum oder Zeit formatiert werden soll
NamedFormat	Optional:
	vbGeneralDate oder 0: Datum und/oder Zeit anzeigen. Kurze Datumsinformation und lange Zeitinformation verwenden.
	vbLongDate oder 1: Datum im langen Format anzeigen.
	vbShortDate oder 2: Datum im kurzen Format anzeigen.
	vbLongTime oder 3: Zeit im langen Format anzeigen
	vbShortTime oder 4: Zeit als 24h-Anzeige

Rückgabewert
formatiertes Datum und/oder formatierte Zeit

Beispiel
```
MsgBox FormatDateTime(now)
MsgBox FormatDateTime(now, vbLongDate)
MsgBox FormatDateTime(now, vbShortTime)
```

Siehe auch
FormatCurrency, FormatNumber

FormatNumber

Syntax

```
Function FormatNumber(ByVal expression, [ByVal NumDigitsAfterDecimal], [ByVal IncludeLeadingDigit], [ByVal UseParensForNegativeNumbers], [ByVal GroupDigits])
```

Beschreibung
Formatiert eine Zahl.

Parameter

Parameter	Bedeutung
expression	Zahl, die formatiert werden soll
NumDigitsAfterDecimal	Optional: Anzahl der Nachkommastellen oder -1 für die Ländereinstellungen
IncludeLeadingDigit	Optional: bestimmt, ob bei Werten kleiner als null eine führende Null angezeigt wird: -1: ja, 0: nein, -2: Ländereinstellungen verwenden
UseParensForNegativeNumbers	Optional: bestimmt, ob negative Zahlen in Klammern gestellt werden: -1: ja, 0: nein, -2: Ländereinstellungen verwenden
GroupDigits	Optional: bestimmt, ob Dezimaltrennzeichen verwendet werden sollen: -1: ja, 0: nein, -2: Ländereinstellungen verwenden

Rückgabewert
formatierte Zahl

Beispiel

```
bytes = 12234223432
' korrekt:
MsgBox FormatNumber(bytes/1024^2, 1) & " MBytes"
' weniger korrekt, aber ebenfalls üblich:
MsgBox FormatNumber(bytes/1000^2, 1) & " MBytes"
```

Siehe auch
FormatCurrency, FormatDateTime

FormatPercent

Syntax

```
Function FormatPercent(ByVal expression, [ByVal NumDigitsAfterDecimal], [ByVal IncludeLeadingDigit], [ByVal UseParensForNegativeNumbers], [ByVal GroupDigits])
```

Beschreibung
Formatiert eine Zahl als Prozentwert und multipliziert sie dazu mit 100. Anschließend wird »%« angefügt.

Parameter

Parameter	Bedeutung
expression	Wert, der als Prozent dargestellt werden soll, üblicherweise zwischen 0.0 und 1.0
NumDigitsAfterDecimal	Anzahl der Nachkommastellen oder -1 für die Ländereinstellungen
IncludeLeadingDigit	Optional: bestimmt, ob bei Werten kleiner als null eine führende Null angezeigt wird: -1: ja, 0: nein, -2: Ländereinstellungen verwenden
UseParensForNegativeNumbers	Optional: bestimmt, ob negative Zahlen in Klammern gestellt werden: -1: ja, 0: nein, -2: Ländereinstellungen verwenden
GroupDigits	Optional: bestimmt, ob Dezimaltrennzeichen verwendet werden sollen: -1: ja, 0: nein, -2: Ländereinstellungen verwenden

Beispiel

```
MsgBox FormatPercent(.662,2)
```

Siehe auch
FormatCurrency, FormatDateTime, FormatNumber

GetObject

Syntax

```
Function GetObject([ByVal pathname], [ByVal class])
```

Beschreibung
Liefert ein Automationsobjekt. Anders als bei *CreateObject* wird das Objekt nicht neu initialisiert. Stattdessen gilt: Geben Sie in pathname einen Pfadnamen zu einer Dokumentendatei an, dann liefert *GetObject* das für dieses Dokument zuständige Automationsobjekt zurück. Geben Sie mit *class* eine ProgID wie »WScript.Shell« an, dann verbindet *GetObject* das Script mit diesem Objekt. Es muß dazu bereits gestartet sein. Geben Sie beide Werte an, dann öffnet *GetObject* die Datei im mit ProgID angegebenen Automationsobjekt und liefert die Referenz zurück.

Parameter

Parameter	Bedeutung
pathname	Optional: Name einer Dokumentendatei
class	Optional: ProgID eines Automationsobjekts

Rückgabewert
Objektreferenz des Automationsobjekts. Muß mit Set einer Variablen zugewiesen werden.

Beispiel

```
' ändern Sie den Namen der Dokumentendatei entsprechend
' greift auf eine WinWord-Datei zu...
set obj = GetObject("c:\asp.doc")
MsgBox TypeName(obj)
' ... und druckt sie aus:
obj.PrintOut
```

Siehe auch
CreateObject, DisconnectObject

Hex

Syntax
```
Function Hex(ByVal number)
```

Beschreibung
Wandelt eine Zahl in einen String um, der die Zahl als hexadezimale Zahl repräsentiert. Bis zu 8-stellige hexadezimale Zahlen können so angezeigt werden. VBScript interpretiert Zahlen automatisch als hexadezimale Zahlen, wenn Sie &h voranstellen.

Parameter

Parameter	Bedeutung
number	Zahl, die als hexadezimale Zahl repräsentiert werden soll

Rückgabewert
String, der die Zahl als hexadezimalen Wert anzeigt

Beispiel
```
MsgBox Hex(678123)
```

Hour

Syntax
```
Function Hour(ByVal Time)
```

Beschreibung
Liefert die Stundeninformation aus einer Zeit zurück.

Parameter

Parameter	Bedeutung
Time	Zeitvariable, aus der Sie die Stundenzahl ermitteln wollen

Rückgabewert
Stunden

Beispiel
```
MsgBox Hour(now)
```

Siehe auch
Minute, Second, Day, Month, Year

InputBox

Syntax
```
Function InputBox(ByVal prompt, [ByVal title], [ByVal default], [ByVal xpos],
[ByVal ypos], [ByVal helpfile], [ByVal context])
```

Beschreibung
Öffnet ein Dialogfenster, mit dem der Skriptbenutzer freie Texteingaben machen kann. Geben Sie sowohl helpfile aus auch context an, dann wird automatisch ein zusätzlicher Hilfe-Button eingeblendet, über den ein Hilfethema einer externen Hilfedatei geöffnet wird.

Parameter

Parameter	Bedeutung
prompt	Frage, die das Dialogfenster stellen soll
title	Optional: Text für die Titelzeile
default	Optional: Vorgabe, die das Dialogfenster vorschlagen soll
xpos	Optional: Position des Dialogfensters in Twips vom linken Bildschirmrand. Vorgabe ist zentriert.
ypos	Optional: Position des Dialogfensters in Twips vom oberen Bildschirmrand. Vorgabe ist zentriert.
helpfile	Pfadname einer Hilfedatei, die angezeigt wird, wenn der Anwender im Dialogfenster auf den Hilfebutton klickt.
context	Kontext-ID des Hilfethemas, das angezeigt werden soll

Rückgabewert
Eingabe des Benutzers oder *vbEmpty*, wenn der Benutzer auf Abbrechen klickt.

Beispiel
```
MsgBox InputBox("Geben Sie etwas ein!", "Eingabe", "Vorgabe")
```

Siehe auch
MsgBox

InStr

Syntax
```
Function InStr(ByVal start, ByVal string, ByVal string2, [ByVal compare])
```

Beschreibung
InStr ermittelt die erste Position eines Begriffs innerhalb eines Textstrings. Sollen mehrere Stellen gefunden werden, kann die Suche ab einer festgelegten Position begonnen werden.

Parameter

Parameter	Bedeutung
start	Optional: Textposition, ab der die Suche beginnen soll, normalerweise 1 für den Textanfang
string	Text, der durchsucht werden soll
string2	Textbegriff, nach dem gesucht werden soll
compare	Optional: 0: Groß- und Kleinschreibung beachten; 1: Groß- und Kleinschreibung nicht beachten

Rückgabewert
0, wenn der Begriff nicht gefunden wurde, sonst die Textposition, auf die der erste Buchstabe des Suchbegriffs fällt.

Beispiel
```
pfad = "C:\test\datei.txt"
pos = Instr(pfad, "\")
MsgBox "Laufwerk: " & left(pfad, pos)
```

Siehe auch
InstrRev

InStrB

Syntax
```
Function InStrB(ByVal start, ByVal string, ByVal string2, [ByVal compare])
```

Beschreibung
Funktioniert wie Instr, jedoch auf Byte-Ebene (ANSI). Es wird die Position des ersten Bytes gemeldet, das dem Suchbegriff entspricht.

Parameter

Parameter	Bedeutung
start	wie bei Instr
string	wie bei Instr
string2	wie bei Instr
compare	wie bei Instr

Rückgabewert
Position des Bytes, mit dem der Suchbegriff beginnt, oder 0, wenn der Begriff nicht gefunden wurde.

Siehe auch
InstrRev, InStr

InStrRev

Syntax
```
Function InStrRev(ByVal string1, ByVal string2, [ByVal start], [ByVal compare])
```

Beschreibung
Durchsucht einen String rückwärts nach einem Begriff. Sollen mehrere Begriffe gesucht werden, dann kann eine Startposition angegeben werden.

Parameter

Parameter	Bedeutung
string1	Text, der durchsucht werden soll
string2	Begriff, nach dem gesucht wird
start	Optional: Startposition, von der ab rückwärts gesucht werden soll. Vorgabe ist das Ende des Texts string1.
compare	Optional: 0: Groß- und Kleinschreibung beachten, 1: Groß- und Kleinschreibung nicht beachten.

Rückgabewert
0, wenn der Suchbegriff nicht gefunden wurde, sonst die Textposition, auf die das erste Zeichen des Suchbegriffs fällt.

Beispiel
```
pfad = "C:\test\datei.txt"
pos = InstrRev(pfad, "\")
MsgBox "Dateiname: " & mid(pfad, pos+1)
```

Siehe auch
InStr

Int

Syntax
```
Function Int(ByVal number)
```

Beschreibung
Entfernt die Nachkommastellen einer Zahl. Im Gegensatz zu Fix wird bei negativen Zahlen abgerundet.

Parameter

Parameter	Bedeutung
number	Zahl, deren Nachkommastellen entfernt werden sollen.

Rückgabewert
Ganzzahl ohne Nachkommastellen, bei negativen Zahlen abgerundet.

Beispiel
```
MsgBox Int(-12.44)
MsgBox Fix(-12.66)
```

Siehe auch
CInt, Fix, CLng

IsArray

Syntax
```
Function IsArray(ByVal expression)
```

Beschreibung
Prüft, ob eine Variable ein Variablenfeld ist.

Parameter

Parameter	Bedeutung
expression	Name der Variable, die geprüft werden soll

Rückgabewert
true, wenn Variable ein Feld ist, ansonsten false.

IsDate

Syntax

```
Function IsDate(ByVal expression)
```

Beschreibung
prüft, ob ein Wert sich als Datum interpretieren läßt.

Parameter

Parameter	Bedeutung
expression	Wert, der geprüft werden soll

Rückgabewert
true, wenn Wert in ein Datum konvertiert werden kann, sonst false

Beispiel

```
datum = InputBox("Bitte geben Sie ein Datum ein!")
if isDate(datum) then
   diff = Abs(DateDiff("d", datum, now()))
   MsgBox "Zeitdifferenz bis heute " & diff & " Tage!"
else
   MsgBox "Sie haben kein Datum eingegeben!"
end if
```

Siehe auch
Date, alle Prüffunktionen, die mit »is« beginnen.

IsEmpty

Syntax

```
Function IsEmpty(ByVal expression)
```

Beschreibung
Prüft, ob eine Variable »leer« ist, also noch nicht mit Daten gefüllt wurde. Leere Textstrings sind keine Leerstrings. Leerstrings, denen Sie "" zuweisen, haben einen Inhalt. isEmpty kann eingesetzt werden, um zu prüfen, ob InputBox einen Wert zurückliefert oder auf Abbrechen geklickt wurde. isEmpty kann auch prüfen, ob eine Variable bereits benutzt wurde oder nicht.

Parameter

Parameter	Bedeutung
expression	Variablenname, der geprüft werden soll

Rückgabewert
true, wenn Variable leer ist, sonst false.

Beispiel
```
eingabe = InputBox("Geben Sie etwas ein!")
if isEmpty(eingabe) then
   MsgBox "Sie haben auf Abbrechen geklickt!"
else
   MsgBox "Sie haben NICHT auf Abbrechen geklickt!"
end if
```

Siehe auch
vbEmpty

IsNull

Syntax
```
Function IsNull(ByVal expression)
```

Beschreibung
Prüft, ob eine Variable ungültige Daten enthält. Eine Null-Variable ist keine leere Variable. Wenn Variablen angelegt werden, sind sie zuerst leer, und isEmpty liefert true zurück. Werden in der Variablen ungültige Daten gespeichert, dann liefert isNull true zurück. Viele VBScript-Funktionen reagieren mit Fehlern auf Argumente, die Nullwerte enthalten. isNull kann im Zweifelsfall klären, ob eine Variable als Argument verwendet werden darf oder nicht.

Parameter

Parameter	Bedeutung
expression	Variablenname, der geprüft werden soll

Rückgabewert
true, wenn Variable ungültige Daten enthält, sonst false

Siehe auch
alle Prüffunktionen, die mit »is« beginnen.

IsNumeric

Syntax

```
Function IsNumeric(ByVal expression)
```

Beschreibung
Prüft, ob ein Wert in eine Zahl umgewandelt werden kann.

Parameter

Parameter	Bedeutung
expression	Variablenname, der geprüft werden soll

Rückgabewert
true, wenn Wert als Zahl interpretiert werden kann, sonst false.

Beispiel

```
zahl = InputBox("Geben Sie eine Zahl ein!")
if isNumeric(zahl) then
   MsgBox "Quadrat der Zahl: " & zahl^2
else
   MsgBox "Sie haben keine Zahl eingegeben!"
end if
```

Siehe auch
alle Prüffunktionen, die mit »is« beginnen.

IsObject

Syntax

```
Function IsObject(ByVal identifier)
```

Beschreibung
Prüft, ob eine Variable eine gültige Referenz auf ein Automationsobjekt enthält. Auch Objekte, die auf *Nothing* gesetzt sind, erfüllen diese Bedingung.

Parameter

Parameter	Bedeutung
identifier	Name der Variable, die geprüft werden soll

Rückgabewert
true, wenn die Variable eine Objektreferenz ist, sonst false

Beispiel

```
MsgBox isObject(fs)
set fs = Nothing
MsgBox isObject(fs)
set fs = CreateObject("Scripting.FileSystemObject")
MsgBox isObject(fs)
```

Siehe auch
alle Prüffunktionen, die mit »is« beginnen.

Join

Syntax

```
Function Join(ByVal list, [ByVal delimiter])
```

Beschreibung
Faßt die Elemente eines Variablenfeldes in einem String zusammen, der dann dazu benutzt werden kann, in einem Schritt den Inhalt des gesamten Feldes anzuzeigen. Wird als *delimiter* die Konstante *vbCrLf* eingesetzt, dann erscheint jedes Variablenfeld in einer eigenen Zeile.

Parameter

Parameter	Bedeutung
list	Name eines Variablenfeldes
delimiter	Optional: Zeichen, mit dem die Variablenfelder voneinander abgegrenzt werden sollen. vbCrLf fügt zwischen die Felder einen Zeilenumbruch. Vorgabe ist das Leerzeichen.

Rückgabewert
Textstring mit allen Feldern des Variablenfelds

Beispiel

```
dim feld(2)
feld(0) = "Hamburg"
feld(1) = "Hannover"
feld(2) = "Herbert"
MsgBox Join(feld, vbCrLf)
```

Siehe auch
Split

LBound

Syntax
```
Function LBound(ByVal arrayname)
```

Beschreibung
Liefert die unterste Indexzahl eines Variablenfeldes zurück. Sinnlos, weil bei VBScript alle Variablenfeld-Indizes bei 0 beginnen.

Parameter

Parameter	Bedeutung
arrayname	Name des Variablenfeldes

Rückgabewert
immer 0

Siehe auch
UBound

LCase

Syntax
```
Function LCase(ByVal string)
```

Beschreibung
Wandelt einen Textstring in Kleinbuchstaben um.

Parameter

Parameter	Bedeutung
string	Textstring, der umgewandelt werden soll

Rückgabewert
Textstring als Kleinbuchstaben

Beispiel
```
MsgBox LCase("Guten Tag, Welt!")
```

Siehe auch
UCase

Left

Syntax
```
Function Left(ByVal string, ByVal length)
```

Beschreibung
Liefert festgelegte Anzahl von Zeichen vom Anfang eines Textstrings zurück. Werden mehr Zeichen angefordert, als der Text in string lang ist, dann werden nur die tatsächlich verfügbaren Zeichen geliefert. Ist length dagegen kleiner als 1, tritt ein Fehler auf.

Parameter

Parameter	Bedeutung
string	Originaltext
length	Anzahl der Zeichen vom Textstart, die zurückgeliefert werden sollen

Rückgabewert
Teilstring vom Anfang, *length* Zeichen lang.

Beispiel
```
text = "Guten Tag, Welt!"
MsgBox left(text, 3)
```

Siehe auch
Mid, Right, Trim, RTrim, LTrim

LeftB

Syntax
```
Function LeftB(ByVal string, ByVal length)
```

Beschreibung
Funktioniert wie Left, betrachtet die Textstrings aber auf einer »tieferen« Ebene. Intern speichert VBScript Texte als UNICODE ab, speichert also jedes Zeichen in zwei Bytes. Mit LeftB greifen Sie byteweise auf die Texte zu.

Parameter

Parameter	Bedeutung
string	Originaltext
length	Anzahl der Bytes, die vom Start des Textes an zurückgeliefert werden sollen

Rückgabewert
Teilstring vom Anfang des Originaltextes.

Beispiel

```
text = "Test"
MsgBox left(text,2)
MsgBox leftb(text,2)
```

Siehe auch
Left

Len

Syntax

```
Function Len(ByVal string)
```

Beschreibung
Liefert die Länge eines Textstrings in Zeichen zurück.

Parameter

Parameter	Bedeutung
string	Textstring, dessen Länge Sie interessiert

Rückgabewert
Länge des Texts in Zeichen

Beispiel

```
text = "Guten Tag, Welt!"
for x = 1 to len(text)
  zeichen = mid(text, x, 1)
  ausgabe = ausgabe & zeichen & " "
next
MsgBox ausgabe
```

Siehe auch
LenB

LenB

Syntax

```
Function LenB(ByVal string)
```

Beschreibung
Intern speichert VBScript Texte als UNICODE, verwendet also zwei Bytes pro Zeichen. Mit den »B«-Funktionen greifen Sie auf die Bytes zurück, nicht auf die Zeichen.

Parameter

Parameter	Bedeutung
string	Textvariable, deren Länge in Bytes Sie interessiert

Rückgabewert
Länge des Textes in Bytes.

Beispiel
```
text ="Hallo"
MsgBox len(text)
MsgBox lenB(text)
```

Siehe auch
Len

LoadPicture

Syntax
```
Function LoadPicture([ByVal stringexpression])
```

Beschreibung
Lädt ein Bild und liefert ein Picture-Objekt zurück. Da VBScript keine weiteren Bildbearbeitungsfunktionen zur Verfügung stellt, ist diese Funktion zunächst nutzlos. Sie wird erst dann wichtig, wenn Sie andere Automationsobjekte verwenden, die Picture-Objekte als Argument verlangen.

Parameter

Parameter	Bedeutung
stringexpression	Pfadname der Bilddatei.

Rückgabewert
Picture-Objekt, das mit Set einer Variablen zugewiesen wird.

Beispiel
```
' Dateiname anpassen, muß einer existierenden
' Grafikdatei entsprechen:
set picobj = LoadPicture("C:\windows\Blaue Noppen.BMP")
MsgBox TypeName(picobj)
```

Log

Syntax
```
Function Log(ByVal number)
```

Beschreibung
Liefert den natürlichen Logarithmus einer Zahl

Parameter

Parameter	Bedeutung
number	Zahl, deren Logarithmus Sie berechnen wollen

Rückgabewert
natürlicher Logarithmus der Zahl number.

Beispiel
```
MsgBox Log(12)
```

Siehe auch
Exp

LTrim

Syntax
```
Function LTrim(ByVal string)
```

Beschreibung
Entfernt Leerzeichen vom linken Ende eines Texts.

Parameter

Parameter	Bedeutung
string	Textvariable, deren führende Leerzeichen entfernt werden sollen

Rückgabewert
Textstring ohne führende Leerzeichen

Beispiel
```
text = "    Hallo!"
MsgBox "[" & text & "]"
text = LTrim(text)
MsgBox "[" & text & "]"
```

Siehe auch
Trim, RTrim

Mid

Syntax
```
Function Mid(ByVal string, ByVal start, [ByVal length])
```

Beschreibung
Hat eine doppelte Funktion: trennt entweder einen Textteil aus einem anderen Text heraus, oder liefert den Rest eines Textes ab einer bestimmten Position.

Parameter

Parameter	Bedeutung
string	Originaltext
start	Position, ab der Mid Zeichen herauslösen soll
length	Optional: Anzahl der Zeichen, die herausgelöst werden sollen. Vorgabe ist: alle restlichen Zeichen

Rückgabewert
Text aus Originaltext ab *start*

Beispiel
```
text = "Hallo Welt!"
MsgBox mid(text, 7, 4)
MsgBox mid(text, 7)
```

Siehe auch
Left, Right

MidB

Syntax
```
Function MidB(ByVal string, ByVal start, [ByVal length])
```

Beschreibung
Intern speichert VBScript Texte als UNICODE und verwendet pro Zeichen zwei Bytes. Mit den »B«-Funktionen greifen Sie auf die Bytes und nicht auf die Zeichen zu. Ansonsten funktioniert MidB wie Mid.

Parameter

Parameter	Bedeutung
string	wie bei Mid
start	Startposition als Byte
length	Optional: Länge des Teilstrings in Bytes

Rückgabewert
Teilstring ab Byteposition *start*.

Siehe auch
Mid, Left, Right

Minute

Syntax
```
Function Minute(ByVal Time)
```

Beschreibung
Liefert die Minuteninformation aus einer Zeitvariable

Parameter

Parameter	Bedeutung
Time	Zeitvariable, aus der Sie die Minuteninformation extrahieren wollen

Rückgabewert
Minuten

Beispiel
```
MsgBox Minute(now)
```

Siehe auch
Hour, Second, Day, Month, Year

Month

Syntax
```
Function Month(ByVal Date)
```

Beschreibung
Extrahiert die Monatsinformation aus einer Datumsvariable

Anhang A: VBScript Befehlsreferenz 519

Parameter

Parameter	Bedeutung
Date	Datumsvariable, aus der Sie den Monat auslesen wollen

Rückgabewert
Monat (1-12)

Beispiel
```
MsgBox Month(date)
MsgBox MonthName(Month(date))
```

Siehe auch
Day, Year, Hour, Minute, Second

MonthName

Syntax
```
Function MonthName(ByVal Month, [ByVal abbreviate])
```

Beschreibung
Liefert den Klartextnamen für einen Monat zurück.

Parameter

Parameter	Bedeutung
Month	Monat als Zahl zwischen 1 und 12
abbreviate	Optional: true: Monatsnamen abkürzen

Rückgabewert
Klartext-Monatsname, so wie auf Ihrem System länderspezifisch definiert.

Beispiel
```
for x=1 to 12
   MsgBox MonthName(x)
next
MsgBox MonthName(Month(now))
```

Siehe auch
WeekdayName

MsgBox

Syntax

```
Function MsgBox(ByVal prompt, [ByVal buttons], [ByVal title], [ByVal helpfile], [ByVal context])
```

Beschreibung
Öffnet ein Dialogfenster, mit dem Hinweise ausgegeben und einfache Fragen gestellt werden können. Werden sowohl helpfile als auch context angegeben, dann erscheint zusätzlich eine Hilfe-Schaltfläche, über die ein Hilfethema aufgeschlagen werden kann.

Parameter

Parameter	Bedeutung
prompt	Text im Dialogfenster
buttons	Optional: Art und Anzahl der Schaltflächen, die MsgBox anzeigen soll, sowie Spezialkonstanten für Icons und Sonderfunktionen. Details finden Sie im Kapitel 4.
title	Optional: Text in der Titelleiste
helpfile	Optional: Name einer Hilfedatei
context	Optional: Context-ID-Nummer eines Hilfethemas

Rückgabewert
Kennzahl der Schaltfläche, auf die der Benutzer geklickt hat.

Beispiel

```
frage = "Weitermachen?"
optionflag = vbQuestion & vbYesNo
titel = "Wie entscheiden Sie sich?"
resultat = MsgBox(frage, optionflag, titel)
if resultat = vbYes then
   MsgBox "Weitermachen!"
else
   MsgBox "Abbrechen!"
end if
```

Siehe auch
InputBox, Kapitel 4

Now

Syntax

```
Function Now
```

Beschreibung
Liefert die aktuelle Uhrzeit und das aktuelle Datum

Rückgabewert
Uhrzeit und Datum als Datumsvariable

Beispiel
```
MsgBox now
MsgBox DateValue(now)
MsgBox TimeValue(now)
```

Siehe auch
Date, Time

Oct

Syntax
```
Function Oct(ByVal number)
```

Beschreibung
Repräsentiert eine Zahl als oktalen Wert. VBScript interpretiert Zahlen als oktale Zahl, wenn Sie &O voranstellen.

Parameter

Parameter	Bedeutung
number	Zahl, die im oktalen Zahlensystem dargestellt werden soll

Rückgabewert
Textstring, der die Zahl *number* als oktale Zahl anzeigt

Beispiel
```
MsgBox Oct(25675)
```

Siehe auch
Hex

Randomize

Syntax
```
Sub Randomize(ByVal number)
```

Beschreibung
Setzt die Basis des Zufallszahlengenerators. Verwenden Sie Randomize ohne Argument am Anfang des Skripts, um stets zufällige Zahlen zu generieren. Rufen Sie dagegen Rnd mit negativem Argument auf und setzen Sie anschließend Randomize auf einen festen Wert, wenn Sie stets dieselbe Serie von Zufallszahlen wünschen.

Parameter

Parameter	Bedeutung
number	Optional: Zahl, auf die die Basis des Zufallszahlengenerators eingestellt werden soll. Vorgabe ist der Systemzeit-Counter.

Beispiel

```
randomize
MsgBox "Zufallszahl: " & Fix(rnd*100)+1
```

Siehe auch
Rnd, Fix

Replace

Syntax

```
Function Replace(ByVal expression, ByVal find, ByVal replacement, [ByVal start], [ByVal count], [ByVal compare])
```

Beschreibung
Ersetzt Textstellen in einem Text.

Parameter

Parameter	Bedeutung
expression	Originaltext
find	Text, den Sie ersetzen lassen wollen
replacement	Text, mit dem ersetzt werden soll
start	Optional: Startposition des Originaltextes, ab der ersetzt werden soll. Vorgabe ist 1: Textanfang. Wenn Sie start angeben, müssen Sie auch count angeben.
count	Optional: Anzahl der Textersetzungen. -1: alle ersetzen
compare	Optional: 0: Klein- und Großschreibung beachten, 1: Klein- und Großschreibung nicht beachten

Rückgabewert
Text mit den Ersetzungen

Beispiel

```
pfad = "C:\windows\test"
pfad2 = Replace(pfad, "C:\", "D:\")
MsgBox pfad2
```

RGB

Syntax
```
Function RGB(ByVal red, ByVal green, ByVal blue)
```

Beschreibung
Erstellt eine Farbzahl aus den Einzelangaben für den Rot-, Grün- und Blauanteil.

Parameter

Parameter	Bedeutung
red	Rotanteil, 0-255
green	Grünanteil: 0-255
blue	Blauanteil: 0-255

Rückgabewert
Farbwert

Beispiel
```
MsgBox RGB(10,200,60)
```

Right

Syntax
```
Function Right(ByVal string, ByVal length)
```

Beschreibung
Liefert Textzeichen vom Ende eines Texts an rückwärts.

Parameter

Parameter	Bedeutung
string	Originaltext
length	Anzahl der Zeichen vom rechten Ende des Textes; muß größer als 0 sein.

Rückgabewert
Teiltext der Länge length, gerechnet vom Ende des Originaltexts.

Beispiel
```
text = "Hallo Welt!"
MsgBox Right(text, 5)
```

Siehe auch
Left, Mid

RightB

Syntax

```
Function RightB(ByVal string, ByVal length)
```

Beschreibung
Intern speichert VBScript Texte als UNICODE und verwendet pro Zeichen zwei Bytes. Mit den »B«-Funktionen greifen Sie byteweise anstelle von zeichenweise auf die Textdaten zu.

Parameter

Parameter	Bedeutung
string	Originaltext
length	Anzahl Bytes, die vom Ende des Textes an gelesen werden sollen

Rückgabewert
Teilstring

Beispiel

```
text = "Hallo Welt!"
MsgBox right(text, 5)
MsgBox rightb(text, 10)
```

Siehe auch
Right

Rnd

Syntax

```
Function Rnd(ByVal number)
```

Beschreibung
Liefert einen zufälligen Wert zwischen 0.0 und 1.0, der anschließend weiterverarbeitet werden kann.

Parameter

Parameter	Bedeutung
number	Optional: negativer Wert: als Basis für den Zufallszahlengenerator verwenden und eine reproduzierbare Serie von Zufallszahlen beginnen positiver Wert: nächste Zufallszahl der Serie (Vorgabe) null: den zuletzt generierten Zufallswert wiederholen

Rückgabewert
Zufallswert zwischen 0.0 und 1.0

Beispiel
```
randomize
for x=1 to 10
   zahlen = zahlen & Fix(rnd*100)+1 & " "
next
MsgBox "Zehn Zufallszahlen zwischen 1 und 100: " & vbCr & zahlen
```

Siehe auch
Randomize

Round

Syntax
```
Function Round(ByVal expression, [ByVal numdecimalplaces])
```

Beschreibung
Rundet eine Zahl bis auf die angegebene Zahl von Nachkommastellen

Parameter

Parameter	Bedeutung
expression	Zahl, die gerundet werden soll
numdecimalplaces	Optional: Anzahl der Nachkommastellen. Vorgabe sind Ganzzahlen

Rückgabewert
gerundete Zahl

Beispiel
```
zahl = 12.6744539
MsgBox Round(zahl)
MsgBox Round(zahl, 2)
MsgBox Round(zahl, 3)
```

Siehe auch
CInt

RTrim

Syntax
```
Function RTrim(ByVal string)
```

Beschreibung
Entfernt die Leerzeichen vom Ende eines Textstrings

Parameter

Parameter	Bedeutung
string	Textstring, dessen nachfolgende Leerzeichen entfernt werden sollen

Rückgabewert
Textstring ohne nachfolgende Leerzeichen

Beispiel
```
text = "Hallo Welt!        "
MsgBox "[" & text & "]"
text = RTrim(text)
MsgBox "[" & text & "]"
```

Siehe auch
LTrim, Trim

ScriptEngine

Syntax
```
Function ScriptEngine
```

Beschreibung
Liefert den Namen der aktuell verwendeten Script-Engine zurück

Rückgabewert
Name der Script-Engine

Beispiel
```
MsgBox ScriptEngine
```

Siehe auch
ScriptEngine-Befehle

ScriptEngineBuildVersion

Syntax
```
Function ScriptEngineBuildVersion
```

Beschreibung
Liefert die Build-Version der Script-Engine zurück und hilft zu prüfen, ob die Script-Engine aktuell oder veraltet ist.

Rückgabewert
Build-Version der Scriptengine

Beispiel
```
MsgBox ScriptEngineBuildVersion
```

Siehe auch
ScriptEngine-Befehle

ScriptEngineMajorVersion

Syntax
```
Function ScriptEngineMajorVersion
```

Beschreibung
Ermittelt die Hauptversionsnummer der Scriptengine.

Rückgabewert
Hauptversionsnummer der Scriptengine

Beispiel
```
MsgBox ScriptEngineMajorVersion
```

Siehe auch
ScriptEngine-Befehle

ScriptEngineMinorVersion

Syntax
```
Function ScriptEngineMinorVersion
```

Beschreibung
Ermittelt die Unter-Versionsnummer der Scriptengine

Rückgabewert
Unter-Versionsnummer der Scriptengine

Beispiel
```
MsgBox ScriptEngineMinorVersion
```

528   *Anhang A: VBScript Befehlsreferenz*

Siehe auch
ScriptEngine-Befehle

Second

Syntax
```
Function Second(ByVal Time)
```

Beschreibung
Emittelt die Sekunde einer Zeitinformation.

Parameter

Parameter	Bedeutung
Time	Zeitinformation, aus der der Sekundenzähler gelesen werden soll

Rückgabewert
Sekunden

Beispiel
```
MsgBox Second(Time)
```

Siehe auch
Minute, Hour, Date, Month, Year, DateDiff, DatePart

Sgn

Syntax
```
Function Sgn(ByVal number)
```

Beschreibung
Prüft, ob eine Zahl größer, gleich oder kleiner als null ist, prüft also das Vorzeichen.

Parameter

Parameter	Bedeutung
number	Zahl, die geprüft werden soll

Rückgabewert
1: positive Zahl
0: null
-1: negative Zahl

Beispiel

```
MsgBox Sgn(-10)
MsgBox Sgn(0)
MsgBox Sgn(789)
```

Siehe auch
Abs

Sin

Syntax

```
Function Sin(ByVal number)
```

Beschreibung
Berechnet den Sinus eines Winkels im Radiant-System

Parameter

Parameter	Bedeutung
number	Winkel im Radiant-System. Multiplizieren Sie einen Grad-Winkel mit pi/180, um ihn in Radiant anzugeben

Rückgabewert
Sinus des angegebenen Winkels

Siehe auch
Cos, Atn, Tan

Space

Syntax

```
Function Space(ByVal number)
```

Beschreibung
Liefert eine festgelegte Anzahl von Leerzeichen.

Parameter

Parameter	Bedeutung
number	Anzahl der Leerzeichen

Rückgabewert
Textstring

Siehe auch
String

Split

Syntax

```
Function Split(ByVal expression, [ByVal delimiter], [ByVal count], [ByVal compare])
```

Beschreibung
Erstellt ein Variablenfeld und füllt es mit dem Inhalt eines Textstrings.

Parameter

Parameter	Bedeutung
expression	Textstring, der die Elemente enthält, die ins Variablenfeld geschrieben werden sollen.
delimiter	Optional: Trennzeichen zwischen den einzelnen Elementen im Textstring expression. Vorgabe ist das Leerzeichen.
count	Optional: Anzahl der Felder, die angelegt werden sollen; Vorgabe ist -1: so viele Felder wie möglich
compare	Optional: 0: Groß- und Kleinschreibung beim Trennzeichen delimiter beachten; 1: Groß- und Kleinschreibung nicht beachten

Rückgabewert
Eindimensionales Variablenfeld

Beispiel

```
inhalt = "Thomas,Eike,Claudia,Patrik,DSC"
feld = Split(inhalt,",")
MsgBox "Anzahl Einträge: " & UBound(feld)+1
for each eintrag in feld
   MsgBox eintrag
next
```

Siehe auch
Array, Join

Sqr

Syntax

```
Function Sqr(ByVal number)
```

Beschreibung
Berechnet die Quadratwurzel.

Parameter

Parameter	Bedeutung
number	Zahl, aus der die Quadratwurzel gezogen werden soll. Muß größer oder gleich null sein.

Rückgabewert
Quadratwurzel

Beispiel
```
MsgBox Sqr(16)
```

StrComp

Syntax
```
Function StrComp(ByVal string1, ByVal string2, [ByVal compare])
```

Beschreibung
Vergleicht zwei Texte miteinander.

Parameter

Parameter	Bedeutung
string1	Erster Text
string2	Zweiter Text
compare	Optional: 0: Groß- und Kleinschreibung beachten; 1: Groß- und Kleinschreibung nicht beachten

Rückgabewert
-1: string1 ist kleiner
0: beide Texte sind gleich
1: string1 ist größer

Beispiel
```
kennwort1 = "Test"
kennwort2 = "test"
if StrComp(kennwort1, kennwort2)=0 then
   MsgBox "Kennwörter stimmen überein!"
else
   MsgBox "Kennwörter stimmen NICHT überein!"
end if


' Groß- und Kleinschreibung NICHT beachten:
if StrComp(kennwort1, kennwort2, 1)=0 then
```

```
    MsgBox "Kennwörter stimmen überein!"
else
    MsgBox "Kennwörter stimmen NICHT überein!"
end if
```

Siehe auch
LCase, UCase

string

Syntax

```
Function string([ByVal number], [ByVal character])
```

Beschreibung
Erzeugt einen Textstring beliebiger Länge und wiederholt dazu ein festgelegtes Zeichen.

Parameter

Parameter	Bedeutung
number	Optional: Anzahl der Zeichen
character	Optional: Zeichen als Text oder Zeichen als ANSI-Code. Im Falle eines Texts wird nur das erste Zeichen berücksichtigt. Im Falle eines ANSI-Codes größer als 255 wird der Code mittels MOD 256 auf maximal 255 begrenzt.

Rückgabewert
Textstring der Länge *number*, der aus Zeichen character besteht.

Beispiel

```
text = "Hallo Welt!"
text2 = String(len(text), "x")
MsgBox text & vbCr & text2
```

Siehe auch
Space

StrReverse

Syntax

```
Function StrReverse(ByVal string1)
```

Beschreibung
Zeichenfolge eines Textstrings wird umgedreht.

Parameter

Parameter	Bedeutung
string1	Text, dessen Zeichenfolge umgedreht werden soll.

Rückgabewert
Text mit umgedrehter Zeichenfolge

Beispiel
```
text = InputBox("Geben Sie Text ein, und ich drehe ihn um!")
MsgBox StrReverse(text)
```

Tan

Syntax
```
Function Tan(ByVal number)
```

Beschreibung
Berechnet den Tangens.

Parameter

Parameter	Bedeutung
number	Winkel in Radiant. Um einen Grad-Winkel in Radiant zu konvertieren, multiplizieren Sie ihn mit pi/180.

Rückgabewert
Verhältnis der Seite gegenüber des Winkels zu der Seite, die an den Winkel angrenzt.

Siehe auch
Sin, Cos, Atn

Time

Syntax
```
Function Time
```

Beschreibung
Liefert die augenblickliche Zeit zurück.

Rückgabewert
Zeitinformation als Datum-Variable

534   Anhang A: VBScript Befehlsreferenz

Beispiel
```
MsgBox Time
```

Siehe auch
Now, Date

Timer

Syntax
```
Function Timer
```

Beschreibung
Liefert die Zahl der Sekunden seit Mitternacht, auf Millsekunden genau.

Rückgabewert
Sekunden seit Mitternacht

Beispiel
```
MsgBox "Sekunden seit Mitternacht: " & timer
uhr1 = timer
reaktion = InputBox("Geben Sie Text ein!")
uhr2 = timer
MsgBox "Sie haben " & uhr2-uhr1 & " Sekunden gezögert!"
```

TimeSerial

Syntax
```
Function TimeSerial(ByVal Hour, ByVal Minute, ByVal Second)
```

Beschreibung
Legt eine Zeitvariable an, indem Stunde, Minute und Sekunde einzeln angegeben werden.

Parameter

Parameter	Bedeutung
Hour	Stunde
Minute	Minute
Second	Sekunde

Rückgabewert
Zeitvariable vom Typ Datum.

Beispiel

```
stunde = 12
minut = 11
sekunde = 38
zeit = TimeSerial(stunde, minut, sekunde)
MsgBox zeit
```

Siehe auch
DateSerial

TimeValue

Syntax

```
Function TimeValue(ByVal Time)
```

Beschreibung
Liefert aus einer Datumsvariable isoliert die Zeitinformation zurück, sofern vorhanden.

Parameter

Parameter	Bedeutung
Time	Datumsvariable mit der Zeitinformation, die Sie extrahieren wollen.

Rückgabewert
Zeitinformation

Beispiel

```
MsgBox now
MsgBox TimeValue(now)
```

Siehe auch
DateValue

Trim

Syntax

```
Function Trim(ByVal string)
```

Beschreibung
Entfernt Leerzeichen von beiden Enden eines Textstrings.

Parameter

Parameter	Bedeutung
string	Textstring, den Sie von führenden oder folgenden Leerzeichen befreien wollen

Rückgabewert
Text ohne führende oder folgende Leerzeichen

Beispiel
```
text = "    Hallo Welt!    "
MsgBox "[" & text & "]"
text = Trim(text)
MsgBox "[" & text & "]"
```

Siehe auch
LTrim, RTrim

TypeName

Syntax
```
Function TypeName(ByVal varname)
```

Beschreibung
Liefert den Variablentyp einer Variablen als Klartext zurück. Bei Objektreferenzen wird der Name des Objektes gemeldet.

Parameter

Parameter	Bedeutung
varname	Name der Variable, an deren Typ Sie interessiert sind

Rückgabewert
Variablentyp oder Objektname im Klartext als Textstring.

Beispiel
```
var1 = 678
MsgBox TypeName(var1)
var1= 66.725342
MsgBox TypeName(var1)
```

Siehe auch
VarType

UBound

Syntax
```
Function UBound(ByVal arrayname)
```

Beschreibung
Liefert den höchsten Index eines Variablenfeldes zurück. Das ist der Index, der mit *Dim* oder *ReDim* festgelegt wurde. Die Anzahl der Variablenfelder ist um eins größer, weil Variablenfelder stets mit Feld 0 beginnen.

Parameter

Parameter	Bedeutung
arrayname	Name des Variablenfeldes

Rückgabewert
Größer Indexwert des Variablenfeldes

Beispiel
```
dim feld(100)
MsgBox UBound(feld)
```

Siehe auch
LBound, Dim, ReDim

UCase

Syntax
```
Function UCase(ByVal string)
```

Beschreibung
Wandelt einen Text in Großbuchstaben um.

Parameter

Parameter	Bedeutung
string	Text, den Sie in Großbuchstaben verwandeln wollen

Rückgabewert
Text in Großbuchstaben

Beispiel

```
text = "Hallo Welt!"
MsgBox text
MsgBox UCase(text)
```

Siehe auch
LCase, StrComp

VarType

Syntax

```
Function VarType(ByVal varname)
```

Beschreibung
Liefert den Variablentyp als Kennzahl zurück.

Parameter

Parameter	Bedeutung
varname	Variablenname, dessen Typ Sie prüfen wollen

Rückgabewert
Kennzahl des Variablentyps

Beispiel

```
var1 = 678
MsgBox VarType(var1)
var1= 66.725342
MsgBox VarType(var1)
```

Siehe auch
TypeName

Weekday

Syntax

```
Function Weekday(ByVal Date, [ByVal firstdayofweek])
```

Beschreibung
Liefert den Wochentag zurück, auf den ein Datum fällt.

Parameter

Parameter	Bedeutung
Date	Datum, dessen Wochentag Sie herausfinden wollen
firstdayofweek	Optional: Wochenanfang auf einen speziellen Tag legen

Rückgabewert
Wochentag-Index als Wert zwischen 1 und 7

Beispiel
```
MsgBox Weekday(date)
```

Siehe auch
WeekdayName

WeekdayName

Syntax
```
Function WeekdayName(ByVal Weekday, ByVal abbreviate, ByVal firstdayofweek)
```

Beschreibung
Liefert den Klartextnamen eines Wochentages zurück.

Parameter

Parameter	Bedeutung
Weekday	Kennzahl des Wochentags zwischen 1 und 7
abbreviate	Optional: true=Wochentagnamen abkürzen
firstdayofweek	Optional: erster Tag der Woche festlegen

Rückgabewert
Klartextname des Wochentages

Beispiel
```
MsgBox WeekdayName(Weekday(date))
```

Siehe auch
Weekday, MonthName

Year

Syntax
```
Function Year(ByVal Date)
```

Beschreibung
Liefert das Jahr eines Datums.

Parameter

Parameter	Bedeutung
Date	Datum, dessen Jahr-Information Sie wissen wollen

Rückgabewert
Jahr

Beispiel
```
MsgBox Year(date)
```

Siehe auch
Month, Day, Hour, Minute, Second, DatePart

Konstanten

Konstante	Beschreibung
vbAbort	3: Ergebnis von MsgBox
vbAbortRetryIgnore	2: Argument von MsgBox
vbApplicationModal	0: Argument von MsgBox
vbArray	8192: Variablentyp (siehe VarType)
vbBinaryCompare	0: für Vergleichsfunktionen wie StrComp: Groß- und Kleinschreibung beachten
vbBlack	0: schwarz
vbBlue	&hFF000: blau
vbBoolean	11: Variablentyp (siehe VarType)
vbByte	17: Variablentyp (siehe VarType)
vbCancel	2: Ergebnis von MsgBox
vbCr	Chr(13): Zeilenumbruch
vbCritical	16: Argument von MsgBox
vbCrLf	Chr(13)+Chr(10): Zeilenumbruch und Linefeed für ANSI-Texte
vbCurrency	6: Variablentyp (siehe VarType)
vbCyan	&hFFFF00: Cyan
vbDatabaseCompare	2: Access-Datenbankfelder vergleichen, bei VBScript ohne Bedeutung. Siehe Instr, InstrRev.
vbDataObject	13: Variablentyp (siehe VarType)
vbDate	7: Variablentyp (siehe VarType)
vbDecimal	14: Variablentyp (siehe VarType)
vbDefaultButton1	0: Argument von MsgBox
vbDefaultButton2	256: Argument von MsgBox
vbDefaultButton3	512: Argument von MsgBox

Konstante	Beschreibung
vbDefaultButton4	768: Argument von MsgBox
vbDouble	5: Variablentyp (siehe VarType)
vbEmpty	0: Leerwert
vbError	10: Variablentyp (siehe VarType)
vbExclamation	48: Argument von MsgBox
vbFalse	0: Falsch
vbFirstFourDays	2: betrifft firstweekofyear-Parameter der Datumsfunktionen wie z.B. DateDiff. Erste Woche ist die Woche, die mindestens vier Tage im neuen Jahr enthält.
vbFirstFullWeek	3: betrifft firstweekofyear-Parameter der Datumsfunktionen wie z.B. DateDiff. Erste Woche muß komplett im neuen Jahr liegen.
vbFirstJan1	1: betrifft firstweekofyear-Parameter der Datumsfunktionen wie z.B. DateDiff. Erste Woche ist diejenige, die am 1. Januar gilt.
vbFormFeed	Chr(12): Formfeed-Anweisung
vbFriday	6: Wochentag
vbGeneralDate	0: Datum mit Datums- und Zeitinformationen formatieren. Siehe auch FormatDateTime.
vbGreen	&h00FF00: grün
vbIgnore	5: Ergebnis von MsgBox
vbInformation	64: Argument von MsgBox
vbInteger	2: Variablentyp (siehe VarType)
vbLf	Chr(10): Linefeed-Anweisung
vbLong	3: Variablentyp (siehe VarType)
vbLongDate	1: siehe FormatDateTime
vbLongTime	3: siehe FormatDateTime
vbMagenta	&hFF00FF: magenta
vbMonday	2: Wochentag
vbNewLine	je nach Betriebssystem entweder vbCr oder vbCrLf: Zeilenumbruch
vbNo	7: Ergebnis von MsgBox
vbNull	1: Variablentyp (siehe VarType)
vbNullChar	Chr(0): Leerwert
vbNullString	String mit Adresse 0: für externe Funktionen, bei denen das String-Argument übersprungen werden soll
vbObject	9: Variablentyp (siehe VarType)
vbObjectError	Basiszahl für selbstdefinierte Fehlernummern
vbOK	1: Ergebnis von MsgBox
vbOKCancel	1: Argument von MsgBox
vbOKOnly	0: Argument von MsgBox
vbQuestion	32: Argument von MsgBox
vbRed	&h0000FF: rot
vbRetry	4: Ergebnis von MsgBox
vbRetryCancel	5: Argument von MsgBox
vbSaturday	7: Wochentag
vbShortDate	2: siehe FormatDateTime

Konstante	Beschreibung
vbShortTime	4: siehe FormatDateTime
vbSingle	4: Variablentyp (siehe VarType)
vbString	8: Variablentyp (siehe VarType)
vbSunday	1: Wochentag
vbSystemModal	4096: Argument von MsgBox
vbTab	Chr(9): Tabulatorzeichen-Code
vbTextCompare	1: für Vergleichsfunktionen wie StrComp: Groß- und Kleinschreibung nicht beachten
vbThursday	5: Wochentag
vbTrue	-1: Wahr
vbTuesday	3: Wochentag
vbUseDefault	-2: Systemvorgabe verwenden, zum Beispiel bei FormatNumber
vbUseSystem	0: betrifft firstweekofyear-Parameter der Datumsfunktionen wie z.B. DateDiff. Erste Woche wird gemäß Systemeinstellungen definiert.
vbUseSystemDayOfWeek	0: Als ersten Tag der Woche den systemweit festgelegten Tag verwenden (Vorgabe bei den Datums- und Zeitfunktionen)
vbVariant	12: Variablentyp (siehe VarType)
vbVerticalTab	Chr(11), in Windows unbrauchbar
vbWednesday	4: Wochentag
vbWhite	&hFFFFFF: weiß
vbYellow	&h00FFFF: gelb
vbYes	6: Ergebnis von MsgBox
vbYesNo	4: Argument von MsgBox
vbYesNoCancel	3: Argument von MsgBox

B Error-Objekt

Das Err-Objekt verwaltet Fehler. Es ist immer vorhanden, braucht also nicht angelegt zu werden. Stellen Sie den Befehlen in diesem Anhang den Namen des Error-Objekts voran: Err.

Wollen Sie VBScript-Fehler mit Hilfe des Error-Objekts selbst verwalten, dann verwenden Sie on *error resume next*. Diese Zeile schaltet das interne Fehlerhandling ab. Bevor Sie sich dazu entscheiden, lesen Sie zuerst die wichtigen Hinweise in Kapitel 2.

Clear

Syntax
```
Sub Clear
```

Beschreibung
Löscht einen Fehlerstatus und versetzt das Err-Objekt wieder in Ruhe

Beispiel
```
err.clear
```

Siehe auch
Raise

description

Syntax
```
Property description
```

Beschreibung
Liefert den Klartextfehlerbericht, wenn ein Fehler aufgetreten ist. Nicht bei jedem Fehler steht solch ein Fehlerbericht zur Verfügung.

Der Fehlerbericht steht nur so lange zur Verfügung, bis das Err-Objekt mit Err wieder in Ruhe geschaltet wurde.

Rückgabewert
Fehler als Klartextbeschreibung

Beispiel

```
on error resume next
MsgBo "huhu!"
MsgBox err.Description
err.Clear
```

Siehe auch
Err.Raise

helpcontext

Syntax

```
Property helpcontext
```

Beschreibung
Liefert die Context-ID eines Hilfethemas, falls eine Hilfedatei für diesen Fehler vorhanden ist.

Rückgabewert
Hilfethema als ContextID

Siehe auch
Helpfile

helpfile

Syntax

```
Property helpfile
```

Beschreibung
Liefert die Hilfedatei, die im Falle eines Fehlers erweiterte Hilfestellung leisten kann.

Rückgabewert
Pfadname der Hilfedatei.

Siehe auch
Helpcontext

number

Syntax

```
Property number
```

Beschreibung
Liefert die Fehlernummer. Nur möglich, solange Fehlermeldung nicht mit Err.Clear gelöscht wurde.

Rückgabewert
Fehlernummer des letzten Skriptfehlers.

Beispiel
```
set fs = CreateObject("Scripting.FileSystemObject")
on error resume next
MsgBox fs.GetFileVersion("C:\WINDOWS\EXPLORER.EXE")
if not err.Number=0 then
  ' Fehler aufgetreten
  MsgBox err.description
  err.Clear
end if
```

Siehe auch
Clear

Raise

Syntax
```
Sub Raise(ByVal number, ByVal source, ByVal description, ByVal helpfile, ByVal helpcontext)
```

Beschreibung
Löst einen Fehler künstlich aus.

Parameter

Parameter	Bedeutung
number	Fehlernummer
source	Ursprung des Fehlers (wird in Fehlermeldung angegeben)
description	Fehlerbeschreibung als Text
helpfile	Optional: Hilfedatei
helpcontext	Optional: Context-ID eines Themas der Hilfedatei

Beispiel
```
' Liste aller Fehler anlegen
on error resume next
for x=1 to 65535
  err.Raise x
  fehler = err.Description
  if fehler<>"" then liste = liste & x & "=" & fehler & vbCr
next

MsgBox liste
```

source

Syntax

```
Property source
```

Beschreibung
Liefert den Namen der Anwendung, in der der letzte Fehler aufgetreten ist.

Rückgabewert
Name der Anwendung als Text

C WScript-Objekt

Der Scripting Host selbst wird durch das *WScript*-Objekt repräsentiert. Innerhalb Ihrer Skripte ist das *WScript*-Hauptobjekt immer verfügbar. Sie brauchen es nicht extra anzulegen. Sie erreichen das Objekt über seinen Namen *WScript* oder über die geheime Abkürzungsbezeichnung *wsh*. Stellen Sie einen der beiden Namen vor alle Befehle, die Sie in diesem Anhang kennenlernen.

Daneben hat das *WScript*-Objekt noch eine Reihe von Unterobjekten zu bieten. Diese Unterobjekte können aber erst benutzt werden, wenn Sie sie mit *CreateObjekt* explizit ansprechen:

    Anhang D: Das Shell-Objekt WScript.Shell

    Anhang G: Das Network-Objekt WScript.Network

Application

Syntax
```
Property Application As Object
```

Beschreibung
Liefert eine Referenz auf das WScript-Objekt.

Rückgabewert
WScript-Objekt

Arguments

Syntax
```
Property Arguments As IArguments
```

Beschreibung
Liefert die Kommandozeilen-Argumente zurück, die dem Skript entweder als Kommandozeile oder via Drag&Drop übergeben wurden. Die Argumente werden als IArguments-Collection geliefert.

Rückgabewert
IArguments-Objekt

Beispiel

```
set argumente = WScript.Arguments
MsgBox "Es wurden " & argumente.Count & " Argumente übergeben!"
for each argument in argumente
   MsgBox argument
next
```

Siehe auch
Kapitel 10

BuildVersion

Syntax

```
Property BuildVersion As Long
```

Beschreibung
Liefert die Build-Version des Scripting Hosts. Undokumentiert.

Rückgabewert
Build als Long

Beispiel

```
MsgBox WScript.BuildVersion
```

ConnectObject

Syntax

```
Sub ConnectObject(ByVal pObject As Object, ByVal bstrPrefix As String)
```

Beschreibung
Definiert nachträglich für ein ActiveX-Objekt einen Event-Sink. Damit hat das Skript die Möglichkeit, auch dann auf Ereignisse eines Objektes zu reagieren, wenn es das Objekt nicht selbst über *CreateObjekt* geöffnet hat, zum Beispiel, weil die Objektreferenz aus einem anderen Objekt ausgelesen wurde oder weil das Objekt auf einer Webseite eingebettet ist.

Parameter

Parameter	Bedeutung
pObject	Referenz auf das Objekt, an dessen Events Sie interessiert sind
bstrPrefix	Begriff, der Prozedurnamen vorangestellt wird, die auf die Events des Objekts reagieren sollen

Beispiel

```
set ie = WScript.CreateObject("InternetExplorer.Application", _
    "ieevent_")
ie.Visible = true

MsgBox "Sobald Sie auf OK klicken, endet die Fensterüberwachung!"

sub ieevent_onQuit
    MsgBox "Fenster wurde geschlossen!"
end sub
```

Siehe auch
Kapitel 5

CreateObject

Syntax

```
Function CreateObject(ByVal bstrProgID As String, [ByVal bstrPrefix As String])
As Object
```

Beschreibung
Funktioniert ähnlich wie der CreateObject-Befehl von VBScript. Zusätzlich können Sie aber einen Event-Sink definieren, also auf Events reagieren, die das Objekt auslöst. Dazu geben Sie einen zweiten Parameter an.

Parameter

Parameter	Bedeutung
bstrProgID	ProgID des ActiveX-Objekts, auf das Sie zugreifen wollen
bstrPrefix	Optional: frei wählbarer Begriff, der Prozedurnamen vorangestellt wird, die Events des Objekts bearbeiten sollen.

Rückgabewert
Referenz auf das Objekt

Beispiel

```
set ie = WScript.CreateObject("InternetExplorer.Application", _
    "ieevent_")
ie.Visible = true

MsgBox "Sobald Sie auf OK klicken, endet die Fensterüberwachung!"

sub ieevent_onQuit
    MsgBox "Fenster wurde geschlossen!"
end sub
```

Siehe auch
Kapitel 5

DisconnectObject

Syntax

```
Sub DisconnectObject(ByVal pObject As Object)
```

Beschreibung
Bricht den Kontakt zum Objekt ab. Es werden keine weiteren Events mehr empfangen. Das Objekt selbst bleibt vorhanden, bis es auf *Nothing* gesetzt wird.

Parameter

Parameter	Bedeutung
pObject	Name der Variable, die die Referenz auf das Objekt enthält

Siehe auch
CreateObject, ConnectObject

Echo

Syntax

```
Sub Echo([ParamArray ByVal pArgs() As Variant])
```

Beschreibung
Schreibt einfache Textnachrichten entweder in ein DOS-Fenster oder gibt sie als Dialogfenster aus, je nachdem, ob das Skript von WSCRIPT.EXE oder CSCRIPT.EXE ausgeführt wird.

Der Echo-Befehl wird automatisch übersprungen, wenn *Interactive* auf false gesetzt wird.

Parameter

Parameter	Bedeutung
ByVal	Textnachricht

Beispiel

```
WScript.echo "Textnachricht!"
```

Siehe auch
Interactive

FullName

Syntax
```
Property FullName As String
```

Beschreibung
Kompletter Pfadname von WSCRIPT.EXE

Rückgabewert
Pfadname als String

Beispiel
```
MsgBox WScript.FullName
```

Siehe auch
Name

GetObject

Syntax
```
Function GetObject(ByVal bstrPathname As String, [ByVal bstrProgID As String],
[ByVal bstrPrefix As String]) As Object
```

Beschreibung
Funktioniert ähnlich wie der VBScript-Befehl *GetObject*. Zusätzlich kann als dritter Parameter aber wiederum ein Event-Sink definiert werden, der die Events des Objekts empfängt.

Parameter

Parameter	Bedeutung
bstrPathname	Name einer Dokumenten-Datei, die von einer ActiveX-fähigen Anwendung geöffnet wird
bstrProgID	Optional: ProgID eines ActiveX-Objekts
bstrPrefix	Optional: Textbegriff, der Prozedurnamen vorausgestellt wird, die dann die Events des Objekts bearbeiten sollen

Rückgabewert
Referenz auf das Objekt

Siehe auch
CreateObject, ConnectObject, DisconnectObject

Interactive

Syntax
```
Property Interactive As Boolean
```

Beschreibung
Legt fest, ob das Skript still oder interaktiv ausgeführt werden soll. Im Interaktiv-Modus wird der Echo-Befehl ausgeführt, andernfalls übersprungen.

Rückgabewert
true: Interaktiv ausführen, sonst false

Beispiel
```
WScript.Echo "Textnachricht 1"
WScript.Interactive=false
WScript.Echo "Textnachricht 2"
WScript.Interactive=true
WScript.Echo "Textnachricht 3"
```

Siehe auch
Echo

Name

Syntax
```
Property Name As String
```

Beschreibung
Name des Windows Scripting Hosts

Rückgabewert
Name als String

Beispiel
```
MsgBox WScript.Name
```

Siehe auch
FullName, Path

Path

Syntax
```
Property Path As String
```

Beschreibung
Liefert den Ordner, in dem WSCRIPT.EXE gespeichert ist.

Rückgabewert
Pfadname als String

Beispiel
```
MsgBox WScript.Path
```

Siehe auch
Name, FullName

Quit

Syntax
```
Sub Quit([ByVal iExitCode As Long])
```

Beschreibung
Beendet sofort die Skriptausführung und liefert den Fehlercode zurück, falls Sie einen angeben.

Parameter

Parameter	Bedeutung
iExitCode	Optional (Voreinstellung: 0) Fehlercode, der zurückgeliefert werden soll

Beispiel
```
if MsgBox("Weitermachen?", vbYesNo)=vbNo then
   WScript.Quit
else
   MsgBox "Ich mache weiter..."
end if
```

ScriptFullName

Syntax
```
Property ScriptFullName As String
```

Beschreibung
Kompletter Dateipfad des aktuell ausgeführten Skriptes

Rückgabewert
Dateipfad als Textstring

Beispiel

```
MsgBox WScript.ScriptFullName
```

Siehe auch
ScriptName

ScriptName

Syntax

```
Property ScriptName As String
```

Beschreibung
Liefert den Dateinamen einschließlich Extension des aktuell ausgeführten Skripts

Rückgabewert
Dateiname als String

Beispiel

```
MsgBox WScript.ScriptName
```

Siehe auch
ScriptFullName

Sleep

Syntax

```
Sub Sleep(ByVal lTime As Long)
```

Beschreibung
Hält das Skript für die angegebene Zeitdauer an.

Parameter

Parameter	Bedeutung
lTime	Zeit in Millisekunden (tausendstel Sekunden)

Beispiel

```
MsgBox "Sobald Sie auf OK klicken, mache ich 5 sec Pause!"
WScript.Sleep 5000
MsgBox "Pause beendet."
```

StdErr

Syntax
```
Property StdErr As ITextStream
```

Beschreibung
Öffnet den DOS-Fehlerstream als ITextStreamObjekt. Dazu muß das Skript von CSCRIPT.EXE ausgeführt werden.

Rückgabewert
ITextStream-Objekt, Anhang I

StdIn

Syntax
```
Property StdIn As ITextStream
```

Beschreibung
Öffnet den DOS-Eingabestrom als ITextStreamObjekt. Dazu muß das Skript von CSCRIPT.EXE ausgeführt werden.

Rückgabewert
ITextStream-Objekt, Anhang I

Siehe auch
Kapitel 10

StdOut

Syntax
```
Property StdOut As ITextStream
```

Beschreibung
Öffnet den DOS-Ausgabestrom als ITextStreamObjekt. Dazu muß das Skript von CSCRIPT.EXE ausgeführt werden.

Rückgabewert
ITextStream-Objekt, Anhang I

Siehe auch
Kapitel 10

Timeout

Syntax
```
Property Timeout As Long
```

Beschreibung
Legt ein Timeout in Sekunden fest. Spätestens nach Ablauf dieser Zeit wird das Skript angehalten.

Rückgabewert
Timeout in Sekunden als Long

Beispiel
```
WScript.Timeout=4
for x=1 to 10
    MsgBox "Meldung " & x & " von 10!"
next
```

Siehe auch
Sleep

Version

Syntax
```
Property Version As String
```

Beschreibung
Version des Scripting Hosts

Rückgabewert
Version als String

Beispiel
```
MsgBox WScript.Version
```

D WScript.Shell

Der Scripting Host bringt neben dem Hauptobjekt WScript noch weitere Helferobjekte mit. Eines davon ist *Shell*. Dieses Objekt dient der Informationsbeschaffung: seine Methoden und Eigenschaften lesen Informationen aus der Windows-Registry, aus Verknüpfungen und aus Umgebungsvariablen.

WScript.Shell ist kein Standardobjekt. Es muß bei Bedarf über *CreateObject* hinzugezogen werden:

```
set wshshell = CreateObject("WScript.Shell")
```

Einige Funktionen stehen nur beim neuen WSH 2.0 zur Verfügung. Ob Sie die Funktionen nutzen können, finden Sie heraus, indem Sie den Typ des *Shell*-Objekts bestimmen:

```
set wshshell = CreateObject("WScript.Shell")
MsgBox TypeName(wshshell)
```

Ist Ihr Shell-Objekt vom Typ *IWshShell2*, dann verfügen Sie über die neueste und aktuellste Version. Ist der Typ dagegen *IWshShell*, dann stehen Ihnen die als »neu« gekennzeichneten Funktionen nicht zur Verfügung.

> **Tip:** Neuer WSH 2.0
> Der neue WSH 2.0 steht Ihnen automatisch zur Verfügung, wenn Sie Ihr System so wie in Kapitel 1 beschrieben aktualisiert haben. Nur bei Windows 2000 in der Betaversion ist noch der alte WSH 1.0 aktiv.

AppActivate

Syntax

```
Function AppActivate(pvarApp, [pvarWait]) As Boolean
```

Beschreibung

WSH 2.0: Aktiviert ein laufendes Programm: das Programmfenster wird in den Vordergrund geschaltet.

Allerdings gelingt die Umschaltung bei Windows 98/2000 nur, wenn das Skript den Eingabefocus besitzt. Andernfalls blinkt nur die Schaltfläche des Fensters in der Taskleiste, und das Fenster wird erst dann in den Vordergrund geschaltet, wenn der Anwender auf die Schaltfläche klickt. Mehr lesen Sie in Kapitel 10.

Parameter

Parameter	Bedeutung
pvarApp	Name des Fensters, das in den Vordergrund geschaltet werden soll. Name entspricht dem Namen, der in der Titelleiste des Fensters angezeigt wird.
pvarWait	Optional: Booleanscher Ausdruck, Bedeutung unbekannt

Rückgabewert
true, wenn ein Fenster mit dem angegebenen Namen gefunden wurde, sonst false.

Beispiel
```
set wshshell = CreateObject("WScript.Shell")
fenstername = "Microsoft Word"
if not wshshell.AppActivate(fenstername) then
   MsgBox "Kein Fenster namens " & fenstername & "gefunden!"
end if
```

Siehe auch
Kapitel 10

CreateShortcut

Syntax
```
Function CreateShortcut(ByVal bstrPathLink As String) As Object
```

Beschreibung
Liefert ein Objekt vom Typ *IShortcutObjekt*, mit dem die Einstellungen einer existierenden Verknüpfung gelesen oder neue Verknüpfungen angelegt werden können. Mehr zu diesem Objekt lesen Sie in Kapitel 7 sowie in Anhang E.

Parameter

Parameter	Bedeutung
bstrPathLink	Pfadname der existierenden oder geplanten Verknüpfung.

Rückgabewert
IShortcutObject, Anhang E

Beispiel
```
set wshshell = CreateObject("WScript.Shell")
set shortcut = wshshell.CreateShortcut("C:\link.lnk")
MsgBox TypeName(shortcut)
```

Siehe auch
Kapitel 7

Environment

Syntax
```
Property Environment([pvarType]) As IWshEnvironment
```

Beschreibung
Liefert ein Objekt vom Typ IWshEnvironment zurück. Dabei handelt es sich um eine Collection mit den Werten der Umgebungsvariablen.

Parameter

Parameter	Bedeutung
pvarType	Optional: Bestimmt, welche Umgebungsvariablen aufgelistet werden sollen. Bei Windows NT/2000 sind möglich: »System«, »Volatile«, »User« und »Process« Windows 9x unterstützt nur »Process«, die Vorgabe. Bei Windows NT/2000 lautet die Vorgabe »System«.

Rückgabewert
IWshEnvironment-Objekt, Anhang O

Beispiel
```
set wshshell = CreateObject("WScript.Shell")
set envir = wshshell.Environment("Process")
MsgBox TypeName(envir)
for each variable in envir
   list = list & variable & vbCr
next
MsgBox list
```

ExpandEnvironmentStrings

Syntax
```
Function ExpandEnvironmentStrings(ByVal bstrSrc As String) As String
```

Beschreibung
Verwandelt Umgebungsvariablen in Klartext

Parameter

Parameter	Bedeutung
bstrSrc	Textstring mit der/mit den Umgebungsvariable(n)

Rückgabewert
Text mit dem Inhalt der Umgebungsvariablen

Beispiel
```
set wshshell = CreateObject("WScript.Shell")
text = "Windows liegt im Ordner %WINDIR%!"
MsgBox wshshell.ExpandEnvironmentStrings(text)
```

LogEvent

Syntax
```
Function LogEvent(pvarType, ByVal bstrMessage As String, ByVal bstrTarget As
String) As Boolean
```

Beschreibung
Neuer Befehl: Schreibt eine Information ins Systemlogbuch. Bei Windows NT/2000 wird das offizielle Systemlog verwendet. Bei Windows 9x wird die Information in die Datei WSH.LOG im Windows-Ordner geschrieben.

WSH.LOG wird auf Windows 9x-Systemen neu angelegt, wenn die Datei noch nicht existiert. Andernfalls werden neue Einträge an die existierende Datei angehängt.

Parameter

Parameter	Bedeutung
pvarType	Art der Meldung:
	0: Success
	1: Error
	2: Warning
	4: Information
	8: Audit_Success
	16: Audit_Failure
bstrMessage	Textinformation, die ins Logbuch geschrieben werden soll
bstrTarget	Optional: Typ des Logbuchs, bei Windows 9x ignoriert. Bei Windows NT/2000 ist die Vorgabe das Systemlog.

Rückgabewert
true, wenn die Information eingetragen werden konnte, sonst false.

Beispiel
```
set wshshell = CreateObject("WScript.Shell")
wshshell.LogEvent 4, "Eine Meldung des WSH!"
' funktioniert nur bei Win9x:
wshshell.Run "wsh.log"
```

Popup

Syntax
```
Function Popup(ByVal bstrText As String, [pvarSecondsToWait], [pvarTitle],
[pvarType]) As Long
```

Beschreibung
Alternative zur VBScript-Funktion MsgBox. Popup kann mehr als 1000 Zeichen anzeigen, erhält immer den Eingabefokus (ist also immer sofort sichtbar) und kann per Timeout nach einer Wartefrist von allein wieder verschwinden.

Parameter

Parameter	Bedeutung
bstrText	Meldung, die Sie ausgeben wollen
pvarSecondsToWait	Optional: Anzahl Sekunden, die die Meldung maximal zu sehen sein soll
pvarTitle	Optional: Text in der Titelleiste des Dialogfensters
pvarType	Optional: Flags, die die Anzahl der Schaltflächen und die Anzeige von Icons regeln. Siehe MsgBox, Kapitel 4.

Rückgabewert
-1, wenn das Fenster aufgrund des Timeouts geschlossen wurde, ansonsten ein Rückgabewert wie bei MsgBox, der angibt, auf welche Schaltfläche der Anwender geklickt hat.

Beispiel
```
set wshshell = CreateObject("WScript.Shell")
wshshell.Popup "Meldung für 2 Sek!", 2
```

Siehe auch
Kapitel 4

RegDelete

Syntax
```
Sub RegDelete(ByVal bstrName As String)
```

Beschreibung
Löscht einen Schlüssel aus der Registry. Bei Windows NT müssen Sie dafür die geeignete Berechtigung haben. Bei Windows NT können außerdem keine Schlüssel gelöscht werden, die noch Unterschlüssel enthalten.

Parameter

Parameter	Bedeutung
bstrName	Name des Registry-Schlüssels, den Sie löschen wollen

Siehe auch
Kapitel 12.4

RegRead

Syntax
```
Function RegRead(ByVal bstrName As String)
```

Beschreibung
Liest den Inhalt eines Registry-Wertes. Ein abschließendes »\«-Zeichen liest den Standard-Wert des Schlüssels. Fehlt ein abschließendes »\«-Zeichen, dann wird ein Registry-Wert gelesen. Existieren Schlüssel oder Wert nicht, dann kommt es zu einem Fehler.

RegRead kann alle Registry-Datentypen lesen. Binärwerte werden als Variablenfeld zurückgeliefert.

Parameter

Parameter	Bedeutung
bstrName	Name des Registryschlüssels oder -wertes, den Sie lesen wollen

Rückgabewert
Inhalt des Standard-Werts des Registry-Schlüssels, oder Inhalt des Registry-Wertes. Bei Binärwerten ist das Ergebnis ein Variablenfeld.

Siehe auch
Kapitel 12.4

RegWrite

Syntax
```
Sub RegWrite(ByVal bstrName As String, pvValue, [pvarType])
```

Beschreibung
Schreibt Werte in die Registry und legt neue Registry-Schlüssel an.

Parameter

Parameter	Bedeutung
bstrName	Name des Registry-Schlüssels, den Sie anlegen wollen. Schlüssel enden immer mit »\«.
	Name des Registry-Wertes, den Sie schreiben wollen. Registry-Werte enden nie mit »\«.
pvValue	Wert, den Sie schreiben wollen, oder Name des Schlüssels, den Sie anlegen wollen

Anhang D: WScript.Shell 563

Parameter	Bedeutung
pvarType	Optional: Datentyp: "REG_SZ": String (Vorgabe) "REG_DWORD": Zahl "REG_BINARY": Binärwert. Es wird nur ein Binärwert unterstützt, keine Serien.

Siehe auch
Kapitel 12.4

Run

Syntax

```
Function Run(ByVal bstrCommand As String, [pvarWindowStyle],
[pvarWaitOnReturn]) As Long
```

Beschreibung

Startet ein fremdes Programm, oder ruft ein Dokument mit dem dafür vorgesehenen Programm auf.

Run akzeptiert keine Leerzeichen im Befehlsnamen. Enthält der Pfad zum Programm Leerzeichen, dann müssen Sie den Pfad in Anführungszeichen stellen.

Parameter

Parameter	Bedeutung
bstrCommand	Pfadname des Programms oder der Datei, die Sie öffnen wollen
pvarWindowStyle	Optional: Art des Fensters, das geöffnet werden soll maximiert, aktiviert = 3 normal, aktiviert = 1 normal, nicht aktiviert = 4 minimiert, aktiviert = 2 minimiert, nicht aktiviert = 6 kein Fenster (unsichtbar) = 0
pvarWaitOnReturn	Optional: true: Skript wartet, bis das Programm beendet ist. Funktioniert nur, wenn Sie Run als Funktion aufrufen, also einen Rückgabewert lesen.

Rückgabewert

0, wenn *pvarWaitOnReturn* false oder nicht angegeben ist, ansonsten der Ergebniscode des Programms, das Sie gestartet haben.

Beispiel

```
set wshshell = CreateObject("WScript.Shell")
wshshell.run "notepad.exe"
```

Siehe auch
Kapitel 10

SendKeys

Syntax

```
Sub SendKeys(ByVal bstrKeys As String, [pvarWait])
```

Beschreibung
Neuer Befehl: Sendet Tastendrücke an das Fenster, das zur Zeit im Vordergrund liegt.

Parameter

Parameter	Bedeutung
bstrKeys	Tasten und Sondertasten, die ans Programm gesendet werden sollen. Eine Übersicht finden Sie in Kapitel 10.
pvarWait	Optional: true=Skript wartet, bis die Tastenfolge tatsächlich verarbeitet wurde und verhindert so, daß der Tastenpuffer bei langsam reagierenden Programmen überflutet wird oder Tastendrücke abhanden kommen.

Beispiel

```
set wshshell = CreateObject("WScript.Shell")
' klappt das Startmenü aus:
wshshell.SendKeys "^{ESC}"
```

Siehe auch
Kapitel 10

SpecialFolders

Syntax

```
Property SpecialFolders As IWshCollection
```

Beschreibung
Liefert ein Objekt vom Typ IWshCollection mit den Pfadnamen sämtlicher Windows-Spezialordner zurück. Geben Sie den Codenamen eines Spezialordners direkt an, dann wird nur der Pfadname dieses Ordners zurückgeliefert (siehe Beispiel, Kapitel 8)

Rückgabewert
IWshCollection-Objekt, Anhang O

Beispiel

```
set wshshell = CreateObject("WScript.Shell")
set sfold = wshshell.SpecialFolders
for each path in sfold
   list = list & path & vbCr
next
MsgBox list

MsgBox "Desktopordner: " & wshshell.SpecialFolders("desktop")
```

E IWshShortcut

Das *IWshShortcut*-Objekt kann nicht direkt angelegt werden. Es ist immer das Ergebnis des *CreateShortcut*-Befehls aus dem *WScript.Shell*-Objekt (siehe Anhang D):

```
set wshshell = CreateObject("WScript.Shell")
set wshshortcut = wshshell.CreateShortcut("C:\test.lnk")
```

Geben Sie als Argument nicht eine *LNK*-Datei an, sondern eine *URL*-Datei, dann liefert CreateShortcut das IWshURLShortcut-Objekt. Es wird in Anhang F beschrieben.

Arguments

Syntax

```
Property Arguments As String
```

Beschreibung
Legt die Argumente fest, die dem Programm übergeben werden sollen, auf das der Link zeigt. Der gesamte Programmaufruf setzt sich also aus *TargetPath* und *Arguments* zusammen. In normalen Verknüpfungen wird *Arguments* nicht benutzt.

Rückgabewert
Argumente des Shortcuts

Beispiel

```
set wshshell = CreateObject("WScript.Shell")
set scut = wshshell.CreateShortcut("C:\LINK.LNK")
scut.TargetPath = "notepad"
scut.Arguments = "c:\antworten.txt"
scut.Save

wshshell.Run "C:\LINK.LNK"
```

Siehe auch
TargetPath

Description

Syntax

```
Property Description As String
```

Beschreibung

Speichert eine Beschreibung über den Shortcut. Diese Informationen werden normalerweise nicht gebraucht und können dazu dienen, versteckte Informationen im Link zu speichern. Ihre Skripte könnten auf diese Weise Links kennzeichnen, die skriptgesteuert angelegt wurden, um sie zu einem späteren Zeitpunkt wiedererkennen und entfernen zu können.

Rückgabewert

Die Beschreibung des Shortcuts als Textstring.

FullName

Syntax

```
Property FullName As String
```

Beschreibung

Pfadname des Shortcuts.

Rückgabewert

Pfadname des zugrundeliegenden Shortcuts als Text.

Beispiel

```
set wshshell = CreateObject("WScript.Shell")
set scut = wshshell.CreateShortcut("C:\LINK.LNK")
scut.TargetPath = "notepad"
scut.Save
MsgBox "Neuer Link angelegt: " & scut.FullName
```

Hotkey

Syntax

```
Property Hotkey As String
```

Beschreibung

Legt die Tastenkombination fest, über die dieser Shortcut aktiviert werden kann. Tastenkombinationen werden von Windows nur dann erkannt, wenn der Shortcut entweder im Startmenü oder in einer der Programmgruppen liegt.

Wird die Tastenkombination skriptgesteuert geändert, dann ist die neue Tastenkombination häufig erst nach einem Neustart wirksam.

Rückgabewert

Tastenkombination. Erlaubt sind Steuerungstasten wie ALT, CTRL, SHIFT und EXT, Buchstaben sowie Sondertasten wie Back, Tab, Clear, Return, Escape oder Space. Nicht erlaubt sind Leerzeichen. Die Bezeichner der Steuerungs- und Sondertasten sind auf korrekte Groß- und Kleinschreibung angewiesen. Beispiel: SHIFT+ALT+B.

Beispiel

```
set wshshell = CreateObject("WScript.Shell")
startmenue = wshshell.SpecialFolders("Startmenu")
set scut = wshshell.CreateShortcut(startmenue & "\huhu!.lnk")
scut.TargetPath = "notepad"
scut.Hotkey = "CTRL+ALT+N"
scut.Save
MsgBox "AltGr+N startet ab sofort den Editor!"
```

IconLocation

Syntax

```
Property IconLocation As String
```

Beschreibung
Gibt an, aus welcher Datei die Verknüpfung ihr Icon bezieht. Angegeben wird die Icondatei sowie (optional) getrennt durch Komma die Indexzahl des Icons. Sofern die Icondatei in einem der Ordner liegt, die in der PATH-Umgebungsvariable definiert sind, genügt der einfache Name, andernfalls ist der komplette Pfadname erforderlich.

Rückgabewert
Pfadname der Icondatei und Indexzahl

Beispiel

```
set wshshell = CreateObject("WScript.Shell")
startmenue = wshshell.SpecialFolders("Startmenu")
set scut = wshshell.CreateShortcut(startmenue & "\huhu!.lnk")
scut.TargetPath = "notepad"
scut.IconLocation = "SHELL32.DLL,15"
scut.Save
```

Load

Syntax

```
Sub Load(ByVal bstrPathLink As String)
```

Beschreibung
Undokumentierter Befehl, für VBScript unnütz. VBScript kann kein leeres IWshShortcut-Objekt anlegen. Der einzige Weg, an ein Objekt dieses Typs heranzukommen, ist der Create-Shortcut-Befehl. Der aber füllt das Objekt bereits mit Daten einer bestehenden Verknüpfung oder initialisiert das Objekt neu. Load darf nun nicht mehr eingesetzt werden, und im Grunde entspricht Load sogar dem CreateShortcut-Befehl.

Parameter

Parameter	Bedeutung
bstrPathLink	Pfadname der Verknüpfungsdatei

RelativePath

Syntax

```
Property RelativePath As String
```

Beschreibung
Ähnlich unnütz wie Load: RelativePath kann nur auf ein frisches IWshShortcut-Objekt angewendet werden. Im Gegensatz zu Load erwartet RelativePath einen relativen Pfad, der den aktuellen Pfad berücksichtigt.

Rückgabewert
String

Siehe auch
Load

Save

Syntax

```
Sub Save
```

Beschreibung
Speichert die im WshShortcut-Objekt enthaltenen Daten in der Verknüpfung. Erst so werden die Einstellungen wirksam.

TargetPath

Syntax

```
Property TargetPath As String
```

Beschreibung
Pfadname des Ziels der Verknüpfung, also meist der Pfadname eines Programms, das durch die Verknüpfung gestartet werden soll. Ebenfalls möglich sind Ordnernamen.

Rückgabewert
Ziel der Verknüpfung als Pfadname.

WindowStyle

Syntax
```
Property WindowStyle As Long
```

Beschreibung
Legt fest, in welchem Fenster der Shortcut sein Ziel öffnen soll.

Rückgabewert
1: normales Fenster
3: maximiert
7: minimiert

Beispiel
```
set wshshell = CreateObject("WScript.Shell")
startmenue = wshshell.SpecialFolders("Startmenu")
set scut = wshshell.CreateShortcut(startmenue & "\huhu!.lnk")
scut.TargetPath = "notepad.exe"
scut.WindowStyle = 3
scut.Save
```

WorkingDirectory

Syntax
```
Property WorkingDirectory As String
```

Beschreibung
Ändert den aktuellen Pfadnamen nach dem Start des in TargetPath angegebenen Ziels auf diesen Pfad. Das gestartete Programm verwendet diesen Pfad also als Vorgabe, wenn Dateien geöffnet werden sollen. Nicht alle Programme halten sich an die Vorgabe. Einige verwenden eigene Vorgaben.

Rückgabewert
Pfad, der voreingestellt sein soll.

F IWshURShortcut

Das *WshURLShortcut*-Objekt repräsentiert eine Windows-Verknüpfung auf eine Webressource. Es kann nicht direkt angelegt werden, sondern stammt immer von CreateShortcut, einer Funktion des *WScript.Shell*-Objektes.

Es wird angelegt, wenn als Verknüpfung nicht eine *lnk*-Datei angegeben wird, sondern eine *url*-Datei:

```
set wshshell = CreateObject("WScript.Shell")
set wshURLshortcut = wshshell.CreateShortcut("C:\Webseite.url")
```

FullName

Syntax

```
Property FullName As String
```

Beschreibung
Pfadname der URL-Verknüpfung.

Rückgabewert
Pfadname als Textstring

Beispiel

```
set wshshell = CreateObject("WScript.Shell")
desktop = wshshell.SpecialFolders("desktop")
set scut = wshshell.CreateShortcut(desktop & "\franzis.url")
scut.TargetPath = "http://www.franzis.de"
scut.Save
MsgBox "Neue Franzisverknüpfung: " & scut.FullName
```

Siehe auch
Name

Load

Syntax

```
Sub Load(ByVal bstrPathLink As String)
```

Beschreibung
Befehl wird bei VBScript nicht gebraucht, weil *CreateShortcut* das Objekt bereits initialisiert hat.

Parameter

Parameter	Bedeutung
bstrPathLink	Pfadname des Shortcuts

Save

Syntax
```
Sub Save
```

Beschreibung
Speichert die Daten des WshURLShortcut-Objekts in der url-Datei, die bei CreateShortcut angegeben wurde.

TargetPath

Syntax
```
Property TargetPath As String
```

Beschreibung
Ziel der URL-Verknüpfung, also eine Internetadresse.

Rückgabewert
URL, auf die die Verknüpfung verweisen soll

G WScript.Network

Die Eigenschaften und Methoden in diesem Abschnitt werden vom Objekt *WScript.Network* zur Verfügung gestellt. Um dieses Objekt nutzen zu können, legen Sie sich eine Referenz darauf an:

```
set wshnet = CreateObject("WScript.Network")
```

Einige Funktionen stehen nur beim neuen WSH 2.0 zur Verfügung. Diese Funktionen sind speziell gekennzeichnet. Ob Sie die Funktionen nutzen können, finden Sie heraus, indem Sie den Typ des Network-Objekts bestimmen:

```
set wshnet = CreateObject("WScript.Network")
MsgBox TypeName(wshnet)
```

Ist Ihr *Network*-Objekt vom Typ *IWshNetwork2*, dann verfügen Sie über die neueste und aktuellste Version. Ist der Typ dagegen *IWshNetwork*, dann stehen Ihnen auch alle neuen Funktionen zur Verfügung.

AddPrinterConnection

Syntax

```
Sub AddPrinterConnection(ByVal bstrLocalName As String, ByVal bstrRemoteName As String, [pvarUpdateProfile], [pvarUserName], [pvarPassword])
```

Beschreibung

Macht einen Netzwerkdrucker über einen lokalen Druckerport verfügbar. Sie können auf diese Weise zum Beispiel einen Netzwerkdrucker auf den lokalen Druckerport LPT1: legen, an den zur Zeit kein eigener Drucker angeschlossen ist. Druckaufträge an LPT1: gehen dann an den Netzwerkdrucker.

Parameter

Parameter	Bedeutung
bstrLocalName	Name des lokalen Druckerports, den Sie umleiten wollen
bstrRemoteName	UNC-Pfadname des Netzwerkdruckers, an den die Druckaufträge gehen sollen
pvarUpdateProfile	Optional: true=Einstellungen werden in den Benutzereinstellungen gespeichert
pvarUserName	Optional: sollen die Einstellungen für einen anderen als den gerade angemeldeten Benutzer gelten, dann geben Sie den Benutzernamen an.
pvarPassword	Optional: wie vor, jedoch das Benutzerkennwort

Beispiel

```
set wshnet = CreateObject("WScript.Network")
wshnet.AddPrinterConnection "LPT1:", "\\printserver\printer2"
```

Siehe auch
AddWindowsPrinterConnection

AddWindowsPrinterConnection

Syntax

```
Sub AddWindowsPrinterConnection(ByVal bstrPrinterName As String, ByVal
bstrDriverName As String, [ByVal bstrPort As String"LPT1"])
```

Beschreibung
Neuer Befehl: legt einen neuen Drucker an, ähnlich wie die Verwendung von Neuen Drucker hinzufügen.

Parameter

Parameter	Bedeutung
bstrPrinterName	Pfadname zum Drucker
bstrDriverName	Name des Druckertreibers, erforderlich bei Windows 9x. Der Druckertreiber muß bereits installiert sein. Dieser Wert wird bei Windows NT/2000 ignoriert.
bstrPort	Optional (Voreinstellung: "LPT1"): Druckerport, mit dem der Drucker assoziiert werden soll. Wird bei Windows NT/2000 ignoriert.

Beispiel

```
set wshnet = CreateObject("WScript.Network")
wshnet.AddWindowsPrinterConnection "\\PRINTSERVER\SERV1", _
     "HP LaserJet 4", "LPT1:"
```

ComputerName

Syntax

```
Property ComputerName As String
```

Beschreibung
Ermittelt den Netzwerknamen des Computers.

Rückgabewert
Computername als String.

Beispiel
```
set wshnet = CreateObject("WScript.Network")
MsgBox wshnet.ComputerName
```

Siehe auch
UserName

EnumNetworkDrives

Syntax
```
Function EnumNetworkDrives As IWshCollection
```

Beschreibung
Liefert ein Objekt vom Typ IWshCollection, das die Namen der permanenten Netzwerkverbindungen enthält. Mit *Count* erfahren Sie die Anzahl der Verbindungen. Weil die Collection pro Netzwerkverbindung zwei Einträge enthält, nämlich den zugeordneten Laufwerksbuchstaben und den UNC-Pfad des Netzwerkordners, muß das Ergebnis halbiert werden.

Rückgabewert
IWshCollection-Objekt, Anhang O

Beispiel
```
set wshnet = CreateObject("WScript.Network")
set drives = wshnet.EnumNetworkDrives
if drives.Count=0 then
   MsgBox "Keine Netzlaufwerke gefunden."
else
   MsgBox "Es gibt " & drives.Count/2 & " Netzwerklaufwerke"
   for x=0 to drives.Count-1 step 2
      MsgBox drives(x) & " gemappt auf " & drives(x+1)
   next
end if
```

Siehe auch
MapNetworkDrive

EnumPrinterConnections

Syntax
```
Function EnumPrinterConnections As IWshCollection
```

Beschreibung
Liefert ein IWshCollection-Objekt mit den Namen der permanenten Netzwerkdrucker-Verbindungen. Pro Drucker werden zwei Einträge in der Collection zugeordnet.

Rückgabewert
IWshCollection, Anhang O

Beispiel
```
set wshnet = CreateObject("WScript.Network")
set printers = wshnet.EnumPrinterConnections
for each printer in printers
   MsgBox printer
next
```

MapNetworkDrive

Syntax
```
Sub MapNetworkDrive(ByVal bstrLocalName As String, ByVal bstrRemoteName As
String, [pvarUpdateProfile], [pvarUserName], [pvarPassword])
```

Beschreibung
Stellt eine permanente Netzwerkverbindung zu einem freigegebenen Ordner her und weist ihr einen Laufwerksbuchstaben zu, so daß diese Verbindung wie eine lokale Festplatte angesprochen werden kann.

Parameter

Parameter	Bedeutung
bstrLocalName	Laufwerksbuchstabe
bstrRemoteName	UNC-Pfadname zum freigegebenen Ordner
pvarUpdateProfile	Optional: true=wird in den Benutzereinstellungen gespeichert
pvarUserName	Optional: falls Netzwerkverbindung für anderen Benutzer sein soll, kann der Benutzername angegeben werden
pvarPassword	Optional: dito, jedoch Kennwort

Beispiel
```
set wshnet = CreateObject("WScript.Network")
wshnet.MapNetworkDrive "X:", "\\10.10.1.5\C"
```

Siehe auch
EnumNetworkDrives, RemoveNetworkDrive

RemoveNetworkDrive

Syntax
```
Sub RemoveNetworkDrive(ByVal bstrName As String, [pvarForce],
[pvarUpdateProfile])
```

Beschreibung
Löst eine permanente Netzwerkverbindung wieder auf.

Parameter

Parameter	Bedeutung
bstrName	Laufwerksbuchstabe, dem die Netzwerkverbindung bisher zugewiesen ist
pvarForce	Optional: true=Verbindung wird aufgelöst, auch wenn sie zur Zeit benutzt wird
pvarUpdateProfile	Optional: true=Einstellung wird in den Benutzereinstellungen gespeichert

Beispiel
```
set wshnet = CreateObject("WScript.Network")
wshnet.RemoveNetworkDrive "X:"
```

Siehe auch
MapNetworkDrive, EnumNetworkDrives

RemovePrinterConnection

Syntax
```
Sub RemovePrinterConnection(ByVal bstrName As String, [pvarForce],
[pvarUpdateProfile])
```

Beschreibung
Deinstalliert einen Netzwerkdrucker.

Parameter

Parameter	Bedeutung
bstrName	Printerport, dem der Netzwerkdrucker bisher zugeordnet ist
pvarForce	Optional: true=löst Netzwerkdruckerverbindung auf, auch wenn sie gerade genutzt wird
pvarUpdateProfile	Optional: true=Einstellung wird in den Benutzereinstellungen gespeichert

Beispiel
```
set wshnet = CreateObject("WScript.Network")
wshnet.RemovePrinterConnection "LPT1:"
```

Siehe auch
EnumPrinterConnections, SetDefaultPrinter

SetDefaultPrinter

Syntax
```
Sub SetDefaultPrinter(ByVal bstrName As String)
```

Beschreibung
Setzt den Standarddrucker fest. Dies funktioniert sowohl für lokale als auch für Netzwerkdrucker.

Parameter

Parameter	Bedeutung
bstrName	Name des Druckerports, dem Sie einen Netzwerkdrucker zugeordnet haben, oder: Name des lokalen Druckers, so wie er im Drucker-Fenster der Systemsteuerung erscheint.

Beispiel
```
set wshnet = CreateObject("WScript.Network")
wshnet.SetDefaultPrinter "HP Laserjet 4"
```

UserDomain

Syntax
```
Property UserDomain As String
```

Beschreibung
Ermittelt den aktuellen Domänennamen, an dem der Benutzer angemeldet ist.

Rückgabewert
Domänenname als Textstring.

Beispiel
```
set wshnet = CreateObject("WScript.Network")
MsgBox wshnet.UserDomain
```

Siehe auch
UserName

UserName

Syntax
```
Property UserName As String
```

Beschreibung
Ermittelt den aktuellen Benutzernamen des angemeldeten Benutzers. Ist kein Benutzer angemeldet, dann kommt es zum Fehler.

Rückgabewert
Benutzername als Textstring

Beispiel
```
set wshnet = CreateObject("WScript.Network")
MsgBox wshnet.UserName
```

Siehe auch
UserDomain

H Scripting.FileSystemObject

Neben dem *WScript*-Objekt bringt der Scripting Host zusätzlich das *Scripting*-Objekt mit. Dies besteht wiederum aus Teilobjekten, von denen das *FileSystemObject* am wichtigsten ist. Es stellt alle Befehle zur Verfügung, die Sie für die Fernsteuerung des Dateisystems brauchen:

Anhang H: Dateisystembefehle *Scripting.FileSystemObject*

Anhang M: Speicherung von Schlüssel-Wert-Paaren: *Scripting.Dictionary*

Anhang N: Codieren von Skripten: *Scripting.Encoder*

Um die Dateisystem-Befehle nutzen zu können, verschaffen Sie sich zuerst Zugang zum *FileSystemObject*:

```
set fs = CreateObject("Scripting.FileSystemObject")
```

BuildPath

Syntax

```
Function BuildPath(ByVal Path As String, ByVal Name As String) As String
```

Beschreibung

Erstellt aus einem Pfadnamen und einem Dateinamen einen gültigen Dateipfad und kümmert sich um die korrekte Verwendung aller •»\«-Zeichen

Parameter

Parameter	Bedeutung
Path	Pfadname eines Ordners
Name	Name einer Datei im Ordner, den Path angibt

Rückgabewert
Pfadname der Datei

Beispiel

```
set fs = CreateObject("Scripting.FileSystemObject")
MsgBox fs.BuildPath("C:\ORDNER1", "TEST.DOC")
```

CopyFile

Syntax

```
Sub CopyFile(ByVal Source As String, ByVal Destination As String, [ByVal
OverWriteFiles As BooleanTrue])
```

Beschreibung
Kopiert eine Datei und überschreibt dabei auf Wunsch eine schon am Ziel existierende gleichnamige Datei.

Parameter

Parameter	Bedeutung
Source	Pfadname der Datei, die kopiert werden soll, oder Jokerzeichen, wenn mehrere Dateien kopiert werden sollen. Geben Sie Jokerzeichen an, dann muß mindestens eine Datei existieren, auf die der Joker zutrifft.
Destination	Pfadname des Ordners, in den die Dateien kopiert werden sollen. Pfadname muß mit »\« abgeschlossen sein. Oder: Pfadname der Zieldatei, wenn Sie bei Source eine einzelne Datei angegeben haben.
OverWriteFiles	Optional (Voreinstellung: True): false = gleichnamige Dateien im Zielordner Destination werden nicht überschrieben

Beispiel

```
' kopiert alle BMP-Grafiken, Pfad bitte anpassen
' existieren die Dateien bereits, dann kommt es zu einem
' Fehler (es wird nicht überschrieben)
set fs = CreateObject("Scripting.FileSystemObject")
fs.CopyFile "C:\WINDOWS\*.BMP", "D:\", false
```

CopyFolder

Syntax

```
Sub CopyFolder(ByVal Source As String, ByVal Destination As String, [ByVal
OverWriteFiles As BooleanTrue])
```

Beschreibung
Kopiert einen Ordner samt Inhalt.

Parameter

Parameter	Bedeutung
Source	Pfadname des Ordners, den Sie samt Inhalt kopieren wollen, oder Pfadname mit Jokerzeichen, wenn mehrere Ordner kopiert werden sollen. In diesem Fall muß der Joker auf mindestens einen Ordner zutreffen.
Destination	Pfadname des Ordners, in den kopiert werden soll
OverWriteFiles	Optional (Voreinstellung: True): false=vorhandene Dateien werden nicht überschrieben, es kann nicht in Ordner geschrieben werden, deren Schreibgeschützt-Attribut gesetzt ist

Beispiel

```
set fs = CreateObject("Scripting.FileSystemObject")
fs.CopyFolder "C:\WINDOWS", "D:\BACKUP"
```

CreateFolder

Syntax

```
Function CreateFolder(ByVal Path As String) As IFolder
```

Beschreibung

Legt einen neuen Ordner an. Existiert bereits ein Ordner namens *Path*, dann kommt es zum Fehler. Prüfen Sie zuerst mit *FolderExists*.

Parameter

Parameter	Bedeutung
Path	Pfadname des Ordners, den Sie anlegen wollen

Rückgabewert

IFolder-Objekt, Anhang K

Beispiel

```
set fs = CreateObject("Scripting.FileSystemObject")
set folder = fs.CreateFolder("C:\SCRIPTORDNER")
MsgBox folder.Name
```

CreateTextFile

Syntax

```
Function CreateTextFile(ByVal FileName As String, [ByVal Overwrite As BooleanTrue], [ByVal Unicode As BooleanFalse]) As ITextStream
```

Beschreibung
Legt eine neue leere Textdatei an und liefert ein TextStream-Objekt zurück, mit dem in die Datei geschrieben werden kann.

Parameter

Parameter	Bedeutung
FileName	Name der Datei, die Sie anlegen wollen.
Overwrite	Optional (Voreinstellung: True): false=bereits vorhandene Datei wird nicht überschrieben
Unicode	Optional (Voreinstellung: False): true=Datei wird als UNICODE-Datei angelegt und speichert jedes Zeichen in zwei Bytes. Die Voreinstellung ist der ANSI-Code mit einem Byte pro Zeichen.

Rückgabewert
ITextStream-Objekt, Anhang I

Beispiel
```
set fs = CreateObject("Scripting.FileSystemObject")
set datei = fs.CreateTextFile("C:\test.txt", true)
datei.WriteLine "Hello World!"
datei.close
```

Siehe auch
Write, WriteLine, Close, Anhang I

DeleteFile

Syntax
```
Sub DeleteFile(ByVal FileSpec As String, [ByVal Force As BooleanFalse])
```

Beschreibung
Löscht eine Datei, auf Wunsch sogar dann, wenn das Schreibgeschützt-Attribut gesetzt ist.

Parameter

Parameter	Bedeutung
FileSpec	Pfadname der Datei, die Sie löschen wollen. Kann auch Joker enthalten, wenn mehrere Dateien gelöscht werden sollen. In diesem Fall muß der Joker aber auf mindestens eine Datei zutreffen.
Force	Optional (Voreinstellung: False): true=auch Dateien mit gesetztem Schreibgeschützt-Attribut werden gelöscht.

Beispiel

```
set fs = CreateObject("Scripting.FileSystemObject")
fs.DeleteFile "C:\test.txt", true
```

Siehe auch
CreateTextFile, OpenTextFile

DeleteFolder

Syntax

```
Sub DeleteFolder(ByVal FolderSpec As String, [ByVal Force As BooleanFalse])
```

Beschreibung
Löscht einen Ordner, auf Wunsch sogar dann, wenn das *Schreibgeschützt*-Attribut des Ordners gesetzt ist. Enthält der Ordner Dateien und/oder Unterordner, dann werden diese ebenfalls gelöscht.

Parameter

Parameter	Bedeutung
FolderSpec	Pfadname des Ordners, den Sie löschen wollen. Joker sind erlaubt, so daß auch mehrere Ordner gelöscht werden können. In diesem Fall muß mindestens ein Ordner dem Joker entsprechen.
Force	Optional (Voreinstellung: False): true=Ordner wird auch dann gelöscht, wenn sein Schreibgeschützt-Attribut gesetzt ist.

Beispiel

```
set fs = CreateObject("Scripting.FileSystemObject")
fs.DeleteFolder "C:\SCRIPTORDNER"
```

Siehe auch
CreateFolder

DriveExists

Syntax

```
Function DriveExists(ByVal DriveSpec As String) As Boolean
```

Beschreibung
Prüft, ob ein Laufwerk existiert.

Parameter

Parameter	Bedeutung
DriveSpec	Laufwerksbuchstabe des Laufwerks, das Sie prüfen wollen

Rückgabewert
true, wenn das Laufwerk existiert, sonst false.

Beispiel
```
set fs = CreateObject("Scripting.FileSystemObject")
if fs.DriveExists("A:") then
   MsgBox "Diskettenlaufwerk vorhanden."
else
   MsgBox "Diskettenlaufwerk NICHT vorhanden."
end if
```

Siehe auch
FolderExists, FileExists, isReady

Drives

Syntax
```
Property Drives As IDriveCollection
```

Beschreibung
Liefert ein IDriveCollection-Objekt zurück, in dem alle Laufwerke eingetragen sind, die es auf Ihrem Rechner gibt.

Rückgabewert
IDriveCollection-Objekt

Beispiel
```
set fs = CreateObject("Scripting.FileSystemObject")
set drives = fs.Drives
for each drive in drives
   list = list & drive & vbCr
next
MsgBox list
```

Siehe auch
GetDrive, Anhang J

FileExists

Syntax
```
Function FileExists(ByVal FileSpec As String) As Boolean
```

Beschreibung
Prüft, ob eine Datei existiert. Angegeben werden kann entweder der absolute Pfad einer Datei oder nur der Dateiname. Wird nur der Dateiname angegeben, dann prüft FileExists im aktuellen Ordner. Auch relative Pfadangaben mit ».« und »..« sind erlaubt.

Parameter

Parameter	Bedeutung
FileSpec	Pfadname der Datei

Rückgabewert
true, wenn die Datei existiert, sonst false.

Beispiel
```
set fs = CreateObject("Scripting.FileSystemObject")
if fs.FileExists("C:\AUTOEXEC.BAT") then
   MsgBox "AUTOEXEC.BAT existiert!"
else
   MsgBox "AUTOEXEC.BAT existiert NICHT!"
end if
```

Siehe auch
DriveExists, FolderExists

FolderExists

Syntax
```
Function FolderExists(ByVal FolderSpec As String) As Boolean
```

Beschreibung
Prüft, ob ein Ordner existiert. Wie bei FileExists sind absolute und relative Pfadangaben erlaubt.

Parameter

Parameter	Bedeutung
FolderSpec	Pfadname des Ordners, den Sie prüfen wollen

Rückgabewert
true, wenn der Ordner existiert, sonst false.

Beispiel
```
set fs = CreateObject("Scripting.FileSystemObject")
if fs.FolderExists("C:\WINDOWS") then
   MsgBox "C:\WINDOWS existiert!"
else
   MsgBox "C:\WINDOWS existiert NICHT!"
end if
```

Siehe auch
DriveExists, FileExists

GetAbsolutePathName

Syntax
```
Function GetAbsolutePathName(ByVal Path As String) As String
```

Beschreibung
Verwandelt einen relativen Pfad in einen absoluten, eindeutigen Pfad. Kann auch dazu dienen, den aktuellen Pfadnamen herauszufinden.

Parameter

Parameter	Bedeutung
Path	relativer Pfad oder ».« für den aktuellen Pfad

Rückgabewert
Absoluter Pfad, der dem relativen Pfad entspricht

Beispiel
```
set fs = CreateObject("Scripting.FileSystemObject")
aktuell = fs.GetAbsolutePathName(".")
MsgBox "Aktueller Pfad lautet: " & aktuell
```

GetBaseName

Syntax
```
Function GetBaseName(ByVal Path As String) As String
```

Beschreibung
Liefert nur den reinen Dateinamen eines Dateipfades zurück. Entfernt sowohl den Ordnernamen als auch die Dateiextension.

Parameter

Parameter	Bedeutung
Path	Dateipfad

Rückgabewert
Dateiname ohne Extension

Beispiel
```
set fs = CreateObject("Scripting.FileSystemObject")
pfad = "C:\autoexec.bat"
MsgBox fs.GetBaseName(pfad)
```

Siehe auch
GetExtensionName

GetDrive

Syntax
```
Function GetDrive(ByVal DriveSpec As String) As IDrive
```

Beschreibung
Liefert ein IDrive-Objekt eines Laufwerks

Parameter

Parameter	Bedeutung
DriveSpec	Laufwerksbuchstabe des Laufwerks

Rückgabewert
IDrive-Objekt, Anhang J

Beispiel
```
set fs = CreateObject("Scripting.FileSystemObject")
set drive = fs.GetDrive("A:\")
if drive.isReady then
   MsgBox "Laufwerk ist einsatzbereit!",,"A:\"
else
   MsgBox "Kein Datenträger eingelegt!",,"A:\"
end if
```

Siehe auch
Anhang I

GetDriveName

Syntax
```
Function GetDriveName(ByVal Path As String) As String
```

Beschreibung
Extrahiert den Laufwerksbuchstaben aus einem Pfadnamen.

Parameter

Parameter	Bedeutung
Path	Pfadname

Rückgabewert
Laufwerksbuchstabe, auf den sich der Pfadname bezieht.

Beispiel
```
set fs = CreateObject("Scripting.FileSystemObject")
pfad = "C:\AUTOEXEC.BAT"
MsgBox fs.GetDriveName(pfad)
```

Siehe auch
GetBaseName, GetExtensionName

GetExtensionName

Syntax
```
Function GetExtensionName(ByVal Path As String) As String
```

Beschreibung
Liefert die Dateiextension einer Datei

Parameter

Parameter	Bedeutung
Path	Dateiname oder Dateipfad

Rückgabewert
Dateiextension der Datei

Beispiel
```
set fs = CreateObject("Scripting.FileSystemObject")
pfad = "C:\AUTOEXEC.BAT"
ext = lcase(fs.GetExtensionName(pfad))
MsgBox ext
```

Siehe auch
GetBaseName, GetDriveName, GetFileName

GetFile

Syntax
```
Function GetFile(ByVal FilePath As String) As IFile
```

Beschreibung
Liefert ein IFile-Objekt einer Datei. Die Datei muß existieren.

Parameter

Parameter	Bedeutung
FilePath	Pfadname der Datei

Rückgabewert
IFile-Objekt, Anhang L

Beispiel
```
set fs = CreateObject("Scripting.FileSystemObject")
' Dateinamen anpassen...
set file = fs.GetFile("C:\AUTOEXEC.BAT")
MsgBox "Datei ist " & file.size & " Bytes groß!"
```

Siehe auch
Anhang I

GetFileName

Syntax
```
Function GetFileName(ByVal Path As String) As String
```

Beschreibung
Liefert den Dateinamen aus einem Pfad zurück.

Parameter

Parameter	Bedeutung
Path	Dateipfad

Rückgabewert
Dateiname einschließlich Dateiextension

Beispiel

```
set fs = CreateObject("Scripting.FileSystemObject")
pfad = "C:\autoexec.bat"
MsgBox fs.GetFileName(pfad)
```

Siehe auch
GetBaseName, GetExtensionName, GetDriveName

GetFileVersion

Syntax

```
Function GetFileVersion(ByVal FileName As String) As String
```

Beschreibung
Neuer Befehl: liefert die Version einer Datei. Sofern in der Datei keine Versionsinformation gespeichert ist, kommt es zu einem Fehler.

Parameter

Parameter	Bedeutung
FileName	Pfadname der Datei

Rückgabewert
Versionsnummer als Textstring

Beispiel

```
MsgBox GetVer("C:\WINDOWS\EXPLORER.EXE")
MsgBox GetVer("C:\AUTOEXEC.BAT")

function GetVer(pfad)
   set fs = CreateObject("Scripting.FileSystemObject")
   on error resume next
   GetVer = fs.GetFileVersion(pfad)
   if not err.Number=0 then
      err.clear
      GetVer = -1
   end if
end function
```

Siehe auch
Kapitel 8

GetFolder

Syntax
```
Function GetFolder(ByVal FolderPath As String) As IFolder
```

Beschreibung
Liefert ein IFolder-Objekt, das einen Ordner repräsentiert

Parameter

Parameter	Bedeutung
FolderPath	Pfadname des Ordners

Rückgabewert
IFolder-Objekt, Anhang K

Beispiel
```
set fs = CreateObject("Scripting.FileSystemObject")
set folder = fs.GetFolder("C:\")
' Anzahl Dateien:
filecount = folder.files.Count
MsgBox "Im Ordner C:\ liegen " & filecount & " Dateien!"
```

Siehe auch
Anhang J

GetParentFolderName

Syntax
```
Function GetParentFolderName(ByVal Path As String) As String
```

Beschreibung
Liefert den Pfadnamen des übergeordneten Ordners, also des Ordners, in dem ein Ordner oder eine Datei liegen.

Parameter

Parameter	Bedeutung
Path	Pfadname des Unterordners oder einer Datei

Rückgabewert
Pfadname des übergeordneten Ordners

Beispiel

```
set fs = CreateObject("Scripting.FileSystemObject")
pfad = "C:\bücher\test\projekt3\expose.doc"
MsgBox fs.GetParentFolderName(pfad)
```

Siehe auch
GetDriveName, GetFileName, GetBaseName, GetExtensionName

GetSpecialFolder

Syntax

```
Function GetSpecialFolder(ByVal SpecialFolder) As IFolder
```

Beschreibung
Liefert das IFolder-Objekt für einen der drei Windows-Systemordner zurück.

Parameter

Parameter	Bedeutung
SpecialFolder	Windows-Ordner = 0
	System-Ordner = 1
	Temp-Ordner = 2

Rückgabewert
IFolder-Objekt, Anhang K

Beispiel

```
set fs = CreateObject("Scripting.FileSystemObject")
windir = fs.GetSpecialFolder(0)
MsgBox "Windowsordner lautet: " & windir
```

Siehe auch
SpecialFolders des WScript.Shell-Objekt, ExpandEnvironmentStrings des WScript.Shell-Objekt

GetTempName

Syntax

```
Function GetTempName As String
```

Beschreibung
Liefert einen zufällig generierten Dateinamen zurück.

Rückgabewert
zufällig generierter Dateiname

Beispiel

```
set fs = CreateObject("Scripting.FileSystemObject")
for x=1 to 10
   list = list & fs.GetTempName & vbCr
next
MsgBox list
```

MoveFile

Syntax

```
Sub MoveFile(ByVal Source As String, ByVal Destination As String)
```

Beschreibung
Verschiebt eine Datei

Parameter

Parameter	Bedeutung
Source	Dateiname einer Datei, die verschoben werden soll,. oder Jokerzeichen, wenn mehrere Dateien verschoben werden sollen. In diesem Fall muß mindestens eine Datei dem Joker entsprechen.
Destination	Ordner, in den die Datcien verschoben werden sollen, oder Dateiname der Zieldatei, wenn nur eine Datei verschoben werden soll.

Beispiel

```
set fs = CreateObject("Scripting.FileSystemObject")
fs.MoveFile "C:\test.txt", "D:\test.txt"
```

Siehe auch
CopyFile, DeleteFile

MoveFolder

Syntax

```
Sub MoveFolder(ByVal Source As String, ByVal Destination As String)
```

Beschreibung
Verschiebt einen Ordner samt Inhalt.

Ordner können unter Umständen aber nicht von einem Laufwerk auf ein anderes verschoben werden. Soll beispielsweise ein Festplattenordner auf eine ZIP-Diskette verschoben werden, bekommen Sie eine Fehlermeldung: »Zugriff nicht gestattet«.

Parameter

Parameter	Bedeutung
Source	Pfadname des Ordners, der verschoben werden soll, oder Jokerzeichen, wenn mehrere Ordner verschoben werden sollen. In diesem Fall muß der Joker auf mindestens einen Ordner zutreffen.
Destination	Name des Ordners, in den verschoben werden soll. Wird nur ein Ordner verschoben, dann darf der Zielordner noch nicht existieren.

Beispiel

```
set fs = CreateObject("Scripting.FileSystemObject")
fs.MoveFolder "C:\skriptfolder", "C:\scripte"
```

Siehe auch
CopyFolder, DeleteFolder

OpenTextFile

Syntax

```
Function OpenTextFile(ByVal FileName As String, [ByVal IOMode As
IOModeForReading], [ByVal Create As BooleanFalse], [ByVal Format As
TristateTristateFalse]) As ITextStream
```

Beschreibung
Öffnet eine bereits existierende Datei zum Lesen oder Schreiben.

Parameter

Parameter	Bedeutung
FileName	Name der Datei, die geöffnet werden soll
IOMode	Optional (Voreinstellung: ForReading, 1): Datei wird zum Lesen geöffnet. ForWriting, 2, öffnet die Datei zum Schreiben. Lesen ist dann nicht möglich. ForAppending, 8, öffnet die Datei zum Anhängen weiterer Daten. Lesen ist möglich.
Create	Optional (Voreinstellung: False): true=Datei wird angelegt, wenn sie noch nicht existiert.
Format	Optional (Voreinstellung: TristateFalse, 0): Datei wird als ANSI-Code interpretiert, ein Byte pro Zeichen TriStateTrue, -1: Datei wird als UNICODE interpretiert, zwei Bytes pro Zeichen. Dies ist auf Systemen wie Windows NT/2000 nötig, wenn Sie Systemdateien wie Registry-Exporte öffnen wollen. TriStateUseDefault, -2: Datei wird in dem auf dem jeweiligen Betriebssystem als Standard geltenden Code geöffnet, also als ANSI auf Windows 9x und als UNICODE auf Windows NT/2000.

Rückgabewert
ITextStream-Objekt, Anhang I

Beispiel
```
set fs = CreateObject("Scripting.FileSystemObject")
set logbuch = fs.OpenTextFile("C:\logbuch.txt, 8, true)
logbuch.WriteLine now & ": Eintrag!"
logbuch.close
```

Siehe auch
CreateTextFile

StdErr

Syntax
```
Property StdErr As ITextStream
```

Beschreibung
Liefert das TextStream-Objekt eines DOS-Fensters für die Fehlerausgabe zurück. Funktioniert nur, wenn das Skript mit CSCRIPT.EXE gestartet wurde und in einem DOS-Fenster läuft.

Rückgabewert
ITextStream-Objekt, Anhang I

Siehe auch
Kapitel 10

StdIn

Syntax
```
Property StdIn As ITextStream
```

Beschreibung
Öffnet den DOS-Eingabestrom als Textstream-Objekt. Funktioniert nur, wenn das Skript mit CSCRIPT.EXE gestartet wurde und in einem DOS-Fenster läuft.

Rückgabewert
ITextStream-Objekt, Anhang I

Siehe auch
Kapitel 10

StdOut

Syntax

```
Property StdOut As ITextStream
```

Beschreibung
Öffnet den DOS-Ausgabestrom als TextstreamObjekt. Funktioniert nur, wenn das Skript mit CSCRIPT.EXE gestartet wurde und in einem DOS-Fenster läuft.

Rückgabewert
ITextStream, Anhang I

Siehe auch
Kapitel 10

I ITextStream-Objekt

Das Textstream-Objekt repräsentiert geöffnete Dateien. Sie legen das Textstream-Objekt nie direkt an, sondern erhalten es stets über *CreateTextFile* und *OpenTextFile* aus dem *Scripting.FileSystemObject* (Anhang H), bzw. über *OpenAsTextFile* aus einem *IFile*-Objekt (Anhang L)

Ein Sonderfall sind die Ein- und Ausgabehandles von DOS, die via *StdIn* und *StdOut* ebenfalls ein Textstreamobjekt liefern. Näheres zu diesem Sonderfall lesen Sie in Kapitel 10.

AtEndOfLine

Syntax

```
Property AtEndOfLine As Boolean
```

Beschreibung
Prüft, ob die aktuelle Leseposition in der Datei am Zeilenende angekommen ist.

Rückgabewert
true, wenn Zeilenende erreicht ist, sonst false

Beispiel
```
set fs = CreateObject("Scripting.FileSystemObject")
set datei = fs.OpenTextFile("C:\autoexec.bat")
do until datei.atEndOfStream
   gelesen = gelesen & datei.Read(1)
   if datei.atEndOfLine then
      gelesen = gelesen & "Neue Zeile"
   end if
loop
datei.close
MsgBox gelesen
```

Siehe auch
atEndOfStream

AtEndOfStream

Syntax

```
Property AtEndOfStream As Boolean
```

Beschreibung
Sehr wichtige Prüfung: ist das Ende der Datei erreicht? Der Versuch, über das Ende einer Datei hinauszulesen, führt zu einem Fehler.

Rückgabewert
true, wenn Ende der Datei erreicht ist, und false, wenn noch Zeichen gelesen werden können.

Beispiel
```
set fs = CreateObject("Scripting.FileSystemObject")
set datei = fs.OpenTextFile("C:\autoexec.bat")
do until datei.atEndOfStream
   gelesen = gelesen & datei.ReadLine & vbCrLf
loop
datei.close
MsgBox gelesen
```

Siehe auch
atEndOfLine

Close

Syntax
```
Sub Close
```

Beschreibung
Schließt ein geöffnetes TextStream-Objekt. VBScript schließt alle Objekte, wenn das Skript endet. Dennoch sollten Sie alle Textstream-Objekte nach Gebrauch explizit mit *Close* schließen.

Siehe auch
OpenTextFile, CreateTextFile

Column

Syntax
```
Property Column As Long
```

Beschreibung
Liefert die augenblickliche Zeichenposition in einer Zeile.

Rückgabewert
Zeichenposition als Long

Siehe auch
Line

Line

Syntax
```
Property Line As Long
```

Beschreibung
Liefert die augenblicklich gelesene Zeilennummer.

Rückgabewert
Zeilennummer als Long

Siehe auch
Column

Read

Syntax
```
Function Read(ByVal Characters As Long) As String
```

Beschreibung
Liest eine Anzahl von Zeichen ein. Hierbei muß sichergestellt sein, daß auch tatsächlich noch mindestens die angegebene Zahl von Zeichen gelesen werden kann. Besser ist deshalb in der Regel ReadLine und ReadAll. Read wird nur eingesetzt, wenn Sie entweder zeichenweise lesen wollen (Read(1)), oder wenn Sie genau wissen, daß die Datei, die gelesen wird, eine feste Datenstruktur hat.

Parameter

Parameter	Bedeutung
Characters	Anzahl Zeichen, die gelesen werden sollen

Rückgabewert
gelesene Zeichen als String

Siehe auch
ReadLine, ReadAll

ReadAll

Syntax
```
Function ReadAll As String
```

Beschreibung
Liest die gesamte Textdatei ein. Dies ist bei kleineren Textdateien die effizienteste Methode. Bei größeren Textdateien kann ReadAll wegen des enormen Speicherbedarfs sehr langsam

werden. Hier ist es besser, die Datei zeilenweise mit ReadLine einzulesen und die Textzeilen dann sofort weiterzuverarbeiten.

Rückgabewert
String

Beispiel
```
set fs = CreateObject("Scripting.FileSystemObject")
set datei = fs.OpenTextFile("C:\autoexec.bat")
gelesen = datei.ReadAll
datei.close
MsgBox gelesen
```

Siehe auch
Read, ReadLine

ReadLine

Syntax
```
Function ReadLine As String
```

Beschreibung
Liest eine komplette Textzeile ein.

Rückgabewert
String

Siehe auch
Read, ReadAll

Skip

Syntax
```
Sub Skip(ByVal Characters As Long)
```

Beschreibung
Überspringt eine bestimmte Anzahl von Zeichen. Dabei wird der Lesecursor einfach um die angegebene Anzahl von Zeichen weiterverschoben.

Parameter

Parameter	Bedeutung
Characters	Anzahl der Zeichen, die die Leseposition weitergeschoben werden soll

Siehe auch
SkipLine

SkipLine

Syntax

```
Sub SkipLine
```

Beschreibung
Überspringt eine Zeile.

Siehe auch
Skip

Write

Syntax

```
Sub Write(ByVal Text As String)
```

Beschreibung
Schreibt Textzeichen in die Datei. Dazu muß die Datei mit Schreibzugriffsrechten geöffnet worden sein (siehe OpenTextFile).

Parameter

Parameter	Bedeutung
Text	Zeichen, die geschrieben werden sollen

Siehe auch
WriteBlankLines, WriteLine

WriteBlankLines

Syntax

```
Sub WriteBlankLines(ByVal Lines As Long)
```

Beschreibung
Schreibt eine Anzahl von Leerzeilen in die Datei. Die Leerzeilen entsprechen dem Zeichencode vbCrLf.

Parameter

Parameter	Bedeutung
Lines	Anzahl von Leerzeilen

Siehe auch
Write, WriteLine

WriteLine

Syntax

```
Sub WriteLine([ByVal Text As String])
```

Beschreibung
Schreibt Text in die Datei und fügt einen Zeilenumbruch (vbCrLf) hinzu.

Parameter

Parameter	Bedeutung
Text	Optional: Text, der geschrieben werden soll. Wird kein Text angegeben, dann funktioniert WriteLine wie WriteBlankLines(1).

Beispiel

```
set fs = CreateObject("Scripting.FileSystemObject")
set datei = fs.CreateTextFile("C:\test.txt", true)
datei.WriteLine "Testzeile"
datei.WriteLine
datei.WriteLine "Testzeile"
datei.close

set wshshell = CreateObject("WScript.Shell")
wshshell.Run "C:\test.txt"
```

Siehe auch
Write, WriteBlankLines

J Drive-Objekt

Das *Drive*-Objekt repräsentiert ein Laufwerk Ihres Computers. Sie erhalten das *Drive*-Objekt über die Befehle *GetDrive* und *GetDrives* des *Scripting.FileSystemObject*.

AvailableSpace

Syntax
```
Property AvailableSpace
```

Beschreibung
Ermittelt den freien Speicherplatz auf dem Laufwerk in Bytes. Im Gegensatz zu FreeSpace liefert AvailableSpace nicht den physikalisch freien Speicherplatz, sondern den Speicherplatz, der dem angemeldeten Benutzer zur Verfügung steht. Ein Unterschied besteht nur auf Systemen mit Disk-Quotas (Kontingenten) wie zum Beispiel bei Windows 2000.

AvailableSpace und FreeSpace berücksichtigen nur Speichergrößen bis zu 2 GB. Lesen Sie in Kapitel 6 und 8, wie Sie auch größere Speichermengen verwalten.

Beispiel
```
set fs = CreateObject("Scripting.FileSystemObject")
set drive = fs.GetDrive("C:\")
speicherplatz = FormatNumber(drive.AvailableSpace/1024^2,2)
MsgBox "Auf Laufwerk C: frei: " & speicherplatz & " MB"
```

Siehe auch
FreeSpace

DriveLetter

Syntax
```
Property DriveLetter As String
```

Beschreibung
Liefert den Laufwerksbuchstaben eines Laufwerks zurück

Rückgabewert
String

Beispiel

```
set fs = CreateObject("Scripting.FileSystemObject")
set drives = fs.Drives
for each drive in drives
   list = list & drive.DriveLetter & vbCr
next
MsgBox list
```

DriveType

Syntax

```
Property DriveType
```

Beschreibung
Meldet die Art des Laufwerks

Rückgabewert
CDRom = 4
Festplatte = 2
RamDisk = 5
Netzlaufwerk = 3
Wechselplatte = 1
Unbekannt = 0

Beispiel

```
set fs = CreateObject("Scripting.FileSystemObject")
set drive = fs.GetDrive("C:\")
MsgBox drive.DriveType
```

Siehe auch
FileSystem

FileSystem

Syntax

```
Property FileSystem As String
```

Beschreibung
Liefert den Typ des Dateisystems zurück.

Rückgabewert
Art des Dateisystems als Text

Beispiel
```
set fs = CreateObject("Scripting.FileSystemObject")
set drive = fs.GetDrive("C:\")
MsgBox drive.FileSystem
```

Siehe auch
DriveType

FreeSpace

Syntax
```
Property FreeSpace
```

Beschreibung
Liefert den physikalisch freien Speicherplatz auf dem Laufwerk zurück. Es werden nur bis zu 2 GB gemeldet. Wie Sie mehr als 2 GB verwalten können, erfahren Sie in den Kapiteln 6 und 8.

Beispiel
```
set fs = CreateObject("Scripting.FileSystemObject")
set drive = fs.GetDrive("C:\")
speicherplatz = FormatNumber(drive.FreeSpace/1024^2,2)
MsgBox "Auf Laufwerk C: frei: " & speicherplatz & " MB"
```

Siehe auch
AvailableSpace

IsReady

Syntax
```
Property IsReady As Boolean
```

Beschreibung
Prüft, ob ein Laufwerk einsatzbereit ist oder ob der Datenträger fehlt.

Rückgabewert
true, wenn Laufwerk bereit ist, sonst false

Beispiel
```
set fs = CreateObject("Scripting.FileSystemObject")
set drive = fs.GetDrive("A:\")
if drive.isReady then
   MsgBox "Laufwerk A: ist einsatzbereit!"
else
   MsgBox "In Laufwerk A: ist keine Diskette eingelegt."
end if
```

Path

Syntax
```
Property Path As String
```

Beschreibung
Liefert den Pfadnamen des Laufwerks zurück. Besonders wichtig bei Netzwerklaufwerken.

Rückgabewert
Pfadname als String

Beispiel
```
set fs = CreateObject("Scripting.FileSystemObject")
set drive = fs.GetDrive("A:\")
MsgBox drive.Path
```

Siehe auch
DriveLetter

RootFolder

Syntax
```
Property RootFolder As IFolder
```

Beschreibung
Liefert Zugriff auf das Stammverzeichnis des Laufwerks

Rückgabewert
IFolder-Objekt, Anhang K

Beispiel
```
set fs = CreateObject("Scripting.FileSystemObject")
set drive = fs.GetDrive("C:\")
set folder = drive.RootFolder
for each folder in folder.subfolders
   list = list & folder.Name & vbCrLf
next
MsgBox list
```

Siehe auch
Anhang K

SerialNumber

Syntax
```
Property SerialNumber As Long
```

Beschreibung
Meldet die Seriennummer eines Laufwerks. Unformartierte und industriell vorformatierte Laufwerke tragen die Seriennummer 0. Die Seriennummer wird bei einer Formatierung neu geschrieben.

Rückgabewert
Seriennummer als Long

Beispiel
```
set fs = CreateObject("Scripting.FileSystemObject")
set drive = fs.GetDrive("C:\")
MsgBox "Seriennummer: " & drive.SerialNumber
```

ShareName

Syntax
```
Property ShareName As String
```

Beschreibung
Ermittelt den Freigabenamen eines Netzlaufwerks. Bei lokalen Laufwerken wird ein Leerstring zurückgeliefert.

Rückgabewert
String

Beispiel
```
set fs = CreateObject("Scripting.FileSystemObject")
set drive = fs.GetDrive("F:\")
MsgBox "Freigabename: " & drive.ShareName
```

TotalSize

Syntax
```
Property TotalSize
```

Beschreibung
Ermittelt die Gesamtgröße eines Laufwerks in Bytes. Es werden nur Laufwerksgrößen bis zu 2 GB berücksichtigt. Wollen Sie größere Laufwerke verwalten, dann lesen Sie bitte die Hinweise in Kapitel 6 und 8.

Beispiel

```
set fs = CreateObject("Scripting.FileSystemObject")
set drive = fs.GetDrive("C:\")
MsgBox "Gesamtgröße: " & FormatNumber(drive.TotalSize/1024^2,1) _
    & " MB"
```

Siehe auch
AvailableSpace, FreeSpace

VolumeName

Syntax

```
Property VolumeName As String
```

Beschreibung
Name des Laufwerks. Kann gelesen und verändert werden.

Rückgabewert
Laufwerksname als String

Beispiel

```
set fs = CreateObject("Scripting.FileSystemObject")
set drive = fs.GetDrive("C:\")
neuername = InputBox("Name Laufwerk C:\", "Name",_
    drive.VolumeName)
drive.VolumeName = neuername
```

K   IFolder-Objekt

Das IFolder-Objekt repräsentiert einen Ordner auf der Festplatte. Sie bekommen dieses Objekt zum Beispiel über GetFolder (Anhang H).

Attributes

Syntax
```
Property Attributes
```

Beschreibung
Setzt oder liest die Dateiattribute des Ordners. Gesetzt werden dürfen nur Attribute, die als RW markiert sind.

Rückgabewert
Alias = 1024 (&H400) (R)
Archiv = 32 (&H20) (RW)
Komprimiert = 2048 (&H800) (R)
Ordner = 16 (&H10) (R)
Versteckt = 2 (RW)
Normal = 0
Schreibgeschützt = 1 (RW)
System = 4 (RW)

Beispiel
```
set fs = CreateObject("Scripting.FileSystemObject")
' Ordnernamen anpassen:
set ordner = fs.GetFolder("C:\dokumente")
' Ordner verstecken:
ordner.Attributes = ordner.Attributes and not 216 or 2
```

Copy

Syntax
```
Sub Copy(ByVal Destination As String, [ByVal OverWriteFiles As BooleanTrue])
```

Beschreibung
Kopiert einen Ordner.

Parameter

Parameter	Bedeutung
Destination	Zielname des kopierten Ordners
OverWriteFiles	Optional (Voreinstellung: True)

Beispiel
```
set fs = CreateObject("Scripting.FileSystemObject")
set ordner = fs.GetFolder("C:\test")
ordner.copy "C:\kopie von test"
```

Siehe auch
Move

CreateTextFile

Syntax
```
Function CreateTextFile(ByVal FileName As String, [ByVal Overwrite As
BooleanTrue], [ByVal Unicode As BooleanFalse]) As ITextStream
```

Beschreibung
Legt im Ordner eine neue Datei an.

Parameter

Parameter	Bedeutung
FileName	Dateiname der Datei, die im Ordner angelegt werden soll
Overwrite	Optional (Voreinstellung: True): gleichnamige Datei wird überschrieben, falls bereits vorhanden
Unicode	Optional (Voreinstellung: False): Datei wird im UNICODE-Format geschrieben

Rückgabewert
ITextStream, Anhang I

Beispiel
```
set fs = CreateObject("Scripting.FileSystemObject")
set ordner = fs.GetFolder("C:\test")
set datei = ordner.CreateTextFile("test.txt", true)
datei.WriteLine "Testzeile"
datei.close
```

Siehe auch
CreateTextFile des Scripting.FileSystemObjects

DateCreated

Syntax
```
Property DateCreated As Date
```

Beschreibung
Datum, an dem der Ordner angelegt wurde oder Fehler, wenn diese Information nicht verfügbar ist.

Rückgabewert
Datum

Beispiel
```
set fs = CreateObject("Scripting.FileSystemObject")
set ordner = fs.GetFolder("C:\test")
MsgBox ordner.DateCreated
```

Siehe auch
DateModified, DateLastAccessed

DateLastAccessed

Syntax
```
Property DateLastAccessed As Date
```

Beschreibung
Datum, an dem dieser Ordner zum letzten Mal verwendet wurde oder Fehler, wenn diese Information nicht verfügbar ist.

Rückgabewert
Datum

Beispiel
```
set fs = CreateObject("Scripting.FileSystemObject")
set ordner = fs.GetFolder("C:\test")
MsgBox ordner.DateLastAccessed
```

Siehe auch
DateCreated, DateLastModified

DateLastModified

Syntax
```
Property DateLastModified As Date
```

616 *Anhang K: IFolder-Objekt*

Beschreibung
Datum, an dem dieser Ordner zum letzten Mal verändert wurde oder Fehler, wenn diese Information nicht verfügbar ist.

Rückgabewert
Datum

Beispiel
```
set fs = CreateObject("Scripting.FileSystemObject")
set ordner = fs.GetFolder("C:\test")
MsgBox ordner.DateLastModified
```

Siehe auch
DateCreated, DateLastAccessed

Delete

Syntax
```
Sub Delete([ByVal Force As BooleanFalse])
```

Beschreibung
Löscht den Ordner samt Inhalt.

Parameter

Parameter	Bedeutung
Force	Optional (Voreinstellung: False): true=Ordner wird auch dann gelöscht, wenn sein Schreibgeschützt-Attribut gesetzt ist

Beispiel
```
set fs = CreateObject("Scripting.FileSystemObject")
set ordner = fs.GetFolder("C:\test")
ordner.Delete
```

Drive

Syntax
```
Property Drive As IDrive
```

Beschreibung
IDrive-Objekt des Laufwerks ermitteln, auf dem dieser Ordner gespeichert ist.

Rückgabewert
IDrive, Anhang J

Beispiel

```
set fs = CreateObject("Scripting.FileSystemObject")
set ordner = fs.GetFolder("C:\test")
set drive = ordner.Drive
MsgBox drive.DriveType
```

Siehe auch
Anhang J

Files

Syntax
```
Property Files As IFileCollection
```

Beschreibung
Liefert die Collection mit den IFile-Objekten der Dateien zurück, die in diesem Ordner lagern.

Rückgabewert
IFileCollection

Beispiel
```
set fs = CreateObject("Scripting.FileSystemObject")
set ordner = fs.GetFolder("C:\")
set collection = ordner.files
for each file in collection
   list = list & file.name & ": " & file.size & vbCr
next
MsgBox list
```

Siehe auch
Anhang L

IsRootFolder

Syntax
```
Property IsRootFolder As Boolean
```

Beschreibung
Prüft, ob der Ordner der Stammordner eines Laufwerkes ist.

Rückgabewert
true=Stammordner (Wurzelverzeichnis, oberster Ordner)

Beispiel

```
set fs = CreateObject("Scripting.FileSystemObject")
set ordner = fs.GetFolder("C:\")
MsgBox ordner.isRootFolder
set ordner = fs.GetFolder("C:\windows")
MsgBox ordner.isRootFolder
```

Move

Syntax

```
Sub Move(ByVal Destination As String)
```

Beschreibung
Verschiebt einen Ordner. Zugriff wird verweigert, wenn der Zielort auf einem anderen Laufwerk liegt, das mit dem Ursprungslaufwerk nicht kompatibel ist.

Parameter

Parameter	Bedeutung
Destination	Neuer Pfadname des Ordners

Beispiel

```
set fs = CreateObject("Scripting.FileSystemObject")
set ordner = fs.GetFolder("C:\TEST")
ordner.Move "C:\TEST2"
```

Siehe auch
Copy

Name

Syntax

```
Property Name As String
```

Beschreibung
Name des Ordners. Kann gelesen und verändert werden, um zum Beispiel einen Ordner umzubenennen.

Rückgabewert
Name des Ordners als Textstring

Beispiel
```
set fs = CreateObject("Scripting.FileSystemObject")
set ordner = fs.GetFolder("C:\TEST2")
ordner.name = "TEST"
```

ParentFolder

Syntax
```
Property ParentFolder As IFolder
```

Beschreibung
Liefert das IFolder-Objekt des übergeordneten Ordners.

Rückgabewert
IFolder, Anhang K

Beispiel
```
set fs = CreateObject("Scripting.FileSystemObject")
set ordner = fs.GetFolder("C:\TEST")
MsgBox "Größe des Ordners: " & ordner.size
set parent = ordner.ParentFolder
MsgBox TypeName(parent)
MsgBox parent.Path
```

Path

Syntax
```
Property Path As String
```

Beschreibung
Pfadname des Ordners

Rückgabewert
Pfadname als Textstring

ShortName

Syntax
```
Property ShortName As String
```

Beschreibung
Kurzer (DOS-konformer) Name des Ordners

Rückgabewert
Kurzer Name als Textstring

Beispiel

```
set fs = CreateObject("Scripting.FileSystemObject")
set ordner = fs.CreateFolder("C:\Dies ist der neue Ordner")
MsgBox ordner.Name
MsgBox ordner.ShortName
```

Siehe auch
ShortPath

ShortPath

Syntax

```
Property ShortPath As String
```

Beschreibung
Kurzer (DOS-konformer) Dateipfad des Ordners.

Rückgabewert
Pfadname in kurzer Schreibweise

Size

Syntax

```
Property Size
```

Beschreibung
Gesamtgröße des Ordners einschließlich aller Unterordner und Dateien. Die Berechnung dieser Größe kann etliche Sekunden dauern und auf Stammverzeichnissen auch fehlschlagen.

Beispiel

```
set fs = CreateObject("Scripting.FileSystemObject")
set ordner = fs.GetFolder("C:\windows")
groesse = ordner.size
MsgBox groesse
```

SubFolders

Syntax

```
Property SubFolders As IFolderCollection
```

Beschreibung
Liefert die Collection der Unterordner in Form von IFolder-Objekten.

Rückgabewert
IFolderCollection, Anhang K

Beispiel

```
set fs = CreateObject("Scripting.FileSystemObject")
set ordner = fs.GetFolder("C:\")
set unterordners = ordner.subfolders
for each unterordner in unterordners
   list = list & unterordner.name & vbCr
next
MsgBox list
```

Type

Syntax

```
Property Type As String
```

Beschreibung
Klartextname für den Dateityp "Ordner"

Rückgabewert
Dateityp als Textstring.

Beispiel

```
set fs = CreateObject("Scripting.FileSystemObject")
set ordner = fs.GetFolder("C:\")
MsgBox ordner.Type
```

L   IFile-Object

Attributes

Syntax
```
Property Attributes
```

Beschreibung
Dateiattribute einer Datei

Parameter
Alias = 1024 (&H400) (R)
Archiv = 32 (&H20) (RW)
Komprimiert = 2048 (&H800) (R)
Ordner = 16 (&H10) (R)
Versteckt = 2 (RW)
Normal = 0
Schreibgeschützt = 1 (RW)
System = 4 (RW)

Rückgabewert
Dateiattribute als Bitmaske

Beispiel
```
set fs = CreateObject("Scripting.FileSystemObject")
set datei = fs.GetFile("C:\msdos.sys")
' Schreibgeschützt-Attribut entfernen
datei.Attributes = datei.Attributes and not 216 and not 1
MsgBox "MSDOS.SYS kann jetzt geändert werden!"
' wiederherstellen:
datei.Attributes = datei.Attributes and not 216 or 1
MsgBox "MSDOS.SYS ist wieder geschützt!"
```

Copy

Syntax
```
Sub Copy(ByVal Destination As String, [ByVal OverWriteFiles As BooleanTrue])
```

Beschreibung
Kopiert die Datei

Parameter

Parameter	Bedeutung
Destination	Name der neuen Datei
OverWriteFiles	Optional (Voreinstellung: True): gleichnamige Datei überschreiben

Beispiel

```
set fs = CreateObject("Scripting.FileSystemObject")
set datei = fs.GetFile("C:\msdos.sys")
' Sicherheitskopie anlegen
datei.Copy "D:\MSDOS.BAK"
```

Siehe auch
Move

DateCreated

Syntax

```
Property DateCreated As Date
```

Beschreibung
Datum, an dem die Datei erstellt wurde, oder Fehler, wenn diese Information nicht verfügbar ist

Rückgabewert
Datum

Beispiel

```
set fs = CreateObject("Scripting.FileSystemObject")
set datei = fs.GetFile("C:\msdos.sys")
MsgBox datei.DateCreated
```

Siehe auch
DateLastAccessed, DateLastModified

DateLastAccessed

Syntax

```
Property DateLastAccessed As Date
```

Beschreibung
Datum, an dem die Datei zum letzten Mal verwendet wurde, oder Fehler, wenn diese Information nicht verfügbar ist

Rückgabewert
Datum

Beispiel
```
set fs = CreateObject("Scripting.FileSystemObject")
set datei = fs.GetFile("C:\msdos.sys")
MsgBox datei.DateLastAccessed
```

Siehe auch
DateCreated, DateLastModified

DateLastModified

Syntax
```
Property DateLastModified As Date
```

Beschreibung
Datum, an dem diese Datei zum letzten Mal verändert wurde, oder Fehler, wenn diese Information nicht zur Verfügung steht.

Rückgabewert
Datum

Beispiel
```
set fs = CreateObject("Scripting.FileSystemObject")
set datei = fs.GetFile("C:\msdos.sys")
MsgBox datei.DateLastModified
```

Siehe auch
DateCreated, DateLastAccessed

Delete

Syntax
```
Sub Delete([ByVal Force As BooleanFalse])
```

Beschreibung
Löscht die Datei

Parameter

Parameter	Bedeutung
Force	Optional (Voreinstellung: False): true=Datei wird auch bei gesetztem Schreibgeschützt-Attribut gelöscht

Drive

Syntax

```
Property Drive As IDrive
```

Beschreibung
Liefert IDrive-Objekt des Laufwerks, auf dem die Datei gespeichert ist.

Rückgabewert
IDrive, Anhang J

Beispiel

```
set fs = CreateObject("Scripting.FileSystemObject")
set datei = fs.GetFile("C:\msdos.sys")
set drive = datei.Drive
MsgBox TypeName(drive)
MsgBox drive.VolumeName
```

Siehe auch
Anhang J

Move

Syntax

```
Sub Move(ByVal Destination As String)
```

Beschreibung
Verschiebt die Datei

Parameter

Parameter	Bedeutung
Destination	Neuer Name der Zieldatei

Siehe auch
Copy

Name

Syntax

```
Property Name As String
```

Beschreibung
Name der Datei. Kann auch geschrieben werden und benennt die Datei dann um.

Rückgabewert
Dateiname als Textstring

Beispiel
```
set fs = CreateObject("Scripting.FileSystemObject")
fs.CopyFile "C:\AUTOEXEC.BAT", "C:\DUMMY.BAT", true
set datei = fs.GetFile("C:\dummy.bat")
MsgBox datei.Name
datei.Name = "test.bat"
MsgBox datei.Name
datei.Delete
```

OpenAsTextStream

Syntax
```
Function OpenAsTextStream([ByVal IOMode As IOModeForReading], [ByVal Format As TristateTristateFalse]) As ITextStream
```

Beschreibung
Öffnet eine Datei als ITextStream-Objekt. Der Dateiinhalt kann so geändert oder gelesen werden.

Parameter

Parameter	Bedeutung
IOMode	Optional (Voreinstellung: ForReading, 0)
	Lesen: 0
	Schreiben: 2
	Hinzufügen: 8
Format	Optional (Voreinstellung: TristateFalse, 0)
	ANSI: 0
	UNICODE: -1
	Systemeinstellung: -2

Rückgabewert
ITextStream, Anhang I

Beispiel
```
set fs = CreateObject("Scripting.FileSystemObject")
set datei = fs.GetFile("C:\autoexec.bat")
set inhalt = datei.OpenAsTextStream
MsgBox inhalt.ReadAll
inhalt.Close
```

Siehe auch
OpenTextFile und CreateTextFile des Scripting.FileSystemObject-Objekts

ParentFolder

Syntax
```
Property ParentFolder As IFolder
```

Beschreibung
Liefert das IFolder-Objekt des Ordners, der diese Datei enthält.

Rückgabewert
IFolder, Anhang K

Path

Syntax
```
Property Path As String
```

Beschreibung
Pfadname der Datei

Rückgabewert
Pfadname als Textstring

ShortName

Syntax
```
Property ShortName As String
```

Beschreibung
Kurzer (DOS-konformer) Name der Datei.

Rückgabewert
8.3-Dateiname als Textstring

Siehe auch
ShortPath

ShortPath

Syntax
```
Property ShortPath As String
```

Beschreibung
Kurzer (DOS-konformer) Pfadname der Datei

Rückgabewert
8.3-Pfad als Textstring

Siehe auch
ShortName

Size

Syntax
```
Property Size
```

Beschreibung
Größe der Datei in Bytes.

Beispiel
```
set fs = CreateObject("Scripting.FileSystemObject")
set datei = fs.GetFile("C:\autoexec.bat")
MsgBox FormatNumber(datei.size/1024,1) & " KB"
```

Type

Syntax
```
Property Type As String
```

Beschreibung
Klartextname des Dateitypes einer Datei.

Rückgabewert
Dateityp als Textstring

Beispiel
```
set fs = CreateObject("Scripting.FileSystemObject")
set datei = fs.GetFile("C:\autoexec.bat")
MsgBox datei.Type
```

M Scripting.Dictionary

Das Dictionary-Objekt speichert Schlüssel-Wert-Paare. Es funktioniert wie ein Variablenfeld, bei dem Sie die einzelnen Felder über Schlüsselnamen anstelle von Indexzahlen ansprechen. Das Dictionary-Objekt benötigt sehr wenig Speicherplatz und ist ausgesprochen schnell. Es kann bei Bedarf mehrmals parallel angelegt werden.

Add

Syntax
```
Sub Add(Key, Item)
```

Beschreibung
Fügt einen neuen Eintrag hinzu. Der Schlüssel *key* *darf* im Dictionary noch nicht existieren. Ein Wert *Item* muß immer angegeben werden.

Parameter

Parameter	Bedeutung
Key	eindeutiger Schlüsselbegriff für den neuen Eintrag
Item	Wert, der dem Schlüssel zugeordnet sein soll

Beispiel
```
set dict = CreateObject("Scripting.Dictionary")
dict.Add "Hannover", "0511"
dict.Add "Berlin", "030"
MsgBox dict("Hannover")
```

Siehe auch
Remove

CompareMode

Syntax
```
Property CompareMode As CompareMethod
```

Beschreibung
Legt fest, wie im Dictionary Werte verglichen werden sollen.

Rückgabewert
0: Groß- und Kleinschreibung beachten
1: Groß- und Kleinschreibung nicht beachten

Count

Syntax
```
Property Count As Long
```

Beschreibung
Anzahl der Einträge im Dictionary.

Parameter
keine

Rückgabewert
Anzahl als Long

Beispiel
```
set dict = CreateObject("Scripting.Dictionary")
dict.Add "Hannover", "0511"
dict.Add "Berlin", "030"
MsgBox dict.Count
```

Exists

Syntax
```
Function Exists(Key) As Boolean
```

Beschreibung
Prüft, ob es einen Schlüssel bereits im Dictionary gibt

Parameter

Parameter	Bedeutung
Key	Schlüsselname, der geprüft werden soll

Rückgabewert
true, wenn der Schlüssel bereits existiert, sonst false

Beispiel
```
set dict = CreateObject("Scripting.Dictionary")
dict.Add "Hannover", "0511"
dict.Add "Berlin", "030"
MsgBox dict.Exists("Berlin")
MsgBox dict.Exists("Hamburg")
```

Item

Syntax
```
Property Item(Key)
```

Beschreibung
Legt den Inhalt eines Schlüssels fest oder fragt ihn ab. Item ist die Standardeigenschaft des Objekts und muß deshalb nicht unbedingt angegeben werden.

Parameter

Parameter	Bedeutung
Key	Schlüsselname

Rückgabewert
keiner

Beispiel
```
set dict = CreateObject("Scripting.Dictionary")
dict.Add "Hannover", "0511"
dict.Add "Berlin", "030"
MsgBox dict("Berlin")
MsgBox dict.Item("Berlin")
```

Items

Syntax
```
Function Items
```

Beschreibung
Liefert ein Variablenfeld mit allen Werten zurück, die im Dictionary gespeichert sind.

Parameter
keine

Rückgabewert
Variablenfeld als Variant

Beispiel

```
set dict = CreateObject("Scripting.Dictionary")
dict.Add "Hannover", "0511"
dict.Add "Berlin", "030"
MsgBox Join(dict.Items, ", ")
```

Siehe auch
Keys

Key

Syntax
```
Property Key(Key)
```

Beschreibung
Ändert den Namen eines Schlüssels.

Parameter

Parameter	Bedeutung
Key	alter Schlüssel

Rückgabewert
keiner

Beispiel

```
set dict = CreateObject("Scripting.Dictionary")
dict.Add "Hannover", "0511"
dict.Add "Hamburg", "030"
dict.Key("Hamburg")="Berlin"
MsgBox dict("Berlin")
```

Keys

Syntax
```
Function Keys
```

Beschreibung
Liefert ein Variablenfeld mit allen Schlüsseln, die im Dictionary gespeichert sind

Parameter
keine

Rückgabewert
Variablenfeld, Variant

Beispiel
```
set dict = CreateObject("Scripting.Dictionary")
dict.Add "Hannover", "0511"
dict.Add "Hamburg", "030"
MsgBox Join(dict.Keys, "; ")
```

Siehe auch
Items

Remove

Syntax
```
Sub Remove(Key)
```

Beschreibung
Entfernt einen Schlüssel samt Wert aus dem Dictionary

Parameter

Parameter	Bedeutung
Key	Schlüssel, der entfernt werden soll

Rückgabewert
keiner

RemoveAll

Syntax
```
Sub RemoveAll
```

Beschreibung
Löscht den gesamten Dictionary-Inhalt. Das Dictionary-Objekt bleibt allerdings bestehen.

N Scripting.Encode

Der Scriptencoder ist ein kostenloses Tool, um Skripte zu verschlüsseln. Die Skriptdateien sind anschließend unleserlich, können aber weiterhin ausgeführt werden. Sie erhalten das Tool bei msdn.microsoft.com/scripting.

Der Codieralgorithmus ist in das Scripting-Objekt integriert und kann auch separat aufgerufen werden. Zuständig hierfür ist das Objekt *Scripting.Encoder*.

EncodeScriptFile

Syntax

```
Function EncodeScriptFile(ByVal szExt As String, ByVal bstrStreamIn As String, ByVal cFlags As Long, ByVal bstrDefaultLang As String) As String
```

Beschreibung
Ruft den Encoder auf, der für die Dateiextension in szExt zuständig ist, und verschlüsselt dann einen Text.

Parameter

Parameter	Bedeutung
szExt	Extension, die bestimmt, welcher Encoder zum Zuge kommt
bstrStreamIn	Text, der verschlüsselt werden soll
cFlags	unbekannt
bstrDefaultLang	unbekannt

Rückgabewert
verschlüsselter Text

Beispiel

```
set encode = CreateObject("Scripting.Encoder")
text = "Dieser Text wird verschlüsselt"
MsgBox encode.EncodeScriptFile(".vbs", text, 0, 0)
```

O IWshCollection

Eigenschaften und Methoden des WshCollection-Objekts

Das WshCollection-Objekt wird nie direkt angelegt. Es ist stets das Resultat einer anderen Funktion und dient als Datenvehikel. Viele Methoden des WshShell-Objekts liefern Daten als WshCollection zurück, zum Beispiel SpecialFolders:

```
set wshshell = CreateObject("WScript.Shell")
set wshCollection = wshshell.SpecialFolders
```

_NewEnum

Syntax
```
Function _NewEnum As Unknown
```

Beschreibung
Unbekannte Funktion

Rückgabewert
Unknown-Objekt

Count

Syntax
```
Function Count As Long
```

Beschreibung
Liefert die Anzahl der Einträge in der Collection zurück.

Rückgabewert
Anzahl als Long

Item

Syntax
```
Function Item(pvarIndex)
```

Beschreibung
Liefert den Eintrag der Collection zurück, der dem Index pvarIndex entspricht. Der Index muß zwischen 1 und der maximalen Anzahl der Einträge liegen, die Count liefert. Alternativ kann auch der Name eines Schlüssels angegeben werden.

Parameter

Parameter	Bedeutung
pvarIndex	Index des gewünschten Eintrags oder Schlüsselname

Rückgabewert
liefert Eintrag der Collection zurück

length

Syntax
```
Property length As Long
```

Beschreibung
Anzahl der Einträge in der Collection. Funktioniert wie Count und existiert als Bequemlichkeit für JavaScript. In JavaScript ist Length gebräuchlicher als Count.

Parameter
keine

Rückgabewert
Anzahl der Elemente in der Collection als Long

Eigenschaften und Methoden des WshEnvironment-Objekts

Das WshEnvironment-Objekt wird nie direkt angelegt. Es ist stets das Resultat der Environment-Eigenschaft des WScript.Shell-Objekts:

```
set wshshell = CreateObject("WScript.Shell")
set wshEnvironment = WshShell.Environment("SYSTEM")
```

Das WshEnvironment-Objekt unterstützt dieselben Methoden und Eigenschaften wie das WshCollection-Objekt. Es gibt allerdings eine zusätzliche Methode:

Remove

Syntax
```
Sub Remove(ByVal bstrName As String)
```

Beschreibung
Entfernt ein Element aus der Collection. Das Element wird allerdings nicht global entfernt. Es ist also nicht möglich, mit Remove Umgebungsvariablen zu löschen. Remove wirkt nur auf

die aktuelle Kopie der Umgebungsvariablen, und sobald mittels Environment eine neue Kopie angelegt wird, sind wieder alle Elemente darin enthalten.

Parameter

Parameter	Bedeutung
bstrName	Name des Elements, das aus der Collection entfernt werden soll

Rückgabewert
keiner

P systemdialog.tobtools

About

Syntax
```
Sub About
```

Beschreibung
Copyright-Hinweise

Beispiel
```
set sd = CreateObject("Systemdialog.tobtools")
sd.About
```

BrowseFolder

Syntax
```
Function BrowseFolder(ByVal RootFolder, [sMessage], [Browse]) As String
```

Beschreibung
Öffnet ein Dialogfenster, mit dem Ordner und Dateien ausgesucht werden können

Parameter

Parameter	Bedeutung
RootFolder	Startordner
sMessage	Optional: Frage im Fenster
Browse	Optional: Optionsflags
	&H1000: nur Computer anzeigen
	&H2000: nur Drucker anzeigen
	&H4000: Dateien anzeigen
	&H2: Keine Netzwerkordner unterhalb der Freigabeebene
	&H10: Dialogfenster bekommt Textfeld für Direkteingabe
	&H8: Nur echte Dateisystemobjekte akzeptieren
	&H1: Nur Dateisystemordner akzeptieren

Rückgabewert
Gewählter Pfadname

Beispiel

```
set sd = CreateObject("systemdialog.tobtools")
MsgBox sd.BrowseFolder("C:\", "Ordner aussuchen", &h4000)
```

Siehe auch
Kapitel 4

GetFonts

Syntax

```
Function GetFonts As String
```

Beschreibung
Erstellt eine sortierte Liste aller Schriftarten, die auf dem System installiert sind.

Rückgabewert
Schriftarten-Liste

Beispiel

```
set sd = CreateObject("systemdialog.tobtools")
MsgBox sd.GetFonts
```

GetIconCount

Syntax

```
Function GetIconCount(name As String) As Integer
```

Beschreibung
Ermittelt die Anzahl von Icons, die in einer Datei liegen.

Parameter

Parameter	Bedeutung
name	Pfadname der Datei

Rückgabewert
Anzahl der Icons als Integer

Beispiel

```
set sd = CreateObject("systemdialog.tobtools")
' Pfad anpassen:
MsgBox sd.GetIconCount("C:\windows\explorer.exe")
```

OpenFiles

Syntax

```
Function OpenFiles(ByVal dir As String, [ByVal titel As String], [ByVal filter As String"Alle Dateien|*.*"], [flags], [ByVal index As Integer1]) As String
```

Beschreibung
Öffnet ein Dialogfenster zur Dateiauswahl

Parameter

Parameter	Bedeutung
dir	Voreingestellter Ordner
titel	Optional: Text in der Titelleiste
filter	Optional (Voreinstellung: "Alle Dateien|*.*"): Filter
flags	Optional: Feineinstellungen als Bitmaske
index	Optional (Voreinstellung: 1): ausgewählter Filter

Rückgabewert
gewählter Dateiname als String

Beispiel

```
set sd = CreateObject("systemdialog.tobtools")
MsgBox sd.OpenFiles("C:\")
```

Siehe auch
Kapitel 4

PickColor

Syntax

```
Function PickColor([ByVal titel As String], [flags3], [ByVal color As Long8947848]) As String
```

Beschreibung
Öffnet ein Dialogfenster zur Auswahl von Farben.

Parameter

Parameter	Bedeutung
titel	Optional: Text in der Titelleiste
flags	Optional (Voreinstellung: 3)
color	Optional (Voreinstellung: 8947848)

Rückgabewert
Farbe als Hex-String

Beispiel
```
set sd = CreateObject("systemdialog.tobtools")
MsgBox sd.PickColor
```

Siehe auch
Kapitel 4

PickFonts

Syntax
```
Function PickFonts([titel], [flags1], [ByVal vorgabe As String], [ByVal groesse As Integer]) As String
```

Beschreibung
Öffnet ein Dialogfenster zur Auswahl einer Schrift.

Parameter

Parameter	Bedeutung
titel	Optional: Text in Titelleiste
flags	Optional (Voreinstellung: 1)
vorgabe	Optional: vorgewählte Schrift
groesse	Optional: vorgewählte Größe

Rückgabewert
Schriftinfo als String

Beispiel
```
set sd = CreateObject("systemdialog.tobtools")
MsgBox sd.PickFonts
```

Siehe auch
Kapitel 4

SaveFiles

Syntax
```
Function SaveFiles([dir], [titel], [filter"Alle Dateien|*.*|"], [flags], [index1]) As String
```

Beschreibung
Öffnet ein Dialogfenster zur Wahl einer Datei (Speichern unter).

Parameter

Parameter	Bedeutung
dir	Optional: Ordner
titel	Optional: Text in Titelleiste
filter	Optional (Voreinstellung: "Alle Dateien|*.*|")
flags	Optional: Flags
index	Optional (Voreinstellung: 1)

Rückgabewert
gewählter Dateiname als String

Beispiel
```
set sd = CreateObject("systemdialog.tobtools")
MsgBox sd.SaveFiles
```

Siehe auch
Kapitel 4

SetIcon

Syntax
```
Sub SetIcon([name], [index As Long])
```

Beschreibung
Legt ein Icon für die benutzerdefinierten Dialogfenster fest.

Parameter

Parameter	Bedeutung
name	Name der Icondatei
index	Index des Icons

Beispiel
```
set sd = CreateObject("systemdialog.tobtools")
sd.SetIcon "C:\windows\explorer.exe",0
```

Siehe auch
Kapitel 4

ShowCountdown

Syntax
```
Function ShowCountdown(sec, [text"%n"], [title]) As Boolean
```

Beschreibung
Zeigt ein Dialogfenster mit Countdown an.

Parameter

Parameter	Bedeutung
sec	Dauer des Countdowns in Sekunden
text	Optional (Voreinstellung: "%n"): Nachrichtentext, der %n enthalten muß. Anstelle von %n werden die verbliebenen Sekunden angezeigt
title	Optional: Titelleistentext

Rückgabewert
false, wenn abgebrochen wird, sonst true

Beispiel
```
set sd = CreateObject("systemdialog.tobtools")
MsgBox sd.ShowCountdown(10, "Es verbleiben %n Sek!", "Counter")
```

ShowInputBox

Syntax
```
Function ShowInputBox([label], [titel"Eingabefenster"], [vorgabe], [width0,3], [height0,5], [mode], [pwd], [maxlen256])
```

Beschreibung
Zeigt ein Dialogfenster zur freien Texteingabe an.

Parameter

Parameter	Bedeutung
label	Optional: Fragetext
titel	Optional (Voreinstellung: "Eingabefenster"): Titelleistentext
vorgabe	Optional: Vorgabetext
width	Optional (Voreinstellung: 0,3)
height	Optional (Voreinstellung: 0,5)
mode	Optional: Eingabemodus
pwd	Optional: Zeichen für Kennwortverschlüsselung
maxlen	Optional (Voreinstellung: 256): maximale Länge

Rückgabewert
Eingabe

Beispiel
```
set sd = CreateObject("systemdialog.tobtools")
MsgBox sd.ShowInputBox("Geben Sie etwas ein'!", _
   "Titel", , 300, 200, 1)
```

Siehe auch
Kapitel 4

Q   icons.tobtools

About

Syntax
```
Sub About
```

Beschreibung
Copyright-Hinweise

Beispiel
```
set it = CreateObject("icons.tobtools")
it.About
```

CaptureActiveWindowToClip

Syntax
```
Function CaptureActiveWindowToClip([ByVal secs As Integer])
```

Beschreibung
Legt eine Hardcopy des aktiven Fensters in die Zwischenablage.

Parameter

Parameter	Bedeutung
secs	Optional: Zeitverzögerung in Sekunden

Beispiel
```
set it = CreateObject("icons.tobtools")
MsgBox "Lege 3 Sek. nach OK ein Bildschirmfoto an!"
it.CaptureActiveWindowToClip 3
MsgBox "Foto im Kasten!"
```

Siehe auch
Kapitel 9

CaptureActiveWindowToFile

Syntax

```
Function CaptureActiveWindowToFile(ByVal name As String, [ByVal secs As Integer])
```

Beschreibung
Speichert eine Hardcopy des aktiven Fensters als BMP-Datei.

Parameter

Parameter	Bedeutung
name	Name der Datei, in der das Bild gespeichert werden soll
secs	Optional: Aufnahmeverzögerung in Sekunden

Siehe auch
Kapitel 9

CaptureCursorToClip

Syntax

```
Function CaptureCursorToClip(ByVal delay As Integer)
```

Beschreibung
Legt ein Bildschirmfoto des Fensters an, über dem sich der Cursor befindet, und speichert es in der Zwischenablage.

Parameter

Parameter	Bedeutung
delay	Verzögerung in Sekunden

CaptureCursorToFile

Syntax

```
Function CaptureCursorToFile(ByVal path As String, ByVal delay As Integer)
```

Beschreibung
Legt ein Bildschirmfoto des Fensters an, über dem sich der Cursor befindet, und speichert es in einer BMP-Datei.

Parameter

Parameter	Bedeutung
path	Name der Datei, in der das Bild gespeichert werden soll
delay	Verzögerung in Sekunden

Siehe auch
Kapitel 9

CaptureHandleToClip

Syntax
```
Sub CaptureHandleToClip(ByVal handle As Long)
```

Beschreibung
Legt ein Bildschirmfoto des Fensters an, dessen Handle Sie angeben, und speichert es in der Zwischenablage.

Parameter

Parameter	Bedeutung
handle	Fenster-Handle des Fensters, das geknipst werden soll

Siehe auch
Kapitel 9

CaptureScreenToClip

Syntax
```
Function CaptureScreenToClip
```

Beschreibung
Legt ein Bildschirmfoto des Bildschirms an und speichert es in der Zwischenablage.

Siehe auch
Kapitel 9

CaptureScreenToFile

Syntax
```
Function CaptureScreenToFile(name)
```

Beschreibung
Legt ein Bildschirmfoto des Bildschirms an und speichert es als Datei.

654 Anhang Q: icons.tobtools

Parameter

Parameter	Bedeutung
name	Name der Datei, in der das Bild gespeichert werden soll

Siehe auch
Kapitel 9

FindWindowHandle

Syntax

```
Function FindWindowHandle(ByVal name As String) As Long
```

Beschreibung
Ermittelt die Fensterhandle eines Fensters.

Parameter

Parameter	Bedeutung
name	Name des Fensters so wie in der Titelleiste angegeben

Rückgabewert
Fensterhandle als Long

Siehe auch
Kapitel 9

FlushIconCache

Syntax

```
Sub FlushIconCache
```

Beschreibung
Erneuert den Iconcache.

Siehe auch
Kapitel 9

GetIconNumber

Syntax

```
Function GetIconNumber(ByVal name As String) As Long
```

Beschreibung
Ermittelt die Anzahl der Icons, die in einer Datei gespeichert sind.

Parameter

Parameter	Bedeutung
name	Name der Datei

Rückgabewert
Anzahl der Icons als Long

Siehe auch
Kapitel 9

IconToClip

Syntax
```
Sub IconToClip
```

Beschreibung
Kopiert ein zuvor mit LoadIcon geladenes Icon in die Zwischenablage

Siehe auch
Kapitel 9

IconToFile

Syntax
```
Sub IconToFile(ByVal name As String)
```

Beschreibung
Kopiert ein zuvor mit LoadIcon geladenes Icon in eine Datei.

Parameter

Parameter	Bedeutung
name	Name der Datei, in der das Icon gespeichert werden soll.

Siehe auch
Kapitel 9

LoadIcon

Syntax

```
Function LoadIcon(ByVal dateiname As String, ByVal index As Integer) As Integer
```

Beschreibung
Lädt ein Icon. Anschließend kann das Icon mit IconToClip oder IconToFile weiterbearbeitet werden.

Parameter

Parameter	Bedeutung
dateiname	Name der Datei, die das Icon enthält
index	Icon-Index

Rückgabewert
Integer

Beispiel

```
set it = CreateObject("icons.tobtools")
it.LoadIcon "c:\windows\explorer.exe", 0
it.IconToClip
```

Siehe auch
Kapitel 9

PickIcon

Syntax

```
Function PickIcon(ByVal path As String, [index As Long]) As String
```

Beschreibung
Öffnet ein Dialogfenster zur Icon-Auswahl.

Parameter

Parameter	Bedeutung
path	Name der Icondatei
index	Optional: Vorgewähltes Icon

Rückgabewert
Name des gewählten Icons als String

Beispiel

```
set it = CreateObject("icons.tobtools")
icon = it.PickIcon("c:\windows\explorer.exe")
details = Split(icon, ",")
it.LoadIcon details(0), details(1)
it.IconToFile "C:\meinicon.ico"
```

Siehe auch
Kapitel 9

RefreshDesktop

Syntax
```
Sub RefreshDesktop
```

Beschreibung
Aktualisiert den Desktop

SelectIconFile

Syntax
```
Function SelectIconFile(ByVal pfad As String) As Integer
```

Beschreibung
Wählt eine Icon-Datei aus, die anschließend mit ShowIconDialog betrachtet werden kann.

Parameter

Parameter	Bedeutung
pfad	Name der Icon-Datei

Rückgabewert
Anzahl der Icons in der Datei als Integer

Siehe auch
Kapitel 9

SetIconDialogCaption

Syntax
```
Sub SetIconDialogCaption(ByVal text As String)
```

Beschreibung
Setzt Titelleistentext des Icon-Auswahlfensters

Parameter

Parameter	Bedeutung
text	Titelleistentext

SetIconDialogLabel

Syntax

```
Sub SetIconDialogLabel(ByVal text As String)
```

Beschreibung
Setzt einen Hinweistext im Icon-Auswahlfenster

Parameter

Parameter	Bedeutung
text	Hinweistext

ShowIconDialog

Syntax

```
Function ShowIconDialog(ergebnis, [ByVal okbutton As String"&OK"], [ByVal cancelbutton As String"A&bbrechen"]) As Boolean
```

Beschreibung
Zeigt Icon-Auswahlfenster an.

Parameter

Parameter	Bedeutung
ergebnis	ausgewählte Datei
okbutton	Optional (Voreinstellung: "&OK"): Beschriftung Button 1
cancelbutton	Optional (Voreinstellung: "A&bbrechen"): Beschriftung Button 2

Rückgabewert
true, wenn ein Icon ausgewählt wurde

Beispiel

```
set it=CreateObject("icons.tobtools")
MsgBox it.SelectIconFile("C:\windows\explorer.exe")
it.SetIconDialogCaption "Icon aussuchen"
it.SetIconDialogLabel "Suchen Sie sich ein Icon aus!"
if it.ShowIconDialog(erg, "Jau", "Nö") then
```

```
  MsgBox erg
else
  MsgBox "Kein Icon ausgesucht!"
end if
```

Siehe auch
Kapitel 9

UpdateIconCache

Syntax
```
Sub UpdateIconCache
```

Beschreibung
Aktualisiert den Icon-Cache

Siehe auch
Kapitel 9

R   utils.tobtools

About

Syntax
```
Sub About
```

Beschreibung
Zeigt Copyright-Informationen

DisableCAD

Syntax
```
Sub DisableCAD(bDisabled As Boolean)
```

Beschreibung
Schaltet die Tastenkombination STRG+ALT+ENTF ein oder aus

Parameter

Parameter	Bedeutung
bDisabled	true = STRG+ALT+ENTF ist abgeschaltet,
	false = eingeschaltet (Normalzustand)

Beispiel
```
set utils = CreateObject("utils.tobtools")
utils.DisableCAD true
MsgBox "STRG+ALT+ENTF ist jetzt wirkungslos!"
utils.DisableCAD false
MsgBox "STRG+ALT+ENTF funktioniert wieder!"
```

ExitWindows

Syntax
```
Function ExitWindows(ByVal mode As Long) As String
```

Beschreibung
Fährt Windows herunter oder startet es neu. Funktioniert auch bei Windows NT.

Anhang R: utils.tobtools

Parameter

Parameter	Bedeutung	
mode	0	Benutzer abmelden
	1	Herunterfahren
	2	Neu starten
	zusätzlich kann hinzuaddiert werden:	
	4	notfalls Gewalt anwenden
	8	Strom abschalten

Beispiel

```
set utils = CreateObject("utils.tobtools")
' fährt ohne weitere Rückfragen und ohne zu speichern auf
' schnellstem Wege herunter und schaltet Rechner aus, falls
' technisch möglich:
utils.ExitWindows 1+4+8
```

Siehe auch
Kapitel 10

isDesktopVisible

Syntax

```
Sub isDesktopVisible(Visible As Boolean)
```

Beschreibung
Schaltet den Desktop unsichtbar

Parameter

Parameter	Bedeutung
Visible	false = Desktop unsichtbar, true=sichtbar

Beispiel

```
set utils = CreateObject("utils.tobtools")
utils.isDesktopVisible false
MsgBox "Desktop unsichtbar!"
utils.isDesktopVisible true
```

isEqualMonitorFormat

Syntax

```
Property isEqualMonitorFormat
```

Beschreibung
Prüft im Multimonitorbetrieb, ob die angeschlossenen Monitore dieselbe Bildschirmauflösung verwenden.

isMousePresent

Syntax
```
Property isMousePresent
```

Beschreibung
Prüft, ob eine Maus ans System angeschlossen ist.

Rückgabewert
true = Maus ist vorhanden

Beispiel
```
set utils = CreateObject("utils.tobtools")
MsgBox utils.isMousePresent
```

isNetworkPresent

Syntax
```
Property isNetworkPresent
```

Beschreibung
Prüft, ob ein Netzwerk verfügbar ist

Rückgabewert
1 = Netzwerk verfügbar

Beispiel
```
set utils = CreateObject("utils.tobtools")
MsgBox utils.isNetworkPresent
```

isSlow

Syntax
```
Property isSlow
```

Beschreibung
Prüft, ob das System vergleichsweise langsam ist.

Rückgabewert
0: nein, 1: ja

664 *Anhang R: utils.tobtools*

Beispiel
```
set utils = CreateObject("utils.tobtools")
MsgBox utils.isSlow
```

isTaskBarVisible

Syntax
```
Sub isTaskBarVisible(Visible As Boolean)
```

Beschreibung
Macht die Taskleiste unsichtbar.

Parameter

Parameter	Bedeutung
Visible	true = Taskleiste sichtbar (Normalfall) false = Taskleiste versteckt

Beispiel
```
set utils = CreateObject("utils.tobtools")
utils.isTaskBarVisible false
MsgBox "Taskleiste ist weg!"
utils.isTaskBarVisible true
```

isWheelMouse

Syntax
```
Property isWheelMouse
```

Beschreibung
Prüft, ob eine Maus mit Drehrad angeschlossen ist.

Rückgabewert
0: normale Maus, 1: Wheelmaus

Beispiel
```
set utils = CreateObject("utils.tobtools")
MsgBox utils.isWheelMouse
```

MonitorCount

Syntax
```
Property MonitorCount
```

Anhang R: utils.tobtools 665

Beschreibung
Ermittelt die Anzahl angeschlossener Monitore.

Rückgabewert
Anzahl der aktivierten Monitore

Beispiel
```
set utils = CreateObject("utils.tobtools")
MsgBox utils.MonitorCount
```

MouseButtons

Syntax
```
Property MouseButtons
```

Beschreibung
Ermittelt die Anzahl der Maustasten

Rückgabewert
Anzahl der Maustasten

Beispiel
```
set utils = CreateObject("utils.tobtools")
MsgBox utils.MouseButtons
```

ReadClip

Syntax
```
Function ReadClip As String
```

Beschreibung
Liest Text aus der Zwischenablage

Rückgabewert
Textinformation aus der Zwischenablage

Beispiel
```
set utils = CreateObject("utils.tobtools")
MsgBox "Text in Zwischenablage" & vbcr & vbCr & utils.ReadClip
```

Siehe auch
WriteClip

ScreenX

Syntax

```
Property ScreenX
```

Beschreibung
Ermittelt die horizontale Bildschirmauflösung

Rückgabewert
Bildschirmauflösung in X-Richtung

Beispiel

```
set utils = CreateObject("utils.tobtools")
MsgBox utils.ScreenX & "x" & utils.ScreenY
```

ScreenY

Syntax

```
Property ScreenY
```

Beschreibung
Ermittelt die vertikale Bildschirmauflösung

Rückgabewert
Bildschirmauflösung in Y-Richtung

StartMode

Syntax

```
Property StartMode
```

Beschreibung
Meldet die Art des Windows-Starts, normal oder Abgesicherter Modus.

Rückgabewert
Startmodus als Textstring

Beispiel

```
set utils = CreateObject("utils.tobtools")
MsgBox utils.StartMode
```

WriteClip

Syntax

```
Sub WriteClip(ByVal text As String)
```

Beschreibung
Schreibt Text in die Zwischenablage

Parameter

Parameter	Bedeutung
text	Text, der in die Zwischenablage geschrieben werden soll

Beispiel
```
set utils = CreateObject("utils.tobtools")
utils.WriteClip "Guten Tag!"
MsgBox "Habe in der Zwischenablage Text hinterlegt."
```

S filesystem.tobtools

About

Syntax
```
Sub About
```

Beschreibung
Zeigt Copyright-Informationen

AddFiles

Syntax
```
Sub AddFiles(verz, [ext], [ByVal extrainfo As BooleanFalse])
```

Beschreibung
Wählt Dateien aus einem Ordner aus, die anschließend mit Sort sortiert und mit Show angezeigt werden können.

Parameter

Parameter	Bedeutung
verz	Ordner, aus dem Dateinamen eingelesen werden sollen
ext	Optional: Extension der Dateien
extrainfo	Optional (Voreinstellung: False): true = Versionsinfos der Dateien einschließen

Beispiel
```
set fst = CreateObject("filesystem.tobtools")
fst.AddFiles "C:\", "exe", true
fst.Show
```

Siehe auch
Kapitel 8

AddFolders

Syntax
```
Sub AddFolders(ByVal verz As String, [ByVal lookup As BooleanFalse])
```

Beschreibung
Wählt alle Unterordner eines Ordners aus, die anschließend per Sort sortiert oder per Show angezeigt werden können.

Parameter

Parameter	Bedeutung
verz	Verzeichnispfad, der die Unterordner enthält
lookup	Optional (Voreinstellung: False): true=Gesamtgröße der Unterordner ermitteln

Siehe auch
Kapitel 8

ClearList

Syntax
```
Sub ClearList
```

Beschreibung
Löscht die Liste mit Dateien und Ordnern, die AddFiles und AddFolders angelegt haben.

CreateFolder

Syntax
```
Sub CreateFolder(ByVal path As String)
```

Beschreibung
Legt einen Ordner samt aller Unterordner an, die eventuell erforderlich sind.

Parameter

Parameter	Bedeutung
path	Pfadname zum Ordner, der erstellt werden soll.

Beispiel
```
set fst = CreateObject("filesystem.tobtools")
fst.CreateFolder "C:\test\buch\jahrgang\1999"
```

FileOP

Syntax
```
Sub FileOP(ByVal liste As String, [ByVal destination As String], [ByVal lFileOP As Long2], [ByVal lflags As Long529])
```

Beschreibung
Führt Dateioperationen durch (Kopieren, Verschieben, Löschen).

Parameter

Parameter	Bedeutung
liste	Liste der Dateien, die transportiert werden sollen
destination	Optional: Ziel der Transportaktion
lFileOP	Optional (Voreinstellung: 2): Art des Transports
lflags	Optional (Voreinstellung: 529): Feineinstellungen

Siehe auch
Kapitel 8

FreeSpace

Syntax
```
Function FreeSpace(ByVal drive As String) As Double
```

Beschreibung
Ermittelt den freien Speicherplatz auf dem angegebenen Laufwerk und umgeht dabei das 2 GB Limit des FileSystemObjects.

Parameter

Parameter	Bedeutung
drive	Laufwerksbuchstabe des Laufwerks

Rückgabewert
Freier Speicherplatz in Bytes als Double

Beispiel
```
set fst = CreateObject("filesystem.tobtools")
MsgBox "Frei auf C:\: " & fst.FreeSpace("C:\")
```

GetVersionOf

Syntax
```
Function GetVersionOf(ByVal filename As String) As VBA._Collection
```

Beschreibung
Liest erweiterte Versionsinformationen einer Datei.

Parameter

Parameter	Bedeutung
filename	Pfadname der Datei, die Sie untersuchen wollen

Rückgabewert
Collection mit den Informationen

Beispiel
```
set fst = CreateObject("filesystem.tobtools")
set erg = fst.GetVersionOf("C:\windows\explorer.exe")
for each info in erg
   list = list & info & vbCr
next
MsgBox list
```

Siehe auch
Kapitel 8

Recycle

Syntax
```
Sub Recycle(ByVal path As String)
```

Beschreibung
Löscht eine Datei in den Papierkorb, so daß sie wiederhergestellt werden kann. Funktioniert aber nur auf Laufwerken, die einen Papierkorbservice besitzen.

Parameter

Parameter	Bedeutung
path	Name der Datei, die Sie löschen wollen

Beispiel
```
set fst = CreateObject("filesystem.tobtools")
fst.Recycle "C:\test.txt"
```

Show

Syntax
```
Function Show([ByVal mask As Long65535]) As String
```

Beschreibung
Zeigt die mit AddFiles und AddFolders angelegte Liste in einem Dialogfenster an.

Parameter

Parameter	Bedeutung
mask	Optional (Voreinstellung: 65535): Bitmaske der Informationen, die Sie sehen wollen

Rückgabewert
Auswahl als String

Siehe auch
Kapitel 8

Sort

Syntax
```
Function Sort(ByVal sorter As Long, [ByVal ad As BooleanTrue])
```

Beschreibung
Sortiert die mit AddFiles und AddFolders angelegte Liste nach einem Kriterium.

Parameter

Parameter	Bedeutung
sorter	Kriterium, nach dem sortiert werden soll
ad	Optional (Voreinstellung: True): false=absteigend

Siehe auch
Kapitel 8

TotalSize

Syntax
```
Function TotalSize(ByVal drive As String) As Double
```

Beschreibung
Ermittelt die Gesamtgröße eines Laufwerks ohne 2 GB Beschränkung.

Parameter

Parameter	Bedeutung
drive	Laufwerksbuchstabe

Rückgabewert
Größe in Bytes als Double

Beispiel
```
set fst = CreateObject("filesystem.tobtools")
MsgBox FormatNumber(fst.TotalSize("C:\")/1024^2) & " MB"
```

T twain.tobtools

PrintIt

Syntax
```
Sub PrintIt([ByVal mode As BooleanTrue], [ByVal output As Long1])
```

Beschreibung
Druckt ein eingescanntes Bild aus.

Parameter

Parameter	Bedeutung
mode	Optional (Voreinstellung: True): false=kein Druckerauswahlfenster anzeigen, gedruckt wird dann auf dem Standarddrucker
output	Optional (Voreinstellung: 1) 0: pixelweise 1: Originalgröße 2: seitenfüllend

Siehe auch
Kapitel 12

ScanPage

Syntax
```
Function ScanPage([ByVal filename As String], [ByVal mode As BooleanTrue]) As Boolean
```

Beschreibung
Scannt eine Seite und speichert sie als Datei.

Parameter

Parameter	Bedeutung
filename	Optional: Name der Datei, die das Bild speichern soll. Geben Sie keinen Namen an, dann wird in die Zwischenablage gescannt
mode	Optional (Voreinstellung: True): false=kein Scan-Dialogfenster

Rückgabewert
Boolean

Beispiel
```
set twain = CreateObject("twain.tobtools")
dateiname = "c:\bild.bmp"
twain.ScanPage dateiname
```

Siehe auch
Kapitel 9

SelectScanner

Syntax
```
Sub SelectScanner
```

Beschreibung
Öffnet ein Scanner-Auswahlfenster.

Beispiel
```
set twain = CreateObject("twain.tobtools")
twain.SelectScanner
```

U window.tobtools

DesktopMode

Syntax
```
Sub DesktopMode(ByVal view As Integer)
```

Beschreibung
Schaltet die Ansicht des Desktops um.

Parameter

Parameter	Bedeutung
view	1-4

Beispiel
```
set win = CreateObject("window.tobtools")
for x=1 to 4
   win.DesktopMode x
   MsgBox "Modus: " & x
next
```

EnumChildWindows

Syntax
```
Function EnumChildWindows(ByVal handle As Long) As String
```

Beschreibung
Listet die Kindfenster eines Fensters auf.

Parameter

Parameter	Bedeutung
handle	Fensterhandle des Fensters, das Sie untersuchen wollen

Rückgabewert
Kindfenster als Textstring

Beispiel

```
set win = CreateObject("window.tobtools")
MsgBox win.GetForegroundWindowText
handle = win.GetForegroundWindowHandle
MsgBox win.EnumChildWindows(handle)
```

EnumMainWindows

Syntax

```
Function EnumMainWindows As String
```

Beschreibung
Listet alle Hauptfenster auf

Rückgabewert
Fensterhandles als String

Beispiel

```
set win = CreateObject("window.tobtools")
MsgBox win.EnumMainWindows
```

EnumVisibleWindows

Syntax

```
Function EnumVisibleWindows As String
```

Beschreibung
Listet alle sichtbaren Fenster auf.

Rückgabewert
Fensterliste als String

Beispiel

```
set win = CreateObject("window.tobtools")
MsgBox win.EnumVisibleWindows
```

EnumWindows

Syntax

```
Function EnumWindows As String
```

Beschreibung
Listet alle Fenster auf.

Rückgabewert
Fensterliste als String

Beispiel
```
set win = CreateObject("window.tobtools")
MsgBox win.EnumWindows
```

FindWindowHandle

Syntax
```
Function FindWindowHandle(ByVal name As String) As Long
```

Beschreibung
Ermittelt die Handle eines Fensters.

Parameter

Parameter	Bedeutung
name	Name des Fensters aus der Titelleiste

Rückgabewert
Fensterhandle als Long

Beispiel
```
set win = CreateObject("window.tobtools")
' Arbeitsplatz-Fenster muß geöffnet sein:
handle = win.FindWindowHandle("Arbeitsplatz")
MsgBox handle
```

GetForegroundWindowHandle

Syntax
```
Function GetForegroundWindowHandle As Long
```

Beschreibung
Liefert Handle des aktiven Fensters.

Rückgabewert
Long

Beispiel
```
set win = CreateObject("window.tobtools")
MsgBox win.GetForegroundWindowHandle
```

GetForegroundWindowText

Syntax

```
Function GetForegroundWindowText As String
```

Beschreibung
Liefert Name des aktiven Fensters

Rückgabewert
String

Beispiel

```
set win = CreateObject("window.tobtools")
MsgBox win.GetForegroundWindowText
```

Stichwortverzeichnis

%COMSPEC% 242
& 28, 29
* 41
/ 41
2-Gigabyte-Bug 189

A

About 643, 651, 661, 669
about: 142
Abs 481
Add 631
AddFiles 669
AddFolders 669
AddItem 136
AddPrinterConnection 575
AddSubItem 136
AddWindowsPrinterConnection 576
AllUsersDesktop 314
AllUsersPrograms 314
AllUsersStartMenu 314
Anführungszeichen 30
    doppelte 30
    in Texten 30
AppActivate 385, 557
Application 547
Archiv 222
Archiv-Attribut 232
Arguments 258, 547, 567
Array 481
Asc 482
AscB 483
ASCII-Code, eines Zeichens
    ermitteln 251
AscW 483
AtEndOfLine 601
AtEndOfStream 601
Atn 484
Attribute 222
Attributes 221, 613, 623

Ausgabefenster
    einfaches 165
    Internet Explorer 141
    mit Abbruch-Funktion 166
AvailableSpace 607

B

Backup 233, 279
Bildschirmfotos 355
BrowseFolder 98, 113, 643
BrowseForFolder 92
BuildPath 583
BuildVersion 548

C

CaptureActiveWindowToClip 651
CaptureActiveWindowToFile 356, 652
CaptureCursorToClip 652
CaptureCursorToFile 652
CaptureHandleToClip 653
CaptureScreenToClip 653
CaptureScreenToFile 356, 653
CBool 484
CByte 485
CCur 485
CDate 486
CDbl 486
CDClose 183
CDOpen 183
Chr 487
ChrB 487
ChrW 488
CInt 488
Clear 543
ClearList 670
CLng 489
Close 602
Column 602

comctl32.dll 100
COMMAND.COM 242
CompanyName 273
CompareMode 631
ComputerName 576
Connect 452
ConnectInternet 430
ConnectionState 430
ConnectObject 548
Copy 613, 623
CopyFile 584
CopyFolder 584
CopyHere 294
Cos 41, 489
Count 632
Count() 213
Countdown-Fenster 131
CreateFolder 585, 670
CreateObject 490, 549
CreateShortcut 259, 558
CreateTextFile 585, 614
CSng 491
CStr 491
CVT1.EXE 192

D

Date 492
DateAdd 492
DateCreated 221, 615, 624
DateDiff 493
Datei speichern-Dialogfenster 109
Datei
    ändern 240
    Autorenname 300
    Eigenschaften-Dialog 310
    Geheiminfos 300
    im Explorer auswählen 311
    im Explorer markieren 305
    in Papierkorb
        verschieben 277

kopieren 273
lesen 240
löschen 273
neu anlegen 240
öffnen 240
öffnen und anzeigen 371
Text einfügen 251
Transport rückgängig
machen 276
verschieben 273
vor dem Überschreiben
warnen 254
Dateiattribute 222
Dateien öffnen-Dialogfenster 101
Dateien
auswählen 97, 99
mehrere auswählen 103
Dateiname, zufälliger 252
Dateinamen, kurze 105
Dateisystem 190
durchsuchen 196
öffnen 179
Zugang 179
Dateiversion, bestimmen 271
DateLastAccessed 221, 615, 624
DateLastModified 221, 615, 625
DatePart 494
DateSerial 494
DateValue 495
Datum 29
Wochentag bestimmen 29
Day 496
DCOM, Update 21
Debug 273
Debuggen 64
DEFRAG.EXE 370
Delete 616, 625
DeleteFile 586
DeleteFolder 587
Description 258, 567
description 543
Desktop 314
DESKTOP.INI 222
DesktopMode 677
Dialogfenster
eigene mit HTML-
Vorlage 150

mit Wartezeit 131
dim 51
DisableCAD 661
DisconnectInternet 430
DisconnectObject 550
Diskette
formatieren 419
prüfen 182
do...loop 35
Dokument, öffnen und
anzeigen 371
DOS, Befehle fernsteuern 416
Drive 221, 616, 626
DriveExists 587
DriveLetter 607
Drive-Objekt 180
Drives 190, 588
DriveType 608

E
Echo 550
Editor, öffnen 27
Eigenschaften, Dialog
hervorrufen 310
Eingabe, verschlüsseln 87
Eingaben 82
EncodeScriptFile 637
Endlosschleife 60
EndProcess 407
EndProgram 412
Entscheidungen fällen 31
EnumChildWindows 357, 677
EnumMainWindows 385, 678
EnumNetworkDrives 577
EnumPrinterConnections 577
EnumVisibleWindows 678
EnumWindows 678
Environment 559
Erase 496
Err-Objekt 543
Ersetzen, Textteile 46
Events 146
Exists 632
exit
do 35
for 35
ExitWindows 428, 661

Exp 497
ExpandEnvironmentStrings 559

F
Falsch 31
false 31
Farben auswählen 115
FAT32-Dateisystem 191
Favorites 314
Fehler
abfangen 65
in Skripten 57
Fehlermeldung 58
Fenster
alle schließen 386
in den Vordergrund
schalten 384
fernsteuern 429
FileDescription 273
FileExists 589
File-Objekt 219
FileOP 670
Files 617
FileSystem 190, 608
FileVersion 273
Filter 497
FindWindowHandle 654, 679
Fix 499
FlushIconCache 331, 654
FM2.DLL 160
FocusedItem 308
Folder 308
FolderExists 194, 589
Folder-Objekt 193
Fonts 314
for each...next 53, 54
for...next 33
FormatCurrency 41, 499
FormatDateTime 500
FormatNumber 501
FormatPercent 41, 501
Fortschrittsanzeige 159
Fragen stellen 28
Ja/Nein 77
FreeSpace 187, 609, 671
FTP
Befehlsübersicht 452

Dateien herunterladen 439
Dateien hochladen 441
Editor 433
Server mit Festplatte synchronisieren 443
FullName 551, 568, 573
function 36
Funktionen 36

G
GetAbsolutePathName 590
GetBaseName 590
GetDetailsOf 294
GetDrive 591
GetDriveName 592
GetExtensionName 592
GetFile 593
GetFileName 593
GetFileVersion 594
GetFolder 194, 295, 595
GetFonts 128, 644
GetForegroundWindowHandle 357, 679
GetForegroundWindowText 357, 680
GetIconCount 644
GetIconNumber 318, 654
GetLastError 452
GetLink 295
GetListViewContents 139
GetObject 502, 551
GetParentFolderName 595
GetRef 153
GetSpecialFolder 596
GetTempName 596
GetVersionOf 671
Groß- und Kleinschreibung 45
Grundrechenarten 41

H
Haltepunkte 64
helpcontext 544
helpfile 544
Hex 503
HKEY_CLASSES_ROOT 471
HKEY_CURRENT_USER 471

HKEY_LOCAL_MACHINE 471
HostByAddress 432
HostByName 431
Hotkey 258, 568
Hour 503

I
Icon
  Anzahl in Datei bestimmen 317
  Auswahldialog anzeigen 319
  eigene entwerfen 350
  für einzelne Ordner 340
  für Verknüpfungen 337
  Liste aller verfügbarer Icons anlegen 323
  selbst malen 88
  Systemicons verändern 330
Iconliste, anlegen 323
IconLocation 258, 569
IconToClip 655
IconToFile 655
if...then...else 31
Info 273
InprocServer32 477
InputBox 28, 82, 504
  Abbrechen 84
  Abbruch-Funktion 35
  Ersatzfenster 85
  Vorgabe anbieten 82
  Zahlen erfragen 84
Installieren
  neueste Scriptversion 20
  Script Debugger 23
  Toolkits 23
Instr 43
InStr 505
InStrB 505
InstrRev 43
InStrRev 506
Int 507
Interactive 552
InternalName 273
Internet Explorer
  als Ausgabefenster nutzen 141

installieren 20
mit Skript koppeln 153
Nachricht beim Fensterschließen 146
Sicherheitseinstellungen 24
Symbolleisten entfernen 144
Verschiebeleiste entfernen 145
Internet
  Art der Verbindung bestimmen 430
  Einbruchschutz 24
  FTP *Siehe* FTP
  Hostname ermitteln 431
  IP-Adresse ermitteln 431
  Verbindung aufbauen 429
  Verbindung trennen 430
InternetExplorer.Application 142
InvokeVerb 296
IsArray 507
isBrowsable 295
isDate 32, 35
IsDate 508
isDesktopVisible 662
isEmpty 35, 84
IsEmpty 508
isEqualMonitorFormat 662
isFileSystem 295
isFolder 296
IShellDispatch 92
isLink 296
isMousePresent 663
isNetworkPresent 663
IsNull 509
IsNumeric 510
IsObject 510
isReady 190
IsReady 609
IsRootFolder 617
isSlow 663
isTaskBarVisible 664
isTaskRunning 409
isWheelMouse 664
Item 633
Items 294
IWshNetwork 575
IWshNetwork2 575

IWshShell 557
IWshShell2 557
IWshShortcut 567

J
Join 511
join 56

K
Kennwortabfrage 87
KillProcess 408
KillProgram 412
Kontextmenüs, Befehle
    aufrufen 296

L
l 315
Laufwerke
    auflisten 179
        Dateisystem bestimmen 190
        Informationen 180
        Seriennummern 185
LBound 512
lcase 45
LCase 512
left 44
Left 44, 513
LeftB 513
LegalCopyright 273
len 44
Len 44, 514
LenB 514
ListChilds 472
Listen
    anzeigen 136
    sortieren 137
Listenfenster 168
ListView 136
ListViewShow 136
ListViewSort 136
Load 569, 573
LoadIcon 656
LoadPicture 515
Log 516
LogEvent 560
Lottozahlengenerator 47
LTrim 516

M
MapNetworkDrive 578
Mehrwertsteuer-Rechner 36
mid 44
Mid 44, 517
MidB 517
Minute 518
mod 46
ModifyDate 296
ModuleListFromEXE 415
ModuleListFromName 413
MonitorCount 664
Month 518
MonthName 519
MouseButtons 665
Move 618, 626
MoveFile 597
MoveFolder 597
MoveHere 294
MSComDlg.CommonDialog 100
MSDOS.SYS 223
MsgBox 28, 77, 520
    Icons einblenden 79
    im Vordergrund halten 80
    Schaltflächen einblenden 78
    Schaltflächen vorwählen 79
    Titelleiste ändern 80
MSWORD8.OLB 479
Multiselect 103
MyDocuments 314

N
nach Großbuchstaben fragen 87
nach Kleinbuchstaben fragen 87
nach Zahlen fragen 87
Name 296, 552, 618, 626
NameSpace 293
NetHood 315
NewFolder 294
not 35
Now 520
number 544

O
Oct 521
Öffnen mit, verbesserte
    Version 402
on error resume next 65
OpenAsTextStream 627
OpenFiles 108, 645
OpenIEWindow 148
OpenInternet 452
OpenTextFile 240, 253, 598
Ordner
    Anzahl Dateien 213
    Anzahl Unterordner 213
    leere löschen 209
    mit individuellen Icons 340
    neue anlegen 214
    öffnen 193
    veraltete finden 197
Ordnerinhalte, sortiert
    ausgeben 283
Ordnerlisting 112
    alphabetisch sortiert 289
Ordnerlistings 247
Ordnernamen, erfragen 89
OriginalFileName 273
OS 273

P
Papierkorb, leeren 297
Parent 296, 308
ParentFolder 221, 293, 619, 628
ParseName 294
Patched 273
Path 221, 296, 552, 610, 619, 628
Pfadnamen, ermitteln 42
PickColor 118, 645
PickFonts 646
    Flags 121
PickIcon 319, 656
Popup 81, 561
    Vorteile gegenüber
        MsgBox 81
PopupItemMenu 308
Prerelease 273
preserve 54
PrintHood 315
PrintIt 675
Private 273
ProcessList 415
ProductName 273
ProductVersion 273

Programm
    beenden 407
    fernsteuern 373
    gewaltsam beenden 412
    in den Vordergrund
        schalten 384
    interne Module auflisten 412
    Rückgabewert
        auswerten 370
    schließen 412
    Skript anhalten, bis
    Programm beendet ist 411
    starten 367
    Tastendrücke senden 373
Programme
    alle schließen 386
    auf Erledigung warten 396
    mit lesbaren Namen
        starten 399
    nacheinander starten 369
Programmfenster, Größe
    festlegen 368
Programmgruppe, Inhalt
    starten 397
Programs 315
Prozeduren 36
Prozeß-ID 407

Q
Quit 36, 553

R
Raise 545
Randomize 521
Read 603
ReadAll 240, 603
ReadClip 665
ReadLine 604
Recent 315
Rechnen 39
Rechtschreibkontrolle 426
Recycle 672
redim 51
RefreshDesktop 341, 657
RegDelete 561
Registry, Werte auslesen 66
RegRead 562

REGSVR32.EXE 160
RegWrite 562
Rekursive Dateisuche 196
RelativePath 570
RemoveNetworkDrive 578
RemovePrinterConnection 579
Replace 46, 522
RGB 523
right 44
Right 44, 523
RightB 524
Rnd 524
RootFolder 610
Round 525
RTrim 525
Run 368, 563
RunProcess 409

S
Save 570, 574
SaveFiles 113, 646
SCANDSKW.EXE 370
ScannerAvailable 362
ScanPage 675
Schleife, mit Abbruch-
    Funktion 77
Schleifen 33
    abbrechen 35
Schreibgeschützt 222
Schriften auswählen 118
Schriften prüfen 404
Schriftformat-Generator 121
Schriftprobengenerator 124
Screenshots 355
ScreenX 666
ScreenY 666
Script Debugger 23, 61, 62
ScriptEngine 526
ScriptEngineBuildVersion 526
ScriptEngineMajorVersion 527
ScriptEngineMinorVersion 527
ScriptFullName 159, 261, 553
Scripting.Encoder 637
Scripting.FileSystemObject 179
ScriptName 554
SCRRUN.DLL 477
Second 528

SelectedItems 308
SelectIconFile 657
SelectItem 308
SelectScanner 362, 676
SendKeys 375, 564
    nur an bestimmte Fenster
        senden 380
    Tastencodes 379
SendTo 315
SerialNumber 185, 611
Seriennummern, Laufwerke 185
SetDefaultPrinter 580
SetIcon 88, 647
SetIconDialogCaption 657
SetIconDialogLabel 658
Sgn 528
ShareName 611
SHDOCVW.DLL 477
Shell.Application 90, 293, 477
shell32.dll 90
ShellFolderView-Objekt 308
Shortcut-Objekt 258
ShortName 221, 619, 628
ShortPath 221, 620, 628
Show 672
ShowCountdown 648
ShowIconDialog 322, 658
ShowInputBox 85, 648
    modus 87
Sicherheit, im Internet 24
Sin 41, 529
Size 221, 296, 620, 629
Skip 604
SkipLine 605
Skript
    abbrechen 60
    ausführen 24
    Fehler finden 57
    korrigieren 27
    Lebenszeichen ausgeben 135
    löschen 28
    nachträglich ändern 27
    neues anlegen 27, 69
    schrittweise ausführen 61
    verfassen 23
    verzögern 133
    Zeilennummer markieren 73

Skriptfehler 57
Sleep 133, 554
Sort 673
sortieren 139
Sortieren, von Listen 137
source 546
Space 529
Special 273
SpecialFolders 314, 564
Speicherplatz, auf
    Laufwerken 187
Spezialordner, öffnen 298
split 56
Split 57, 530
Sqr 530
Startmenu 315
Startmenü, fernsteuern 392
StartMode 666
Startup 315
StdErr 555, 599
StdIn 555, 599
StdOut 555, 600
stop 64
StrComp 531
string 532
StrReverse 532
sub 36
subfolders 194
SubFolders 620
Subtype 273
System 222
Systemicons, verändern 330
Systemordner
    auswählen 96
    ID-Nummern 96

T

Tan 533
TargetPath 258, 570, 574
Texte
    auseinanderschneiden 42
    in Variablenfelder
        umwandeln 56
Texteingaben 82
Time 533
Timeout 556

Timer 534
TimeSerial 534
TimeValue 535
Title 293
TotalSize 611, 673
TotalSpace 188
Translate 452
Trim 535
true 31
Type 221, 273, 296, 621, 629
TypeLib 477
TypeLibrary 474
typename 53
TypeName 536

U

ubound 53
UBound 537
ucase 45
UCase 537
Unknown 273
Unterordner auflisten 194
Update
    VBScript 5.0 21
    WSH 2.0 22
UpdateIconCache 659
Updates, DCOM 21
UserDomain 580
UserName 580

V

Variablen
    Einführung 28
    globale 38
    private 38
    ungültige Namen 29
Variablenfelder 51
    Anzahl Elemente 53
    Größe verändern 54
    in Texte umwandeln 56
    mehrdimensionale 57
Variablennamen 29
Variablentyp, bestimmen 53
VarType 538
vbAbort 540
vbAbortRetryIgnore 78, 540

vbApplicationModal 540
vbArray 540
vbBinaryCompare 540
vbBlack 540
vbBlue 540
vbBoolean 540
vbByte 540
vbCancel 540
vbCr 34, 540
vbCritical 79, 540
vbCrLf 540
vbCurrency 540
vbCyan 540
vbDatabaseCompare 540
vbDataObject 540
vbDate 540
vbDecimal 540
vbDefaultButton1 79, 540
vbDefaultButton2 79, 540
vbDefaultButton3 79, 540
vbDefaultButton4 79, 541
vbDouble 541
vbEmpty 541
vbError 541
vbExclamation 79, 541
vbFalse 541
vbFirstFourDays 541
vbFirstFullWeek 541
vbFirstJan1 541
vbFormFeed 541
vbFriday 541
vbGeneralDate 541
vbGreen 541
vbIgnore 541
vbInformation 79, 541
vbInteger 541
vbLf 541
vbLong 541
vbLongDate 541
vbLongTime 541
vbMagenta 541
vbMonday 541
vbNewLine 541
vbNo 78, 541
vbNull 541
vbNullChar 541

vbNullString 541
vbObject 541
vbObjectError 541
vbOK 541
vbOKCancel 78, 541
vbOKOnly 78, 541
vbQuestion 79, 541
vbRed 541
vbRetry 541
vbRetryCancel 78, 541
vbSaturday 541
VBSCRIPT.DLL 477
vbShortDate 541
vbShortTime 542
vbSingle 542
vbString 542
vbSunday 542
vbSystemModal 80, 542
vbTab 542
vbTextCompare 542
vbThursday 542
vbTrue 542
vbTuesday 542
vbUseDefault 542
vbUseSystem 542
vbUseSystemDayOfWeek 542
vbVariant 542
vbVerticalTab 542
vbWednesday 542
vbWhite 542
vbYellow 542
vbYes 78, 542
vbYesNo 77, 78, 542
vbYesNoCancel 78, 542

Verbs 296
Verknüpfung, anderes Icon
   aussuchen 337
   defekte finden 261
   Icon als Zustandsanzeige 260
   Icon ändern 259
   neue anlegen 257
   öffnen 259
   Tastenkombination
     finden 265
Version 556
Versteckt 222
ViewOptions 308
VolumeName 612

W

Wahr 31
WaitForAllTasks 412
WaitForAnyTask 411
WaitForTask 411
Weekday 29, 36, 538
WeekdayName 29, 36, 539
Wiederholen, von
   Anweisungen 33
Windows 95, aktualisieren 20
Windows Scripting Host 19
   Einführung 19
Windows, herunterfahren 183
Windows-Eigentümer,
   ändern 83
WindowStyle 258, 571
WinsockInit 431
WinsockQuit 432
WinWord, fernsteuern 426

Word.Application 426
WorkingDirectory 258, 571
Write 605
WriteBlankLines 605
WriteClip 666
WriteLine 606
WScript 547
WScript.CreateObject 146
WScript.Network 575
WScript.Quit 36
WScript.Shell 557
WScript-Hauptobjekt 547
wsh 547
WSHOM.OCX 477
WshURLShortcut 573

Y

Year 539

Z

Zahlen erfragen 84
Zeichencodes 251
Zeichensatz, Konversion
   ASCII/ANSI 242
Zeilennummer, markieren 73
Zeiten 29
Zinseszins-Rechner 39
Zufallszahlen 47
Zwischenablage
   lesen 665
   schreiben 667
   Text einfügen 123